Marc Marburger, Uwe Post

Flutter und Dart

Das umfassende Handbuch

Rheinwerk
Computing

Liebe Leserin, lieber Leser,

herzlich willkommen zu diesem Handbuch über Flutter und Dart! Wir haben lange nach *dem* Framework für plattformübergreifende App-Entwicklung Ausschau gehalten, das uns als Buchthema überzeugt.

Flutter macht nicht nur Nägel mit Köpfen in Sachen nativer Plattformunterstützung, es überzeugt auch mit der Integration von Dart. Das Duo bietet mit Streams, Futures und Isolates, mit Hot Reload und Co. einen hochmodernen Werkzeugkasten, wie man sich ihn für die produktive Arbeit an asynchronen, flexiblen und reaktiven Apps wünscht.

Manche Inhalte dieses Buchs bauen aufeinander auf. Das gilt insbesondere für die Kapitel über die Bedienoberflächen: Erst lernen Sie die Arbeit mit Widgets kennen, dann ihre Anordnung zu Layouts, später geht es um Mehrsprachigkeit und Barrierefreiheit. Deshalb bietet es sich an, es von vorn nach hinten durchzuarbeiten.

Wenn Sie sich aber für ein Thema besonders interessieren oder später die Details in einem Kapitel noch einmal nachlesen möchten, springen Sie direkt dorthin. Querverweise erleichtern es Ihnen, Konzepte und Fachbegriffe nachzuschlagen, die an anderer Stelle erklärt werden.

Falls Sie die Sprache Dart schon gut kennen, können Sie das Kapitel 3 einfach überspringen. Die Codebeispiele in diesem Buch sind so aufgebaut, dass Sie problemlos weiter hinten starten können.

Zum Schluss noch ein Hinweis in eigener Sache: Dieses Buch wurde mit großer Sorgfalt geschrieben, geprüft und produziert. Sollte dennoch einmal etwas nicht so funktionieren, wie Sie es erwarten, freue ich mich, wenn Sie sich direkt mit mir in Verbindung setzen. Ihre Anregungen und Fragen sind jederzeit herzlich willkommen!

Ihre Almut Poll
Lektorat Rheinwerk Computing

almut.poll@rheinwerk-verlag.de
www.rheinwerk-verlag.de
Rheinwerk Verlag • Rheinwerkallee 4 • 53227 Bonn

Auf einen Blick

Wir hoffen, dass Sie Freude an diesem Buch haben und sich Ihre Erwartungen erfüllen. Falls Sie Anregungen, Wünsche und Kommentare haben, lassen Sie es uns wissen: **service@rheinwerk-verlag.de**.

Informationen zu unserem Verlag und Kontaktmöglichkeiten finden Sie auf unserer Verlagswebsite **www.rheinwerk-verlag.de**. Dort können Sie sich auch umfassend über unser aktuelles Programm informieren und unsere Bücher und E-Books bestellen.

Autoren Marc Marburger, Uwe Post
Lektorat Almut Poll, Lisa Helmus
Copy-Editing Friederike Daenecke, Zülpich
Typografie & Layout Vera Brauner
Satz SatzPro, Krefeld
Herstellung Stefanie Häb
Covergestaltung Mai Loan Nguyen Duy
Coverbild Unsplash: studio-republic-qeij
Druck Beltz Grafische Betriebe, Bad Langensalza

FSC
www.fsc.org
MIX
Papier | Fördert gute Waldnutzung
FSC® C089473

Dieses Buch wurde mit mineralölfreien Farben auf FSC-zertifiziertem Papier aus nachhaltiger Waldwirtschaft gedruckt. Hergestellt in Deutschland.

Bibliografische Information der Deutschen Nationalbibliothek:
Die Deutsche Nationalbibliothek verzeichnet diese Publikation in der Deutschen Nationalbibliografie; detaillierte bibliografische Daten sind im Internet über *http://dnb.dnb.de* abrufbar.

ISBN 978-3-367-10972-2

2. Auflage 2025

Rheinwerk Verlag GmbH • Rheinwerkallee 4 • 53227 Bonn
service@rheinwerk-verlag.de

Inhalt

12 Animationen 411

13 Arbeiten mit Canvas und Paint 429

TEIL III Assets und Medien

14 Assets und Medien 441

15 Den Nutzerkreis vergrößern: Localization und Accessibility 457

TEIL IV Sensoren und Hardware

TEIL V Endgame

Materialien zum Buch

Auf der Webseite zu diesem Buch stehen folgende Materialien für Sie zum Download bereit:

- **alle Codebeispiele aus dem Buch**
- **aktualisierte Codebeispiele für Flutter 3 und höher**
- **Erläuterung zum Code für Flutter 3 und höher**

Gehen Sie auf *www.rheinwerk-verlag.de/6152*. Klicken Sie auf den Reiter MATERIALIEN ZUM BUCH. Sie sehen die herunterladbaren Dateien samt einer Kurzbeschreibung des Dateiinhalts. Klicken Sie auf den Button HERUNTERLADEN, um den Download zu starten. Je nach Größe der Datei (und Ihrer Internetverbindung) kann es einige Zeit dauern, bis der Download abgeschlossen ist.

TEIL I

Einführung

Kapitel 1
Über dieses Buch

»Geduld und Mut schaffen sich ihr eigenes Glück.«
– Publilius Syrus, Römischer Mimen-Dichter

Wenn Sie die plattformübergreifende Entwicklung in den letzten Jahren verfolgt haben, sind Ihnen bestimmt viele Technologien aufgefallen, die mit dem Versprechen angetreten sind, das Zeitalter von Plattform-Teams zu beenden und eine Ära einzuläuten, in der *ein* Team zum Entwickeln, Testen und Managen ausreicht, um eine App auf alle vorstellbaren Geräte zu bringen.

Wenn Sie sich in den Medien oder möglicherweise sogar in Ihrem Unternehmen umsehen, zeigt sich, dass die neuen Sprachen und Werkzeuge zwar eingesetzt werden und zahlreiche Apps mithilfe der plattformübergreifenden Entwicklung programmiert wurden. Doch sind die Platzhirsche wie Swift/UIKit und Kotlin/Java/Android dadurch nicht etwa zurückgedrängt worden, sondern weiden, ganz überwiegend unbeeindruckt, auf den saftigsten Wiesen weiter.

Die Herausforderer schafften es nicht, genügend überzeugte Entwicklerinnen und Entwickler hinter sich zu scharen. Manch ein Werkzeug stellte sich als zu umständlich heraus. Andere boten einfach nicht genug Mehrwert oder machten es wegen der mangelnden Verbreitung schwer, (bezahlbares) Personal zu finden, das die jeweils geforderte Programmiersprache beherrscht.

Und was ist mit Flutter? Flutter unterscheidet sich unter anderem von seinen Konkurrenten darin, dass es nicht versucht, die Plattform-Views wie die von Android und iOS für die Programmiersprache Dart *verfügbar* zu machen, sondern gleich die gesamte Oberfläche selbst zeichnet. Flutter-Views sind somit keine iOS-UIViews oder Android-Views. Das schafft eine enorme Flexibilität, mit der Sie sogar den kompletten Designstil auswechseln können – auch während Ihre App läuft! Diese Eigenschaft bieten Ihnen zwar auch andere Technologien, doch fußen diese dann auf HTML, das in einer WebView auf dem Gerät angezeigt wird. Flutter läuft hingegen auf einem hochperformanten und gänzlich nativen Framework. Ihre Bits müssen also nicht drei Mal umsteigen, bevor sie ans Ziel gelangen, sondern reisen direkt von A nach B!

Weil Flutter in Dart geschrieben wurde, können Sie die Änderungen an Ihrer App jederzeit während der Entwicklung per *Hot-Reload* ausprobieren (mehr dazu in Kapitel 3, »Warum Sie mit Dart voll ins Schwarze treffen«). Das Entwickeln mit Flutter ist schnell (ein Entwurfsziel des Frameworks) und unkompliziert. Im Gegensatz zu anderen Technologien entwickelte sich Flutter blitzartig zu einer der beliebtesten und angesagtesten Technologien. Nicht zuletzt entstanden im Umfeld zahlreiche Tools, zum Beispiel diverse Flutter-Erweiterungen für Entwicklungsumgebungen.

Seit dem Jahr 2012 arbeite ich in Projekten, die mehrere Plattformen und Geräte anvisieren, und kann auf Erfahrungen mit Windows UWP und Xamarin zurückblicken. Doch dieses Gefühl, dass ein plattformübergreifendes Framework richtig durchstarten wird, stellte sich erst ein, als ich 2019 begann, erste Projekte mit Flutter zu realisieren. Besonders deutlich wurde mir dies, als mir ein Engineer der Qualitätssicherung eines Unternehmens von seinem Portfolio aus Flutter-Apps berichtete, die er ohne vorherige Erfahrung in der App-Entwicklung geschrieben und veröffentlicht hatte. Flutter schien also eine Technologie zu sein, die jeden dazu befähigt, den Traum von einer eigenen App anzugehen!

Interessanterweise verbreitet sich diese Technologie genauso in Start-ups wie auch in »Grown-ups« und schreckt dabei selbst vor komplexeren Anwendungsbereichen nicht zurück. Viele solche Apps habe ich vom ersten Grundgerüst bis zur Veröffentlichung im App Store begleiten dürfen. Nicht zuletzt während dieser nicht unerheblichen Anzahl von Stunden habe ich Flutter zu schätzen gelernt und mich von seiner Flexibilität und Wandlungsfähigkeit, aber auch von seiner Stabilität gänzlich überzeugen lassen.

Inzwischen laufen Flutter-Apps auch im Chrome- oder Edge-Browser (via JavaScript) oder auch als Desktop-Anwendungen unter Windows, Linux oder MacOS X. Diese Flexibilität ist ein starkes Argument für Flutter.

Ich freue mich daher ganz besonders, Ihnen in diesem Buch die Sprache Dart und das Framework Flutter vorstellen zu können und hoffe, dass Sie genauso viel Spaß beim Schreiben Ihrer Apps haben werden!

1.1 Was Sie in diesem Buch lernen werden

Mit diesem Buch möchte ich Ihnen einen umfassenden Überblick über Flutter geben. Da das Framework nur in Verbindung mit der Programmiersprache Dart benutzt werden kann (und in ihr geschrieben wurde), stelle ich Ihnen diese Sprache in **Teil I** ausführlich vor. Wir beginnen in **Kapitel 2** mit der Installation und der Wahl der IDE. In **Kapitel 3**, »Warum Sie mit Dart voll ins Schwarze treffen«, führe ich Sie vom Einsatz von Variablen über die Benutzung von Klassen bis hin zu mächtigen Werkzeugen wie `async`/`await`, *Mixins* und *Null-Safety*. Sie benötigen hierzu keinerlei Vorkenntnisse in anderen Programmiersprachen.

Falls Sie bereits mit der Programmiersprache Dart vertraut sind, können Sie auch mit **Kapitel 4**, »Pubs: Abhängigkeiten komfortabel verwalten«, starten und dann in **Teil II**, »Bedienoberflächen«, mit **Kapitel 5**, »Widgets«, in die Welt von Flutter eintauchen. Dort angekommen, erfahren Sie, was Widgets eigentlich sind, wie Sie Oberflächen aus ihnen zusammensetzen und wie Sie eine responsive und dynamische App aufbauen.

Anschließend führt Sie das **Kapitel 6**, »Layouting«, durch die vielseitigen Möglichkeiten, um Widgets zu positionieren und zu scrollen. Nachdem Sie diese Grundlagen beherrschen, behandeln wir in **Kapitel 7** die Navigation zwischen Pages. In **Kapitel 8** betrachten wir die InheritedWidgets noch ausführlicher. In **Kapitel 9**, »BloCs: View Logic aus dem Weg räumen«, lernen Sie, wie und wo Sie Ihre Geschäftslogik schreiben, und in **Kapitel 10**, »Mit dem Nutzer interagieren«, zeige ich Ihnen, wie Sie gängige Elemente wie Buttons und Textfelder einsetzen. Mit **Kapitel 11**, »Themes und Styles«, steigen Sie noch tiefer in die Gestaltung Ihrer Widgets ein. **Kapitel 12** widmet sich den Animationen, und in **Kapitel 13**, »Arbeiten mit Canvas und Paint«, geht es um das direkte Zeichnen auf dem Canvas, da sich nicht alle Designanforderungen mit Widgets umsetzen lassen.

Wie einfach Sie auf Medien, Datenbanken oder Cloud-Inhalte zugreifen können, erfahren Sie in **Teil III**, »Assets und Medien«. Im gleichnamigen **Kapitel 14** geht es um das Einbinden von Bildern, Icons, Texten und Schriften. In **Kapitel 15**, »Den Nutzerkreis vergrößern: Localization und Accessibility«, zeige ich Ihnen, wie Sie für eine bessere Nutzererfahrung sorgen, indem Sie landestypische Schreibweisen, z. B. für das Datum, ermöglichen. Zur guten Nutzererfahrung gehört aber auch, dass Sie für Barrierefreiheit oder zumindest Barrierearmut in Ihren Apps sorgen. Wie Sie Ihre App an ein Backend anbinden, lernen Sie in **Kapitel 16**, »Die Cloud: Unendliche Weiten«, und in **Kapitel 17**, »Persistieren: Caches und Datenbanken«. In **Kapitel 17** erwartet Sie auch eine komplette, nützliche Einkaufszettel-App, anhand derer ich Ihnen alle wichtigen Entwicklungsschritte praktisch demonstriere.

In **Teil IV**, »Sensoren und Hardware«, geht es weiter mit den anderen Komponenten einer mobilen App. In **Kapitel 18**, »Mit der Außenwelt kommunizieren«, sehen wir uns einige Packages an, die Ihnen Zugriff auf die Hardware (Sensoren und Kamera) oder auf Informationen zu der Hardware (Berechtigungen, Verbindungsdaten) liefern. In **Kapitel 19**, »Den Kanal wechseln: Channels zur Plattform«, heben wir den Schleier, hinter dem Flutter über sogenannte *Method Channels* mit der Plattform kommuniziert und es Ihnen ermöglicht, auf die APIs etwa von iOS oder Android zuzugreifen, etwa um in den Geräten verbaute Sensoren zu verwenden.

In **Teil V**, »Endgame«, befassen wir uns in **Kapitel 20**, »Analytics, Tests und Releases«, mit Qualitätsmaßnahmen wie dem Logging, der Integration von Analytics, dem Debuggen und Profilen Ihrer App und dem Schreiben von automatischen Tests.

Abschließend gebe ich Ihnen außerdem einige Informationen zum Thema Release mit auf den Weg, sodass Sie wissen, wie Sie Ihre Flutter-App fit für die App Stores machen oder Ihr eigenes Plugin für die Flutter-Entwicklung anderen zur Verfügung stellen können.

1.2 Null-Safety als Default-Einstellung ab Flutter 2.2

Mit Dart 2.12 wurde die *Null-Safety* ausgerollt. Seit Flutter 2.2 wird Null-Safety beim Erstellen eines Projekts standardmäßig eingeschaltet. Die Codebeispiele in diesem Buch setzen dies auch voraus. Programmieren ohne Null-Safety ist nicht zeitgemäß oder empfehlenswert!

1.3 Danksagung

Mein ganz besonderer Dank gebührt Frau Almut Poll für Ihre Hilfe und Unterstützung sowie dem Rheinwerk Verlag. Außerdem danke ich Uwe Post dafür, dass er seinen aufmerksamen Blick auf das Fachliche gerichtet hat und mir zahlreiche Hinweise und Empfehlungen lieferte. Viele Tipps und Ratschläge meines Kollegen Nino Wagensonner rundeten die Inhalte zusätzlich ab.

Letztlich hätte ich dieses Buch aber nicht ohne die Unterstützung meiner Frau Anne vollenden können, und kann das entgegengebrachte Verständnis auch unserer Tochter Thalea kaum genug würdigen!

Marc Marburger (Berlin, Juni 2021)

Nachdem ich bereits die erste Auflage dieses äußerst hilfreichen Buches gegengelesen hatte, habe ich mich gerne bereiterklärt, die Überarbeitung für die Neuauflage durchzuführen. Insbesondere durch die Erweiterung der unterstützten Plattformen Web und PC hat das Flutter-Framework einen bedeutenden Schub erhalten, der mit Sicherheit noch lange anhalten wird.

Uwe Post (im Ruhrgebiet, 2025)

Kapitel 2
Installation und die Wahl der IDE

»Es bedarf nur eines Anfangs, dann erledigt sich das Übrige.«
– Sallust, römischer Geschichtsschreiber

Flutter ist erfreulicherweise keine verschlossene Setup-Datei und auch nicht tief in eine Multifunktions-IDE integriert, wie das beispielsweise früher mit *C#* in *Visual Studio* der Fall war oder mit *Swift* und *Xcode*. Das Framework lässt sich in einem wenige Hundert Megabyte großen Archiv herunterladen. Einmal auf dem Computer entpackt, entpuppt sich der Inhalt als *Git*-Repository, das sich mit komfortablen Kommandos steuern lässt. Jedem Release von Flutter ist bereits eine vollständige Version von Dart beigelegt. Wir verwenden in diesem Buch Flutter 3.29.0 und Dart Code 3.7.0 mit dem Stand Februar 2025. Keine Sorge: Neuere Versionen funktionieren genauso. Installieren Sie einfach die zum jeweiligen Zeitpunkt aktuelle Version.

2.1 Flutter herunterladen und installieren

Das Framework wird für alle gängigen Betriebssysteme angeboten: Mit dabei sind *Windows*, *macOS*, *Linux* und sogar *Chrome OS*. Google hat eine umfangreiche Dokumentation aufgebaut. Ob Installation, Hintergründe oder Code: Einer der wichtigsten Grundsätze im Projekt ist die zielführende Beschreibung. Das Projekt möchte Ihnen einen schnellen Start mit Flutter ermöglichen und auch zu einem späteren Zeitpunkt eine umfassende Hilfestellung bieten.

Unter der Adresse *https://docs.flutter.dev/get-started/install* können Sie erst das Betriebssystem auswählen, das Sie einsetzen, und werden dann zu einer Dokumentationsstrecke weitergeleitet, die Anforderungen an Ihren Computer beschreibt, das herunterzuladende Archiv anbietet und einen sogenannten »Walkthrough« durch die ersten Schritte zu Ihrem eigenen Projekt bereithält.

Keine Anleitung zur Installation kann aktueller sein als die Dokumentation unter *https://flutter.dev*, und dieses Buch soll nicht mit dem ausgezeichneten Material konkurrieren, das Sie dort finden. Dennoch möchte ich Ihnen an dieser Stelle eine kurze Zusammenfassung der zur Installation notwendigen Schritte liefern.

Laden Sie als Erstes das Flutter-Archiv auf Ihren Computer herunter. Hierzu wählen Sie zunächst Ihr Betriebssystem aus: Zur Verfügung stehen Varianten für macOS, Windows, Linux oder Chrome OS (siehe Abbildung 2.1).

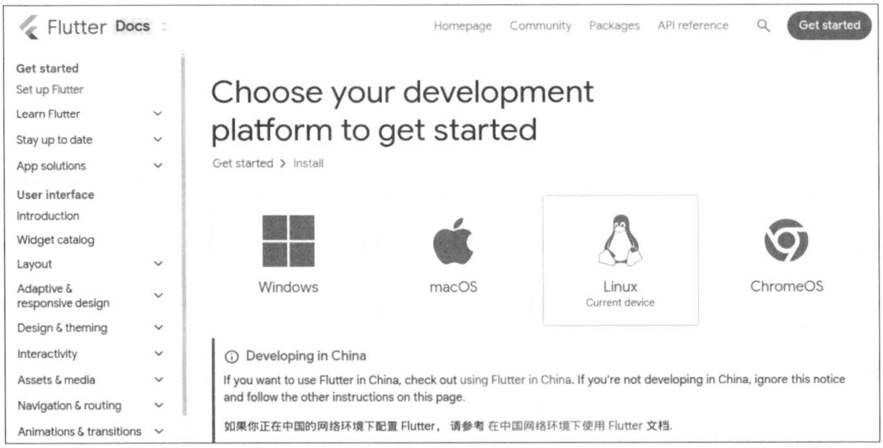

Abbildung 2.1 Übersicht auf »flutter.dev«

Anschließend fragt die Webseite nach der Art von Apps, die Sie als erste entwickeln möchten (Choose your first type of app). Der Hintergrund dieser Frage ist, dass Sie mit Flutter sowohl Desktop- als auch Webanwendungen (das erfordert einen *Chrome*-Browser) sowie Apps schreiben können. Abhängig von Ihrer Auswahl enthält das Download-Paket die erforderlichen Komponenten – aber selbstverständlich können Sie andere später nachinstallieren. Auch die Installationsvoraussetzungen variieren, da zum Beispiel für Desktop-Anwendungen ein nativer Compiler obligatorisch ist. Beachten Sie, dass Sie einen Mac benötigen, um iOS-Apps erstellen zu können. Nur wenn Sie im ersten Schritt die Option Mac gewählt haben, steht ein Download für iOS im zweiten Schritt überhaupt zur Verfügung. Am einfachsten ist es, Webanwendungen zu erzeugen, da dafür lediglich ein Chrome-Browser erforderlich ist.

Da Sie vermutlich gerade Flutter lernen, um damit plattformübergreifende Smartphone-Apps zu schreiben, wählen Sie zunächst Android aus – das geht immer. Prüfen Sie danach die angegebenen Systemanforderungen. Installieren Sie, falls nötig, die erforderlichen Komponenten *Git* und *Android Studio*. Ob Sie später mit Android Studio coden, mit *Visual Studio Code* oder einem Texteditor Ihrer Wahl, ist egal: Sie benötigen auf jeden Fall das Studio, um Android-Apps erstellen zu können bzw. auf dem Mac *Xcode* für iOS-Apps. Desktop- oder Webanwendungen erfordern das Studio nicht. Klicken Sie schließlich weiter unten bei Install the Flutter SDK auf Download and Install und dann bei Download then install Flutter auf den blauen Button (siehe Abbildung 2.2), um das ZIP-Archiv mit dem vorkonfigurierten System herunterzuladen. Entpacken Sie es an einem Ort Ihrer Wahl. Unter Windows darf der Pfad allerdings keine Leerzeichen enthalten oder besondere Zugriffsrechte erfordern!

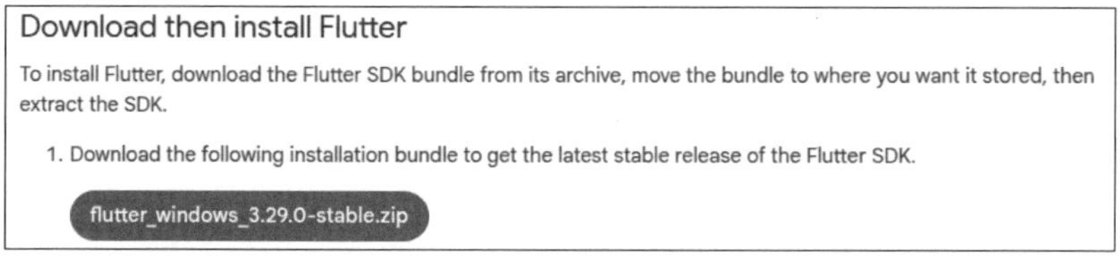

Abbildung 2.2 Die Download-Schaltfläche am Beispiel von Windows

Nachdem Sie das Archiv auf dem Dateisystem entpackt haben, empfiehlt es sich, den *PATH* so anzupassen, dass Ihr System die Programme und Bibliotheken der Installation von überall auflösen kann. Auf einem Windows-Rechner fügen Sie hierzu entsprechend einen Eintrag in den SYSTEMEIGENSCHAFTEN • UMGEBUNGSVARIABLEN hinzu, die Sie erreichen, indem Sie nach dem Öffnen des Startmenüs in Windows 11 »Umgebung« eintippen (siehe Abbildung 2.3).

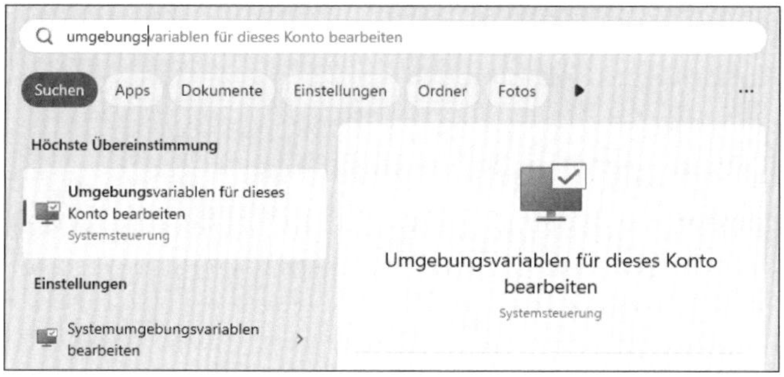

Abbildung 2.3 Suche im Startmenü von Windows 11

Dort wählen Sie wie in Abbildung 2.4 den Eintrag PATH und klicken auf BEARBEITEN (EDIT).

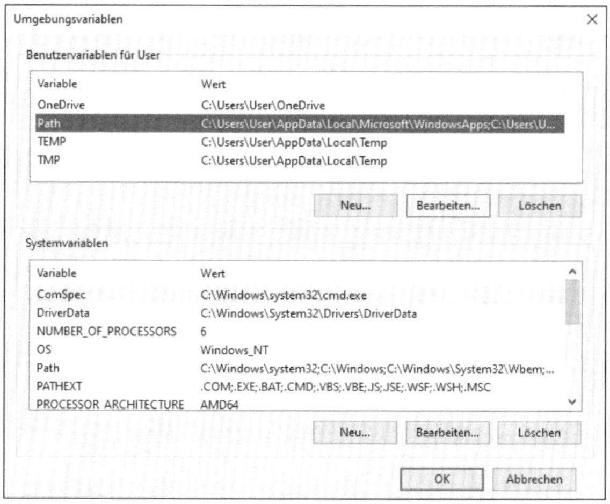

Abbildung 2.4 Umgebungsvariablen anpassen

Dadurch öffnet sich der Editierdialog aus Abbildung 2.5, in dem Sie den Pfad zu Ihrem Flutter-SDK hinterlegen.

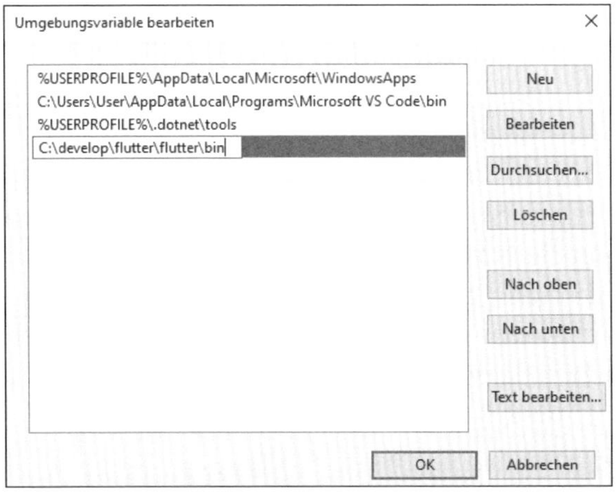

Abbildung 2.5 Den Pfad zum Flutter-Verzeichnis eintragen

Bestätigen Sie Ihren Pfad mit OK und verlassen Sie die Einstellungen.

Auf den anderen Systemen passen Sie die Einstellungsdatei Ihrer Standardkonsole mit dem Kommando `export PATH=$PATH:<Ihr Installationspfad>/flutter/bin` an. Mehr Informationen hierzu liefern folgende Seiten:

- *https://flutter.dev/docs/get-started/install/linux#update-your-path*
- *https://flutter.dev/docs/get-started/install/macos#update-your-path*
- *https://flutter.dev/docs/get-started/install/chromeos#update-path-directly*

Abschließend können Sie Ihre Installation und Ihre Pfade mit dem Befehl `flutter doctor` testen, der jetzt in jeder neu geöffneten Konsole Ihres Betriebssystems ausführbar sein sollte.

Android SDK und Xcode

Die Simulatoren und Emulatoren der Softwareentwicklungs-Kits (*SDKs*) erlauben Ihnen das schnelle Ausprobieren und Prototypen Ihrer Flutter-Projekte. Wenn Sie bisher noch nicht mit dem *Android SDK* oder mit *Xcode* gearbeitet haben, fehlen Ihnen diese Werkzeuge.

Das *Android SDK* erhalten Sie am einfachsten, wenn Sie Android Studio auf Ihrem Computer installieren. (Abschnitt 2.2.1 wird Sie durch die Installation von Android Studio begleiten.) Sie können das SDK allerdings auch separat installieren. Weitere Informationen finden Sie unter *https://developer.android.com/studio#downloads*.

Um Xcode auf Ihrem macOS zu installieren, öffnen Sie den App Store und beziehen dort die jeweils aktuelle Version.

2.2 Die Wahl der IDE

Sie haben bereits Erfahrungen mit *Visual Studio Code* oder *Android Studio* gesammelt? Für die Entwicklung mit Flutter können Sie Ihre Lieblingsumgebung gleich mitbringen!

Im Laufe des Jahres 2015 entschied sich das Team hinter Dart, auf die Weiterentwicklung seiner auf *Eclipse* basierenden Dart-IDE zu verzichten. Stattdessen konzentrierten die Entwickler sich auf *Plugins*, die auf einer *Toolchain* für die Kommandokonsole aufbauen und in aktuelle Entwicklungsumgebungen integriert werden können. Mit anderen Worten: Man packt Ihnen einen Koffer (das Plugin) mit allen wichtigen Programmen und Werkzeugen (der Toolchain), mit dem Sie dann zu Ihrer Lieblings-IDE wandern können, um in ihr zu entwickeln. Das ist ein nicht unerheblicher Grund dafür, dass Flutter und Dart mittlerweile eine solche Verbreitung erfahren haben.

In der Flutter-Community bildeten sich mit Microsofts *Visual Studio Code* und *IntelliJ* von *JetBrains* sowie mit dem darauf aufbauenden und von Google vertriebenen *Android Studio* Favoriten heraus. Weil IntelliJ und Android Studio sich sehr ähnlich sind, beschränke ich mich auf die Beschreibung von Android Studio.

[+]

Flutter ohne IDE

Im Grunde spricht nichts dagegen, Flutter in der Konsole zu schreiben. Ein Plugin wird etwa speziell für *emacs* angeboten (*https://flutter.dev/docs/get-started/editor?tab=emacs*).

Im Folgenden führe ich Sie durch die Installation von Flutter in Android Studio und Visual Studio Code sowie jeweils durch ein erstes *Deployment*, also durch die Installation einer App auf einem Gerät.

2.2.1 IntelliJ und Android Studio

Googles *Android Studio* basiert auf *IntelliJ* von JetBrains. Beide IDEs lassen sich gleichermaßen für die Flutter-Entwicklung verwenden und zeigen sich ähnlich in Verwendung und Funktionsumfang.

Android Studio bietet allerdings volle Unterstützung und alle Werkzeuge für die Android-Entwicklung. Sollte es einmal nötig sein, den nativen Unterbau der Flutter-App auf Android zu debuggen oder mit Performance-Tools zu prüfen, kommen Sie nicht um Android Studio herum.

Die folgenden Schritte zur ersten Flutter-App lassen sich mit beiden IDEs ausführen. Der Übersichtlichkeit halber spreche ich ab jetzt nur noch von »Android Studio«.

Gehen Sie zu *https://developer.android.com/studio*, um Android Studio zu installieren, oder zu *https://www.jetbrains.com/idea*, um IntelliJ zu installieren.

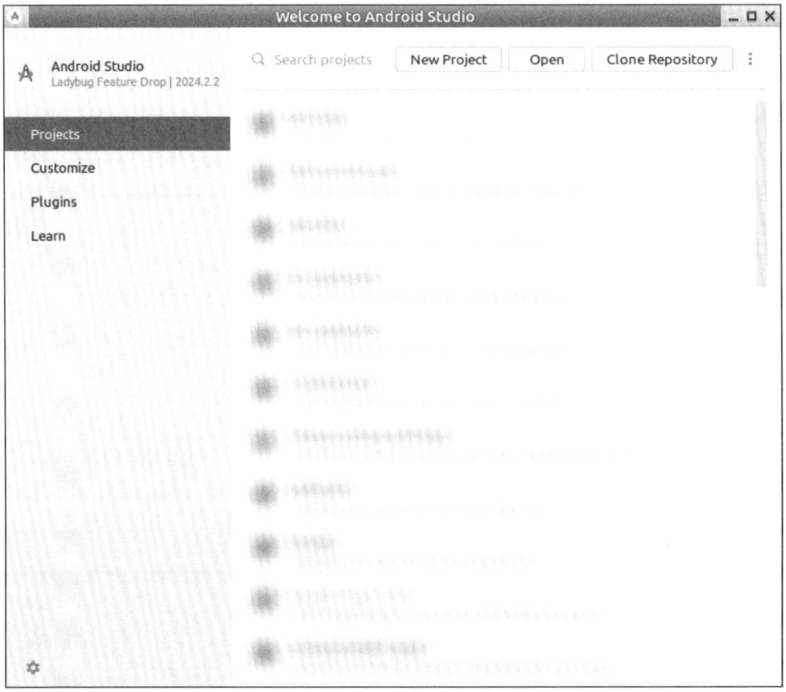

Abbildung 2.6 Der Begrüßungsbildschirm von Android Studio

Starten Sie die heruntergeladene und installierte Entwicklungsumgebung, um die Flutter-Plugins für Android Studio zu installieren. Im Willkommens-Bildschirm (siehe Abbildung 2.6) wählen Sie links PLUGINS.

Das Fenster aus Abbildung 2.7 erscheint. Es bietet den Überblick über auf dem MARKETPLACE verfügbare sowie bereits installierte Plugins. Tippen Sie ins Suchfeld oben »Flutter« ein, wählen Sie den entsprechenden Eintrag, und installieren Sie ihn mit einem Klick auf INSTALL. Wahrscheinlich werden Sie gefragt, ob Abhängigkeiten für Dart gleich mitinstalliert werden dürfen. Geben Sie dafür grünes Licht. Klicken Sie schließlich auf RESTART IDE, um das Flutter-Plugin endgültig zu aktivieren.

Nun wird Ihnen wieder das Willkommensfenster angezeigt. Dieses wurde allerdings um die neue Schaltfläche NEW FLUTTER PROJECT bereichert. Klicken Sie darauf. Jetzt öffnet sich ein Projekt-Wizard, der Sie durch die Einrichtung führt. Zunächst müssen Sie den Pfad des zuvor installierten Flutter-SDK einmalig einstellen. Der folgende Schritt fragt Sie nach dem Projektnamen, dem Projektordner und einer Beschreibung (siehe Abbildung 2.8). Beachten Sie, dass der Projektname keine Leerzeichen oder Großbuchstaben enthalten darf. Bei Bedarf verwenden Sie den Unterstrich zur Worttrennung.

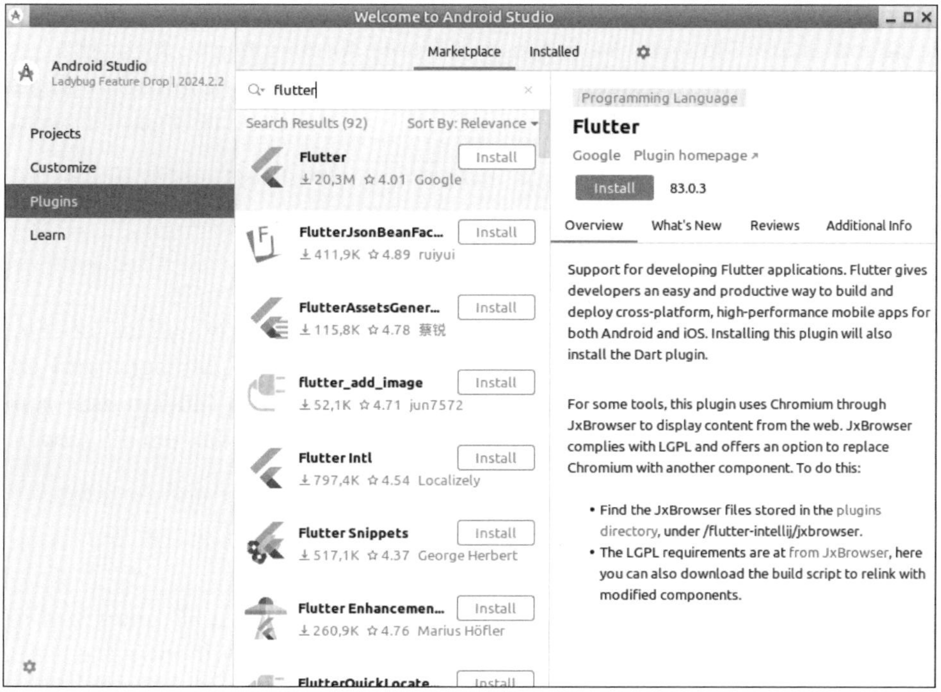

Abbildung 2.7 Die Suche nach dem Flutter-Plugin ergibt zahlreiche Treffer. Der richtige ist der mit den über 20 Millionen Downloads.

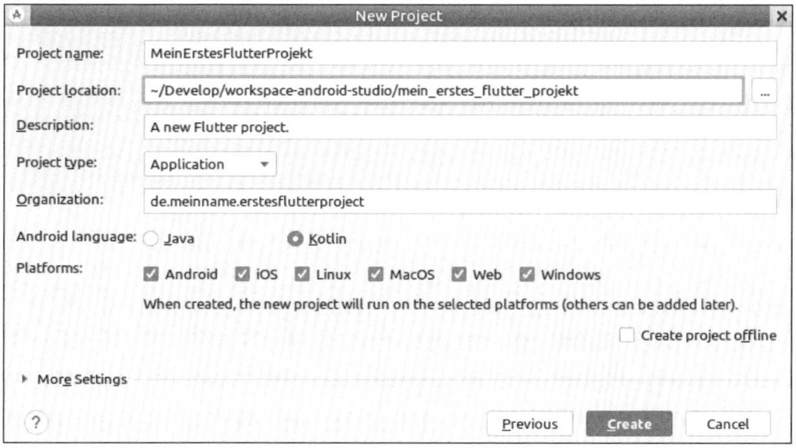

Abbildung 2.8 Bei der Konfiguration des neuen Flutter-Projekts können Sie bis auf den Namen und die »Organization«-Angabe alles so lassen, wie es ist.

Jetzt ist der Computer dran und erstellt das Projekt. Auf der linken Seite sehen Sie danach die Projektübersicht. Außerdem wurde wahrscheinlich die Datei *main.dart* sowie eine *README.md* mit einigen Informationen geöffnet. Ignorieren Sie zunächst die Details, und wenden Sie sich stattdessen dem Kopfbereich des Fensters zu, in dem Sie die vom Flutter-Plugin zur Verfügung gestellten Informationen und Schaltflächen finden (siehe Abbildung 2.9). Wenn Sie kein geeignetes Smartphone mit dem Computer verbunden haben, wählen Sie im ersten Dropdown-Menü einfach Chrome (web).

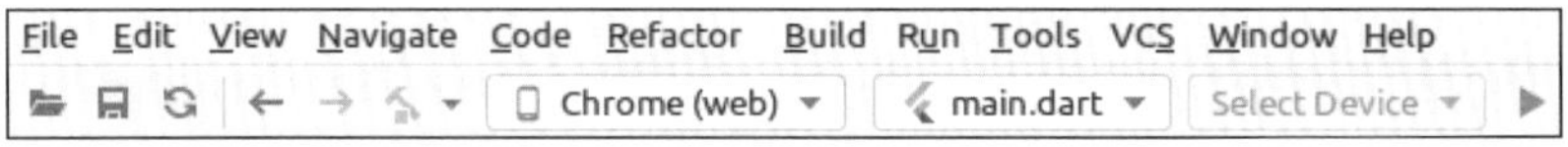

Abbildung 2.9 Die Informationen über Geräte von Flutter

Klicken Sie auf das grüne Startsymbol, um die App zu starten. Abermals ist der Computer am Zuge und übersetzt den Code. Nach einem kurzen Moment wird ein Browserfenster die Flutter-App anzeigen. Statt auf »Herzlichen Glückwunsch zum *Deployment*!« klicken Sie auf das rote Stop-Icon in Android Studio, um die Anwendung zu beenden.

2.2.2 Visual Studio Code

Die aktuellste Version von Visual Studio Code (*VS Code*) können Sie unter *https://code.visualstudio.com* herunterladen. VS Code wird für macOS, Windows und Linux angeboten.

Installieren Sie VS Code auf Ihrem Computer, und starten Sie es. Ihr nächster Schritt besteht darin, die Unterstützung für Flutter in Form der *Flutter-Erweiterung* zu installieren. Gehen Sie hierzu im geöffneten Fenster zu den *Erweiterungen* (*Extensions*). Auf der linken Seite finden Sie die vertikale Navigation, in der Sie das zugehörige Symbol auswählen (siehe Abbildung 2.10).

Abbildung 2.10 Das »Extensions«-Symbol in Visual Studio Code

Nun klappt der Seitenbereich auf und zeigt gegebenenfalls Informationen über empfohlene Erweiterungen und solche, die Sie bereits installiert haben. Falls Sie Flutter schon zuvor installiert haben, sollten Sie das Paket hier finden. Falls nicht, suchen Sie mit dem Eingabefeld nach »Flutter« und wählen den entsprechenden Eintrag aus. Rechts öffnet sich ein Bereich mit Informationen über das Flutter-Plugin. Betätigen Sie die Schaltfläche Installation (install).

Legen Sie nun ein neues Flutter-Projekt an. Öffnen Sie dazu die sogenannte *Command Palette* (Befehlspalette) in VS Code unter View/Anzeigen, und tippen Sie »flutter« ein (siehe Abbildung 2.11).

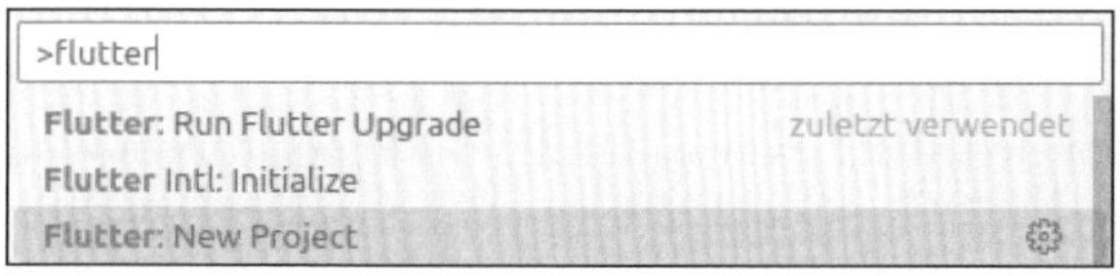

Abbildung 2.11 Die Command Palette mit dem Suchbegriff »flutter«

Unter den Einträgen, die dann erscheinen, sollte sich FLUTTER: NEW PROJECT befinden. Wählen Sie diesen Eintrag aus. Jetzt fordert die Eingabe Sie auf, einen Anwendungstyp auszuwählen. Sie können der Einfachheit halber EMPTY APPLICATION wählen. Anschließend wählen Sie einen neuen Ordner, in dem das Projekt erzeugt werden soll. Verwenden Sie keinen zu tief verschachtelten Pfad, da die Windows-Buildtools nicht mit Pfaden klarkommen, die länger als 266 Zeichen sind. Im letzten Schritt müssen Sie einen Namen für die Anwendung eingeben – wie üblich bitte ohne Leerzeichen oder Großbuchstaben.

Fast geschafft! Den Rest der Arbeit darf der Computer erledigen. Schließlich öffnen sich die Projektansicht und die Datei *main.dart*. Achten Sie zu diesem Zeitpunkt nicht auf die Einzelheiten des Projekts, sondern lassen Sie den Blick nach unten rechts im Fenster wandern: Das installierte Flutter-Plugin hat einige Anzeigen in die Statusleiste eingefügt (siehe Abbildung 2.12).

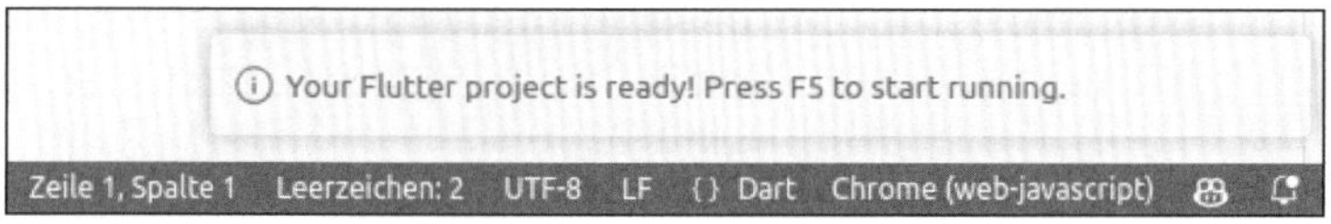

Abbildung 2.12 Die Flutter-Informationsleiste in Visual Studio Code

Ganz ähnlich wie in Android Studio können Sie hier zwischen CHROME (WEB-JAVASCRIPT) oder einer Desktop-Variante wählen. Klicken Sie oben auf den Startpfeil oder drücken Sie [F5], um die Anwendung zu starten (siehe Abbildung 2.13).

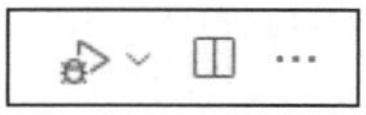

Abbildung 2.13 Links sehen Sie das Startsymbol in VS Code.

Nun darf Ihr Computer wieder ran. Nach einigen Sekunden (je nach vorhandener Prozessorleistung) wird sich das Browserfenster mit einer »Hello World«-Nachricht zeigen. Herzlichen Glückwunsch, Sie haben Ihre erste Flutter-App mit Visual Studio Code gebaut und gestartet!

2.3 Die Flutter-Installation voll im Griff

Da Flutter auf dem Computer als komfortabel zu verwaltendes *Git*-Repository landet, können Sie jederzeit zwischen Entwicklungsständen (etwa *master, dev, beta* oder *stable*) und Versionen wechseln. Dazu nutzen Sie Git-Kommandos oder die darauf aufsetzenden Flutter-Kommandos.

[+]

Git in Kürze

Das Werkzeug *Git* ermöglicht es Ihnen, Projekte unter Versionskontrolle zu stellen. Mögliche Gründe dafür könnten der Wunsch nach Zugriffskontrolle, schrittweisem Einchecken, Änderungen mit implizitem Backup oder nach einer dezentralen Verwaltung sein. Git eignet sich nicht nur für kleine Projekte, sondern lässt seine Muskeln auch in sehr großen und verteilt entwickelten Quellcodes spielen. Ein bekanntes Beispiel hierfür ist der Linux-Kernel, der mit Git verwaltet wird. Das ist eigentlich wenig überraschend, da Git genauso wie Linux von Linus Torvalds entwickelt wurde.

Der Container des unter Versionskontrolle zu stellenden Quellcodes wird *Repository* genannt. Im Fall von Flutter liegt demnach jede Zeile der Programmierung, aber auch Dokumentation wie die Readme-Datei, eingecheckt in einem Git-Repository und wird von Entwicklern und Entwicklerinnen rund um den Globus quelloffen weiterentwickelt. Das Flutter-Repository finden Sie unter *https://github.com/flutter/flutter*.

Weitere Informationen zu Git finden Sie beispielsweise im Rheinwerk-Buch »Git – Projektverwaltung für Entwickler und DevOps-Teams« von Bernd Öggl und Michael Kofler (*https://www.rheinwerk-verlag.de/git-projektverwaltung-fuer-entwickler-und-devops-teams/*).

Da es sich beim Repository im Grunde um einen Ordner handelt, lassen sich mehrere Versionen von Flutter nebeneinander installieren beziehungsweise ablegen.

Haben Sie Flutter zu Ihrem PATH hinzugefügt, so können die folgenden Befehle von überall in einer Konsole ausgeführt werden. Sie können natürlich auch eine Konsole in Android Studio oder Visual Studio Code öffnen.

Den aktuellen Zustand Ihrer Installation können Sie mit `flutter doctor` abrufen. Die Konsolenausgabe zeigt Ihnen die Version von Flutter und Dart sowie verfügbare Entwicklungsumgebungen, angeschlossene Geräte und den Status von Abhängigkeiten wie der Android- oder iOS-*Toolchain*. Beispielsweise kann es passieren, dass Ihnen der Flutter-Doktor empfiehlt, noch Android-Nutzungsbedingungen zu akzeptieren. Oder Sie müssen die Android-SDK-Commandline-Tools installieren, was über Android Studio am einfachsten geht (mit TOOLS • SDK MANAGER). Wie es sich für einen hilfreichen Doktor gehört, gibt er Ihnen die nötigen Schritte genau an. Die ideale Diagnose lautet »no issues found« (siehe Abbildung 2.14). Solange mindestens ein Gerät als »connected« ausgewiesen ist, können Sie den Democode in diesem Buch mit ihm ausprobieren.

```
Doctor summary (to see all details, run flutter doctor -v):
[√] Flutter (Channel stable, 3.29.0, on Microsoft Windows [Version 10.0.26100.3194], locale de-DE)
[√] Windows Version (11 Pro 64-bit, 24H2, 2009)
[√] Android toolchain - develop for Android devices (Android SDK version 34.0.0)
[√] Chrome - develop for the web
[√] Visual Studio - develop Windows apps (Visual Studio Build Tools 2022 17.12.1)
[√] Android Studio (version 2024.1)
[√] VS Code (version 1.97.1)
[√] Connected device (3 available)
[√] Network resources

• No issues found!
```

Abbildung 2.14 Der optimale Befund des Doktors: Alles grüne Haken!

Mit Flutter können Sie vergleichsweise schnell in die Entwicklung einsteigen und zügig zu bemerkenswerten Ergebnissen kommen. Das lässt uns Anwender bzw. Anwenderinnen schon mal vergessen, dass wir es mit einem komplexen Unterbau zu tun haben, in dem unzählige Zahnräder ineinandergreifen. Sollte sich auf Ihrem System einmal etwas querstellen und Sie mit Fehlermeldungen konfrontieren, die Ihnen nicht weiterhelfen, dann zögern Sie nicht, eine Frage an die Community zu richten, etwa auf *StackOverflow*. Bei Problemen mit der Umgebung oder Installation ist oftmals auch die Ausgabe von `flutter doctor -v` (verbose) sehr hilfreich.

Wird eine neue Version von Flutter zur Verfügung gestellt, was dank der regen Aktivität sehr häufig geschieht, so können Sie mit `flutter upgrade` die neue Veröffentlichung beziehen. Sie können außerdem zu jeder beliebigen früheren Version gehen oder zurückkehren, indem Sie den Befehl `flutter version <version>` benutzen. Ein anschließender Aufruf von `flutter doctor` initialisiert alle Abhängigkeiten auf der soeben zurückgesetzten Version.

Eine vollständige Übersicht über die Möglichkeiten, die der Befehl `flutter` liefert, erhalten Sie über `flutter --help`. Ein wichtiger Befehl soll allerdings noch besonders erwähnt werden: `flutter channel <channel>`. Das Framework verfügt über mehrere sogenannte *Channels*, etwa *dev*, *beta* und *stable*, die hier in der Reihenfolge aufsteigender Stabilität aufgeführt sind. Die neusten Features und Fixes wandern in den *dev*-Channel, der sich deswegen durchaus sehr instabil zeigen kann. In *beta* testet das Flutter-Team Zusammenstellungen für das nächste Release, das dann bei einem gewissen Reifegrad auf *stable* veröffentlicht wird. Empfohlen wird die Entwicklung auf *stable*. Es kann aber durchaus Sinn ergeben, zu *beta* zu wechseln, zum Beispiel um neueste Features auszutesten, die sich noch in der Preview befinden.

[«]

Flutter-Versionsmanagement

Gerade wenn man denkt, es geht nicht noch komfortabler: Mit dem von der Community entwickelten *Flutter Version Manager* (FVM) können Sie über eine CLI (*Command Line Interface*) oder ein mittlerweile angebotenes *GUI*-Tool zwischen den verschiedenen Versionen wechseln.

Das Tool speichert die heruntergeladenen *SDKs* und erspart Ihnen das mehrmalige Herunterladen. Sie können außerdem für jedes Projekt eine eigene Version verlinken, was mögliche Abhängigkeiten über Projektgrenzen hinaus verhindert. Zwar könnten Sie genauso das SDK-Verzeichnis kopieren und projektlokal einfügen, FVM bietet aber eine tolle Alternative zur manuellen Verwaltung.

Mehr Informationen dazu finden Sie unter *https://github.com/leoafarias/fvm*.

Kapitel 3
Warum Sie mit Dart voll ins Schwarze treffen

»Tue es oder tue es nicht. Es gibt kein Versuchen.«
– Yoda in »Star Wars, Episode V – Das Imperium schlägt zurück«

Vielleicht sind Sie bezüglich der Programmiersprache in Flutter etwas skeptisch: Apps für die beiden größten Plattformen iOS und Android werden schließlich traditionell mit Objective-C und Swift bzw. Java und Kotlin geschrieben. Bei *Dart* handelt es sich also um eine Technologie, deren Entwicklung weder von der einen noch von der anderen Plattform vorangetrieben wird. Wie ernst es Google mit der Sprache und dem zugehörigen *Toolset* ist, zeigt aber ein Blick in seine Entwicklung und Wandlungsfähigkeit.

Dart demonstriert seine rasant zunehmende Beliebtheit in den jährlich erhobenen *Stack Overflow Developer Surveys*. Während Dart im Jahr 2018 noch nicht unter den »Most Loved« Sprachen zu finden, stieg die Sprache 2019 auf Platz 12 ein, direkt hinter JavaScript. Inzwischen hat sich Dart in den Top 20 der meistgenutzten Sprachen etabliert und liegt in etwa gleichauf mit Objective-C und Scala.

Zudem profitiert Dart stark von der ebenfalls wachsenden Beliebtheit von Flutter (das 2020 den Platz drei unter den »Most Loved Frameworks« belegte) und seiner vorteilhaften Verzahnung mit diesem. Ein Blick in die Entstehung von Dart und seinen Features beweist jedoch, dass die Sprache diese Beliebtheit auch selbst verdient. Im Developer Survey 2024 ist Flutter das beliebteste Cross-Plattform-Framework.

In diesem Kapitel möchte ich Sie mit den Grundlagen der Programmiersprache Dart vertraut machen. Sie werden dabei anhand von Beispielen ihre wichtigsten Konzepte kennenlernen. Zunächst gebe ich Ihnen einen kurzen Überblick über die Entwicklung von Dart, der etwaige Eigenheiten oder Entscheidungen der Dart-Entwickler nachvollziehbarer macht.

3.1 Der Ursprung von Dart

Im Jahr 2011 stellten Gilad Bracha und Lars Bak die Sprache Dart als Möglichkeit vor, um Webanwendungen zu entwickeln. Beide Entwickler hatten bereits zuvor Erfahrungen im Erdenken und Entwickeln von Programmiersprachen gesammelt.

3.1.1 Die Köpfe hinter der Sprache

Gilad Bracha entwarf in den 1990er-Jahren kommerzielle Versionen von *Smalltalk*. Unter anderem arbeitete er für ein Unternehmen, das 1997 von Sun Microsystems gekauft wurde – der Firma, die bald darauf mit der Technologie Java und ihrer *Virtual Machine* einen Siegeszug antreten sollte. Teile von Brachas Arbeit wurden für die *Java HotSpot Virtual Machine* wiederverwendet. Bracha selbst entwarf und entwickelte bis 2006 die *Java Language Specification*. Bevor er 2011 zu Google stieß und die Arbeit an dem Projekt aufnahm, das später als Dart bekannt werden sollte, entwickelte er erneut eine Smalltalk-Variante und war als Berater in verschiedenen Unternehmen tätig.

Ein recht ähnlicher Weg brachte Brachas späteren Kollegen und Dart-Co-Designer Lars Bak zu Google. Er stieß 1991 zu Sun Microsystems und arbeitete im Umfeld des Smalltalk-Dialekts *Self*, zu dessen Virtual Machine er zahlreiche Verbesserungen beitrug. Später arbeitete er an der Java HotSpot Virtual Machine und leitete die Java-Entwicklungsabteilung bei Sun Microsystems. Bak gründete im Jahre 2002 sein eigenes Softwareunternehmen, verkaufte es aber 2004 und wurde Mitarbeiter von Google. Dort arbeitete er mit seinem Team an der JavaScript-V8-Engine für Chrome.

3.1.2 Die Kernideen

Mit Gilad Bracha und Lars Bak setzte Google also zwei ausgewiesene Experten ein, um die im Rahmen der Webentwicklung als Alternative zu JavaScript gedachte Sprache zu entwerfen und zu entwickeln. Von ihrem umfangreichen Wissen über die Java Virtual Machine profitierend, formten sie als Basis die *DartVM* – eine Designentscheidung, die nicht zu unterschätzen ist. Ähnlich wie Java würde Dart also »überall« laufen können, vorausgesetzt, entsprechende Implementierungen der Virtual Machine würden bereitgestellt.

Konkrete Planungen, die DartVM in Google Chrome zu integrieren, wurden aber nicht bekannt. Offiziell richtete sich Dart bis Anfang 2015 an Webentwickler und galt als Alternative zu JavaScript. Webanwendungen ließen sich in Dart schreiben und wurden anschließend automatisch in JavaScript übersetzt. Dass Entwickler dadurch selbst bei größeren Projekten keine Leistungseinbußen zu befürchten hatten, zeigte beispielsweise eine Variante von *Angular* namens *AngularDart*. Diese wurde von Google entwickelt und unter anderem für *AdWords*, *AdSense* und *Fiber* eingesetzt.

Ein anderer Vorteil, den eine Virtual Machine mit sich bringt, sollte letztlich aber für den großen Durchbruch sorgen: Dart-Code kann sowohl *Just-In-Time* (*JIT*) interpretiert als auch *Ahead-Of-Time* (*AOT*) kompiliert werden. Das im April 2015 als *Project Sky* vorgestellte und später in *Flutter* umbenannte Projekt schaffte auf dieser Basis die Möglichkeit, in Bruchteilen einer Sekunde den gesamten Anwendungscode auf ein Smartphone zu übertragen und »live« zu verändern. Es waren die ersten Schritte des *Hot-Reloads*, einer Technologie, die Google vor Augen führte, dass die Kombination aus Dart und Flutter die mobile Entwicklung stark beschleunigen könnte.

3.1.3 Eine Sprache des 21. Jahrhunderts

Dart kann zweifellos als »moderne Programmiersprache« eingeordnet werden. Charakteristisch für solche Sprachen sind z. B. Features wie das Typsystem und *Typinferenz*, *Lambdas* und eine einfache und effiziente Kapselung der asynchronen Programmierung.

Während der vier Entwicklungsjahre zeigte Dart eine großartige Performance, wurde stetig erweitert, bekam Ende 2014 das Sprachfeature *Enumeration* und 2015 die asynchrone Programmierung über die *Future API*. Da das Typsystem zunächst in Anlehnung an JavaScript nicht angedacht war, wurde es erst im Laufe der Jahre und außerdem mit einem »Preview-Flag« optional eingeführt. Mit dem Release von Dart 2.0 im August 2018 wurde es aber endlich verpflichtend.

Ein gleichfalls großer Schritt für Dart war die Einführung der *Null-Safety* mit Dart 2.12, das mit Flutter 2.x ausgeliefert wird. Damit mit dieser gewichtigen Änderung kein *Breaking Change* eingeführt wird, der unzählige Apps zu sofortigen Anpassungen am Quellcode zwingen würde, bleibt die Null-Safety ein Opt-In: Projekte können sich mittelfristig entscheiden, wann sie die Migration vornehmen wollen.

In dieser Einführung verwende ich von vornherein Null-Safety. Falls Sie ein älteres Projekt bearbeiten, gebe ich Ihnen Tipps zur Umstellung. Es ist nach wie vor und gerade im Hinblick auf bestehende Projekte wichtig, die Tücken der Sprache Dart zu kennen, die beim Umgang mit dem Wert `null` zutage treten.

Abschnitt 3.16 wird Sie aber umfassend zum Thema Null-Safety informieren, die Unterschiede aufzeigen und Sie durch die Migrationsschritte eines Projekts führen.

3.2 Ein erstes Dart-Programm

Der Tradition, Einführungen in eine Programmiersprache mit »Hello, world!« zu beginnen, bleibe ich gern treu. Schauen Sie sich zunächst die Dart-Variante dieses Brauchs an. Wie in anderen C-artigen Sprachen ist auch in Dart `main` der Einsprungspunkt:

```
void main() {
  // Unser erstes Dart-Programm
  print('Hello, world!');
}
```

Das kurze Programm, das auf den ersten Blick von Java oder C kaum zu unterscheiden ist, zeigt bereits einige markante Eigenschaften der Programmiersprache. In der ersten Zeile sehen Sie den *Rückgabetyp*, der von der *Funktion* `main` erwartet wird. Im Gegensatz zu den Sprachen Swift und Kotlin definiert Dart also den Rückgabetyp noch vor dem Funktionsnamen, der von keinem gesonderten Schlüsselwort eingeleitet wird, und hält sich hierdurch etwas näher an der Programmiersprache *C* als die beiden anderen Sprachen. Ebenfalls fällt das Semikolon am Ende der dritten Zeile auf, das in Dart nicht optional ist und somit immer das Ende einer *Anweisung* aufzeigt.

Doch genug der Theorie: Lassen Sie das Programm nun einmal durchlaufen. Hierzu fügen Sie den obigen Code in den Texteditor Ihrer Wahl ein (z. B. Visual Studio Code – das Flutter-Plugin bringt die reine Dart-Unterstützung mit), speichern die Datei unter dem Namen *hello_world.dart* und führen sie anschließend aus. Öffnen Sie in der *Konsole* den Speicherort, und starten Sie dann das Programm mit `dart hello_world.dart`. Damit haben Sie Ihr erstes Dart-Programm ausgeführt, herzlichen Glückwunsch!

[»]

Ausführen in DartPad

Steht Ihnen gerade kein Computer mit einer Installation zur Verfügung oder wollen Sie unverbindlich etwas ausprobieren? Hierzu bietet sich das *DartPad* unter *https://dartpad.dev* an, das als Webanwendung angeboten wird. Der Dart-Code kann in das DartPad kopiert oder eingetippt und direkt über die Schaltfläche RUN ausgeführt werden. Das *DartPad* verfügt über eingebaute Dokumentation, Konsolenausgabe und einen Interpreter.

Falls Sie sogar Flutter-Apps online entwickeln möchten, schauen Sie bei *flutlab.io* oder *zapp.run* vorbei. Für die ernsthafte Entwicklung empfiehlt sich jedoch die lokale Installation mit Visual Studio Code oder Android Studio bzw. IntelliJ IDEA.

In der Ausgabe sollte sich nun Folgendes zeigen:

```
>> dart hello_world.dart
Hello, world!
```

[+]

Ausführen in der Konsole

Da sich Dart auf gängigen Betriebssystemen wie Linux, macOS und Windows ausführen lässt, kann es in Hinblick auf das Aussehen und Verhalten der Konsole zu Unterschieden kommen. Wichtig für die Ausführung ist, dass der Befehl `dart` zum sogenannten *PATH* des Betriebssystems hinzugefügt wurde. Alternativ können Sie das Programm *dart* auch anders aufrufen: entweder indem Sie die Zeile aus dem Verzeichnis aufrufen, in dem *dart* enthalten ist, oder indem Sie den absoluten Pfad zu *dart* angeben. Der Programmcode und die darauf angewendeten Konsolenprogramme wie *dart*, die Sie in Kapitel 2 installiert haben, verhalten sich aber über alle Systeme stets gleich.

Bei der Gelegenheit können Sie mit `dart --version` prüfen, ob Sie mindestens die aktuelle Version erwischt haben. Die vorliegende 2. Auflage dieses Buchs verwendet Version 3.7.0.

3.2.1 Dateinamen

Vielleicht ist Ihnen zuvor die Schreibweise des Dateinamens aufgefallen: Der Konvention nach werden Dateinamen und Ordner in Dart-Projekten in der *snake_case*-Schreibweise angegeben. Daran orientieren wir uns auch hier mit dem Dateinamen *hello_world.dart*.

3.2.2 Kommentare

Ich habe unser erstes Beispielprogramm exemplarisch mit *Kommentaren* versehen. Dart bietet sowohl Mehrzeilenkommentare, die wie in Java oder C von /* und */ eingerahmt werden, als auch einzeilige Kommentare mit //.

Des Weiteren ermöglicht Dart das explizite Dokumentieren von Code. Auf diese Art Kommentare werden Sie in Abschnitt 3.15 treffen, nachdem Sie sich mit den verschiedenen Elementen der Programmiersprache vertraut gemacht haben.

3.3 Wichtige Begleiter

Auf die aufregende Lernreise durch Dart hat man Sie zum Glück nicht allein geschickt. Ihnen stehen nützliche Werkzeuge zur Seite, z. B. der *Dart Linter*. Die Dart-Community ist sehr aktiv und diskutiert rege über *Code Styles*. Viele Fehler rund um `null` oder als *Code Smells* bezeichnete Stellen lassen sich über automatisiert angewendete Regeln effizient vermeiden. Zahlreiche Erfahrungen und das Wissen über Interna von Dart wandern in den *Linter*, der drei sogenannte *Rulesets* anbietet: *pedantic*, *effective_dart* und *flutter*. Teams können sich auf einen Regelsatz festlegen und von den Hilfestellungen profitieren.

In *Code Reviews* besitzen Kommentare zu Style und Formatierung durchaus das Potenzial, die Entwicklung merklich zu bremsen. Fragen, beispielsweise zur Einrückung oder Klammerung, kann der *Dart Formatter* meist verhindern, indem der Code beim Einchecken oder Speichern automatisch nach festgelegten Standards formatiert wird.

Das dritte Werkzeug im Bunde ist der *Dart Analyzer*. Er kann den Code gezielt durchlaufen und prüft dabei auf korrekte Syntax, aber teils auch auf Kontext und Semantik, etwa bei der *@required-Annotation*, die Sie später kennenlernen. Ein so deklarierter *optionaler Parameter* würde, falls er nicht gesetzt wird, im *Analyzer* eine Warnung hervorrufen.

Schnelles Feedback ist eines der Leitmotive von Dart und Flutter und drückt sich unter anderem darin aus, dass etwa in den vorgestellten Entwicklungsumgebungen VS Code und Android Studio der *Analyzer* und auch der *Linter* Code schon während der Eingabe auf mögliche Probleme prüfen.

Auf Ihrem Weg zum Dart-Entwickler beziehungsweise zur Dart-Entwicklerin werden zahlreiche Berührungspunkte mit diesen Werkzeugen entstehen, die sich allmählich von Begleitern zu geschätzten Freunden entwickeln werden.

3.4 Variablen

Etwas beim Namen zu nennen, beschleunigt die Diskussion oder verkürzt das zu Berichtende. Auch in Dart müssen wir nicht lange um den heißen Brei herumreden.

3.4.1 Wiederholungstäter: Variablen mit var

Um eine Bezeichnung einzuführen, verwenden Sie `var`. Im folgenden Beispiel sehen Sie, wie ganzzahlige Werte an Variablen zugewiesen werden:

```
var one = 1;
var two = 2;
var three = 3;
```

Wir haben drei Variablen eingeführt und jeder eine Ganzzahl zugewiesen. Dass es sich hier nicht um eine Fließkommazahl oder einen booleschen Wert handelt, erkennt Dart bereits dank *Typinferenz*.

Einer mit `var` eingeführten Variablen können Sie, wie der Name schon sagt, beliebig oft einen neuen Wert zuweisen. Das folgende Beispiel weist der Variablen `number` nacheinander verschiedene Werte zu:

```
var number = 13;
number = 17;
number = 19;
```

Eine so eingeführte Variable kann jedoch nicht den Werten verschiedener Typen zugewiesen werden, zumindest nicht mehr, seit Dart über ein festes *Typsystem* verfügt (mehr zum Typsystem lesen Sie in Abschnitt 3.5). Folglich verursacht die zweiten Zeile im folgenden Beispiel einen Fehler:

```
var number = 12;
number = false;
```

Hier wurde `number` als Ganzzahl deklariert. In der nächsten Zeile lässt sich folglich kein boolescher Wert zuweisen.

Selbstverständlich können Sie die zugewiesenen Werte auslesen und verwenden. Greifen wir noch mal unser `main`-Funktion-Gerüst auf und würzen wir es mit einigen Zahlen:

```
void main() {
  var selectedNumber = 42;
  var numberToPrint = selectedNumber;
  print(numberToPrint);
}
```

Aus dem Code geht hervor, dass wir der Variablen `selectedNumber` den Wert 42 zuweisen und anschließend eine weitere Variable einführen (`numberToPrint`), der der Wert von `selectedNumber` zugewiesen wird. Am Ende des überschaubaren Programms geben wir die Zahl 42 aus. Die zweite Variable verweist übrigens nicht auf einen »Ablageort«, sondern bekommt eine Kopie der Variablen `selectedNumber`, wie das folgende Programm vorführt:

```
void main() {
  var selectedNumber = 42;
  var numberToPrint = selectedNumber;
  selectedNumber = 21;
  print(numberToPrint);
}
```

Die Ausgabe des Programms lautet noch immer 42.

3.4.2 Konstanten mit final und const

Ein in den heutigen Programmiersprachen wichtiges Konzept ist die Unveränderlichkeit (*Immutability*). Manchmal soll etwas, das einmal festgelegt wurde, nicht mehr verändert werden. Oftmals müsste es das sowieso nicht. Warum also den Sachverhalt nicht gleich zum Ausdruck bringen und die Dinge beschleunigen? Solche konstanten Werte, kurz *Konstanten*, können Sie in Dart mit dem Schlüsselwort `final` einleiten.

Der folgende Code greift das vorherige Listing nochmals auf und demonstriert die Verwendung von `final`:

```
void main() {
  final selectedNumber = 42;
  final numberToPrint = selectedNumber;
  selectedNumber = 21;
  print(numberToPrint);
}
```

Wir haben die Variablen `selectedNumber` und `numberToPrint` als `final` deklariert. Dart meldet Ihnen den folgenden Fehler:

```
The final variable 'selectedNumber' can only be set once - line 4
```

Nachträgliche Änderungen an der Variablen können Sie also durch die Definition mit `final` verbieten. Dies ermöglicht dem Compiler Optimierungen.

Mit dem Schlüsselwort `const` können Sie ebenfalls Manipulationen an einer Variablen verhindern. Damit drücken Sie gleichzeitig aus, dass es sich bei diesem Wert um einen Wert handelt, der zur Kompilierzeit bereits feststeht:

```
void main() {
  const selectedNumber = 42;
  const numberToPrint = selectedNumber;
  selectedNumber = 21;
  print(numberToPrint);
}
```

In unserem Fall haben wir `selectedNumber` mit dem *Literal* 42 definiert und können die Variable mit `const` einleiten. Ebenso lässt sich `numberToPrint` mit `const` deklarieren, da es mit einem konstanten *Ausdruck* definiert wird. Weiterhin bekommen wir – wie erwartet – einen Fehler durch Zeile 4, in der wir unerlaubterweise versuchen, die Konstante `selectedNumber` neu zu definieren:

```
Can't assign to the const variable 'selectedNumber'.
```

Mit `final` und `const` deklarierte Variablen sind demnach nachträglich nicht mehr veränderlich. `const` bietet durch seine Festlegung zur Kompilierzeit zusätzlich eine bessere Performance, ist deshalb aber auf *Literale* und konstante Ausdrücke beschränkt.

3.4.3 Warum Typinferenz?

Sie haben an diesem Punkt sicherlich den Eindruck gewonnen, dass Dart eher auf die Angabe von Datentypen verzichtet, als diese bei der Einführung einer Variablen anzugeben. Hinter der Typinferenz steckt die Idee, dass Sie als Entwickler und Konsument von Quellcode (z. B. beim Erweitern der Anwendung) nicht mit den Implementierungsdetails einer Klasse, Funktion oder Ähnlichem konfrontiert werden sollten. Durch die treffende Bezeichnung von solcherlei Symbolen soll der Blick auf den eigentlichen Datentyp hinfällig gemacht werden. Vergleichen Sie die beiden Deklarationen von Listen:

```
final List<ToDo> todoList = List<ToDo>();
final completedTasks = List<ToDo>();
```

Die zweite Zeile ist hinreichend und besser lesbar, auch wenn in beiden Fällen eine Liste aus `ToDo`-Elementen erzeugt wird. Durch den Bezeichner `todoList` erfassen Sie bereits, dass es sich um eine Liste oder um das *Konzept* einer Liste handelt. Weniger technisch könnte die Variable auch als `todos` eingeführt werden. Hier drückt der Plural aus, dass es sich um eine *Collection* handelt.

In Dart werden *Collections* – etwa eine Liste – als `Iterable` (siehe Abschnitt 3.9.4) formalisiert. Zumeist ist Ihnen als Konsument einer Funktion also gar nicht wichtig, was denn da eigentlich intern abläuft. Sie möchten wahrscheinlich bloß einen Effekt erzielen oder eine Rückgabe erhalten.

Die Typinferenz erspart Ihnen beispielsweise das Einführen des Rückgabetyps in Ihren Gültigkeitsbereich (*Scope*), etwa über gesonderte Imports einer *Mini-Library* (siehe Abschnitt 3.13.1). Ohne dieses Feature müssen Sie, wie unten zu sehen ist, genau mitteilen, welchen Typ die aufgerufene Funktion zurückliefern wird:

```
import 'package:library/example_class.dart';
...
ExampleClass result = someFunctionality();
```

Ein weiterer Grund, der für Typinferenz spricht, ist die Unabhängigkeit vom konkreten Typ. Wenn Sie eine Kategorie von Datentypen wie Zahlen (`num`, siehe Abschnitt 3.5.1) oder die angesprochenen `Iterable`-*Collections* als Ergebnis einer Funktion erwarten, ist für Sie die konkrete Implementierung (Ganzzahl, Fließkommazahl, Liste, Menge usw.) nicht immer von Belang. Ohne Typinferenz müssten Sie den Typ aber angeben. Falls der Entwickler einer *API* oder Funktion die interne Implementierung oder den Rückgabetyp ändert, so wären Sie gezwungen, Ihren Code anzupassen!

Angenommen, Sie haben eine Additionsfunktion für Integerzahlen geschrieben, erweitern diese aber so, dass sie auch Kommazahlen unterstützt. Dann müssten Sie jede Zeile ändern, in der explizit `int` steht – es sei denn, Sie haben Typinferenz benutzt und einfach `var` geschrieben:

```
int a = add(2, 4);
...
double a = add(2, 4);
...
var a = add(2, 4);
```

Typinferenz erleichtert Ihnen also den Job. Gerade bei größeren *generischen* Ausdrücken (siehe Abschnitt 3.8) würde die Aufmerksamkeit der Lesenden sonst aufgrund des visuellen Platzbedarfs auf den Typ gelenkt, anstatt zu verarbeiten, was der Code aussagt oder warum er existiert. Als Beispiel dafür möchte ich Ihnen eine Liste aus Funktionsreferenzen vorführen, die von einer fiktiven gedachten Funktion `getCallback` zurückgegeben wird. Keine Sorge, Sie müssen den Code an dieser Stelle nicht entziffern können!

```
List<Map<String, Set<int>> Function(Set<int>)> list = getCallbacks();
```

Seine Länge und die Tatsache, dass Sie den Datentyp bei jedem Aufruf von `getCallbacks` angeben müssten, spricht klar für die einfachere Alternative:

```
var list = getCallbacks();
```

An einer Stelle verlangt die Konvention aber dann doch, dass Sie die Datentypen ausschreiben: Innerhalb von *Klassen* sind Instanzvariablen stets mit dem Datentyp anzugeben (siehe Abschnitt 3.7.1). Das ist allerdings völlig in Ordnung, wenn man im Vergleich mit lokalen Variablen, die Sie mit `var` oder `final` einführen, bedenkt, dass der Kontext einer Klasse in der Regel viel größer ist. Außerdem kommt es häufiger vor, dass die Instanzvariablen zunächst nur deklariert, nicht aber definiert werden. Dazu erfahren Sie mehr in Abschnitt 3.7, »Klassen, Mixins und Enums«.

3.5 Datentypen

Gegenstände in unserer Welt haben gewisse Eigenschaften, die wir intuitiv erkennen und durch die wir die Gegenstände einordnen können. So fällt es uns leichter, zu entscheiden, was wir mit ihnen machen können oder wofür wir sie gebrauchen können. Etwas Rundes eignet sich eher dazu, es rollen zu lassen, als etwas Eckiges. Ein Quader wiederum macht es uns leichter, etwas darauf abzustellen, als ein Ball. Wenn wir Gegenstände klassifizieren bzw. typisieren, sparen wir es uns, bei jeder Benutzung überprüfen zu müssen, um was *es* sich denn handelt oder was *es* denn tut.

Falls Sie schon Erfahrungen mit Programmiersprachen sammeln konnten, kennen Sie sie bereits: Datentypen. *Integer*, *Float* und *Double*, *Boolean*, *String* und *Collection* sind die wohl bekanntesten Vertreter. Im Folgenden wollen wir uns anschauen, welche Datentypen von Dart angeboten werden und wie wir sie uns zunutze machen können.

3.5.1 Numerische Datentypen

Zahlen sind in Dart übersichtlich in zwei Kategorien aufgeteilt: in die Ganzzahlen (`int`) auf der einen Seite und in die Fließkommazahlen (`double`) auf der anderen. Aufgrund der sinnvollen Reduzierung auf lediglich zwei Typen kommt auf Sie daher kaum Mühe bei der Auswahl zu. Ist es eine Ganzzahl, verwenden Sie `int`, benötigen Sie Fließkommazahlen, dann `double`. Anders als zum Beispiel die Sprache Swift verzichtet Dart auf explizite Typen für *unsigned integers*, genauso auf verschiedene Bitbreiten. `UInt8`, `UInt16` usw. existieren in Dart also nicht.

Da Dart sowohl über die *DartVM* als auch nativ kompiliert werden kann, kann es bei Ganzzahlen hinsichtlich der Bitbreite zu Unterschieden kommen. Die Sprache selbst definiert, dass ein `int` »nicht größer als 64 Bit« ist. Das kommt daher, dass Ganzzahlen in der DartVM für 64 Bit mit 64 Bit definiert sind, in der DartVM für 32 Bit mit 32 Bit. Aber zu JavaScript kompilierter Dart-Code arbeitet mit *JavaScript numbers*, die eine Breite von 53 Bit aufweisen – alle Zahlen in JavaScript sind nach dem Standard *IEEE-754* definiert. Ebenfalls nach diesem Standard implementiert sind Darts Fließkommazahlen. Seien Sie daher vorsichtig, wenn Sie Ihren Dart-Code bisher für die DartVM (64 Bit) geschrieben und auf ihr getestet haben und ihn nun zu JavaScript kompilieren wollen! Für Zahlen oberhalb von 253-1 (etwa 9 Billiarden) verwenden Sie sicherheitshalber den Typ `BigInt`.

Nachdem Sie die beiden numerischen Datentypen kennengelernt haben, können wir uns ein vorangegangenes Beispiel noch mal hernehmen und dieses Mal `var` durch `int` und `double` ersetzen:

```
int one = 1;
double two = 2.0;
double three = 3;
```

In der letzten Zeile sehen Sie, dass einem Typ `double` durchaus eine Ganzzahl zugewiesen werden kann. Dies gilt jedoch mit der Einschränkung, dass ein solcher Wert als Fließkommazahl darstellbar sein muss. Nachdem Dart 2.0 sehr strenge Typregeln aufstellte, wurde mit Version 2.1 der Sprache die Lockerin im vorhergehenden Listing eingeführt. Dies ermöglicht leichter lesbaren Code in Flutter in Bezug auf Eigenschaften, die eigentlich vom Typ `double` sind. Folgender Flutter-Code war in Dart 2.0 noch ein Fehler, wurde mit Dart 2.1 aber erlaubt:

```
Padding(
  padding: const EdgeInsets.only(top: 16),
  child: Text('Nun sind auch Integer erlaubt. Zuvor nur: 16.0'),
)
```

Andersherum gilt aber nicht das Gleiche. Das liegt daran, dass die Nachkommastellen durch die implizite Umwandlung in eine Ganzzahl verloren gehen würden. Zur Sicherheit schränkt Dart die Möglichkeiten ein und bietet Ihnen nur die explizite Konvertierung unter Angabe des Vorgehens beim Runden. Folgender Code führt daher zu einem Fehler:

```
int number = 9.0;
```

Aus dem gleichen Grund beschert Ihnen die Typinferenz in dem folgenden Beispiel eine Variable vom Typ `double` und nicht `int`:

```
var number = 13.0;
```

Der numerische Basistyp: num

Damit das obige Beispiel nicht zu Komplikationen führt, gibt es eine elegante Lösung: Die Datentypen `int` und `double` stammen beide vom Typ `num` ab. Dies bietet den Vorteil, dem Programm sagen zu können, dass es eine Zahl zu erwarten hat, aber die eigentliche Implementierung (erst mal) nicht von Belang ist.

Ein Anwendungsfall wäre zum Beispiel die *Deserialisierung* von *JSON*-Code. So könnte beim Empfangen eines Zahlenfelds beim Deserialisieren vom Typ `num` ausgegangen werden, was es dem Wert im JSON-Code ermöglicht, zwischen Ganz- und Fließkommazahl zu wechseln, ohne dass der Empfänger angepasst werden muss.

Operatoren

Der Basistyp `num` definiert typische *Operatoren* wie `+`, `-`, `*`, `/`, `%` und Möglichkeiten, um auf- oder abzurunden. Der folgende Code zeigt exemplarisch den Operator `+` in seiner Verwendung:

```
void main() {
    num a = 1;
    num b = 2.0;

    num result = a + b;
    print(result);
}
```

So ausgeführt, sehen Sie das Resultat `3` auf dem Bildschirm. Die dritte Zuweisung zeigt, dass Sie problemlos `a` (`int`) und `b` (`double`) addieren können.

Übrigens: An den fehlenden Nachkommastellen (auch wenn sie Nullen wären) sehen Sie, das `result` ein `int` ist, kein `double`. Das können Sie sich sogar anzeigen lassen:

```
print(result.runtimeType);
```


dart:math

Sollte ein Operator fehlen oder sollten komplexere Berechnungen nötig sein, so lohnt sich ein Blick in die Library *dart:math*. In ihr werden unter anderem etwa mathematische Konstanten (Pi etc.), trigonometrische Funktionen und ein Random-Number-Generator angeboten. In Abschnitt 3.13 werden Sie lernen, wie Sie Librarys in Ihren Dart-Code einbinden und anschließend nutzen können.

3.5.2 Boolesche Werte

Ein konzeptionell naher Verwandter der numerischen Datentypen ist `bool`. Er entwickelte sich aus den Werten 0 (*falsch*) und 1 (*wahr*). Die Programmiersprache C rechnete bis zum Standard C99 (aus dem Jahr 1999, daher der Name) mit dem Wert 0 für *falsch* und mit allem ungleich 0 (z. B. 1) für *wahr*.

Eine Variable dieses Typs kann demnach zwei Werte einnehmen: `true` oder `false`. Die Implementierung der booleschen Werte wartet mit keinen Besonderheiten auf, sondern verhält sich erwartungskonform. Mit Operatoren wie *Logischem Und* (&&) und *Logischem Oder* (||) können boolesche Ausdrücke bzw. Variablen miteinander kombiniert werden. Folgender Code zeigt ein Beispiel für ihre Verwendung:

```
void main() {
    bool x = true;
    bool y = false;

    bool result = x || y;
    print(result);
}
```

Hier sehen Sie zwei Variablen des Typs `Bool`, die jeweils mit `true` und `false` initialisiert werden. Der logische Oder-Operator führt anschließend die Berechnung aus. Nach der Ausführung des Codes erscheint die Ausgabe `true` auf dem Bildschirm.

Sie werden mit hoher Wahrscheinlichkeit irgendwann die Umkehrung eines booleschen Ausdrucks benötigen. Mithilfe des Operators `!` können Sie eine Aussage negieren, das heißt umdrehen. So können Sie beispielsweise die Variable `x` aus dem oberen Beispiel mit `!x` in ein `false` verwandeln.

Solche Ausdrücke werden von links nach rechts ausgewertet. Ergibt ein Operand, der dem &&-Operator übergeben wird, `false`, so bricht die Ausführung aller folgenden Teile ab. Schließlich müssen bei einem *Logischen Und* alle Aussagen wahr sein, damit die gesamte Aussage wahr ist! Das *Logische Oder* bricht die Verarbeitung in diesem Fall nicht ab, weil nur einer der beiden *Operanden* wahr sein muss. Das heißt, ist der linke Teil einer ||-Operation `false`, wird auch der rechte Teil überprüft. Wenn der linke Teil des ||-Operators jedoch schon zu `true` auswertet, spart sich die Anwendung die Ausführung des rechten Operanden.

Dank Null-Safety können `bool`-Variablen wirklich nur zwei Zustände annehmen, anders als etwa in Java, wo ein `bool` auch `null` sein kann. Durch diese strikte Vorgabe entfallen zum Glück eine ganze Reihe Spezialfälle.

3.5.3 Strings

Ein *String* ist wahrscheinlich einer der Datentypen, die Sie am häufigsten in einem Dart-Programm antreffen werden. Davon, dass es sich bei Dart um eine sehr moderne Programmiersprache handelt, zeugt unter anderem, wie viel Funktionalität und Komfort die Sprache bereits zur Behandlung von Zeichenketten mitbringt. Strings bestehen aus zusammengefügten *UTF-16*-Einheiten und verfügen über Möglichkeiten, um numerische oder andere Daten ohne Umwege über Format-Funktionen einzufügen. Außerdem unterstützen sie Mehrzeilendefinitionen und bieten viele hilfreiche Funktionen wie das Splitten, das Suchen und das Zerschneiden in Teilstrings.

Einfache Strings

Interessanterweise lassen sich Strings entweder mit `''` oder mit `""` definieren. Hier führen zwei Wege zum Ziel und rufen deswegen Diskussionen darüber hervor, welche der beiden Varianten die bessere und deswegen zu bevorzugen sei. Der Dart Linter empfiehlt stets, die einfachen Anführungszeichen zu verwenden, außer der String beinhaltet ein oder mehrere Apostrophe, die »escapet« bzw. maskiert werden müssen. In diesem Fall wären die doppelten Anführungszeichen einzusetzen. Das nächste Codebeispiel verdeutlicht diese Empfehlung, einen String zu definieren:

```
final greeting = 'Hello, World!';
final bad_question = 'That\'s my bad?';
final question = "What's up?";
```

Die erste Zeile zeigt einen mit einfachen Anführungszeichen definierten String, den Sie auch schon aus dem »Hello, World«-Beispiel aus Abschnitt 3.2 kennen. In der nächsten Zeile sehen Sie einen weiteren so eingeführten String. Auffällig ist hier aber das nun nötige Escapen in »That's«. Die dritte Zeile folgt der oben genannten Empfehlung, doppelte Anführungszeichen zu verwenden, wenn bei einfachen ansonsten ein Backslash zum Einsatz kommen müsste.

Mehrzeilen-Strings

Soll sich ein String über mehrere Zeilen erstrecken (etwa bei Daten im *JSON*-Format), bietet Dart auch hierfür eine Möglichkeit. Mehrzeilige Strings lassen sich mit dreifachen Anführungszeichen schreiben:

```
var x = """Von Anfang
          bis Ende""";
```

Listing 3.1 Mehrzeilige Strings

Beachten Sie, dass die Einrückung in Form eines Haufens Leerzeichen hier mit im String landet – und der Zeilenumbruch ebenfalls. Auf diese Weise können Sie vorformatierte Texte hinterlegen, aber das ist nicht immer das, was Sie wollen.

Strings verbinden

Dart bietet mehrere Möglichkeiten, um Strings miteinander zu verbinden. Aus anderen Programmiersprachen ist Ihnen vielleicht der intuitiv benutzte *+-Operator* bekannt. Auch in Dart lassen sich Strings mit diesem *Operator* miteinander verbinden:

```
final greeting = 'hello' + ',' + ' world';
```

Die Begrüßung lässt sich daher problemlos mit dem + verketten.

Dart folgt insgesamt dem Motto »Weniger ist mehr« und hilft Ihnen im Falle der Strings mit dem Dart Linter, der bezüglich der obigen Begrüßung darauf hinweisen würde, dass der +-Operator nicht verwendet werden soll bzw. muss.

[«]

Strings lassen sich auch multiplizieren

Nicht nur der *+-Operator*, sondern auch der **-Operator* ist in der Klasse `String` implementiert. Inhalte lassen sich damit ohne Mühe vervielfältigen. Angenommen, Sie möchten den String »Hoch soll er leben« dreimal ausgeben, so wäre dies in Dart bereits mit dieser Zeile getan:

```
print('Hoch soll er leben!' * 3);
```

Der Linter erinnert daran, dass automatisch erkannt wird, dass es sich um angrenzende Strings handelt und somit eine Verkettung angenommen wird. Die Verkettung ist eine weitere Möglichkeit, um Strings zu konkatenieren. Aus dem obigen Beispiel wird hiernach:

```
final greeting = 'hello' ',' ' world';
```

Das funktioniert auch über mehrere Zeilen hinweg, da erst das Semikolon die Anweisung abschließt:

```
final greeting = 'hello'
                 ','
                 ' world';
```

Beachten Sie, dass im Vergleich zu der Variante mit den dreifachen Anführungszeichen hier keine Zeilenvorschübe oder einrückende Leerzeichen im String landen.

Diese Verschlankung funktioniert allerdings nicht mehr, wenn wir *Ausdrücke*, etwa Variablen, miteinander oder mit *String-Literalen* verknüpfen wollen. So führt dieser Code zu einem Fehler:

```
final hello = 'hello';
final world = 'world';
final greeting = hello ', ' world;
```

Die Regel dahinter ist, dass die Verkettung nur unter String-Literalen funktioniert. Ein Ausdruck wie eine Variable oder eine Funktion, die einen String zurückgibt, sind ausgeschlossen. Durchaus kann hierbei aber auf der Seite der Zuweisung (rechts) beides stehen, also Ausdrücke sowie auch miteinander verknüpfte Literale:

```
final hello = 'hello';
final world = 'world';
final greeting = hello + ',' ' ' + world;
```

Sie sehen die Variablen `hello` und `world`, die zwei String-Literale einrahmen. Zur Demonstration habe ich Komma und Leerzeichen in zwei eigene Literale aufgetrennt.

[»]

Performantes(tes) Konkatenieren

Falls Sie bereits Erfahrung mit C++, Java, Kotlin oder C# haben, kennen Sie möglicherweise das Konzept von *String-Buildern*. Strings sind *immutable* (unveränderlich), und jede Konkatenation erzeugt technisch einen neuen String. Um mögliche Performance-Einbußen zu umgehen, greift man auf Builder zurück, die beliebig viele Strings aufnehmen und schließlich als einen String zurückgeben.

Dart bietet ebenfalls einen solchen String-Builder. Diese Funktionalität implementiert der im Dart-Core befindliche Typ *StringBuffer*. Über `write`-Funktionen schiebt man die zu konkatenierenden Strings in den Puffer und erhält über ein `toString()` einen zusammengefügten String zurück.

Wegen des im Normalfall eher irrelevanten Performanceunterschieds benötigen Sie diese Methode aber nur, wenn auch eine Fünftel Millisekunde noch eine zu viel ist: Die Verbindung mit dem Plus-Operator dauert auf meinem PC 0,2 ms und die mit dem String-Buffer 0,02 ms.

String-Interpolation

Der so entstandene Code ist völlig in Ordnung, doch jetzt mussten wir erneut auf den +-Operator zurückgreifen. Zu Hilfe kommt uns das Feature der String-Interpolation. Hierbei erkennt Dart innerhalb eines Strings Ausdrücke automatisch und vermeidet, dass Hilfsfunktionen, sogenannte *Formatter*, aufgerufen werden müssen. Handelt es sich bei dem Ausdruck um einen String, so wird dieser in das umgebende *String-Literal* eingebettet. Das kann durchaus auch der durch einen Funktionsaufruf zurückgegebene String sein. Ein Beispiel verdeutlicht die Interpolation und deren Syntax:

```
final hello = 'hello';
final world = 'world';
final greeting = '$hello, ${world}';
```

Sie sehen ein String-Literal, in dem unsere Variablen jeweils mit einem $-Zeichen und im Fall von `world` sogar mit geschweiften Klammern `{}` eingeleitet und umrahmt werden. $ weist Dart darauf hin, dass die folgenden Zeichen zu einem *Ausdruck* gehören. In Dart können Ausdrücke aber nur aus bestimmten Zeichen bestehen. Eine Variable dürfte etwa nicht das Zeichen `!` oder ein `,` beinhalten. Deswegen wird das echte Komma in der Anrede »hello, world« korrekt von Dart erkannt. Doch was hat es mit den geschweiften Klammern um `world` auf sich? Diese Klammern öffnen das Tor zu Ausdrücken, die aus mehr Elementen als einer Variable bestehen. So können Sie zum Beispiel die numerischen Operatoren darin ausführen, die Sie schon kennengelernt haben:

```
final test = '4 größer 2:, ${4 > 2}';
```

Oder wenn es sich um Objekte handelt, die Sie noch kennenlernen werden, so könnten Sie auf deren Eigenschaften zugreifen. Wenn wir annehmen, dass die Variable `world` ein solches Objekt sei und die Eigenschaft `name` besitze, so müssen wir Folgendes schreiben:

```
final greeting = 'hello, ${world.name}';
```

Der Linter empfiehlt, die geschweiften Klammern nur einzusetzen, wenn auf Eigenschaften von Objekten zugegriffen wird oder komplexere Ausdrücke verwendet werden. Das erste Beispiel (`${world}`) hat sich – zu Demonstrationszwecken – also nicht an diese Hilfestellung gehalten.

Mit der *String-Interpolation* haben Sie ein sehr mächtiges Werkzeug im Zusammenspiel der Strings kennengelernt.

[+]

Wie aus einem Objekt oder Ausdruck ein String wird

In Abschnitt 3.7 werden Sie *Klassen* und die aus dieser Vorlage erschaffenen Objekte kennenlernen. Wird ein solches Objekt als Ausdruck an die String-Interpolation übergeben, so wird dessen `toString`-*Methode* aufgerufen, sodass Dart wieder bei einem durch eine Funktion zurückgegebenen String landet, der in das String-Literal eingebettet wird.

Einfache Suchen im String

Der String geht in Dart weit über das bloße Halten einer Zeichenkette hinaus. Eine häufige Problemstellung bei der Arbeit mit Strings ist das Suchen nach gewissen Buchstaben oder sogenannten *Substrings*. Stellen Sie sich vor, Sie möchten überprüfen, ob der folgende String mit der Begrüßung »Hallo« beginnt:

```
final possibleGreeting = 'Hallo, Freunde!';
```

Lösen können Sie das Problem komfortabel mit der Funktion `startsWith` von `String`:

```
print('Es ist eine Begrüßung: ${possibleGreeting.startsWith('Hallo')}');
```

Genauso leicht lässt sich überprüfen, ob der String mit »Freunde!« endet, indem Sie analog zu `startsWith` die Funktion `endsWith` verwenden:

```
print('Richtiges Ende: ${possibleGreeting.endsWith('Freunde!')}');
```

Lassen Sie sich jeweils das Ergebnis der Suche (`true` oder `false`) über die Funktion `print` ausgeben. Hierzu bauen Sie einen Ergebnis-String mithilfe der String-Interpolation, die Sie im vorherigen Abschnitt kennengelernt haben.

Wichtig ist, dass `startsWith` und `endsWith` jeweils tatsächlich von dem absoluten Start- und Endpunkt ausgehen. So würden Sie keinen Erfolg mit diesen beiden Suchen verbuchen können:

```
print('Es ist eine Begrüßung: ${possibleGreeting.startsWith('allo')}');
print('Richtiges Ende: ${possibleGreeting.endsWith('Freunde')}');
```

Beide Prüfungen resultieren in `false`. Im Fall von `startWith` haben wir den Buchstaben »H« übersprungen. `endsWith` hat überprüft, ob unsere Begrüßung mit »Freunde« endet, jedoch endet sie mit »Freunde!«.

Sollte die Groß- oder Kleinschreibung des gesuchten Strings nicht von Bedeutung sein, so können Strings mit `toLowerCase` oder `toUpperCase` vereinheitlicht werden. Ein einfaches Dart-Programm könnte wie folgt aussehen:

```
void main() {
  final possibleGreeting = 'Hallo, Freunde!';
  final screamingGreeting = 'HALLO, Freunde!';
  final whisperingGreeting = 'hallo, Freunde';

  final expectedGreeting = 'Hallo'.toLowerCase();

  print('Es ist eine Begrüßung: ${possibleGreeting.toLowerCase()
     .startsWith(expectedGreeting)}');
  print('Es ist eine Begrüßung: ${screamingGreeting.toLowerCase()
     .startsWith(expectedGreeting)}');
  print('Es ist eine Begrüßung: ${whisperingGreeting.toLowerCase()
     .startsWith(expectedGreeting)}');
}
```

Sie sehen in den letzten drei Anweisungen, wie die `toLowerCase`-Funktion verwendet wird. Alle drei Prüfungen liefern als Ergebnis eine korrekte Begrüßung aus.

Ist lediglich zu prüfen, ob etwas Teil eines Strings ist, also nicht unbedingt am Anfang oder am Ende steht, können Sie auf `contains` zurückgreifen, indem Sie die Funktion genauso wie etwa `startsWith` auf einen beliebigen String anwenden und ihr das Suchwort übergeben.

Übrigens: Dank UTF-16-Unterstützung funktionieren `toLowerCase()` und `toUpperCase()` auch mit deutschen Umlauten.

[+]

Das Pattern-Interface

Manche Funktionen von `String` fordern als Parameter keinen String (bspw. `contains`), sondern den als Interface bereitgestellten Typ `Pattern`. Dies ermöglicht es diesen Funktionen, reguläre Ausdrücke (siehe den Abschnitt »Reguläre Ausdrücke« weiter unten) zu übergeben, denn `RegExp` und `String` implementieren beide jeweils `Pattern`.

Der String als Container

Strings sind Aneinanderreihungen von Zeichen. Eine solche Reihenfolge von Elementen erinnert nicht zu Unrecht an einen *Container* bzw. eine *Collection*. Dieser Gedanke wurde auf den String in Dart übertragen. Deshalb funktionieren Attribute wie `isEmpty`, `isNotEmpty` oder `length` bei Strings und Collections genau gleich. Auch der Zugriff auf ein bestimmtes Zeichen über dessen mit 0 beginnenden Index funktioniert bei Strings genau wie in Listen mit den von Arrays bekannten eckigen Klammern.

Teile ersetzen und aufspalten

Oft möchten wir Teile in Strings ersetzen oder herausfiltern. In Dart bieten sich hierzu die `replace`-Funktionen an. Als beispielhaften Vertreter dieser Gruppe verwenden wir `replaceAll`, um alle Leerzeichen aus einem String zu entfernen:

```
final textWithWhitespace = ' Hello, World! ';
print(textWithWhitespace.replaceAll(' ', ''));
```

Die Ausgabe ergibt ein zusammengestauchtes »Hello,World!«, in dem die Leerzeichen durch leere Strings ersetzt wurden.

Dart bietet über andere Funktionen die Möglichkeit, die Ersetzung an Bedingungen zu knüpfen. Beispielsweise lässt sich lediglich das erste Vorkommen mit der Funktion `replaceFirst()` ersetzen.

Soll ein String aufgespalten werden, etwa weil er kommaseparierte Daten enthält, können Sie die Werte separieren, indem Sie beim Aufruf von `split()` das Zeichen übergeben, mit dem die Daten getrennt wurden:

```
final csv = 'Achtung,Fertig,Los';
final separated = csv.split(',');
print(separated[0]);
print(separated[1]);
print(separated[2]);
```

In Zeile 1 ist eine durch Kommas separierte Aufzählung von Werten definiert, die wir dem String `csv` zuweisen (*csv* ist die übliche Abkürzung für *comma separated values*). Auf ihm führen wir in Zeile 2 `split` aus, sodass die Variable `separated` nun auf eine *Collection* (siehe Abschnitt 3.9) aus Strings verweist. Über den `[]`-Operator können Sie auf die einzelnen Werte zugreifen und sie ausgeben lassen.

Um einen Teil aus einem String herauszuziehen oder ihn abzuspalten, können Sie die `substring()`-Funktion verwenden. Anders als die Funktionen, die Sie zuvor kennengelernt haben, greift sie nicht auf Objekte vom Typ *Pattern* zurück, das etwa von Strings implementiert wird, sondern verlangt als Parameter einen Start- und Endindex, bis zu dem geschnitten wird, der aber selbst nicht im Ergebnis landet:

```
final greeting = 'Hello, World!';
final hello = greeting.substring(0, 5);
print(hello);
```

Ergebnis ist der String '`Hello`', der bei Index 0 beginnt und 5 Zeichen lang ist.

Der Start- und der Endindex lassen sich auch über die Funktionen `indexOf()` und `lastIndexOf()` bestimmen. Der Teil »World« lässt sich somit folgendermaßen aus der Variable `greeting` herausziehen:

```
final greeting = 'Hello, World!';
final startIndex = greeting.indexOf('World');
final endIndex = greeting.lastIndexOf('!');
final world = greeting.substring(startIndex, endIndex);
print(world);
```


Strings ausstopfen und trimmen

Die letzten Hilfsfunktionen, die ich Ihnen vorstellen möchte, sind `padLeft()`, `padRight()` sowie `trim()`, `trimRight()` und `trimLeft()`.

Befassen wir uns zunächst damit, etwas mit `padLeft()` hinzuzufügen. Im folgenden Beispiel soll die Uhrzeit auf handelsübliche Weise ausgeben werden, und zwar auch um 09:05 Uhr mit Nullen. Das hier genügt also nicht:

```
final hour = '9';
final minutes = '5';
print('Es ist $hour:$minutes Uhr');
```

Das Ziel lässt sich mit `padLeft()` erreichen:

```
print('Es ist ${hour.padLeft(2, '0')}:${minutes.padLeft(2, '0')} Uhr');
```

Diese Ausgabe lautet jetzt wie erhofft »Es ist 09:05 Uhr«. Indem Sie der Funktion `padLeft()` mitgeteilt haben, dass Sie z. B. für `hour` den String `'9'` gerne auf zwei Zeichen verbreitern und die leere Stelle mit dem String `'0'` auffüllen möchten, haben Sie das Problem elegant gelöst. Analog dazu ließe sich mit `padRight()` ein String zur rechten Seite erweitern.

Zum Abwerfen von unnützem Ballast lohnt sich ein Blick auf die `trim()`-Funktionen. Mit ihnen lassen sich überflüssige Leerzeichen entfernen, die oft bei der Verarbeitung von Benutzereingaben auftreten. Diese können gleichzeitig am Anfang und am Ende eines Strings entfernt werden (`trim()`), oder man wirft nur anführende (`trimLeft()`) respektive ausleitende (`trimRight()`) Leerzeichen aus dem String. Probieren Sie es doch einmal selbst:

```
final username = ' Maxi Musterfrau ';
final trim = username.trim();
print(trim);
print(trimLeft);
print(trimRight);
```

Reguläre Ausdrücke

Strings stehen in enger Verbindung mit den *regulären Ausdrücken*. Beide basieren auf dem Basistyp `Pattern`. In diesem Abschnitt möchte ich Ihnen kurz vorstellen, wie Sie reguläre Ausdrücke in Dart verwenden.

Den Einstieg in diese Welt erhalten Sie über den Typ RegExp. Um Ihren Ausdruck aufzugreifen und anschließend auf Zeichenketten anzuwenden, erstellen Sie sich ein Objekt davon:

```
final regex = RegExp(r'\d+');
```

Der Beispielausdruck \d+ bedeutet: *beliebig viele aufeinanderfolgende Ziffern* (englisch *digits*, daher das d).

Sie übergeben dem RegExp-Konstruktor einen Ausdruck als String, dem das Zeichen r vorangestellt wird. Hierdurch teilen Sie Dart mit, dass Sie die Zeichenkette als *Raw String* verwenden möchten, also ohne Funktionalität wie die *Interpolation*, die etwa durch das Zeichen $ in einem String eingesetzt wird.

Reguläre Ausdrücke können Sie benutzen, um einen String nach bestimmten Zeichen oder Zeichenkombinationen abzusuchen.

Den ersten Treffer in einem zu prüfenden String erhalten Sie über die Methode firstMatch():

```
void main() {
  final regex = RegExp(r'\d+');
  final f = regex.firstMatch('samdjhrfbghksdjhfg');
  print(f?.group(0));
}
```

Erraten Sie, was diese Zeilen ausgeben? Nein? Probieren Sie es aus!

Das Fragezeichen im print-Aufruf ist erforderlich, weil f null sein könnte, wenn firstMatch() überhaupt nichts findet. Es verhindert in diesem Fall einen Absturz und gibt lediglich null aus. Mehr zum Thema Null-Safety erfahren Sie in Abschnitt 3.16.

Das Ergebnis der Methode firstMatch(), der Sie Ihren String übergeben, ist ein Objekt vom Typ RegExpMatch. Es bietet Zugriff auf Gruppen eines regulären Ausdrucks. Diese sind vergleichbar mit Referenzen. Beispielsweise können Sie beim Prüfen eines Ausdrucks Bezug auf eine bereits erkannte Gruppe vorne (*Back Reference*) oder auf eine noch kommende Gruppe nehmen (*Forward Reference*). Die vom Ausdruck im obigen Beispiel gesuchte Zahlenkette 123 ist die erste Gruppe im von firstMatch() gelieferten RegExpMatch. Über deren Indizes können Sie nacheinander auf Gruppen zugreifen.

Um auch die zweite Zahlenkette zu erfassen, die aus 456 besteht, setzen Sie die Methode allMatches() ein:

```
void main() {
  final regex = RegExp(r'\d+');
  final allMatches = regex.allMatches('123aa456');
  for (final match in allMatches) {
```

```
    print(match.group(0));
  }
}
```

Übrigens: `allMatches` ist kein `RegExpMatch` wie `f`, sondern ein `Iterable` und kann daher nicht **`null`** sein – daher entfällt hier das Null-Safety-Fragezeichen.

Sie sind generell lediglich am ersten Auftreten interessiert, oder das Muster wird ohnehin nur ein einziges Mal auftreten? Dann erspart Ihnen die Methode `stringMatch()` das Hantieren mit Gruppen:

```
final m = regex.stringMatch('123aa456');
```

Falls es keinen Treffer gibt, ist `m` `null`.

Alternativ zur Null-Abfrage können Sie mit der Methode `hasMatch` eine direkte Antwort auf diese Frage in Form eines `bool`-Wertes erhalten:

```
final hasMatch = regex.hasMatch('aa');
```

3.5.4 Datum, Zeit und Dauer

Um einen Zeitpunkt oder ein Datum zu repräsentieren, bietet Dart den Datentyp `DateTime`. Dieser Zeitpunkt kann entweder der lokalen Zeit entsprechen oder sich auf die *UTC*-Zeitzone beziehen.

[+]

UTC

Die Abkürzung *UTC* steht für die koordinierte Weltzeit (*Universal Time Coordinated*), von der sich alle lokalen Zeiten mithilfe der Zeitzonen berechnen lassen. Beispielsweise ist die deutsche Sommerzeit UTC+1 und die Winterzeit UTC+2. Wenn also die Uhrzeit 09:00 im Format UTC vorliegt, wäre dementsprechend die deutsche Sommerzeit 10:00 und die Winterzeit 11:00 Uhr. Wenn eine lokale Zeit somit in UTC umgerechnet wird, kann diese Information auf jegliche andere Zeitzone übertragen werden.

Ein Datum im Format UTC wird immer vollständig mit Uhrzeit und Datum angegeben. Durchgesetzt hat sich hierfür das Format *ISO 8601*, das einen internationalen Standard implementiert. Zusätzlich kann die Zeitzone angehängt werden, sodass sich zum Beispiel für den 4. Februar 2020 um 12:00 Uhr deutscher Winterzeit die folgende Zeichenkette vom Format ISO 8601 ergibt:

```
2020-02-04T12:00:00:00+02:00
JJJJ-MM-DDThh:mm:ss:f+Abstand zu UTC
```

Einige Konstruktoren erlauben Ihnen, schnell eine jeweilige Instanz ins Leben zu rufen. Innerhalb der App, d. h. ohne eine Kommunikation mit einer anderen entfernten Softwarekomponente wie einer Backend-*API*, wird in der Regel auf `DateTime.now()`

zurückgegriffen, wodurch ein lokales Zeitobjekt instanziiert wird. Wenn daraus der UTC-konforme Wert gebildet werden muss, ist auf dem Objekt die Methode `toUtc` aufzurufen:

```
final now = DateTime.now();
final asUtc = now.toUtc();
```

Ohne Umschweife gelangen Sie also mit dem Konstruktor `DateTime.utc()` an eine UTC-Zeit.

Wenn Sie ein Objekt mit einem spezifischen Datum erzeugen möchten, können Sie die Werte für Jahr, Monat, Tag usw. über den Standardkonstruktor oder über `DateTime.utc()` erfassen:

```
final specificLocal = DateTime(1970, DateTime.august, DateTime.monday);
final specificUtc = DateTime.utc(1970, DateTime.august, DateTime.monday);
```

Zu erkennen sind im oberen Beispiel auch die von `DateTime` definierten leicht erkennbaren Konstanten für den Monatsindex und den Tagesindex. Weil es sich dabei um gewöhnliche Ganzzahlen handelt, können Sie aber genauso einfache Zahlenwerte einsetzen.

Beachten Sie unbedingt, dass die Uhren nicht überall auf der Welt gleich gehen. Wenn Ihre Anwendung in irgendeiner Form mit Zeitangaben hantiert, achten Sie immer darauf, wo eine Angabe in der lokalen Zeitzone vorliegt und wo als UTC. Um Zeitpunkte übergreifend miteinander zu vergleichen, müssen sie alle in dieselbe Zeitzone umgerechnet werden (am besten in UTC).

Nicht selten erhält eine App ein Datum im Format *ISO 8601*, dargestellt in der Form eines Strings. In diesem Fall können Sie die Funktionen `parse` oder `tryParse` benutzen. Das erste Beispiel ist eine lokale Zeitangabe, da die Zeitzone fehlt:

```
final then = DateTime.parse('2012-02-27 13:27:00');
```

Im Unterschied enthält die folgende Zeile die Zeitzone `z` (*Zulu*), die mit UTC identisch ist:

```
final then = DateTime.parse('2012-02-27 13:27:00.123456789z');
```

Falls der String nicht in eine Zeitangabe geparst werden kann, wirft `parse()` eine *FormatException*. Benutzen Sie `parse()` nur, wenn Sie ziemlich sicher sein können, dass der String eine ordnungsgemäße Formatierung aufweist, z. B. beim Lesen von einer API oder aus einer Datenbank. Eine von Benutzern eingegebene Zeit parsen Sie hingegen lieber so:

```
final then = DateTime.tryParse(hopefully_a_datetime_string);
```

Im Fehlerfall erhalten Sie hier `null` als Rückgabewert, was sich eleganter auswerten lässt als eine Exception. Das Konzept von *Exceptions* und wann sie Ihnen um die Ohren fliegen sollten und wann besser nicht, wird in Abschnitt 3.11 behandelt.

Zeitspannen besitzen in Dart einen eigenen Typ: `Duration`. Sie finden ihn oft im Zusammenhang mit `Future`, etwa bei `Future.delayed()`, das eine Aktion nach einer definierten zeitlichen Verzögerung ausführt. Die Zeitspannen werden dabei nicht kryptisch, sondern angenehm sprechend definiert:

```
final two_seconds = Duration(seconds: 2);
final also_two_seconds = Duration(milliseconds: 2000);
final another_two_seconds = Duration(microseconds: 2000000);
final length_of_football_match = Duration(minutes: 90);
final one_day = Duration(days: 1);
final hour = Duration(hours: 1);
```

Hier sind nur ganze Zahlen erlaubt.

Auch aus zwei Zeitangaben (von ... bis) können Sie eine `Duration` berechnen:

```
final duration = now.difference(long_long_ago);
```

Wenn Sie diese Dauer in Sekunden oder Tagen wissen möchten, können Sie beispielsweise schreiben:

```
print(duration.inDays);
print(duration.inSeconds);
```

Dart rundet dabei auf ganze Zahlen.

3.5.5 dynamic

Fans von typisierten Programmiersprachen kommen bei Dart seit der Version 2.0 voll auf ihre Kosten. Zwar ist es nach wie vor möglich, Dart ohne Angaben von Typen zu schreiben, etwa unter impliziter und expliziter Verwendung von *dynamic*. Doch wird dieses Vorgehen von Dart nicht empfohlen und deshalb vom *Dart Linter*, dem Sie in Ihrer Flutter-Karriere noch öfter begegnen werden, im Code bemängelt. Sie werden wahrscheinlich in Situationen auf den Dart Linter zurückgreifen, in denen die Dinge nicht richtig ineinanderzugreifen scheinen. Vielleicht gibt es im Quellcode eine Ungereimtheit, die Sie ausmerzen können, sodass Sie keine Brücke schlagen müssen und Ihnen der Einsatz von `dynamic` erspart bleibt.

Mithilfe des Typs `dynamic` drücken Sie Dart gegenüber explizit aus, dass Sie keinen festen Datentyp angeben möchten. Dies könnte etwa dann der Fall sein, wenn eine `List` aus unterschiedlichen Typen, z. B. `int`, `String` und `bool`, erstellt werden soll:

```
final a = <dynamic>[];
a.add(2);
a.add('Hello, World');
a.add(false);
```

Eine solche Liste ist erlaubt und kann sogar einfach ausgegeben werden:

```
print(a);
```

`dynamic` weist Dart an, die Referenz als *Bottom-Type*, also als Basisklasse aller anderen Typen, zu behandeln, was im Fall von Dart `Object` ist. Damit grenzt sich dieser Datentyp von dem Schlüsselwort `var` ab, das Sie in Abschnitt 3.4.1 kennengelernt haben. Schauen Sie sich folgendes Beispiel an:

```
dynamic b = 'Ich bin dynamisch!';
print(b);
b = false;
print(b);
```

Dieser Code funktioniert und gibt zuerst den String und danach den bool-Wert false aus. Das Gleiche ist mit `var` nicht möglich und wird Ihnen wie folgt in Zeile 3 als Fehler markiert:

```
var c = 'Ein String';
print(c);
c = false;
print(c);
```

Das Schlüsselwort `var` ermöglicht es lediglich, die explizite Angabe des Typs auszusparen, weil er von Dart automatisch erkannt wird (*Typinferenz*) und somit einen festen Datentyp besitzt. Hier ist dies `String`. Nachdem die Variable deklariert, also mit Typ eingeführt wurde, kann sie nicht mehr geändert werden.

Das Gleiche gilt für `dynamic b`, nur ist dessen Typ `Object` – und kann auf jeden seiner Abkömmlinge verweisen, also auf alles.

[!]

Besser nur ausnahmsweise dynamisch

Beim Umgang mit `dynamic` ist generell Vorsicht geboten, und der Typ sollte selten benutzt werden. Fehler treten potenziell erst zur Laufzeit zutage, da die statische Typwelt des Compilers umgangen wird. Lassen Sie auch nicht außer Acht, dass die Umgehung des Compilers mehr Aufwand in Richtung der Laufzeit verschiebt oder für umfangreicheren vorkompilierten Code sorgt.

3.5.6 Den Typ identifizieren

Der konkrete Typ eines Objekts ist zumeist bekannt. Wenn Sie allerdings im Umfeld von `dynamic` oder etwa mit Variablen vom Typ `Object` hantieren, fehlt der Anwendung diese Information.

Wenn Sie mit dem Wissen arbeiten, dass dahinter eine spezielle Klasse liegt, können Sie den Typ explizit festlegen (*cast*) und die Wissenslücke zur Laufzeit überbrücken.

Eine Typangabe führen Sie mit dem Operator `as` durch:

```
Object x = 'In Wirklichkeit bin ich ein String';
print((x as String).length);
```

Ohne `as String` wüsste der Compiler nicht, dass es sich um einen String handelt, und für `Object` existiert `length` nicht – ein Syntaxfehler wäre die Folge. Bei der Zuweisung des Stringliterals ans `Object x` geht die Typinformation aus Sicht des Compilers verloren. Wohlgemerkt aber nicht zur Laufzeit – `Object x` erinnert sich immer noch an seinen Typ:

```
Object x = 'Ich glaube, ich bin ein String';
print(x.runtimeType);
```

Wenn Sie `as` auf ein Objekt mit falschem Typ anwenden, erhalten Sie einen Laufzeitfehler. Natürlich sind Laufzeitfehler immer schwerer zu analysieren als Compilerfehler, da sie am liebsten bei Endnutzern auftreten – und das ist ein sehr guter Grund, sowohl `dynamic` als auch `as` zu vermeiden.

Um sich gegen solcherlei Laufzeitfehler abzusichern, setzen Sie den Operator `is` ein – oder die umgedrehte Form `is!` (gelesen »ist nicht«). Sie erhalten hierdurch eine boolesche Aussage, ob die Variable tatsächlich dem angenommenen Typ entspricht – und damit die Sicherheit vor unnötigen Laufzeitfehlern. Zusammen mit einer `if`-Abfrage denkt Dart sogar mit und Sie können den `as`-Operator weglassen:

```
Object x = 'Ich bin GANZ SICHER ein String';
if (x is String) {
  final length = x.length;
  ...
}
```

Im Rumpf von `if` löst Dart `x` als `String` auf und ermöglicht die Benutzung der Funktion `length`.

Möchten Sie hingegen lieber darauf prüfen, ob `x` kein `String` ist, so arbeiten Sie mit `is!` wie folgt:

```
if (x is! String) {
  return;
}
```

3.6 Funktionen

Es steht Ihnen beim Programmieren selbstverständlich frei, alle Anweisungen Ihrer Anwendung nacheinander innerhalb der `main`-Funktion zu schreiben, die Sie bereits in Abschnitt 3.2 kennengelernt haben. In der Softwareentwicklung hat sich aber vor langer Zeit das Schreiben kurzer und prägnanter Funktionen durchgesetzt. Meist erfassen wir bereits beim Programmieren oder Lesen der Zeilen einen Zusammenhang bzw. Kontext. Identifizieren wir eine Funktionalität, lässt sich der Code vermutlich zu einer Funktion zusammenfassen und würde somit übersichtlicheren und einfacher zu wartenden Code bilden. Dahinter steckt das *Single Responsibility Principle*: Jede logische Codeeinheit sollte sich um *eine* Sache kümmern, nicht um mehrere. Das erhöht die Wartbarkeit ungemein! Dart bietet mit `Function` das sprachliche Werkzeug hierzu.

In diesem Abschnitt möchte ich Sie durch die vielseitigen Facetten von Funktionen in Dart führen und besonders unterschiedliche Varianten für *Parameter* sowie die Möglichkeit beleuchten, *anonyme Funktionen* einzusetzen, die auch *Lambdas* oder *Closures* genannt werden.

Eine Funktion haben Sie bereits kennengelernt: `main()` ist in jeder Dart-Anwendung als *Einsprungspunkt* (engl. *entry point*) die erste aufgerufene Funktion. Werfen Sie einen Blick auf das folgende kurze Beispiel einer `main`-Funktion:

```
void main() {
  print('Hello, World');
}
```

Beim genaueren Hinsehen erkennen Sie sicherlich auch eine zweite Funktion, die wir zuvor sehr häufig benutzt haben: `print()`. Aber bleiben wir zunächst bei `main()`, und sehen wir uns die einzelnen Bestandteile einer Funktion im nächsten Abschnitt genauer an.

Sie setzen eine Funktion aus mehreren Teilen zusammen. Dazu gehören ein Name, mögliche Eingabedaten als Parameter und ein Funktionsrumpf, in dem Sie die auszuführenden Aktionen definieren. Außerdem treffen Sie eine Aussage darüber, was die Funktion zurückgibt oder ob sie überhaupt etwas zurückgibt.

Die Struktur einer Funktion besteht demnach aus diesen Teilen:

```
Rückgabetyp Bezeichnung(Parameter) Rumpf
```

3.6.1 Der Bezeichner

Der Name einer Funktion darf bis auf die Ausnahme des Anfangszeichens frei aus alphanumerischen Zeichen bestimmt werden. Darunter fallen Elemente des lateinischen Alphabets und arabische Ziffern. Ein Buchstabe muss den Bezeichner einleiten, danach dürften Sie nach Belieben mit Zahlen arbeiten. Funktionen à la `func1`, `func2` und `func3` sollten Sie aber eher selten und noch besser gar nicht schreiben.

Funktionen wie `main`, `print` oder auch `eineLeereFunktion` machen es bereits vor: Bezeichner werden üblicherweise in *lowerCamelCase* geschrieben – genauso wie Sie es auch schon bei Variablen gesehen haben. Eine Ausnahme bilden Typen, etwa Klassen (siehe Abschnitt 3.7.1), die mit *UpperCamelCase* geschrieben werden.

3.6.2 Parameter

Könnten Sie den Funktionen keine Daten bereitstellen, wäre ihr Nutzen ziemlich beschränkt. Über sogenannte *Parameter* können Sie ihnen in Dart Objekte übergeben. Es werden zwei Arten angeboten: *Positional Parameters* und *Named Parameters*.

Positional Parameters

Wenn Sie bereits die eine oder andere Programmiersprache gelernt oder angewendet haben, sind Sie möglicherweise (je nach Sprache) mit der Schreibweise der *Positional Parameters* vertraut:

```
void sayTwoThings(String text, int number) {
  print("$text $number");
}
```

Diese Funktion besitzt zwei Parameter, die in einer bestimmten Reihenfolge anzugeben sind und bestimmte Typen haben müssen, zum Beispiel so:

```
void main() {
  sayTwoThings('Wir sind in Kapitel', 3);
}
```

Über die einfachen Anführungszeichen können wir unserer Funktion einen String zukommen lassen (*Literal*). Darauf folgt eine Zahl vom Typ `int`. Das Ergebnis ist eine zusammengesetzte Ausgabe von Text und Zahl, getrennt durch ein Leerzeichen.

Positional Parameters verhalten sich genau wie Parameter in *C* und davon abgeleiteten Sprachen, etwa C++, Java oder C#. Dart löst die Parameter anhand ihrer Position auf. Wir können sie also nicht nach Belieben anders anordnen als vorgegeben. Ein Aufruf wie `sayTwoThings(2, 'Kapitel schon geschafft')` würde unweigerlich zu einem Syntaxfehler führen. Eine von der Position losgelöste Anordnung lernen Sie im nächsten Abschnitt kennen.

Optionale Parameter sind für eine moderne Sprache mittlerweile selbstverständlich. Positional Parameters bilden da keine Ausnahme. Um etwa den Parameter `number` als optional zu definieren, setzen Sie ihn in eckige Klammern ([ ]) und zeigen Dart damit, dass Sie einen Block aus unverbindlichen Parametern einführen möchten. Er kann einen oder mehrere Parameter beinhalten. Damit die Werte nicht undefiniert (und damit `null`) werden, müssen Sie einen Standardwert (*default value*) setzen:

```
void sayTwoThings(String greeting, [int number=1]) {
  print("$greeting $number");
}
```

[!]

Flutter: Navigator-pop mit Parameter

Optionale Positional Parameters treiben manchmal ein kleines Versteckspiel. Vielleicht haben Sie schon die eine oder andere Erfahrung mit Flutter gesammelt und die Funktion `pop` auf dem `Navigator` ausgeführt. Ist Ihnen dabei aufgefallen, dass diese Funktion einen optionalen Positional Parameter definiert? Über den Aufruf von `pop(result)` lässt sich ganz bequem ein Ergebnis an den Aufrufer einer View zurückgeben, wie Sie später in Abschnitt 7.5 erfahren.

Named Parameters

Die *Named Parameters* in Dart lassen sich mit Parametern in Swift oder Kotlin vergleichen. Statt seiner Position in der Parameterliste ist für den Parameter ausschließlich der zugewiesene Name entscheidend. Besonders Flutter macht hiervon Gebrauch. Um den Unterschied darzustellen, habe ich das Codebeispiel aus dem letzten Abschnitt geändert, sodass nur noch Named Parameters benutzt werden:

```
void main() {
  sayTwoThings(text:'Wir sind in Kapitel',number:3);
}

void sayTwoThings({String text="", int number = 1}) {
  print("$text $number");
}
```

Diese Parameter werden von geschweiften Klammern {} eingerahmt. Damit verhalten sie sich ähnlich wie die optionalen Positional Parameters, die Sie zuvor kennengelernt haben. Wir erinnern uns, dass diese mit eckigen Klammern ([ ]) umschlossen werden und dass mindestens ein Parameter darin zu definieren ist. Genauso verhält es sich auch mit Named Parameters, und diese sind darüber hinaus generell optional und erfordern daher zwingend Standardwerte. Sie können beim Aufruf alle Parameter setzen, nur einen oder sogar beim Aufruf der Funktion gar keinen übergeben.

Named Parameters eignen sich für Funktionen, die viele verschiedene Eingabedaten erfordern, aber meistens mit Standardwerten auskommen.

Positional und Named Parameters gemischt

Können Sie beide Arten von Parametern zusammen verwenden? Durchaus! Hierzu ist nur zu beachten, dass die Positional Parameters als Erstes zu definieren sind. Darauf folgen die Named Parameters:

```
void main() {
  sayTwoThings('Wir sind in Kapitel',number:3);
}

void sayTwoThings(String text, {int number = 0}) {
  print("$text $number");
}
```

Optionale Positional und Named Parameters können allerdings nicht gemischt werden. Dart sucht nach der Gruppe der Positional Parameters nämlich entweder nach weiteren optionalen Parametern ([...]) oder nach der Gruppe der optionalen Named Parameters { ... }. Folgendes führt zu einem Fehler:

```
void sayTwoThings(String text, [String error = ""], {int number = 0})
```

Positional Parameters oder Named Parameters verwenden?

Am häufigsten verwenden Dart-Entwickler Named Parameters, besonders im Flutter-Code. Das liegt daran, dass die verschiedenen Parameter und deren Funktion schneller zu erfassen sind, wenn ein Entwickler aussagekräftige Bezeichner vorfindet. Das möchte ich Ihnen anhand des folgenden Beispiels verdeutlichen, das einen Ofen mit mehreren Parametern aufruft, um ein Brot zu backen:

```
oven.bake('Vollkornbrot', 140, 15, true);
```

Weil Ihnen das Thema Backen wahrscheinlich nicht gänzlich fremd ist, erkennen Sie aus dem Kontext, dass die höhere Zahl eine Temperaturangabe sein könnte und es sich bei der kleineren Zahl wohl um die Backdauer handelt. Es kann aber durchaus andere Aufrufe geben, etwa wenn etwas für 120 Minuten im Ofen bleiben muss! Offensichtlich müssen Sie, um die Parameter zu verstehen, über den Kontext nachdenken und gegebenenfalls sogar die Definition der Funktion öffnen. Oder haben Sie eine Ahnung, was der letzte Parameter `true` bewirkt?

Um Ihnen zu demonstrieren, wie Sie den Informationsgehalt mit Named Parameters steigern können, habe ich die Funktion entsprechend geändert. Der Aufruf lautet jetzt wie folgt:

```
oven.bake(breadType: 'Vollkornbrot', temperature: 140,
  minutes: 15, turnOffWhenDone: true );
```

Anhand der Bezeichner erhalten Sie beim Aufruf von `oven.bake` kleine Hinweise, worum es sich beim jeweiligen Parameter handelt. Das befreit Sie weitgehend von der kognitiven Last, die Ihnen zuvor noch aufgebürdet wurde, um den Zweck eines jeden Parameters zu verstehen. Die Anstrengung ähnelt jetzt eher dem Ausfüllen eines Formulars, und auch das letzte boolesche Flag gibt Ihnen keine Rätsel mehr auf.

Sollten Sie demnach generell nur Named Parameter einsetzen? Das kommt drauf an. Natürlich können Sie diese Regel in Ihrem Team oder Projekt so festhalten und machen damit nichts falsch. Falls der Zweck eines Parameters glasklar aus dem Kontext hervorgeht, könnten Sie aber auch mit gutem Gewissen auf Positional Parameters zurückgreifen. Denn überflüssige und wiederholte Informationen blähen den Code unnötig auf:

```
oven.setTemperature(temperature: 160);
```

Wenn Sie ans Jonglieren denken, gibt es für jeden eine Grenze, ab der die Augen und Hände nicht mehr schnell genug sind. Nicht mit Bällen, aber mit Informationen jonglieren auch Ihr Gehirn und die Gehirne Ihrer Teammitglieder. Um Schweißperlen auf der Stirn zu verhindern, sollten Sie also immer ausreichend Informationen bereitstellen. Ein Überangebot verlangsamt Sie hingegen, ähnlich wie die Entscheidung zwischen fünf verschiedenen Waschmitteln im Supermarkt.

Manchmal ist weniger auch mehr. Unsere Beispielfunktion `setTemperature()` ist etwa mit einem einzigen Positional Parameter gut zu überblicken und zu verstehen, ohne dass Sie über den Kontext nachdenken oder eine Definition öffnen müssen:

```
setTemperature(160);
```

Mit der Zeit werden Sie ein Gefühl dafür entwickeln, wann Sie welche Art von Parameter einsetzen sollten. Die Entscheidung ist aber keineswegs in Stein gemeißelt und kann sich mit nachträglichen *Refactorings*, also Codeverbesserungen, jederzeit noch ändern.

3.6.3 Der Funktionsrumpf

Wir haben bereits untersucht, was in eine Funktion über definierte Parameter hineingeht. Nun blicken wir auf den Teil, der beim Aufruf ausgeführt wird. Grundsätzlich gibt es zwei Varianten eines *Funktionsrumpfs*: als Block innerhalb von geschweiften Klammern ({}) oder als *Ausdruck* (`=> Ausdruck;`).

Die erste Variante ist Ihnen bereits zuvor begegnet und zeigt sich in einem vertrauten Licht. Anweisungsblöcke werden in Sprachen, die auf C basieren, mit diesen Klammern eingerahmt, so auch in Dart:

```
void say(String greeting) {
  print(say);
}
```

Eine interessante Ergänzung bietet die Schreibweise `=> Ausdruck`. Richten Sie Ihre Aufmerksamkeit auf die untere Funktion `say()`, die ich Ihnen zuvor in der klassischen Version vorgestellt habe und nun ein weiteres Mal in der Ausdruck-Schreibweise definiere:

```
void say(String greeting) => print(greeting);
```

Offensichtlich lässt sich die Funktion hinsichtlich der verbrauchten Zeichen und Zeilen minimieren. Sie sind allerdings auf einen einzigen Ausdruck beschränkt. Wegen der ansonsten sehr unleserlichen Ergebnisse teile ich die Empfehlung von Dart, bei mehreren Zeilen oder komplexen Operationen auf geschweifte Klammern zurückzugreifen. Für triviale Einzeiler bedeutet die Kurzschreibweise hingegen eine willkommene Zeileneinsparung.

[+]

Ausdrücke in Dart

Ein *Ausdruck* ist in Dart kurzgefasst etwas, das sich zuweisen oder ausführen lässt. Also können Sie über Funktionen mit `=>` das Setzen von Variablen abbilden, genauso wie das Aufrufen von anderen Funktionen. *Kontrollstrukturen*, die ich in Abschnitt 3.10 erläutere, sind hier aber nicht einsetzbar, da sie in Dart nicht den Ausdrücken zugeordnet werden.

Etwas wie »Führe a aus, wenn x wahr ist, ansonsten führe b aus« lässt sich dennoch lösen. Die Sprache definiert *Ternäre Operatoren* (siehe Abschnitt 3.10), die, wie der Name schon sagt, *Bedingungen* innerhalb von Ausdrücken prüfbar machen. Das Wenn-dann-Problem könnten Sie damit wie folgt abbilden:

```
void decide => x ? a() : b();
```

Auch hier darf der Hinweis aber nicht fehlen, dass durch die abgekürzten Schreibweisen Code entstehen kann, der auf andere und später womöglich auf Sie selbst sehr unleserlich wirkt. Am besten lesen Sie den geschriebenen Code noch einmal durch (besonders dann, wenn Sie damit einen längeren Gedanken ausdrücken wollten) und benutzen die etwas ausführlichere Variante, falls die Leserlichkeit beeinträchtigt sein sollte.

3.6.4 Synchrone und asynchrone Ausführung

Stellen Sie sich vor, dass Sie über den Monat hinweg all Ihre Rechnungen auf einen Stapel gelegt haben und diesen nun durchgehen möchten. Sie heben immer eine Seite nach der anderen ab. Plötzlich klingelt es an der Tür und Ihr Nachbar verwickelt Sie in ein längeres, aber angenehmes Gespräch. Nach einer halben Stunde kehren Sie an Ihren Schreibtisch zurück. Weil Sie beide Aufgaben nur allein und nacheinander (synchron) bewältigt haben, hat sich der Stapel in der Zwischenzeit leider nicht verkleinert – der Fortschritt wurde angehalten. Hätte jemand anderes aus Ihrem Haushalt den Nachbarn begrüßt, hätten Sie parallel (asynchron) fortfahren können. Es wären also zwei Dinge gleichzeitig abgelaufen und wären dadurch möglicherweise insgesamt früher abgeschlossen worden.

Alle Funktionen werden in Dart synchron ausgeführt. Ist eine asynchrone Ausführung gewünscht, so wird hinter der *Parameterliste* das *Schlüsselwort* (engl. *keyword*) `async` eingefügt. Für die beiden Funktionsvarianten, die wir im vorigen Abschnitt diskutiert haben, hieße dies:

```
void say(String greeting) async {
  print(say);
}
```

Beziehungsweise:

```
void say(String greeting) async => print(greeting);
```

Mit diesem Code habe ich sogenannte *Fire-and-Forget-Funktionen* definiert. Die jeweils nächste Zeile wird also aufgerufen, ohne auf die Beendigung von `say()` zu warten. Dieses Verhalten ist leicht verständlich. Häufig möchten wir aber die nachfolgenden Zeilen des Programms erst ausführen lassen, wenn die asynchrone Funktion ausgeführt wurde. Im nächsten Abschnitt über Rückgabetypen lernen Sie ein Vorgehen kennen, mit dem Sie auf das Ende einer asynchronen Funktion warten können.

3.6.5 Der Rückgabetyp

Der *Rückgabetyp* einer Funktion ist optional; ihn anzugeben, wird aber durchaus empfohlen. Deshalb habe ich bisher das an sich unnötige `void` bei `main()` oder anderen Funktionen stets hinzugefügt. Sie können in der Kurzschreibweise einen Wert zurückgeben, ohne den Typ explizit anzugeben. Er wird dann durch Typinferenz ermittelt:

```
getNumber() => 42;
getName() => 'Maxi';
printSomething() => print('Something');
```

Die dritte Zeile ist freilich eine Funktion ohne Rückgabewert. Wenn Sie kein Ergebnis vom Aufruf einer Funktion erwarten, so stellen Sie dem Bezeichner das Schlüsselwort `void` voran. Ansonsten geben Sie den gewünschten Typ an, etwa ein `int` oder `String`. Ausgeschrieben würden die obigen drei Funktionen also wie folgt ausschauen:

```
int getAnotherNumber() => 21;
String getAnotherName() => 'Max';
void printSomethingElse() => print('SomethingElse');
```

Oben haben Sie die Ausführung von *asynchronen Funktionen* kennengelernt, denen das Schlüsselwort `async` angefügt wird. Mithilfe des Typs `Future` und des Schlüsselworts `await` können Sie Code auf solche Funktionen warten lassen.

Diese Kombination aus asynchronen Ausführungen und syntaktisch eleganten Rücksprüngen zum Ausgangsort macht Dart äußerst mächtig. So kann beispielsweise ein *Request*, der an eine API gesendet wird und einige Zeit beanspruchen wird, über `async` ausgelagert werden, sodass die Benutzeroberfläche in Flutter nicht blockiert wird. Erst nachdem die Antwort empfangen wurde, wird der nachfolgende Code ausgeführt und behandelt die *Response*. Es sind also keine Synchronisierungsmechanismen oder Konfigurationen von *Threads* nötig. Von `async` werden Sie beim Bauen von responsiven Oberflächen Gebrauch machen. In Abschnitt 3.12 werden wir noch genauer darauf zurückkommen, besonders auf die *Future-API* (siehe Abschnitt 3.12.2).

An dieser Stelle möchte ich Ihnen aber bereits ein Beispiel vorstellen, das demonstriert, wie Sie mithilfe des genannten Schlüsselworts `await` und *Futures* auf eine Funktion warten können:

```
Future<int> getAsyncNumber() async {
 return 42;
}
void main() async {
  final number = await getAsyncNumber();
  print('Ermittelte Lösung: $number');
}
```

Mit `Future` geben Sie an den Aufrufer Kontextinformationen zurück, sodass dieser damit umgehen kann. `Future<T>` ist *generisch*, eine Eigenschaft, die wir in Abschnitt 3.8 untersuchen werden. Der generische *Typparameter* ist dabei der gleiche, den Sie bei einer synchronen Funktion gewählt hätten: Aus `int` wird so `Future<int>`. Der Rückgabewert der gesamten `await`-Zeile ist dann wiederum der Typ aus dem Parameter, also `int`. Beachten Sie, dass auch die aufrufende Funktion als `async` deklariert sein muss.

Wie Sie bei Betrachtung der Funktion `main()` feststellen, wartet die Programmausführung durch das Schlüsselwort `await`, bis sie ein Ergebnis erhält, und rückt anschließend zur nächsten Zeile vor. Dabei wird aber die Anwendung nicht blockiert, das ist der entscheidende Punkt. Schließlich demonstriert der Aufruf von print, dass die eigentlichen Werte jetzt vorliegen.

3.6.6 Der Typ Function

Alle Funktionen in Dart besitzen einen impliziten Typ, der von Function abgeleitet wird. Damit ist jegliche Funktion nicht nur ausführbar, sondern kann auch als Wert zugewiesen werden. Zum Beispiel könnten Sie einer Variable sayProxy folgendermaßen eine Funktion say zuweisen:

```
void say(String greeting) => print(greeting);
...
final sayProxy = say;
```

Diese Referenz macht sayProxy nun ausführbar:

```
sayProxy();
```

Letztlich ruft Dart hier die Funktion say() auf.

Haben Sie die Referenz auf eine Funktion einer Variablen zugewiesen, können Sie diese in Ihrem Code frei herumreichen, ganz genauso etwa wie ein int oder String. So könnten Sie einer anderen Komponente Funktionalität mitgeben, die dann von dort aufgerufen wird. Diese Vorgehensweise heißt auch *Funktionale Programmierung*.

[»]

Die Methode call

Der Typ Function definiert call(), eine *Methode* (siehe Abschnitt 3.7.1), die auf jedem Funktionsobjekt aufgerufen werden kann und implizit bei jedem Aufruf von funktion(), etwa say(), ausgeführt wird.

Der Aufruf sayProxy.call() ist also identisch mit sayProxy().

3.6.7 Anonyme Funktionen

Dart zwingt Sie nicht dazu, jede Funktion völlig auszuformulieren und auf einer Ebene, etwa der einer *Library* (auch *Top-Level-Function* genannt), zu definieren. Ihnen steht auch die Möglichkeit zur Verfügung, eine Funktion sozusagen fliegend zu erstellen, auszuführen oder zuzuweisen. Anonyme Funktionen, die auch als *Lambdas* oder *Closures* bezeichnet werden, können wie folgt definiert werden:

```
void main() {
  final greet = (String greeting) {
    print(greeting);
```

```
  };
  greet('Mahlzeit!');
}
```

Wir haben innerhalb von `main` eine anonyme Funktion definiert und der Variablen `greet` zugewiesen. In einer Zeile könnten Sie schreiben:

```
final greet = (String greeting) => print(greeting);
```

Offensichtlich hat ein solches Lambda einen Typ und kann der Variablen `greet` zugewiesen werden. Alternativ können Sie die Funktion mit `call()` aufrufen:

```
say.call('World');
```

Eine anonyme Funktion kann direkt aufgerufen werden, ohne den Umweg über eine Zuweisung. Das kann besonders dort sehr hilfreich sein, wo man auf lediglich einen erlaubten Ausdruck beschränkt ist, etwa bei der Funktionsschreibweise mit dem Ausdruck =>:

```
(String greeting) {
  print(greeting);
}('Moin');
```

Zum Aufrufen hängen Sie, wie oben zu sehen ist, unmittelbar die runden Klammern () an. Darin übergeben Sie, wenn vorhanden, Ihre Parameter. Ich habe bisher zur besseren Übersichtlichkeit jeweils den Typ des Parameters mit angegeben. Der Online-Ratgeber *Effective Dart* (siehe *https://dart.dev/effective-dart*) empfiehlt, diesen wegzulassen und somit den Fokus auf die Aktion zu lenken. Die Beispielfunktion ändert sich demnach zu:

```
(greeting) {
  print(greeting);
}('Huhu');
```

Wenn Sie *kurzen Prozess* machen möchten, haben Sie die Möglichkeit, die *=>-Schreibweise* einzusetzen. Dazu müssen Sie den Ausdruck allerdings mit runden Klammern einrahmen, um Dart den Kontext für den Aufruf zu verdeutlichen:

```
((greeting) => print(greeting))('Tach');
```

Natürlich ist das nicht der übliche Anwendungsfall, solange man sich nicht in einem Wettbewerb für möglichst kompliziertes Ausgeben einfacher Strings befindet. Keine Sorge, Sie bekommen noch Gelegenheit, die Effizienz dieser Schreibweise auszunutzen.

3.6.8 Getter und Setter

Ein ebenfalls heutzutage über viele Programmiersprachen hinweg eingeführtes Konzept sind *Getter* und *Setter*. Im Grunde sind das nur Funktionen; sie bieten über ihre spezielle Syntax aber höheren Komfort beim Abfragen und Setzen von Werten. Sie können als Block oder mit der =>*-Schreibweise* definiert werden. Getter können asynchron sein, für Setter ist dies allerdings nicht möglich.

Getter

Dart erkennt einen Getter daran, dass dem Bezeichner das Schlüsselwort `get` vorangestellt wird. Weil ein Getter den parameterlosen Zugriff auf einen Wert ermöglicht, werden die runden Klammern zur Definition von Parametern ausgelassen:

```
int get number {
  return 666;
}
```

Natürlich funktioniert auch die verkürzte Schreibweise:

```
String get greeting => 'Hello, World';
```

Sie können einen Getter ebenfalls im asynchronen Kontext einsetzen, etwa um Daten aus einer Datenbank abzurufen und anschließend einem Aufrufer zurückzugeben. Hierzu greift das nächste Beispiel auf `async` und `await` zurück sowie auf die Future-API, die Sie zuvor schon in Abschnitt 3.6.5 gesehen haben:

```
Future<int> get numberOfRows async {
  return await MyDatabase.countTotalRows();
}
```

Setter

Die Syntax der *Setter* ist ähnlich wie die der Getter. Jedoch verwenden Sie statt dem *Schlüsselwort* `get` ein `set`. Ein anderer *Rückgabetyp* als `void` wird von Dart nicht akzeptiert, sodass Sie ihn getrost in der Definition aussparen können. Außerdem verfügt ein Setter, da wir ja einen Wert übergeben wollen, über eine Parameterliste:

```
var _number = 0;

set number(int numberToSet) {
  _number = numberToSet;
}
```

Zusammen mit den Gettern können Sie nun das Setzen und anschließende Auslesen durchspielen. Fügen Sie den obigen Zeilen noch ein paar hinzu:

```
int get number => _number;

void main() {
  number = 5;
  print(number);
}
```

Die Funktion `main()` verwendet den Setter und den Getter für `number`, der hier wie eine Variable aussieht. Das können Sie überprüfen, indem Sie den Getter mal kurz modifizieren:

```
int get number => 6;
```

Mit dieser Änderung gibt `print(number)` eine `6` aus, nicht etwa die `5`, die der Setter in die Variable `_number` geschrieben hat.

Getter und Setter eignen sich vor allem, um einen ansonsten komplizierten Zugriff auf bestimmte Daten aus Sicht der benutzenden Funktion zu vereinfachen.

3.7 Klassen, Mixins und Enums

In den vorigen Abschnitt sind wir mit dem Gedanken gestartet, Code aus dem Kontext heraus intuitiv als Ablauf oder Struktur zu erkennen. Sie haben gelernt, wie Abläufe in Dart auf vielfältige Weise als Funktionen darstellbar sind. Jetzt sehen wir uns an, wie Strukturen oder Klassen in dieser Programmiersprache abgebildet werden.

Wir befassen uns mit einer *objektorientierten* Programmiersprache: Verhalten und Eigenschaften werden im Rahmen von *Klassen* definiert. Diese Abgrenzung eröffnet die Wahl der *Sichtbarkeit* von Information und regelt den Zugriff auf Funktionen (*Encapsulation*). Damit fungiert die Klasse als ein Bauplan, aus dem Sie ein Objekt instanziieren können. Das können Sie sich wie eine Schiffswerft vorstellen, die ein identisches Schiff nach dem anderen (Objekte) nach dem gleichen Baumuster (Klasse) vom Stapel laufen lässt (instanziiert).

Wenn Sie schon Erfahrung mit objektorientierten Sprachen gesammelt haben, bietet Dart Ihnen viel Vertrautes, es besitzt aber auch gewisse Eigenheiten. In den folgenden Abschnitten lernen Sie, wie Sie Klassen erstellen, erweitern, vererben und als *Interface* einsetzen können.

3.7.1 Klassen

Vollziehen wir erst mal den ersten Schritt hin zur objektorientierten Programmierung in Dart: Sie erstellen eine *Klasse*. Eine einfache Klasse `Book` definieren Sie etwa so:

```
class Book {
}
```

Sie haben damit eine erste Klasse als Hülle geschaffen und können davon bereits Objekte erstellen. Im Folgenden sehen Sie, dass Sie, obwohl Sie noch keinen Inhalt in die Klasse eingefügt haben, schon mit einer Instanz von der Klasse Book interagieren können. Probieren Sie es doch einfach aus:

```
void main() {
  final book = Book();
  print(book.runtimeType);
  print(book.toString());
  print(book.hashCode);
}
```

Die erste Zeile erzeugt eine Instanz von Book und speichert sie als book. Danach werden probeweise einige Getter aufgerufen.

Woher kommen die Getter runtimeType und hashCode oder die Funktion toString? Dart besitzt einen Ur-Typ, einen sogenannten *Bottom-Type* namens Object. Jede Klasse stammt von ihm direkt oder implizit über die Vererbungskette ab. Mit Vererbung und Object werden wir uns in Abschnitt 3.7.2 und Abschnitt 3.7.3 genauer befassen. Hier nehmen wir zuerst die möglichen Elemente einer Klasse zur Kenntnis: Sie können bereits Getter und Funktionen erkennen, die, sofern sie innerhalb einer Klasse definiert sind, *Methoden* genannt werden. Selbstverständlich können Sie neben *Getter* auch *Setter* in Klassen einsetzen. Neben Methoden komplettieren Variablen, die hier *Instanzvariablen* genannt werden, die einsetzbaren Elemente.

Methoden und Variablen

Sehen Sie sich die Instanzvariablen und Methoden einmal in Aktion an, indem Sie die Klasse Book erweitern:

```
class Book {
  bool opened=false;
  late String title;
  late int numberOfPages;

  void open() {
    opened = true;
  }
}
```

Beachten Sie, dass Sie alle Instanzvariablen, die Sie nicht mit einem Standardwert versehen möchten, als late deklarieren müssen, um einen Syntaxfehler zu vermeiden.

Uninitialisierte Variablen sind nicht erlaubt, und mit diesem Schlüsselwort teilen Sie Dart mit, dass die Variable später einen Wert erhält. Alternativ können Sie ein Fragezeichen hinter den Typ setzen:

```
String? title;
```

Aber Vorsicht: Wenn Sie auf eine uninitialisierte Variable zugreifen, bekommen Sie es mit einem Laufzeitfehler zu tun. Ich werde Ihnen gleich erklären, wie Sie dieses Problem elegant lösen können. Sehen wir uns zunächst aber die Formalitäten rund um die Klasse an.

Ganz ähnlich wie bei Funktionen rahmen Sie mit den geschweiften Klammern ({}) den Arbeitsbereich ein und führen die Instanzvariablen `title`, `numberOfPages` und `opened` sowie die Methode `open` ein. Diese sind von außen sichtbar:

```
final book = Book();
book.title = 'Dart';
book.numberOfPages = 20;
book.open();
print(book.opened);
```

Mit diesem Code haben Sie ein 20-seitiges Buch namens Dart erzeugt und es, wie Sie an der `print`-Ausgabe erkennen können, geöffnet.

Sichtbarkeit

Möchten Sie, dass etwas »von außen« nicht sichtbar ist, so stellen Sie dem Bezeichner einen Unterstrich (_) voran. Mit einem Unterstrich versehen, ist die Sichtbarkeit einer Klasse oder eines anderen Symbols wie einer Variablen oder Funktion auf die Datei selbst beschränkt (siehe Abschnitt 3.13.1). Würden Sie zum Beispiel `Book` in `_Book` ändern und in der Datei *book.dart* definieren, dann könnten Sie den Typ von außerhalb, etwa aus *main.dart* heraus, nicht auflösen. Verwenden ließe er sich nur noch in der Datei *book.dart*.

[+]

Wann sollte man die Sichtbarkeit einschränken?

Zu dieser Frage gibt es wohl unzählige Antworten: Wann ist der Punkt gekommen, an dem man Variablen vor Zugriffen von außen abschirmt? Oder sollte man sowieso niemals Zugriff gestatten?

Ich bin bisher in meinen Projekten stets gut damit gefahren, eine Lösung nach dem *KISS*-Prinzip aufzubauen: *Keep it simple, stupid.* Übertragen auf die Sichtbarkeit wage ich es, zunächst Eigenschaften eines Typs, wenn er klein und überschaubar ist, pragmatisch ohne weitere Abschirmung zu entwerfen. Es gilt aber, die Frage zu beantworten, ob die Entscheidung, eine Einhüllung in abschirmende Getter oder Setter vorzunehmen, der Leserlichkeit und Wartungsfreundlichkeit dient oder ob sie eher einem Dogma oder einer Zeremonie entspringt.

Software sollte und muss sich entwickeln können, sodass sie jeweils immer auf den vorhandenen Anforderungsrahmen optimiert ist. Sogenanntes Over-engineering kann Projekte ausbremsen. Zu lasches Design des Codes wiederum kann zu hohen technischen Schulden führen. Im Zweifelsfall sollten Sie sich mit Ihrem Team beraten und zusammen eine Lösung vereinbaren. Hierdurch schaffen Sie gleichzeitig auch ein gemeinsames Bewusstsein für die Problematik oder die äußeren Umstände, die die letztendliche Lösung beeinflussen.

In der Klasse Book möchten wir mit diesem Wissen die Variablen lieber schützen und Informationen im nächsten Abschnitt über Getter und Setter zur Verfügung stellen. Zusätzlich soll eine interne Funktion, die Inhalte generiert, eingeführt und nicht von überall aufgerufen werden können. Die Klasse sieht dann folgendermaßen aus:

```
class Book {
  late String _title;
  late int _numberOfPages;
  bool _opened=false;

  void _generateContent() {
    // ...
  }

  void open() {
    _opened = true;
  }
}
```

Falls Sie Erfahrung mit Programmiersprachen wie Java, Swift, C# oder C++ haben, haben Sie sicherlich häufig Instanzvariablen oder Methoden einer Klasse so eingeschränkt, dass diese nur von innen und nicht von außen aufzulösen waren (*private*). Nicht selten haben Sie bestimmt auch eine Sichtbarkeit innerhalb der Vererbungskette gewählt (*protected*). Zwar verfügen Sie in Dart mit dem Unterstrich über ein Mittel, um die Sichtbarkeit wie im oberen Listing zu begrenzen, aber Sie können in der gleichen Datei weiterhin auf die vermeintlich geschützten Elemente zugreifen!

```
void changeATitle() {
  final book = Book();
  book._title = 'Dart 3.0';
}
```

Wenn Sie mehrere Typen oder Klassen in einer Datei einführen, dann denken Sie daran, dass die »inneren Angelegenheiten« voreinander nicht geschützt sind. Um eine vollständige Abschottung zu erzielen, müssen Sie ein Element in Isolationshaft nehmen, indem Sie es in eine eigene Datei verschieben oder darin definieren. Das ist ohnehin viel übersichtlicher.

[+]

Warum Dart nicht private, protected und public benutzt

Dass Dart auf den Unterstrich (_) setzt und nicht Schlüsselwörter verwendet, die Ihnen möglicherweise aus anderen Sprachen der C-Familie bekannt sind (etwa C++, C# und Java) liegt an der tiefgreifenden Integration von `dynamic`.

Stellen Sie sich eine Klasse `A` vor, die folgendermaßen instanziiert und einer Variable vom Typ `dynamic` zugewiesen wird:

```
dynamic a = A();
a.someMethod(); // die Methode wird dynamisch aufgelöst
```

Dart besitzt bis zum Aufruf keine Informationen darüber, ob das Klassenelement (*Feld* oder englisch *field*) `someMethod` tatsächlich im jeweiligen Sichtbarkeitsbereich liegt. Aufgrund von `dynamic` stehen erst zur Laufzeit Typinformationen zur Verfügung. Weil über Modifikatoren wie `private`, `protected` oder `public` mit erheblichen Leistungseinbußen zu rechnen ist, bot es sich an, die Sichtbarkeit in den Bezeichner zu integrieren, der für dynamische und statische Elemente gleichermaßen auswertbar ist.

Da Dart nur zwischen *Library*-`private` (selbst eine Datei wird von Dart als Mini-*Library* angesehen) und `public` unterscheidet, stellt sich der Unterstrich als elegante Lösung dar.

Getter und Setter

Sie haben Ihre Instanzvariablen erfolgreich geschützt. Ein Zugriff von außen ist nicht mehr möglich. Um dennoch auf die Informationen, etwa den Titel, zugreifen zu können, führen Sie entsprechend Getter und Setter ein:

```
String get title => _title;
void set title(String title) => _title = title;
int get numberOfPages => _numberOfPages;
void set numberOfPages(int number) => _numberOfPages = number;
bool get opened => _opened;
```

Sie ermöglichen damit anderen Klassen den lesenden und schreibenden Zugriff auf die Instanzvariablen. Natürlich ist es in diesem einfachen Beispiel unerheblich, ob direkt oder indirekt über Getter/Setter auf den Titel zugegriffen wird. Es gibt aber häufig Fälle, in denen eine Klasse Daten nur zum Lesen zur Verfügung stellen möchte (dann entfällt der Setter). Oder das Ändern von Daten muss im Setter protokolliert werden – auch dann wäre der direkte Schreibzugriff auf die Instanzvariable zu unterbinden.

Konstruktoren

Mit den Gettern und Settern haben Sie die Instanzvariablen abgesichert. Ein konzeptionelles Problem bleibt aber dennoch: Es ist jederzeit nach Erstellung einer Book-Instanz möglich, den Titel oder die Anzahl der Seiten zu verändern. Deswegen sollen im Folgenden beim Erstellen eines Buchs beide Eigenschaften fest gesetzt werden und danach nicht mehr veränderbar sein.

Hierzu benutzen Sie *Konstruktoren*. Dies sind spezielle Methoden, die sich dadurch auszeichnen, dass ihre Bezeichner dem Namen der Klasse entsprechen und dass sie aufgerufen werden, wenn eine Klasse instanziiert werden soll – im Fall unserer Klasse Book zum Beispiel über Book(). Gleichzeitig sorgt der Konstruktor dafür, dass es keine uninitialisierten Variablen mehr gibt.

Einer jeden Klasse wird implizit ein parameterloser Konstruktor bereitgestellt. Sie sehen ihn zwar nicht in Ihrem Code, sobald der Compiler aber Ihr Programm übersetzt, fügt er den Konstruktor automatisch hinzu.

So können Sie Ihren eigenen Konstruktor angeben:

```
class Book {
  Book();
  // ...
}
```

Der Konstruktor lässt offensichtlich einen Rumpf vermissen (siehe Abschnitt 3.6.3 über Funktionsrümpfe). Die Erschaffer von Dart betonen damit eine der Hauptaufgaben eines Konstruktors: Instanzvariablen zu setzen. Deswegen wurde die abkürzende Schreibweise ohne Rumpf eingeführt. Natürlich ist es ebenfalls möglich, einen Rumpf mit geschweiften Klammern ({}) zu definieren, etwa so:

```
Book() {}
```

Das Übergeben von Werten verläuft durch die kurze Schreibweise besonders übersichtlich. Um etwa den Titel und die Seitenanzahl mitzugeben, schreiben Sie:

```
Book(this._title, this._numberOfPages);
```

Das Muster dahinter ist, dass eine Instanzvariable im Konstruktor über this.<name> referenziert werden kann. Ihr wird automatisch der an dieser Stelle übergebene Wert zugewiesen. Damit handelt es sich, wie Sie in Abschnitt 3.6.2 gelernt haben, um einen *Positional Parameter*. Ein Objekt der Klasse Book erstellen Sie folgendermaßen:

```
final book = Book('Dart', 20);
```

»Aha! Wo Positional Parameters gültig sind, da kann ich auch Named Parameters übergeben«, werden Sie sich jetzt denken. Das ist korrekt! Allerdings fordert Dart in diesem Fall, die Instanzvariablen nach außen sichtbar zu machen. Das heißt, Sie müssen den *Unterstrich* (_) entfernen, sodass Ihr Code nun so aussieht:

```
class Book {
  Book({this.title, this.numberOfPages});

  String title;
  int numberOfPages;
  // ...
}
```

Das Buch konstruieren Sie dann so:

```
final book = Book(title: 'Dart', numberOfPages: 20);
```

Nach dieser Umbenennung kollidieren allerdings die frisch geänderten Instanzvariablen mit den eingeführten Gettern und Settern. Außerdem könnten Sie erneut von außen die Werte nach der Erzeugung von Book ändern.

Die Getter und Setter haben wir wegen der *Encapsulation* eingeführt, also um Kontrolle über die Variablen zu behalten. Wir könnten sie ersetzen, wenn es möglich wäre, die jetzt ungeschützten Variablen vor erneuten Zuweisungen zu bewahren. Erinnern Sie sich an das Schlüsselwort final, das ich in Abschnitt 3.4 über Variablen erläutert habe. Mit ihm können Sie die Instanzvariablen als unveränderlich deklarieren, sodass Dart nur noch das Setzen über den Konstruktor zulässt und wir demnach die Getter und Setter entfernen können: Schließlich sind die Variablen geschützt und ein Zugriff auf den Wert ist über die Variable selbst möglich. Wegen der zwingenden Initialisierung im Konstruktor können Sie jetzt auch das late weglassen:

```
class Book {
  Book({this.title ="", this.numberOfPages=0});

  final String title;
  final int numberOfPages;
  bool _opened=false;

  bool get opened => _opened;

  void open() {
    _opened = true;
  }
}
```

Leider sind Named Parameters immer optional und müssen einen Standardwert haben. Überlegen Sie von Fall zu Fall, ob Sie diesen Kompromiss eingehen wollen, denn manchmal – wie bei einem Buch – ergibt ein Standard-Titel sehr wenig Sinn.

Neben `final` haben Sie ebenfalls in Abschnitt 3.4.2 das Schlüsselwort `const` kennengelernt, das auch beim Definieren von Konstruktoren wieder interessant wird. Sollte eine Klasse nur über Instanzvariablen verfügen, die mit `final` deklariert wurden, so kann vor den Konstruktor ein `const` gesetzt werden. Dies bezweckt, dass der Typ schon zum Zeitpunkt der Kompilierung konstant ist, etwa wie die Werte der eingebauten Datentypen `String`, `int` oder `bool`. Instanzen solcher Typen können in ebenfalls konstanten Ausdrücken benutzt werden, so zum Beispiel als Standardwerte beim Initialisieren oder in *switch*-Anweisungen, die Sie in Abschnitt 3.10.6 als Kontrollstruktur kennenlernen werden. Durch konstante Elemente können sich Leistungsverbesserungen ergeben, denn der Compiler kann nur das optimieren, was ihm beim Übersetzen bekannt ist.

Der Typ `Book` eignet sich nicht dazu, da die Variable `_opened` nicht als `final` deklariert wurde. Diese Variable soll sich durchaus ändern können und nicht auf einen Anfangswert festgesetzt werden. Sehen wir uns die Klasse `Page` an, die in `Book` das Konzept einer Seite repräsentieren könnte. Sie ist sehr übersichtlich, und ihr Konstruktor ist mit einem `const`-Schlüsselwort ausgestattet, weil alle Instanzvariablen als `final` deklariert wurden:

```
class Page {
  const Page({this.number=0});
  final int number;
}
```

Named Constructors

Es ist möglich, Konstruktoren einen bestimmten Namen zu geben. So können Sie sie nicht nur anhand der Anzahl und Typen ihrer Parameter unterscheiden.

Zusätzlich können sich Konstruktoren gegenseitig aufrufen. Sehen Sie sich dazu die folgende Erweiterung der Klasse `Page` an:

```
class Page {
  const Page({this.number=0});

  const Page.numbered(this.number);

  const Page.empty() : this(number: 0);

  final int number;
}
```

Sie sehen, dass es abgesehen vom bekannten Konstruktor einen mit dem Namen `numbered()` gibt, der die Seitennummer entgegennimmt, sowie einen namens `empty()`, der eine Seite mit der Nummer 0 erzeugt.

Der Doppelpunkt hinter dem Konstruktor leitet ein Aufrufziel (`this`) ein und ruft den Standardkonstruktor mit dem Parameter 0 auf.

Parameterlisten in Konstruktoren

Bevor wir das Feld der Konstruktoren verlassen und uns anschließend mit *Factorys* befassen, kommen wir zu einem letzten nützlichen Feature: zu der Parameterliste eines Konstruktors.

Den Konstruktoren wurden die Werte zuvor über Parameter innerhalb der runden Klammern übergeben. Sie konnten hierfür das Wissen über Positional und Named Parameters aus den Funktionen heraus erneut anwenden. Alternativ ist es aber möglich, die Instanzvariablen über eine Parameterliste direkt zu setzen. Schauen Sie sich den folgenden Konstruktor für die erste Seite an:

```
const Page.first() : number = 1;
```

Dies ist gleichbedeutend mit:

```
const Page.first() : this(number: 1);
```

Die Parameterliste wird über einen Doppelpunkt eingeleitet, genauso wie der Zugriff auf andere Konstruktoren über `this`. Der Doppelpunkt ist sozusagen das *(at least) one more thing* (durch Steve Jobs berühmt) eines Konstruktors. In einer Parameterliste können Sie die Instanzvariablen setzen, hier zum Beispiel `number`.

Mehrere Parameter werden über Kommas voneinander in der Liste getrennt. Wenn Sie einen Konstruktor von `Book` schreiben möchten, der testweise ein bestimmtes Buch erzeugt, können Sie ihn wie folgt schreiben:

```
Book.sample() : title="Beispielbuch", numberOfPages=13;
```

Dart erkennt automatisch, dass es sich um die Instanzvariablen des umgebenden Typs `Book` handelt, die Sie mit den Parametern des Konstruktors setzen. Der Dart Linter empfiehlt Ihnen daher, auf `this.` zu verzichten. Da Sie nun mit den Parametern und Instanzvariablen ausreichend vertraut sind, schließe ich mich dieser Empfehlung in allen folgenden Beispielen an.

[«]

An erster Stelle: die Konstruktoren

Ich habe in den vorherigen Codebeispielen den Konstruktor stets an die erste Stelle gesetzt. Falls Sie schon mal hier oder dort in Dart-Quellcode geschaut haben, ist Ihnen sicherlich aufgefallen, dass dort ebenfalls die Konstruktoren und *Factorys* (siehe den folgenden Abschnitt) ganz oben stehen. Auf diese Konvention in Dart weist unter anderem auch der Dart Linter hin, falls Ihnen mal ein Konstruktor durch die Lappen oder Zeilen gerutscht sein sollte.

Factorys

Es gibt Situationen, in denen man an eine Instanz gelangen, aber keine neue erzeugen möchte. Das *Singleton*-Pattern ist ein bekanntes Beispiel dafür. Womöglich möchte man aber auch Elemente aus einem Cache wiederverwenden oder hat ganz andere Gründe, eben kein neues Objekt zu erstellen.

Dart besitzt die eingebaute Lösung *Factory*. Sie können sie einsetzen, indem Sie einem Konstruktor das Schlüsselwort `factory` voranstellen. Ein sehr einfaches Beispiel würde sich für die Klasse `Book` etwa so darstellen:

```
factory Book.defaultEdition() {
  return Book(title: 'Standard', numberOfPages: 20);
}
```

Während ein Konstruktor immer eine neue Instanz der Klasse erzeugt, kann die Factory auch eine vorhandene Instanz zurückgeben, etwa wenn nur eine existiert, die sich die Klasse in einem `static`-Objekt merkt. Das ist das *Singleton*-Entwurfsmuster, das Sie für Klassen benötigen, von denen es immer genau eine einzige Instanz geben soll, wie zum Beispiel ein Bücherregal:

```
class Shelf {
  static final Shelf _instance = Shelf();
  factory Shelf() => _instance;
}
```

Hier wird zunächst eine Instanz erstellt und im geschützten `static`-Attribut `_instance` abgelegt. Die Factory liefert dann dieses `Shelf` zurück, anstatt ein neues zu bauen. Dieses Entwurfsmuster wird oft für Datenbanken oder Service-Klassen verwendet.

3.7.2 Object: Der Bottom-Type

Jedes Objekt in Dart erbt direkt oder implizit von `Object`, dem *Bottom-Type*. Ein `Object` enthält beispielsweise einen leeren Standardkonstruktor, eine Implementierung des `==`-Operators, die Methoden `toString` und `noSuchMethod` sowie die Getter `hashCode` und `runtimeType`.

Die Identität eines Objekts

Jedes Dart-Objekt besitzt eine eindeutige Identität (identityHashCode), die sich aus der nicht überschriebenen Eigenschaft hashCode ergibt. Der ==-Operator, der zum Vergleich zweier Instanzen benutzt wird, prüft den jeweiligen hashCode und gibt true im Fall einer Übereinstimmung und andernfalls false zurück. Sie können beide Elemente einzeln überschreiben, sollten aber immer hashCode und ==-Operator gemeinsam definieren, wenn Sie eines von beiden benötigen. Während hashCode unter anderem in auf Hashs basierenden Collections verwendet wird, können Sie mit dem Operator direkten Einfluss auf Vergleiche nehmen, etwa wenn Sie prüfen wollen, ob a == b ist. Das folgende Beispiel demonstriert mit der Klasse Rectangle, wie Sie die Eigenschaften überschreiben:

```
class Rectangle {
  double sideA = 0.0;
  double sideB = 0.0;

  int get hashCode => sideA.hashCode ^ sideB.hashCode;

  bool operator ==(Object other) {
    final otherIsIdentical = identical(other, this);
    final otherHasSameValues =
        other is Rectangle && other.sideA == sideA && other.sideB == sideB;
    return otherIsIdentical || otherHasSameValues;
  }
}
```

Rectangle besitzt für die Breite und Höhe Instanzvariablen vom Typ double. Darunter finden Sie schon die Überschreibung von hashCode. Der Rumpf des Getters verbindet die beiden hashCodes von sideA und sideB über den *XOR*-Operator (^) von Dart.

[!]

XOR: Kollision voraus!

Das *bitweise exklusive Oder* (XOR) unterscheidet sich vom *bitweisen Oder* (OR), falls die verknüpften Wahrheitswerte beide true sind. So liefern etwa die Bits 0:1 und 1:0 ein positives Ergebnis, 0:0 sowie 1:1 hingegen beide false.

Wie bei allen Logikverknüpfungen gilt das Vertauschungsgesetz. Beispielsweise liefern 42 XOR 21 und 21 XOR 42 das gleiche Resultat: 63.

Wenn Sie nun an die Klasse Rectangle zurückdenken, wo hashCode aus sideA ^ sideB ermittelt wird, zeigt sich hier eine Kollision: Zwei verschiedene Rechtecke hätten den gleichen Hashwert. Der Hash von Rectangle(sideA: 42, sideB: 21) ist der gleiche wie der von Rectangle(sideA: 21, sideB: 42). Damit könnten diese beiden an sich verschiedenen Rechtecke von Dart etwa in einer Hash-basierenden Collection als gleich interpretiert werden.

Selbstverständlich können Sie andere und kollisionsfreiere Hash-Verfahren anwenden. Durch die Integration des Packages quiver (einer Library mit vielen Hilfsfunktionen) können Sie zum Beispiel die Funktionen hash2, hash3 usw. einsetzen:

```
import 'package:quiver/core.dart';
// ...
@override
int get hashCode => hash2(sideA, sideB);
```

Wenn Sie gerade ein Flutter-Projekt schreiben, können Sie außerdem die Library dart:ui einbinden und so die Funktion hashValues verwenden:

```
import 'dart:ui';
// ...
int get hashCode => hashValues(sideA, sideB);
```

Auf hashCode folgt der ==-Operator, der gleich mehrere Überprüfungen durchführt: Mit der Funktion identical können Sie Dart überprüfen lassen, ob zwei Objekte identisch sind, d. h., zwei Referenzen zeigen auf das gleiche Ziel (Objekt) im Speicher. Mit otherHasSameValues wird zusätzlich kontrolliert, ob das andere Objekt vom selben Typ ist (das wäre übrigens bei identical implizit der Fall) und ob die Werte der Instanzvariablen übereinstimmen. Trifft eine der beiden Bedingungen zu, wird die Methode true zurückgeben.

toString

Jedes Objekt verfügt über eine toString()-Methode, die Sie nach Bedarf überschreiben können. So könnten Sie hilfreiche(re) Informationen im Debugger Ihrer IDE oder in Logfiles ausgeben, zum Beispiel über die String-Interpolation. Das nächste Beispiel macht dies anhand von Rectangle vor:

```
class Rectangle {
  double sideA = 0.0;
  double sideB = 0.0;

  String toString() =>
    'Rechteck mit Seite A: $sideA und Seite B: $sideB';
}
```

Wenn Sie eine Instanz Ihrer Klasse Rectangle an print übergeben, erhalten Sie jetzt statt Instance of 'Rectangle' die durch toString bestimmte Ausgabe.

Übrigens können Sie optional die Annotation @override vor die toString()-Methode schreiben. Dies erinnert Sie jederzeit auf den ersten Blick daran, dass Sie eine Methode aus einer Basisklasse überschreiben. Zwingend erforderlich ist das aber nicht.

runtimeType

Zwar können Sie theoretisch ebenfalls `runtimeType` und `noSuchMethod` überschreiben, aber praktisch wird das wahrscheinlich nicht vorkommen. Mit `runtimeType` erhalten Sie Typinformationen in Form einer Instanz vom Typ `Type`. So können Sie etwa Typen miteinander vergleichen:

```
final rect = Rectangle();
print(rect.runtimeType == Rectangle);
```

oder sich den Namen einer Klasse ausgeben lassen:

```
print(rect.runtimeType);
```

noSuchMethod

Mit `noSuchMethod` kommen Sie in Berührung, wenn auf einem Objekt eine Methode aufgerufen wurde, die nicht existiert oder nicht bekannt ist. Wie kann das in einer statisch typisierten Sprache wie Dart passieren? Bei der Einführung des Datentyps `dynamic` in Abschnitt 3.5.5 hatte ich bereits auf Gefahren hingewiesen, die dann auftreten, wenn Sie das Typsystem verlassen. Sehen Sie sich dazu das folgende Beispiel an:

```
dynamic rect = Rectangle();
rect.draw();
```

Die Methode `draw` ist auf der Klasse `Rectangle` nicht definiert. Weil die Instanz an die Variable `rect` vom Typ `dynamic` zugewiesen wurde, verfügt Dart hier nicht mehr über die Möglichkeit, Sie schon beim Kompilieren zu warnen! Der implizite Einsatz von `dynamic` befiehlt dem Analyzer nämlich in etwa: »Zieh dich zurück, ich weiß schon, was ich hier tue!«

Durch das Überschreiben von `noSuchMethod` können Sie einen eigenen Fehler auslösen (worauf ich in Abschnitt 3.11 zurückkomme) oder zum Beispiel einen Logeintrag vornehmen:

```
@override
void noSuchMethod(Invocation invocation) {
  print('Die Methode wurde nicht gefunden: ${invocation.memberName}');
  super.noSuchMethod(invocation);
}
```

3.7.3 Vererbung und Interfaces

In einer objektorientierten Sprache dürfen selbstverständlich die *Vererbung*, *Schnittstellen* und *Komposition* nicht fehlen. Diese Begriffe beschreiben die Beziehung in Verbindung stehender Klassen oder Objekte zueinander. Die objektorientierte Programmierung ist unserer (menschlichen) Welt nachempfunden.

Durch Vererbung drücken Sie aus, dass ein Schreibtisch auch ein Tisch ist. Der Schreibtisch erbt gewisse Eigenschaften wie Beine und Platte, bringt aber eigene Eigenschaften wie Schubladen und Unordnung mit, die nicht jeder Tisch besitzt. Ein Schülertisch hingegen verfügt auch über Beine und Platte, zusätzlich aber über Gekritzel und Kaugummi untendrunter.

Wenn eine Klasse von einer Elternklasse *erbt*, nennt man sie auch eine *abgeleitete Klasse* oder *Kindklasse*.

Wie im »wahren Leben« finden sich auch in der Softwareentwicklung Situationen, in denen Sie nicht jedes Detail über ein Objekt wissen müssen oder wollen. Wenn Sie gerade voll bepackt im Raum stehen und plötzlich freie Hände brauchen, reicht es Ihnen, dass Sie etwas auf einem Tisch abstellen können – egal auf welchem! Vielmehr geht es um eine Interaktion (abstellen), die Sie gleichermaßen mit allen Tischen (Objekten dieses Typs) ausüben können, da alle über eine Art Platte verfügen und damit eine gemeinsame Eigenschaft besitzen.

Neben der Frage »Was ist es?« stellt sich häufig auch die Frage: »Was tut es?« Dieses Verhalten wird allgemein als *Schnittstelle* (engl. *Interface*) oder *Protokoll* bezeichnet. In der Schnittstelle wird spezifiziert, was ein Objekt können muss und welches Ergebnis von einer ausgeführten Funktionalität zu erwarten ist. Verhalten lässt sich selbstverständlich auch über Vererbung teilen.

Ein Interface ermöglicht es Ihnen außerdem, ein Verhalten von der Beschaffenheit des Objekts zu abstrahieren: Sie können etwa an der Schublade Ihres Schreibtischs (soweit eine vorhanden ist) ziehen. Unabhängig davon können Sie aber ebenfalls an einem Seil, Karren oder Kaugummi *ziehen*. Die Objekte stehen zwar nicht miteinander im Zusammenhang, erlauben Ihnen nichtsdestotrotz aber die gleiche Art der Interaktion.

Mithilfe von Vererbung (*Inheritance*) und Schnittstellen (*Interfaces*) können Sie Ihre Klasse und Objekte aus Teilen zusammensetzen, die einzeln von anderen Softwarekomponenten verarbeitet oder verwendet werden können. Diese Vorgehensweise setzt das extrem wichtige *Single Responsibility Principle* in die Tat um, ohne das eine größere Software irgendwann völlig unwartbar wird.

Abstrakte Klassen

Mit `Book` haben Sie im letzten Abschnitt eine Klasse definiert, die in unserer Welt eher als Objektkategorie aufgefasst wird. »*Das* Buch« gibt es nicht, dafür erkennen wir allerdings anhand einiger markanter Eigenschaften, wann wir ein Objekt als Buch auffassen.

Analog zum gedanklichen Schritt vom Tisch zum Schreibtisch möchte ich mit Ihnen daher im Folgenden eine abgeleitete Klasse von »Buch« erstellen: das `DartBook`.

Damit wir nicht aus Versehen weiterhin ein Book direkt erzeugen können, deklarieren wir es als *abstrakt*. Hierfür setzen Sie das Schlüsselwort abstract vor die Klassendefinition:


```
abstract class Book { … }
```

Eine Instanziierung dieser Klasse über Konstruktoren oder Factorys ist nun nicht mehr möglich. Die Vererbung oder das Implementieren von Interfaces ist von abstract unabhängig. Eine andere Klasse kann also von einer abstrakten Klasse erben oder sie als Interface implementieren. Würden Sie jetzt versuchen, eine Instanz von Book zu erzeugen, meldet der Dart Analyzer entsprechend:

```
Abstract classes can't be initiated
```

Vererbung

Da Sie nun eine abstrakte Klasse haben, führen Sie als Erstes eine zunächst noch leere Klasse DartBook ein und lassen sie über das Schlüsselwort extends, das hinter den Bezeichner der Klasse gesetzt wird, von Book erben:

```
class DartBook extends Book {}

final book = DartBook();
book.open();
print(book.opened);
```

Die Klasse DartBook erbt die Instanzvariablen und Methoden von Book. Sie *ist* also ein Book. Sie können, wie Sie oben sehen, beispielsweise open auf ihr aufrufen und über opened einen Zustand abfragen. Allerdings können Sie nun nicht mehr Titel und Seitenanzahl setzen. DartBook besitzt momentan nur den implizit erstellten Standardkonstruktor. Das ändern Sie, indem Sie DartBook einen Konstruktor hinzufügen, der beide Parameter aufnimmt und an den Konstruktor von Book weitergibt.

Auf die Basisklasse zugreifen

Über das Schlüsselwort super rufen Sie hinter dem Doppelpunkt, den Sie bereits zuvor zum Zugriff auf die Parameterliste eingesetzt haben, den Konstruktor von Book auf und übergeben die Parameter title und numberOfPages:

```
class DartBook extends Book {
  DartBook(int numberOfPages)
    : super(
      title: "Dart",
      numberOfPages: numberOfPages,
    );
}
```

Die Anzahl der Parameter von DartBook muss dabei keineswegs der von Book entsprechen. Wie Sie sehen, legt der Konstruktor den Titel fest, die Seitenzahl allerdings nicht. Ein DartBook erzeugen Sie also wie folgt:

```
final book = DartBook(666);
```

Sie müssen allerdings, wenn Sie den Book-Konstruktor aufrufen, alle geforderten Parameter setzen. Das können weitergereichte Parameter oder auch Literale von konstanten Typen wie String, int oder bool sein wie in diesem Fall.

Klassen können in Dart jeweils nur eine Basisklasse über extends definieren. Eine Mehrfachvererbung ist somit nicht möglich.

Nicht nur Konstruktoren, sondern auch andere Elemente der Basisklasse lassen sich mit super aufrufen. Sobald Sie im Code super schreiben und darauf einen Punkt folgen lassen, greifen Sie auf die Methoden, Operatoren, Variablen, Getter und Setter sowie auf andere Funktionen der Elternklasse zu. So lässt sich Funktionalität wiederverwenden, ohne dass Sie Code wiederholen müssen. Außerdem können Sie Code hinzufügen, sodass die Basisimplementierung und die Erweiterung gemeinsam ausgeführt werden. Das folgende Beispiel führt dies vor:

```
class DartBook extends Book {
  DartBook(int numberOfPages)
    : super(title: "Dart", numberOfPages: numberOfPages);
  void open() {
    super.open();
    print("DartBook opened");
  }
}
```

Wenn Sie jetzt ein DartBook erzeugen und es öffnen, wird es erstens geöffnet und zweitens wird eine Ausgabe erzeugt – natürlich genau in dieser Reihenfolge. Probieren Sie es aus:

```
void main() {
  final book = DartBook(666);
  book.open();
  print(book.opened);
}
```

Dass abgeleitete Klassen auf diese Weise die Funktionalität ihrer Eltern erweitern, ist ein wichtiges Entwurfsmuster in der objektorientierten Programmierung, weil auf diese Weise jeder Code genau dort steht, wo er zuständig ist.

Interfaces implementieren

Nachdem Sie erfolgreich eine beispielhafte Vererbung durchgeführt haben, richten wir unsere Aufmerksamkeit nun auf die Komposition. Sie spezifizieren mit einem Interface ein Verhalten. Im Hinblick auf die Klasse Book könnte das zum Beispiel das Umblättern einer Seite sein. Das soll im Folgenden von PageTurner abgebildet werden:

```
abstract class PageTurner {
  void turn();
}
```

In Dart generiert jede Klasse implizit ein *Interface*. Das ist ein Extrakt ihrer sichtbaren Methoden, Getter, Setter und Variablen – kurzum: eine Liste all jener Elemente, auf die Sie in der gleichen Mini-Library (siehe Abschnitt 3.13.1) zugreifen können.

Sie signalisieren Dart, dass Sie beabsichtigen, das Interface einer Klasse zu implementieren, indem Sie dem Ziel das Schlüsselwort implements anfügen. Das nächste Beispiel führt dies anhand von Book vor:

```
abstract class Book implements PageTurner {}
```

Falls Sie dem vorherigen Abschnitt gefolgt sind und die Klasse DartBook eingeführt haben, sehen Sie jetzt Anmerkungen des *Dart Analyzers* an dieser Klasse. Wieso nicht zu Book, das doch PageTurner implementiert? Weil Dart anhand des Schlüsselworts abstract erkennt, dass die Klasse nicht instanziiert werden kann, weist der Dart Analyzer erst dann auf Fehler hin, wenn das Interface von Book an einen Typ weitervererbt wird, von dem Sie tatsächlich Objekte erstellen können.

Dart weist Sie darauf hin, dass Ihre Klasse angibt, ein Verhalten anzubieten, dafür aber keine Implementierung besitzt. Das ist ungefähr so, als würden Sie im Restaurant von einer Speisekarte bestellen und der Kellner würde Ihnen bei jeder einzelnen Wahl kopfschüttelnd mitteilen, dass die Küche dafür leider keine Zutaten habe.

Da jedes Buch Seiten hat, gehört die Implementierung von turn() in die Basisklasse:

```
abstract class Book implements PageTurner {
  // ...
  int currentPage = 0;
  void open() {
    _opened = true;
    currentPage=1;
  }
  @override void turn() {
    if(_opened) currentPage++;
  }
}
```

Natürlich können Sie nur Seiten umblättern, wenn das Buch aufgeschlagen ist, und das Aufschlagen bringt Sie auf Seite 1.

Sie müssen eine jede Methode, Instanzvariable sowie alle Getter und Setter implementieren, die in einem zu implementierenden Interface definiert sind und im aktuellen Sichtbarkeitsbereich liegen – in diesem Fall ist das nur die Methode `turn()`.

Entgegen der Vererbung durch `extends` kann eine Klasse mehrere Interfaces über `implements` definieren. So könnten Sie neben `PageTurner` beispielsweise auch ein Interface `HasChapters` hinzufügen, über das ein Inhaltsverzeichnis abgerufen werden könnte:

```
abstract class Book implements PageTurner, HasChapters { … }
```

[!]

extends und implements zusammen

Dart besitzt nicht nur *einen* Slot, den Sie entweder mit einer Basisklasse über `extends` oder mit einem Interface über `implements` besetzen. Vielmehr können Sie beide auf einer Klasse zusammen anwenden. Beachten Sie dabei, dass Dart zuerst den `extends`- und dann den `implements`-Teil erhalten möchte.

Eigenschaften überschreiben

Soll ein Element einer Basisklasse überschrieben werden, so muss in einer Klasse, die über `extends` oder `implements` davon erbt, nur ein Element mit gleicher Signatur definiert werden, die somit das Basiselement verdeckt. Bei einer Methode bedeutet dies, dass Rückgabewert, Bezeichner und Parameter die gleichen sein müssen. Für eine Variable gilt es, den Typ und den Bezeichner anzugleichen.

[»]

Operatoren überschreiben

Da Operatoren in Dart letztlich nur Funktionen sind, lassen sie sich ebenfalls überschreiben. Dazu müssen Sie den zu überschreibenden Operator mit der gleichen Signatur (also gleichem Rückgabetyp), dem gleichen Bezeichner und den gleichen Parametern definieren.

In Abschnitt 3.7 haben Sie mit dem Operator `==` sogar schon einmal eine solche Überschreibung programmiert:

```
bool operator ==(Object other) {
  // ...
}
```

Ihnen stehen eine Vielzahl genereller Operatoren zur Verfügung, die Sie vielleicht im Zusammenhang mit anderen Sprachen verwendet haben, etwa: +, -, *, /, >>, <<, ~, ~/.

So könnten Sie beispielsweise zwei Book-Objekte mit überschriebenem Operator zusammenfügen.

Möglich wäre sogar der Einsatz der üblicherweise für Bitverschiebungen eingesetzten Operatoren << und >> in Book, um eine bestimmte Zahl an Seiten umzublättern:

```
Book operator >>(int pages) {
  currentPage+= pages;
  return this;
}
Book operator <<(int pages) {
  currentPage -= pages;
  return this;
}

void turnPagesWithOperator() {
  var aBook = DartBook();
  aBook = aBook << 20;
  aBook = aBook >> 40;
}
```

Denken Sie aber daran, dass die Operatoren logisch nachvollziehbar sein sollten. Eine Operation mit + sollte dementsprechend keine Subtraktion durchführen.

Eine Basisklasse, wie zum Beispiel Book, könnte sich jedoch ändern, und eine Überschreibung könnte daher plötzlich keine mehr sein, etwa wenn sich ein Bezeichner änderte, die ableitende Klasse davon aber nichts mitbekäme.

Dart bietet deswegen die Annotation @override an. Ein so deklariertes Klassenelement wird vom Dart Analyzer überprüft. Sollte eine Überschreibung verloren gehen, wird eine Warnung ausgegeben, beispielsweise:

```
class DartBook extends Book {
  @override void turnPage() {…}
}
```

Da die vermutlich zu überschreibende Methode der Basisklasse turn() heißt, verursacht dieser Code einen Fehler, weil es zu turnPage() keine gleichnamige Methode gibt. Ohne das @Override würde dieser Programmierfehler zunächst nicht auffallen – jedes DartBook-Objekt besäße dann zwei Methoden turn() und turnPage(), was zu Missverständnissen führen würde, und zwar spätestens dann, wenn eine andere Funktion book.turn() aufruft und rätselhafterweise in diesem Buch nicht weitergeblättert wird.

Polymorphie

Wenn mehrere Klassen von einer abstrakten Basisklasse erben, können diese eine Basisklassen-Funktion auf unterschiedliche Weise überschreiben.

Nehmen Sie dieses Beispiel:

```
abstract class Book {
  int currentPage=1;
  void turnPage();
}
class DartBook extends Book {
  @override void turnPage() =>  currentPage++;
}
class DifferentBook extends Book {
  @override void turnPage() =>  currentPage--;
}
```

Die beiden von Book erbenden Klassen haben zwei unterschiedliche Implementierungen für das Umblättern. Was geschieht nun, wenn Sie in einem `Book` umblättern? Wird vorwärts oder rückwärts geblättert oder gar nicht? Probieren Sie es aus:

```
Book book = DartBook();
book.turnPage();
print(book.currentPage);
```

Zwar hat `Book` keine Implementierung von `turnPage()`. Aber das Objekt `book` weiß immer noch, dass es nicht nur ein `Book`, sondern auch ein `DartBook` ist (das können Sie mit `book.runtimeType` nachprüfen) und folglich dessen Umblättern-Methode verwenden muss.

Diese sehr wichtige Eigenschaft objektorientierter Sprachen heißt *Polymorphie* und ermöglicht sehr eleganten Code. Gleichzeitig unterstützt Polymorphie Sie bei der Einhaltung des *Single-Responsibility-Prinzips*, denn die spezifische Implementierung für jede Klasse befindet sich genau dort und nicht irgendwo außerhalb in einer `if`- oder `switch`-Abfrage.

3.7.4 Statische Elemente

Im Kontext einer Klasse lassen sich statische Methoden und statische Klassenvariablen definieren. Diese Variablen werden dann mit der Klasse erzeugt und nicht mit jeder Instanz. Folglich gibt es von diesen Variablen jeweils nur ein einziges Exemplar. Hierfür stellen Sie einem solchen Element das Schlüsselwort `static` voran und können auf es auf Ebene des Typs zugreifen:

```
abstract class Book {
  // ...
  static String publisher = 'Rheinwerk Verlag';
  static String sayHelloPublisher() => 'Hello $publisher';
}
```


Jede Instanz der Klasse hat nun diese Eigenschaft, und die Klasse selbst sowie deren Erben haben sie auch:

```
Book book = DartBook();
print(book.sayHelloPublisher());
print(Book.sayHelloPublisher());
print(DartBook.sayHelloPublisher());
```

Statische Attribute eignen sich wie in diesem Beispiel für Eigenschaften, die auf jeden Fall für alle Instanzen der Klasse gleich sind. Sie verhalten sich hinsichtlich des lesenden und schreibenden Zugriffs bei Variablen und beim Ausführen von Methoden völlig gleich. Es gibt keine Möglichkeit, statische Elemente zu überschreiben.

3.7.5 Mixins

Sie haben in Abschnitt 3.7.3, in dem es um Vererbung und Komposition mit `extends` und `implements` ging, jeweils Möglichkeiten kennengelernt, um eine Klasse zu erweitern. Gezieltes Hinzufügen von Eigenschaften oder Funktionen ermöglichen außerdem die *Mixins* von Dart.

Ein Mixin wird zumeist dann eingesetzt, wenn ein Konzept als Softwarekomponente ausgedrückt und auf verschiedene Zieltypen angewendet wird. Das können Sie sich wie einen Barcode (Mixin) vorstellen, der auf jedem Produkt (Klassen) in einem Geschäft aufgedruckt wurde: Er hat nicht unmittelbar mit dem Gegenstand selbst zu tun, sondern erfüllt nur eine Funktion (Identifizierung) in einem Umgebungsablauf (Verkaufsprozess). Ebenfalls vorstellbar wäre das Mixin `Anhänger`, das in eine Klasse `Auto`, `LKW` oder `Bus` integriert werden könnte.

Welche Vorteile bietet das Konzept Mixin gegenüber der Vererbung? Ähnlich einem Interface können Sie Mixins in unterschiedliche und nicht miteinander zusammenhängende Klassen integrieren, etwa so, wie ein Barcode gleichermaßen auf eine Weinflasche und einen Computer aufgedruckt werden kann. Zudem können Sie beliebig viele Mixins zusammenwerfen, während eine Klasse nur einmal erben kann.

Das Schlüsselwort mixin

Ein Mixin ist im Wesentlichen eine abstrakte Klasse und ist bis zur Version 2.1 von Dart auch als solche implementiert worden. Man hat sich aber für ein eigenes Schlüsselwort beziehungsweise eine eigene Syntax entschieden, um die Intention des Konzepts Mixin besser vermitteln zu können: Die Struktur soll Eigenschaften und Funktionen lediglich an bestehende Typen andocken. Ein eigenes Leben des Mixins ist nicht vorgesehen.

Weil das Schlüsselwort `mixin` mittlerweile schon lange zu Dart gehört und auch der Dart Linter von aus abstrakten Klassen erstellten Mixins abrät, befassen wir uns mit der »alten« Schreibweise an dieser Stelle nicht weiter.

Unten sehen Sie das Mixin `Barcode`, das intern aus dem Hashcode eines Objekts eine String-ID erzeugt, sie in eine Instanzvariable abspeichert und über einen Getter zugänglich macht:

```
mixin Barcode {
  String _id;

  String get id => _id;

  void initializeOnProduct(Object product) {
    _id = product.hashCode.toString();
  }
}
```

Das sieht aus wie eine Klasse ohne Konstruktor, nur das Schlüsselwort `class` wurde gegen `mixin` ausgetauscht.

Im nächsten Schritt werden die beiden Klassen `Computer` und `Book` mit dem Mixin `Barcode` versehen. Sie fügen Mixins über das Schlüsselwort `with` hinzu:

```
class Computer with Barcode {
  Computer() {
    initializeOnProduct(this);
  }
}

class Book with Barcode {
  Book() {
    initializeOnProduct(this);
  }
}
```

Durch die Integration eines Mixins kann die Zielklasse auf dessen sichtbare Elemente zugreifen, zum Beispiel auf die Funktion `initializeOnProduct` in den jeweiligen Konstruktoren. Genauso erscheinen Ziel und Mixin nach außen als Einheit. Sie greifen etwa auf den Getter `id` zu, als sei er von `Book` integriert worden:

```
final book = Book();
print(book.id);
```

Ein Mixin kann sogar auf die Zielklasse zugreifen. Sie könnten beispielsweise die Funktion `initializeOnProduct` durch den direkten Zugriff auf `super.hashCode` ersetzen:

```
mixin Barcode {
  String get id => super.hashCode.toString();
}
```

Ähnlich wie beim Einsatz von `implements` können Sie mit `with` mehrere Mixins durch Kommas getrennt einfügen:

```
class Computer with Barcode, CPU, GPU, Bluetooth { … }
```

Ein Mixin auf Zieltypen einschränken

Möchten Sie verhindern, dass ein Mixin auf jeder beliebigen Klasse eingesetzt werden kann, so ist es Ihnen möglich, die Zieltypen einzuschränken. Mit dem Schlüsselwort `on` reduzieren Sie die Möglichkeiten auf einen oder mehrere Typen, die von der Zielklasse geerbt oder implementiert werden müssen. Dementsprechend würde das Mixin `InternalDisplay` nur auf einer von `Computer` abgeleiteten Klasse, zum Beispiel `Laptop`, angewendet werden können:

```
mixin InternalDisplay on Computer {}
class Laptop extends Computer with InternalDisplay {}
```

3.7.6 enums

Ein weiteres breit unterstütztes Element in modernen Programmiersprachen ist die *Enumeration*. Sie wird meist zur Darstellung unterschiedlicher Status oder Modi unterstützt, von denen es nur endlich viele gibt, die alle schon beim Verfassen des Codes bekannt sind. In Dart führen Sie eine Aufzählung mit dem Schlüsselwort `enum` ein.

Im Hinblick auf die verschiedenen Produkte, die zuvor mit dem Mixin `Barcode` ausgestattet wurden, wäre es für das Ladengeschäft sicherlich praktisch, seine Waren kategorisieren zu können. Hierfür eignet sich `enum` ausgezeichnet:

```
enum ProductCategory {
  beverage,
  food,
  technology,
  literature,
}
```

Als Nächstes müssen Sie die im Lager befindlichen Produkte, etwa `Book`, `Computer` und `Laptop`, damit ausrüsten. Um allen Produkten die Eigenschaft `category` mitgeben zu können, wird der neue Basistyp `Product` eingeführt:

```
abstract class Product {
  Product(this.category);

  final ProductCategory category;
}
```

Außerdem sollen die bisherigen Produkte davon erben. Sehen Sie sich die Änderungen an `Book` an, das außerdem den Konstruktor der Basisklasse `Product` aufrufen muss, um `category` zu setzen:

```
abstract class Book extends Product implements PageTurner {
 Book({this.title = "", this.numberOfPages = 0})
                              : super( ProductCategory.literature );
  // ...
}
```

Gleichermaßen müssen auch die anderen Produkte vorgehen, da die Instanzvariable von `Product` als `final` deklariert, aber nicht unmittelbar zugewiesen wurde:

```
class Computer extends Product with Barcode {
  Computer() : super(ProductCategory.technology);
}
```

Beim Arbeiten mit den Produkten kann nun auch die Produktkategorie ausgegeben werden. Probieren Sie es aus:

```
final computer = Computer();
final book = DartBook();

print(computer.category);
print(book.category);
```

Wie Sie sehen, können Sie einen Wert der Enumeration `ProductCategory` direkt an `print` übergeben. Sie ahnen sicher schon, dass auch ein `enum` vom Typ `Object` erbt, und tatsächlich: Es lassen sich beispielsweise `toString`, `hashCode` und `runtimeType` darauf aufrufen. Ein `enum` ist also ein `Object`. Probieren Sie es selbst:

```
print(ProductCategory.beverage.toString());
print(ProductCategory.beverage.hashCode); print(ProductCategory.beverage.runti
meType);
```

[«]

3

Enums als bools

Vielfach werden Enumerationen aber auch als Ersatz für bool eingesetzt, da mit einer Variablen vom Typ enum mehr Status als »wahr« oder »falsch« aufgelöst werden können. Sie haben es wahrscheinlich schon einmal erlebt, dass Ihnen Ihr Gegenüber auf eine Frage nur mit einem knappen »Ja« oder »Nein« antwortete und Sie ihm die benötigten Details aus der Nase ziehen mussten. Manchmal genügt ein einfaches Ja oder Nein einfach nicht. Das Versenden einer Nachricht kann beispielsweise aus unterschiedlichen Gründen scheitern und Sie möchten diese Information wahrscheinlich an die Benutzer weitergeben:

```
bool send(Object someArg) {
  // ...
}
void sendSomething() {
  final result = send(1);
  if (result == false) {
    // welcher Fehler ist aufgetreten?
  }
}
```

Viel aussagekräftiger könnte hier ein enum als Rückgabewert sein:

```
enum SendResult {
  success,
  noConnection,
  invalidPayload,
  receiverDeclined,
}

SendResult send(Object someArg) {…}
```

Es ist oft eine knifflige Entscheidung, ob ein enum die richtige Lösung ist. Wenn Sie merken, dass Sie dauernd switch-case-Konstrukte benötigen oder wenn Sie die Liste der Aufzählung dauernd erweitern müssen (und dann die App neu bauen und ein Update publizieren), war enum keine optimale Wahl.

3.7.7 typedef

Sie haben bereits erfahren, dass Sie Funktionen mit Variablen referenzieren können, etwa so:

```
void someFunction() {}
```

```
final doSomething = someFunction;
doSomething();
```

Weil Funktionen einen Typ besitzen, können Sie eine Funktionsdeklaration auch mit einem Bezeichner versehen, sodass Sie statt mit der vollen Signatur, die in der Regel aus Rückgabetyp, Name, Parameterliste und dem Rumpf besteht, nur damit weiterarbeiten können und ihn wie einen durch `class`, `mixin` oder `enum` eingeführten Typ verwenden:

```
typedef ImportantCallback = void Function();
typedef ImportantSetter = void Function(int number);
typedef ImportantGetter = String Function();
```

Ein `typedef` ist nichts anderes als die Zuweisung eines Funktionstyps an einen Bezeichner. Entsprechend dieser *Type Definition* (`typedef`) nennen Sie zunächst einen Namen und benutzen dann den `=`-Operator (Zuweisungsoperator), um die Funktionssignatur zuzuweisen. Ein `typedef` darf nicht innerhalb von Klassen oder Funktionen definiert werden. Er befindet sich immer auf dem *Top-Level*.

Beachten Sie, dass Sie lediglich einen Alias einführen, aber keinen weiteren Typ. Es können durchaus mehrere Aliasse für ein und denselben Funktionstyp existieren. Sehen Sie sich dazu das folgende Beispiel an, das zwei unterschiedliche `typedef`s anführt:

```
typedef ImportantGetter = String Function();
typedef UnimportantGetter = String Function();
```

Wenn Sie `ImportantGetter` und `UnimportantGetter` miteinander vergleichen würden, wäre das Ergebnis `true`.

Nachdem Sie die neuen Typen in Ihrem Programmcode bekannt gemacht haben, verwenden Sie sie wie gewöhnliche Datentypen, etwa `int` oder `String`:

```
class ImportantPerformer {
  ImportantCallback callback;
  ImportantSetter setter;
  ImportantGetter getter;
  int aNumber;

  // ...
}
```

Dart ermöglicht Ihnen ab der Version 2.13, `typedef`s auch für Typen (Klassen, Enums etc.) einzusetzen. Damit können Sie häufig wiederkehrenden oder charakteristischen Fällen einen Namen geben:

```
typedef Dictionary = Map<String, String>;
typedef IntList = List<int>;
```


3.7.8 Extension Methods

Mit den *Extension Methods* bietet Dart seit Version 2.7 ein weiteres Feature moderner Sprachen an. Mit ihm ist es Ihnen möglich, Klassen punktgenau zu erweitern, auch dann, wenn Sie sie nicht selbst definiert, sondern aus einer externen *Library* importiert haben. Ohne dieses sprachliche Mittel müssten Sie einen anderen Typ implementieren oder von ihm erben. Gerade bei komplexeren Klassen könnte Ihnen damit einiges an Arbeit entstehen, obwohl Sie eigentlich nur eine kleine Hilfsfunktion hinzufügen möchten. Außerdem könnte sich der erweiterte Typ verändern und Sie müssten nun mit jedem Update auch Ihren Code anpassen! Mit Extension Methods fügen Sie Funktionalität hingegen nur an, sind dabei allerdings auf Funktionselemente beschränkt, etwa Getter, Setter, Methoden und Operatoren.

Methoden hinzufügen

Dart besitzt einige Typen, die Sie nicht als Basisklassen verwenden dürfen. Wenn Sie etwa den Code

```
class NewString extends String {}
class BetterInt extends int {}
```

schreiben, weist der Dart Analyzer Sie schon darauf hin, dass Sie von `String` oder `int` nicht erben dürfen. Dazu zählen auch `num`, `float` und `bool`. Ein explizites Schlüsselwort zur Verhinderung von Vererbung, etwa wie `sealed` in C# oder `final class` in Java, hat das Dart-Team mit Blick auf die Performance nicht in die Sprache aufgenommen. Man hat sich hingegen dafür entschieden, feste Regeln einzubauen, die verhindern, dass die elementaren Datentypen von Dart verändert werden können, was zu undefinierten Zuständen führen würde. Mit anderen Worten: Typen wie `int` sollen sich überall erwartungskonform verhalten.

Mit Extension Methods könnten Sie aber beispielsweise den Typ `int` um Funktionalität ergänzen, obwohl er verschlossen im Kern von Dart liegt! Sehen Sie sich anhand des nächsten Beispiels einmal die Syntax an, und fügen Sie `int` die Methode `toNegative` hinzu, die einen Wert ins Negative spiegelt, etwa `2` zu `-2`:

```
extension on int {
  int toNegative() => this * -1;
}
```

Zuerst sehen Sie das neue Schlüsselwort `extension`, das die Definition einer Extension Method einleitet. Darauf folgt mit `on` und der Angabe `int` die Information darüber, welchen Typ Sie mit der Erweiterung zu verändern gedenken.

In der zweiten Zeile erkennen Sie eine Funktionsdefinition mit dem Namen `toNegative`. Darin beziehen wir uns mit dem Schlüsselwort `this` auf das jeweilige Objekt, auf dem Sie die Erweiterung aufrufen und den Wert durch die Multiplikation mit `-1` invertieren.

Ganz analog zu einer in einer Klasse geschriebenen Methode rufen Sie das soeben eingeführte `toNegative` auf:

```
int a = 4;
print(a.toNegative());
```

Extension Methods sind statische Erweiterungen

Rufen wir eine Extension Method auf einem Objekt auf, so benutzen wir implizit *syntaktischen Zucker*. Alle Elemente, die wir innerhalb von `extension on` <Typ> einführen, sind statisch. Deswegen ist es erlaubt, statische Felder zu definieren, aber keine Instanzvariablen. Dart wickelt die Aufrufe implizit ein und erzeugt damit eine angenehme Art, sie zu benutzen. Das Beispiel zur Extension Method `toNegative` ließe sich auch aufrufen als:

```
2.toNegative();
```

Dart übersetzt dies implizit in:

```
Extension(2).toNegative();
```

Sichtbarkeit

Die zuvor eingeführte `extension` für den Typ `int` war nur innerhalb der eigenen *Library* sichtbar. Mit Librarys und Importen befassen wir uns genauer in Abschnitt 3.13.2. An dieser Stelle genügt das Wissen, dass die `extension`, würden Sie sie in Paket A definieren, nicht in Paket B sichtbar wäre.

Die Sichtbarkeit über die Library-Grenze hinweg lässt sich dadurch bewerkstelligen, dass die `extension` einen Namen erhält, z. B. `IntExtensions`:

```
extension IntExtensions on int {
...
}
```

So eingeführt, kann das gedachte Paket B auf die `IntExtensions` aus Paket A über den Namen zugreifen. Möchten Sie in jedem Fall einen Bezeichner einführen, die Sichtbarkeit jedoch auf Ebene der Library belassen, müssen Sie dem Namen einen Unterstrich (_) voranstellen – ganz ähnlich, wie die Sichtbarkeit von Variablen, Funktionen oder Methoden jeweils begrenzt wird:

```
extension _IntExtensions on int {
...
}
```

Statische Felder hinzufügen

Wie ich oben im Kasten »Extension Methods sind statische Erweiterungen« erklärt habe, sind auch statische Variablen in `extension` definierbar. Der Zugriff darauf findet dann allerdings nicht mehr über ein Objekt des Typs (hier beispielsweise über ein Objekt mit dem Wert `4` des Typs `int`), sondern über den Namen der `extension` selbst statt:

```
extension IntExtensions on int {
  static int specialNumber = 42;
  ...
}

print(IntExtensions.specialNumber);
```

Über einen normalen Integer können Sie auf diese statische Zahl allerdings nicht zugreifen.

Konflikte

Bei der Anwendung von Extension Methods kann es aus mehreren Gründen zu Namenskonflikten kommen. Ein Bezeichner könnte etwa jeweils in verschiedenen konsumierten Paketen definiert sein. Genau an der Stelle, an der eine Erweiterung eingesetzt werden soll, weiß Dart dann gegebenenfalls nicht, welche Definition aufgelöst werden soll. In Abschnitt 3.13.2 wird das Schlüsselwort `import` vorgestellt, das ich im nächsten Beispiel zur Verdeutlichung vorwegnehme. Es zeigt, wie mehrere Dart-Dateien importiert werden und jeweils eine `extension` in den Sichtbarkeitsbereich einführen, die zu einem Namenskonflikt führt:

```
// a.dart
extension CustomExtension on String {
  String sayHello() => 'Hello A';
}

// b.dart
extension CustomExtension on String {
  String sayHello() => 'Hello B';
}
```

```
// main.dart
import 'extension_methods/a.dart';
import 'extension_methods/b.dart';

void main() {
  print(''.sayHello());
}
```

Dart weiß in der print-Funktion nicht, welche der beiden Extensions ausgeführt werden soll, und zeigt einen Syntaxfehler an.

Wir schaffen Abhilfe, indem wir die ungewollte Implementierung eines Pakets über das Schlüsselwort hide ausblenden. Wollen Sie die Definition in *a.dart* verwenden und somit jene aus *b.dart* ausklammern, setzen Sie hide wie folgt ein:

```
import 'extension_methods/a.dart';
import 'extension_methods/b.dart' hide CustomExtension;
```

In diesem Beispiel funktioniert auch die print-Funktion.

Nicht nur zwei Pakete können miteinander in Konflikt geraten, weil mehrere Extension Methods gleich heißen, sondern auch die Methoden einer extension mit den existierenden Methoden des zu erweiternden Typs. Möchten Sie zum Beispiel zu IntExtensions die Methode round hinzufügen, die die Klasse int bereits anbietet, löst der Compiler zwar keinen Fehler aus, aber er ruft dennoch die eigene Implementierung von int auf, nicht die vermeintlich überschreibende Erweiterung:

```
extension RoundExtension on double {
  int round() => 1000;
}

print(2.3.round());
```

Dieses Beispiel gibt eine 2 aus, also 2,3 gerundet, nicht etwa 1000.

In Dart gewinnt immer die klasseneigene Implementierung gegenüber der Definition einer Extension Method.

Eine Enumeration erweitern

Die Extension Methods zielen zwar hauptsächlich auf Klassen ab, doch auch ein enum lässt sich mit ihnen erweitern. Ziehen wir noch einmal die Enumeration ProductCategory aus zurückliegenden Beispielen heran:

```
enum ProductCategory {
  beverage,
```

```
  food,
  technology,
  literature,
}
```


Möchten Sie einen Wert von `ProductCategory` als String ausgeben, können Sie darauf zwar `toString` aufrufen, doch besteht die Ausgabe dann aus dem sogenannten *Fully Qualified Name*. In diesem Fall ist das zum Beispiel:

```
ProductCategory.beverage
```

Ausgegeben an einen Benutzer unserer Anwendung, sieht das aber nicht sehr schön aus. Lieber hätten wir etwas Aufbereitetes wie »Kategorie Getränke«. Das lässt sich mit einer Extension Method bewerkstelligen, die dem Abschnitt 3.10 über Kontrollstrukturen mit dem Einsatz einer `switch`-Anweisung etwas vorgreift:

```
extension ProductCategoryFormatter on ProductCategory {
  String toBetterString() {
    switch (this) {
      case ProductCategory.beverage:
        return 'Kategorie Getränke';
      case ProductCategory.food:
        return 'Kategorie Essen';
      case ProductCategory.technology:
        return 'Kategorie Technik';
      case ProductCategory.literature:
        return 'Kategorie Literatur';
    }
  }
}
```

Der Code greift auf den Wert des Objekts zu (`this`) und vergleicht ihn mit den Auswahlmöglichkeiten, die durch die `case`-Einträge vorgegeben sind. Sobald eine davon zutrifft, wird die auf sie folgende Codezeile ausgeführt. Durch diese Erweiterung haben Sie eine Methode eingeführt, die eine für den Nutzer verständliche Ausgabe erzeugt. Doch wie können Sie `toBetterString` aufrufen? Sie können das nicht auf `ProductCategory` selbst tun, da es sich um keine statische Methode handelt. Im Fall der Enumeration `ProductCategory` wären die möglichen Kandidaten also die Werte. Versuchen Sie es mal so:

```
print(ProductCategory.beverage.toBetterString());
```

3.8 Generika

Dart ermöglicht es Ihnen, generische Klassen und Funktionen einzuführen. Die Notation entspricht jener der Programmiersprachen aus der C-Familie, die mit spitzen Klammern und darin definierten Typparametern arbeiten (<T>).

3.8.1 Generische Klassen

Ein Paradebeispiel für generische Klassen sind Collections, also Container für andere Typen. Diese Container führen algorithmisch meist die gleichen Operationen auf ihren Elementen aus, etwa für das Hinzufügen oder Entfernen. Möchten Sie diese Struktur beispielsweise für `int` und `String` anbieten, müssten Sie für beide jeweils eine Implementierung schreiben:

```
class IntContainer {
  void add(int element) { }
  void remove(int element) { }
}

class StringContainer {
  void add(String element) { }
  void remove(String element) { }
}
```

Für jeden weiteren zu unterstützenden Typ müssten Sie den Code duplizieren und anpassen, obwohl die Abläufe immer gleich bleiben. Um Ihnen diese Arbeit zu ersparen, bietet Dart Ihnen das Sprachfeature *generische Klassen* an. Die von der Sprache selbst implementierten *Collections* werden wir später in Abschnitt 3.9 untersuchen. Für dieses Kapitel bauen wir einen eigenen und sehr simplen Container. Sein Typparameter wird der aufzunehmende Typ. Um Strings aufzunehmen, wäre dies zum Beispiel `Container<String>`. Da generische Klassen ein Bauplan sind, fangen wir mit einer schematischen Zeichnung unseres Containers für einen beliebigen Typ `T` an:

```
class Container<T> {
  void add(T element) { }
  void remove(T element) { }
}
```

Auf Ebene der Klasse führen wir mit `T` einen Typ-Platzhalter ein. `T` wird damit innerhalb der Klasse `Container` sichtbar und kann verwendet werden. Wir greifen ihn anschließend in den Methoden `add` und `remove` auf, die jeweils Elemente hinzufügen und entfernen. Die generische Klasse können Sie nun mit beliebigen Typen verwenden:

```
final strings = Container<String>();
strings.add('');

final numbers = Container<int>();
numbers.add(1);

final decisions = Container<bool>();
decisions.add(false);

final books = Container<Book>();
books.add(DartBook(title: 'Dart', numberOfPages: 20));
```

[+]

Kovarianz und Kontravarianz

Wie Sie im Beispiel zu `Container<T>` bemerken, ist es möglich, einen Container für einen Typ zu definieren (`Book`) und davon abgeleitete Typen (`DartBook`) anschließend darin abzulegen.

Dart wendet implizit *Kovarianz* (engl. *covariance*) an. Dieser Begriff beschreibt die Fähigkeit, einen Typ durch solche Typen zu ersetzen, die im Vererbungsbaum weiter oben stehen. Bei der Vererbung steht alles auf dem Kopf: Die Wurzel (der *Bottom-Type*) steht oben, die Blätter, beziehungsweise die abgeleiteten Typen, stehen unten. Die Richtung nach unten beschreibt der Begriff *Kontravarianz*.

Kovarianz ist demnach das Ersetzen von `DartBook` durch `Book`, indem man den Baum um einen Schritt nach oben geht. `Container<Book>` verhält sich kovariant zu `Container<DartBook>`. Das ermöglicht es Ihnen, ein `DartBook`-Objekt in einen `Container<Book>` einzufügen.

Kontravarianz beschreibt das Ersetzen von `Book` durch `DartBook`. Diese Richtung wird allerdings nicht unterstützt. Sie würde bedeuten, dass Sie in einen `Container<DartBook>` einen `Container<Book>` einfügen könnten. Jedoch ist nicht jedes `Book` vom Typ `DartBook` (z. B. `class OtherBook extends Book {}` nicht).

Die beiden Begriffe lassen sich leicht verwechseln. Mir hat bisher diese Eselsbrücke geholfen: »Um jemandem ordentlich Kontra zu geben, klettert man den Baum hinunter.« Vielleicht hilft sie Ihnen, damit letztlich nur noch der Baum kopfsteht.

3.8.2 Generische Funktionen

Typparameter lassen sich wie eingangs erwähnt auch für Funktionen definieren. Die generischen Funktionen, die man so erhält, können anschließend mit jeglichen Typen umgehen. Eine Funktion muss sich dafür nicht innerhalb einer generischen Klasse befinden. Sie definiert ihre eigenen Typparameter, die nur innerhalb des eigenen Rumpfs sichtbar sind. Auch hier definieren Sie diese Parameter innerhalb von spitzen Klammern:

```
void printSomething<T>(T element) {
  print(element);
}
```

Mit diesem Beispiel haben Sie eine Funktion eingeführt, die mit jeglichen Typen aufgerufen werden kann. Ansonsten hätten Sie mehrere Funktionen (etwa `printInt()`, `printString()` usw.) definieren müssen und jeweils wissen müssen, welche Funktion Sie mit welchem Typ verbinden. Diese Arbeit nimmt Ihnen die eine generische Implementierung `printSomething()` ab.

3.8.3 Den Typparameter einschränken

In beiden Fällen können Sie den Typparameter einschränken, indem Sie eine Stelle im Vererbungsbaum bestimmen, die nicht überschritten werden darf, und damit gleich auch einen Vererbungsast spezifizieren. Somit kann für Klasse und Funktion beispielsweise bestimmt werden, dass für einen Typ `T` gelten soll, dass er vom Typ `Book` abgeleitet ist. Dadurch wäre ein Typ, der von `Object` abstammt, nicht erlaubt. Blicken wir zunächst darauf, wie sich die Klasse ändert, wenn sie nur für Regale, Kisten oder Buchläden verwendet werden soll:

```
class BookContainer<T extends Book> {
  void add(T element) {}
  void remove(T element) {}
}
```

Setzen Sie das Schlüsselwort `extends` mit `Book` ein, um in der Typparameterliste von Container eine Grenze für den Platzhalter `T` zu ziehen. Das resultiert darin, dass das folgende Beispiel rot angestrichen wird:

```
final strings = BookContainer<String>();
```

Analog dazu lassen sich Typparameter innerhalb der Typparameterliste einer generischen Funktion durch das Schlüsselwort `extends` einschränken:

```
void printNumberOfPages<T extends Book>(T element) {
  print(element.numberOfPages);
}
```

In diesem Beispiel kann die Funktion natürlich auf Eigenschaften von `Book` zugreifen. Ohne die Einschränkung von `T` würde das nicht gehen, da `Object` `numberOfPages` nicht kennt. Implizit setzt Dart für Typparameter nämlich immer ein `T extends Object`.

3.8.4 Mehrere Typparameter

Ich habe in den vorherigen Abschnitten von einer Parameterliste gesprochen. Natürlich lassen sich für eine generische Klasse oder Funktion mehrere Typparameter in Form einer Liste definieren. Dazu werden die einzelnen Parameter durch Kommas voneinander getrennt. Jeder kann für sich eine Typobergrenze mit dem Schlüsselwort `extends` definieren. So würde beispielsweise ein Container mit mehreren Typparametern folgendermaßen aussehen:

```
class Container<T extends Book, U extends BookType> { … }
final container = Container<DartBook, NonFiction>();
```

3.9 Collections

In den vorigen Abschnitten haben wir uns mit den einzelnen Basisdatentypen wie `int`, `double`, `bool` und `String` befasst. Ein wichtiges Merkmal einer Programmiersprache ist aber auch die Eigenschaft, Daten in Listen oder verknüpft darzustellen und sie in gewünschten Reihenfolgen durchzugehen. Man nennt diese gesammelten Daten *Collections*.

Dart bietet für alltägliche Aufgaben drei Arten von Collections: *List*, *Set* und *Map*. Ich stelle sie in folgenden Abschnitten jeweils vor und gebe Hinweise, wie Sie sie optimal einsetzen können.

3.9.1 List

Die *List* ist auch unter dem Begriff *Array* bekannt und bietet in Dart ebendiese Funktionalität: eine feste oder variable Anzahl von Objekten zusammenzufassen, um sie als Einheit weiterzuverwenden oder zu manipulieren.

Eine Liste erstellen

Eine einfache *List* aus Zahlen wird in Dart folgendermaßen definiert:

```
final numbers = [1, 2, 3];
```

Wenn Sie die aktuelle Version von Visual Studio Code verwenden, wird Ihnen in Hellgrau das Ergebnis der Typinferenz eingeblendet:

```
final List<int> numbers = <int>[1, 2, 3];
```

Auf der rechten Seite sehen Sie, dass ich eine Liste aus Zahlen (1, 2, 3) definiert und mit eckigen Klammern ([ ]) eingerahmt habe. Genauso wie Sie erkennt Dart, dass es sich um eine *List* aus Ganzzahlen handelt, und weist das Objekt der Variablen `numbers` zu, deren Typ ebenfalls über die *Typinferenz* automatisch als List<int> bestimmt wurde, die Sie bereits kennen.

> **Die generische Liste**
>
> Eine *List* ist ein generischer Typ, d. h., sie kann für jeden Dart-Typ erstellt werden und bietet eine feste Typsicherheit. Im obigen Beispiel habe ich mit [1, 2, 3] den Typ durch die Typinferenz bestimmen lassen. Sie hätten ihn aber auch mit <int>[1, 2, 3, 4] explizit angeben können. Eine String-List können Sie beispielsweise mit ['hello', 'world'] oder <String>['hello', 'world'] erstellen.

Hinter den eckigen Klammern, mit denen ich die Liste erstellt habe, steht der Typ List. Durch das *[]-Literal* greifen wir implizit auf eine Factory zu, die eine List zurückgibt, die während ihrer Lebenszeit wachsen kann. Wie im nächsten Abschnitt zu sehen ist, können Sie nach Belieben Einträge hinzufügen oder entfernen. Damit dabei keine Leistungseinbußen entstehen, etwa weil die Liste zu klein für neue Elemente geworden ist, hält eine Liste immer einen Puffer vor und verwaltet ihn dynamisch.

Eine Liste kann auch mit einer festen Größe definiert werden:

```
final numbers = List.filled(4,0);
```

Damit der Inhalt nicht undefiniert ist, müssen Sie abgesehen von der Größe auch die enthaltenen Werte angeben. Es gibt noch weitere Konstruktoren für List, aber der bei Weitem einfachste und häufigste ist der für eine leere Liste:

```
final numbers = [];
```

Eine Liste verändern

Selbstverständlich können Sie die erstellte List nachträglich verändern, indem Sie Elemente hinzufügen oder entfernen. Haben Sie zuvor bereits eine List – wie oben – erstellt, so können Sie über die Funktion add ein weiteres Element anfügen:

```
numbers.add(4);
```

Verfügen Sie über mehrere Listen, so können Sie diese über den +-Operator miteinander verbinden. Probieren Sie es aus:

```
final numbers = [1, 2];
print(numbers);
print(numbers +[3, 4]);
```

> **Eine Liste in eine andere einfügen**
>
> Sollen zwei Listen nicht aneinandergehängt werden, etwa durch den +-Operator, sondern wollen Sie eine Liste an einer bestimmten Stelle in die andere einfügen, so kön-

nen Sie die Funktion `setAll` verwenden. Als Parameter sind der Einstiegspunkt (*Index*) und ein *Iterable* anzugeben. (Iterables lernen Sie in Abschnitt 3.9.4 kennen.) Die Funktion wird ab dem gewählten Index alle Einträge der Liste, auf der `setAll` aufgerufen wurde, durch Einträge aus derjenigen Liste ersetzen, die Sie als Parameter verwendet haben.

Eine einzufügende Liste können Sie übrigens komfortabel aus einer anderen heraus referenzieren, indem Sie die Funktion `sublist` mit den Parametern Anfangs- und gegebenenfalls Endindex benutzen.

Elemente in einer `List` lassen sich über `remove` aus ihr entfernen. Die Funktion arbeitet nicht mit dem *Index*, sondern mit dem Element selbst. `remove` überprüft demnach, ob ein Objekt `a` mit einem Objekt `b` übereinstimmt. Objekte steuern die Übereinstimmung über den *==-Operator* und `hashCode` (vergleiche Abschnitt 3.7.2). Im folgenden Beispiel wird das Objekt `3` aus der Liste `[1, 2, 3, 4]` entfernt:

```
final numbers = [1, 2, 3, 4];
numbers.remove(3);
```

Soll ein Element jedoch über seinen *Index* identifiziert und entfernt werden, bietet sich dazu die Funktion `removeAt` an, mit der das zu entfernende Objekt über dessen Index in der Liste als Parameter übergeben wird. Was glauben Sie, was dieser Code ausgibt? Probieren Sie es aus!

```
final numbers = [1, 2, 3, 4];
final removedNumber = numbers.removeAt(1);
print(numbers);
print(removedNumber);
```

Die Funktion `removeAt` gibt das entfernte Objekt zurück – ein Verhalten, das durchaus praktisch ist, wenn ein Objekt gesucht und gleichzeitig entnommen werden soll. Um ohne Umschweife das letzte Element einer Liste herauszuholen, kann die Funktion `removeLast` einer `List` benutzt werden, womit in diesem Fall praktischerweise der Index entfällt. Beachten Sie aber, dass die Liste nicht leer sein darf!

Soll kurzer Prozess mit den Inhalten gemacht werden, so kann eine List mit der Funktion `clear` geleert werden.

[+]

final und trotzdem verändern?

In der Tat haben wir die List `[1, 2, 3]` der unveränderlichen Variablen `final numbers` zugewiesen. Dennoch können Sie Elemente hinzufügen oder entfernen.

Die exemplarischen Änderungen an der Liste sind ein schönes Beispiel dafür, dass sich das Schlüsselwort `final` nur auf die Variable selbst bezieht. `numbers` darf nach der

Zuweisung also nicht mehr einem anderen Ausdruck zugewiesen werden. Das bedeutet aber nicht, dass sich unsere Liste, also der unserer Variablen zugewiesene Wert, nun nicht mehr verändern darf.

Einfügen und Sortieren

Die Länge einer Liste erhalten Sie über den Aufruf von `length`, genau wie bei Strings:

```
print(numbers.length);
```

Werte lassen sich nicht nur *hinzu*fügen, sondern auch in eine Liste *ein*fügen. Für diese Funktionen werden `insert()` und `insertAll()` angeboten. Hierzu wird neben dem einzufügenden Objekt auch der Index angegeben, der weder kleiner als 0 noch größer als die Länge sein darf. So können Sie beispielsweise wie folgt eine 3 in eine Liste einfügen:

```
final numbers = [1, 2, 4, 5];
numbers.insert(2, 3);
```

Der erste Parameter ist der gewünschte Index der einzufügenden Zahl. Das ist in diesem Fall die 2, also der bisherige Index des Elements 4, das nach der Aktion den Index 5 hat. Alles klar?

Mit `insertAll()` können Sie gleich mehrere Elemente einfügen:

```
numbers.insertAll(2, [0,0,0]);
```

Standardmäßig werden die Elemente einer Liste in der Reihenfolge gehalten, in der sie eingefügt wurden. Mit der Funktion `sort` stehen auf einer Liste aber zwei Möglichkeiten offen: Zum einen können Sie die Funktion ohne einen Parameter aufrufen. Die Reihenfolge wird dann anhand des *Comparators* des eingefügten Typs – hier `int` – festgelegt. Damit können Sie Zahlen aufsteigend sortieren. Probieren Sie es aus:

```
final numbers = [4, 3, 2, 1];
numbers.sort();
```

Der Comparator

Alternativ lässt sich der Funktion eine eigene Sortierfunktion übergeben. Als Parameter muss die Sortierfunktion hierfür ein *Comparator*, sprich eine formalisierte Sortieranweisung, sein. Im Dart-Core ist er definiert als:

```
typedef Comparator<T> = int Function(T a, T b);
```

Ganz links sehen Sie das Schlüsselwort `typedef`, das einem Ausdruck einen Bezeichner über den Zuweisungsoperator `=` zuweist. Hinter dem Namen *Comparator* steht eine

Funktion, die zwei generische Parameter aufnimmt, diese nach einer beliebigen Vorschrift vergleicht und einen ganzzahligen Wert als Ergebnis zurückliefert.

Die Zahl sollte negativ sein, wenn der Parameter `a` vor `b` einsortiert werden soll. Die Zahl sollte positiv sein, wenn `b` vor `a` steht; und wenn beide die gleiche Wertigkeit haben, so ist 0 zurückzugeben. Ein Beispiel, um einige unsortierte Ganzzahlen in die absteigende Reihenfolge zu bringen, wäre:

```
final numbers = [4, 2, 5, 1, 3, 5];
final comparator = (int a, int b) => b-a;
...
numbers.sort(comparator);
```

Der Lambda-Ausdruck gibt einfach die Differenz der beiden zu vergleichenden Zahlen zurück und sorgt damit für die gewünschte Sortierung. Natürlich kann er deutlich komplizierter ausfallen, denken Sie beispielsweise an eine `List<Team>` für die Bundesliga-Tabelle. Grundsätzlich funktioniert aber auch das genau gleich, nur möchten Sie der Übersicht halber vielleicht eine eigene Funktion dafür schreiben, etwa so:

```
final teamComparator = (Team a, Team b) {
  if (a.punkte < b.punkte) return 1;
  if (a.punkte > b.punkte) return -1;
  if (a.tore - a.gegentore < b.tore - b.gegentore) return 1;
  if (a.tore - a.gegentore > b.tore - b.gegentore) return -1;
  return b.tore - a.tore;
};
```

Eine Tabelle mit Team-Elementen können Sie dann wie folgt sortieren:

```
tabelle.sort(teamComparator);
```

[«]

Funktionale Programmierung mit »List«

Die Dart-`List` implementiert mit dem Typ *Iterable* viele Funktionen, die Suchen oder Manipulationen vereinfachen, indem sie eine funktionale Programmierung mit *Lambdas* ermöglichen, die auch *anonyme Funktionen* oder *Closures* genannt werden und in Abschnitt 3.6.7 behandelt wurden. Die Anwendungsmöglichkeiten, die sich hierdurch eröffnen, untersuchen wir später in Abschnitt 3.9.4.

Arbeiten mit Where-Funktionen

`List` bietet einige Funktionen, die das Suffix `Where` enthalten. Zum größeren Teil sind dies von *Iterable* übernommene, aber auch eigens von `List` offerierte Funktionen. Mit ihnen lassen sich Aufgaben wie das Suchen nach gewissen Elementen einer Liste oder das iterative Ausführen von Aktionen auf ihnen vereinfachen. Sie bieten gleichzeitig ein vertrautes Interface und standardisierte Rückgabewerte.

Um die Vorteile darzustellen, die sich bei der Suche ergeben, wollen wir uns zunächst folgenden Code anschauen:

```
final names = ['Maxi', 'Max', 'Eva', 'Klaus'];
final index = names.indexWhere((name) => name == 'Eva');
```

Der Code findet den Index des Elements `Eva` in `names`. Mit einer Zeile drücken wir also mehrere Instruktionen gleichzeitig aus: Wir iterieren über die Liste `names`, prüfen jedes Element gegen unsere Bedingung `name == 'Eva'` und geben anschließend die erste Fundstelle (`index`) zurück an den Aufrufer. Sollte das letzte Element, das unserer Bedingung entspricht, gesucht werden, so ließe es sich analog zum obigen Beispiel mit der Funktion `lastIndexWhere` finden, die die Liste rückwärts durchgeht.

Geht es womöglich darum, Elemente mit einer Eigenschaft aus einer Liste zu entfernen oder gerade diese zu erhalten und alle anderen zu entfernen, so erweisen sich die Funktionen `removeWhere` und `retainWhere` als nützliche Helfer. Probieren Sie es aus:

```
final names = ['Maxi', 'Max', 'Eva', 'Klaus'];
names.removeWhere((name) => name.startsWith('Ma'));
print(names);
```

Dieses `removeWhere` entfernt mit nur einer Zeile alle Namen, die mit `'Ma'` beginnen. Genauso können Sie aber andersherum `'Maxi'` und `'Max'` behalten:

```
final names = ['Maxi', 'Max', 'Eva', 'Klaus'];
names.retainWhere((name) => name.startsWith('Ma'));
print(names);
```

Ranges

Sie haben an mancher Stelle schon Funktionen kennengelernt, um mehrere Elemente gleichzeitig in einer Liste zu lesen oder zu bearbeiten, etwa `setAll`. Darüber hinaus bietet `List` einige Funktionen, um eine durch Start- und Endindex definierte Menge von Elementen zu erfassen. Zu nennen sind hierbei `getRange` zum Lesen, `setRange` und `fillRange` zum Setzen sowie `removeRange` und `replaceRange` zum Entfernen oder Ersetzen. Probieren Sie es aus:

```
final names = ['Max', 'Peter', 'Stefan', 'Klaus'];
names.replaceRange(1, 3, ['Lisa','Alina']);
print(names);
```

Beachten Sie, dass der erste Parameter (für den Beginn der Ersetzung) ein 0-basierter Index ist, der zweite Parameter aber immer um 1 größer als der letzte Index der Ersetzung ist (`'Stefan'`, Index 2). Das können Sie an der Ausgabe des oben stehenden Codes prima erkennen:

```
Max,Lisa,Alina,Klaus
```


3.9.2 Set

Mit `List` haben Sie im vorigen Abschnitt bereits eine *Collection* kennengelernt, die Elemente aufnehmen und verwalten kann und aus der Sie Elemente nach Wahl auch wieder entfernen können.

Das `Set` ist eine Variante, bei der jedes eingesetzte Element *unique* (einzigartig) ist und nur einmal vorkommen kann. Fügen Sie zum Beispiel in ein `Set` aus `String` den gleichen Wert zweimal ein, erhalten Sie trotzdem die `length` 1. Am folgenden Code sehen Sie, dass Sie Sets im Gegensatz zu Listen mit geschweiften Klammern definieren können:

```
final worlds = {'Erde', 'Mars'};
worlds.add('Erde');
print(worlds);
```

Auch auf dem Set können Sie, wie in Zeile 3 zu sehen ist, die Funktion `add` aufrufen, um ein Element hinzuzufügen. Jedoch befindet sich bereits der String `'Erde'` in dem `Set`, sodass keine Veränderung eintritt.

[+]

Woran erkennt Set, dass ein Element bereits hinzugefügt wurde?

`Set` greift auf den `hashCode` eines Objekts zurück. Wurde dieser nicht in einer eigenen Klasse überschrieben, wird automatisch dessen impliziter `IdentityHashCode` verglichen. Hierzu erben alle Objekte in Dart vom Base-Type `Object` (siehe Abschnitt 3.7.2).

Auch andere Funktionen wie `remove`, `contains` oder `replace` werden von `Set` angeboten. Da Sie sie bereits im vorherigen Abschnitt kennengelernt haben, möchte ich mich im Folgenden auf die eigens von `Set` angebotenen Eigenschaften und Funktionalitäten konzentrieren.

Mengenoperationen

Weil, wie Sie oben gelernt haben, ein Element, das zu einem `Set` hinzugefügt wurde, nur einmal in diesem vorkommen darf, lassen sich auf dieser *Collection* Mengenoperationen wie `intersection`, `union` und `difference` sinnvoll implementieren.

Möchten Sie beispielsweise aus zwei Sets die gemeinsamen Elemente herausfiltern, um festzustellen, ob in einer Zusammenstellung aus Tieren Ihre Lieblingstiere zu finden sind, so wäre die Problemstellung folgendermaßen lösbar:

```
final favoriteAnimals = {'Pinguin', 'Katze', 'Hund'};
final animals = {'Wolf', 'Bär', 'Ziege', 'Adler', 'Lurch', 'Pinguin'};
print(animals.intersection(favoriteAnimals));
```

Wollen Sie herausfinden, welche Elemente in einem Set `a` vorkommen, aber nicht in einem zweiten Set, so lässt sich diese Information erhalten, indem die Funktion `difference` eingesetzt wird. Probieren Sie es aus:

```
final a = {'Kuh', 'Heuschrecke', 'Apfel'};
final veggy = {'Apfel', 'Birne', 'Tofu', 'Weizen'};
print(a.difference(veggy));
```

Zu guter Letzt werfen wir einen Blick auf `union`, eine Funktion, die uns zwei Sets miteinander verbinden lässt. Probieren Sie es aus und guten Appetit:

```
print(a.union(veggy));
```

An dieser Stelle ist zu sehen, dass ein Element nicht mehrmals in einem Set auftreten kann, denn das Element `'Apfel'` ist in den Ausgangsmengen, aber nur einmal in dem Ergebnis von `union()` vorhanden.

HashSet

Im Set werden Elemente in der gleichen Reihenfolge iteriert, in der sie hinzugefügt wurden, denn beim Erstellen wird eigentlich ein Objekt des Typs `LinkedHashSet` zurückgegeben. Die Elemente sind also miteinander verknüpft, um so die Reihenfolge zu speichern. Ist dies zum Beispiel aus Effizienzgründen nicht erwünscht, kann ein `HashSet` eingesetzt werden, bei dem keine explizite Abfolge vorgegeben wird. Trotzdem existiert eine implizite Reihenfolge beim Iterieren und bleibt auch über beliebige Durchläufe stabil, bis ein `HashSet` verändert wird. Sie opfern hier die Sortierung zugunsten einer schnelleren Suche. Versuchen Sie, immer die geeignete Variante einzusetzen: Ein Cache ist immer ein `HashSet`, weil die Suche möglichst schnell gehen muss. Das Inventar eines Helden in einem Rollenspiel ist hingegen ein `LinkedHashSet`, damit sich nicht die Reihenfolge auf dem Bildschirm dauernd ändert, und so weiter.

SplayTreeSet

Möchten Sie die Iterationsreihenfolge in einem Set nicht dem Zufall oder der Reihenfolge überlassen, in der die Elemente hinzugefügt wurden, können Sie ein `SplayTreeSet` einsetzen. Diese Variante eines Sets implementiert einen speziellen Algorithmus, der bei einer Operation auf einem `SplayTreeSet` eine effiziente Sortierung durchführt. Hierzu wird dem Konstruktor eine vergleichende Funktion, ein *Comparable*, übergeben. Beim Hinzufügen eines Elements sucht das `SplayTreeSet` automatisch die richtige Stelle, an die das Element gehört.

3.9.3 Map

Wenn es darum geht, Paare aus je einem Schlüssel und einem Wert in eine *Collection* einzufügen, etwa bei der Behandlung von Daten im *JSON*-Format, dann führt kein Weg am Typ `Map` vorbei. Dart bietet (wie beim `Set`) drei Varianten: `LinkedHashMap` (`Map`), `HashMap` und `SplayTreeMap`. Im Folgenden konzentriere ich mich auf die `Map`. Maps verwenden Sie immer dann, wenn Sie zu einem eindeutigen Schlüssel einen zugehörigen Wert speichern und später schnell wieder auffinden wollen, zum Beispiel für Übersetzungen oder ein Telefonbuch.

Eine Map erstellen

Auch die `Map` lässt sich über ein *Literal* erzeugen, genauso wie über viele *Factorys*. Die Darstellung der ersten drei Buchstaben im Alphabet mit ihrem jeweiligen Index ist in Dart schnell definiert:

```
final characters = {'a': 1, 'b': 2, 'c': 3};
```

Sie sehen geschweifte Klammern, die Sie als *Literal* schon beim Erstellen eines `Sets` eingesetzt haben. Im Unterschied zur vorherigen *Collection* werden der `Map` sogenannte `MapEntrys` übergeben. In der obigen Zeile erkennen Sie sie an ihrer `Key: Value`-Form. Findet Dart Elemente zwischen den geschweiften Klammern, die dieser Form entsprechen, so geht es davon aus, dass Sie eine `Map` erstellen möchten. Es kann aber jeweils nur eins von beiden – also entweder eine Aufzählung von Elementen eines `Sets` oder aber `MapEntrys` als Elemente einer `Map` – zwischen den Klammern notiert werden. Falls beide Arten vermischt werden, weist Dart Sie mit einer Fehlermeldung darauf hin und der Code wird nicht ausgeführt.

Paare in eine Map einfügen oder verändern

Einige Funktionen erlauben es, einer `Map` weitere Werte hinzuzufügen. Der folgende Code demonstriert hierzu Beispiele. Probieren Sie ihn aus, indem Sie ihn einfach in eine ansonsten leere `main()`-Funktion kopieren:

```
final characters = {'a': 1, 'b': 2, 'c': 3};
final nextCharacters = [MapEntry('d', 4),MapEntry('e', 5),];
characters.addEntries(nextCharacters);
print(characters);
```

Sie sehen, dass hier mit `addEntries()` eine Liste (daher die eckigen Klammern) von `MapEntry`-Objekten in die `Map` geschrieben werden. Stattdessen können Sie mit `addAll()` die gleiche Schreibweise wie bei der Initialisierung der `Map` verwenden:

```
characters.addAll({'f': 6, 'g': 7});
print(characters);
```

Und schließlich können Sie eine Array-Schreibweise benutzen, die besonders kurz ist, aber immer nur einen Schlüssel und einen Wert hinzufügt:

```
characters['a'] = 3;
characters['h'] = 8;
print(characters);
```

All diese Methoden fügen der `Map` Schlüssel-Wert-Paare hinzu und überschreiben gegebenenfalls bereits vorhandene. Das können Sie daran sehen, dass der Beispielcode am Ende für `a` eine 3 ausgibt und keine 1.

Manchmal ist es praktisch, einen Eintrag nur einzufügen, wenn er noch fehlt. Dafür kann die Funktion `putIfAbsent()` verwendet werden, wobei der zweite Parameter eine Funktion bzw. ein Lambda-Ausdruck sein muss, der den neuen Wert zurückgibt:

```
characters.putIfAbsent('i', () => 9);
```

In jedem Fall gibt `putIfAbsent()` den Wert des angegebenen Schlüssels zurück – entweder den bisherigen oder den neuen.

Eine weitere hilfreiche Funktion auf Maps heißt `update()`. Dieser Funktion können Sie nicht nur eine Funktion übergeben, die den Wert zu einem bestimmten Key aktualisiert, sondern zusätzlich eine weitere Funktion, die aufgerufen wird, falls der Key überhaupt noch nicht existiert. Auf diese Weise können Sie sehr leicht ein Inventar implementieren, dessen Schlüssel aus Strings bestehen und dessen Werte die Anzahl des zugehörigen Objekts im Inventar darstellen:

```
var inventory = Map<String, int>();
inventory["apple"] = 5;
inventory["banana"] = 10;
inventory.update("apple", (i) => i + 1, ifAbsent:  () => 1);
inventory.update("chocolate", (i) => i + 1, ifAbsent:  () => 1);
print(inventory);
```

Sie sehen, dass die `update`-Funktion im Normalfall den Wert `i` um 1 erhöht und im Fall `isAbsent` eine `1` als Wert für den neuen Key in die Map schreibt. Raten Sie, wie viele Äpfel am Ende im Inventar sind, bevor Sie den Code ausprobieren!

Iterieren, Keys und Values

Zu Beginn des letzten Abschnitts haben wir die Funktion `addEntries` benutzt, um die Elemente `d` und `e` mit ihren jeweiligen Schlüsseln einzutragen. *Entrys* ist ein wichtiger Begriff im Zusammenhang mit `Map`: Die Eigenschaft bietet die Möglichkeit, über alle eingetragenen `MapEntrys` zu iterieren, also nicht über die Schlüssel, sondern über alle Schlüssel-Wert-Paare. Hat man sich wie wir für die normale `Map` entschieden, so ist die Reihenfolge der Iteration die gleiche wie die, in der die Elemente eingefügt wurden.

Während die *Property* entries einer Map alle Einträge zurückgibt, existieren daneben die Eigenschaften keys und values, die jeweils den Zugriff auf die *Keys* oder *Values* aller MapEntrys ermöglichen. Probieren Sie diese oft benötigten Funktionen mit dem folgenden Listing einmal aus:

```
final characters = {'a': 1, 'b': 2};
print(characters.entries);
print(characters.keys);
print(characters.values);
```

Achten Sie auf den Unterschied: Die erste print()-Funktion liefert Ihnen MapEntry-Objekte, die anderen liefern die Schlüssel beziehungsweise alle Werte, und zwar als Iterable.

Aus einer Map löschen

Alle Inhalte einer Map können auf einen Schlag mit der Funktion clear entfernt werden. Ist, was häufiger der Fall sein dürfte, etwas mehr Präzision gefragt, so lassen sich einzelne Einträge mit remove und removeWhere gezielt löschen. Probieren Sie es aus:

```
final characters = {'a': 1, 'b': 2, 'c': 3, 'd': 4};
characters.remove('d');
print(characters);
```

Hingegen müssen Sie an removeWhere() ein Lambda übergeben:

```
characters.removeWhere((k, v) => v < 3);
```

Übrigens eignet sich removeWhere bestens für die weiter oben gezeigte Inventarverwaltung. Denken Sie daran, dass Helden auch mal Inventarobjekte verlieren können. Isst der Held Schokolade, verwenden Sie diese Zeile:

```
inventory.update("chocolate", (i) => i - 1);
```

Falls ihm damit die Schokolade ausgegangen ist, haben Sie einen Eintrag mit dem Value 0 im Inventar, was unerwünscht ist. Löschen Sie einfach alle Einträge mit der Anzahl 0:

```
inventory.removeWhere((k, v) => v==0);
```

HashMap und SplayTreeMap

Wie eingangs erwähnt, bietet Map, genauso wie Set, jeweils Implementierungen für eine ungeordnete (HashMap) und eine sich selbst nach einer Vorschrift (*Comparator*) ordnende Map (SplayTreeMap). Der einzige Unterschied besteht darin, dass in Map mit ungeordneten MapEntrys gearbeitet wird. Beim obigen Beispiel mit dem Inventar als

Map liegt die Idee nahe, es alphabetisch nach Key zu sortieren – aber vielleicht brauchen Sie auch einen komplizierteren Comparator, beispielsweise weil die Keys in verschiedenen Sprachen anderen Strings zuzuordnen sind oder weil die Inventarobjekte irgendwie kategorisiert sind. All das ermöglicht Ihnen ein eigens implementierter Comparator.

3.9.4 Iterable

Sie sind dem Typ *Iterable* bereits hier und da in den letzten Abschnitten begegnet. Nun möchten wir uns genau anschauen, was ein `Iterable` eigentlich ist und welche Möglichkeiten er bietet. Zunächst einmal ist dieser Typ nichts anderes als eine sequenziell iterierbare *Collection* aus Elementen – die Grundidee also, die hinter einer `List` oder einem `Set` steckt.

Diese Idee wird von Iterable formalisiert und bietet beim Programmieren ein vertrautes und effizientes Interface. Dabei wird die Implementierung, wie Elemente genau abgespeichert oder verwaltet werden, bewusst ausgeklammert. Das ermögicht es, auf jeglicher *Collection*, die `Iterable` implementiert, die gemeinsamen Funktionen und Eigenschaften eines `Iterable` aufzurufen, um zu filtern, auszulesen oder Daten zu projizieren.

[+]

Iterables – sie sind überall

Ähnlich wie Strings treten *Iterables* wahrscheinlich am häufigsten in Programmen auf. Das liegt nicht zuletzt daran, dass viele Aufrufe auf *Collections* ein Objekt dieses Typs zurückgeben. Beim Programmieren ist es außerdem zu empfehlen, in Schnittstellen nach Möglichkeit `Iterable` zu verwenden, anstatt die Implementierungen, etwa `List`, nach außen zu reichen. Diese Entscheidung ermöglicht es Ihnen, bei Bedarf die Implementierung zu ändern, ohne dass ein Nutzer der Schnittstelle Anpassungen an seinem Code vornehmen müsste. Ein notwendiger Wechsel von `List` auf `Set` würde beispielsweise in diesem Fall keinen Änderungsbedarf nach sich ziehen.

Iterable in Collections

Wie kommen Sie zu Objekten vom Typ `Iterable`? Eine direkte Initialisierung ist nicht möglich, da `Iterable` als *abstrakt* (vergleiche Abschnitt 3.7.3) definiert ist. Weiter oben haben wir festgehalten, dass Iterieren den Grundgedanken hinter *Collections* darstellt. Ein Blick auf die Definition von Vertretern wie `List` oder `Set` zeigt, dass sie `Iterable` implementieren. `Map` implementiert ihn zwar nicht, aber erlaubt unter anderem über die Eigenschaften `entries`, `keys` und `values`, die als *Iterables* eingeführt werden, Zugriff auf die Daten.

Durch die von Dart spezifizierte *Kovarianz* ist es möglich, beispielsweise `List` oder `Set` als `Iterable` zu referenzieren:

```
final planets = ['Erde', 'Mars', 'Venus'];
Iterable<String> fromList = planets.toList();
Iterable<String> fromSet = planets.toSet();
print(fromList);
print(fromSet);
```


Die *Kovarianz* drückt sich in diesem Beispiel dadurch aus, dass eine `List<String>` zu `Iterable<String>` *kovariant* ist, weil für einen Typ `T` `Iterable<T>` eine Superklasse von `List<T>` ist.

In den Zeilen 2 und 3 des obigen Codes sehen Sie die Verwendung der Methoden `toList` und `toSet`. Mit ihnen lässt sich ein Iterable unkompliziert in eine jeweilige Collection umwandeln, um darauf mit benötigten Eigenschaften und Funktionen weiterzuarbeiten.

Elemente prüfen und auslesen

Im Umgang mit Dart (und damit gleichzeitig mit Flutter) sind `Iterables` allgegenwärtig. Sie stellen sich als ungemein nützlich heraus. Mit ihnen lässt sich über die Eigenschaft `length`, die Sie auch schon bei `String` kennengelernt haben, die Anzahl der Elemente ermitteln. `isEmpty` oder `isNotEmpty` – ebenfalls bei `String` gesehen – gehören genauso zum Standardrepertoire. Bisher noch nicht begegnet sind Sie den Funktionen `any` und `every`, mit denen sich leicht überprüfen lässt, ob wenigstens ein Element oder alle Elemente in einer Collection einer Bedingung entsprechen:

```
final planets = ['Erde', 'Mars', 'Venus'];
final condition = (String planet) => planet.endsWith('s');
print( planets.any(condition) );
print( planets.every(condition) );
```

Sicher können Sie die Ausgabe dieses Codes erraten, oder?

[+]

Warum »String planet«?

Im obigen Listing haben wir den Typ des Parameters `planet` explizit angegeben. Nahezu durchgängig lasse ich diese Typangabe eigentlich aus. Wird eine *Lambda*-Funktion direkt übergeben wie bei `planets.any((planet) => ...)`, ermittelt Dart den Typ über *Inferenz*. Im aktuellen Fall wollte ich diese Funktion jedoch für `any` und `every` wiederverwenden. Dart hätte ohne Angabe des Typs `String` für `planet` aber ein *Lambda* `(dynamic) => dynamic` zurückgegeben, nicht das benötigte `(String) => bool`. Da bei der Definition von `condition` kein Hinweis auf `String` enthalten wäre, könnte Dart `planet.endsWith` nicht als `String.endsWith` auflösen und nimmt einen `dynamic`-Ausdruck an (vgl. Abschnitt 3.5.5). Mit der expliziten Angabe des Typs habe ich Dart in dieser komplexeren Situation also etwas auf die Sprünge geholfen.

Um ein Element in `Iterable` über seinen Index zu erfassen, können Sie `elementAt` benutzen. Ein Zugriff über die eckigen Klammern, etwa `planets[0]`, steht nicht zur Verfügung, weil der Operator `[]` für `Iterable` nicht definiert ist. Dieser Operator wird allerdings von `List` implementiert. Folglich ist bei einer Referenz auf `List`, die einem `Iterable` zugeordnet wird, darauf zu achten, dass man jeweils verschieden auf den Index zugreift. Da `List` allerdings ohnehin ein `Iterable` ist, funktioniert `elementAt` in jedem Fall. Probieren Sie es aus:

```
final planets = ['Erde', 'Mars', 'Venus'];
print(planets[0]);
print(planets.elementAt(0));
```

Hier ist `planets` vom Typ `List`. Wenn Sie jetzt daraus mit der `where`-Funktion ein `Iterable` machen, das keine `List` ist, funktionieren die eckigen Klammern nicht mehr und verursachen einen Syntaxfehler:

```
final iterable = planets.where((_) => true);
print(iterable[0]); <-- Fehler
```

Elemente filtern

Der größte Teil der von `Iterable` angebotenen Funktionen befasst sich mit dem Filtern von Elementen. Die Durchdringung der *Collections* durch `Iterable` macht die Schnittstellen, die Sie inzwischen kennengelernt haben, allgemein einsetzbar. Probieren Sie es doch mal aus:

```
final planets = ['Erde', 'Mars', 'Venus', 'Jupiter'];
print(planets.firstWhere((p) => p.startsWith('V')));
print(planets.lastWhere((p) => p.endsWith('s')));
```

Mit `skip()` überspringen Sie eine Anzahl Elemente.

```
print(planets.skip(2));
```

Mit `skipWhile()` iterieren, solange eine Bedingung erfüllt ist, dann erhalten Sie den Rest:

```
print(planets.skipWhile((p) => p.startsWith('V') == false));
```

Das Gegenteil macht `take()`:

```
print(planets.take(2));
print(planets.takeWhile((p) => p.startsWith('V') == false));
```

Als einen beliebigen Filter können Sie `where()` verwenden:

```
print(planets.where((p) => p.endsWith('s')));
```

Anhand der dargestellten Ergebnisse erkennen Sie, dass außer bei `firstWhere` und `lastWhere`, wo Sie nur ein Element erwarten, immer *Iterables* zurückgegeben werden. Hierdurch ist es möglich, mehrere dieser Ausdrücke aneinanderzuketten und sie je nach Bedarf weiter zu filtern und, wie Sie unten sehen werden, auch zu transformieren. Mehrfache Filterungen, aus deren Ergebnis Sie schließlich die ersten beiden Elemente herausziehen, würden sich beispielsweise so darstellen:

```
final elements = ['Erde', 'Mars', 'Venus', '1', '2', '3', '4', '5'];
final result = elements
  .where((e) => e.length == 1)
  .where((e) => int.parse(e) < 4)
  .take(2);
print(result);
```

Können Sie die Ausgabe erraten, bevor Sie den Code ausprobieren?

[+]

Iterables sind faul

Eine interessante und manchmal verwirrende Eigenschaft von `Iterables` ist, dass sie *lazy* (faul) sind. Sie werden also erst ausgeführt, wenn ein Ausdruck, etwa eine Schleife, auf ihre Daten zugreift. Bis zu diesem Zeitpunkt werden in einem `Iterable` nur die Quelle und gegebenenfalls die Funktion gespeichert, die auf diese Datenquelle angewendet werden soll. Das kann beim Debuggen schon mal kurz zu Frust führen, da beispielsweise die Anzeige einer Variablen (noch) nicht die ausgewerteten Daten darstellt.

Elemente verwandeln

`Iterable` öffnet der objektorientierten Programmiersprache Dart die Tür hin zur *funktionalen Programmierung*. Neben Filtern, die diesem Konzept folgen, stehen alternativ auch vielseitige Funktionen zum Verändern oder Projizieren der Daten zur Verfügung.

Wollen Sie etwa eine beliebige Menge Zahlen miteinander addieren, so lässt sich dieses Vorhaben mit `fold()` und `reduce()` bewerkstelligen. Schauen Sie sich zuerst ein Beispiel für `fold()` an, das alle Elemente durchläuft und ein Lambda darauf anwendet:

```
final numbers = [1, 2, 3, 4];
print(numbers.fold<int>(0, (sum, n) => sum + n));
```

Beachten Sie, dass Sie hier den generischen Typ `int` mitgeben müssen, weil der Operator + im Lambda-Codeblock für `Object` nicht definiert ist. Die 0 ist der Ausgangswert, und die Lambda-Funktion erhält für jedes Element die bisherige Summe und das jeweilige Element übergeben. Auf diese Weise kommt am Ende die Summe über alle Elemente heraus.

Die Funktion `reduce()` arbeitet ähnlich. Sie beginnt aber mit dem ersten und zweiten Element, wendet die Funktion darauf an, und macht dann mit dem vorherigen Ergebnis und dem dritten Element weiter. Auch hier ist das Ergebnis die Summe über alle Elemente. Probieren Sie es aus:

```
print(numbers.reduce((a, b) => a + b));
```

Nachdem Sie die Daten auf einen Wert abgebildet haben, werfen Sie nun einen Blick auf die Möglichkeit, Daten mit `expand` zu erweitern:

```
final numbers = [1, 2, 3];
print(numbers.expand((number) => [0, number]));
```

Diese Funktion iteriert über alle Elemente von `numbers`. Jedes Mal muss ein `Iterable` als Ergebnis zurückgegeben werden. Alle so gewonnenen Iterables werden schließlich aneinandergehängt und ausgegeben.

Die am häufigsten eingesetzte Funktion von `Iterable` ist wahrscheinlich `map`. Sie erlaubt es, für jedes Element eines `Iterable`s eine Transformation des zurückzugebenden Typs vorzunehmen:

```
final numbers = [1, 2, 3];
print(numbers.map((number) => 'Zahl: $number'));
```

Im obigen Beispiel machen Sie aus den gegebenen Zahlen (`Iterable<int>`) Strings und geben diese als `Iterable<String>` zurück. Sie könnten auch eine mathematische Funktion (z. B. Rundung) auf jedes Element einer Liste anwenden oder eine Übersetzungsfunktion für eine Liste aus Strings. Besonders praktisch zeigt sich `map()` dann, wenn zwischen Objekten verschiedener Schichten gewechselt wird. So kann beispielsweise das Transferieren von Daten aus einem *Data Transfer Object* (DTO) in ein anderes Objekt vorgenommen werden. Ein weiteres praktisches Beispiel wäre das Umsetzen von Models in View-Objekte im Kontext von Flutter. (Dazu kommen wir in Kapitel 9, »BloCs: View Logic aus dem Weg räumen«.)

Mit dem vorherigen Aufruf haben Sie ein `Iterable` aus Strings erzeugt. Möchten Sie die einzelnen Elemente zusammenfügen und als ein ganzes Element ausgeben, so bietet sich hierfür `join` an:

```
print(strings.join());
print(strings.join(','));
```

Die zweite Variante setzt Kommas zwischen die einzelnen Elemente. Probieren Sie es einfach mal aus!

Es mag durchaus vorkommen, dass der Typ eines `Iterable`s verallgemeinert oder spezifischer werden soll. Hierfür lässt sich die Funktion `cast<T>` benutzen, die ein `Iterable`, sofern möglich, in ein `Iterable` mit angegebenem Typ `T` ändert:

```
final numbers = [1, 2, 3];
final casted = numbers.cast<num>();
```

Der runtimeType von casted lautet CastList<int, num>. Eigentlich hätten wir eine List<num> erwartet. Hier zeigt sich wieder eine Eigenschaft von Dart: Es ist *lazy*. Der eigentliche Cast wird erst beim Verarbeiten, etwa in einer Schleife (siehe Abschnitt 3.10.2) oder bei einem Aufruf von toList oder Ähnlichem durchgeführt:

```
final casted = numbers.cast<num>().toList();
print(casted.runtimeType);
```

Als letzte nützliche Funktion wollen wir uns in diesem Abschnitt forEach ansehen, mit der sich eine Funktion auf jedem Element eines Iterables ausführen lässt. Damit verhält sie sich ähnlich wie *Schleifen*, die Sie noch kennenlernen werden. Dart empfiehlt, forEach zu verwenden, wenn Sie eine Funktion anwenden möchten, die genau einen Parameter, nämlich ein Element des Iterables, erwartet. Dann lässt sich die explizite Nennung der Parameter einsparen und es entsteht angenehm viel Übersichtlichkeit in nur einer Zeile:

```
final numbers = [1, 2, 3];
numbers.forEach((n) => print(n*n));
```

Haben Sie den Code ausprobiert? Natürlich gibt er die Quadratzahlen 1, 4 und 9 aus.

Zum Schluss noch eine kleine Knobelaufgabe. Was passiert wohl, wenn Sie diesen Code ausführen?

```
final numbers = [1, 2, 3];
numbers.forEach((i) => numbers.add(i));
```

3.10 Kontrollstrukturen

Nun ist es an der Zeit, Entscheidungen zu treffen: Wir sehen uns die verschiedenen Möglichkeiten an, um den Kontrollfluss zu beeinflussen oder zu verändern. Eine der Hauptrollen spielt der Datentyp bool (siehe Abschnitt 3.5.2), der in Anweisungen wie *if*, *for* oder *while* das Geschehen bestimmt. Auch der *==-Operator*, dem Sie an mehreren Stellen bereits begegnet sind, wird für die *switch-case*-Anweisung interessant.

3.10.1 if-else

Eine der bekanntesten Abfragen ist die *if-else*-Anweisung. Mit ihr können Sie den Kontrollfluss verändern, sodass er nur unter bestimmten Bedingungen einen Block durchläuft. Außerdem können Sie den Programmablauf mehrfach verzweigen:

```
final condition = true
final otherCondition = true;
if (condition) {
  ...
}
else if (otherCondition) {
...
}
else {
...
}
```

Ihnen steht es frei, auf `else-if` oder `else` zurückzugreifen. Halten Sie die Anweisungen für nötig, so müssen Sie sie unmittelbar (und wie im oberen Beispiel zu sehen) an den `if`-Block anhängen. Durch den Einsatz von kurzen Funktionen und der `return`-Anweisung bietet sich Ihnen aber auch eine Alternative.

[+]

Ein Leben ganz ohne else?

Die Idee hat sich unter Programmierern verbreitet und sorgt auf der einen Seite für Freude, auf der anderen für Kopfschütteln: Statt einer `else`-Anweisung wird die (meist kurze Funktion) durch eine `return`-Anweisung verlassen.

Viele mögen die gut bekannte und vertraute Variante des `if-else` im Code und lehnen daher die aus der Clean-Code-Bewegung kommende `return`-Variante ab. Sie kann auf den ersten Blick etwas ungewöhnlich aussehen, aber vermeidet tiefe Einrückungen und unübersichtliche Verästelungen im Code:

```
void someFunction() {
  if (condition) {
    return otherFunction();
  }
  // fahre mit Funktion fort
}
void otherFunction() { ... }
```

Diese Schreibweise fördert zusätzlich die Extraktion von Code in kleinere Funktionen. Mit `if-else` würde der Code so aussehen:

```
void someFunction() {
  if (condition) {
    ...
  }
  else {
    ...
```

```
  }
}
```

Am Ende müssen Sie oder Ihr Team effizient mit dem Quellcode arbeiten können. Daher sollten Sie sich auf bestimmte Richtlinien einigen, die dies ermöglichen. Die eine oder andere Variante sollte aber nicht aus mangelnder Vertrautheit oder aufgrund eines Dogmas abgelehnt werden.

Der ternäre Operator

Die Bedingung einer `if`-Abfrage muss ein Ausdruck sein. Wir erinnern uns an die `=>`-Schreibweise der Funktion in Dart: Sie wissen ja, dass nur ein Ausdruck auf der rechten Seite stehen darf. Sie müssen also Klammern setzen, wenn Sie ein `if-then-else` unterbringen möchten:

```
final istGerade = (i) =>
  {if (i%2==0) print('$i ist gerade') else print('$i ist ungerade')};
[1,2,3,4,5].forEach(istGerade);
```

Probieren Sie dieses Beispiel ruhig aus: Es gibt die Zahlen in der Liste aus sowie die Information, ob sie gerade oder ungerade sind.

Viele moderne Sprachen bieten den ternären Operator `?:` an, der in solchen Situationen weiterhilft. Da der Operator einen Ausdruck darstellt, kann er in den zuvor beschriebenen Situationen eingesetzt werden. So ließen sich obige Beispiele folgendermaßen schreiben:

```
final istGerade = (i) =>
   print (i%2==0 ? '$i ist gerade' : '$i ist ungerade');
[1,2,3,4,5].forEach(istGerade);
```

Wie in den dargestellten Zeilen zu erkennen ist, besteht der Ausdruck aus einer Bedingung, der mit den beiden Zeichen `?` und `:` jeweils die Optionen zugewiesen werden. Dabei kann es sich um Variablen oder um auszuführende Funktionen, also wiederum um Ausdrücke, handeln. Sollte die Bedingung wahr sein, so wird der Ausdruck hinter dem `?` verwendet, ansonsten der hinter dem `:`. Leider sind kompliziertere ternäre Ausdrücke manchmal schwer lesbar. Vermeiden Sie sie im Zweifelsfall.

If-Null-Prüfung als Ausdruck

Der oben vorgestellte ternäre Operator ermöglicht es Ihnen, in Ausdrücken auf den Wert `null` zu prüfen und davon abhängig zum Beispiel einen Standardwert zu setzen.

Stellen Sie sich ein Objekt vor, das die Variable `name` besitzt. In der gedachten Anwendung wird ein Element selektiert und dessen Name ausgegeben. Falls keine Auswahl getroffen wurde, ist das Objekt null. Dann soll der String »Kein Name« angezeigt werden. Normalerweise kann das bei aktiver Null-Safety nicht passieren, aber ganz ausgeschlossen ist der Fall nicht.

Nehmen wir an, dass nur der ternäre Operator zur Verfügung stünde, da der Code ein Ausdruck sein muss, dann ergibt sich:

```
print( selectedItem != null
    ? selectedItem.name
    : 'Kein Name' );
```

Eine handlichere Lösung eröffnet Dart mit dem ?.-Operator. Indem Sie dem .-Operator das ? voranstellen, drücken Sie aus, dass Dart entweder den Wert der Variable zurückgeben soll oder null. Somit schützt Dart Ihren Code implizit vor dem Zugriff auf eine *Null-Reference*. Mit dieser Änderung ergibt sich:

```
print( selectedItem?.name != null
    ? selectedItem.name
    : null);
```

Da Sie bereits einige Zeilen sparen konnten, könnten Sie doch gleich damit weitermachen: Genau für den Fall der Null-Prüfung wurde in Dart der *Null-Coalescing*-Operator ?? eingeführt. Er verlangt zwei Operanden. Auf der linken Seite steht der gegen null zu prüfende Ausdruck und auf der rechten Seite der Ausdruck, der zurückgegeben werden soll, falls die Prüfung null ergeben hat. Das obere Beispiel würde entsprechend eingedampft zu:

```
print( selectedItem?.name ?? 'Kein Name' );
```

Insgesamt stehen Ihnen mit den oben genannten drei Operatoren ?:, ?. und ?? entscheidende Werkzeuge zur Verfügung, um Bedingungen einfach und übersichtlich in Code auszudrücken.

3.10.2 Die for-Schleife

Nur ungern programmieren wir etwas doppelt oder mehrfach, und dabei helfen Schleifen ungemein. Dart bietet mit der klassischen for-Schleife in der Schreibweise aus der C-Familie eine vertraute Möglichkeit:

```
var outside;
for (var i = 0, j = 2, outside = 0; i < 3; i++, j = 4, outside++) {
  print('$i $j');
}
```

Die Schleifensignatur ist durch das Semikolon als Trennzeichen in drei Segmente geteilt. Im ersten Segment werden die Schleifenvariablen definiert, hier i mit dem

Wert 0 und `j` mit 2. Sollen die Variablen nicht veränderlich sein, so können sie auch mit dem Schlüsselwort `final` definiert werden (siehe Abschnitt 3.4.2 zu Variablen). Eine Mischung, etwa `var i` und `final j`, ist jedoch nicht möglich. Sie können beliebig viele Variablen einführen, aber alle unterliegen denselben Einschränkungen. Der Scope bzw. die Sichtbarkeit ist in diesem Segment nicht auf Neudefinitionen beschränkt. Wie Sie anhand der Variablen `outside` sehen, können Sie ebenfalls auf den umgebenden Kontext zugreifen und dementsprechend `outside = 0` setzen.

Im nächsten Segment finden Sie die Schleifenbedingung. Das Ergebnis ihrer Prüfung vor jedem Durchlauf entscheidet darüber, ob er stattfinden darf. Es ist maximal eine Prüfung erlaubt, also keine durch Kommas getrennte Liste, wie etwa bei der Definition der Variablen.

Im letzten Segment werden diejenigen Anweisungen definiert, die nach einem Durchlauf ausgeführt werden sollen. Wie im ersten Teil können Sie auch hier mehrere Anweisungen, durch Kommas getrennt, hintereinander definieren.

3.10.3 for-in

Bei der Arbeit mit *Collections* (siehe Abschnitt 3.9), besonders mit dem Typ `Iterable`, können Sie auf das `for-in`-Konstrukt zurückgreifen, um komfortabel über Elemente eines Containers zu iterieren. Damit entfallen Zugriffe auf Elemente über Indizes:

```
final list = [1, 2, 3, 4];
for (final number in list) {
...
}
```

Sie sehen in der ersten Zeile eine Liste mit Nummern. Eine Dart-`List` leitet sich von `Iterable` ab und kann damit von der `for-in`-Schleife iteriert werden. Zeile 2 zeigt die Syntax dieser Schleife. Wir definieren eine Variable, hier `number`, die jeweils das aktuelle Schleifenelement der Liste referenziert. Die `for-in`-Schleife wird vom Dart Linter empfohlen und sollte immer dann eingesetzt werden, wenn die `for`-Schleife keine übersichtlichere Variante des Codes erzeugen würde. Das könnte etwa bei der Arbeit mit den jeweiligen Indizes der Fall sein, auf die im Fall von `for-in` kein direkter Zugriff vorliegt.

Denken Sie daran, dass für einfache Anwendungen die Methode `list.forEach(...)` zur Verfügung steht.

3.10.4 while und do-while

Mit `while` steht uns in Dart ebenfalls die einfachste der Schleifenvarianten zur Verfügung. Sie erwartet eine Bedingung, die vor jedem Schleifendurchlauf überprüft wird. Im Durchlauf werden dann die definierten Anweisungen durchgeführt:

```
var condition = true;
while(condition) {
...
}
```

Wenn mindestens ein Durchlauf auf jeden Fall erfolgen soll, müssen Sie zur do-while-Schleife greifen. Sie führt den Rumpf einmal aus, bevor die Schleifenbedingung geprüft wird:

```
do {
...
} while(condition);
```

3.10.5 Die Schlüsselwörter continue und break

Schleifen lassen sich mit den Schlüsselwörtern continue und break steuern. Soll ein Schleifendurchlauf etwa nicht mehr fortgesetzt werden, sondern soll zum nächsten Durchlauf (sofern vorhanden) gesprungen werden, so können Sie Dart diese Anforderung mit continue vermitteln. Sollen hingegen keine weiteren Durchläufe mehr durchgeführt werden, lässt sich die komplette Schleife mit break abbrechen. Das Schlüsselwort return bricht eine Schleife ebenso ab, verlässt gleichsam aber auch die ausführende Funktion.

Beachten Sie, dass continue und break Programmcode unübersichtlich machen, da die Ablaufstruktur nicht intuitiv anhand von Einrückungen erkennbar ist. Vermeiden Sie continue und break daher, wenn es möglich ist.

3.10.6 switch-case

Ebenfalls sehr bekannt in Programmiersprachen ist das switch-case-Konstrukt. Während if-Abfragen auf boolesche Bedingungen prüfen, können Sie mit switch-case auf konkrete Fälle prüfen, und zwar mit dem *==-Operator*, der implizit von der switch-case-Abfrage benutzt wird. So lässt sich zum Beispiel eine Variable vom Typ einer *Enumeration*, wie dem BookType, sehr übersichtlich auf ihren Wert prüfen, um dann entsprechend je eine Aktion auszuführen:

```
var type = BookType.fiction;
switch(type) {
  case BookType.none:
    ...
    break;
  case BookType.fiction:
    ...
    break;
```

```
  case BookType.nonFiction:
    ...
    break;
  default:
    ...
    break;
}
```

Sie übergeben also der switch-case-Abfrage eine Variable und können sie über das Schlüsselwort case, gefolgt von dem zu prüfenden Wert und einem Doppelpunkt, auf eine Aktion verweisen. Mit dem Schlüsselwort break brechen Sie den jeweiligen case beziehungsweise dessen Abhandlung ab. Ohne break könnte der Kontrollfluss von einem case zum nächsten »fallen« und unerwünschte Nebeneffekte erzeugen. switch-case-Abfragen werden oft mit dem Schlüsselwort return verknüpft, das die umgebende Funktion an der Stelle verlässt und dementsprechend ein »Durchfallen« verhindert.

[+]

Switch/enum oder Objektorientierung?

Leider neigen switch-case-Konstruktionen dazu, sehr lang und unübersichtlich zu werden, wenn in den einzelnen Behandlungszweigen mehr als nur ein Befehl steht und/oder sehr viele case-Fälle vorkommen.

Komplizierte switch-Konstrukte mit unterschiedlichen Verhaltensweisen in den Fallunterscheidungen sind oft ein Hinweis darauf, dass der enum eigentlich eine Basisklasse mit mehreren speziellen Ableitungen sein sollte: In dem Fall rufen Sie statt einer großen switch-Konstruktion nur eine Methode basis.doIt() auf, und es wird automatisch das in der jeweiligen Ableitung implementierte Verhalten ausgeführt.

Dies teilt komplexen Code in kleine Häppchen auf, die noch dazu alle in den Klassen stehen, die jeweils zuständig sind: Ein Hoch auf die *Polymorphie* und das *Single-Responsibility-Prinzip*!

3.10.7 Assert

Beim Debuggen können Sie Ihren Code gegen bestimmte Zustände absichern, indem Sie das Schlüsselwort assert wie eine Funktion benutzen. Sobald Ihre Anwendung im Release-Modus gebaut wird, entfernt der Compiler automatisch alle assert-Aufrufe.

Sie übergeben dieser Funktion einen booleschen Ausdruck. Sollte dieser den Wert false einnehmen, so wird ein AssertionError ausgelöst (siehe Abschnitt 3.11). Besonders in Flutter profitieren Sie von diesem Feature. Sollten Sie bei ersten Experimenten mit dem Framework einmal auf einen flächendeckenden roten Hintergrund mit

Fehlermeldungen gestoßen sein, so haben Sie schon die Auswirkung eines solchen Asserts kennengelernt.

Durch die Verwendung von `assert` lassen sich während der Entwicklung bereits Fehler aufdecken, etwa wenn der falsche Parametertyp übergeben wird oder er gänzlich fehlt. Hier sehen Sie ein Beispiel:

```
var greeting = 'Hello, World';
assert(greeting.isNotEmpty);
```

[»]

Assert eine anonyme Funktion übergeben

Sie können `assert` auch Funktionen oder deren Ergebnisse übergeben. Möchten Sie etwa mehrere Zeilen der Übersicht halber zu einem Funktionsrumpf zusammenfassen, so könnte sich dies beispielsweise über eine anonyme Funktion bewerkstelligen lassen. Um diese direkt auszuführen, hängen Sie an die geschweiften Klammern, die den Rumpf einschließen, unmittelbar ein Paar aus runden Klammern an: `(){}()`. Eine Verwendung mit `assert` sähe dann folgendermaßen aus:

```
assert((){
  final a = 4;
  final b = 2;
  return a / b == 2;
}());
```

3.11 Exceptions und Errors

Dart kennt und nutzt zwei offizielle Fehlertypen: *Exceptions* und *Errors*. Das kann auf den ersten Blick verwirren. Wir sehen uns an, in welchem Fall welcher Typ zu benutzen ist. Außerdem führt dieser Abschnitt zur Fehlerbehandlung in Dart das `try-catch`-Konstrukt ein.

3.11.1 Exceptions

Eine *Exception* ist aus vielen anderen Programmiersprachen als Konzept bereits bekannt: Tritt ein Ausnahmefehler auf, so wird er entweder an dem Punkt behandelt, an dem er auftrat, oder weiter nach oben »geworfen«, also zum Aufrufer des jeweiligen Auftrittspunkts. Dieses Weiterwerfen kann sich bis hin zur Hauptprogrammschleife durchziehen. Wird eine Exception nicht irgendwo behandelt, so bricht das Programm letztlich ab.

Eine Exception lässt sich in Dart mit dem `try-catch`-Konstrukt »fangen« und im `catch`-Block behandeln – wie in diesem Beispiel, das einen Parsing-Fehler abfängt und ausgibt:

```
try {
  final number = int.parse('abc');
} catch(e) {
  print(e);
}
```

Im `catch`-Block behandeln wir die Exception, indem wir sie ausgeben.

[!]

Exceptions schlucken

Das »Schlucken« einer Exception – also sie zu fangen und anschließend unbehandelt zu lassen (mit einem leeren `catch`-Rumpf) – ist nicht zu empfehlen: Nur allzu leicht ließe sich eine Fehlerursache hierdurch aus den Augen verlieren, was eine unnötige Fehlersuche zur Folge hat.

3.11.2 Errors

Eingangs habe ich neben Exceptions auch *Errors* erwähnt. Errors sollen in Dart einen Fehler des Programmierers verdeutlichen, beispielsweise wenn eine (dynamisch aufgelöste) Methode mit den falschen Parametern aufgerufen wird oder auf einem Objekt etwas ausgeführt werden soll, das ihm gar nicht bekannt ist. Errors grenzen sich damit von den *Exceptions* ab, die Probleme aufzeigen, mit denen zu rechnen war, etwa wenn (wie Sie zuvor gesehen haben) eine Zeichenkette nicht in eine Zahl verwandelt werden kann.

Ein Error wird zum Beispiel geworfen, wenn wir auf das erste Element einer leeren `List` zugreifen wollen:

```
try {
  final list = [];
  final element = list[0];
} catch(e) {
  print(e);
}
```

Wir übergeben dem Operator `[]` der `list` einen ungültigen Index. Weil dieser das Argument einer Methode ist (vergleiche Abschnitt 3.6; ein Operator ist eine Funktion) und an dieser Stelle ungültig ist, wird hier ein `RangeError` geworfen, der sich von `ArgumentError` ableitet.

Ein syntaktischer Unterschied zwischen Exception und Error besteht darin, dass ein Error als Basisklasse vererbt werden kann, eine Exception hingegen nur als Interface implementiert werden kann. Beispielimplementierungen wären:

```
class CustomError extends Error {}
class CustomException implements Exception { }
```

Beim ersten Auftreten eines Errors gibt Dart ihm automatisch einen *Stacktrace* mit, da der Getter `stacktrace` des Error-Objekts gesetzt wird. Dieses Konstrukt leitet Sie durch die Aufrufe von Funktionen bis hin zum Auslöser eines Fehlers. Ein Beispiel wäre etwa:

```
Unhandled exception:

#0      main (main.dart:27:2)
#1      _delayEntrypointInvocation.<anonymous closure> (dart:isolate-patch/
isolate_patch.dart:283:19)
#2      _RawReceivePortImpl._handleMessage (dart:isolate-patch/isolate_
patch.dart:184:12)
```

Stacktraces helfen Ihnen sehr beim Auffinden von Fehlerursachen im Code.

3.11.3 Fehler werfen: throw

Dart kann interessanterweise jegliches Objekt mit dem Schlüsselwort `throw` werfen. Bei `throw` handelt es sich um einen Ausdruck, der überall eingesetzt werden kann und der den jeweiligen Programmfluss an der Fehlerstelle abbricht. Wird das geworfene Objekt nicht gefangen, bricht das ganze Programm ab. Auch wenn keine syntaktischen Anforderungen an das zu werfende Objekt gestellt werden, empfiehlt Dart, eigene Objekte von `Error` oder `Exception` abzuleiten, zum Beispiel mit spezifischen Informationen als String:

```
class CustomError extends Error {
  String message;
  CustomError(this.message) : super();
}
void main() {
  throw CustomError("Eigener Fehler!");
}
```

Wenn Sie dieses Beispiel in Visual Studio Code laufen lassen, markiert Ihnen die IDE sogar die Zeile, in der der Error aufgetreten ist.

3.11.4 Der zweite Parameter von catch

Bisher haben Sie den catch-Block stets mit einem Parameter – dem geworfenen Objekt – gesehen. Er bietet zu Diagnosezwecken einen zweiten Parameter, nämlich den Stacktrace, also den Auftrittsort und den Aufrufpfad dorthin. Wie zuvor beschrieben, bekommen Sie beim Fangen eines Errors den Stacktrace im entsprechenden Getter gleich mitgeliefert. Für Exceptions ist dies nicht der Fall. An die Information könnten Sie also durch den zweiten Parameter von catch kommen. Zur Demonstration kann die fehleranfällige Funktion int.parse() dienen:

```
try {
  final number = int.parse('abc');
} catch (e, s) {
  print(s);
}
```

3.11.5 Spezifische Exceptions oder Errors fangen

Das Abfangen jeglicher Art von auftretender Exception oder auftretendem Error ist mit der Kombination aus try-catch kein Problem. Bedarf es einmal einer genaueren Fallunterscheidung, etwa weil Error A anders behandelt werden soll als Fehler B, so steht uns dafür die Kombination try-on-catch zur Verfügung. Über on mit Angabe der Klasse können Sie einen Pfad speziell für geworfene Objekte eines speziellen Typs erstellen. Die Anzahl der on-Pfade ist nicht beschränkt:

```
try {
  final number = int.parse('abc');
  ...
}
on CustomException catch(e) {
  // Anweisungen für CustomException
}
on FormatException catch(e, stacktrace) {
  // Anweisungen für FormatException
}
catch (e, stacktrace) {
  print(e);
}
```

3.11.6 Das Schlüsselwort finally

Sie können ein try-catch- zu einem try-catch-finally-Konstrukt ausbauen. Auch ist es möglich, nur try-finally einzusetzen. Ein finally-Block wird immer ausgeführt, wenn etwas gefangen wurde, und auch dann, wenn nicht. Somit ließe sich mit try-finally sogar unabhängig von Errors und Exceptions eine Aufräumlogik implementieren:

```
try {
  ...
}
catch (e) {
  ...
}
finally {
  // in jedem Fall (mit oder ohne catch) auszuführen
}
```

Der Rumpf von finally wird übrigens auch ausgeführt, wenn im try-Block eine return-Anweisung stehen sollte. Probieren Sie es mal aus:

```
void main() {
  try {
    return;
  }
  finally {
    print("finally steht nach return!");
  }
}
```

3.12 Asynchrone Programmierung

Moderne Apps sind völlig undenkbar ohne die *asynchrone Programmierung*. Ohne die parallele Verarbeitung von Instruktionen gäbe es keine flüssige Benutzeroberfläche bei gleichzeitiger Bewältigung von rechenintensiven Aufgaben oder von Aufgaben mit längeren Wartezeiten, etwa Requests an APIs oder Zugriffe auf den Speicher. Dann hätte wohl niemand Freude an seinem Smartphone, Computer oder Smart-Device.

Dementsprechend selbstverständlich macht Dart es uns außerordentlich einfach, asynchrone Programmierung in die Anwendung einzubauen. In den folgenden Abschnitten werden Sie Futures, die Grundwährung der asynchronen Programmierung, die Schlüsselwörter async und await sowie die Verarbeitungsschleifen namens *Event Loops* im Zusammenspiel mit *Isolates* kennenlernen.

3.12.1 Event Loops

Dart startet zur Ausführung von Code einen einzigen Thread. In ihm wird eine sogenannte Event Loop gestartet. Sie empfängt fortwährend Ereignisse (*Events*), die in Warteschlangen (*Queues*) eingereiht werden.

Sollten keine Events vorliegen, benutzt die *Runtime* die freie Kapazität zum Freigeben von Speicher oder Ressourcen durch den *Garbage Collector*.

Einer Event Loop arbeiten zwei Queues zu: die *Event Queue* und die *Microtask Queue*. Ein *Microtask* ist eine Aufgabe, die nachgelagert, aber mit hoher Priorität noch vor dem nächsten Durchlauf der Event Queue zu verarbeiten ist. Als Events und damit als Elemente der Event Queue gelten unter anderem Eingabe/Ausgabe, Rendering und Timer.

3.12.2 Future

Viele Programmiersprachen implementieren das Konzept des *Future*, das manchmal auch *Promise* genannt wird. Es definiert eine Struktur mit Informationen über den asynchronen Vorgang und seinen Status. Außerdem lässt sich je nach Ausgang der Operation der berechnete Wert oder ein Fehler aus einem Future auslesen.

Zustände eines Future

Ein Future ist generisch und definiert als `Future<T>`. Der generische Parameter ist der Typ des erwarteten Ergebnisses der Operation. Sie kann drei Zustände einnehmen: nicht abgeschlossen (`uncompleted`), abgeschlossen mit Wert (`completed with value`) und abgeschlossen mit Fehler (`completed with error`).

Futures aus APIs

Zumeist werden Sie Futures durch asynchrone Methoden oder Funktionen erhalten, etwa wenn Sie einen Aufruf (*Request*) an eine entfernte API senden und auf die Antwort (*Response*) warten.

Angenommen, Sie fragen eine solche API über einen beliebigen *HTTP*-Client an, der die Methode `get` anbietet; dann bekommen Sie wie folgt ein Objekt des Typs `Future` zurück:

```
Future future = httpClient.get();
```

Die Konstruktoren von Future

Außerdem bietet Future eigene Konstruktoren. Möchten Sie zum Beispiel eine Operation erst nach einer spezifischen Zeit ausführen, ließe sich ein entsprechendes Future folgendermaßen erzeugen:

```
final delayedFuture = Future.delayed(Duration(seconds: 2));
```

Im Beispiel oben ist eine Dauer angegeben, nach deren Ablauf eine mit dem Future assoziierte Operation durchgeführt wird. Eine solche Operation ist aber hier nicht definiert. Der Code beschränkt sich darauf, dass die Variable `delayedFuture` auf das `Future`-Objekt verweist, das vom Konstruktor `Future.delayed` zurückgegeben wird.

Wenn Sie sich bereits im Kontext eines Futures befinden, zum Beispiel innerhalb des Callbacks von `then`, oder in einer als `async` deklarierten Funktion, können Sie über `Future.error` einen Fehler zurückgeben und ein zum `throw-catch`-Konzept analoges Verhalten implementieren. Nehmen wir an, während der Verarbeitung in einem `then`-Callback tritt ein Fehler auf: Der Umstand lässt sich über den Konstruktor `Future.error` signalisieren und über einen nachgelagerten `catchError`-Callback abhandeln:

```
Future.delayed(durationToWait)
    .then((_) => Future.error('Fehler'))
    .catchError((error) => print(error));
```

Um eine Funktion oder Methode parallel als *Microtask* (siehe oben) ausführen zu lassen, übergeben Sie diese an `Future.microtask`. Eine so in ein Future eingewickelte Aktion wird in die *Event Loop* (siehe Abschnitt 3.12.1) eingefügt und ausgeführt, sobald sie an der Reihe ist. Währenddessen kann der Code an der Stelle des Aufrufs ungehindert weiterlaufen. Sie könnten beispielsweise eine Logausgabe in der Konsole ausgeben und mithilfe von `Future.microtask` asynchron in die Datenbank oder auf das Dateisystem schreiben lassen, ohne dass die Funktion, während sie eine Logmeldung abarbeitet, verlangsamt oder beeinträchtigt würde:

```
Future.microtask(() => () {
  // Parallel ausgeführte Operation
});
```

Müssen Sie ein Objekt des Typs `Future` zurückgeben, lassen sich Berechnungen über die Konstruktoren `Future.sync` oder `Future.value` einwickeln.

Aktionen nach Abschluss eines Futures ausführen

Wie Sie eingangs erfahren haben, kann ein Objekt des Futures einen von drei möglichen Zuständen einnehmen. Die vorherigen Beispiele interessierten sich dafür noch nicht, sondern zeigten zunächst, wie Sie zu einer Instanz des Typs gelangen. Schauen Sie sich noch einmal dieses Beispiel an:

```
final delayedFuture = Future.delayed(Duration(seconds: 2));
```

Dieses Objekt ist für zwei Sekunden im Zustand `uncompleted`, denn die zugeordnete Aufgabe ist erst beendet, wenn die angegebene Zeit verstrichen ist. Wenn Sie etwas nach dem Abschluss der Aufgabe ausführen möchten, stellen Sie dem Future einen Callback zur Verfügung, der automatisch aufgerufen wird. Das nächste Beispiel demonstriert einen entsprechenden Aufruf an `print`:

```
Future.delayed(Duration(seconds: 2)).then((_) => print('done!'));
```

Der Callback ist als *Lambda* (siehe Abschnitt 3.6.7) bereitgestellt und ignoriert den überreichten Parameter, indem dieser nach der Konvention für ignorierte Parameter mit einem simplen Unterstrich eingeführt wird. Auf der vom Konstruktor `Future.delayed` zurückgegebenen Instanz wird die Methode `then` aufgerufen, die das beschriebene Lambda aufnimmt. Wenn Sie das Beispiel innerhalb einer simplen `main`-Funktion ausführen, erhalten Sie nach Ablauf der angegeben Dauer von zwei Sekunden die Ausgabe `done!`.

Fehler behandeln

Durch die Methode `then` behandeln Sie den Abschluss der normalen Operation. Damit bleibt noch der dritte Zustand, nämlich »abgeschlossen mit Fehler«, zu betrachten. Um einen Fehlerfall zu simulieren, benötigen Sie als Erstes ein Future, das während der Bearbeitung der zugewiesenen Aktion über das Schlüsselwort `throw` einen Fehlerzustand signalisiert:

```
Future.delayed(
  Duration(seconds: 2),
  () => throw 'Fehler während Bearbeitung',
)
.then((_) => print('Fehlerfrei abgeschlossen'))
.catchError((error) => print(error));
```

Sie bemerken, dass der Konstruktor `Future.delayed` im Vergleich mit vorherigen Aufrufen an dieser Stelle ein zweites Argument erhält, das dem optionalen *Positional Parameter* (siehe Abschnitt 3.6.2) `computation` zugewiesen wird. In dem zu verarbeitenden Lambda wird über `throw` ein Fehler erzeugt. Darauf folgt der Callback für den Abschluss mit Wert, den Sie aus dem vorherigen Abschnitt kennen. Um einen Fehler zu behandeln, fügt die nächste Zeile mit der Methode `catchError` einen Callback ein, der den Fehler ausgibt.

Wenn Sie das Beispiel laufen lassen, werden Sie feststellen, dass die einzige Ausgabe `Fehler während Bearbeitung` ist. Wie erwartet, rief das Objekt des Typs `Future` den Fehler-Callback auf und nicht jenen für einen erfolgreichen Abschluss.

[+]

Verkettung von Futures

Methoden von Future wie `then` oder `catchError` geben selbst wieder Objekte von Future zurück. Hierdurch können Sie Callbacks aneinanderketten, wie Sie es bereits bei `Iterables` in Abschnitt 3.9.4 gesehen haben.

Ein Äquivalent zum `try-catch-finally`-Konstrukt hinsichtlich der Callbacks wäre zum Beispiel:

```
final durationToWait = Duration(seconds: 2);
Future.delayed(
  durationToWait,
  () => throw 'Fehler während Bearbeitung',
)
.then((_) => print('Fehlerfrei abgeschlossen'))
.catchError((error) => print(error))
.then((_) => print('Abschluss'));
```

Wenn Sie mit der Geduld am Ende sind

In der Regel sollten Aktionen von Futures innerhalb einer erwarteten Zeitspanne durchlaufen sein, das müssen sie jedoch nicht. Es könnte etwa zu einem Deadlock kommen, also zu einer Situation, in der sich die parallele Ausführung verhakt hat oder der Zugriff auf Daten dauert länger als gedacht.

Natürlich möchten Sie einer Abarbeitung einen gewissen Zeitraum zugestehen, aber vielleicht müssten Sie irgendwann den Stecker ziehen, um die Bearbeitung zu beenden. Sie können einem Future über die Methode `timeout` eine Dauer einräumen. Kommt es innerhalb dieser Zeit nicht zum Abschluss, wird es terminiert.

Im folgenden Beispiel demonstriere ich die Funktionalität mit Rückgriff auf ein Objekt, das wir über `Future.delayed` erhalten haben:

```
final durationToWait = Duration(seconds: 2);
Future.delayed(durationToWait)
    .timeout(Duration(milliseconds: 500))
    .then((_) => print('Durchgelaufen'))
    .catchError((_) => print('Zeit abgelaufen'));
```

Wenn Sie den Code ausführen, werden Sie die Ausgabe `Zeit abgelaufen` sehen, da das Future für zwei Sekunden verzögert, aber ihm nur 500 Millisekunden Laufzeit eingeräumt wurden. Damit zeigt sich außerdem, dass – sollte es zu einem Timeout kommen – das Future in den Zustand »Abschluss mit Fehler« wechselt.

Das synchrone Future

Wenn eine Methode asynchrone Features verwendet – etwa *async* und *await*, die Sie in Abschnitt 3.12.3 kennenlernen – oder generell wenn die Funktion ein `Future` als Rückgabetyp fordert, dann müssten Sie ein synchron erworbenes Ergebnis in ein `Future` einwickeln. Das könnte explizit über den Konstruktor `Future.value` passieren. Oder Sie deklarieren die Funktion mit dem Schlüsselwort `async` (siehe ebenfalls Abschnitt 3.12.3) als asynchron. Hierdurch verlässt Dart die *Event Loop* (siehe Abschnitt 3.12.1) aber kurz, um anschließend unmittelbar mit dem nächsten Zyklus zurückzukehren.

In diesem Szenario können Sie das `SynchronousFuture` einsetzen, das einen Wert über den Konstruktor aufnimmt. Das Future ruft unmittelbar über `then` einen Callback auf, der die Ausführung, ohne aus der *Loop* herauszugehen, zurück zur aktuellen Zeile bringt wie folgt:

```
Future<int> getNumberMaybeAsync() {
  return SynchronousFuture(42);
}
```

Weitere Möglichkeiten zur Verarbeitung von Ergebnissen

Zusätzlich zu der einzelnen Abhandlung von erfolgreichem und fehlerhaftem Abschluss eines Futures bietet sich die gemeinsame Verarbeitung über die Methode `whenComplete` an. Wenn Sie beide Ergebnismöglichkeiten in der Form eines Streams verwenden wollen (siehe Abschnitt 3.12.4 und Abschnitt 9.4), können Sie `asStream` in der Future API einsetzen.

3.12.3 async und await

Die im vorigen Abschnitt vorgestellten Konstruktoren und Methoden von Futures haben Ihnen einen Eindruck von Darts Fähigkeiten in der asynchronen Programmierung vermittelt. Dart überbaut die vorgestellte Future-API mit den Schlüsselwörtern `async` und `await`, die Sie vielleicht von C# kennen. Mit ihrer Verwendung lassen sich Futures noch flüssiger lesen und einsetzen. Tatsächlich werden Sie beim Programmieren in Dart eher selten in Kontakt mit den Methoden `then` oder `catchError` von `Future` kommen.

Um diesen Standpunkt zu untermauern, möchte ich Ihnen demonstrieren, wie sich die zuvor verwendeten Beispiele mit der verzögerten Ausgabe von Strings sowie die Fehlerbehandlung im Fall von auftretenden Exceptions oder Errors durch den Einsatz von `async` und `await` verändern.

Eine Funktion als async deklarieren

Eine Funktion oder Methode, in der mit `await` auf Futures oder auf Funktionen, die Futures zurückgeben, gewartet werden soll, deklarieren Sie mit dem Schlüsselwort `async`, das immer nach der Parameterliste einer Funktion eingefügt wird. Hier ist ein Beispiel:

```
Future<void> main() async {
  await Future.delayed(durationToWait);
  try {
    await Future.sync(() => throw 'Fehler');
    print('Fehlerfrei abgeschlossen');
  }
  catch(e) {
    print(e);
  }
}
```

Das gilt ebenfalls für die `=>`-Schreibweise:

```
Future<void> anAsyncFunction() async =>
  await Future.delayed(Duration(milliseconds: 50));

Future<void> bar(int a, String b) async {
  await Future.delayed(Duration(milliseconds: 50));
}
```

[!]

Asynchrone Konstruktoren

Dart unterstützt keine asynchronen Konstruktoren. Sollten Sie im Konstruktor asynchronen Code benötigen, etwa das Auslesen von Daten aus der Datenbank, so bleibt Ihnen aber die Möglichkeit, mit `Future.then` und `Future.catchError` entsprechende Callbacks zu verwenden. Ein Durchlaufen des Konstruktors, bevor diese Callbacks aufgerufen wurden, lässt sich allerdings nicht vermeiden. Allgemein sollten Konstruktoren immer synchron arbeiten, mit Daten befüllen können Sie die Objekte anschließend asynchron.

Asynchrone Getter

Da Getter auch Funktionen sind, können sie – weil sie keinen weiteren Einschränkungen hinsichtlich `async` und `await` unterliegen (wie zum Beispiel Konstruktoren) – ebenfalls von den Schlüsselwörtern Gebrauch machen. Bei Gettern ist `async` hinter dem Bezeichner zu platzieren, weil es hier keine Parameterliste gibt. Sie könnten sogar den Aufruf an einer Datenbank direkt aus dem Rumpf eines Getters heraus ausführen:

```
Future<int> get numberOfRows async {
  return await Database.calculate();
}
```

Rücksprung mit await

Der Quellcode wird stets synchron durchlaufen, bis ein await erreicht wird. Hier bricht der Kontrollfluss aus und berechnet die von dem Future eingewickelte Aktion im Hintergrund. Sobald sie entweder den Zustand »abgeschlossen mit Wert« oder »abgeschlossen mit Fehler« erreicht, kehrt der Kontrollfluss zurück zur Zeile mit await. Im Grunde stellt der Rücksprung ein neues *Event* in der *Event Loop* dar, die zu keiner Zeit stehen bleibt. Das bedeutet zum Beispiel für eine Flutter-App, dass durch async und await kein Hängen der Benutzeroberfläche auftritt.

Rückgabetyp einer async-Funktion

Sie haben es in den oberen Beispielen bereits gesehen: Eine mit async deklarierte Funktion oder Methode gibt immer ein Future zurück. Das bedeutet, dass beispielsweise eine Funktion mit dem Rückgabetyp int oder String nach einer Ergänzung von async die Typen Future<int> und Future<String> zurückgibt.

3.12.4 Streams

Reactive Programming ist eine heutzutage häufig eingesetzte Technologie in mobilen Apps. Dart liefert mit seiner Implementierung Stream<T> das Grundwerkzeug, um reaktive Dart- und Flutter-Anwendungen zu schreiben.

[+]

Reactive Programming

Reactive Programming bedeutet: »reagieren statt agieren«. Das heißt, Sie registrieren sich einmal für den Erhalt von Informationen und werden anschließend automatisch über Ereignisse informiert. Es ist dann nicht mehr nötig, in gewissen zeitlichen Abständen nachzufragen, ob sich denn etwas getan hat.

Ereignisse werden an einer Stelle aufgenommen und anschließend an alle interessierten Parteien weitergeleitet. Als Bild hat sich dafür der Strom (*Stream*) durchgesetzt: Ganz so wie etwa beim Radio schalten Sie sich als Zuhörer (*Listener*) in den Strom (*Stream*) der Radiowellen ein, wenn Sie die Nachrichten oder Musik hören möchten.

Streams bieten Ihnen beim Programmieren viele Möglichkeiten, um Daten nach ihrem Eintreffen weiter zu filtern oder um Benachrichtigungen genauer zu definieren.

Mit dem StreamController<T> können Sie relativ einfach zu einer Implementierung von Streams in Ihrem Projekt kommen. Der Controller gewährt Zugriff auf den Eingang (sink) und den Ausgang (stream) von Events. Der generische Parameter T beschreibt den Typ des Events. Möchten Sie einen Stream<String> erstellen, also einen Stream über String-Events, so instanziieren Sie entsprechend ein Objekt vom Typ StreamController<String>. Der folgende Code veranschaulicht dies:

```
final controller = StreamController<String>();
final sink = controller.sink;
final stream = controller.stream;

sink.add('Erstes Event');

stream.listen((event) => print(event));
```

Broadcasts

Falls Sie sich nach der Implementierung eines StreamControllers wundern, dass Sie eine Fehlermeldung beim Registrieren eines zweiten *Listeners* erhalten: Zunächst lässt der StreamController nur einen Listener zu. Möchten Sie mehrere Listener registrieren, so müssen Sie einen *Broadcast*-Stream erstellen. Hierfür bietet die Klasse StreamController den Konstruktor broadcast:

```
final broadcastController = StreamController<String>.broadcast();
```

Diese Fähigkeit hat aber einen Haken: Ein normaler Stream puffert alle aufgetretenen Ereignisse, bis sich ein Listener registriert. Weil ein Broadcast aber über mehrere Listener verfügen könnte, lässt sich eine Zwischenspeicherung nicht realisieren. Mehr Informationen hierzu finden Sie in Abschnitt 9.4.2, »Broadcasts«.

3.12.5 Isolates

Wenn Ihr Dart-Programm oder das darauf aufbauende Flutter-Programm startet, erzeugt die *Runtime* einen sogenannten *Isolate*. Dieser Name steht für eine Struktur, die über einen eigenen und abgeschlossenen *Speicherbereich* verfügt, auf den nur der eine und einzige Thread dieser Struktur zugreifen kann. Sie haben mit der *Event Loop* in Abschnitt 3.12.1 bereits die Verarbeitung von Ereignissen in einem Isolate kennengelernt.

Sollte der Bedarf bestehen, aufwendige Berechnungen auszulagern, liefert Dart über die Isolate-API Schnittstellen, um neue Instanzen zu erstellen. Auch wenn der Haupt-Isolate Ihrer Anwendung weitere Isolates erzeugt, kann er dennoch nicht auf deren Speicher oder Event Loop zugreifen. Die einzige Kommunikation zwischen Isolates erfolgt über Nachrichten und keineswegs über den Speicher.

Weil sich die Isolate-API in der Handhabung als sehr komplex herausgestellt hat, sind einige Abstraktionen entstanden, die Ihnen die Ausführung einer Funktion ausgelagert in einem Isolate ermöglichen oder gleich ganze Isolate-Pools (*Thread Pools* oder *Worker Pools*) bereitstellen. Zu nennen sind an dieser Stelle die `compute`-Funktion von Flutter (*flutter/foundation.dart*) und die Packages `worker_manager` sowie `computer`. (Mehr zu Packages erfahren Sie in Kapitel 4, »Pubs: Abhängigkeiten komfortabel verwalten«.)

3.13 Die Library

Der Begriff *Library* ist Ihnen im Zusammenhang mit der Sichtbarkeit von Variablen, Funktionen und Klassen bereits in den vorangegangenen Abschnitten begegnet. Dabei stellte sich heraus, dass Elemente, deren Bezeichner ein Unterstrich (_) vorangestellt ist, nur in der jeweiligen Datei sichtbar sind.

Ein Dart-Projekt, das etwa über Android Studio oder Visual Studio Code erstellt wurde, gilt per se als Library. Sollten Sie ein neues Projekt erstellen, finden Sie darin unter anderem einige autogenerierte Dateien, die Paketkonfiguration (siehe Kapitel 4), eine Readme-Datei und den Unterordner *lib*, der den Quellcode beinhaltet.

3.13.1 Mini-Library

Dart betrachtet eine einzelne Datei als *Mini-Library*. Es wird empfohlen, jeweils eine Mini-Library pro Klasse anzulegen, es sei denn, dass die Elemente eng miteinander zusammenhängen. Das folgende Beispiel demonstriert die Mini-Library in der Datei *a.dart*. Wie Sie erkennen, befinden sich zwei Klassen darin. Die erste Klasse (`_Private`) ist aufgrund ihrer Sichtbarkeit auf die Datei beschränkt. Weil die Klasse `A` ebenfalls in *a.dart* liegt, ist es ihr möglich, den Typ `_Private` aufzulösen:

```
// Datei: a.dart
class _Private {
  ...
}

class A {
  final _Private somePrivate = _Private();
}
```

3.13.2 Eine Library importieren

Um die in verschiedene Dateien aufgeteilten Elemente – sofern sie nicht in der Sichtbarkeit eingeschränkt sind – in anderen Dateien verwenden zu können, müssen Sie

sie mit dem Schlüsselwort `import` in die jeweilige Mini-Library oder Datei hineinziehen.

Dateipfad

Für ein Beispiel greifen wir auf die Mini-Library aus dem obigen Abschnitt zurück (*a.dart*). Die importierende Datei oder Mini-Library ist *main.dart*, die den *Einsprungspunkt* (engl. *entry point*) für Dart anbietet:

```
import 'a.dart';

void main() {
  final a = A();
}
```

Auf `import` kann jeweils ein *Dateipfad*, eine *Package-URI* (*Unique Resource Identifier*) oder ein Dart-Library-Schema folgen. Die Verwendung des Dateipfads haben Sie im oberen Beispiel bereits kennengelernt.

Package-URI

Packages, mit denen Sie sich noch ausführlich in Kapitel 4 beschäftigen werden, sind kurz gefasst Sammlungen aus Dart-Librarys, die in einem festgelegten Format zur Wiederverwendung oder Integration bereitgestellt werden. Von einem Package zur Verfügung gestellte Librarys bzw. Dateien können Sie über das genannte Package-URI in Ihre Sichtbarkeit holen. Angenommen, Sie möchten die Datei *utils.dart* aus dem Package `example_package` integrieren, dann könnten Sie sie wie folgt in der `main`-Funktion verwenden:

```
import 'package:example_package/utils.dart';

void main() {
  ...
}
```

[»]

Dateien Ihres Projekts über eine Package-URI einbinden

Dart- und Flutter-Projekte sind in der Form eines *Packages* (Pakets) strukturiert, das wir in Abschnitt 3.14 näher beleuchten. Technisch ist es daher kein Problem, projektlokale Dateien statt über den Dateipfad über die Package-URI einzubinden. Ihnen bieten sich am Beispiel der Datei *a.dart*, die in Ihre *main.dart*-Datei importiert werden soll, zwei Möglichkeiten:

```
import 'a.dart';
import 'package:ihr_paket/a.dart';
```

Die Dart-Entwicklercommunity empfiehlt, für Dateien des eigenen Packages oder Projekts stets Dateipfade zu verwenden. Package-URIs verwenden Sie für das Importieren von Dateien aus Drittpaketen.

Die Dart-Library

Die dritte und letzte Variante eines Imports ist diejenige, um mit Dart ausgelieferte Librarys in Ihren Dart-Code einzubinden. Beispiele dafür sind `dart:collection`, `dart:convert` oder `dart:math`.

Möchten Sie eine solche Abhängigkeit verwenden, etwa `dart:math`, so würde die Anweisung folgendermaßen aussehen:

```
import 'dart:math';
```

Die Mathe-Bibliothek von Dart enthält zig Funktionen wie die Quadratwurzel `sqrt()`, beliebige Potenzen mit `pow()` und Trigonometrie wie `sin()`, `cos()` und so weiter. Ferner gibt es Konstanten wie `pi` und `e`. Außerdem ist die `Random`-Klasse enthalten, also der Zufallsgenerator.

3.14 Ein Projekt strukturieren

Im Verlauf der Entwicklung einer App werden nicht selten Hunderte Elemente auf dem *Dateisystem* erzeugt, etwa Programmcode, Konfigurationen oder Bilder. Deshalb möchte ich Sie kurz mit den Konventionen der Projektstruktur in Dart und mit dem Umgang mit mehreren Dateien vertraut machen.

Dart-Projekte teilen sich in zwei sehr ähnliche Kategorien auf: in das *Library-Package* und in das *Application-Package*. Das Library-Package zielt auf die Verwendung als integrierbares *Package* ab, beispielsweise verteilt über *https://pub.dev*, während das Application-Package ein App-Projekt darstellt. Der Begriff *Package* setzt an dieser Stelle keinen Umgang mit Paketverwaltung und -versionierung voraus, die wir in Kapitel 4 behandeln werden. Hier beschränkt er sich auf die Strukturierung der Dateien, die nach einem festgelegten Schema vorgenommen wird.

Wenn Sie ein neues Dart-Projekt erstellen, sollte das von Ihrer IDE erstellte Projekt folgendermaßen aussehen:

```
Projektname:          hello_world
-> .dart_tool         # generierter und Dart-eigener Ordner
-> .gitignore         # Git-typische Ignore-Datei
-> .idea              # generiert, falls mit Android Studio erstellt
-> .metadata          # generierte Metadaten zum Projekt
```

```
-> .packages            # generierte Abhängigkeitenzusammenfassung
-> README.md            # Die Readme des Projekts
-> hello_world.iml      # generiert, falls mit Android Studio erstellt
-> bin                  # Ordner für Skripte (meist nur in Library)
-> lib                  # Hauptordner für Quellcode
-> pubspec.lock         # generiert für pubspec.yaml (siehe Kapitel 4)
-> pubspec.yaml         # Bibliotheksdatei (Konfiguration)(Kapitel 4)
-> test                 # Unterordner für automatische Tests
```

Die wichtigsten Ordner für Sie sind *bin*, *lib* und *test*:

- Mit *bin* kommen Sie wahrscheinlich nur in Berührung, wenn Sie ein *Library-Package* erstellen. Alle in diesem Ordner hinterlegten Skripte können, falls Ihr Paket über den Paketmanager *pub* (siehe Kapitel 4) integriert wurde, mit dem Kommando pub run <script_name> ausgeführt werden.
- Innerhalb von *lib* halten Sie Ihre öffentlichen Quellcode-Dateien, also jene, die Sie anderen über import (siehe Abschnitt 3.13.2) zur Verfügung stellen. Dieser Aspekt kann allerdings bei einem *Application-Package* vernachlässigt werden.

Quellcode außerhalb von lib

Sie sind keineswegs auf den Ordner *lib* Ihres Projekts beschränkt. Ihren Quellcode können Sie ganz nach Ihrer Präferenz im Projektverzeichnis ablegen. Möchten Sie aber, dass Ihre Dateien von anderen Packages oder Apps gefunden werden können, wenn sie Ihr Package integrieren, dann müssen Ihre Dateien sich unterhalb von *lib* befinden.

In Abschnitt 3.13.2 habe ich Ihnen den Import über die Package-URI vorgestellt. Er kann nur auf Quellcode zugreifen, der unterhalb von *lib* platziert wurde. Das können Sie, wenn Sie neugierig sind, auch über die Datei *.packages* nachprüfen, die automatisch vom Paketmanager *pub* erstellt wird. Alle dort hinterlegten Pfade verweisen jeweils auf den *lib*-Unterordner eines Packages in Ihrem *pub-cache*.

- Der letzte der drei wichtigsten Ordner ist *test*. Er stellt die Anlaufstelle für automatische Tests dar, etwa für Unit-Tests (siehe Abschnitt 20.5.1) oder für Widget-Tests (siehe Abschnitt 20.5.2).

3.15 Code dokumentieren

Sie haben in Abschnitt 3.2.2 über die Kommentare einzeilige und mehrzeilige Kommentare gesehen. Dart eröffnet Ihnen über den dreifachen Schrägstrich (///) die Möglichkeit, schnell und ohne Verrenkungen für Teammitglieder und für Ihr zu einem späteren Zeitpunkt wiederkehrendes Selbst den Code zu dokumentieren.

Grundsätzlich können so alle Elemente der Sprache erläutert werden. Falls Sie mal auf *https://api.dart.dev/stable* oder *https://api.flutter.dev* unterwegs waren, ist Ihnen das Produkt dieser Dokumentation begegnet: Die mit /// verfassten Inhalte werden über das Tool *dartdoc* verarbeitet, um daraus die praktischen Seiten zu generieren, die Sie unter den oben genannten URLs sehen.

Ich habe hier die Klasse Book aus vorherigen Beispielen aufgegriffen, etwas verändert und mit Dokumentationskommentaren versehen:

```
/// Basisklasse für verschiedene Bücher
abstract class Book {
  Book({
    @required this.title,
    @required this.numberOfPages,
  });

  /// Der Titel dieses Buchs
  final String title;
  /// Die Anzahl der Seiten dieses Buchs
  final int numberOfPages;
  bool _opened = false;

  /// Gibt an, ob dieses Buch geöffnet ist.
  bool get opened => _opened;

  /// Öffnet dieses Buch.
  void open() {
    _opened = true;
  }

  /// Der Verlag dieses Buchs
  static String publisher;

  /// Gibt "Hello, <publisher>" aus. <publisher> wird über das statische
  /// Feld [publisher] gesetzt.
  static String sayHelloPublisher() => 'Hello $publisher';
}
```

Innerhalb eines dokumentierenden Kommentars können Sie auf Elemente wie Klassen-, Funktions- oder Variablennamen zugreifen. Wie Sie in diesem Beispiel sehen, setzen Sie sie dabei in eckige Klammern [ ]. Befindet sich der Bezeichner im jeweiligen Sichtbarkeitsbereich, so löst Dart ihn automatisch auf.

3.16 Null-Safety

Das Feature *Null-Safety* ist für Dart der nächste große Sprung nach der Typsicherheit. Es hat mit Version 2.12 im Frühjahr 2021 Einzug in die Sprache gehalten. Damit die zahlreichen Apps, Packages und Projekte nicht von einem Tag auf den anderen unkompilierbar werden, sieht Dart eine Migration vor.

Das Beste für Sie gleich vorweg: Null-Safety ergänzt Ihren Werkzeugkasten lediglich. Ihr Verständnis von Dart und die gesammelten Erfahrungen werden mit dieser Spracheigenschaft abgerundet, die zu größerer Sicherheit vor *Null-Referenzen* und zu gesteigerter Leistung führt.

Doch zunächst einmal: Was ist Null-Safety überhaupt?

3.16.1 Nullability als Opt-In

Die Fähigkeit eines Typs oder einer auf ihm basierenden Variable, den Wert `null` einzunehmen, wird als *Nullability* bezeichnet. In den bisherigen Abschnitten konnten wir meist davon ausgehen, dass ein Objekt nicht `null` wird, zumal der Dart-Compiler dies standardmäßig forciert.

Der folgende Code ist beispielsweise fehlerhaft:

```
bool a = false;
a = null;
```

Der Compiler meldet Ihnen beim Versuch, diese Zeilen zu übersetzen, einen Fehler:

```
Error: The value 'null' can't be assigned to a variable of type 'bool' because
'bool' is not nullable.
```

Weil Dart nun weiß, dass die Variable `a` nicht `null` sein kann, fügt es beim Übersetzen in Plattformcode wie *x64* oder *ARM* keine dahingehenden Überprüfungen mehr ein. Der resultierende Code ist damit kürzer und für den Prozessor schneller auszuführen.

Brauchen Sie in einer bestimmten Situation die Nullability, etwa weil sie Ihren Programmablauf verschlankt und einfacher gestaltet? Kein Problem! Sie müssen diesen Wunsch bei aktivierter Null-Safety aber explizit angeben. Durch das Anhängen eines ?-Symbols machen Sie dem Compiler Ihre Absichten deutlich. Das vorige Beispiel sieht mit einem Nullable-`bool` dann so aus:

```
bool? a = false;
a = null;
```

Haben Sie eine Variable – die nicht `null` ist! – als nullable deklariert, brauchen sie aber als nicht-nullable, wandeln Sie sie mit dem Operator `!` um:

```
bool? a;
bool b = a!;
```

Unter normalen Umständen sollten Sie von solchen Basteleien absehen. Durch aktivierte Null-Safety entfallen zig Fehlerquellen in kompiliertem Code. Bringen Sie diese nicht ohne Not wieder zurück, sondern seien Sie froh, dass Sie diese Probleme nicht mehr am Hals haben!

3.16.2 Ein Projekt migrieren

Dass die Spracheigenschaft *Null-Safety* ein Paradigmenwechsel in der Sprache Dart ist, erkennen Sie unter anderem daran, dass selbst mit Dart 2.12 und Flutter 2.x neu erstellte Projekte zunächst ohne starteten.

Praktischerweise können Sie selbst dann, wenn Ihr Projekt nicht bereit ist, die Migration zu durchlaufen, Packages verwenden, die schon an die Null-Safety angepasst wurden. Hierfür müssen Sie allerdings mindestens Dart 2.12 einsetzen.

Bestandsaufnahme

Gerade bei Projekten, die seit einiger Zeit entwickelt werden und auf einem breiten Fundament aus Abhängigkeiten in Form von Packages stehen, gestaltet sich der Migrationsprozess möglicherweise etwas aufwendiger. Nicht selten werden Packages während der Entwicklung in einer festen Version oder sogar über *Git*-Referenzen, etwa *Commit-Hashes*, herangezogen. Die Anpassungen der Abhängigkeiten werden schrittweise durchgeführt und münden allerdings unweigerlich in neuen Versionen mit hochgezählter *Major-Version*. So wird aus einem Package X in Version 1.x beispielsweise eine Version 2.x mit Null-Safety.

[«]

Mehr zu Packages

Dart und Flutter leben von einem reichhaltigen Ökosystem aus Packages zur Wiederverwendung von Features und Code. Mehr dazu und zu dem Paketmanager *pub* erfahren Sie in Kapitel 4. Die Themen Null-Safety und Packages können Sie unabhängig voneinander vertiefen. Wenn Sie zunächst mehr über die Mechanik und Packages in Dart und Flutter erfahren möchten, können Sie auch nach der Lektüre von Kapitel 4 hierher zurückkehren.

Wenn in Ihrem Projekt regelmäßig das Kommando `dart pub upgrade` oder `flutter pub upgrade` durchgeführt wurde (siehe Abschnitt 4.5.5), sollte Ihr Projekt zumindest auf einem sehr aktuellen Stand sein und Sie daher mit geringerer Wahrscheinlichkeit mit sogenannten *Breaking Changes* konfrontieren – *APIs*, deren Signatur sich verändert hat. Die Änderungen müssen sich dabei nicht auf Rückgabetypen, Bezeichner oder die Parameterliste beschränken. Nicht selten werden auch Schnittstellen komplett entfernt.

Durch die Vernetzung der Packages untereinander (Wiederverwendung von Code) tritt in der Praxis mitunter aber auch die Schattenseite des Konsums von Packages zutage: Packages verweisen aufeinander, aber möglicherweise in unterschiedlichen Versionen. Ihr Projekt kann aber jeweils nur eine davon mit ausliefern.

Sie können Ihre App oder Library generell mit dem Kommando `dart pub outdated` oder `flutter pub outdated` hinsichtlich der Updatemöglichkeiten auf den Prüfstand stellen. Sie erhalten durch diese Kommandos eine ähnliche Ausgabe wie hier:

```
Resolving...
Showing outdated packages.
[*] indicates versions that are not the latest available.

Package Name      Current   Upgradable  Resolvable  Latest

direct dependencies:
cupertino_icons   *0.1.2    *0.1.3      1.0.2       1.0.2
...
```

Dass die Migration eines Projekts hin zur Null-Safety bei Packages zu Komplexität führen kann, habe ich bereits angemerkt. Dart stellt hierfür deshalb eine spezielle Variante bereit:

```
||> dart pub outdated --mode=null-safety
Resolving...
Showing dependencies that are currently not opted in to null-safety.
[✘] indicates versions without null safety support.
[✓] indicates versions opting in to null safety.

Computing null safety support...
Package Name     Current   Upgradable  Resolvable  Latest

direct dependencies:
cupertino_icons  ✘0.1.2    ✘0.1.3      ✓1.0.2      ✓1.0.2
...
```

Das Tool weist Sie darauf hin, welche Version Sie momentan einsetzen, ob diese bereits Null-Safety unterstützt, welche Version Sie von diesem Stand aus über `pub upgrade` erreichen könnten und ob diese Version Null-Safety mit sich bringt. Zuletzt führt es auf, welche höchste Version überhaupt zur Verfügung steht, wiederum mit der Information, ob diese schon an Null-Safety angepasst ist.

Mit dem Kommando `pub outdated` und dem Parameter `mode=null-safety` erhalten Sie somit einen nützlichen Überblick über Ihr Projekt.

Abhängigkeiten aktualisieren

Nachdem Sie sich einen Überblick verschafft haben, kann es mit dem Upgrade der Packages losgehen. Im optimalen Fall verhaken sich die Versionen Ihrer Pakete nicht, wenn Sie `dart pub upgrade --null-safety` oder `flutter pub upgrade --null-safety` ausführen. Wenn alles geklappt hat, sehen Sie in der Ausgabe eine Zusammenfassung darüber, welche Pakete auf welche Version aktualisiert wurden.

[«]

Probleme mit den Packages

In manchen Zusammenstellungen lassen sich die Versionen möglicherweise kurzfristig nicht harmonisieren, etwa wenn Sie ein bestimmtes Release einer Abhängigkeit benötigen, andererseits aber vielleicht wichtige Fixes oder Funktionen eines anderen Packages brauchen. Wenn beide zwar die gleiche gemeinsame Abhängigkeit definieren, aber in verschiedenen Versionen, gibt es weder ein Vor noch ein Zurück.

Möglicherweise kann Package A, das die Abhängigkeit C mit Package B teilt, aber auch die Version von Package B verwenden oder andersherum? Probieren Sie in solchen Situationen einen manuellen Eingriff über die Sektion `dependency_overrides` in Ihrer *pubspec.yaml* (siehe Abschnitt 4.5.6).

Wenn Sie Pech haben, wurden gewisse *APIs* verändert und sind damit nicht mehr vom jeweils anderen Package konsumierbar. In den meisten Fällen sollten Sie Ihr Projekt aber kurzfristig konsolidieren können, bis Sie die Abhängigkeiten mit ein wenig mehr Zeit und Mühe – oder Updates der Hersteller – auf den aktuellsten Stand bringen können.

Den Migrationsbefehl ausführen

Nachdem die Abhängigkeiten auf Null-Safety vorbereitet wurden, ist Ihr Projekt an der Reihe. Führen Sie dazu den Befehl `dart migrate --apply-changes` aus. Falls Sie aber zuerst prüfen wollen, was der Befehl verändern wird, veranlassen Sie eine Trockenübung, indem Sie nur `dart migrate` eingeben.

[!]

Probleme bei Package-Imports

Falls Sie die Dateien Ihres Projekts untereinander nicht mit relativen Pfaden, sondern über den Package-Import verbunden haben, könnte sich die Migration beschweren, dass Ihr Projekt Abhängigkeiten heranzieht, die noch nicht auf Null-Safety aktualisiert wurden, und die Aktualisierung Ihrer Packages empfehlen. Das haben Sie natürlich schon erledigt!

```
// Package-Import korrekt
import 'package:flutter/material.dart';
// Package-Import nicht empfohlen
import 'package:Ihr_Projekt/modul/feature.dart';
// Relativer Pfad (empfohlen)
import '../modul/feature.dart';
```

Am besten folgen Sie den Empfehlungen in Dart, Library-eigene Dateien über relative Pfade zu referenzieren. Sollten Sie gerade aber keine Zeit haben, ein komplettes Projekt umzukrempeln, hängen Sie dem Befehl `dart migrate --apply-changes` außerdem die Option `--skip-import-check` an.

Der Befehl wird Ihr Projekt analysieren und nach einem Moment einen Link anbieten. Klicken Sie darauf, um die Auswertung Ihres Quellcodes in einer Webansicht ganz im Stile des *dartpads* (*https://dartpad.dev*) vorgestellt zu bekommen. So weit wie es möglich ist, hat Dart für Sie Vorschläge erarbeitet, um die bisher mit Nullability ausgerüsteten Codefragmente in die entsprechenden Null-Safety-Varianten zu übersetzen. Es kann sein, dass Sie komplexere Stellen selbst auflösen müssen. Meist ist hier aber nur das ?-Suffix aufzuschlüsseln oder ein Named Parameter mit dem Schlüsselwort `required` zu versehen.

Wenn Sie währenddessen in der *IDE* weitergearbeitet oder dort Änderungen ausgeführt haben, klicken Sie zum erneuten Einlesen auf RERUN FROM SOURCES. Falls Sie mit den Änderungen zufrieden sind, können Sie den Button APPLY MIGRATION betätigen, den Sie in Abbildung 3.1 sehen.

Abbildung 3.1 Kopfbereich der Migration

Ab sofort sind Sie auf der »sicheren Seite« – willkommen in der Null-Safety!

3.17 Zusammenfassung

In diesem Kapitel haben Sie die Grundlagen der Programmiersprache Dart gelernt. Sie sind somit bestens gerüstet, um Ihre ersten Apps mit Flutter zu erstellen. Die intensive Beschäftigung mit elementaren Bestandteilen wie Strings, Iterables, Klassen und der Fehlerbehandlung erleichtert es Ihnen, sich das UI-Framework zu erschließen, das durch und durch aus Dart-Code besteht. In den Codebeispielen sind Sie etwaigen Fehlern und Warnungen begegnet, die Ihnen vom *Dart Linter* und *Dart Analyzer* erläutert oder aufgezeigt wurden, die Sie auch weiterhin beim Programmieren unterstützen werden.

Das Dart-Ökosystem betrachtet Null-Safety inzwischen als Standard, und das ist gut so. Die meisten großen und populären Packages sind bereits als Null-Safety-Version veröffentlicht worden oder bieten einen Preview-Release. Sie sollten vorhandene Projekte migrieren, falls es noch nicht geschehen ist, um nicht irgendwann auf verlorenem Posten zu stehen. Es wird sich lohnen!

Kapitel 4
Pubs: Abhängigkeiten komfortabel verwalten

»Am besten erledigt man die Dinge systematisch.«
– Hesiod von Böotien

Flutter-Projekte erwarben schnell den Ruf, innerhalb kurzer Zeit Apps mit beeindruckenden Features und einer flüssigen, modernen Benutzeroberfläche hervorzubringen – wohlgemerkt für mehrere Plattformen zugleich! Diese Fähigkeit liegt darin begründet, dass Sie dem Grundgerüst, das Sie aus einer IDE-Vorlage generieren, im Handumdrehen Bausteine wie *Datenbanken* und *Caches*, *Animationen*, *Plattform*-Abstraktionen, erweiternde Sprachfeatures wie *async* und ganze *Videocalls* oder *Mediaplayer* hinzufügen können.

Möglich wird dies erst durch den Paketmanager von *pub*. Unermüdlich steuern Entwickler aus der Community Erweiterungen bestehender Pakete und gänzlich neue bei und vergrößern den Index von *https://pub.dev*, der Hauptquelle des Paketmanagers. Sie können aber ebenso Packages über das Dateisystem heranziehen oder aus einem *Git*-Repository klonen.

In diesem Kapitel möchte ich Ihnen die Verwaltung von *Packages* (sogenannten *Pubs*) vorstellen und Ihnen zeigen, wie Sie Ihre Library oder App beliebig erweitern können.

4.1 Von der Library zum Package

In Abschnitt 3.13 haben wir den Begriff *Library* und darauffolgend in Abschnitt 3.14 die Struktur eines Library-Packages untersucht. Damit haben Sie die Hintergründe eines Packages bereits kennengelernt, denn bei den vom Paketmanager *pub* verwalteten Packages handelt es sich um nichts anderes. Im Weiteren möchte ich Ihnen demonstrieren, wie Sie die als Open-Source-Software zur Verfügung gestellten Librarys in Ihr Projekt integrieren.

4.2 Ein Meer aus pubs

In den meisten Fällen werden Sie unter *https://pub.dev* ein Package finden, das Ihr Projekt um die benötigte Funktionalität erweitert. Neben der Sie begrüßenden Suchmaske (siehe Abbildung 4.1) finden Sie dort außerdem eine Zusammenstellung der »Most popular packages«, also jener Packages, die am häufigsten heruntergeladen werden, und der »Flutter Favorites«, die eine sehr hohe Qualität hinsichtlich Dokumentation, Codequalität und der Einhaltung von Konventionen aufweisen.

Abbildung 4.1 Die zentrale Suche auf »https://pub.dev«

4.3 Wo Licht ist, da fällt auch Schatten

Ein unendlich anmutendes Arsenal an Erweiterungsmöglichkeiten zu besitzen, ist auf den ersten Blick (und ebenfalls auf viele weitere) eine unglaublich befähigende und beschleunigende Ressource. Sie können neue Benutzeroberflächenelemente, Hardwareanbindungen und mitunter Sprachfeatures mit nur wenigen Handgriffen integrieren, ohne dass Sie auf den Hersteller eines Frameworks und seine Releases warten müssen.

Die in Flutter vorherrschende Package-Strategie ist aber nicht gänzlich ohne Nachteile. Wenn Sie Ihre Apps zuvor mit nativen Technologien, etwa Swift oder Java/Kotlin, geschrieben haben, sind Sie an große SDKs der Hersteller gewöhnt, die Ihnen die Entwicklung ohne weitere Packages erlauben.

Zwar findet sich für fast jeden Anwendungsfall in Flutter oder Dart ein Package – ähnlich wie in einem *App Store* –, doch Sie sind darauf angewiesen, dass die Entwickler am Ball bleiben, Fehler beseitigen und Wünsche der Community umsetzen. Selbstverständlich können Sie als Entwickler jederzeit die Open-Source-Projekte unterstützen und selbst zum Beispiel Bugs in einem Package beheben. Durch seine plattformunabhängige Natur und die Programmiersprache Dart als Überbau müssen Sie gegebenenfalls aber Änderungen in drei verschiedenen Sprachen umsetzen: in Swift, Kotlin und

Dart. Nicht jeder Entwickler wird die Sprachen, Frameworks und APIs wie die eigene Westentasche beherrschen. Hier gilt jedoch: Sie sind nicht alleine! Wenn Sie beim Umsetzen einer eigenen Fehlerbehebung auf Schwierigkeiten stoßen, wird Ihnen die Community sicherlich helfen und Fragen beantworten oder womöglich sogar Unterstützung anbieten.

Nicht selten sammeln sich in Projekten Dutzende Packages an. Trotz aller positiven Aspekte handelt es sich trotzdem um fremden Code, über den Sie teilweise, aber nicht gänzlich frei verfügen können. So kann sich eine Abhängigkeit auch zu einer technischen Schuld (*technical debt*) entwickeln, weil möglicherweise genau hierfür Workarounds in Ihr Projekt eingebaut werden müssen. Andererseits können Sie vielleicht einige Packages nicht aktualisieren, weil ein anderes Package dies nicht zulässt. Dann erhalten Sie entsprechende Fehlermeldungen des Paketmanagers *pub*, während Sie eine Aktualisierung der Abhängigkeiten durchführen. Packages können sich untereinander verhaken, wenn sie gemeinsame Abhängigkeiten heranziehen, aber in jeweils unterschiedlichen Versionen. Es kann sogar vorkommen, dass eine Plattformimplementierung eine gewisse Buildumgebung oder -konfiguration voraussetzt und damit alle anderen Implementierungen beeinflusst. Das ist beispielsweise der Fall, wenn Package X zum Bauen der Android-Komponente eine spezielle *Gradleversion* Y fordert und sonst nicht funktioniert.

Flutter setzt mit der Package-Strategie allerdings genau richtig an. Die Möglichkeiten sind nicht durch starre SDKs oder die Updatepolitik eines Herstellers begrenzt. Die Chancen stehen beruhigend gut, dass Sie mit Ihrer App die aufgeführten Probleme erst gar nicht antreffen oder lösen müssen. Trotzdem müssen Sie die oben genannten Fallstricke kennen, denn es gilt: *Gefahr erkannt, Gefahr gebannt!*

Wichtige Packages

Im Folgenden stelle ich Ihnen eine kleine Liste von Packages vor, die für die plattformübergreifende Entwicklung oft sehr nützlich sind:

- **shared_preferences**: Ermöglicht einfaches Speichern von Daten im Schlüssel-Wert-Format mit einheitlichem Code auf allen Plattformen.
- **sqflite**: Plugin für eingebettete, dateibasierte SQL-Datenbanken (Verwenden Sie es, falls die *shared_preferences* Ihnen nicht genügen und Sie komplexe Daten tabellarisch ablegen müssen).
- **json_serializable**: Unterstützt effizientes Übersetzen von JSON-Daten in Dart-Objekte und umgekehrt.
- **just_audio**: ein Audioplayer, der Musik oder Soundeffekte abspielen kann
- **video_player**: ein Widget, das Videos abspielen kann
- **geolocator**: Plugin zur plattformübergreifenden Nutzung von GPS oder Ortsbestimmung mit anderen Techniken

- **sensors_plus**: Erlaubt den plattformunabhängigen Zugriff auf Sensoren (soweit vorhanden, also auf Mobilgeräten).
- **url_launcher**: Ermöglicht das Aufrufen eines externen Browsers mit einer URL.
- **share_plus**: Ermöglicht es Apps auf einfache Weise, den bekannten *Teilen*-Mechanismus plattformübergreifend anzubieten.
- **flutter_animate**: Bietet attraktive Animationen und Effekte.
- **google_fonts**: Ermöglicht die Verwendung der frei verfügbaren Google-Fonts von *fonts.google.com*. Beachten Sie bei der Verwendung jedoch unbedingt die Datenschutzhinweise!
- **intl**: Vereinfacht die Unterstützung mehrerer Sprachen.
- **firebase_messaging**: Ist für Firebase Cloud Messaging erforderlich.
- **flutter_svg**: Unterstützt das Zeichnen von SVG-Vektorgrafiken.

4.4 Packages verwenden

Lassen Sie uns anhand eines Beispielpackages die Suche und Integration einmal durchspielen. Hierzu benötigen Sie als Erstes ein neues Flutter-Projekt, das Sie mithilfe der von Ihnen eingesetzten IDE analog wie in Abschnitt 2.2 erstellen können.

Wenn Sie das frisch auf der Platte erzeugte Projekt geöffnet haben, werfen Sie einen Blick auf die Übersicht: Dort sollte sich wie in Abbildung 4.2 die Datei *pubspec.yaml* befinden.

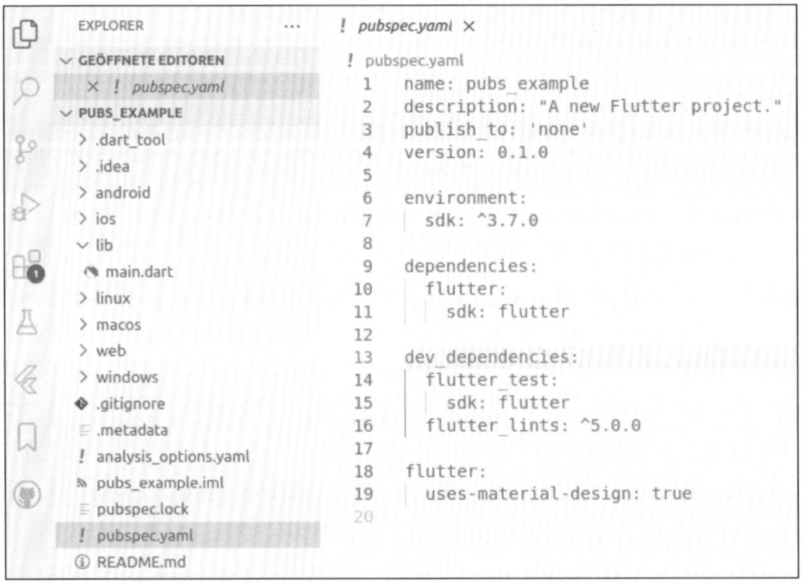

Abbildung 4.2 Ein neues Projekt in Visual Studio Code mit »pubspec.yaml«

4.4.1 pubspec.yaml

Wie in Abbildung 4.2 zu sehen ist, habe ich das Projekt *pubs_example* erstellt. Ein ähnlicher Stand sollte sich auf Ihrem Display zeigen. Öffnen Sie die ausgewählte Datei *pubspec.yaml*. Sie wird so ähnlich aussehen wie in meinem Beispiel. Sie finden in Ihrer Datei bereits einige Einträge vor, etwa den Namen des Projekts (`name`), die Beschreibung (`description`), die Version (`version`) und Informationen zum SDK und zu Abhängigkeiten.

Von besonderem Interesse sind die Sektionen `dependencies` und `dev_dependencies`.

[+]

YAML

YAML ist ein Dateiformat. Das rekursive Akronym steht für *YAML Aint't Markup Language*. Die Grundlagen stammen aus dem Jahr 2001. Es wird häufig aufgrund seiner einfachen Lesbarkeit im Zusammenhang mit Konfigurationsdateien verwendet. Zu beachten ist, dass die Einrückung ähnlich wie in Python ein syntaktisches Element darstellt. Das gilt auch für die *pubspec.yaml* im obigen Beispielprojekt.

Die `dependencies` listen alle Abhängigkeiten Ihrer App oder Ihres Packages auf. Aktuell befindet sich dort nur ein Eintrag über Flutter. Wie das Präfix »dev« erahnen lässt, tragen Sie unter `dev_dependencies` jene Abhängigkeiten ein, die Sie bloß während der Entwicklung (engl. *development*) benötigen werden (zum Beispiel das Testframework *flutter_test*), aber nicht mit der App ausliefern.

4.4.2 Ein Package integrieren

Ihr Projekt freut sich auf die Integration eines ersten Packages. Exemplarisch möchte ich mit Ihnen *material_design_icons_flutter* hinzufügen. Öffnen Sie dazu zuerst die Seite *https://pub.dev*, und suchen Sie dort nach »material design icons« (siehe Abbildung 4.3).

Wählen Sie das entsprechende Ergebnis. Daraufhin sollte sich die Detailseite zu diesem Package zeigen, die in Abbildung 4.4 zu sehen ist.

Als Erstes führt die Seite den Namen und die Version in einer großen Schrift an. Dies ist kein Zufall, da die beiden Merkmale, wie wir im nächsten Abschnitt genauer untersuchen werden, für die Verwaltung von Abhängigkeiten entscheidend sind.

Wenn Sie genau hinsehen, werden Sie rechts neben der Versionsnummer ein dezentes Kopiersymbol erkennen. Diese Version wird wahrscheinlich bei Ihnen eine neuere sein, da die Pakete fortlaufend aktualisiert werden. Betätigen Sie diese Schaltfläche, woraufhin Ihre Zwischenablage gefüllt wird, und wechseln Sie zurück zur *pubspec.yaml* im Flutter-Projekt.

Abbildung 4.3 Das Suchergebnis zeigt das gewünschte Resultat, aber leider nicht an erster Stelle.

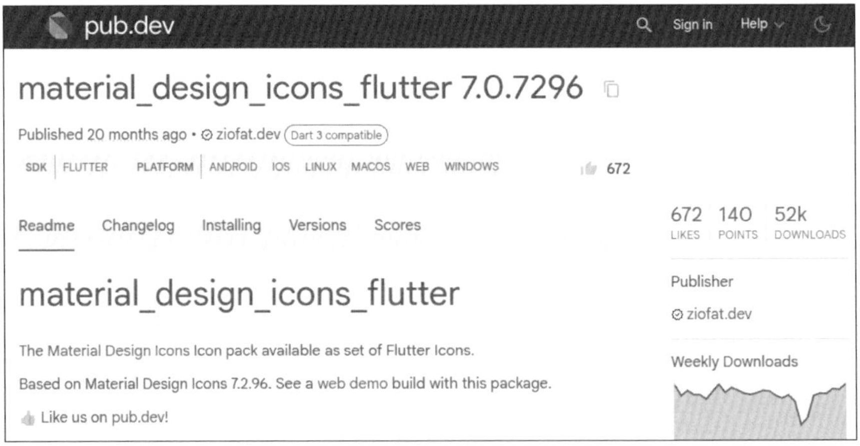

Abbildung 4.4 Die Detailseite zum gesuchten Package

Fügen Sie dort unter dependencies den kopierten Inhalt ein und achten Sie auf die richtige Einrückung mit zwei Leerzeichen:

```
[...]
dependencies:
  material_design_icons_flutter: ^7.0.7296
  flutter:
    sdk: flutter
[...]
```

Listing 4.1 »pubspec.yaml« mit eingefügter Zwischenablage

Falls Sie die Datei in Android Studio oder Visual Studio Code abgespeichert haben, könnte es sein, dass die IDE die Abhängigkeiten automatisch abruft, indem sie das Kommando flutter pub get ausführt. Sollte dies nicht passiert sein oder möchten Sie den Aufruf selbst vornehmen, dann öffnen Sie entweder im Projektverzeichnis eine Konsole oder navigieren dorthin. Dort angekommen, führen Sie den Befehl aus. Die Ausgabe sollte ähnlich wie die auf meiner Konsole sein:

```
% flutter pub get
Resolving dependencies...
Downloading packages...
  async 2.12.0 (2.13.0 available)
  fake_async 1.3.2 (1.3.3 available)
  leak_tracker 10.0.8 (10.0.9 available)
  material_color_utilities 0.11.1 (0.12.0 available)
  vm_service 14.3.1 (15.0.0 available)
Got dependencies!
5 packages have newer versions incompatible with dependency constraints.
Try `flutter pub outdated` for more information.
```

Darüber hinaus blenden die IDEs zumeist am oberen Rand der geöffneten Datei *pubspec.yaml* einige Schaltflächen ein, über die Sie ebenfalls eine Aktualisierung durchführen können. Bei Visual Studio Code sind das beispielsweise zwei runde Pfeile, die ein Neuladen symbolisieren.

Damit haben Sie das Package schon integriert. Es wurde, falls es noch nicht in Ihrem *pub-cache* (siehe Abschnitt 4.6 zum System-Cache) vorhanden war, heruntergeladen und den Dateien *pubspec.lock* sowie *.packages* hinzugefügt (vgl. Abschnitt 3.14, »Ein Projekt strukturieren«).

Die *Dart Runtime* geht beim ersten Aufruf des Befehls flutter pub get alle Abhängigkeiten des Projekts durch. Das Ergebnis ist ein Abhängigkeitsbaum aus Paketen, der untereinander kompatible Versionen enthält und in der genannten Datei *pub-*

spec.lock festgehalten wird. Sie wird sich nicht mehr ändern, bis Sie oder Ihre Teammitglieder eine explizite Aktualisierung durchführen (siehe Abschnitt 4.5.5).

Sollten Sie eine App entwickeln, so empfiehlt es sich, diese Datei mit Ihren anderen Projektdateien einzuchecken, um sicherzustellen, dass alle Teammitglieder das gleiche Setup aus Abhängigkeiten und Versionen verwenden und dass der *Releasebuild* ebenfalls dieselbe Konfiguration wie während der Entwicklung und der Tests heranzieht.

4.5 Versionen

Sie haben im vorigen Abschnitt das Package *material_design_icons_flutter* zu Ihrem Projekt hinzugefügt. Informationen zur genauen Angabe der Version habe ich dabei ausgespart, weil ich erst an dieser Stelle darauf eingehen möchte. Ihnen bieten sich mehrere Möglichkeiten, um eine Version für eine Abhängigkeit anzugeben, etwa für die Material Design Icons. Diese vier Möglichkeiten sehen wir uns nun einzeln an.

4.5.1 Caret-Syntax

Sie haben Ihrer *pubspec.yaml* eine neue Zeile hinzugefügt:

```
material_design_icons_flutter: ^7.0.7296
```

Ihre Version kann von der hier abgedruckten abweichen, wenn inzwischen weitere Veröffentlichungen herausgegeben wurden. Vor der Versionsnummer sehen Sie das ^-Zeichen, das in Zusammenhang mit der Versionierung als *Caret-Syntax* bezeichnet wird. Sie drückt aus, dass Sie mit der angegebenen Version, aber auch mit einer zu ihr kompatiblen zukünftigen Version arbeiten können.

Die Versionsnummern von Packages folgen der semantischen Schreibweise, d. h. `Major.Minor.Patch`. Flutter-Packages erhöhen per Konvention die Major-Stelle, wenn eine Abwärtskompatibilität nicht mehr gewährleistet oder erwünscht ist. Die Major-Stelle wird aber auch erhöht, um auf einen bedeutenden Entwicklungsschritt hinzuweisen, etwa beim Wechsel eines Packages zur Null-Safety (siehe Abschnitt 3.16). Die Material Design Icons würden dementsprechend so lange aktualisiert, bis eine nicht mehr kompatible Version veröffentlich wird, etwa `>= 8.0`.

4.5.2 Versionsrahmen

Zusätzlich zu der *Caret-Syntax* bietet sich Ihnen die Möglichkeit, *Rahmen* zu definieren. Das könnte wie folgt aussehen:

```
material_design_icons_flutter: ">=7.0.0 <7.1.0"
```

Mit den vergleichenden Operatoren >=, >, < und <= können Sie Versionen enger oder weiträumiger definieren als mit der Caret-Syntax. Beispielsweise könnten Sie definieren, dass Sie Aktualisierungen der Material Design Icons nur bis Version `7.0.x` mitmachen wollen, wie im obigen Beispiel. Einen Sprung in der Minor-Version würden Sie nicht mitmachen; in dem Fall würden Sie bei der älteren Version bleiben.

Beachten Sie dabei, dass Sie eine Version immer vollständig angeben müssen. Der Eintrag `">=7.0.5755 <7.3"` wäre nicht gültig, weil die Patch-Stelle nicht ausgefüllt wurde.

Nach einer Änderung klicken Sie auf das Reload-Icon, damit Flutter die Abhängigkeit neu verarbeitet.

4.5.3 Feste Versionen

Die starrste Versionsdefinition ist die mit festen Versionsnummern. Selbstverständlich können Sie dem Paketmanager eine spezifische Version angeben:

```
material_design_icons_flutter: 7.0.7290
```

So definiert, bleibt das Package stets auf der eingetragenen Version. Hieraus können allerdings Probleme entstehen, die als *Version Lock* bezeichnet werden. Denn je weniger Spielraum bei den Versionsnummern der *pub*-Paketmanager besitzt, desto eher kann es dazu kommen, dass er keine Variante des Abhängigkeitsbaums findet, die alle Abhängigkeiten erfüllt.

Dart-Packages werden nicht in verschiedenen Versionen in die App oder Library integriert, sondern wenn zwei Packages *A* und *B* die gleiche Package-Abhängigkeit *C* haben (siehe Abbildung 4.5), verwenden *A* und *B* ihre Abhängigkeit *C* in der einzig zur Verfügung gestellten Version.

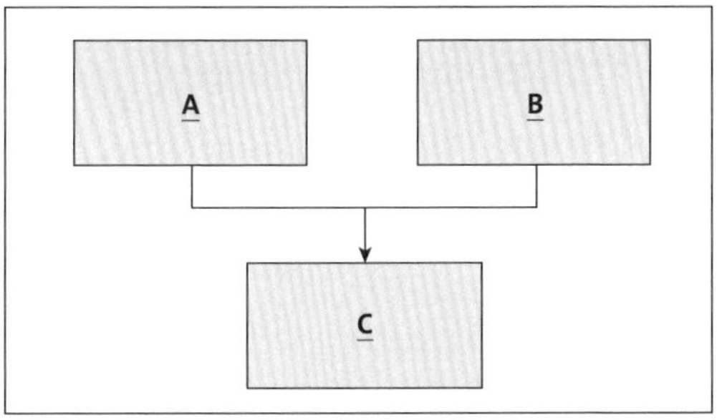

Abbildung 4.5 A und B benötigen die gemeinsame Abhängigkeit C.

Fordert etwa *A* die Version `C: 1.0.0` und *B* `C: 1.2.0`, so existiert keine gemeinsam benutzbare Veröffentlichung. Dann kann der Paketmanager die Abhängigkeiten nicht auflösen und meldet einen Fehler. Jedoch entsteht kein Problem, wenn *A* `C: ^1.0.0` und *B* `C: ^1.2.0` definiert.

4.5.4 Keine Version angeben

Ich habe Ihnen drei Varianten vorgestellt, mit denen Sie die Version eines Packages bestimmen. Eine vierte (implizite) Art gibt es noch: Sie definieren nur den Namen der Abhängigkeit, aber nicht deren Version:

```
dependencies:
  material_design_icons_flutter:
```

In diesem Fall liegt für Dart keine Einschränkung außer der Kompatibilität mit anderen Packages vor, sodass der Paketmanager, sofern es möglich ist, die neueste Version einsetzt. Dadurch kann es allerdings, sollte eine Abhängigkeit aktualisiert worden sein, zu sogenannten *Breaking Changes* kommen, denn ein Sprung von einer Major-Version auf die andere ist dem Paketmanager gestattet – und wie Sie zuvor gesehen haben, ist bei einem solchen Update keine Abwärtskompatibilität gewährleistet. Insbesondere wenn Sie nur »mal eben schnell« einen Bug fixen und die Anwendung dann neu veröffentlichen wollen, kann Ihnen ein Breaking Change unerwartete Arbeit aufhalsen, wenn sich eine Abhängigkeit geändert hat.

4.5.5 Packages aktualisieren

Jetzt haben Sie die unterschiedlichen Wege kennengelernt, über die die Version eines Packages spezifiziert oder eingegrenzt werden kann. Da die Dart Runtime den Abhängigkeitsbaum Ihres Projekts nur beim ersten Aufruf des Kommandos `flutter pub get` erstellt, sind die genutzten Versionen in der Datei *pubspec.lock* festgelegt. Doch wie können Sie eine Aktualisierung der Versionen durchführen lassen, etwa weil Sie den neuen Release eines Packages einsetzen möchten?

Eine Variante wäre es, die Datei *pubspec.lock* schlichtweg von Ihrem Dateisystem zu löschen, um somit einen »neuen« ersten Durchlauf zu erzwingen. Viel eleganter ist es aber, auf das dafür bereitgestellte Kommando `flutter pub upgrade` zurückzugreifen. Lässt die Kombination der Packages in Ihrem Projekt eine Aktualisierung zu, dann wird Dart die neueste Version heranziehen, deren Einsatz jeweils möglich ist. Die Datei *pubspec.lock* wird nach erfolgreichem Abschluss des Kommandos aktualisiert.

4.5.6 Versionen erzwingen

Erhalten Sie eine Fehlerausgabe, weil der Paketmanager keine passende Lösung findet, um Versionskonflikte aufzulösen, können Sie kurzerhand selbst einschreiten und sogenannte `dependency_overrides` definieren. Um etwa eine spezifische Version des Packages *example_package* für Ihr Projekt festzuschreiben, fügen Sie der *pubspec.yaml* die Sektion `dependency_overrides` hinzu:

```
[...]
dependency_overrides:
  example_package: 1.0.2
[...]
```


Setzen Sie dieses Mittel aber mit Bedacht ein. Der Paketmanager konnte keine Version finden, die von den jeweiligen Abhängigkeiten empfohlen oder gefordert wurde. Zwar kann eine Library oder App mit der überschriebenen Version durchaus problemlos arbeiten, genauso kann es aber zu Fehlern beim Kompilieren oder zu nachgelagerten Abstürzen zur Laufzeit kommen. Genau aus diesen Gründen legt der Paketmanager das Problem nun in Ihre kreativen Hände und in Ihre Verantwortung.

4.6 Der System-Cache

Dart erstellt ein *Cache*-Verzeichnis auf dem *Dateisystem*, sodass die von den Projekten angeforderten Packages nicht mehrmals heruntergeladen werden müssen. Eine in der Datei *pubspec.yaml* definierte Abhängigkeit lädt die *Runtime* herunter und legt sie mit Namen und Version im Cache ab. Auf Betriebssystemen, die auf *Unix* basieren, befindet sich dieser Ordner im *Heimatverzeichnis* (*Home-Directory*) *~/.pub-cache* und unter *Windows* unter *AppData %LOCALAPPDATA%\pub\cache*.

Sie können auf das Verzeichnis in der Konsole mit dem Befehl `flutter pub cache` zugreifen, etwa um Packages manuell hinzuzufügen (`flutter pub cache add`) oder um einen Reparaturvorgang zu starten (`flutter pub cache repair`). Falls dabei Probleme zutage treten, empfiehlt es sich, den Cache einmal komplett zu löschen (`flutter pub cache clean`). Danach müssen Sie natürlich für jedes Projekt erneut `flutter pub get` aufrufen.

4.7 Der Build Runner

Mit dem *build_runner* setzt Dart leistungsbedingt eher auf Codegenerierung als auf *Reflection*. Das bedeutet, dass Hilfswerkzeuge oder verknüpfende Codebestandteile beim Bauen der App generiert werden, anstatt den Programmcode während der Ausführung von einer Laufzeitumgebung auslesen zu lassen, was im Übrigen auch nicht überall möglich ist, zum Beispiel unter iOS.

Dieses Package ist ein *General-purpose*-Codegenerierungs-Tool. Sie werden beim Entwickeln auf einige Abhängigkeiten stoßen, die von dieser Generierung Gebrauch machen und sich damit in das Dart-*build system* einhaken. Ein bekanntes Beispiel dafür ist *json_serializable*, das Klassen zur *JSON*-Serialisierung und -Deserialisierung generiert. In Abschnitt 16.7 werden Sie dieses Package zum Verarbeiten von *Requests* und *Responses* zur Kommunikation über einen *HTTP-Client* einsetzen.

Verwenden Sie solche Packages, dann brauchen Sie ebenfalls die Abhängigkeit *build_runner*, die Sie in Ihrer *pubspec.yaml* in der Sektion `dev_dependencies` eintragen.

Sobald sich der *build_runner* auf Ihrem System befindet, können Sie ihn mit dem Kommando `flutter pub run build_runner build` durchlaufen lassen. Er wird Ihre anderen Packages verarbeiten, die sich in den Build-Prozess einhaken. Das Subkommando `build` läuft einmalig durch. Möchten Sie automatisch bei Änderungen an Dateien im Projekt auf Ihrem Dateisystem einen Durchlauf starten, so können Sie dies über das Subkommando `watch` veranlassen.

4.8 Zusammenfassung

Auf der Website *https://pub.dev* suchen Sie nach Abhängigkeiten und können von dort direkt den Namen eines Packages zusammen mit der *Caret-Syntax* herauskopieren. Die Website ist eine riesige Quelle für Packages, mit denen Sie die Oberfläche und Funktionalität Ihres Projekts erweitern werden. Außerdem habe ich Sie in diesem Kapitel auf mögliche Probleme beim Einsatz unterschiedlicher Packages hingewiesen, sodass Sie beispielsweise für verhakte Versionen sensibilisiert sind.

In den zurückliegenden Abschnitten haben Sie mehrere Vorgehensweisen gelernt, um Packages in Ihr Projekt zu integrieren. In jedem Fall fügen Sie den Namen des Packages in Ihre Datei *pubspec.yaml* ein. Dann können Sie sich für spezifische Versionen, Versionsrahmen oder die *Caret-Syntax* entscheiden, sodass *pub* die Abhängigkeiten Ihrer Packages in der jeweils aktuellsten Version auflösen kann.

TEIL II
Bedienoberflächen

Kapitel 5
Widgets

»Ich suche die Einheit in allem, um mit ihr alles zu durchdringen.«
– Konfuzius

5

In Flutter geschriebene grafische Oberflächen bestehen zum allergrößten Teil aus *Widgets*, die nichts anderes als deklarative Beschreibungsfunktionen darstellen. Die imperative Schreibweise, die von manchen auf C, C++ oder Java aufbauenden UI-Frameworks genutzt und in der die Oberfläche schrittweise über Instruktionen definiert wird, unterscheidet sich davon grundlegend, wie Sie in diesem und den folgenden Kapiteln sehen werden.

SwiftUI von Apple sowie Kotlin-Oberflächen unter Android folgen ebenfalls dem deklarativen Ansatz, wohingegen die »althergebrachte« Art, bei der man *UIViews*, Controller und Models oder XML-Layout-Definitionen einsetzt, den imperativen Ansatz benutzt.

Im Folgenden möchte ich Ihnen anhand kleinerer Beispiele das Widget, seine Handhabung und seine Vorzüge vorstellen. Sie werden lernen, wie Sie konstante Widgets einsetzen sowie Widgets mit einem Status (*State*), der das Widget verändert. Außerdem werden die beiden Design-Stile *Material* und *Cupertino* (iOS-Stil) vorgeführt.

[+]

Imperativ und deklarativ?

Diese beiden Arten der Programmierung durch prägnante Spezifizierungen auseinanderzuhalten, ist eine Herausforderung in sich. Imperativer und deklarativer Dart-Code ist schließlich technisch das Gleiche und besteht jeweils aus Funktionen, Objekten und Variablen.

Im imperativen Programmierstil erstellen Sie alle Bestandteile einer Oberfläche als Instanzen von Objekten und verändern diese schrittweise. Dabei ist die Reihenfolge der Instruktionen vorgegeben. Möchten Sie etwa die Hintergrundfarbe einer *Page* (auch *Screen* oder *View* genannt) ändern, so greifen Sie auf das Objekt zu und setzen dort die Farbe:

```
final app = getCurrentApp();
final page = app.getCurrentPage();
page.color = Colors.red;
```

Soll die Farbe anschließend geändert werden, womöglich durch ein Button-Ereignis, so würden Sie einen Button-Handler definieren, der in dessen Funktionsrumpf die Anpassung durchführt.

Wenn Sie dem deklarativen Ansatz folgen, beschreiben Sie stets einen Zustand der Oberfläche. Was soll auf ihr zu sehen sein und welche Parameter wirken auf sie ein? Flutters Widgets als deklarative Elemente ähneln einer mathematischen Funktion. Das obere gedankliche Beispiel aufnehmend, ließe sich die Page in Pseudocode beschreiben als:

```
F(x) = App(currentPage: Page(color: x)) mit x = Colors.red
```

Wäre in diesem Fall eine andere Farbe gewünscht, so würde nur der Parameter `x` geändert, sodass zum Beispiel `x = Colors.green` sei. Beim nächsten Durchlauf der Funktion, der vom gedachten Button und dem zugehörigen Berührungsereignis ausgelöst werden könnte, wechselt der Zustand entsprechend. Wichtig ist hier der Unterschied, dass der Button-Handler nicht die Farbe setzen würde, sondern nur darüber benachrichtigt, dass eine Neuberechnung durchgeführt werden soll.

Losgelöst von Dart oder Code lässt sich der Unterschied womöglich auch anhand einer Analogie erklären: Stellen Sie sich vor, Sie möchten von Ort A nach Ort B gelangen. Sie haben dazu zwei Möglichkeiten:

- Der imperative Ansatz verlangt von Ihnen, dass Sie jede Richtungsänderung in ein System eingeben und somit den Kurs festlegen. Sie müssen also definieren, *wie* Sie ans Ziel kommen möchten.
- Im deklarativen Fall nennen Sie dem System nur den Zielort, und das System berechnet anschließend mit dem Navigationssystem die Streckenführung. Sie teilen demnach lediglich mit, *wohin* (oder *was*) Sie möchten. Das gedanklich aufwendige *Wie* soll das System errechnen.

5.1 Ein erstes Widget

An dieser Stelle möchte ich mit Ihnen eine erste minimale Flutter-App bauen. Dazu gehen wir die einzelnen Schritte durch, die zur Anzeige eines Textfelds auf dem Bildschirm nötig sind. Wir benutzen zunächst den *Material Design*-Stil. Nachdem Sie Ihre ersten Widgets kennengelernt und platziert haben, schwenken wir in späteren Abschnitten per *Hot-Reload* auch auf den iOS-Stil, *Cupertino*, um.

Erstellen Sie als Erstes, wie ich in Abschnitt 2.2 für Visual Studio Code vorgeführt habe, ein neues Projekt über die Befehlspalette (`Strg` + `⇧` - FLUTTER: NEW PROJECT - EMPTY APPLICATION). Falls nach der Fertigstellung die Datei *main.dart* nicht von selbst ausgewählt sein sollte, wählen Sie sie über die Projektübersicht aus, die sich normalerweise auf der linken Seite befindet. In der geöffneten Datei sehen Sie diesen recht übersichtlichen Code:

```
import 'package:flutter/material.dart';

void main() {
  runApp(const MainApp());
}

class MainApp extends StatelessWidget {
  const MainApp({super.key});

  @override
  Widget build(BuildContext context) {
    return const MaterialApp(
      home: Scaffold(
        body: Center(
          child: Text('Hello World!'),
        ),
      ),
    );
  }
}
```

Listing 5.1 Das Grundgerüst für unser Widget

Falls der Code auf Ihrem Bildschirm zusätzlich einige graue Schnipsel enthält, lassen Sie sich davon nicht irritieren. Das sind hilfreiche Einblendungen von Visual Studio Code beziehungsweise vom Flutter-Plugin. So erscheinen beispielsweise »virtuelle« Kommentare hinter schließenden Klammern, die Ihnen verraten, zu welchem Konstruktor sie gehören. Das kann nützlich oder auch irritierend sein. Ich empfehle Ihnen, diese Hilfen nicht abzuschalten, sondern sich an sie zu gewöhnen.

Bevor wir den Code genauer inspizieren, lassen Sie uns sicherstellen, dass Sie ihn ausführen können, indem Sie das Projekt im Chrome-Browser oder als native Anwendung starten. Wählen Sie in Visual Studio Code ganz unten rechts das Ziel und klicken Sie auf den Start-Pfeil. Ihr Projekt sollte sich wie in Abbildung 5.1 im Browser zeigen (ich habe das Browserfenster etwas verkleinert).

Wenn Sie in Android Studio ein leeres Flutter-Projekt erzeugen, sieht der Code etwas anders aus, da direkt eine beispielhafte Zählfunktion vorhanden ist. Dies zu erklären, führt im Moment zu weit, daher bleiben wir vorläufig bei der einfachen Vorlage in Visual Studio Code. Aber Sie können natürlich auch mit Android Studio einmal testen, ob die Toolchain funktioniert. Wählen Sie dazu oben ein Gerät aus (WEB oder DESKTOP) und klicken Sie auf den grünen Pfeil. Wenn Sie ein Android-Gerät anschließen möchten, müssen Sie dort zuvor das USB-Debugging aktivieren. Alternativ können Sie über TOOLS • DEVICE MANAGER ein virtuelles Gerät erstellen (Android-Emulator). Ich gehe hier zunächst nicht weiter auf diese Möglichkeit ein, weil Sie den Democode der folgenden Kapitel viel schneller und ohne relevanten Unterschied in Chrome oder in der Desktop-Version laufen lassen können – das Bauen und die Übertragung aufs echte oder simulierte Gerät dauern deutlich länger. Nur der Hot-Reload ist immer schnell. Er steht aber auch nicht in jedem Fall zur Verfügung.

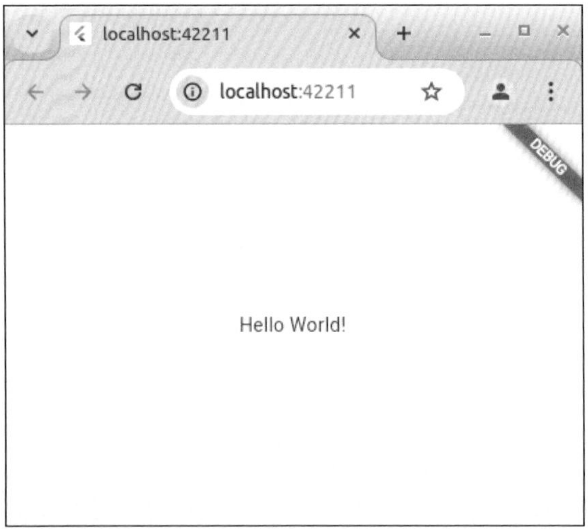

Abbildung 5.1 Die Standardvorlage eines leeren Flutter-Projekts grüßt Sie im Browserfenster mit einer roten Debug-Modus-Banderole.

Das Projekt lässt sich nicht ausführen?

Bitte überprüfen Sie, ob die IDE oder Flutter Ihre virtuellen Geräte erkannt hat. Wechseln Sie dazu zur Konsole und führen Sie das Kommando `flutter doctor -v` aus. Im unteren Teil der folgenden Ausgabe sollten Sie mindestens ein verbundenes Gerät (*connected device*) sehen:

```
[✓] Connected device (3 available) [303ms]
  • HUAWEI M2 801W (mobile) ...
  • Linux (desktop)         ...
  • Chrome (web)            ...
```

Wenn die Ausgabe kein Gerät erkannt hat, prüfen Sie Ihren *AVD Manager* (im Fall von Android) oder den iOS-Simulator auf eine laufende Instanz.

Nach dem erfolgreichen Test steht Ihnen nichts mehr im Wege. Werfen wir einen kurzen Blick auf den Code, den Visual Studio Code als Vorlage erzeugt hat. Es ist sinnvoll, das Geschehen von außen nach innen zu untersuchen. Schauen Sie sich in Listing 5.1 daher zuerst den Inhalt von `main()` an:

```
runApp(const MainApp());
```

Diese Funktion wird beim Start der App aufgerufen. Im Rumpf steht eine Ihnen bisher unbekannte Funktion runApp(), die aus dem Package *flutter* importiert wurde, wie Sie Zeile 1 entnehmen können. Diese Funktion erwartet als Parameter ein Widget-Objekt. Wie bereits erwähnt, besteht die gesamte Oberfläche einer Flutter-App aus ineinander verschachtelten Widgets. Anzugeben ist hier das Root-Widget, das alle anderen enthält. Dies ist hier eine Instanz einer eigenen Klasse namens MainApp, die von StatelessWidget (und damit von Widget) erbt:

```
class MainApp extends StatelessWidget {
  const MainApp({super.key});
  ...
}
```

Der Konstruktor erwartet einen key, über den wir später sprechen werden. Hier wird dieser key einfach der Elternklasse entnommen.

Der eigentliche Inhalt des Widgets wird von der Funktion build() erzeugt und zurückgegeben:

```
@override
Widget build(BuildContext context) {
  return const MaterialApp(
    ...
  );
}
```

Wie Sie an der @override-Annotation sehen, ist build() eine ererbte Funktion und wird für unsere Zwecke überschrieben. Aufgerufen wird dazu der Konstruktor der Klasse MaterialApp, die ebenfalls aus dem Material-Import stammt. Diesem Konstruktor können Sie eine ganze Menge *Named Parameters* übergeben, die glücklicherweise alle sinnvolle Standardwerte besitzen. Lediglich den Parameter home legt der Code hier fest, und zwar so:

```
home: Scaffold(
  ...
),
```

Ein Scaffold ist ein Widget, das eine grundlegende Struktur für eine Material-Design-App bietet, zum Beispiel eine App-Leiste, einen Navigations-Fußbereich und einen schwebenden Aktionsbutton, wie Sie es von vielen Apps kennen. In unserer einfachen Vorlage wird jedoch nur der body gesetzt:

```
body: Center(
  child: Text('Hello World!'),
),
```

Der Body, also der Inhaltsbereich der Oberfläche, ist hier ein `Center`-Widget. Dieses dient für einfache Layouts, indem es ein eingesetztes `child`-Widget schlicht zentriert. Als jenes Widget wird hier ein `Text`-Widget erzeugt, dessen Konstruktor den bekannten Text übergeben bekommt.

Damit haben wir den Code von außen nach innen seziert, und Sie haben sicher verstanden, wie das Ergebnis zustande kommt, das Sie beim Starten der App zu sehen bekommen. In den nächsten Abschnitten werden Sie erfahren, wie Sie diese Grundstruktur für Ihre Zwecke aufbohren können.

Die AppBar

In Apps, die der Material-Design-Richtung folgen, finden Sie häufig sogenannte *AppBars*, die sich über den Kopf des Bildschirms erstrecken und zumeist weitere Menüs beherbergen, etwa über ein *Menu-Icon* (die drei vertikalen Striche). Momentan ist eine solche Leiste nicht definiert. Gehen Sie daher zur Methode `build` und fügen Sie dem Widget `Scaffold` eine Standard-AppBar über den Konstruktor von `AppBar` hinzu. Damit das funktioniert, müssen Sie das `const` vor dem Aufruf des `MaterialApp`-Konstruktors entfernen (zu ändernde Zeilen sind fett hervorgehoben):

```
@override
Widget build(BuildContext context) {
  return MaterialApp(
    home: Scaffold(
      appBar: AppBar(
        backgroundColor: Theme.of(context).colorScheme.inversePrimary,
        title: Text('App Bar')
      ),
      ...
    ),
  );
}
```

Nachdem Sie auf diese Weise die `AppBar` mit einem Titel und der Hintergrundfarbe des aktuellen Themes hinzugefügt haben, führen Sie, um die Änderungen direkt auszuprobieren, einen *Hot-Reload* aus, wenn Ihre App noch im Browser läuft. Drücken Sie dafür auf das Blitzsymbol, das Sie in Android Studio und Visual Studio Code in der oberen rechten Region finden (siehe Abbildung 5.2). Ansonsten klicken Sie einfach auf das Start-Icon.

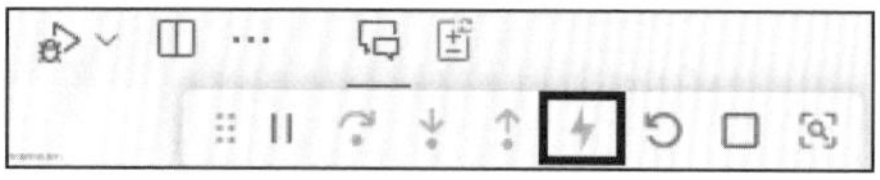

Abbildung 5.2 Der Hot-Reload-Blitz in Visual Studio Code

Als Ergebnis des kurzen Eingriffs sollte sich jetzt auf Ihrem Bildschirm ein ähnliches Bild zeigen wie auf dem Screenshot aus Abbildung 5.3:

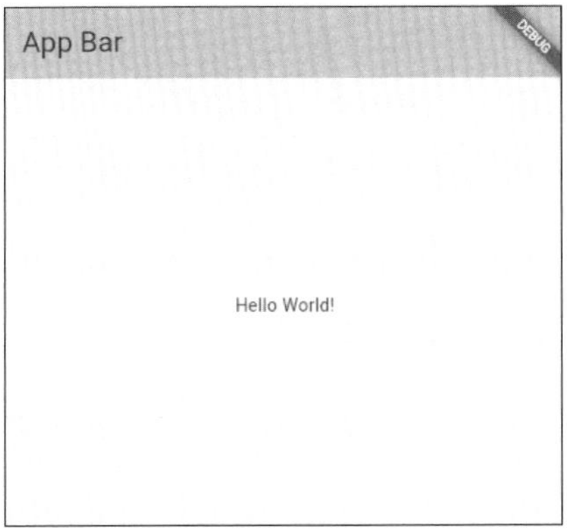

Abbildung 5.3 Die App mit einer »AppBar«

Schon mit dieser kleinen Anpassung haben Sie die Vorteile von Flutter voll auskosten können: Die Änderungen waren mit dem Hot-Reload sofort zu sehen – und funktionieren auf allen Geräten gleichermaßen.

[+]

Die Komposition in Flutter

Zusätzlich haben Sie gerade mit der *Komposition* eines der Grundprinzipien hinter Flutter angewendet: Anstatt eine eigene Erweiterung für das Widget zu bauen (etwa einen rechteckigen, farbigen Bildschirmbereich, der über dem Text eingefügt wird), haben Sie auf die bereits vorhandene Implementierung der `AppBar` als Widget zurückgegriffen und sie mit Ihrem Widget kombiniert.

Flutter möchte dazu ermutigen und ruft auch dazu auf, stets flache Widgets zu bauen und miteinander zu kombinieren. Widgets erben somit nicht voneinander über lange Ketten, wie Sie das vielleicht von anderen Frameworks kennen, etwa von *UIView* in iOS. Ein Widget basiert entweder auf `StatelessWidget` (siehe Abschnitt 5.1.1) oder auf `StatefulWidget` (siehe Abschnitt 5.2).

Wenn Sie einen Blick hinter die Kulissen von Flutter werfen und sich die Implementierungen von Widgets ansehen, finden Sie viele verschiedene kleine Widgets, die für eine Aufgabe zusammengebracht werden. Widgets folgen damit dem in Unix (auf dem z. B. Linux und macOS basieren) vorgelebten Ansatz, nach dem ein Programm nur eine Funktion ausführt: *Do one thing, do it well.*

ColoredBox

Angenommen, der weiße Bildschirm soll die Farbe Grau erhalten. Dann erreichen Sie das Ziel mit dem Widget `ColoredBox` (geänderte Codeteile sind auch hier fett):

```
@override
Widget build(BuildContext context) {
  return MaterialApp(
    home: Scaffold(
      appBar: AppBar( … ),
      body: ColoredBox(
        color: Colors.grey,
        child: Center(
          child: Text(
            'Hello World',
          ),
        ),
      ),
    ),
  );
}
```

Dieses Mal wird das zuvor eingebrachte Widget Center eingewickelt, und zwar von ColoredBox, das es ermöglicht, eine Farbe über die Variable color zuzuweisen, die anschließend den beanspruchten Bereich einfärbt, den auch das über child zugeführte Widget einnimmt. Führen Sie einen Hot-Reload aus. Der Bildschirm ist jetzt grau.

Padding

Erlauben Sie mir, noch ein weiteres hilfreiches Widget vorzustellen: Padding. Angenommen, Sie möchten den grauen Bereich auf jeder Seite erst etwa 20 *logische Pixel* vom Rand entfernt beginnen lassen, so wickeln Sie die ColoredBox entsprechend wie folgt ein:

```
@override
Widget build(BuildContext context) {
  return MaterialApp(
    home: Scaffold(
      appBar: AppBar(),
      body: Padding(
        padding: const EdgeInsets.all(20),
        child: ColoredBox(
          color: Colors.grey,
          child: Center(
            child: Text(
              'Hello World',
            ),
          ),
        ),
```

```
      ),
    ),
  );
}
```

Somit wird nun erneut ein anderes Widget der Variable `body` von `Scaffold` zugewiesen: das `Padding`. Mit diesem Typ werden wir uns in Abschnitt 6.1.4, »Padding«, noch genauer befassen. Weil ich nicht allzu viel vorwegnehmen möchte, sei an dieser Stelle nur angemerkt, dass Sie der Eigenschaft `padding` ein Objekt vom Typ `EdgeInsets` übergeben. Durch den Konstruktor bestimmen Sie für alle Seiten (`all`) einen Abstand über die besagten 20 logischen Pixel. Und damit haben Sie das Vorhaben schon umgesetzt! Ein weiterer Hot-Reload führt zu dem Stand aus Abbildung 5.4, der ich hier mal im Smartphone fotografiert habe.

Abbildung 5.4 Der mit »Padding« geschaffene Rand

Sie sehen, dass die AppBar ein sehr sinnvolles Bauteil ist, weil es auf dem Smartphone den Kopfbereich füllt, in dem Sie keine Inhalte darstellen möchten, da diese sonst hinter den Icons am Rand verschwinden würden. Außerdem sind Benutzer das Design mit der Kopfleiste gewohnt. Natürlich können Sie später hier auch ein Menü oder andere Funktionen hinzufügen. Aber eins nach dem anderen!

5.1.1 Stateless Widgets

Damit haben Sie bereits Ihr erstes `StatelessWidget` eingesetzt, indem Sie die Klasse `MyApp` von dieser Basisklasse abgeleitet haben. Weil sich der Inhalt eines solchen Widgets nicht von innen heraus ändert, benötigt es kein *State*-Objekt (siehe Abschnitt 5.2.5), das Informationen über verschiedene *Renderingvorgänge* (siehe Abschnitt 5.4) hinweg festhalten kann. In einem `StatelessWidget` sollten sich generell keine nicht-`final`en Variablen befinden, weil sonst ein State implementiert würde – und genau dafür ist das `StatefulWidget` gedacht, das wir im nächsten Abschnitt betrachten.

Außerdem beschränkt sich die Basisklasse auf die Methode `build`, die es, wie Sie es im vorigen Abschnitt gelernt haben, zu implementieren gilt. Damit zeigt sich das `StatelessWidget` als für Programmierer und auch für die *Rendering*-Pipeline sehr einfaches und performantes Element – perfekt geeignet für Konzepte wie Text, Bilder und andere Inhalte, die sich nicht verändern.

5.2 Stateful Widgets

Ein `StatefulWidget` ist komplexer als das zuvor beschriebene `StatelessWidget` und bildet unter anderem den *Lifecycle* eines Oberflächenelements – etwa die Initialisierung, das Einhängen in den Widget-Tree oder das Aushängen und Löschen durch den *Garbage Collector* – in Callbacks ab.

[+]

Der Widget-Tree

Sie werden sich in Abschnitt 5.4.1 Flutters Widget-Tree genauer ansehen und anschließend auch den *Element-Tree* und den *RenderObject-Tree*. Der *Widget-Tree* besteht aus allen Widgets, die inklusive der Wurzel (*root*) an die Funktion `runApp` übergeben wurden. Im Moment umfasst der *Widget-Tree* Ihres Projekts die folgenden Elemente:

```
MaterialApp
  -> Scaffold
    -> AppBar
    -> Padding (body)
      -> ColoredBox
        -> Center
          -> Text
```

Mithilfe eines `StatefulWidgets` möchte ich mit Ihnen den Willkommensbildschirm, den wir in Abschnitt 5.1 geschrieben haben, zu einem Login-Bildschirm ausbauen, der zwei Eingabefelder und einen Button enthält. Diese drei Elemente werden zu einem Login-Widget zusammengefasst, das einen internen State besitzt, um überprüfen zu können, ob die Eingabefelder ausgefüllt wurden.

5.2.1 Die Ausgangssituation

Weil wir die letzten Widgets nur zu Demonstrationszwecken hinzugefügt haben, können Sie `Padding` und `ColoredBox` aus dem Widget-Tree entfernen. Das lässt sich händisch erledigen, aber auch mit Bordmitteln Ihrer IDE. Wenn Sie sich für den semiautomatischen Weg entscheiden, wählen Sie mit dem Cursor das Element aus, das Sie entfernen möchten, und drücken die Tastenkombination für die Hilfestellung, etwa [Strg] + [.] ([Cmd] + [.] unter macOS) in Visual Studio Code oder [Alt] + [↵] in Android Studio. Wählen Sie dann den Eintrag REMOVE THIS WIDGET.

Sie sehen anschließend, wie Ihre IDE das Widget entfernt und gleichzeitig die neue Einrückung komplett übernimmt. Praktisch! Natürlich ist diese Funktion genauso mit dem Mauszeiger erreichbar: Führen Sie ihn hierzu auf das Element, das Sie bearbeiten wollen, und klicken Sie es an. Wählen Sie in Ihrer IDE das Glühbirnen-Symbol (siehe Abbildung 5.5) aus, das am Anfang der Zeile erscheint. Dann erhalten Sie das gleiche Menü wie durch das Tastenkürzel zuvor.

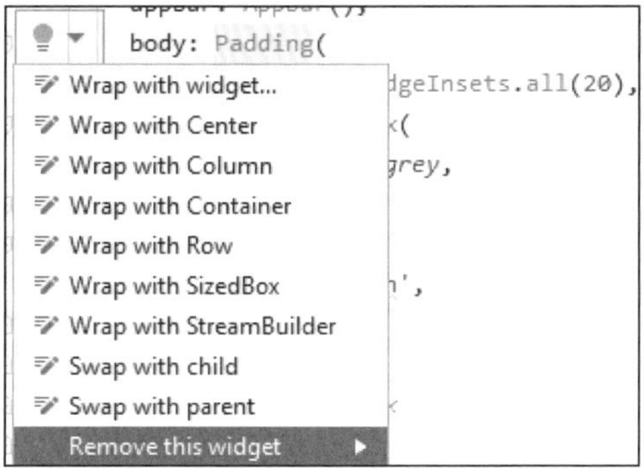

Abbildung 5.5 Das Glühbirnen-Symbol in Android Studio

Nachdem Sie die Widgets `Padding` und `ColoredBox` nacheinander aus dem Widget-Tree entfernt haben, sollten Sie jetzt den folgenden Stand erzielt haben:

```
@override
Widget build(BuildContext context) {
  return MaterialApp(
    home: Scaffold(
      appBar: AppBar( ... ),
```

```
      body: Center(
        child: Text(
          'Hello World!',
        ),
      ),
    ),
  );
}
```

5.2.2 Ein neues (Stateful)Widget erstellen

Mit dem letzten Schritt haben Sie eine ordentliche Ausgangsbasis geschaffen und können nun ein neues Widget erstellen, das die Login-Maske definieren soll. Diese Maske wird aus zwei vertikal angeordneten Eingabefeldern und einem darunter positionierten Button bestehen, wie Sie in Abbildung 5.6 sehen.

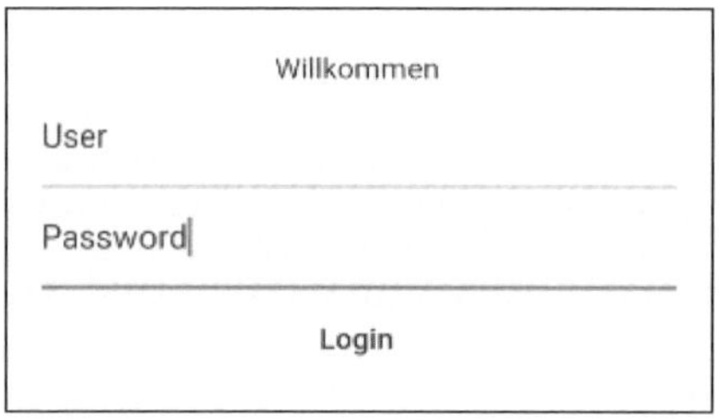

Abbildung 5.6 Konzept, wie die Oberfläche später aussehen soll

Ein Widget aus einem Snippet erstellen

Setzen Sie den Cursor unterhalb der Klasse `MainApp` an, und tippen Sie »stful« in eine leere Zeile. In Visual Studio Code (und ähnlich in Android Studio) wird jetzt ein Coding-Wizard mit einer Auswahlbox erscheinen und den Eintrag FLUTTER STATEFUL WIDGET anbieten. Durch einen Mausklick oder mit der ⇥-Taste wählen Sie die vorgeschlagene Aktion aus. Auf Ihrem Bildschirm sollten neue Zeilen hinzugefügt worden sein, etwa so:

```
class MyWidget extends StatefulWidget {
  const MyWidget({super.key});

  @override
  State<MyWidget> createState() => _MyWidgetState();
}

class _MyWidgetState extends State<MyWidget> {
  @override
  Widget build(BuildContext context) {
```

```
    return const Placeholder();
  }
}
```

Der automatisch erzeugte Name `MyWidget` ist uns zu allgemein. Mit einem Rechtsklick auf diesen Bezeichner können Sie ihn in `LoginMask` umbenennen.

Die nächste Haltestelle, die automatisch durch die Vorlage angesprungen werden sollte, ist der Inhalt der `build`-Methode, die Sie schon aus den vorigen Abschnitten kennen. Im Unterschied zu einem `StatelessWidget` befindet sich beim `StatefulWidget` diese Methode aber nicht im Widget selbst, sondern in der Klasse `State`, die wir noch nicht besprochen haben. In der angesprungenen Methode steht ein Aufruf des Widgets `Container`, den Sie jetzt durch den Code des `body`-Attributs aus `MaterialApp` ersetzen:

```
class _LoginMaskState extends State<LoginMask> {
  @override
  Widget build(BuildContext context) {
    return Center(child: Text('Hello World'));
  }
}
```

Weil sich `Center` und `Text` nun im `_LoginMaskState` befinden, können Sie sie aus `MyApp` entfernen und stattdessen das neue Widget `LoginMask` einsetzen:

```
@override
  Widget build(BuildContext context) {
    return MaterialApp(
      home: Scaffold(
        appBar: AppBar( ... ),
        body: LoginMask(),
      ),
    );
  }
}
```

Der nächste Hot-Reload überträgt die Anpassungen auf das Gerät, und wie Sie sehen, hat es keine visuellen Änderungen gegeben. Alles ist beim Alten, trotz neuen Codes!

Das Trailing Comma

Ist Ihnen im letzten Codeschnipsel aufgefallen, dass Zeilen, in denen Variablen gesetzt werden, wie etwa `appBar: AppBar()` oder `body: LoginMask()`, mit einem Komma beendet werden?

Der Aufruf von `Scaffold` geht an den Konstruktor dieses Typs und initialisiert über die Named Parameters (siehe Abschnitt 3.6.2) die beiden Variablen `appBar` und `body`. Konstruktoren oder genereller gesagt Funktionen können mit und ohne ein *Trailing Comma* geschrieben werden, also ein Komma, das auf den letzten Parameter folgt.

In den Codebeispielen dieses Buchs werden Sie oft meine Vorliebe für (horizontal) kurze Zeilen bemerken, die der Spalte in einer Zeitung ähneln sollen. Auch heute noch wenden Print-Medien das bewährte visuelle Mittel an, um die Augenbewegungen zu minimieren und so das Lesen zu erleichtern.

Außer mit der Standardzeilenlänge Ihrer IDE, die wahrscheinlich bei 120 Zeichen liegt, können Sie die Länge Ihrer Zeilen mit dem Trailing Comma beeinflussen. Befindet sich hinter dem letzten Parameter oder auch z. B. dem letzten Element einer *Collection* ein Komma, umbricht der *Dart Formatter* automatisch die Zeile und sorgt für einen angenehm linksbündigen Lesefluss.

Den Dart Formatter können Sie in Ihrer jeweiligen IDE über das ganze Projekt oder einzelne Dateien laufen lassen. In Android Studio formatieren Sie die geöffnete Datei, indem Sie in der Menüleiste CODE • REFORMAT CODE WITH DARTFMT auswählen. In Visual Studio Code führen Sie einen Rechtsklick auf den Editorbereich der geöffneten Datei aus und wählen DOKUMENT FORMATIEREN.

5.2.3 Eingabefelder layouten

Natürlich benötigt ein Login-Formular Eingabefelder für einen Benutzernamen und ein Passwort sowie einen Button zum Absenden. Diese sind übereinander anzuordnen. Lassen Sie uns den Hello-Text also durch ein richtiges Layout ersetzen:

```
return Center(child: SizedBox(
  width: 300,
  child: Column(
    mainAxisSize: MainAxisSize.min,
    children: [
      Text('Willkommen'),
      TextField(onChanged: _onChangedUsername),
      TextField(onChanged: _onChangedPassword),
      TextButton( child: Text('Login'), onPressed: _onPressed),
    ],
  ),
));}
```

An neuen Widgets finden Sie hier einmal die `SizedBox` vor, die es Ihnen ermöglicht, feste Größen anzugeben, in diesem Fall für die Breite. Zweitens verwenden wir eine `Column`, die alle Widgets in der Liste `children` untereinander anordnet.

Wenn Sie das so eintippen, wird Visual Studio Code drei Stellen rot unterstreichen, nämlich die _on...-Parameter. Diese sind Callbacks, die Flutter jeweils bei bestimmten Ereignissen aufruft. Beispielsweise wird onPressed aufgerufen, wenn der Nutzer auf den Login-Button klickt. Dies ermöglicht es der Anwendung, die Eingaben zu verarbeiten.

Die eigentliche Arbeit wollen wir aber Visual Studio Code überlassen (oder Android Studio, dort funktioniert es ganz ähnlich). Wenn Sie den Cursor auf eine der rot markierten Stellen setzen, erscheint die bekannte Glühbirne. Klicken Sie darauf und wählen Sie CREATE METHOD. Daraufhin erzeugt die IDE eine leere passende Funktion in der Klasse _LoginMaskState:

```
void _onChangedUsername(String value) {
}
```

Führen Sie diesen Schritt auch für die beiden anderen noch fehlenden Funktionen aus. Somit müsste Ihr Code kompilierbar sein das Ergebnis und aussehen wie in Abbildung 5.7.

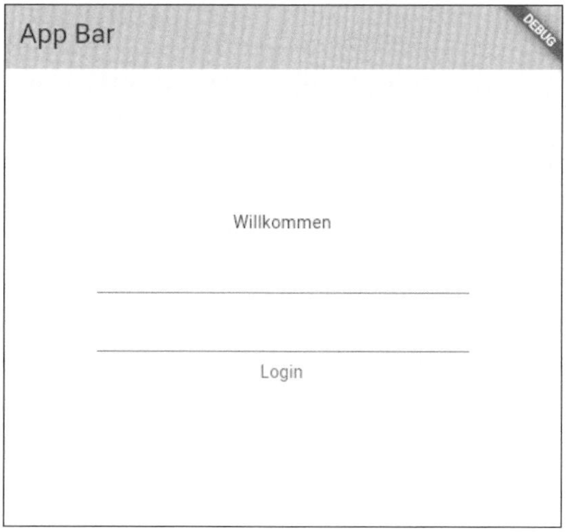

Abbildung 5.7 Die LoginMask

Natürlich fehlt noch jegliche Funktionalität. Bevor wir dazu kommen, gilt es, den Code etwas aufzuräumen.

5.2.4 Das Widget verschieben

Sie haben es zu Ihrem ersten eigenen StatefulWidget geschafft! Der Code umfasst jetzt etwa 50 Zeilen, aber es kommt absehbar noch einiges hinzu. Damit der Code nicht zu unübersichtlich wird, sollten Sie ihn sinnvoll aufteilen. Zunächst bietet es sich an, das Widget in seine eigene Datei zu ziehen. Denn wie Sie in Abschnitt 3.13.1 erfahren haben, sollte je Klasse eine neue Mini-Library erstellt werden, außer es handelt sich um eng zueinander gehörende Klassen. Mit einem `StatefulWidget` und seinem State-Objekt liegt dieser Fall vor.

Markieren Sie den Code, der die Klassen `LoginMask` und `_LoginMaskState` umfasst, und führen Sie einen Rechtsklick aus. Wählen Sie REFACTORING DURCHFÜHREN und dann IN NEUE DATEI VERSCHIEBEN. Die IDE schlägt als Namen *login_mask.dart* vor, also den Namen der äußeren Klasse. Akzeptieren Sie den Vorschlag, und schon erledigt die IDE den Rest: Ihr Projekt besteht jetzt aus zwei Dateien, und wenn Sie in den Kopfbereich der *main.dart* schauen, können Sie sehen, dass dort der nötige `import` hinzugekommen ist.

5.2.5 Das State-Objekt

Nachdem jetzt alles an seinem Platz ist, beschäftigen wir uns als Nächstes mit dem State-Objekt `_LoginMaskState` und damit, wie es mit dem `StatefulWidget` `LoginMask` verbunden ist.

Zuvor haben Sie bereits gesehen, dass die `build`-Methode vom Widget zum State gewandert ist. Das hat den Grund, dass sie nicht nur beim Einbinden in den Widget-Tree aufgerufen wird, sondern ebenfalls durch andere Ereignisse, etwa durch interne Aktualisierungen über den Ereignis-Handler eines Buttons. Außerdem können beide Objekte unterschiedliche Lebenszeiten aufweisen. Widgets werden beispielsweise häufig neu gebaut und anschließend mit dem existierenden State der Vorgängerinstanz wiedervereinigt.

Wenn ein `StatefulWidget` in den Widget-Tree eingefügt wird, ruft die *Runtime* die Methode `createState` auf, die dann wiederum den Konstruktor des zugehörigen States aufruft:

```
class LoginMask extends StatefulWidget {
  @override
  _LoginMaskState createState() => _LoginMaskState();
}

class _LoginMaskState extends State<LoginMask> {
  // ...
}
```

Wie ich bereits an einigen Stellen erwähnt habe, bietet das State-Objekt einige Callbacks, die den sogenannten *Lifecycle* (Lebenszyklus) eines `StatefulWidget`s betreffen. Im Folgenden möchte ich Ihnen jeweils eine kurze Beschreibung jeder dieser aufgerufenen Methoden liefern, die Sie im Verlauf des Buchs im Code einsetzen werden.

initState

Nicht selten muss oder darf Code nur einmal während der Lebenszeit eines Objekts aufgerufen werden. Für diese Fälle implementiert State den Callback `initState`, der angestoßen wird, sobald der State erstellt wird, etwa durch den Aufruf von `createState` in `StatefulWidget`.

Um auf `initState` aufzubauen, müssen Sie die Methode überschreiben. Hierzu definieren Sie die Methode erneut und fügen die `@override`-*Annotation* ein:

```
@override
void initState() {
  super.initState();

}
```

Bitte vergessen Sie nicht den Aufruf der Methode in der Basisklasse `State`; rufen Sie entsprechend als Erstes mit dem Schlüsselwort `super` die entsprechende Implementierung auf.

Autovervollständigung

Ein großer Vorteil der Arbeit mit dem Editor einer IDE besteht darin, dass Sie die zugehörige Autovervollständigung nutzen können. Um `initState` nicht selbst schreiben zu müssen, tippen Sie die ersten Buchstaben, etwa »init«, in eine leere Zeile in der Klasse `_LoginMaskState`. Daraufhin erscheint der Hilfsdialog und bietet Ihnen an, einige Methoden zu überschreiben (siehe Abbildung 5.8). Hier wählen Sie aus aktuellem Anlass den Eintrag INITSTATE() { ... }. Anschließend wird Ihnen die Arbeit dankenswerterweise abgenommen.

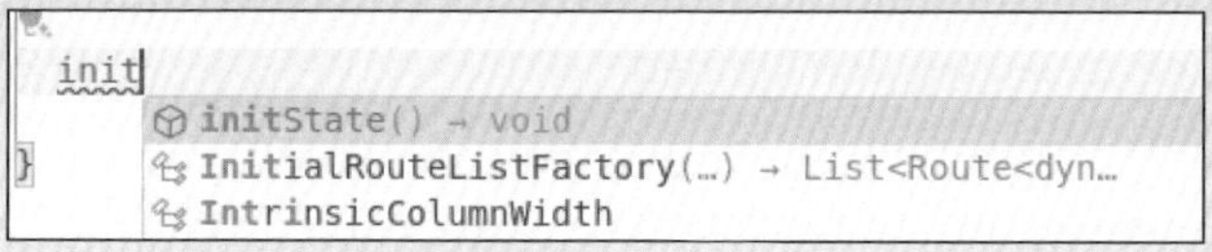

Abbildung 5.8 Autovervollständigung zum Überschreiben von »initState«

didChangeDependencies

In diesem Callback sollen etwaige `InheritedWidget`-basierte Abhängigkeiten benutzt oder verwaltet werden. Diese Kategorie von Widgets lernen Sie in Kapitel 8 kennen. Beispiele dafür sind `Theme.of` oder das aus dem `provider`-Package bekannte `Provider.of`, mit dem Sie Abhängigkeiten in einer Art *Dependency Injection* in Ihre Widgets holen. Wie Sie noch sehen werden, können Sie selbstverständlich eigene `InheritedWidgets` erstellen.

Sobald sich eines dieser über den Widget-Tree aufgelösten Widgets ändert, wird der Callback von `didChangeDependencies` aufgerufen. Außerdem geschieht dies, wenn sich die Position des aktuellen Widgets im Tree verändert hat.

Eine Beispielimplementierung von `didChangeDependencies` wäre:

```
@override
void didChangeDependencies() {
  super.didChangeDependencies();
}
```

build

Nach `didChangeDependencies` ist Ihr Widget vollständig in den Widget-Tree integriert und ruft unmittelbar danach die Methode `build` auf. Dies wird nicht die einzige Ausführung bleiben. Anders als beim `StatelessWidget` kann sich ein `StatefulWidget` aus vielerlei Gründen ändern. Animationen (siehe Kapitel 12) werden beispielsweise als `StatefulWidgets` implementiert. Jedes Element einer Animation ruft die `build`-Methode auf. Ebenfalls kann die Methode von Ihnen aufgerufen werden, etwa wenn sich Variablen im State geändert haben, die die Darstellung in der Oberfläche beeinflussen. Einen solchen Durchlauf starten Sie, indem Sie die Funktion `setState` einsetzen. Ein Beispiel setzen Sie in Abschnitt 5.2.6 ein, um den Status der Login-Schaltfläche zu kontrollieren.

didUpdateWidget

Ein State-Objekt ist nicht an eine Instanz eines Widgets gebunden. Sie können beispielsweise mithilfe von Keys (siehe Abschnitt 5.5) dafür sorgen, dass States über das Ende der Lebenszeit des zugehörigen Widgets hinaus konserviert und einem anderen Objekt des gleichen Typs zugewiesen werden können.

Den State zwischenzuspeichern, kann etwa beim Implementieren von scrollbaren Widgets sinnvoll sein. Nehmen wir an, ein Display kann nur 20 von 100 Elementen darstellen und der Nutzer der Anwendung scrollt durch die Liste. Er bewegt sich hinab und wieder hinauf, während Widgets erzeugt und abgebaut werden.

Sind die Widgets mit Keys versehen, die wie ein Identifikator fungieren, so weiß die Runtime ein neu erstelltes Widget mit einem vorherigen State zu vereinigen und spart sich somit die Mühe, ein weiteres Objekt zu erstellen und womöglich abermals aufwendige Logik auszuführen.

Der `didUpdateWidget`-Callback wird mit einer Referenz auf das vorherige Objekt aufgerufen, falls eines existiert. Wenn Abhängigkeiten zum alten Widget bestehen, müssen Sie die Verbindungen an dieser Stelle lösen, sodass Ressourcen freigegeben werden können:

```
@override
void didUpdateWidget(LoginMask oldWidget) {
  super.didUpdateWidget(oldWidget);
  // TODO: Ressourcen freigeben
}
```


deactivate

Durch den Aufruf von `deactivate` bekommt Ihr Widget die Gelegenheit, darauf zu reagieren, dass es aus dem Widget-Tree entfernt wurde. Falls Referenzen auf Rendering-Objekte (siehe Abschnitt 5.4.3) oder positionsspezifische Eigenschaften abgefragt wurden und sich in Benutzung befinden, sollten Sie den State entsprechend aufräumen:

```
@override
void deactivate() {
  super.deactivate();
  // TODO: Aufräumen
}
```

dispose

Wenn ein `StatefulWidget` aus dem *Tree* entnommen, aber nicht wieder eingefügt wurde, ruft die Runtime darauf den Callback `dispose` auf. Hier bietet sich die Gelegenheit, aktuelle Operationen (etwa laufende Animationen, Timer oder Futures) zu beenden und so die Ressourcen freizugeben.

Nachdem `dispose` ausgeführt wurde, wird die Variable `mounted` eines `StatefulWidgets` auf `false` gesetzt. Hierüber können und sollten Sie nach asynchronen Aktivitäten den aktuellen Zustand Ihres Widgets überprüfen, bevor Sie eine Aktualisierung der Oberfläche anstoßen, etwa durch `setState`. Sollte `setState` auf einem Widget aufgerufen werden, dessen `mounted`-Variable den Wert `false` einnimmt, so wird die Anwendung mit einem Fehler reagieren.

```
@override
void dispose() {
  super.dispose();
  // TODO: Ressourcen freigeben
}
```

5.2.6 Die LoginMask mit State-Objekten anreichern

Nachdem wir das State-Objekt und besonders dessen `setState`-Funktion näher betrachtet haben, möchte ich mit Ihnen die `LoginMask` so ausbauen, dass tatsächlich eine kleine Login-Maske entsteht, die, wenn Nutzername und Passwort gesetzt sind, die Login-Schaltfläche durch den Rückgriff auf den internen State und setState aktiviert.

Mit initState initialisieren

Als Erstes werden die Variablen für den Zustand benötigt, die Sie gleich zuoberst innerhalb von _LoginMaskState einführen:

```
class _LoginMaskState extends State<LoginMask> {
  String _username = "";
  String _password = "";
  bool _canLogin = false;
  ...
}
```

Hierbei soll _canLogin true sein, falls der Nutzer einen Usernamen und ein Passwort eingegeben hat. Nur dann soll der Login-Button überhaupt freigeschaltet sein.

Um den Callback initState in Aktion erleben zu können, wird die Initialisierung der soeben eingeführten Variablen dort noch einmal durchgeführt, und es ergibt sich folgende Implementierung:

```
@override
void initState() {
  super.initState();
  _username = '';
  _password = '';
  _canLogin = false;
}
```

Hintergrundlogik implementieren

Somit haben Sie bereits wichtige Bausteine in dem StatefulWidget integriert. Bevor wir die Definition der Oberfläche in build betrachten, führen wir noch die beiden Methoden ein, die nach jeder Änderung an Nutzername und Passwort automatisch aufgerufen werden:

```
void _onChangedUsername(String username) {
   _username = username;
   _checkCanLogin();
}

void _onChangedPassword(String password) {
  _password = password;
  _checkCanLogin();
}
```

Ferner schreiben wir eine weitere kleine Methode, die eine Überprüfung des Inhalts durchführt und entsprechend den Wert der Variablen `_canLogin` setzt:

```
void _checkCanLogin() {
  setState(() {
    _canLogin = _username.isNotEmpty && _password.isNotEmpty;
  });
}
```


Wie Sie oben erkennen, erwarten `_onChangedUsername` und `_onChangedPassword` jeweils einen String, setzen dann die jeweilige Variable und stoßen die Prüfung der Bedingung hinter der Login-Schaltfläche an, die in `_checkCanLogin` durchgeführt wird. Dort ist ein Aufruf an `setState` eingebracht, der die Oberfläche zu einem Durchlauf der `build`-Methode auffordert. Falls die Variable `_canLogin` einen neuen Wert eingenommen hat, wird sich dementsprechend auch der Bildschirm aktualisieren.

Die Oberfläche der LoginMask

Damit der `LoginButton` genau dann benutzbar ist, wenn `_canLogin` `true` ist, ändern Sie ihn wie folgt:

```
TextButton(
  child: Text('Login'),
  onPressed: _canLogin ? _onPressed : null,
)
```

In der Tat ist hier einmal der Wert `null` erlaubt und sogar notwendig: Denn genau dann, wenn das Attribut `onPressed` `null` ist, zeichnet Flutter den Button im deaktivierten Zustand.

Wenn Sie möchten, können Sie noch den Text der AppBar ändern und beim Passwort-`TextField` das Attribut `obscureText` auf `true` setzen. Probieren Sie Ihren Code aus! Sobald Sie etwas in beide Felder eintragen, wird der Button freigeschaltet, und das eingetippte Passwort wird durch Sternchen ersetzt, wie Sie in Abbildung 5.9 sehen.

Abbildung 5.9 Die fertige Login-Maske

5.3 Material Design und Cupertino Design

Flutter setzt nicht auf den jeweiligen grafischen Schnittstellen von Android oder iOS auf. Das heißt, wenn Sie ein Widget in Ihrer App darstellen, so ist dies keine *Android View* oder *iOS UIView*. Flutter nutzt stattdessen das Grafikframework *Skia*, eine in C/C++ geschriebene Engine, die Zeichenanweisungen an die *CPU* und *GPU* übermittelt.

Flutter beherrscht deswegen die komplette Oberfläche und ist durch von Plattformgrenzen eingeschränkt. Das erlaubt es Ihnen, noch während die App debuggt wird, über einen simplen Hot-Reload zwischen Design-Stilen zu wechseln. Die beiden bekanntesten Stile sind aktuell das von Google verwendete *Material Design* und der von Apple auf i-Devices eingesetzte Stil, den Sie von iPhones oder iPads kennen.

Die bisherigen Beispiele bestanden größtenteils aus Widgets des Material Designs. Nichts hält Sie aber davon ab, Ihre Flutter-Apps im Stil von Apple darzustellen, der *Cupertino* genannt wird.

Diese beeindruckende Fähigkeit lässt sich anhand des derzeitigen Stands der `LoginMask` demonstrieren. Um die Anwendung, die sich momentan im Material Design zeigt, in eine Cupertino-App zu verwandeln, sind nur wenige Schritte nötig.

Zunächst müssen Sie an den Startpunkt der App zurückkehren, der sich in der Datei *main.dart* befindet. In der `build`-Methode von `MyApp` wird momentan ein Widget vom Typ `MaterialApp` zurückgegeben. Dies werden Sie nun in `CupertinoApp` ändern, und gleichzeitig müssen Sie von `Scaffold` zu `CupertinoPageScaffold` wechseln, das allerdings keine Einteilung mehr in `appBar` und `body` vornimmt, sondern nur `child` anbietet. Nach den Änderungen gelangen Sie zum folgenden Stand:

```
@override
Widget build(BuildContext context) {
  return CupertinoApp(
    home: CupertinoPageScaffold(
      child: LoginMask(),
    ),
  );
}
```

Weil *main.dart* noch nicht die Datei *cupertino.dart* aus dem Package `flutter` importiert, kann Ihre IDE die Cupertino-Typen nicht auflösen. Setzen Sie den Cursor auf einen der unterstrichenen Typen (siehe Abbildung 5.10) und öffnen Sie den Hilfsdialog über das Glühlampen-Symbol oder die jeweilige Tastenkombination. Sie ist in Android Studio [Alt] + [↵] und in Visual Studio Code [Strg] + [.] (bzw. [Cmd] + [.] unter macOS). Dort wählen Sie den Eintrag IMPORT LIBRARY 'PACKAGE:FLUTTER/CUPERTINO.DART'.

Nach dem nächsten Hot-Reload meldet Flutter einen Fehler und taucht den Hintergrund der App in Rot. Die Meldung besagt NO MATERIAL WIDGET FOUND. Weil die Wurzel des Widget-Trees jetzt eine `CupertinoApp` mit entsprechendem `CupertinoPageScaffold` ist, fehlen einigen Widgets Ihrer App die Theme-Informationen von Material Design.

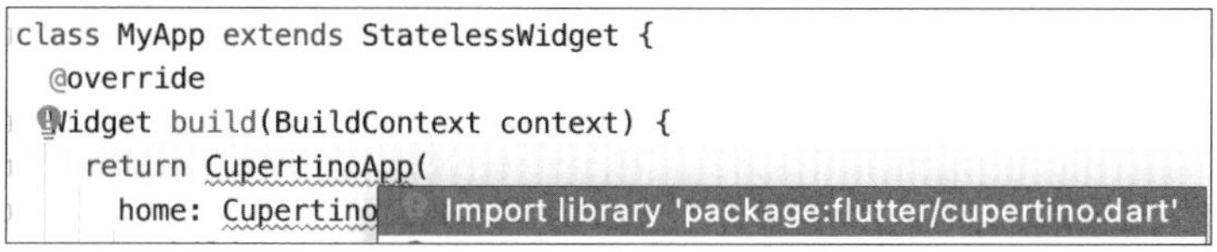

Abbildung 5.10 Im Hilfsdialog wählen Sie den Import von »cupertino.dart«.

Flutter bietet einige Widgets, die im Kontext von Material Design und Cupertino verwendet werden können, etwa `Text`. Viele Widgets sind allerdings nur in dem einen oder dem anderen Stil verfügbar oder explizit für ihn geschrieben worden.

Um sich einen Überblick darüber zu verschaffen, welche Widgets in Ihrer `LoginMask` Bestandteile von Material Design sind, wechseln Sie in die Datei *login_mask.dart*. Ändern Sie den Import in Zeile 1 von `material.dart` in `widgets.dart`:

```
import 'package:flutter/widgets.dart';
```

In Ihrer `build`-Methode von `_LoginMaskState` erkennen Sie jetzt, dass `Center`, `SizedBox`, `Column` und `Text` in beiden Stilen verwendet werden können, aber die Widgets `TextField` und `TextButton` aus *material.dart*, also dem Material Design gekommen sind.

Viele Widgets, die keine visuelle Repräsentation besitzen, die einem Stil entsprechen müsste, finden Sie also in *widgets.dart*. Jene Elemente hingegen, die vom jeweiligen Stil beeinflusst werden (etwa Buttons oder Widgets, die überhaupt nur in einem der beiden definiert werden), müssen bei einem Wechsel zwischen den Designwelten vollständig ausgetauscht werden.

Folglich müssen Sie für `TextField` und `TextButton` Pendants aus *cupertino.dart* verwenden. Tauschen Sie die Widgets mit `CupertinoTextField` und `CupertinoButton` aus. Denken Sie daran, dass auch in dieser Datei der Import von *cupertino.dart* erfolgen muss, sodass die Typen aufgelöst werden können.

Nach der Änderung sollte Ihre `build`-Methode folgendermaßen aussehen:

```
@override
  Widget build(BuildContext context) {
    return Center(child: SizedBox(
  width: 300,
  child: Column(
    mainAxisSize: MainAxisSize.min,
```

```
    children: [
      Text('Willkommen'),
      CupertinoTextField(onChanged: _onChangedUsername),
      CupertinoTextField(onChanged: _onChangedPassword, obscureText: true,),
      CupertinoButton( child: Text('Login'),
      onPressed: _canLogin ? _onPressed : null,),
    ],
  ),
)
);
```

Führen Sie jetzt einen Hot-Reload aus. Die Fehlermeldung sollte verschwunden sein und der visuelle Stil sollte sich verändert haben (siehe Abbildung 5.11). Beachten Sie, wie sogar die Elemente für das Kopieren und Einfügen geändert wurden, obwohl sie eigentlich vom Betriebssystem selbst kommen. Mit Flutter sieht Ihre App auch auf Android wie eine waschechte iOS-App aus.

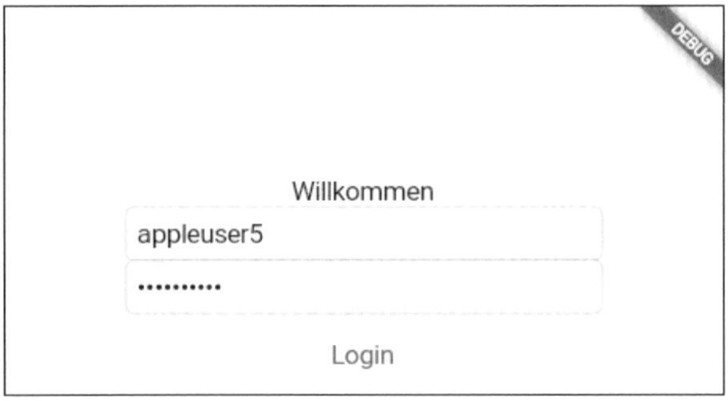

Abbildung 5.11 Die Login-App im Cupertino-Modus

5.3.1 Plattformübergreifende Widgets

Optimal wäre es natürlich, wenn eine App von ganz alleine auf iOS und Android im jeweils »richtigen« Look daherkäme. Das ist auch möglich, und zwar mit dem Pub `flutter_platform_widgets`, den ich Ihnen hier kurz vorstellen möchte.

Zunächst fügen Sie die Abhängigkeit in der *pubspec.yaml* hinzu:

```
flutter_platform_widgets: ^7.0.0
```

Dann ändern Sie die Imports der *main.dart* wie folgt:

```
import 'package:flutter/widgets.dart';
import 'login_mask.dart';
import 'package:flutter_platform_widgets/flutter_platform_widgets.dart';
```

Jetzt ändern Sie noch App, Scaffold und AppBar in PlatformApp, PlatformScaffold beziehungsweise PlatformAppBar. Auch die Angabe der Hintergrundfarbe des AppBar müssen Sie leicht ändern:

```
@override
Widget build(BuildContext context) {
  return PlatformApp(
    home: PlatformScaffold (
      appBar: PlatformAppBar(
        title: Text('Kapitel 5'),
        backgroundColor: ThemeData.light().primaryColorLight
      )
    ...
}
```

In der Datei *login_mask.dart* ändern Sie ebenfalls die Imports:

```
import 'package:flutter/widgets.dart';
import 'package:flutter_platform_widgets/flutter_platform_widgets.dart';
```

Dann ändern Sie TextField in PlatformTextfield und den TextButton entsprechend in PlatformTextButton in den children von Column:

```
children: [
  Text('Willkommen'),
  PlatformTextField(onChanged: _onChangedUsername),
  PlatformTextField(onChanged: _onChangedPassword, obscureText: true,),
  PlatformTextButton(
    child: Text('Login'),
    onPressed: _canLogin ? _onPressed : null,),
]
```

Somit haben Sie eine plattformübergreifend dynamische UI geschrieben, die auch bereits eine gewisse Funktionalität enthält.

5.4 Vom Widget zum Rendering Object

Sie haben in den letzten Abschnitten Ihre ersten Erfahrungen mit Widgets in Flutter gemacht und aus ihnen ein StatelessWidget (MyApp) und ein StatefulWidget (LoginMask) zusammengesetzt. Bisher haben wir den Weg eines Widgets von seiner Definition bis zu seiner Anzeige auf dem Bildschirm nur bis zur build-Methode verfolgt. In diesem Abschnitt möchte ich Ihnen einen Einblick in den Renderingprozess des

Frameworks bieten und erklären, was es mit dem *Element-Tree* sowie dem *Render-Object-Tree* auf sich hat.

5.4.1 Widget-Tree

Der Begriff *Widget-Tree* ist zuvor einige Male im Zusammenhang mit ineinander verschachtelten Widgets gefallen. Der Tree beginnt mit dem ersten Widget, das der Runtime über die Funktion `runApp` übergeben wird, und besitzt wie ein realer Baum ein oder mehrere Enden, die sich, der Analogie folgend, nach Belieben verästeln und eine große Zahl Blätter hervorbringen können (siehe Abbildung 5.12).

Abbildung 5.12 Der Widget-Tree zur »LoginMask« im Cupertino-Stil

Der Widget-Tree kann in der Realität durchaus tiefer sein, als es im Code den Eindruck erweckt. Widgets, die in Flutter angeboten werden, könnten sich als einzelnes Widget darstellen, aber intern aus mehreren anderen Widgets bestehen und so den Tree vergrößern. Mit der `LoginMask` haben Sie zuvor ein eigenes Beispiel implementiert.

Wenn Sie die Datei *main.dart* betrachten, sehen Sie, dass Sie die Wurzel des Widget-Trees mit `MyApp` setzen. `MyApp` ist ein `StatelessWidget`, das aus `CupertinoApp`, gefolgt von `CupertinoPageScaffold` und letztlich `LoginMask` besteht.

Die `LoginMask` erscheint aus Sicht der *main.dart* als einzelnes Widget. Wie Sie aber wissen und in Abbildung 5.12 bestätigt sehen, definiert es eine Vielzahl weiterer Widgets.

5.4.2 Element-Tree

Elemente, die den *Element-Tree* bilden, sind Ihnen an mancher Stelle schon begegnet. Diese Elemente haben sich allerdings hinter dem Namen `BuildContext` versteckt, der als Interface eingeführt wurde, sodass Sie nicht unmittelbar mit dem Konzept *Element* arbeiten.

Widgets sind unveränderlich (*immutable*). Sobald sich eine Änderung ergibt, etwa in der `LoginMask` durch die Anpassung des Werts »Willkommen« zu »Herzlich Willkommen« in `Text`, wird ein neues Widget erzeugt, das den aktuellen Zustand (*State*) abbildet.

Die nicht veränderbaren Widgets bringen zwar Leistungsverbesserungen in der Handhabung durch Flutter mit sich. Um nach einer solchen Änderung aber nicht den gesamten Tree erneut aufbauen zu müssen, benötigt Flutter einen Cache, der das letzte Abbild, also den letzten State, zwischenspeichert.

Diesen Cache stellt der Element-Tree dar, indem er für jedes Widget im Widget-Tree ein Element in den Element-Tree einfügt. Werden Änderungen erkannt, verwendet Flutter die unveränderten Elemente erneut und aktualisiert lediglich die veränderten. Diese Strategie sorgt dafür, dass Flutter bei Teiländerungen nur Teile des Bildschirms neu zu zeichnen hat.

Kommen wir noch mal zu dem Fall einer Änderung des Widgets `Text`: Beim Vergleich mit dem Element-Tree wird dann erkannt, dass sich das `Text`-Widget geändert hat; aber der `runtimeType` ist noch der gleiche und führt dazu, dass eine Anpassung des entsprechenden *RenderObjects* (siehe Abschnitt 5.4.3) ausgeführt wird – in diesem Fall erscheint ein neuer Textinhalt. Hätten Sie statt eines geänderten Inhalts für `Text` ein ganz anderes Widget eingefügt, also mit abweichendem `runtimeType`, so hätten Sie auch das Element im Tree ersetzen müssen.

Flutter definiert zwei verschiedene Elemente: das `ComponentElement` und das `RenderObjectElement`:

- `ComponentElements` sind jene Elemente, die keinen Einfluss auf das *Layout* oder die *Renderphase* ausüben (etwa die `LoginMask` oder der in Flutter definierte `Container`) und die sich in Ihren `build`-Methoden aus anderen Widgets zusammensetzen.
- `RenderObjectElement` repräsentiert hingegen ein Element, das aktiv am Layout oder Rendering teilnimmt. Ein Beispiel sind die Elemente der `Column`, die ihre `children` gemäß Layout anordnet.

Was denken Sie? Ist das zugeordnete Element des Widgets `Text`, das Sie in `LoginMask` eingesetzt haben, ein `ComponentElement` oder ein `RenderObjectElement`? Wenn Sie einen Blick in die Definition von `Text` werfen, sehen Sie, dass es in seiner `build`-Methode das Widget `RichText` zurückgibt. `Text` ist demnach ein `ComponentElement`, weil es die Hülle für ein oder mehrere andere Widgets darstellt. Folgen Sie dem `RichText`-Widget zu seiner Definition.

Die Definition eines Symbols finden

In den beiden vorgestellten IDEs Visual Studio Code und Android Studio können Sie zum jeweiligen Definitionsort eines Symbols (d. h. einer Klasse, Funktion etc.) über eine Maus- und Tastenkombination oder auch mit einer reinen Tastenkombination springen.

Mit gedrückter Strg-Taste (Cmd unter macOS) und dem Linksklick Ihrer Maus auf ein Symbol springen Sie in beiden Entwicklungsumgebungen zum Ort der Definition, wenn er über die zur Verfügung stehenden Informationen aufgelöst werden kann.

Ausschließlich über die Tastatur kommen Sie mit Strg + B (Cmd + B unter macOS) in Android Studio und mit F12 in Visual Studio Code zum Ziel.

Zunächst fällt auf, dass `RichText` weder von `StatelessWidget` noch von `StatefulWidget` erbt, sondern von einer Klasse namens `MultiChildRenderObjectWidget`:

```
class RichText extends MultiChildRenderObjectWidget {
  // ...
}
```

Außerdem finden Sie dort keine `build`-Methode vor, sondern `createRendererObject` und `updateRendererObject`. Spätestens an diesen beiden Eigenheiten können Sie zwischen `ComponentElement` und `RenderObjectElement` unterscheiden.

Mit dem Element-Tree werden Sie wahrscheinlich nur in den seltensten Fällen in Kontakt kommen, etwa dann, wenn Sie aus der abstrakten Welt der Widgets in die der eigentlichen Rendering-Objekte vorstoßen müssen. Das könnte der Fall sein, wenn Sie die exakte Größe eines für ein Widget erstellten Render-Objekts brauchen, um ein anderes daran zu orientieren.

5.4.3 RenderObject-Tree

Im vorigen Abschnitt haben Sie den Unterschied zwischen `ComponentElements`, die als Widget-Container dienen, und den `RenderObjectElements` kennengelernt. Letztere heißen bereits nach dem im Folgenden betrachteten Gegenstand: dem *RenderObject*. Das `RenderObjectElement` ist also das Element, das von einem Widget zu einem tatsächlich gezeichneten Objekt führt.

Das *RenderObject* ist in Flutter eine äußerst abstrakte Idee, die nicht einmal ein *Koordinatensystem* definiert, das erst durch die von *RenderObject* abgeleitete *RenderBox* eingeführt wird. Diese *RenderBox* liefert den Grundbaustein für den *Layoutprozess* in Flutter. Darauf wiederum bauen spezialisierte Objekte auf, zum Beispiel *RenderParagraph* (Text), *RenderFlex* (beispielsweise eine `Column`, wie sie im LoginForm eingesetzt wurde) oder *RenderImage*.

Flutter rechnet in einem einzigen Durchgang die Positionen und Größen von allen *RenderBox*-Objekten durch. Dabei beginnt es ganz oben im *RenderObject-Tree*. Das erste Objekt entspricht dem ersten des Element-Trees, das wiederum das erste Widget im Widget-Tree repräsentiert. Mit der RenderBox wird außer dem *kartesischen Koordinatensystem* ein sogenanntes *Box-Constraint-Model* eingeführt. Ein *Constraint* definiert die maximale und minimale Höhe und Breite des Objekts, dem es zugewiesen wird. Innerhalb des Trees reichen alle Eltern-Objekte jeweils ihren Kind-Objekten *Constraints* weiter. Diese berechnen damit ihre Größe innerhalb dieses Constraints und melden das Ergebnis wieder nach oben zurück.

Allgemein gilt, dass Constraints von oben nach unten und die Größen von unten nach oben weitergereicht werden. Nach einem Layoutdurchgang besitzen alle RenderBoxen, also RenderObjects, eine errechnete Größe, die innerhalb der Constraints ihrer jeweiligen Eltern-RenderBox liegt. Der RenderObject-Tree ist in diesem Moment bereit für das Rendering. Hierbei wird auf jedem Objekt die Methode `paint` aufgerufen, und das oberste RenderObject setzt den Baum zu einer *Szene* (*Scene*) zusammen, die an die *GPU* übergeben wird.

Die Grundmechanik des RenderObject-Trees, speziell die der Constraints, wird Ihnen in Kapitel 6 wieder begegnen, in dem wir uns mit dem Layout von Widgets befassen.

5.5 Keys

Mit *Keys* (Schlüsseln) wird in Flutter nichts verschlüsselt, sondern sie dienen als *Identifier* (ID) für Widgets. Wenn Sie ein Widget von einem anderen Widget aus referenzieren wollen, so können Sie es mit einem Key erreichen und auf das gewünschte Widget und seinen BuildContext (*Element*) zugreifen.

Durch den Einsatz eines Keys machen Sie ein Widget demnach identifizierbar. Dies trifft auch für die Engine hinter Flutter zu; die Zuordnung von Keys an Widgets macht diese über beliebig viele Frames hinweg nachverfolgbar. Wegen der Anwendung als ID muss ein Key in seinem Gültigkeitsbereich immer einzigartig sein und darf nicht doppelt vorkommen.

5.5.1 Widgets referenzieren

Denken Sie an die `LoginMask` zurück, die wir in Abschnitt 5.2 gebaut haben. Dieses Widget wird in *main.dart* innerhalb von `MyApp` benutzt. Sie könnten über einen Key von `LoginMask` auf `MyApp` zugreifen und zur reinen Demonstration die Variable `runtimeType` der `AppBar` ausgeben, die dem `Scaffold` übergeben wurde.

Zuerst müssen Sie einen geeigneten Key erstellen, der in `MyApp` zugewiesen wird. Ähnlich einer globalen Variablen in der Programmierung existiert für den globalen Zugriff der `GlobalKey`:

```
class MyApp extends StatelessWidget {
  static GlobalKey appBarKey = GlobalKey();
  ...
}
```

Der Konstruktor GlobalKey() gibt bei jedem Aufruf einen anderen, eindeutigen Schlüssel zurück. Diesen können Sie nun beispielsweise für die AppBar verwenden:

```
@override
Widget build(BuildContext context) {
  return MaterialApp(
    home: Scaffold(
      appBar: AppBar(
        key: appBarKey,
        ...
      ),
    )
  )
}
```

Damit auf die Variable appBarKey der Klasse MyApp von außen zugegriffen werden kann, ist das Feld als statisch deklariert. Als Nächstes ist die LoginMask so anzupassen, dass bei einem Tap auf den Login-Button statt des Texts »Willkommen« zum Beispiel die Ausgabe des runtimeTypes aus MyApp erfolgt. Zur Aktualisierung wird außerdem setState verwendet, das Sie aus Abschnitt 5.2.6 kennen.

Wir benötigen eine neue Variable mit dem Bezeichner _headline, die der LoginMask hinzugefügt wird:

```
class _LoginMaskState extends State<LoginMask> {
  String _headline = 'Willkommen';
  ...
}
```

Dieser Inhalt muss nun in der Überschrift angezeigt werden:

```
child: Column(
  mainAxisSize: MainAxisSize.min,
  children: [
    Text(_headline),
    ...
```

Damit fehlt zum Abschluss des kleinen Experiments nur noch der Zugriff auf den GlobalKey und das Setzen der Variablen _headline, sodass das Ergebnis – der Wert der runtimeType-Variablen – in der Oberfläche angezeigt wird. Schreiben Sie dazu eine passende Zeile in die Methode _onPressed(). Beachten Sie, dass Sie setState() verwenden müssen, weil Sie ein Widget verändern:

```
void _onPressed() {
  setState(() {
    _headline =
```

```
    "runtimeType der appBar: ${MainApp.appBarKey.currentWidget.runtimeType}";
  });
}
```

Im oben gezeigten Code sehen Sie, wie über `MainApp.appBarKey` der `GlobalKey` aufgelöst wird. Über dessen Variable `currentWidget` bekommen Sie die Referenz zum Widget, dem der `Key` zugeordnet wird. Damit können Sie von einem Widget auf ein anderes zugreifen und lesen zum Beweis den `runtimeType` aus, der anschließend der neu eingeführten Variablen `_headline` der `LoginMask` zugeordnet wird. Der Aufruf an `setState` signalisiert eine Aktualisierung des Widgets.

Setzen Sie nun wie in Abschnitt 5.2.6 die beiden Eingabefelder, sodass der Login-Button freigeschaltet wird. Drücken Sie ihn anschließend. In der Oberfläche sollten Sie statt WILLKOMMEN jetzt wie in Abbildung 5.13 etwas anderes sehen:

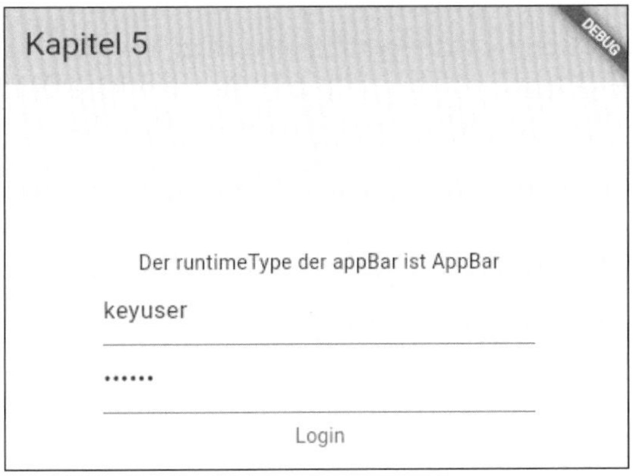

Abbildung 5.13 Die App nach einem Tap auf den »Login«-Button

In diesem kleinen Beispiel haben Sie erfolgreich auf ein beliebiges Widget über einen zugewiesenen `GlobalKey` zugreifen können.

5.5.2 Widgets markieren

In Abschnitt 5.4.2 über den Element-Tree habe ich erklärt, wie er ein Abbild des Widget-Trees darstellt und wie Flutter wegen des Caches nur jene Widgets aktualisieren muss, die sich verändert haben.

Keys werden im Fall von Widget-*Containern* interessant, falls die Reihenfolge der eingefügten Objekte geändert wird. Stellen Sie sich vor, Sie hätten einen solchen Container, etwa eine `Column` (siehe Abschnitt 6.1.7), in folgendem Ausgangszustand:

```
final a = ExampleWidget();
final b = ExampleWidget();
children: [
```

```
  a,
  b,
]
```

Nun wird die Reihenfolge geändert:

```
children: [
  b,
  a,
]
```

Nach wie vor liegen auf beiden Plätzen Widgets mit den gleichen runtimeTypes wie zuvor. Flutter erkennt dementsprechend nicht, dass das erste Element im Tree nicht mehr a, sondern b sein muss. Der Widget-Tree hat sich verändert, der Element-Tree jedoch nicht.

Um Flutter ein weiteres Kriterium zur Unterscheidung bereitzustellen, können Sie Keys einsetzen. Beim Vergleich zwischen dem Widget- und dem Element-Tree verwendet die Engine nicht nur den runtimeType, sondern ebenfalls die Eigenschaft key eines Widgets.

Im vorangegangenen Beispiel, als Sie die LoginMask aus MyApp extrahiert haben, hat die IDE automatisch einen ausführlichen Konstruktor generiert. Darin wurde auch die Variable key von super definiert. Wenn wir dies auf das gedachte Widget ExampleWidget übertragen, so ergibt sich:

```
class ExampleWidget extends StatelessWidget {
  const ExampleWidget ({
    Key key,
  }) : super(key: key);

  // ...
}
```

Dementsprechend würde die Initialisierung der beiden Objekte a und b geändert in:

```
final a = ExampleWidget(key: UniqueKey());
final b = ExampleWidget(key: UniqueKey());
children: [
  a,
  b,
]
```

Das obige Beispiel benutzt den UniqueKey, der einen Key mit nicht wiederkehrendem Wert (ähnlich einer Zufallszahl) darstellt. Jede Instanziierung unterscheidet sich also von der anderen. Er gehört zur Gruppe der LocalKey-Klassen. Andere Vertreter sind der `ObjectKey`, dem ein Objekt übergeben wird, mit dem es den Schlüsselwert erzeugt, und der `ValueKey`, dem ein beliebiger Wert als Schlüssel übergeben wird. `LocalKeys` müssen – anders als die `GlobalKeys` – nur innerhalb des eigenen Teilbaums einzigartig (*unique*) sein. Sie erinnern sich: `GlobalKeys` müssen über die ganze App hinweg unique sein.

Wenn Sie nach dieser Anpassung eine neue Sortierung durchführen, so erkennt Flutter jetzt, dass der `runtimeType` zwar der gleiche, der Key aber ein anderer ist, und sortiert auch die Elemente im Element-Tree und damit die RenderObjects korrekt.

[«]

Widgets zum Neubauen zwingen

Wenn Sie einmal das Problem haben sollten, dass Ihr Widget neu erstellt werden müsste, Flutter es aber nicht aktualisiert, obwohl die `build`-Methode durchlaufen wird, dann können Sie einen `UniqueKey` einsetzen. Den setzen Sie bei jedem Durchlauf mit einem Zufallswert oder Ähnlichem, sodass Flutter wie oben beschrieben zwar ein gleiches Widget am Platz, aber einen anderen Key vorfindet und dementsprechend das Widget ersetzt.

Eine solche Situation könnte beispielsweise dann auftreten, wenn das betroffene Widget innerhalb der `build`-Methode nicht unmittelbar mit Daten gefüllt wird, sondern nachgelagert Informationen (etwa über einen Callback) bezieht, die Ergebnisse intern im Speicher ablegt, daraufhin aber nicht seine Oberfläche aktualisiert.

5.6 Zusammenfassung

Sie haben Ihre ersten Erfahrungen mit einem eigenen Widget gesammelt und dabei die unterschiedlichen Aspekte von `StatelessWidget` und `StatefulWidget` kennengelernt – dem Fundament einer jeden Flutter-App. Sobald Sie in Ihrem Widget einen Zustand abbilden müssen, greifen Sie zu einem `StatefulWidget` und konfigurieren Ihr State-Objekt entsprechend Ihren Anforderungen. Bei statischen Informationen wie Texten oder Bildern setzen Sie das `StatelessWidget` ein, das Ihnen Leistungsverbesserungen durch *Caching* ermöglicht.

Mit Keys erschließen Sie sich eine weitere Möglichkeit, um Verzögerungen bei der Darstellung zu vermeiden, und können darüber hinaus auf andere Widgets innerhalb des Widget-Trees zugreifen.

Dass Sie die verschiedenen Design-Stile miteinander kombinieren und mit Leichtigkeit vom einen zum anderen wechseln können, haben Sie anhand der in den letzten Abschnitten bearbeiteten Login-Maske ausprobiert. Sie wissen nun, dass einige der Widgets wie Container, Text oder SizedBox als übergreifende Widgets in beiden Stilen benutzt werden können. Sollten Sie ein Element aus dem Material-Design- oder

Cupertino-Package benötigen, lösen Sie es über den entsprechenden Import auf oder Sie verwenden die plattformübergreifende Version als pub.

Mit dem Element-Tree und dem RenderObject-Tree haben Sie die Zwischenschritte kennengelernt, die vom Widget bis zur Darstellung der Elemente auf dem Bildschirm durchlaufen werden.

Kapitel 6
Layouting

»Wer ohne Werkzeug arbeitet, ermüdet doppelt so schnell.«
– Deutsches Sprichwort

Flutter besitzt eine große Zahl an Widgets, mit denen Sie das Layout Ihrer App bestimmen können. In diesem Kapitel möchte ich Ihnen die vielfältigen Möglichkeiten zur Positionierung und Bestimmung der Größe vorstellen. Außerdem erhalten Sie einen Überblick über die verschiedenen Widget-*Container*, sodass Sie für jede Anforderung die richtigen Werkzeuge wählen können.

Um den Code in diesem Kapitel auszuprobieren, erstellen Sie einfach eine neue Flutter-App in Visual Studio Code. Entfernen Sie das `const` vor `MaterialApp()`. Tippen Sie die Zeilen, die Sie testen möchten, dann einfach beim `body`-Attribut der App ein:

```
Widget build(BuildContext context) {
  return MaterialApp(
    home: Scaffold(
      body:
        // hier gehört der Testcode hin
      ,
    ),
  );
}
```

Natürlich müssen Sie nicht jedes Beispiel eintippen. Aber in manchen Fällen möchten Sie sich vielleicht selbst vom entstehenden Layout überzeugen oder mit den Parametern experimentieren. Nur zu!

6.1 Positionierung

Ob zentriert in der linken, rechten, unteren oder oberen Ecke, Ihre Widgets können Sie innerhalb der gegebenen Constraints beliebig anordnen. Das Feld der Möglichkeiten erstreckt sich dabei über simple Positionierungswidgets bis hin zu ausgewachsenen *Layout*-Konzepten wie einer *Tabelle* (siehe Abschnitt 6.1.11) oder einem *Grid* (siehe Abschnitt 6.2.2).

6.1.1 Constraints

Doch zunächst einmal: Was sind überhaupt *Constraints*? Wie Sie in Abschnitt 5.4 bereits gelernt haben, übermittelt jedes Widget den Widgets, die im Baum darunter hängen, welche Einschränkungen hinsichtlich der Fläche existieren, auf der sich ein `child`-Widget zeichnen soll. Das allererste Widget im Widget-Tree bekommt daher die Bildschirmmaße, die der App maximal zur Verfügung stehen, mit dem Typ `BoxConstraints` mitgeteilt. Entlang der Kette können Widgets die Constraints nach Belieben für folgende Widgets ändern, etwa indem sie minimale Werte für die Höhe und Breite setzen, die das nächste Widget neben den maximalen Werten zu berücksichtigen hat.

6.1.2 Zentrieren

Sie haben das Widget `Center` bereits in der `LoginMask` gesehen, die wir in Abschnitt 5.3 gebaut haben. Diese erste Berührung mit einem Positionierungswidget erwies sich als simpel und zielgerichtet. So wickeln Sie ein zu zentrierendes Widget einfach mit `Center` ein, und schon ist eine horizontale und vertikale Zentrierung erfolgt:

```
Center(
  child: Text('zentriert'),
)
```

Listing 6.1 Ein Text wird mit Center zentriert.

Wie ich in Abschnitt 5.4.3 erwähnt habe, bekommt jedes Widget von seinem Elternwidget Constraints, also Einschränkungen hinsichtlich der verfügbaren Höhe und Breite. `Center`, als erstes Widget eingesetzt, erhält dementsprechend von der App Constraints, die es auf den Bildschirm beschränken. Seinem `child`-Widget übergibt es allerdings eine eingeschränkte Höhe und Breite, sodass dieses sich exakt in der Mitte zeichnet bzw. nur dort zeichnen kann.

Ihnen stehen zur Verfeinerung noch zwei Variablen in `Center` zur Verfügung, mit denen Sie die Höhe oder Breite, in der das `child`-Widget zentriert sein soll, relativ dazu einschränken können.

Das Widget erlaubt Ihnen zwar keine absoluten Angaben hierzu, aber wie Sie unten sehen, ermöglicht Ihnen `Center` über Faktoren ebenfalls, Einfluss auf den Platz zu nehmen, an dem das `child`-Widget positioniert wird.

Um beispielsweise eine Zentrierung innerhalb der zweifachen Breite des Texts aus Listing 6.1 zu erreichen, geben Sie den entsprechenden Faktor 2 an, der auf die real eingenommene Breite des `child`-Widgets angewendet wird und dessen Produkt schließlich den bereitstehenden Raum von `Center` darstellt:

```
Center(
  widthFactor: 2,
  child: Text('zentriert'),
)
```

Listing 6.2 Center mit »widthFactor«

Wenn Sie die Änderung auf einen Simulator übertragen, sollte sich der Text im Vergleich zu einem Text ohne den `widthFactor` deutlich verschoben haben (siehe Abbildung 6.1).

Neben der Breite können Sie auch die Höhe beeinflussen. Hierzu setzen Sie die Variable `heightFactor` von `Center` entsprechend ein.

Abbildung 6.1 »Center« mit »widthFactor« auf »2«

6.1.3 Align

Das Widget `Align` haben Sie schon kennengelernt, denn das im vorigen Abschnitt vorgestellte `Center` basiert darauf und setzt bereits die Eigenschaft `alignment` auf den Wert `center`.

```
Align(
  alignment: Alignment.bottomLeft,
  child: Text('unten links'),
)
```

Listing 6.3 Positionierung mit »Align«

Mit `Align` stehen Ihnen somit mehr Punkte zur Verfügung, an denen Sie Ihr `child`-Widget platzieren können. Hierbei setzen sich die Möglichkeiten aus vertikaler und horizontaler Komponente zusammen. Beispielsweise bringen Sie einen `Text` mit `topLeft` in die obere linke Ecke und mit `bottomRight` in die untere rechte. Über `topCenter`,

center und bottomCenter deckt Align auch in der vertikalen Mitte alle Wünsche ab. Die möglichen Werte finden Sie im Typ Alignment. Ihre IDE kann Ihnen ebenfalls über die Codevervollständigung weiterhelfen, wie in Abbildung 6.2 dargestellt.

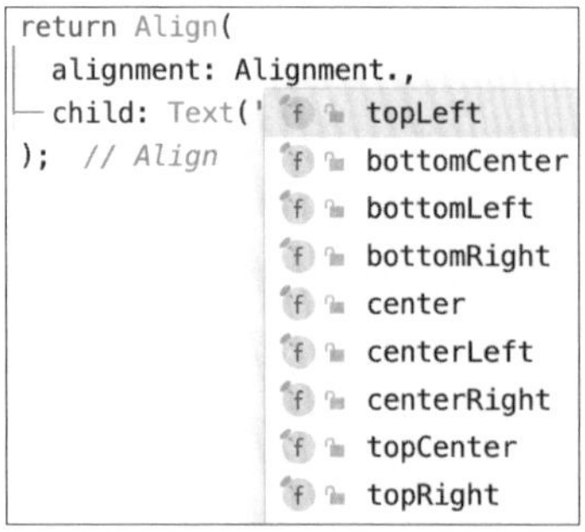

Abbildung 6.2 Codevervollständigung für »Alignment«

Die beiden Variablen heightFactor und widthFactor, die Sie bei Center bereits kennengelernt haben, finden sich auch in Align.

6.1.4 Padding

Soll ein Widget einen definierten Abstand zu einem anderen einhalten, so wird Ihnen Padding weiterhelfen. Hiermit lassen sich um alle Seiten eines Widgets herum Distanzen definieren. Weil Padding sich um das child-Widget herumlegt, fügt das Widget somit die gegebenen Werte zu der jeweiligen Höhe und Breite des ummantelten Widgets hinzu und kreiert den gewünschten Abstand.

Sie stellen beispielsweise wie folgt einen Rahmen von 10 logischen Pixeln auf jeder Seite eines Texts ein:

```
Padding(
  padding: const EdgeInsets.all(10),
  child: Text('Padding'),
)
```

Listing 6.4 Padding um Text

Wie die Widgets, die Sie bereits gesehen haben, wird auch ein Padding auf ein anderes Widget angewendet. Über die Variable padding übergeben Sie den gewünschten Abstand, der in Form des Typs EdgeInsets definiert wird. EdgeInsets begegnet Ihnen in Flutter des Öfteren, weil es das Konzept des *Offsets* (Abstands) abbildet.

EdgeInsets besitzt einige Konstruktoren wie den oben eingesetzten EdgeInsets.all, der alle Seiten mit dem gleichen Wert setzt. Um seitliche Abstände individuell zu definieren, steht Ihnen EdgeInsets.only zur Verfügung:

```
Padding(
  padding: const EdgeInsets.only(left: 5, top: 10, right: 4),
  child: Text('Padding'),
)
```

Listing 6.5 Padding mit »EdgeInsets.only«

Weitere häufig eingesetzte Konstruktoren sind `EdgeInsets.symmetric`, der jeweils die Horizontale oder Vertikale verändert, und `EdgeInsets.zero`, der alle Werte auf null setzt. Möchten Sie alle Abstände in einem Rutsch definieren, bietet sich `EdgeInsets.fromLTRB` an:


```
Padding(
  padding: const EdgeInsets.fromLTRB(5, 10, 4, 0),
  child: Text('Padding'),
)
```

Listing 6.6 Padding mit »EdgeInsets.fromLTRB«

6.1.5 Baseline

Ähnlich wie mit `Padding` können Sie die vertikale Position eines Widgets mit `Baseline` beeinflussen. Wenn Sie dieses Widget auf ein anderes anwenden, können Sie es relativ zu der sogenannten *Baseline* (Grundlinie) setzen, die entweder die obere oder, falls nicht vorhanden, die untere Kante eines Widgets darstellt. Interessanterweise lassen sich sogar negative Werte definieren, sodass Sie ein Widget nicht nur nach unten, sondern auch nach oben drücken können:

```
Baseline(
    baselineType: TextBaseline.alphabetic,
    baseline: -20,
    child: Text('Baseline -20'),
  ),
)
```

Listing 6.7 Ein mit »Baseline« verschobener Text

Die Variable `baseline` bestimmt, wie oben zu sehen ist, den Versatz, während `baselineType` einstellt, ob jene Grundlinie für alphabetische oder ideografische Inhalte (Symbole) benutzt werden soll.

Widget-Container wie `Column` (siehe Abschnitt 6.1.7) oder `Row` (siehe Abschnitt 6.1.8) kennen ebenfalls das Konzept der *Baseline* und implementieren sie als Eigenschaft für Text.

6.1.6 SafeArea

Immer häufiger werden Apps auf Geräten benutzt, die gewisse Bereiche auf dem Display für das Betriebssystem, etwa Nutzerinteraktionen und Informationen, oder für physische Komponenten reservieren, zum Beispiel für das *Notch* des iPhone X und der folgenden Modelle.

In Abschnitt 5.1 ist Ihnen das Problem auch schon in Form der *Appbar* auf Android begegnet, als der Text dahinter gezeichnet wurde, wie in Abbildung 5.4 zu sehen ist.

Um auf Betriebssystemen überhaupt erst im jeweils gültigen Bereich mit dem Zeichnen zu beginnen, bietet Flutter das Widget `SafeArea`. Wickeln Sie damit Ihre Widgets an der Wurzel ein, um etwaige verdeckte Widgets zu vermeiden:

```
SafeArea(
  child: Text('SafeArea'),
)
```

Listing 6.8 Die »SafeArea«

Auf `SafeArea` folgende Widgets werden nur noch innerhalb des empfohlenen Bereichs platziert, der die Elemente des Betriebssystems einrechnet. In Abbildung 6.3 sehen Sie, wie der Text innerhalb der `SafeArea` liegt, also unterhalb der Statusbar erscheint, während das Debug-Label oben rechts aber weiterhin halb von der Bar überlagert ist, da es nicht von einer SafeArea umschlossen ist.

Abbildung 6.3 Android mit »SafeArea«

6.1.7 Column

Während die Widgets, die Sie bisher kennengelernt haben, jeweils ein Widget beeinflussen, lernen Sie mit `Column` nun einen Widget-Container kennen, mit dem Sie mehrere `child`-Widgets (*children*) vertikal ausrichten können.

Möchten Sie etwa mehrere Texte untereinander darstellen, ließe sich dieses Vorhaben einfach mit dem Einsatz einer `Column` bewerkstelligen:

```
Column(
  children: [
```

```
    Text('Erste Zeile'),
    Text('Zweite Zeile'),
    Text('Dritte Zeile'),
  ],
)
```

Listing 6.9 Eine »Column« mit »Text«-Widgets

Sie werden von dem Widget hinsichtlich der Anzahl der an `children` übergebenen Widgets zwar nicht eingeschränkt, dennoch kann eine `Column` nicht mehr Objekte anzeigen, als auf das eingesetzte Display oder in den zugewiesenen Platz passen. Selbstverständlich kennt Flutter *ScrollViews*, die jene Inhalte, die über den Bildschirmrand hinausgehen, für den Nutzer erreichbar machen. Hierfür wird aber der Einsatz der `ListView` empfohlen, die das Scrollverhalten implementiert. Sie wird in Abschnitt 6.2.1 noch vorgestellt.

MainAxisAlignment

Über die Variable `mainAxisAlignment` können Sie für eine `Column` definieren, wo der Startpunkt zum Anzeigen der an `children` übergebenen Widgets liegen soll. Standardmäßig startet eine `Column` im oberen Bereich und wächst nach unten. Mit dem Wert `MainAxisAlignment.center` können Sie sie aber in der Mitte und mit `MainAxisAlignment.end` am unteren Ende beginnen lassen:

```
Column(
  children: [
  // ...
  ],
  mainAxisAlignment: MainAxisAlignment.end,
)
```

Listing 6.10 Setzen von »mainAxisAlignment« auf einer »Column«

Flutter bietet Ihnen darüber hinaus auch Optionen, um den Platz zwischen Elementen mit dieser Variablen einzustellen, wie Sie in Abbildung 6.4 anhand der Codevervollständigung sehen.

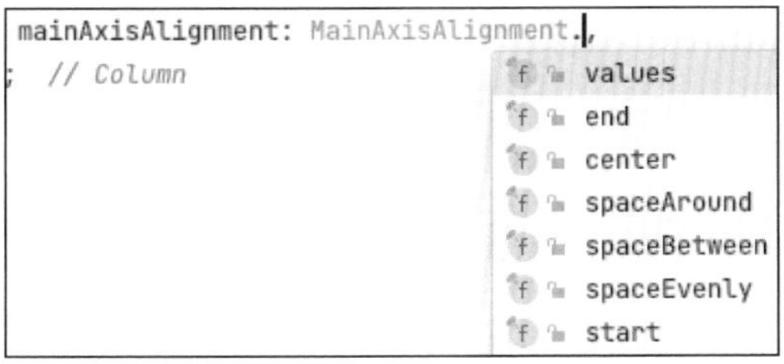

Abbildung 6.4 Die verfügbaren Werte von »MainAxisAlignment«

Mit spaceAround wird der verfügbare Platz, der sich nach der Platzierung der Widgets ergibt, vor und hinter jedes Element verteilt. Vor dem ersten und hinter dem letzten Widget beträgt die Aussparung nur die Hälfte des Raums zwischen den Elementen. Die nächste Option, spaceBetween, unterscheidet sich darin, dass sie keinen Platz vor und nach dem ersten und letzten Widget einfügt. Die Dritte im Bunde namens spaceEvenly legt vor und nach jedem Element, also genauso wie spaceAround, einen Platz an. Dieser Platz ist im Unterschied zu spaceAround aber exakt so groß wie derjenige zwischen den Elementen (siehe Abbildung 6.5).

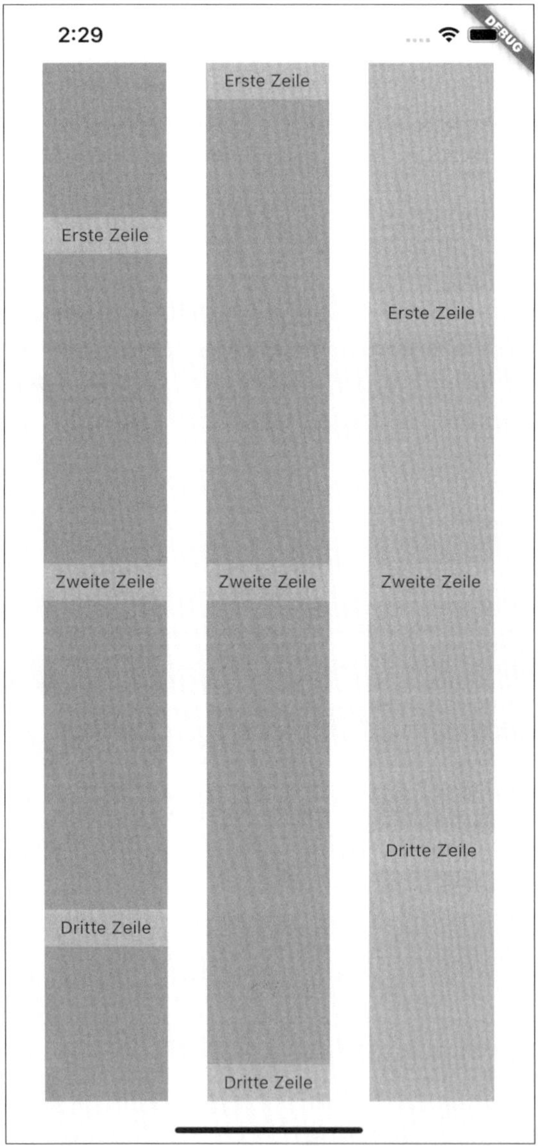

Abbildung 6.5 Die Optionen »spaceAround«, »spaceBetween« und »spaceEvenly«

6

CrossAxisAlignment

Ihnen stehen in einer `Column` ebenfalls Möglichkeiten offen, um die `child`-Widgets horizontal anzuordnen. Beachten Sie aber, dass eine `Column` standardmäßig immer nur so breit wie ihr breitestes `child`-Widget ist. Um beim Testen entsprechende Effekte in der Verteilung zu sehen, sollten Sie unterschiedlich große Widgets einfügen:

```
Column(
  children: [
  // ...
  ],
  crossAxisAlignment: CrossAxisAlignment.start,
)
```

Listing 6.11 Setzen von »crossAxisAlignment« auf »Column«

In Abbildung 6.6 sehen Sie die unterschiedlichen `CrossAxisAlignment`-Möglichkeiten dargestellt. Der Standard in einer `Column` ist `CrossAxisAlignment.center`.

[«]

Texte in einer Column ausrichten

Weil die Standardeinstellung der horizontalen Ausrichtung innerhalb einer `Column` auf `CrossAxisAlignment.center` steht, könnten Texte, die Sie wie Absätze anordnen, nicht linksbündig angezeigt werden (bzw. rechtsbündig bei Sprachen, in denen man von rechts nach links schreibt).

Falls Sie also Inhalte bündig untereinander positionieren möchten, sollten Sie die Eigenschaft `crossAxisAlignment` auf `CrossAxisAlignment.start` einstellen. In Abbildung 6.6 sehen Sie beispielsweise unter »Start« eine linksbündige Positionierung.

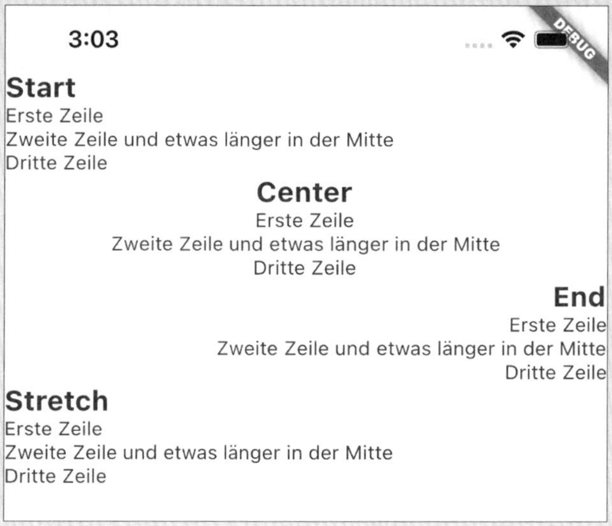

Abbildung 6.6 »CrossAxisAlignment« in einer »Column«

MainAxisSize

Eine `Column` nimmt, falls nicht anders definiert, den gesamten ihr zur Verfügung stehenden Bereich ein. Möchten Sie hingegen, dass eine `Column` nur so viel Platz beansprucht, wie sie für die korrekte Darstellung der `child`-Widgets benötigt, können Sie dies mit der Eigenschaft `mainAxisSize` bewerkstelligen. Die beiden Optionen sind `MainAxisSize.max` (die volle, von den Constraints vorgegebene Höhe) und `MainAxisSize.min`, die das angesprochene Szenario abbilden kann.

VerticalDirection

Sie können mit `verticalDirection` die Richtung vorgeben, in der `child`-Widgets hinzugefügt werden. Wie Sie in vorherigen Beispielen gesehen haben, wuchsen die `Columns` stets von oben nach unten, auch wenn sie wie im Fall von `MainAxisAlignment.bottom` am unteren verfügbaren Rand positioniert wurden. Der Standardwert ist dementsprechend `VerticalDirection.down`. In Abbildung 6.7 sehen Sie das Beispiel aus dem vorigen Abschnitt, allerdings mit der Einstellung `VerticalDirection.up`.

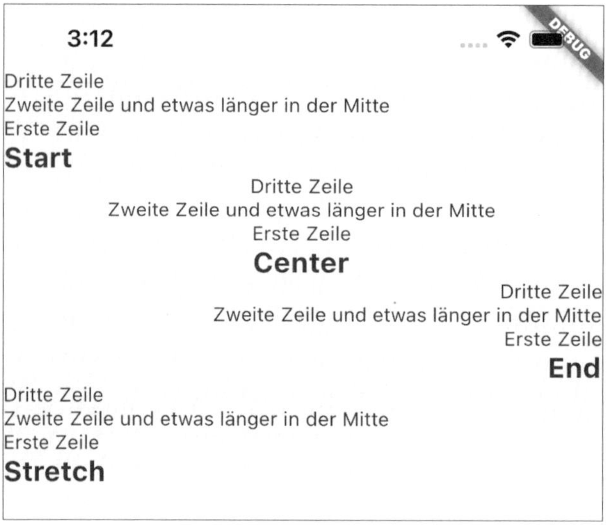

Abbildung 6.7 »Column« mit der Einstellung »VerticalDirection.up«

6.1.8 Row

Mit dem Widget `Row` können Sie mehrere `child`-Widgets in horizontaler Reihenfolge anordnen. Es verhält sich ähnlich wie die im letzten Abschnitt betrachtete `Column`.

Beide basieren auf dem Basiswidget `Flex` und nehmen jeweils einige Einstellungen vorweg, sodass weniger Konfiguration für die vertikale (`Column`) und die horizontale (`Row`) Ausrichtung vorgenommen werden muss. Auch für die `Row` gilt die Empfehlung, bei zu scrollenden Inhalten eine `ListView` (siehe Abschnitt 6.2.1) einzusetzen.

Weil Column und Row auf das gleiche Widget (Flex) aufsetzen, sind Ihre bisherigen Kenntnisse über Column durchweg auf Row übertragbar. Wegen der horizontalen statt vertikalen Ausrichtung sind jetzt aber die MainAxis und die CrossAxis vertauscht. Da Row seine child-Elemente waagerecht arrangiert, ist die MainAxis dementsprechend die Horizontale und über die CrossAxis definieren Sie, wie eine Row ihre Elemente in der Vertikalen anzuordnen hat.

Abbildung 6.8 greift die Darstellung der Gestaltungsmöglichkeiten über die Eigenschaft mainAxisAlignment auf und zeigt die Optionen im Kontext von Rows.

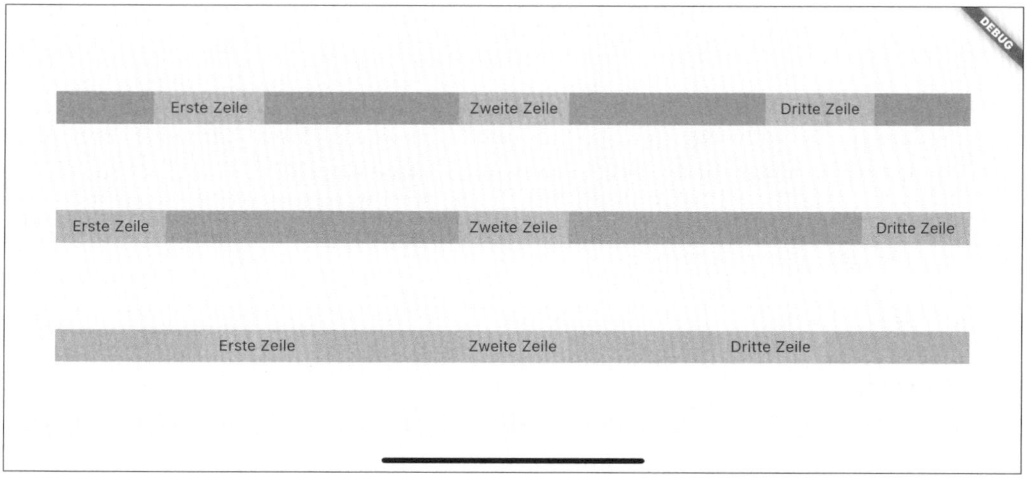

Abbildung 6.8 »MainAxisAlignment«-Optionen einer »Row«

6.1.9 Overflows mit Expanded und Flexible bekämpfen

Ein häufiges Problem, das bei Verwendung von Columns und Rows auftritt, ist, dass Inhalte nicht genügend Anteil an der Oberfläche erhalten und deswegen einen *Overflow* verursachen. Sehen Sie sich beispielsweise die View aus Abbildung 6.9 an, bei der die Texte nicht genügend horizontalen Platz aufweisen:

Abbildung 6.9 Overflow in einer »Row«

Sie erkennen deutlich den Overflow am rechten Rand, den Flutter durch das schwarz-gelbe-Band signalisiert. Eigentlich sollen hier drei Text-Widgets nebeneinander angezeigt werden. Der entsprechende Code ist:

```
Center(
  child: Row(
    children: [
      Text('Erster Text', style: TextStyle(fontSize: 40)),
      Text('Zweiter Text', style: TextStyle(fontSize: 40)),
      Text('Dritter Text', style: TextStyle(fontSize: 40)),
    ],
  ),
)
```

Listing 6.12 Drei Texte generieren einen Overflow.

Wie Sie sehen, wird jedem Text ein `TextStyle` zugewiesen, der die Schrift vergrößert, sodass ein Overflow entsteht. *Themes* und *Styles* werden Sie in Kapitel 11 kennenlernen, weshalb ich an dieser Stelle nicht weiter auf sie eingehe.

In der Debug-Ausgabe findet sich dazu eine Fehlermeldung, die mit dem Verweis auf das Widget `Expanded` beginnt:

```
Consider applying a flex factor (e.g. using an Expanded widget) […]
```

Expanded

Wenn Sie diesem Hinweis folgen und die Text-Widgets jeweils mit `Expanded` einwickeln (»applying a flex factor«), gelangen Sie zu folgendem Code:

```
Center(
  child: Row(
    children: [
      Expanded(child: Text('Erster Text', style: TextStyle(fontSize: 40))),
      Expanded(child: Text('Zweiter Text', style: TextStyle(fontSize: 40))),
      Expanded(child: Text('Dritter Text', style: TextStyle(fontSize: 40))),
    ],
  ),
)
```

Listing 6.13 »Expanded« wickelt »Text« in »Row« ein.

Wenn Sie nach dieser Änderung die Ausgabe betrachten, stellen Sie fest, dass der Overflow beseitigt wurde und die Texte jeweils in eine neue Zeile umbrochen wurden (siehe Abbildung 6.10).

Im Layout-Algorithmus von `Flex`, auf dem `Column` und `Row` basieren, werden zunächst alle unflexiblen Widgets (also jene mit festen Größen) bzw. Widgets ohne sogenannte flex-Werte positioniert. In der Overflow-Version besaßen die Text-Widgets keine solchen flex-Werte. Jeder Text hat Flutter seine benötigte Größe mitgeteilt und wurde entsprechend gezeichnet. Am Ende reichte jedoch der Platz in der Horizontalen nicht für alle Elemente aus.

Abbildung 6.10 »Expanded« hat den Overflow beseitigt.

Nachdem alle unflexiblen Widgets positioniert wurden, verarbeitet der Algorithmus jene, die einen flex-Wert aufweisen. Wie eben erwähnt, haben die Text-Widgets ihre Ausmaße ohne flex selbst bestimmt. Wenn jedoch ein solcher Wert zugewiesen wird, so kommt die Größe von außen, nämlich vom Layout-Algorithmus, der den tatsächlich verfügbaren Platz kennt und aufteilt.

Mit dem Widget Expanded weisen Sie einem umwickelten Widget einen solchen flex-Wert zu. Implizit beträgt der Wert 1. Weil alle drei Texte den gleichen flex-Wert besitzen, stimmt der vom Algorithmus zugewiesene Anteil des verfügbaren Bildschirms für jeden überein. Sie können den Wert jedoch nach Belieben ändern und etwa dem ersten Text die zweifache Breite gegenüber den anderen beiden zuweisen:

```
Center(
  child: Row(
    children: [
      Expanded(
          flex: 2,
          child: Text('Erster Text', style: TextStyle(fontSize: 40))),
      Expanded(child: Text('Zweiter Text', style: TextStyle(fontSize: 40))),
      Expanded(child: Text('Dritter Text', style: TextStyle(fontSize: 40))),
    ],
  ),
)
```

Listing 6.14 Der erste Text bekommt mehr Platz.

Nach einem Hot-Reload erstreckt sich der Inhalt des linken Textes nicht mehr über zwei Zeilen, sondern passt wegen des zugesicherten Platzes in eine Zeile (siehe Abbildung 6.11).

Abbildung 6.11 Der erste Text mit größerem »flex«-Wert

Flexible

Wenn Sie ein oder mehrere Widgets zwar dynamisch innerhalb einer `Column` oder `Row` je nach angebotenem Platz anordnen, diese aber nicht vergrößern oder verkleinern wollen, dann müssen Sie statt `Expanded` das Widget `Flexible` einsetzen. Es weist einem umwickelten Widget nur einen `flex`-Wert zu, sodass es einen ausreichenden Bereich des Bildschirms bekommt. `Flexible` zwingt das `child`-Widget aber nicht dazu, den zur Verfügung stehenden Platz einzunehmen.

`Flexible` besitzt die Eigenschaft `fit`, der entweder `FlexFit.loose` oder `FlexFit.tight` übergeben werden kann. Bei `FlexFit.loose` wird dem betroffenen Widget erlaubt, weniger Platz einzunehmen, als zur Verfügung steht; die Vorgaben sind demnach locker (*loose*). Hingegen setzt `FlexFit.tight` feste (*tight*) Richtlinien, was die Ausmaße anbelangt, und zwingt das `child`-Widget, den gesamten zur Verfügung stehenden Platz auszufüllen.

Sie haben beim Verwenden von `Expanded` bereits unwissentlich `FlexFit.tight` benutzt, der die Text-Widgets jeweils auf die verfügbaren Bereiche vergrößert hat. `Expanded` ist von `Flexible` abgeleitet und setzt implizit die Eigenschaft `fit`.

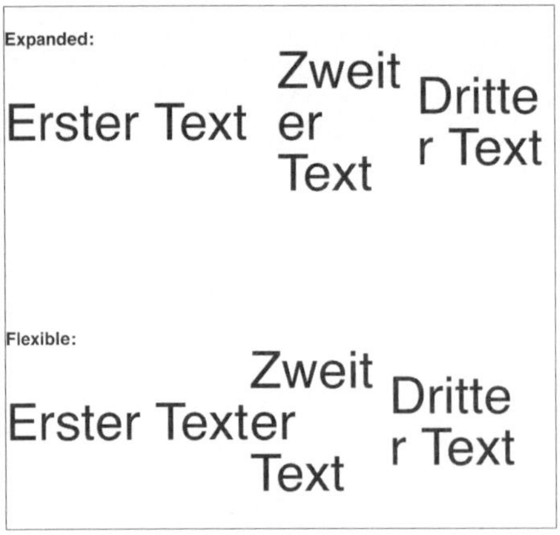

Abbildung 6.12 »Expanded« und »Flexible« im Vergleich

Abbildung 6.12 stellt den Unterschied zwischen Expanded (oben) und Flexible (unten) dar. Achten Sie auf den Bereich zwischen dem Inhalt vom linken Text »Erster Text« und dem mittleren »Zweiter Text«, der in der Flexible-Variante verschwindet. Stattdessen befindet sich zwischen dem rechten Text »Dritter Text« und dem Rand mehr Weißraum.

6.1.10 Spacer

Die an Columns oder Rows übergebenen Widgets können Sie mit Eigenschaften wie mainAxisAlignment und crossAxisAlignment arrangieren. Darüber hinaus ermöglicht Ihnen das Widget Spacer die Option, Abstände zwischen Widgets oder den Rändern zu definieren.

Ein Spacer ist ein leeres Widget, das mit einem flex-Wert konfiguriert werden kann, sodass es in einer Column oder Row dafür sorgt, dass eine relative Höhe oder Breite eingenommen wird. So könnten Sie mehrere Texte untereinander mit MainAxisAlignment.spaceEvenly gleichmäßig ausrichten, aber dem letzten Text einen größeren Abstand mitgeben:

```
Column(
  crossAxisAlignment: CrossAxisAlignment.start,
  children: [
    Expanded(child: Text('Erste Zeile')),
    Expanded(child: Text('Zweite Zeile')),
    Expanded(child: Text('Dritte Zeile')),
    Spacer(flex: 2),
    Expanded(child: Text('Mit Abstand das Ende')),
  ],
)
```

Listing 6.15 Abstände mit »Spacer« einfügen

Mit diesem Code wird den Text-Widgets jeweils der flex-Wert 1 (Standard) und dem Spacer der flex-Wert 2 zugewiesen. Das führt dazu, dass zwischen der dritten Zeile und dem letzten Absatz ein viel größerer Abstand entsteht, wie in Abbildung 6.13 zu sehen ist.

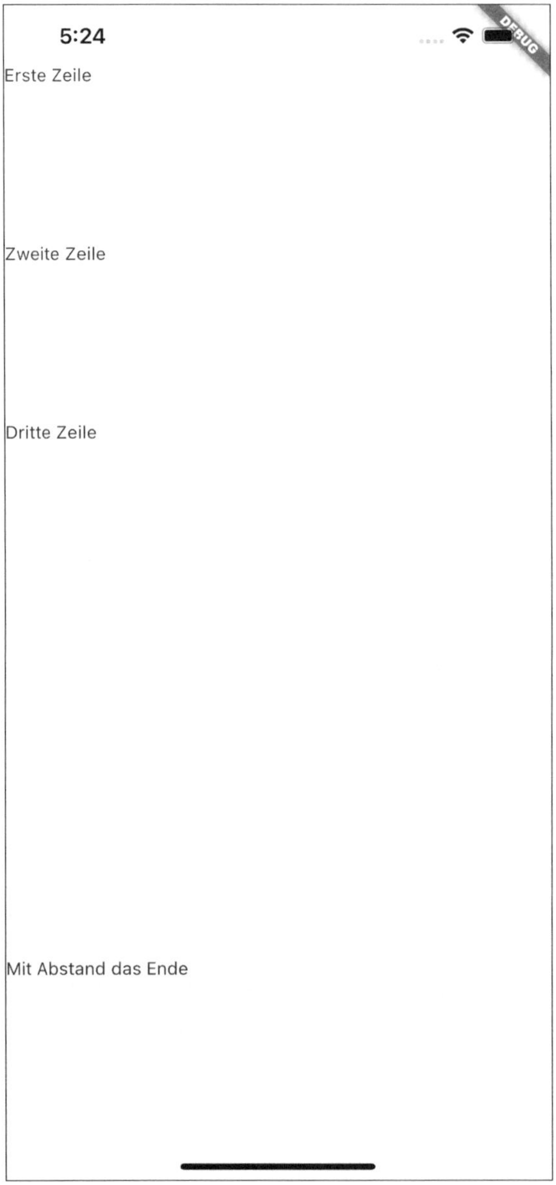

Abbildung 6.13 Der letzte Absatz ist durch einen »Spacer« verschoben.

6.1.11 Tabellen

Wenn Sie ein komplexeres Layout brauchen, speziell in Form einer Tabelle, müssen Sie nicht manuell `Rows` und `Columns` kombinieren. Flutter besitzt das Widget `Table`, mit dem Sie solche Layouts out-of-the-box einsetzen können. Darüber hinaus werden einige Eigenschaften angeboten, mit denen Sie die Breite oder Breiten von einer oder mehreren Spalten bestimmen und definieren, wie die Widgets in den Zellen vertikal positioniert werden sollen.

Um einige Text-Widgets tabellarisch auszurichten, sind nur wenige Zeilen nötig:

```
Table(
    border: TableBorder.all(),
    children: [
      TableRow(children: [Text('links oben'), Text('rechts oben')]),
      TableRow(children: [Text('links unten'), Text('rechts unten')]),
    ],
  ),
)
```

Listing 6.16 Eine »Table« ordnet »Text«-Widgets an.

Die Tabelle definiert über die Eigenschaft border eine Umrandung, die sowohl Zeilen als auch Spalten umgibt. Die Eigenschaft children, die Sie schon häufig gesehen haben, erhält Elemente des Typs TableRow, denen wiederum über deren eigene children die anzuzeigenden Spalteninhalte übergeben werden. Die Liste aus Widgets definiert über ihre Länge implizit die Anzahl der Spalten. Alle TableRows einer Table müssen zwingend die gleiche Menge Widgets aufweisen, sonst erhalten Sie nach dem Starten eine unübersehbare Fehlermeldung auf dem Bildschirm. Der Code aus Listing 6.16 erstellt zwei TableRows mit je zwei Text-Widgets. Daraus ergeben sich vier Zellen.

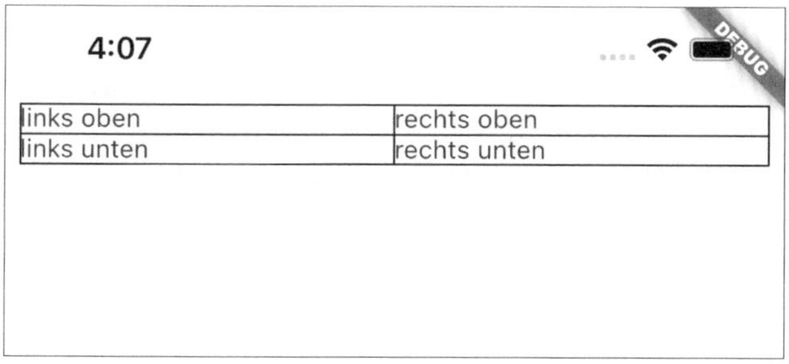

Abbildung 6.14 Die Ausgabe der »Table«

Wenn nicht anders angegeben, teilt eine Table den ihr gegebenen Platz gleichmäßig auf die Spalten auf. Sie können aber über die Eigenschaft defaultColumnWidth auch eine feste Breite definieren, etwa 50:

```
Table(
  defaultColumnWidth: FixedColumnWidth(50),
  border: TableBorder.all(),
  children: [
    TableRow(children: [Text('links oben'), Text('rechts oben')]),
```

```
    TableRow(children: [Text('links unten'), Text('rechts unten')]),
  ],
)
```

Listing 6.17 Table mit »defaultColumnWidth«

Der Standardwert der Eigenschaft ist `FlexColumnWidth`. Möchten Sie einen Schritt weiter gehen und die Breite jeder einzelnen Spalte selbst bestimmen, dann greifen Sie auf `columnWidths` zurück. Das ist eine `Map<int, TableColumnWidth>`, mit der Sie die gewünschten Breiten angeben, etwa so:

```
Table(
  columnWidths: {
    0: FractionColumnWidth(0.3),
    1: FractionColumnWidth(0.7),
  },
  border: TableBorder.all(),
  children: [
      TableRow(children: [Text('links oben'), Text('rechts oben')]),
      TableRow(children: [Text('links unten'), Text('rechts unten')]),
  ],
)
```

Listing 6.18 Spezifische Breiten für die Spalten

Die Eigenschaft `columnWidths` erwartet eine `Map<int, TableColumnWidth>`. Mit `FlexColumnWidth` und `FixedColumnWidth` haben Sie bereits zwei Implementierungen der `TableColumnWidth` kennengelernt. Mit `FractionColumnWidth` lernen Sie hier deren dritte Implementierung kennen, der jeweils ein Prozentteil übergeben wird, den Sie in einem Double-Wert der Tabellenbreite ausdrücken. Im Beispiel sind das `0.3` (für 30 %) und `0.7` (für 70 %).

[!]

FlexColumnWidth in horizontalen ScrollViews

Weil die `FlexColumnWidth` ihre Ausmaße anhand der Constraints der `Table` ausrichtet, können Sie sie nicht verwenden, wenn die `Table` von einer horizontalen `ScrollView` eingewickelt wurde oder sich irgendwo in einem Widget-Tree unter ihr befindet. In dieser Konstellation wäre die verfügbare Breite unendlich, aber der Algorithmus, der `FlexColumnWidth` zugrunde liegt, kann diesen Wert nicht auf die Spalten aufteilen.

Verwenden Sie stattdessen in horizontal scrollenden Widgets die `FixedColumnWidth`.

Die vierte, aber leistungshungrigere Implementierung ist `IntrinsicColumnWidth`, die ihre Breite anhand der `child`-Widgets ausrechnet, was einen zusätzlichen Durchlauf der Engine über die Widgets nötig macht.

Die Höhen der Spalten errechnet die Tabelle über die darin enthaltenen Widgets. Sie können aber die vertikale Position innerhalb der `TableRows` über die Eigenschaft `defaultVerticalAligment` bestimmen. Ihr können Sie die Werte `bottom`, `fill`, `middle` und `top` vom Typ `TableCellVerticalAlignment` übergeben.

6.1.12 Stacks

Sollen mehrere Elemente übereinanderliegend gelayoutet werden, kommt das Widget `Stack` zum Einsatz. Da die Widgets einander dabei überdecken können, ist das nur bei bestimmten Anwendungsfällen sinnvoll, zum Beispiel wenn Sie ein Widget vor einem grafischen Hintergrund zeigen möchten. Wie auch bei den anderen Containern übergeben Sie dem `Stack` eine Liste an die Eigenschaft `children`. Die `child`-Widgets können Sie entweder über `Alignment`, etwa `Center` oder `Align`, ausrichten (siehe Abschnitt 6.1.3, »Align«) oder über `Positioned`.

Der Stack

Ein Beispiel ist der folgende Code, der einen fast schwarzen Hintergrund erzeugt und darauf Widgets positioniert, um eine Balkengrafik zu zeichnen:

```
Stack(
  children: [
    Positioned.fill(
      child: Container( color: Colors.black87 ),
    ),
    Positioned( height: 200, width: 80, bottom: 0, left: 10,
      child: Container(color: Colors.green),
    ),
    Positioned( height: 180, width: 80, bottom: 0,  left: 110,
      child: Container(color: Colors.blue),
    ),
    Positioned( height: 210, width: 80, bottom: 0, left: 210,
      child: Container(color: Colors.amber),
    ),
    Positioned( height: 70, width: 80, bottom: 0, left: 310,
      child: Container(color: Colors.brown),
    ),
    Positioned( height: 30, width: 80, bottom: 0, left: 410,
      child: Container(color: Colors.purple),
    ),
  ],
)
```

Listing 6.19 Ein Stack mit positionierten Widgets

Das erste Widget ist ein in Positioned.fill eingewickelter Container, der die gesamte Fläche des Stacks dunkel hinterlegt. Es ist zugleich das unterste Widget, denn die Reihe, in der Sie die Elemente anlegen, entspricht letztlich der Anordnung in der Z-Achse, also von hinten nach vorne. Dementsprechend ist das letzte Widget, das sich in der an children übergebenen Liste befindet, das zuoberst liegende, das gegebenenfalls andere Widgets überdeckt.

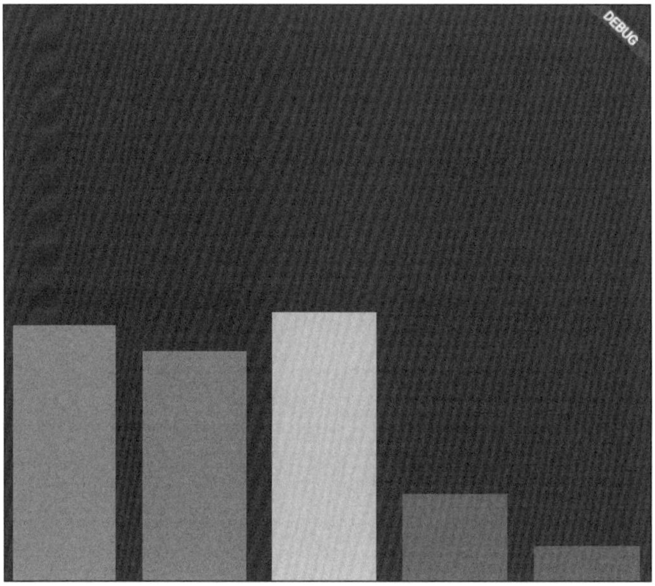

Abbildung 6.15 Der Stack mit Balken vor einem Hintergrund

Fügen Sie nun am Schluss noch einen Text ein, der zentriert unten erscheinen soll:

```
Align(
  child: Text('Balkendiagramm',
    style: TextStyle(fontSize: 50, color: Colors.white)),
  alignment: Alignment.bottomCenter,
)
```

Listing 6.20 Der Text erscheint über den Balken.

Würden Sie das Text-Child weiter nach oben schieben, würde es ganz oder teilweise von den Balken überdeckt werden, die danach noch gezeichnet werden.

Positioned

Wahrscheinlich haben Sie neben Positioned.fill auch Positioned als Widget wahrgenommen. Ein Stack unterscheidet zwischen zwei Arten von child-Widgets: jenen, die von Positioned eingewickelt wurden, und jenen, die es nicht wurden.

Der Layout-Algorithmus verarbeitet zunächst alle nicht Positioned-Widgets, was im Fall von Listing 6.20 Align mit darunterliegendem Text ist. Aus diesen Widgets, die der Stack standardmäßig oben links anordnet (bei Sprachen, in denen von links nach rechts geschrieben wird) bzw. oben rechts bei Sprachen mit umgekehrter Schreibrichtung, berechnet er seine eigene Höhe und Breite. Weil der Text von Align umgeben ist, füllt er den gesamten, aus den *Constraints* abgeleiteten Platz aus.

Das in Listing 6.19 vorgestellte Beispiel hat zwei Wege eingeführt, um Positioned anzuwenden. Der Konstruktor Positioned.fill erhielt ein Widget als child und hat es auf den zur Verfügung stehenden Bereich aufgespannt. Der Name ist also Programm: Innere Widgets füllen den verfügbaren Platz aus.

Bei Positioned wurden Werte für height, width, bottom und left übergeben, die die Position und Größe innerhalb des Stacks in Form logischer Pixel definieren. Wenn Sie nur height und bottom angeben, berechnet der Stack automatisch die Ausmaße, die aus der Erfüllung der gegebenen Constraints resultieren; das Gleiche gilt natürlich für left und right.

Die Eigenschaft alignment

Positioned implementiert einige weitere Konstruktoren, die nach ähnlichem Muster operieren: Sie definieren Höhen, Breiten und Positionen innerhalb des Stacks und richten damit die Widgets relativ zum Startpunkt des Stacks aus, der, wie erwähnt, entweder oben links (Links-nach-rechts-Sprachen) oder oben rechts liegt. Sie können den Startpunkt eines Stacks über die Eigenschaft alignment nach Ihren Wünschen ausrichten, indem Sie einen Wert des Typs Alignment übergeben. Mit Listing 6.21 setzen Sie den Startpunkt unten links:

```
Stack(
  alignment: Alignment.bottomLeft,
  children: [
    Positioned.fill(
      child: ColoredBox(
        color: Colors.black12,
      ),
    ),
    Positioned(
      height: 200,
      width: 200,
      top: 280,
      left: 115,
      child: ColoredBox(color: Colors.green),
    ),
    Center(
```

```
      child: Text(
        zentrierter Text',
        style: TextStyle(fontSize: 24),
      ),
    ),
    Text('Startpunkt unten links', style: TextStyle(fontSize: 24),),
  ],
)
```

Listing 6.21 »Alignment« in »Stack«

Der letzte Text richtet sich anhand des Startpunkts des Stacks aus.

Der IndexedStack

Auf dem soeben vorgestellten `Stack` basiert auch das Konzept des `IndexedStacks`. Er stapelt ebenfalls die übergebenen Widgets, zeigt jedoch immer nur eins, das über den zugehörigen Index ausgewählt wird. Sie können sich den `IndexedStack` wie einen Film (`IndexedStack`) vorstellen, bei dem eine Szene oder Einblendung (Widgets) in variabler Reihenfolge (Index) auf die nächste folgt.

Ein Beispiel für einen `IndexedStack` könnte eine Art Diashow sein, bei der Sie zwischen den einzelnen Slides wechseln können:

```
IndexedStack(
  index: 0,
  children: [
    Positioned.fill(
      child: Image( image: AssetImage('slide_1.jpg'), fit: BoxFit.cover),
    ),
    Positioned.fill(
      child: Image( image: AssetImage('slide_2.jpg'), fit: BoxFit.cover),
    ),
    Positioned.fill(
      child: Image( image: AssetImage('slide_3.jpg'), fit: BoxFit.cover),
    ),
  ],
)
```

Listing 6.22 Der »IndexedStack« für eine Diashow (Bilder)

Damit haben Sie auch gleich gelernt, wie man Bilder in einer App anzeigen kann. `AssetImage` sucht nach den Grafikdateien im Unterverzeichnis *assets*, das Sie in Ihrem Projektverzeichnis anlegen müssen.

Um eine Diashow ablaufen zu lassen, wechseln Sie zwischen den einzelnen Widgets über den Indexwert. Wenn Sie statt 0 jeweils 1, 2 als Wert eintragen und HOT RELOAD drücken, werden Sie sehen, wie das jeweilige Bild sichtbar wird und das vorherige verschwindet. Soll kein Element angezeigt werden, dann übergeben Sie für `index` einfach `null`.

Der `IndexedStack` besitzt gegenüber dem konditionalen Aus- und Einblenden von Widgets, etwa über den ternären Operator (siehe Abschnitt 3.10.1), den Vorteil, dass die jeweiligen State-Objekte (siehe Abschnitt 5.2.4) zwischengespeichert werden, weil Flutter die Widgets nicht aus dem Widget-Tree entnehmen muss.

6.1.13 Wrap

Ähnlich wie die mit `flex`-Werten erweiterten Widgets innerhalb einer `Column` oder `Row` können Sie Ihre Widgets mithilfe von `Wrap` spezifisch auf fehlenden Platz reagieren lassen.

Sollte der Bildschirm zur Anzeige nicht ausreichen, verhindern Sie mit `Wrap` einen Overflow. Die `child`-Widgets breiten sich horizontal oder vertikal in einen neuen, sogenannten *Run* aus, etwa eine weitere Zeile oder Spalte. Über entsprechende Eigenschaften definieren Sie, wie viel Platz Sie zwischen jenen Runs haben wollen oder wie die eigentlich überhängenden Widgets ausgerichtet werden sollen.

Sehen Sie sich einmal das folgende Beispiel an, das drei große Texte einführt, die im *Portrait-Modus* wegen der horizontalen Ausrichtung nicht nebeneinander passen und deshalb in Runs geschoben werden:

```
Wrap(
  direction: Axis.horizontal,
  spacing: 10,
  runSpacing: 40,
  alignment: WrapAlignment.end,
  children: [
    Text(
      'Der erste Text',
      style: TextStyle(fontSize: 34),
    ),
    Text(
      'Der zweite Text',
      style: TextStyle(fontSize: 34),
    ),
    Text(
      'Der dritte Text',
      style: TextStyle(fontSize: 34),
```

```
    ),
  ],
);
```

Listing 6.23 Ein »Wrap« mit drei »Text«-Widgets

Der obige Code führt über `direction` die horizontale Ausrichtung ein und definiert, dass zwischen den Widgets je ein Abstand von zehn logischen Pixeln angelegt werden soll. Darauf folgt mit `runSpacing` der erste Berührungspunkt mit Runs, wie das Präfix »run« ausdrückt. Falls die Texte umbrochen werden müssen, soll ein Platz von 40 logischen Pixeln in der Vertikalen berücksichtigt werden. Die Eigenschaft `alignment` ist Ihnen bereits von anderen Widgets bekannt. Sie möchte aber einen `Wrap`-eigenen Typ, nämlich das `WrapAlignment`, zugewiesen bekommen. `WrapAlignment` weist allerdings vertraute Werte auf, etwa `start` und `end`. Hier wird spezifiziert, dass die Widgets immer am Ende von `Wrap` ausgerichtet werden sollen, wie Sie in Abbildung 6.16 anhand der Texte erkennen können.

Abbildung 6.16 Die von »Wrap« ausgerichteten Texte

In Abbildung 6.16 sind die großen vertikalen Abstände zwischen den Runs klar zu erkennen, die mangels verfügbarer Breite im *Portrait-Modus* angelegt wurden. Wenn Sie den Platz erweitern, zum Beispiel, indem Sie im Simulator in den *Landscape-Modus* wechseln, stellen Sie fest, dass `Wrap` den neuen Bereich ausfüllt und entsprechend die Runs reduziert (siehe Abbildung 6.17).

Der links ausgesparte Bildschirmbereich beweist, dass die Widgets nach wie vor am Ende ausgerichtet werden, und die Eigenschaft `spacing` wurde ebenfalls berücksichtigt, da sich ein Abstand von 10 logischen Pixeln zwischen den Texten befindet.

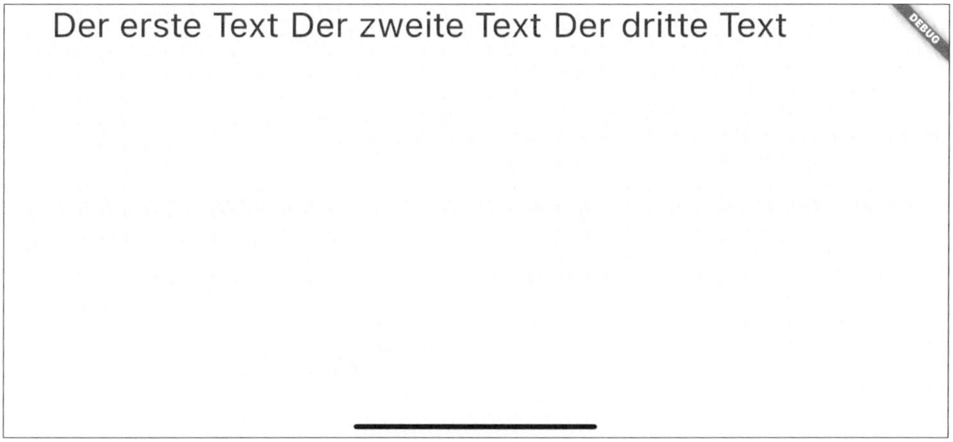

Abbildung 6.17 Der »Wrap« im »Landscape«-Modus

6.2 Scroll-Widgets

Widgets wie `Column` oder `Row` nehmen zwar mehrere Widgets auf und können sie nach Vorgaben ausrichten. Es empfiehlt sich aber nicht, sie dann einzusetzen, wenn der Inhalt scrollbar sein soll. Dafür stehen Ihnen Widgets wie `ListView` und `GridView` zur Verfügung, die im Folgenden behandelt werden. Anschließend betrachten wir auch das zugrunde liegende Konzept der `Slivers`.

6.2.1 ListView

Sie haben schon oft von der `ListView` gehört, etwa bei der Betrachtung von `Columns` und `Rows`. Sie ist ein naher Verwandter der beiden Widget-Container, basiert aber nicht auf `Flex`, sondern auf `ScrollView`. Mit der `ListView` lernen Sie das in Flutter am häufigsten verwendete Scroll-Widget kennen.

Die `ListView` bietet Ihnen ein großes Paket an Eigenschaften, über die Sie das Scrollverhalten, das Verwalten von List-Items und das Setzen des Layouts komfortabel bewerkstelligen.

Sie können sie über einen der vier implementierten Konstruktoren verwenden. Die einfachste Möglichkeit, die außerdem der Verwendung einer `Column` und `Row` ähnelt, ist das Übergeben einer Liste aus Widgets:

```
ListView(
  children: [
    Text('Erstes Item'),
    Text('Zweites Item'),
```

```
    Text('Drittes Item'),
  ],
)
```

Listing 6.24 Der Standardkonstruktor von »ListView«

Wenn Sie diesen Code in Ihre MaterialApp kopieren und auf einem Smartphone ausführen, werden Sie wie in Abbildung 6.18 feststellen, dass die von der `ListView` angezeigten Items nicht von dem als Statusbar festgelegten Bereich überlagert werden.

Abbildung 6.18 Die »ListView« nimmt bereits Rücksicht auf die »SafeArea«.

Eine `ListView` überprüft bereits über die `MediaQuery`, die wir in Abschnitt 6.4 behandeln werden, die Ausmaße des tatsächlichen Fensters. Sie berücksichtigt also Elemente wie die Statusbar und fügt das nötige `Padding` um Ihre Items herum ein. Sollten Sie das nicht wünschen, so können Sie dies über die Eigenschaft `padding` der `ListView` ausschalten, indem Sie `EdgeInsets.zero` übergeben.

Der ListView.builder

Einen der vier Konstruktoren, von denen ich Ihnen eingangs berichtet hatte, haben Sie bereits kennengelernt. Er eignet sich, wenn Sie eine feste und kleine bis moderate Anzahl an List-Items anzeigen möchten. Sollen aber größere Mengen eingefügt werden, empfiehlt sich das *Lazy-Loading* mit dem `ListView.builder`-Konstruktor.

Angenommen, Sie haben eine Liste von 100 Werten darzustellen, so würde die Implementierung folgendermaßen aussehen:

```
final items =
        ('Item ' * 100).split(' ')..removeWhere((item) => item.isEmpty);
...
ListView.builder(
  itemCount: items.length,
  itemBuilder: (context, index) {
```

```
    return Text(items.elementAt(index) + (++index).toString());
  },
)
```

Listing 6.25 »ListView« mit »builder«

Zunächst wird im Code eine beispielhafte Liste aus 100 Strings erzeugt, indem die Zeichenkette `'Item '` mit dem String-Operator * vervielfacht wird. Ihnen ist vielleicht das Leerzeichen am Ende aufgefallen, das ich bewusst eingefügt habe, um es für den nachfolgenden Aufruf von `split` als Trennzeichen zu benutzen und schließlich eine `List<String>` zu erhalten. Dieser Liste wird aus dem Aufruf ein abschließender leerer String übergeben, weil `split` wegen des allerletzten Teilstrings, der ebenfalls ein Leerzeichen enthält, nochmals teilt, aber keinen weiteren Inhalt danach findet. Über den *Cascade-Operator*, den Sie an den Punkten `..` erkennen, wird das Überbleibsel entfernt. Im echten Leben müssen Sie natürlich nicht umständlich eine solche Liste generieren, sondern erhalten sie auf anderen Wegen als reale Daten.

6

[+]

Der Cascade-Operator

Genauso wie Steckdosenleisten (was allerdings nicht empfohlen wird) können Sie Aufrufe kaskadieren, also hintereinanderstecken oder -setzen. Dart kann über den mit `..` implementierten Operator jegliche Funktionen (etwa Getter, Setter und Methoden, aber auch Variablen) hintereinanderschalten. In Listing 6.25 haben Sie ein Beispiel dazu gesehen.

Der Cascade-Operator erspart es Klassen oder APIs, als Rückgabewerte die Referenz auf die eigene Instanz zurückgeben zu müssen, um Aufrufe wie im *Builder-Pattern* nacheinander aufrufbar zu gestalten. Sie können auf drei Arten Elemente zu einer Liste hinzufügen:

```
someList.add(0);
someList.add(1);
someList.add(2);

someList.add(0).add(1).add(2);

someList.add(0)..add(1)..add(2);
```

Wie zu erkennen ist, erfolgt in der Cascade-Operator-Variante der erste Aufruf von `add` über das Objekt `someList`. Die beiden nachfolgenden Aufrufe erfolgen aber über den Operator, weil Dart bereits weiß, auf welche Instanz sich die beiden beziehen.

Abbildung 6.19 Die Ausgabe der Items über »ListView.builder«

Diese Liste bedient anschließend den Konstruktor `ListView.builder`, dessen zwei wichtigsten Eigenschaften bereits im Beispiel eingesetzt werden. Mit `itemCount`, dem die Länge der zuvor erzeugten Liste übergeben wird, teilen Sie dem Widget freundlicherweise mit, wie viele Elemente es zu generieren hat, um so auch den im `itemBuilder` übergebenen `index` in gültigen Grenzen halten zu können.

Der durch ein Lambda (siehe Abschnitt 3.6.7) mit zwei Parametern – nämlich `BuildContext` (`context`) und `index` – implementierte Builder generiert für jedes in der Liste befindliche Element ein darzustellendes Widget. In diesem Fall generiert er ein `Text`-Widget. Für ein bisschen mehr Pfiff füge ich an den String `'Item'`, den wir aus der generierten Liste erhalten, den um 1 inkrementierten Index an, sodass nicht mit der Null gestartet wird. Wenn Sie den Code testen, werden Sie eine den Bildschirm füllende `ListView` sehen, die ihre Elemente *lazy* (träge) erzeugt (siehe Abbildung 6.19). Das heißt, erst wenn es dargestellt würde, instanziiert die `ListView` über den Index das jeweilige Widget und verwirft es, nachdem es den sichtbaren Bereich verlassen hat. Natürlich können Sie auch durch die Liste wischen beziehungsweise scrollen.

6

ListView mit Trennelementen

Da Sie den ersten Builder soeben kennengelernt haben, fügen wir nun einen zweiten hinzu. Der Konstruktor `ListView.separated` wünscht zwei dieser Builder, die über die Eigenschaften `itemBuilder` und `separatorBuilder` übergeben werden.

Mit dieser Variante können Sie nach jedem regulären List-Item ein Trenn-Widget nach Ihren Wünschen darstellen lassen. Weil Sie über die Information des Index verfügen, können Sie jeden sogenannten Separator individuell konfigurieren. Andererseits können Sie ihn auch verwerfen, wenn Sie ein solches Trenn-Widget für alle Stellen wünschen:

```
ListView.separated(
  itemCount: items.length,
  itemBuilder: (context, index) => Text(items.elementAt(index)),
  separatorBuilder: (context, _) => Divider(),
)
```

Listing 6.26 Der Konstruktor »ListView.separator«

List-Items selektieren

Wenn Sie Ihren Items das typische Verhalten der Selektion mitgeben möchten, finden Sie in dem Widget `ListTile` aus dem Material Design ein hilfreiches Werkzeug. Schauen Sie es sich daher näher an, wenn Sie die entsprechenden Effekte visuell abbilden oder das Ereignis verarbeiten wollen.

Das Beispiel zum Konstruktor `ListView.separated` in Listing 6.26 würde mit `ListTile` folgendermaßen aussehen:

```
ListView.separated(
  itemCount: items.length,
  itemBuilder: (context, index) => ListTile(
    title: Text(items.elementAt(index)),
    onTap: () {},
  ),
  separatorBuilder: (context, _) => Divider(),
)
```

Listing 6.27 Einsatz von »ListTile«

Auf der Oberfläche bemerken Sie, dass die `ListTiles` einen viel berührungsfreundlicheren Bereich einnehmen. Abbildung 6.20 zeigt außerdem die `Divider`, die sich als horizontale Linien zeigen.

Abbildung 6.20 »ListTile«s mit »Divider«n

6.2.2 GridView

Solange Sie nur eine scrollbare Liste an Widgets anzeigen möchten, sind Sie gut mit der `ListView` beraten, die ich im letzten Abschnitt vorgestellt habe. Sollten aber zwei oder mehr Reihen nötig sein, empfiehlt sich der Einsatz der `GridView`, die ich Ihnen im Folgenden vorstellen möchte. Nachdem Ihnen die Grundlagen der `ListView` bekannt sind, wird die `GridView` auf Sie bereits vertraut wirken. So kontrollieren Sie etwa das Scrollverhalten genauso mit einem `ScrollController`.

Eine GridView erstellen

Ein beliebter Konstruktor ist `GridView.count`, den Sie einsetzen können, wenn Sie die Items nicht verzögert durch einen Builder, ähnlich wie `ListView.builder`, erzeugen möchten. Eine darin geforderte Information ist die Zahl der Spalten, die `crossAxisCount` zu übergeben ist. Zusammen mit einer Liste aus anzuzeigenden Widgets und optional dem einzuhaltenden Abstand auf den Achsen kommen Sie somit schnell zu einem ersten Wurf:

```
GridView.count(
  crossAxisCount: 2,
  children: [
    ColoredBox(color: Colors.red, child: Center(child: Text('1'))),
    ColoredBox(color: Colors.blue, child: Center(child: Text('2'))),
    ColoredBox(color: Colors.amber, child: Center(child: Text('3'))),
    ColoredBox(color: Colors.grey, child: Center(child: Text('4'))),
  ],
)
```

Listing 6.28 Beispiel für »GridView.count«

Um Abstände zwischen den einzelnen Zellen des Grids zu erzwingen, fügen Sie zwei Attribute ein:

```
crossAxisSpacing: 10,
mainAxisSpacing: 10,
```

Ich habe in diesem Beispiel das Widget `ColoredBox` eingesetzt, um einen farbigen Hintergrund zu erzeugen, sodass der von den Grid-Items eingenommene Bereich besser zu sehen ist und Sie die über `crossAxisSpacing` und `mainAxisSpacing` definierten Aussparungen erkennen können. Außerdem sind die Texte durch `Center` zentriert. Auf Ihrem Bildschirm sollte sich dieser Stand so darstellen wie in Abbildung 6.21:

Abbildung 6.21 Die von »GridView« erstellten Items

Möchten Sie eine maximale Größe für die Grid-Items definieren, steht Ihnen der Konstruktor `GridView.extent` zur Verfügung. Wenn Sie ihm einen Wert übergeben, so werden alle Item-Ausmaße kleiner oder gleich diesem Maximalwert sein. Die tatsächlichen Ausmaße hängen davon ab, wie groß ein Item gemessen an dem verfügbaren Platz werden kann, sodass trotzdem alle Spalten und Zeilen so breit wie hoch sind:

```
GridView.extent(
  maxCrossAxisExtent: 80,
  crossAxisSpacing: 10,
  mainAxisSpacing: 10,
  children: [
    ColoredBox(color: Colors.red, child: Center(child: Text('1'))),
    ColoredBox(color: Colors.blue, child: Center(child: Text('2'))),
    ColoredBox(color: Colors.amber, child: Center(child: Text('3'))),
    ColoredBox(color: Colors.grey, child: Center(child: Text('4'))),
    ColoredBox(color: Colors.pink, child: Center(child: Text('5'))),
    ColoredBox(color: Colors.green, child: Center(child: Text('6'))),
    ColoredBox(color: Colors.black54, child: Center(child: Text('7'))),
    ColoredBox(color: Colors.orange, child: Center(child: Text('8'))),
    ColoredBox(color: Colors.cyan, child: Center(child: Text('9'))),
  ],
)
```

Listing 6.29 Der Konstruktor »GridView.extent«

In diesem Fall sind neun verschiedene Items mit je einer maximalen Größe von 80 zu erstellen. Dies erzeugt das Layout aus Abbildung 6.22:

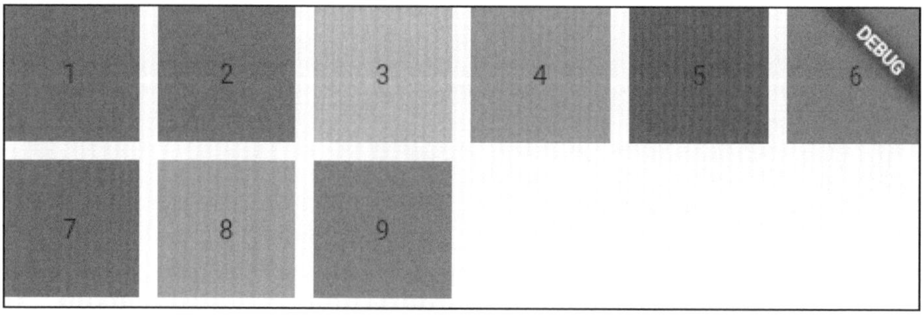

Abbildung 6.22 »Grid«-Items mit maximaler Größe

Wenn Sie dieses Beispiel als Desktop- oder Chrome-App starten, können Sie die Fenstergröße variieren und feststellen, dass die Zeilenaufteilung sich nach dem zur Verfügung stehenden Platz richtet.

Der GridView Builder

Soll eine große Zahl von Grid-Items angezeigt werden, ist der Einsatz von `GridView.builder` zu empfehlen, der analog zu `ListView.builder` (siehe Abschnitt 6.2.1) ein Lambda erhält, das eine Vorschrift zum Erstellen von Widgets enthält.

Das Beispiel der 100 Items wird als `GridView` folgendermaßen abgebildet:

```
// Erstellen der Items
final items = ('Item ' * 100).split(' ')
      ..removeWhere((item) => item.isEmpty);

GridView.builder(
  gridDelegate: SliverGridDelegateWithFixedCrossAxisCount(
    childAspectRatio: 1.61,
    crossAxisCount: 2,
    mainAxisSpacing: 5,
    crossAxisSpacing: 5,
  ),
  itemCount: items.length,
  itemBuilder: (context, index) {
    return ColoredBox(
        color: Colors.grey,
        child: Center(
            child: Text(items.elementAt(index) + (++index).toString())));
  },
)
```

Listing 6.30 »GridView.builder«

Der Konstruktor `GridView.builder` bietet nicht mehr direkt die Einstellungsmöglichkeit über die Ausmaße und Abstände des Grids. Dafür müssen Sie einen sogenannten `gridDelegate` übergeben, der über zwei Implementierungen verfügt: `SliverGridDelegateWithFixedCrossAxisCount` und `SliverGridDelegateWithMaxCrossAxisExtent`. Ersteres sehen Sie oben im Listing, es entspricht dem Konstruktor `GridView.count`. Letzteres entspricht `GridView.extent`. Eigentlich befinden sich die Einstellungen also nur an einem anderen Ort, verhalten sich aber gleich. `SliverGrid` (und den Begriff *Sliver* generell) lernen Sie in Abschnitt 6.2.11 kennen. Ein Sliver repräsentiert das Konzept eines scrollbaren Teils des Bildschirms und spielt deswegen selbstverständlich auch eine Rolle in der `GridView` und der `ListView` (siehe Abschnitt 6.2.1). Beide stellen automatisch eine Scrollfunktionalität zur Verfügung, wenn der darzustellende Inhalt den verfügbaren Platz übersteigt.

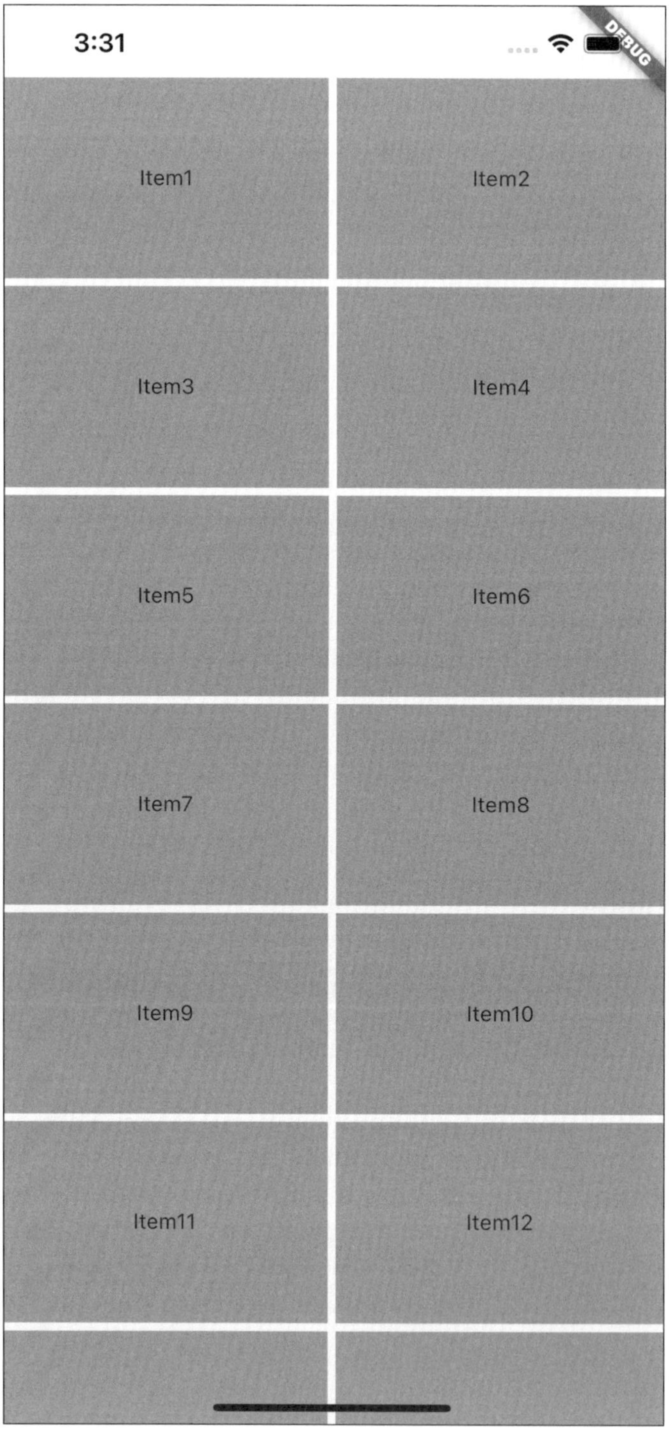

Abbildung 6.23 Das Ergebnis von »GridView.builder«

Zur Demonstration habe ich dem Konstruktor des eingesetzten `SliverGridDelegateWithFixedCrossAxisCount` auch einen Wert für die Eigenschaft `aspectRatio` (*Seitenverhältnis*) übergeben, was sich darin widerspiegelt, dass die Grid-Items nun nicht mehr quadratisch sind, wie Sie in Abbildung 6.23 sehen.

6.2.3 Der Konstruktor für Spezialfälle

`ListView` und `GridView` besitzen einen weiteren Konstruktor: `ListView.custom` bzw. `GridView.custom`. Weil diese Variante aber äußerst selten eingesetzt wird, weise ich an dieser Stelle nur auf sie hin. Falls Sie Einfluss auf den Algorithmus nehmen wollen, der die Größe der nicht sichtbaren List-Items berechnet, sind Sie hier richtig. Das dürfte jedoch eher der Ausnahmefall sein.

6.2.4 Vertikal oder horizontal: ScrollDirection

Sie können mithilfe der Eigenschaft `scrollDirection` in ScrollViews die Richtung vorgeben, in der die Hauptachse verläuft. Zur Auswahl stehen Ihnen `vertical`, das als Standard verwendet wird, und `horizontal`. Somit ließe sich etwa eine `GridView` waagerecht ausrichten:

```
GridView.count(
  crossAxisCount: 2,
  crossAxisSpacing: 5,
  mainAxisSpacing: 5,
  scrollDirection: Axis.horizontal,
  children: [
    ColoredBox(color: Colors.red, child: Center(child: Text('1'))),
    ...
    ColoredBox(color: Colors.cyan, child: Center(child: Text('9'))),
  ],
)
```

Listing 6.31 Eine horizontal ausgerichtete »GridView«

Wenn Sie die Fenstergröße ändern bzw. das Gerät drehen, werden Sie sehen, dass sich die Boxen in Höhe und Breite an das Display anpassen. Während sie im sogenannten Portrait-Modus noch riesig aussehen, zeigen sie sich im Landscape-Modus aus Abbildung 6.24 in einer verträglicheren Größe.

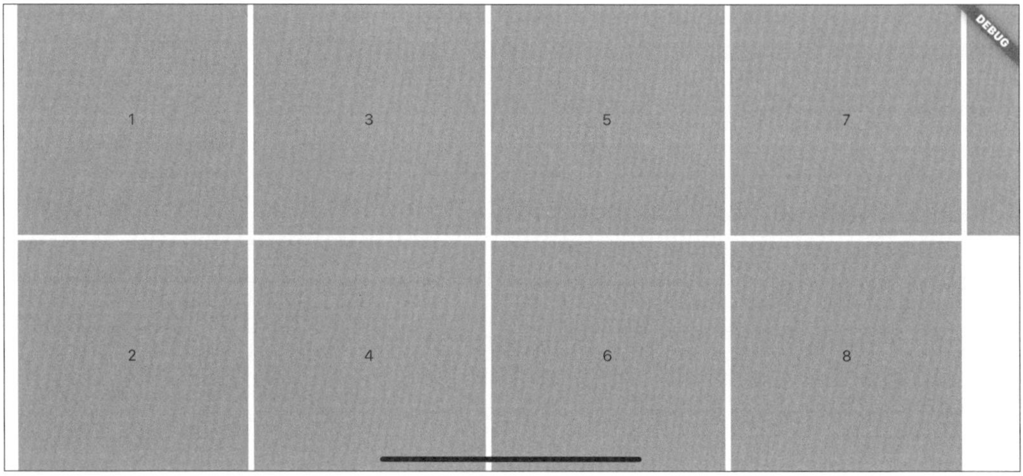

Abbildung 6.24 Die horizontale »GridView« im »Landscape«-Modus

6.2.5 Der ScrollController

Das von den Scroll-Widgets wie `ListView` und `GridView` implementierte Scrollverhalten orientiert sich zunächst an der ausführenden Plattform, etwa Android oder iOS. Wenn Sie den Beispielcode auf einem Android-Emulator ausführen, wird sich das Scrollen besonders beim Erreichen des Endpunkts von dem Scrollen auf dem iOS-Simulator unterscheiden.

Über die Eigenschaft `physics` können Sie explizit definieren, welches Verhalten Sie wünschen. Flutter ist, wie Sie aus Abschnitt 5.3 wissen, durch seine eigene Rendering-Engine nicht auf die Plattform angewiesen und kann beliebige Scrollverhalten darstellen. Somit können Sie auf dem iOS- Simulator mit folgendem Code das für Android typische Verhalten konfigurieren:

```
ListView(
  physics: ClampingScrollPhysics(),
  children: [
    Text('Erstes Item'),
    Text('Zweites Item'),
    Text('Drittes Item'),
  ],
)
```

Listing 6.32 Android-Scrolling in einer »ListView«

Andersherum stellen Sie explizit das iOS-typische Verhalten wie folgt ein:

```
physics: BouncingScrollPhysics(),
```

Sollte sich auf Ihrem Bildschirm nichts mehr scrollen lassen, machen Sie sich keine Sorgen: Mit den beiden Verhalten `ClampingScrollPhysics` und `BouncingScrollPhysics` haben Sie nichts kaputtgemacht, sondern ein Scrollen tritt erst ein, wenn die List-Items über den Rand hinausragen, das Scrollen also nötig ist. Die Standardeinstellung `AlwaysScrollableScrollPhysics` lässt Sie sogar scrollen, wenn die Elemente in den verfügbaren Bereich passen. Dem Konstruktor dieses Scrollverhaltens können Sie über `parent` das gewünschte Verhalten übergeben und damit auch das `AlwaysScrollable`-Element behalten:


```
ListView(
  physics: AlwaysScrollableScrollPhysics(parent: BouncingScrollPhysics()),
  children: [
    Text('Erstes Item2'),
    Text('Zweites Item'),
    Text('Drittes Item'),
  ],
)
```

Listing 6.33 »AlwaysScrollableScrollPhysics«

Wenn Sie jegliches Scrollen auf einer ScrollView verhindern möchten, etwa wenn die `ListView` bereits in einem anderen scrollfähigen Widget ist, dann weisen Sie der Eigenschaft `physics` ein `NeverScrollableScrollPhysics` zu:

```
ListView(
  physics: NeverScrollableScrollPhysics(),
  children: [
    Text('Erstes Item'),
    Text('Zweites Item'),
    Text('Drittes Item'),
  ],
)
```

Listing 6.34 »ListView« mit deaktiviertem Scrollen

[«]

Nur programmgesteuert scrollen

Müssen Sie durch einen Inhalt scrollen können (etwa durch eine Animation), während die User Ihrer App nicht selbst mit der ScrollView interagieren können sollen, dann setzen Sie auch hierfür die Eigenschaft `physics` auf die Implementierung `NeverScrollableScrollPhysics`. Hierdurch können Sie programmgesteuert Positionen anscrollen. Bei Berührungen der Oberfläche bleibt eine Scrollreaktion der Bedienoberfläche aber aus.

Mithilfe eines `ScrollControllers` können Sie in einer ScrollView einen initialen Scroll-Punkt setzen, die aktuelle Scrollposition auslesen oder die ScrollView über die Methode `animateTo` des Controllers zu einer bestimmten Position fahren lassen:

```
ListView(
  controller: ScrollController(initialScrollOffset: 100),
  children: [
    Text('Erstes Item'),
    Text('Zweites Item'),
    Text('Drittes Item'),
    ...
  ],
)

final scrollController = ScrollController();
ListView(
  controller: scrollController
  ...
);

...

const offset = 100.0;
scrollController.animateTo(
  offset,
  duration: Duration(milliseconds: 300),
  curve: Curves.easeInOut,
);
```

Listing 6.35 Eine initiale Scrollposition definieren und »animateTo« nutzen

Wie Sie sehen, können Sie mit `duration` eine Dauer für die Animation eingeben und mit `curve` eine Animationskurve. Dabei bedeutet `easeInOut` ein allmählich beschleunigendes und dann sanft abbremsendes Verhalten. Probieren Sie ruhig die anderen Verhaltensweisen aus, die Ihnen Ihre IDE über die Codevervollständigung anbietet!

6.2.6 Die Eigenschaft shrinkWrap

ScrollViews nehmen in Richtung der Hauptachse die volle Höhe oder Breite ein, die ihnen über die durchgereichten Constraints gestattet wird. Stellen Sie sich vor, dass sich Ihre `ListView` oder `GridView` in einer anderen ScrollView befindet. Die äußere View reicht keine Beschränkungen zur inneren weiter, da sie ja eine ScrollView ist und daher theoretisch unendlich lange Inhalte scrollen könnte. Diese Situation ist für

Flutter ein Problem, denn die innere ScrollView verlangt nach gültigen Constraints, um sich selbst auszubreiten. Eine unendliche Höhe oder Breite stellt allerdings keinen validen Wert dar.

Betrachten Sie dazu das folgende Beispiel:

```
ListView(
   children: [
     ListView(
      children: [
        Text('Hallo, Welt'),
      ],
    )
  ],
)
```

Listing 6.36 Verschachtelte ScrollViews

Wenn Sie diesen Code in eine `build`-Methode einfügen, wird Flutter Ihnen diesen Fehler melden:

```
Vertical viewport was given unbounded height.
```

Wie oben beschrieben, verlangt die innere `ListView` nach Constraints, bekommt von der äußeren aber keine Einschränkung.

ScrollViews besitzen die Eigenschaft `shrinkWrap`, die Ihnen in diesem Fall hilft. Sobald sie auf `true` gesetzt wird, berechnet eine ScrollView die Ausmaße ihrer Hauptachse über die Größe der zugeführten `children`. Diese Einstellung ist jedoch viel aufwendiger für Flutter.

Das Beispiel lässt sich also folgendermaßen in Ordnung bringen, sodass die Fehlermeldung mit dem nächsten Hot-Reload verschwindet:

```
ListView(
  children: [
    ListView(
      shrinkWrap: true,
      children: [
        Text('Hallo, Welt'),
      ],
    )
  ],
)
```

Listing 6.37 Die Eigenschaft »shrinkWrap«

6.2.7 Ein einfaches Widget scrollen

Häufig kommt es vor, dass ein Widget auf einem bestimmten Gerät nicht vollständig auf den Bildschirm passt, etwa bei kleinen oder alten Smartphones. Sie können das Abschneiden der Inhalte durch die `SingleChildScrollView` verhindern, in die Sie das problematische Element einwickeln.

Das folgende Beispiel stellt das Szenario anhand eines `Text`-Widgets mit sehr großer Schrift dar, das auf keinem Simulator gänzlich zu sehen sein wird:

```
Text(
  'Hallo, Welt',
  style: TextStyle(fontSize: 400),
)
```

Listing 6.38 Text mit sehr großer Schrift

Wenn Sie das Beispiel übertragen, werden Sie wie in Abbildung 6.25 nur einige wenige Buchstaben erkennen können.

Abbildung 6.25 Der Text ist zu groß für den Bildschirm.

Als Nächstes wird die Lösung in Form einer `SingleChildScrollView` implementiert. Hierzu wickeln Sie `Text` entsprechend ein:

```
SingleChildScrollView(
  child: Text(
    'Hallo, Welt',
    style: TextStyle(fontSize: 400),
  ),
)
```

Listing 6.39 Der Text kann nun gescrollt werden.

Damit haben Sie sichergestellt, dass der `Text` auf jedem Gerät vollständig durch das Scrollen betrachtet werden kann. Mit der *Schriftgröße* wurden Probleme mit der Displaygröße nur simuliert, aber die Lösung lässt sich genauso auf andere Fälle übertragen, in denen der Inhalt den sichtbaren Bereich des Bildschirms überschreitet.

6.2.8 Die Scrollleiste

Ist Ihnen im letzten Abschnitt zur `SingleChildScrollView` und auch schon bei den vorherigen Beispielen aufgefallen, dass Sie keine *Scrollbar* gesehen haben?

Die visuelle Darstellung der Scrollposition als Scrollleiste wird durch ein eigenes Widget realisiert, und Sie ahnen es sicherlich bereits: Eine ScrollView ist mit diesem Widget einzuwickeln, das `Scrollbar` genannt wird. Somit erhalten Sie beim Scrollen eine entsprechende Leiste, wenn Sie das Beispiel aus dem vorherigen Abschnitt um eine `Scrollbar` erweitern:

```
Scrollbar(
  child: SingleChildScrollView(
    child: Text(
      'Hallo, Welt',
      style: TextStyle(fontSize: 400),
    ),
  ),
)
```

Listing 6.40 »SingleChildScrollView« mit »Scrollbar«

6.2.9 ScrollNotifications

Das Widget `Scrollbar` ist ein eigenständiges Widget. Wie kommt es also an die Informationen, um die aktuelle Scrollposition darzustellen? Flutter bietet `ScrollNotifications`, die ausgesendet werden, wenn sich eine ScrollView verändert. Diese *Notifications* können von einem `NotificationListener` behandelt werden. So könnten Sie statt eines Scrollbalkens Ihre eigene Implementierung eines *Listeners* abbilden. Im unteren Beispiel wird statt der `Scrollbar` ein `NotificationListener` eingesetzt, und er wird den Namen der erhaltenen Notification ausgeben:

```
NotificationListener<ScrollNotification>(
  onNotification: (notification) {
    print(notification.runtimeType.toString());
    return true;
  },
  child: SingleChildScrollView(
    child: Text(
      'Hallo, Welt',
      style: TextStyle(fontSize: 400),
    ),
  ),
)
```

Listing 6.41 Ein eigener »NotificationListener«

Ein `NotificationListener` benötigt ein generisches Argument, das den Typ der zu behandelnden Notification spezifiziert. In diesem Fall ist es die `ScrollNotification`. Ereignisse werden über `onNotification` verarbeitet, eine Funktion, die als Argument die Instanz bekommt und am Ende ein Boolean zurückgibt, das bestimmt, ob die Notification als verarbeitet angesehen wird oder weiter den Widget-Tree nach oben wandern soll. In diesem Fall haben wir die Nachricht erfolgreich verarbeitet, niemand sonst muss sich noch darum kümmern, daher ist `true` der richtige Rückgabewert. Eine Notification wird standardmäßig den gesamten Widget-Tree durchwandern, solange sie nicht als behandelt markiert wird.

Wenn Sie den Code auf Ihren Simulator übertragen, wird die Ausgabe viele Zeilen schreiben. Der Inhalt wird ähnlich aussehen wie diese:

```
[...]
flutter: ScrollUpdateNotification
flutter: ScrollUpdateNotification
flutter: ScrollUpdateNotification
flutter: ScrollEndNotification
flutter: UserScrollNotification
```

Offenbar existieren verschiedene `ScrollNotifications`. Flutter definiert fünf unterschiedliche Typen. Obligatorisch sind `ScrollStartNotification` als Ereignis, wenn das Scrollen beginnt, und entsprechend die `ScrollEndNotification` am Ende. Dazwischen erkennen Sie Unmengen an `ScrollUpdateNotifications` in der Ausgabe. Für jede einzelne Änderung der ScrollView werden diese Ereignisse generiert. Die UserScrollNotification, die sich ebenfalls in Ihrer Ausgabe befindet, informiert Sie darüber, dass der Nutzer die Scrollrichtung gewechselt hat. Die letzte der Notifications ist die OverscrollNotification, die auftritt, wenn die Scrollposition nicht verändert wurde, weil ansonsten über die gegebenen Grenzen der ScrollView hinaus gescrollt werden würde.

Eben diese ScrollNotifications werden von dem Widget Scrollbar erfasst und als Balken in der Oberfläche visualisiert. Möchten Sie einmal Ihre eigene Repräsentation abbilden, bauen Sie ein eigenes Widget, das jene Notifications verarbeitet und nach Ihren Wünschen darstellt.

Falls Sie mehrere ScrollViews ineinander verschachteln oder Ihren Listener nicht unmittelbar um den Sender herumlegen, können Sie ihn über die Eigenschaft depth der Notification ermitteln. depth liefert einen Wert vom Typ int, der die Anzahl der durchwanderten Widgets auf dem Weg zu Ihrem Empfänger angibt.

6.2.10 Wie im Karussel: Die PageView

Die vorgestellten ScrollViews haben nicht den Eindruck einer Navigation, etwa durch ein Formular oder ein Tutorial, vermittelt. Soll ein solcher Effekt abgebildet werden, dann sind Sie bei PageView genau richtig.

Das nächste Beispiel kreiert drei Seiten, durch die Sie horizontal scrollen können:

```
PageView(
  children: [
    ColoredBox(color: Colors.red),
    ColoredBox(color: Colors.blue),
    ColoredBox(color: Colors.orange),
  ],
)
```

Listing 6.42 Eine »PageView« mit drei Seiten

Sie werden nacheinander durch drei Bildschirme in der Reihenfolge rot, blau und orange navigieren, genauso wie sie im Code aus Listing 6.42 angegeben wurden.

Allerdings funktioniert das nur auf Geräten mit Touch-Steuerung, also auf Smartphones, Tablets und entsprechenden Emulatoren. Damit der PageView auch im Browser und in Desktop-Apps funktioniert, müssen Sie ihn in eine ScrollConfiguration verpacken:

```
ScrollConfiguration(
  behavior: MouseDraggableScrollBehavior(),
```

```
  child: PageView(
    children: [
      ...
    ],
  ),
),
```

Dabei ist die `ScrollConfiguration` eine eigene Implementierung von `MaterialScroll-Behavior`, die die Steuerung auch für Mäuse freischaltet:

```
class MouseDraggableScrollBehavior extends MaterialScrollBehavior {
  @override
  Set<PointerDeviceKind> get dragDevices => <PointerDeviceKind>{
    PointerDeviceKind.touch,
    PointerDeviceKind.mouse,
  };
}
```

Wie die zuvor besprochenen ScrollViews besitzt auch die `PageView` die Eigenschaft `scrollDirection`, sodass Sie den Standard, der hier `Axis.horizontal` ist, auf `Axis.vertical` umstellen können. Anschließend können Sie vertikal scrollen.

Ebenfalls hilfreich ist das Ereignis `onPageChanged`, dem Sie eine Funktion übergeben können, die als Argument den Index der Seite erhält, zu der navigiert wurde.

Die beiden Eigenschaften sind in Listing 6.43 beispielhaft implementiert:

```
PageView(
  onPageChanged: (index) => print('Seite: ${++index}'),
  scrollDirection: Axis.vertical,
  children: [
    ColoredBox(color: Colors.red),
    ColoredBox(color: Colors.green),
    ColoredBox(color: Colors.blue),
  ],
)
```

Listing 6.43 »PageView« mit »onPageChanged« und »scrollDirection«

Ähnlich wie die anderen ScrollViews, die mit einen `ScrollController` weitergehend angepasst werden können, kann eine `PageView` durch einen `PageController` erweitert werden. Sie können damit etwa das Zwischenspeichern der an `children` übergebenen Widgets konfigurieren oder mit der Methode `animateTo`, die Sie vom `ScrollController` kennen, zu einer spezifischen Page springen.

6.2.11 Slivers

Ein *Sliver* beschreibt in Flutter einen scrollbaren Bereich und stellt das Fundament der ScrollViews dar, die Sie soeben kennengelernt haben. Falls Sie mehrere verschiedene Layouts, wie *List* oder *Grid*, in einer einzigen ScrollView kombinieren wollen, können Sie das problemlos und komfortabel lösen. Es existieren einige *Sliver*-Widgets, zum Beispiel

- die `SliverList`, die eine Liste aus Widgets darstellt,
- das `SliverGrid`, das ein Gridlayout erzeugt,
- die `SliverAppBar`, mit der Sie eine aus dem Bildschirm heraus- und in ihn hineinscrollende *AppBar* abbilden können, und
- der `SliverToBoxAdapter`, mit dem Sie jegliches Widget, das kein `Sliver` ist, in ein solches integrieren können.

Die *Sliver*-Widgets implementieren selbst keine ScrollView und werden deshalb in eine `CustomScrollView` gesetzt. Das folgende Beispiel zeigt die oben erwähnten *Sliver*-Widgets in Aktion:

```
final widgets = List.generate(
  200,
  (index) => Text('Text-Widget mit Index: $index'),
);

final sliverListChildren = widgets.take(100).toList();
final sliverGridChildren = widgets.skip(100).toList();

CustomScrollView(
  slivers: [
    SliverAppBar(
      title: Text('Titel in der AppBar'),
    ),
    SliverList(
      delegate: SliverChildBuilderDelegate(
        (context, index) => sliverListChildren.elementAt(index),
        childCount: sliverListChildren.length,
      ),
    ),
    SliverToBoxAdapter(
      child: Container(
        color: Colors.green,
        height: 200,
      ),
    ),
```

```
    SliverGrid(
      delegate: SliverChildListDelegate(sliverGridChildren),
      gridDelegate: SliverGridDelegateWithFixedCrossAxisCount(
        crossAxisCount: 2,
      ),
    )
  ],
)
```

Listing 6.44 »CustomScrollView« mit Slivers

Zuerst werden einige Hundert Widgets, die anschließend den *Slivers* übergeben werden sollen, im Code erstellt (siehe Abbildung 6.26).

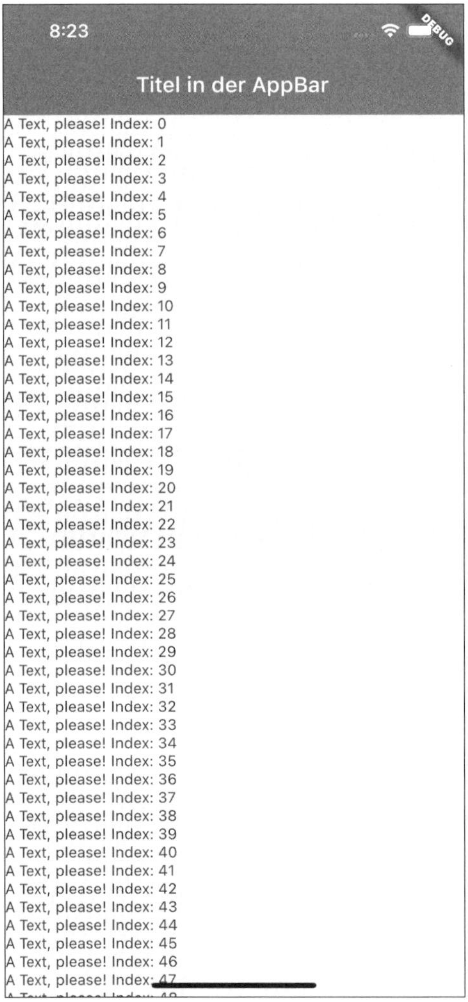

Abbildung 6.26 Die »CustomScrollView« mit sichtbarer »AppBar«

Danach wird eine `CustomScrollView` angeführt, die eine speziell auf *Slivers* ausgerichtete ScrollView ist. Das merken Sie auch anhand der Eigenschaft `slivers`, die anstelle von `children` angeboten wird.

SliverAppBar

Das erste Sliver ist die `SliverAppBar`, die Sie auch in Abbildung 6.26 im oberen Bereich des Bildschirms sehen. Im Beispiel kommt sie recht unscheinbar daher, weil sie auf das Anzeigen des Titels reduziert ist. Sie können darüber hinaus aber vielfältige Einstellungen zum Verhalten beim Scrollen vornehmen. Über Eigenschaften wie `leading`, `title`, `actions` oder `trailing` stehen Ihnen unzählige Möglichkeiten offen, die AppBar zu entwerfen.

SliverList

Als Nächstes wird die `SliverList` eingereiht, deren Konzept Sie mit der `ListView` (siehe Abschnitt 6.2.1, »ListView«) zuvor kennengelernt haben. Die anzuzeigenden Widgets, die Sie oft über die Eigenschaft `children` übergeben, werden bei Slivers über sogenannte *Delegates* verwaltet. Diese existieren als Builder – einer wird an `SliverList` weitergereicht – und als feststehende Liste, wie Sie sie beim übernächsten Sliver, dem `SliverGrid`, sehen.

Der zugewiesene Builder, implementiert durch ein Lambda, gibt für den aktuellen Index das entsprechende Widget aus der zu Beginn erstellten Abfolge zurück. Außerdem erhält er über `childCount` die Anzahl der Listenelemente. Diese Kombination ist Ihnen auch von `Column`- oder `Row`-Buildern bekannt.

[«]

Mehr Leistung gewünscht?

Die einzelnen Widgets in einer `SliverList` werden untereinander dargestellt, und für jedes muss die benötigte Größe berechnet werden. Falls Sie den nötigen Platz schon kennen oder er für alle Widgets gleich sein wird, könnten Sie die `SliverListFixedExtentList` einsetzen.

Hier besteht die Möglichkeit, den Wert einer Größe, die jedem Widget zugeteilt wird, bereits vorab der Eigenschaft `itemExtent` zuzuweisen, sodass keine Berechnungen mehr durchgeführt werden müssen.

Im aktuellen Beispiel wäre dies schon von Vorteil, weil es immer die gleichen Inhalte sind (nämlich jeweils ein simples `Text`), die untereinander angezeigt werden.

Weil die verwendeten Widgets nicht variieren, könnten Sie sogar noch einen komfortablen Schritt weiter gehen. Der Typ `SliverPrototypeExtentList` nimmt in `prototypeItem` einen *Prototyp* auf, zum Beispiel das erste Widget der Quellliste, und überträgt die benötigte Größe auf alle nachfolgenden Elemente.

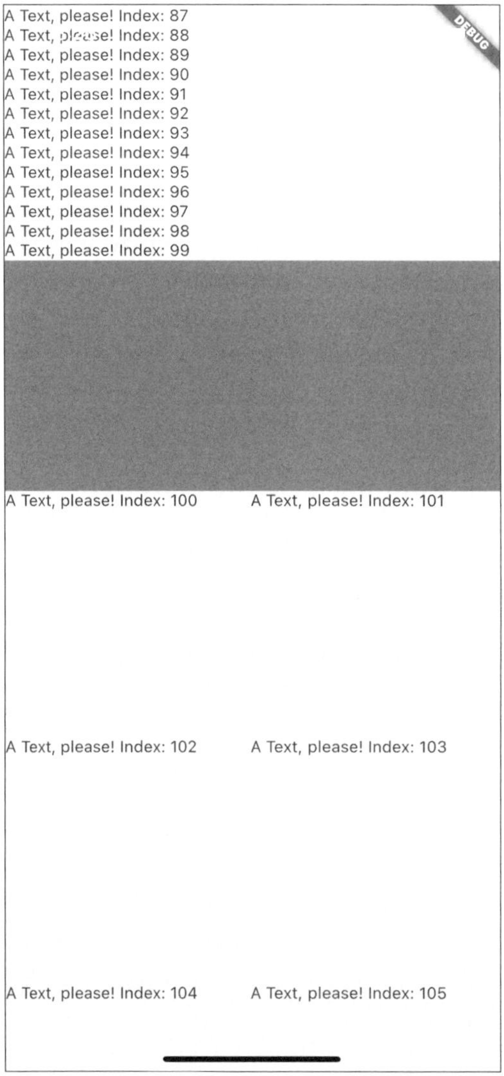

Abbildung 6.27 SliverList, SliverBoxAdapter und SliverGrid

SliverToBoxAdapter

Hier ist der Name Programm: Mit dem *Adapter* schafft Flutter die Möglichkeit, jene Widgets, die selbst kein Sliver sind, an Slivers anzudocken. Ich habe das Konzept in Listing 6.44 anhand des Widgets `Container` implementiert, der mehrere Eigenschaften hinsichtlich Dekoration wie Farbe, Ausmaße und Abstände in sich vereint. Im Beispiel wird er über eine Höhe von 200 logischen Pixeln aufgespannt und grün angestrichen. Wie Sie in Abbildung 6.27 sehen, wird er innerhalb der Sliver problemlos angezeigt.

Wann immer Sie ein reguläres, das heißt nicht Sliver-artiges Widget einfügen wollen, können Sie auf diesen Adapter zurückgreifen.

SliverGrid

Zuletzt wird dem `CustomScrollView` ein `SliverGrid` hinzugefügt, das einen `SliverChildListDelegate` an die Eigenschaft `delegate` übergibt. Wie im Abschnitt zu `SliverList` beschrieben, handelt es sich hierbei um jene Version der beiden Varianten, bei der alle Listenelemente unmittelbar von Flutter gerendert werden und nicht wie beim Builder, sobald die Elemente in den sichtbaren Bereich kommen. Die Auswahl oder Zuweisung beider Varianten auf die `SliverList` und das `SliverGrid` erfolgte vollkommen willkürlich. Sie könnten im Beispielcode beide Delegates miteinander vertauschen.

6

Die zweite Eigenschaft, die dem `SliverGrid` hinzugeführt wird, ist der `gridDelegate`. Diesen kennen Sie bereits aus manchem Konstruktor von `GridView` (siehe Abschnitt 6.2.2, »GridView«).

SliverFillViewport

Mit `SliverFillViewport` können Sie einen Sliver erstellen, der alle seine Elemente stets auf die volle Größe des Bildschirms (*Viewports*) ausbreitet, ähnlich etwa wie bei der `PageView` (siehe Abschnitt 6.2.10). Dem Widget werden reguläre Widgets übergeben, also nicht Sliver-Widgets.

Das folgende Beispiel greift die drei nacheinander scrollbaren Farben aus dem Abschnitt der `PageView` noch mal auf und zeigt die drei `ColoredBox`-Widgets innerhalb von `SliverFillViewport`:

```
CustomScrollView(
  slivers: [
    SliverFillViewport(
      delegate: SliverChildListDelegate(
        [
          ColoredBox(color: Colors.red),
          ColoredBox(color: Colors.green),
          ColoredBox(color: Colors.blue),
        ],
      ),
    ),
  ],
)
```

Listing 6.45 Das Widget »SliverFillViewport«

Nachdem Sie diesen Code auf Ihren Simulator übertragen haben, sehen Sie beim Scrollen, dass die Widgets den gesamten Bildschirm bedecken.

6.2.12 Caching von Items

Sie können beeinflussen, ob die Items Ihrer ScrollView zwischengespeichert werden, nachdem sie den sichtbaren Bereich verlassen haben. Hierzu bietet Flutter das Widget `KeepAlive`, das – gepaart mit einem State, der `KeepAliveNotifications` aussendet – die Kontrolle über das Speichern und die Freigabe für den Garbage Collector implementiert.

Die beiden genannten Bausteine bringen einiges an Komplexität und Implementierungsaufwand mit sich und außerdem die Gefahr, bei fehlenden Notifications ein *Resource Leak* zu generieren (also beanspruchte, aber nicht wieder freigegebene Ressourcen). Möchten Sie die Verwaltung Ihrer Items in einer ScrollView beeinflussen, empfiehlt sich daher das Widget `AutomaticKeepAlive` im Zusammenspiel mit dem `AutomaticKeepAliveClientMixin`.

Tatsächlich greifen ScrollViews (unter anderem `ListView`, `GridView`, aber auch `SliverList` und `SliverGrid`) auf `AutomaticKeepAlive` zurück und wickeln jedes übergebene `child`-Widget darin ein. In den Konstruktoren von `ListView` und `GridView` finden Sie mit dem Argument `addAutomaticKeepAlives` die Möglichkeit, diese implizite Einwicklung zu untersagen.

Zum Funktionieren benötigt das Konzept allerdings auch die angesprochenen `KeepAliveNotifications`, die vom `AutomaticKeepAliveClientMixin` für Sie abstrahiert werden. Dieses `Mixin` (siehe Abschnitt 3.7.5) lässt Sie zwei Methoden überschreiben: `wantKeepAlive` und `updateKeepAlive`. Die erste Methode bestimmt, ob eine Zwischenspeicherung gewünscht ist. Um die zweite Methode müssen Sie sich nur kümmern, falls sich die Entscheidung zwischenzeitlich ändern könnte. Dann muss Ihr Code `updateKeepAlive` aufrufen. Weil `KeepAliveNotifications` im engen Zusammenhang mit der `build`- und `deactivate`-Methode eines State-Objekts (siehe Abschnitt 5.2.5) stehen, müssen beide ihre jeweiligen Eltern-Implementierungen über das Schlüsselwort `super` ausführen. Die Dokumentation von `AutomaticKeepAliveClientMixin` besagt explizit, dass die `build`-Methode zu Beginn `super.build` aufrufen muss, weil sie dies für gewöhnlich nicht tut, da `State` keine aufzurufende Implementierung anbietet. Für die Methode `deactivate` hingegen ist dies Standard und wird sogar von der API durch die Annotation `@mustCallSuper` gefordert. In Verbindung mit diesen beiden Implementierungen werden die `KeepAliveNotifications` verarbeitet und informieren darüber, ob das implementierende Widget aktiv ist (`build`) oder nicht mehr im Widget-Tree existiert (`deactivate`) (siehe zu diesem Thema auch Abschnitt 5.2.4, »Das Widget verschieben«).

Das nächste Beispiel definiert ein eigenes `StatefulWidget` (siehe Abschnitt 5.2), das in seinem State das Mixin implementieren wird. Sobald Sie dieses Widget in einer ScrollView, einer `SliverList` oder einem `SliverGrid` verwenden, werden die Items zwischengespeichert. Zunächst werden wir das Widget aber ohne das Mixin implementieren, sodass Sie über Logausgaben sehen, wie nicht mehr sichtbare Widgets abgebaut werden:


```
class KeepAliveClientMixinExample extends StatefulWidget {
  const KeepAliveClientMixinExample({this.index});
  final int index;

  @override
  _KeepAliveClientMixinExampleState createState() =>
      _KeepAliveClientMixinExampleState();
}

class _KeepAliveClientMixinExampleState
    extends State<KeepAliveClientMixinExample> {

  @override
  Widget build(BuildContext context) {
    return Text('Keep Alive, please! Index: ${widget.index}');
  }

  @override
  void dispose() {
    super.dispose();

    print('Disposed: ${widget.index}');
  }
}
```

Listing 6.46 Ein »StatefulWidget«

Das vorgestellte `StatefulWidget` möchte von außen einen Index erhalten, den ich zur Nachverfolgung der einzelnen Instanzen einsetzen möchte. So sehen Sie `index` in der `build`- und `dispose`-Methode verwendet.

Dieses Widget können Sie selbstverständlich wie jedes andere `Stateless`- oder `StatefulWidget` in einer ScrollView oder einer `SliverList` und `SliverGrid` einsetzen:

```
ListView(
  children: [
    KeepAliveClientMixinExample(),
    KeepAliveClientMixinExample()
```

```
  ],
)
```

Listing 6.47 Verwendung in einer »ListView«

Wenn Sie den Code in Ihrem Simulator ausführen, werden Sie beim Scrollen durch die Einträge viele Logausgaben sehen, etwa:

```
flutter: Disposed: 151
flutter: Disposed: 150
flutter: Disposed: 155
flutter: Disposed: 154
flutter: Disposed: 153
flutter: Disposed: 152
flutter: Disposed: 156
```

Dies bedeutet, dass die Instanzen des Widgets nicht zwischengespeichert, sondern dem Garbage Collector zugeführt werden, sobald sie den sichtbaren Bereich verlassen. Das ändern wir im Handumdrehen, indem wir das `AutomaticKeepAliveClientMixin` verwenden!

Zunächst ist der Code des States entsprechend anzupassen:

```
class _KeepAliveClientMixinExampleState
    extends State<KeepAliveClientMixinExample>
    with AutomaticKeepAliveClientMixin {
  @override
  Widget build(BuildContext context) {
    super.build(context);
    return Text('Keep Alive, please! Index: ${widget.index}');
  }

  @override
  void dispose() {
    super.dispose();
    print('Disposed: ${widget.index}');
  }

  @override
  bool get wantKeepAlive => true;
}
```

Listing 6.48 Das »StatefulWidget« implementiert das Mixin.

Es handelt sich weiterhin um das nahezu leere `StatefulWidget`, das in seinem State jetzt aber das Mixin über das Schlüsselwort `with` deklariert. Am Ende ist die Implementierung von `wantKeepAlive` festgehalten, die einfacherweise immer eine Zwischenspeicherung verlangt.

Führen Sie einen Hot-Reload oder – falls Sie keine Veränderung sehen – einen Hot-Restart aus. Nun sind die Logausgaben von `dispose` verschwunden, weil die Widgets beim Scrollen zwischengespeichert werden. Sie können sich sicher vorstellen, dass Sie mit der Verwendung von `AutomaticKeepAlive` und dem `AutomaticKeepAliveClientMixin` gerade bei größeren und aufwendig zu initialisierenden `StatefulWidgets` viel Potenzial zur Leistungsverbesserung nutzen können.

6.3 Constraints, Höhen und Breiten

In manchen Beispielen wurden bereits Größen in logischen Pixeln angegeben. Dieser Abschnitt soll Sie mit den von Flutter bereitgestellten Widgets vertraut machen, die die Constraints und Ausmaße der umwickelten Elemente beeinflussen können.

6.3.1 AspectRatio

Um einen Teil des Widget-Trees oder ein bestimmtes Widget, das an `child` übergeben wurde, nach Maßgabe eines Seitenverhältnisses (*aspect ratio*) anzuzeigen, verwenden Sie das Widget `AspectRatio`. Aus den gegebenen Constraints, die es vom Elternwidget bekommt, und aus der Angabe des als `double` ausgedrückten Verhältnisses von Breite zu Höhe passt es seine Abkömmlinge entsprechend an. Wenn keine gültige Verteilung möglich ist, die dem Wert entspricht, fällt es auf die zugeteilten Constraints zurück. Um etwa einen farbigen Bereich im *Goldenen Schnitt* zu definieren, schreiben Sie folgenden Code:

```
AspectRatio(
  aspectRatio: 1.618,
  child: ColoredBox(
    color: Colors.green,
  ),
)
```

Listing 6.49 »AspectRatio« im Goldenen Schnitt (Seitenverhältnis 1,618:1)

6.3.2 ConstrainedBox

Wie Sie bereits wissen, basiert das Widgetsystem in Flutter auf Constraints. Mit der `ConstrainedBox` können Sie Ihre eigenen Constraints vom Typ `BoxConstraints` angeben.

Nehmen wir an, dass ein Widget mindestens 100 logische Pixel Breite und Höhe einnehmen soll, aber maximal in jeder Dimension auf 400 anwachsen darf. Dann geben Sie diese Einschränkungen über `BoxConstraints` weiter, etwa an eine `ColoredBox`, indem Sie schreiben:

```
ConstrainedBox(
  constraints: BoxConstraints(
    maxHeight: 400,
    minHeight: 100,
    maxWidth: 400,
    minWidth: 100,
  ),
  child: ColoredBox(color: Colors.green),
)
```

Listing 6.50 Eine »ColoredBox« in einer »ConstrainedBox«

6.3.3 UnconstrainedBox

Falls eines Ihrer Widgets etwas mehr Freiraum braucht, können Sie es in ein `UnconstrainedBox`-Widget wickeln, das die äußeren Beschränkungen nicht weitergibt. Das über `child` zugewiesene Widget könnte sich dementsprechend frei zeichnen. Sie können trotzdem eine der beiden Dimensionen beschränken, indem Sie über `constrainedAxis` entweder `Axis.vertical` oder `Axis.horizontal` übergeben. Wenn die letztendlichen Ausmaße die Constraints der `UnconstrainedBox` überschreiten, setzt Flutter ein *Clipping* ein. Während des Debuggens werden Sie ohne dessen Behandlung über `clipBehavior`, das Sie über den Typ `Clip` kontrollieren, visuelle Hinweise in Form der gelbschwarzen Bänder im Debug-Modus an betroffenen Stellen sehen.

```
UnconstrainedBox(
  clipBehavior: Clip.hardEdge,
  constrainedAxis: Axis.horizontal,
  child: ColoredBox(
    color: Colors.green,
    child: SizedBox(height: 800, width: 80),
  ),
)
```

Listing 6.51 Beispiel einer »UnconstrainedBox«

6.3.4 SizedBox

Die `SizedBox` eignet sich ausgezeichnet, um Abstände zwischen Widgets in einer `ListView` einzufügen oder um einem Widget spezifische Anforderungen an die Höhe und Breite in Form von logischen Pixeln mitzugeben:

```
ListView(
  children: [
    Text('Erster Text'),
    const SizedBox(height: 20),
    Text('Zweiter Text'),
  ],
)
```

Listing 6.52 »SizedBox« als Abstand in »ListView«

Sie könnten den gleichen Effekt wie in Listing 6.52 auch mit einem umschließenden `Padding` erzielen. In der Community scheint sich aber die Benutzung der `SizedBox` durchzusetzen, weil sie weniger Einrückungen verursacht und damit für einen angenehmeren Lesefluss sorgt.

Falls Sie die einzunehmenden Ausmaße eines Widgets durch harte Constraints festlegen wollen, so können Sie ein Widget über `child` an `SizedBox` übergeben und seine Größe kontrollieren:

```
SizedBox(
  height: 200,
  width: 200,
  child: ColoredBox(color: Colors.green),
)
```

Listing 6.53 Eine »SizedBox« bestimmt die Größe von »ColoredBox«.

6.3.5 FittedBox

Oftmals sollen großflächige Medien, etwa Bilder oder andere Widgets, in viel kleineren Boxen der Oberfläche Platz finden. Dann gilt es, zu einer vernünftigen Skalierung zu kommen, sodass das Medium nicht an Qualität einbüßt. Durch die `FittedBox` können Sie vorgeben, wie ein solcher Inhalt an den kleineren verfügbaren Bereich angepasst werden soll. Mit der Eigenschaft `fit` und dem Typ `BoxFit` stehen Ihnen einige Möglichkeiten offen. So können Sie unter anderem eine seitenverhältnisgetreue Skalierung einstellen oder ein füllendes Verhalten bestimmen. Ein Blick in die verschiedenen Optionen von `BoxFit` lohnt sich spätestens dann, wenn es zu dem eingangs beschriebenen Problem kommt. Das folgende Beispiel zeigt, wie mithilfe von `FittedBox` ein viel größerer Würfel in einen künstlich verkleinerten Bereich eingepasst wird:

```
SizedBox(
  height: 200,
  width: 400,
  child: FittedBox(
    fit: BoxFit.contain,
```

```
    child: SizedBox(
      height: 800,
      width: 800,
      child: ColoredBox(color: Colors.green),
    ),
  ),
)
```

Listing 6.54 Die »FittedBox«

6.3.6 FractionallySizedBox

Mit der `FractionallySizedBox` können Sie Widgets unkompliziert den prozentualen Anteil des verfügbaren Bereichs einnehmen lassen. Soll ein Widget nur 70 % der Höhe und 30 % der Breite umfassen? Durch `FractionallySizedBox` lässt sich diese Anforderung umsetzen:

```
FractionallySizedBox(
  heightFactor: 0.7,
  widthFactor: 0.3,
  child: ColoredBox(color: Colors.green),
)
```

Listing 6.55 Die »FractionallySizedBox«

6.3.7 LimitedBox

Nicht immer ist es von Vorteil, wenn ein Widget uneingeschränkt in eine Dimension oder in beide Dimensionen wachsen kann. Das Problem ist Ihnen schon zuvor bei verschachtelten `ListViews` begegnet: Eine innere `ListView` müsste sich in dem Fall über die Eigenschaft `shrinkWrap` auf die tatsächlichen Ausmaße beschränken.

Eine weitere Lösung dafür ist die `LimitedBox`, mit der Sie maximale Höhen und Breiten definieren können, die nur dann von Flutter einbezogen werden, wenn die jeweilige Dimension unbeschränkt ist – genauso, wie es etwa bei verschachtelten `ListViews` in der Vertikalen geschieht.

Listing 6.56 stellt die Lösung anhand der `LimitedBox` vor:

```
ListView(
  children: [
    LimitedBox(
      maxHeight: 50,
      child: ListView(
        children: [
```

```
          Text('Hallo, Welt!'),
        ],
      ),
    )
  ],
)
```

Listing 6.56 Die Vertikale mit »LimitedBox« einschränken

6.3.8 OverflowBox

Wenn eines Ihrer Widgets schon immer den Traum hegte, aus dem System auszubrechen, so bekommt es mithilfe der `OverflowBox` eine Gelegenheit. Ein mit diesem Widget eingewickeltes Element oder umfasster Teil des Widget-Trees kann sich über die eigentlich erhaltenen Constraints hinwegsetzen, anstatt eine rote Fehlermeldung zu produzieren. Wie Sie in Abbildung 6.28 zu sehen, ragt die innere Box vertikal über die umgebende Box hinaus, weil ihre Höhe größer als die der äußeren Box ist. Das ist ohne `OverflowBox` nicht möglich, weil die Constraints im Widget-Tree weitergereicht werden.

Mit einem Blick auf den dazugehörigen Code sehen Sie, dass mit der Angabe von minimalen und maximalen Werten für Höhe und Breite neue Rahmenbedingungen geschaffen werden:

```
Container(
    height: 400,
    width: 400,
    color: Colors.black12,
    child: OverflowBox(
      maxHeight: 500,
      maxWidth: 500,
      minHeight: 150,
      minWidth: 150,
      child: Container(
        height: 500,
        width: 150,
        color: Colors.green,
      ),
    ),
  ),
)
```

Listing 6.57 Beispiel zu »OverflowBox«

Abbildung 6.28 Die innere Box überragt die äußere.

Deutlich ist auch, wie sich der innere Container mit der Höhe 500 über sein Elternwidget mit 400 hinwegsetzt.

6.3.9 SizedOverflowBox

Ein sehr naher Verwandter der gerade vorgestellten `OverflowBox` ist die `SizedOverflowBox`. Der Unterschied zwischen beiden besteht darin, dass Sie der `SizedOverflowBox` zusätzlich Ausmaße mit auf den Weg geben können (ähnlich wie der `SizedBox`) und dennoch das `child`-Widget die Vorzüge einer `OverflowBox` genießen lassen. Außerdem leitet `SizedOverflowBox` die ihm übergebenen Constraints an sein `child` weiter, das nicht über die so erhaltenen Beschränkungen hinauswachsen kann. Es kann lediglich größer als die an `size` gegebenen Werte werden.

```
SizedOverflowBox(
    size: Size(300, 300),
    child: Container(
      height: 500,
      width: 150,
      color: Colors.green,
    ),
  ),
)
```

Listing 6.58 Die »SizedOverflowBox«

6.3.10 IntrinsicHeight und IntrinsicWeight

Es kann vorkommen, dass Sie Widgets ineinander verschachteln, die jeweils in einer Dimension ins Unendliche wachsen können. Stellen Sie sich etwa vor, dass Sie eine `Column` mit mehreren untereinander angeordneten Elementen, die wiederum in `Expanded` oder `Flexible` (siehe Abschnitt 6.1.9) liegen, in eine `ListView` oder Ähnliches einfügen möchten:


```
ListView(
  children: [
    Column(
      children: [
        Expanded(child: Text('Erste Zeile')),
        SizedBox(height: 16),
        Expanded(child: Text('Zweite Zeile')),
      ],
    ),
  ],
)
```

Listing 6.59 Fehler: »Column« wird sich unendlich strecken.

In dieser Konstellation meldet Flutter den Fehler:

```
RenderFlex children have non-zero flex but incoming height constraints are
unbounded.
```

Es wäre hilfreich, wenn die `Column` zunächst die eigene und tatsächlich benötigte Höhe ausrechnen würde und diese schließlich verwendet, anstatt sich auf den verfügbaren Bereich auszubreiten, der in der scrollenden `ListView` unendlich ist. Genau dies erledigt das Widget `IntrinsicHeight` für die Vertikale und das Widget `IntrinsicWidth` für die Horizontale. Das oben dargestellte Problem lässt sich also lösen. Weil die `ListView` die Hauptachse vertikal ausgerichtet hat, kommt im folgenden Code `IntrinsicHeight` zum Einsatz:

```
ListView(
  children: [
    IntrinsicHeight(
      child: Column(
        children: [
          Expanded(child: Text('Erste Zeile')),
          SizedBox(height: 16),
          Expanded(child: Text('Zweite Zeile')),
        ],
      ),
```

```
    ),
  ],
)
```

Listing 6.60 »IntrinsicHeight« in der »ListView«

So aufgebaut, meldet Flutter jetzt keinen Fehler mehr, sondern zeigt auf dem Simulator die Texte, die innerhalb der `Column` zusammengefasst wurden, in der scrollbaren `ListView`.

Beim Einsatz von `IntrinsicHeight` und `IntrinsicWeight` ist aber zu beachten, dass diese Widgets vergleichsweise teuer sind: Die Engine muss hier Extrarunden drehen, um die tatsächlich benötigten Ausmaße auszurechnen und dann anzuwenden.

6.3.11 LayoutBuilder und SliverLayoutBuilder

Nur selten sind jedes Constraint und jede Größe im Voraus planbar. Manchmal müssen Widgets dann in Höhe, Breite oder Position angepasst werden, wenn der Rest des Bildschirms aufgebaut wurde. Möchten Sie etwa mehrere Elemente im Portrait-Modus einspaltig und zweispaltig in Landscape anzeigen, so lässt sich dieses Vorhaben mit dem `LayoutBuilder` umsetzen:

```
LayoutBuilder(
  builder: (context, constraints) {
    final widgets = List.generate(
      100, (index) => Center(child: Text(index.toString())),
    );

    if (constraints.maxWidth < 600) {
      return ListView(children: widgets);
    } else {
      return GridView.count(crossAxisCount: 2, children: widgets);
    }
  },
)
```

Listing 6.61 Beispiel zu »LayoutBuilder«

Der `LayoutBuilder` bietet also die Möglichkeit, auf die Constraints zuzugreifen, die von dem Elternwidget kommen. Über die Eigenschaften des Typs `BoxConstraints`, wie oben etwa `maxWidth`, können Sie Entscheidungen fällen und den folgenden Widget-Tree an die bereitstehenden Werte anpassen.

Wenn Sie sich in einer Sliver-Umgebung (siehe Abschnitt 6.2.11) befinden, so müssen Sie nicht extra, um das Konzept des `LayoutBuilders` zu verwenden, einen `SliverTo-`

BoxAdapter zum Umwickeln einsetzen. Für Slivers wurde der SliverLayoutBuilder implementiert, der die exakt gleiche Funktionalität – aber eben in der Welt der Sliver – bietet und dementsprechend keine BoxConstraints übergibt, sondern den Typ SliverConstraints:


```
CustomScrollView(
  slivers: [
    SliverLayoutBuilder(
      builder: (context, sliverConstraints) {
        final widgets = List.generate(
          100,
          (index) => Center(child: Text(index.toString())),
        );

        if (sliverConstraints.crossAxisExtent < 600) {
          return SliverList(delegate: SliverChildListDelegate(widgets));
        } else {
          return SliverGrid(
            delegate: SliverChildListDelegate(widgets),
            gridDelegate: SliverGridDelegateWithFixedCrossAxisCount(
              crossAxisCount: 2,
            ),
          );
        }
      },
    )
  ],
)
```

Listing 6.62 Beispiel zu »SliverLayoutConstraints«

Das Beispiel zeigt, dass sich die Eigenschaften von SliverConstraints von denen der BoxConstraints unterscheiden. Das ist verständlich, da die SliverConstraints Werte und Zustände eines scrollbaren Bereichs umfassen, etwa wie weit eine ScrollView entlang der Hauptachse gescrollt wurde und Ähnliches.

6.4 MediaQueryData

Für nicht wenige Layoutentscheidungen werden Sie mehr Informationen über den verfügbaren Bildschirm oder den nicht verdeckten Bereich benötigen, beispielsweise wie viel Platz bei ausgefahrener Tastatur auf einem Touchscreen-Gerät noch zur Verfügung steht.

Die aktuellen Werte erhalten Sie über MediaQueryData, das Sie über den BuildContext abfragen können:

```
final mediaQueryData = MediaQuery.of(context);
final windowHeight = mediaQueryData.size.height;
final windowWidth = mediaQueryData.size.width;
```

Listing 6.63 Höhe und Breite des Fensters abfragen

Die Ausmaße des Fensters (Window), das Ihre App umgibt, lesen Sie mit der Eigenschaft size von MediaQueryData aus. Neben diesen Werten können Sie ebenso Informationen wie das Seitenverhältnis (aspectRatio) oder die Größe der kürzesten Seite (shortestSide) oder der längsten Seite (longestSide) abfragen.

[»]

Ist es ein Tablet? Ist es ein Smartphone?

Flutter-Apps laufen problemlos auf verschiedenen Betriebssystemen, Browsern, Formfaktoren und Bildschirmgrößen. Nicht selten muss ein Layout aber angepasst werden, etwa weil die automatische Skalierung eines Designs, das für ein Smartphone entworfen wurde, auf dem Tablet nicht mehr sinnvoll ist oder nicht hübsch aussieht.

Doch wie können Sie kurzerhand zwischen einem Tablet und einem Smartphone unterscheiden? Mithilfe der Eigenschaft shortestSide können Sie die Geräteklasse über einen kleinen Trick erkennen. So hat es sich als zuverlässig erwiesen, zu prüfen, ob die shortestSide größer als 600 logische Pixel ist. Falls ja, ist es ein Tablet, falls nein, läuft Ihre App auf einem Smartphone.

Sie können sogar noch einen Schritt weiter gehen und zusätzlich zwischen 7- und 10-Zoll-Tablets unterscheiden:

```
final shortestSide = MediaQuery.of(context).size.shortestSide;
if (shortestSide < 600) {
  // Smartphone
} else if (shortestSide >= 600 && shortestSide < 720) {
  // 7-Zoll-Tablet
} else {
  // 10+-Zoll-Tablet
}
```

Listing 6.64 Erkennung der Gerätegröße mit »shortestSide«

Im Browser oder bei einer Desktop-App ist diese Unterscheidung natürlich sinnlos, da die Größe des Fensters veränderlich ist. Letztlich bleibt Ihnen nichts anderes übrig, als Ihre Benutzeroberfläche so zu gestalten, dass sie bei jeder Fenstergröße sinnvoll nutzbar ist.

Falls Sie gerade beim Schreiben von Services oder Ähnlichem nicht auf den `BuildContext` zugreifen können, lösen Sie das Objekt der `MediaQueryData` über das `View`-Objekt auf, das Sie folgendermaßen erhalten:

```
final data = MediaQueryData.fromView(View.of(context));
final isDarkMode = data.platformBrightness == Brightness.dark;
```

Listing 6.65 »MediaQueryData« ermitteln

Mit `WidgetsBinding` benutzen Sie ein Objekt, das die Welt Ihrer Widgets mit jener der Flutter-Engine verknüpft. Auf diese Weise bekommen Sie auch Informationen über den Rahmen, in dem Ihre App lebt. Diesen repräsentiert folglich das `Window`. Ausgerüstet mit dieser Referenz, treten Sie an den *Named Constructor* `MediaQueryData.fromWindow` heran und können mit dem erhaltenen `MediaQueryData`–Objekt weiterarbeiten – etwa, um zu erfragen, ob auf dem Gerät aktuell der *Dark Mode* aktiv ist.

Übrigens liefert Ihnen dieser kleine Helfer auch die Orientierung, zeigt also an, ob der Nutzer das Gerät im Landscape- oder Portrait-Modus benutzt. Dafür fragen Sie `MediaQueryData` nach `orientation`:

```
final isPortrait = data.orientation == Orientation.portrait;
```

Listing 6.66 Prüfung der »Orientation«

Auch diese Information ist natürlich auf dem Desktop und im Browser nicht direkt verwertbar, da die Orientierung sich bei einer Änderung der Fenstergröße ändert. Sie könnten zwei Versionen Ihrer UI anbieten und abhängig von der Orientierung umschalten. Alternativ fragen Sie zusätzlich die aktuelle Plattform ab:

```
if(Platform.isAndroid) ...
if(Platform.isWindows) ...
```

Leider funktioniert `Platform` nicht in der Browser-Version, sondern verursacht einen Absturz. Sie müssen separat die globale Konstante `kIsWeb` abfragen, um es ganz genau zu wissen:

```
if(kIsWeb) ...
```

6.4.1 Drei verschiedene Arten von Padding

Wie eingangs angedeutet, gibt `MediaQueryData` Ihnen Auskunft über den Bereich des Bildschirms, den Sie gefahrlos einsetzen können. Mit `SafeArea` in Abschnitt 6.1.6 haben Sie schon ein Widget kennengelernt, das Ihre Widgets innerhalb einer gesicherten Zone platziert, sodass eine Statusbar oder die virtuellen Bedienelemente des

Betriebssystems nicht überdeckt werden und zu Komplikationen in der Bedienung führen.

Durch die Eigenschaft `viewInsets` erhalten Sie die Seitenabstände, in denen Ihre Inhalte möglicherweise nicht vollständig sichtbar sind, wie die Notch auf einem iPhone X. In Abbildung 6.29 ist dieser Bereich farbig hinterlegt.

Abbildung 6.29 »viewInsets« bei ausgeklappter Tastatur

Ein weiterer nützlicher Abstand ist `viewPadding`. Die beschriebenen Bereiche sind jene, die von Elementen des Betriebssystems verdeckt sein könnten. Wenn Sie zum Beispiel in Ihrer App keine `SafeArea` und auch kein anderes Layout-Widget einsetzen, zeichnet Flutter standardmäßig oben links, sodass die Statusbar Ihr Widget überdeckt. Wenn Sie die Abstände mit `viewPadding` abfragen und wiederum in einem eigenen `Padding` benutzen, könnten Sie Ihr Widget ohne weitere Mittel im sicheren Bereich darstellen.

Das letzte Padding beschreibt Ihnen die verdeckte Fläche des Bildschirms. Mit `viewInsets` können Sie unter anderem Ihren Screen an das Erscheinen und Verschwinden der Softwaretastatur anpassen, soweit dies nicht schon automatisch behandelt wird. Abbildung 6.30 stellt die Anzahl der überdeckten Pixel dar. Wenn die Tastatur eingeklappt ist, beträgt der Wert `0`.

Abbildung 6.30 Paddings bei eingeklappter Tastatur

In Abbildung 6.30 sehen Sie zusätzlich, dass unten ein weiterer farbiger Bereich auf einem iPhone ohne den Home-Button eingezeichnet ist. Das dortige Steuerelement zum Wechsel der App von iOS könnte Ihre Widgets überzeichnen und ist somit in `viewPadding` berücksichtigt. Die von dieser Eigenschaft gemeldeten Bereiche verändern sich also von Gerät zu Gerät und bieten Ihnen mit der Information eine jeweilige Reaktion Ihres Layouts darauf.

6.4.2 Ein eigenes MediaQueryData-Objekt einfügen

Sie können eigene `MediaQueryData`-Objekte in den Widget-Tree einsetzen. Das Widget `SafeArea` macht dies beispielsweise intern, um zunächst die Zonen auszulesen, in denen eine Darstellung vermieden werden soll (siehe Abbildung 6.31).

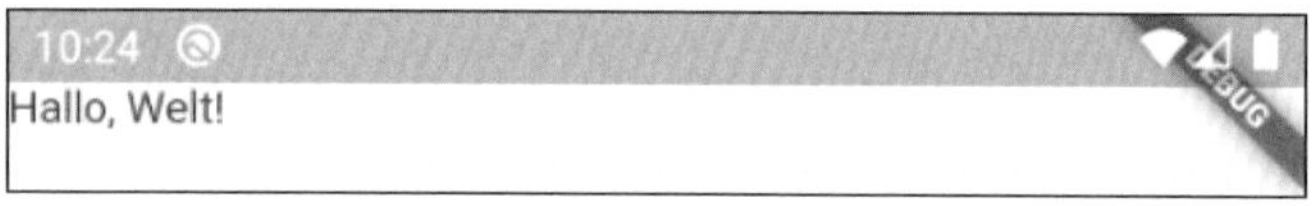

Abbildung 6.31 »SafeArea« platziert »child«-Widgets im unverdeckten Bereich.

Damit nachfolgende Widgets beim Auslesen nicht nochmals Abstände einfügen, entfernt man die `SafeArea` und fügt mithilfe von `MediaQuery.removePadding` ein neues `InheritedWidget` in den Tree ein. Im nächsten Beispiel habe ich zur Demonstration das `Padding` entfernt, bevor die `SafeArea` es auslesen kann:

```
MediaQuery.removePadding(
  context: context,
  removeTop: true,
  removeBottom: false,
  removeLeft: false,
  removeRight: false,
  child: SafeArea(child: Text('Hallo, Welt!')),
)
```

Listing 6.67 Das Top-Padding wird entfernt.

Sie können den Wert einer jeden Seite einzeln entfernen oder beibehalten. Die Methode `removePadding` erzeugt eine Kopie der über `context` ausgelesenen `MediaQueryData` und ändert nur die hier referenzierten Eigenschaften. Neben dem `Padding` können Sie genauso `MediaQuery.removeViewInsets` oder `MediaQuery.removeViewPadding` nach Bedarf einsetzen. Wie in Abbildung 6.32 dargestellt, befindet sich der Text nun trotz `SafeArea` unterhalb der Statusbar: Das `Padding` wurde entfernt, bevor es ausgelesen werden konnte.

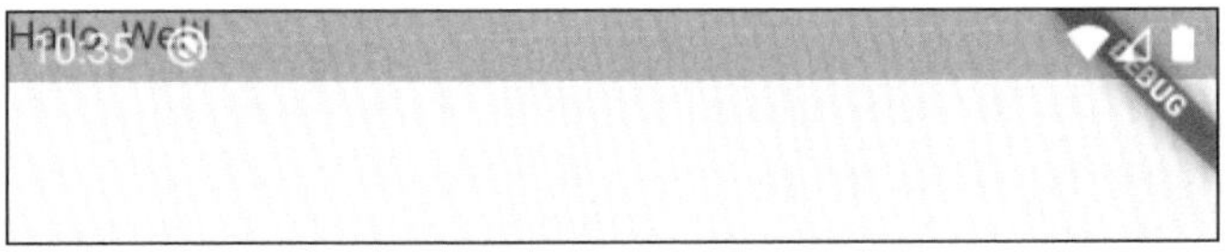

Abbildung 6.32 Das Padding wurde entfernt.

6.4.3 Bedienungshilfen

Mit der Abfrage von Angaben zur Skalierung des Texts oder ob Fettschrift eingesetzt wird oder ob ein hoher Kontrast eingestellt ist, lassen Sie Ihre App auf Einstellungen der *Bedienungshilfen* reagieren. In Kapitel 15 werde ich genauer auf diesen Aspekt im Umgang mit `MediaQuery` eingehen.

6.5 Overlay

Manchmal ist es nötig, bestimmte Widgets über anderen anzuzeigen. Durch das Widget `Stack` (siehe Abschnitt 6.1.12) können Sie dies für den Bereich bewerkstelligen, über den sich der Container aufspannt. Sie können Widgets auf diese Weise aber nicht an beliebigen Koordinaten und über den ganzen Bildschirm anzeigen. An dieser Stelle setzt das `Overlay` ein, das sich beispielsweise perfekt zum Implementieren von *Tooltips* oder Ähnlichem eignet. Aber auch zur Animation eines Objekts, das von einer Position zur anderen bewegt wird, ist es nützlich. `Draggable` (siehe Abschnitt 10.2.2) und die `Hero`-Animation (siehe Abschnitt 12.1.2) sind etwa Beispiele hierfür.

Damit Sie Ihre Widgets auf dem `Overlay` ohne Einschränkungen anordnen oder positionieren können, ist es als frei schwebender `Stack` implementiert. Basiskomponenten wie der `Navigator` (siehe Kapitel 7), `WidgetsApp`, `CupertinoApp` oder `MaterialApp` bieten Ihnen jeweils eine `Overlay`-Instanz.

Im Folgenden möchte ich Ihnen zeigen, wie Sie diese Overlay-Ebene in Ihrem Code verwenden und Ihre Widgets darin einfügen. Zum Abschluss führe ich Sie durch die Implementierung eines kleinen Hinweisdialogs, der über dem regulären Screen erscheint, ihn leicht abdunkelt und die Interaktion mit dem darunterliegendem Screen verhindert.

6.5.1 OverlayEntry

Sie müssen Ihr Widget zunächst an ein `OverlayEntry` übergeben, das Sie als Verbindungsstück zum `Overlay` auffassen können. Wenn Sie Ihr Element dem `Overlay` hinzugefügt haben, können Sie es daraus nur über die Referenz auf das genutzte `OverlayEntry` entfernen.

Ein Text-Widget wickeln Sie folgendermaßen ein:

```
final overlayEntry = OverlayEntry(
  builder: (context) => Text('Hallo Overlay'),
);
```

Listing 6.68 Ein Text im »OverlayEntry«

Aufgenommen wird Ihr Widget immer durch einen WidgetBuilder, also durch eine Funktion, die einen BuildContext aufnimmt und ein Widget zurückgibt.

Falls Sie ein flächendeckendes Widget anzeigen möchten, das möglicherweise andere Elemente des Overlay-Stacks überdeckt, setzen Sie die Eigenschaft opaque von OverlayEntry auf true. Standardmäßig setzt der Konstruktor den Wert auf false. Wie in einem gewöhnlichen Stack ist auch im Fall von Overlay die Einfügereihenfolge von Bedeutung. Das heißt, ein Widget wird bei Verwendung gleicher Koordinaten immer von seinem Nachfolger überdeckt.

6.5.2 Overlay auflösen

Am einfachsten gelangen Sie über Overlay.of(context) zum nächstgelegenen Overlay. Außerdem können Sie ein Overlay über Navigator.of(context).overlay erhalten, weil der Navigator (siehe Kapitel 7) für die Animation von Übergängen auf sein eigenes Overlay zurückgreift. Der folgende Code beschreibt zwei übereinander liegende Einträge und fügt sie dem Overlay hinzu. Der erste Eintrag ist ein Hintergrund und dann folgt der aus dem oberen Beispiel bekannte OverlayEntry mit Text:

```
final overlay = Overlay.of(context);

final background = OverlayEntry(
  builder: (context) => ColoredBox(
    color: Colors.grey,
  ),
);

overlay.insert(background);

final overlayEntry = OverlayEntry(
  builder: (context) => Center(
    child: Text(
      'Hallo Overlay',
      style: TextStyle(
        color: Colors.black,
        decoration: TextDecoration.none,
      ),
```

```
    ),
  ),
);

overlay.insert(overlayEntry);
```

Listing 6.69 Mehrere Einträge zu einem Overlay hinzufügen

6 [!]

Rufen Sie »insert« nicht innerhalb von »build« auf!

Wenn Sie den Code aus Listing 6.69 in eine `build`-Methode kopieren und ausführen, meldet Flutter Ihnen den folgenden Fehler:

`setState() or markNeedsBuild() called during build`

Das liegt daran, dass Sie mit `Overlay.of` (genauso wie mit den anderen Wegen, ein `Overlay` aufzulösen) eigentlich dessen State bekommen. Wenn Sie darauf `insert` ausführen, wird intern ein `setState` aufgerufen. Wie Sie in Abschnitt 5.2.5 unter »build« erfahren haben, wird durch diese Funktion ein Durchlauf der zugehörigen `build`-Methode des States ausgelöst. Weil Flutter aber gerade innerhalb Ihrer `build`-Methode arbeitet, lehnt es das `setState` ab. Wie im Film Highlander (1986) »kann es nur einen geben« – in unserem Fall nur einen Build.

Mithilfe des `SchedulerBinding` können Sie die Anweisungen nach dem Durchlauf der `build`-Methode eintakten:

```
SchedulerBinding.instance.addPostFrameCallback(_) {
  // Hier Einträge zum Overlay hinzufügen
}
```

Listing 6.70 Mit »SchedulerBinding« Anweisungen nachträglich ausführen

Sie sind mit `SchedulerBinding` nicht auf den Themenbereich `Overlay` beschränkt, sondern können beliebigen Code zur nachgelagerten Ausführung anmelden.

6.5.3 OverlayEntry auf dem Overlay positionieren

Wie in einem herkömmlichen `Stack` (siehe Abschnitt 6.1.12) können Sie Ihre Widgets durch das Einwickeln mit `Positioned` im `Overlay` positionieren. Elemente, die auf `Align` basieren (wie das in Listing 6.69 eingesetzte `Center`), helfen Ihnen ebenfalls beim Umsetzen eines Layouts.

6.5.4 Mit Overlay einen Hinweis anzeigen

Das in Listing 6.69 angeführte Beispiel überdeckt den Hintergrund mit Farbe und zeigt darauf einen Text an. In Abbildung 6.33 sehen Sie das derzeitige Ergebnis.

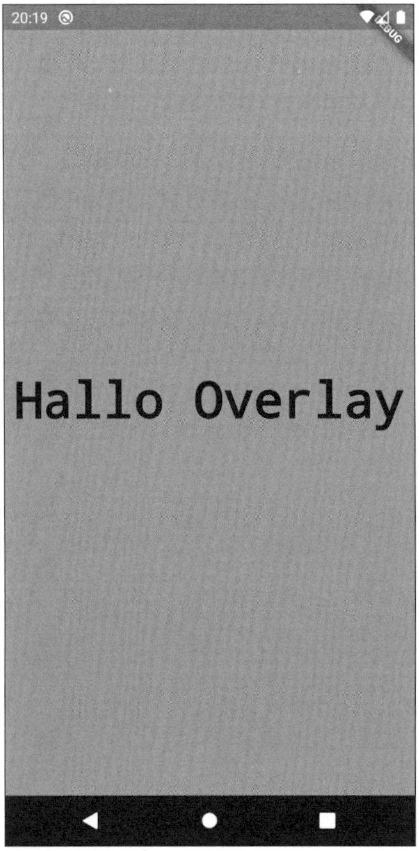

Abbildung 6.33 Der Stand des Overlays

Das Beispiel konnte zwar das Erstellen und Einfügen eines `OverlayEntry` demonstrieren, aber eignet sich aufgrund seiner rudimentären Art nicht dafür, einen Hinweis über einem Screen anzuzeigen. Schöner wäre es, wenn der aktuelle Inhalt noch zu sehen wäre, sodass der Kontext des Nutzers nicht verloren geht. Außerdem wäre eine auf den Hinweistext zugeschnittene Box ausgesprochen eleganter.

Der Hintergrund

Zunächst benötigen Sie ein Widget mit durchgängigem Hintergrund, sodass der Hinweis darauf besser zu sehen ist. Erstellen Sie wie folgt ein neues `StatefulWidget`:

```
class ModalBarrierAlertExample extends StatefulWidget {
  @override
  _ModalBarrierAlertExampleState createState() =>
      _ModalBarrierAlertExampleState();
}
```

```
class _ModalBarrierAlertExampleState extends State<ModalBarrierAlertExample> {
  @override
  Widget build(BuildContext context) {
    return SingleChildScrollView(
      child: Text('Hintergrund ' * 1000),
    );
  }
}
```

Listing 6.71 Der Hintergrund

Viel gibt es bisher nicht zu entdecken. Über den Bildschirm wird eine `SingleChildScrollView` aufgespannt, deren `child` aus einem großen Text besteht. Um einen ausreichend langen Inhalt zu generieren (siehe Abbildung 6.34), wurde der Multiplikationsoperator von `String` benutzt.

Abbildung 6.34 Der mit Text gefüllte Hintergrund

So auf den Simulator übertragen, sehen Sie den in Abbildung 6.34 gezeigten Stand. Sie werden feststellen, dass Sie den Textinhalt aufgrund der eingesetzten `ScrollView` bewegen können. Das werden wir im nächsten Schritt bei dem in das `Overlay` eingefügten Hinweis verhindern.

Der Hinweisdialog

Der darzustellende Hinweis soll als eigenes Widget implementiert werden, um es dann weiter unten in einen `OverlayEntry` einwickeln und an das `Overlay` zu übergeben. Der Code des Widgets `InfoBox` setzt sich wie folgt zusammen:

```
class InfoBox extends StatelessWidget {
  const InfoBox({
    Key key,
  }) : super(key: key);

  @override
  Widget build(BuildContext context) {
    return Stack(
      children: [
        ModalBarrier(color: Colors.grey.withOpacity(0.4)),
        Center(
          child: Container(
            height: 200,
            width: 200,
            padding: const EdgeInsets.all(16),
            decoration: ShapeDecoration(
              shape: RoundedRectangleBorder(
                borderRadius: BorderRadius.circular(16),
              ),
              color: Colors.white,
            ),
            child: Material(
              child: Column(
                crossAxisAlignment: CrossAxisAlignment.start,
                children: [
                  Text('Überschrift'),
                  const SizedBox(height: 24),
                  Text('Beschreibung'),
                ],
              ),
            ),
          ),
        ),
      ],
```

```
    );
  }
}
```

Listing 6.72 Das Widget »InfoBox«

Das oberste Widget, das über die Anweisung `return` in der `build`-Methode zurückgegeben wird, ist ein `Stack`. Dieses Widget ermöglicht es, einen teiltransparenten Hintergrund über den Bildschirm zu spannen und darauf eine weiße Box als Hinweis erscheinen zu lassen.

Auch ein Widget wie `ColoredBox` hätte den Hintergrund zufriedenstellend eingefärbt. Aber genau für den aktuellen Anwendungsfall – nämlich um eine Ebene über eine andere zu legen und dabei die überlagerten Widgets vor Interaktion abzuschirmen – bietet Flutter Ihnen `ModalBarrier`. Der Name ist Programm, das Modul errichtet eine Barriere, die die Fläche einnimmt. Als unterstes Element im `Stack` liegt die `ModalBarrier` zwischen dem Hintergrund der mit Text beschriebenen ScollView und der darüber liegenden Box. Sie werden bei angezeigter `InfoBox` entsprechend feststellen, dass Sie nicht mehr scrollen können.

[+]

ModalBarrier und die Navigation

Die `ModalBarrier` wird intern auch beim Anzeigen von *Alerts* oder *Dialogs* (siehe Abschnitt 10.3.1) benutzt, um die Interaktion des Nutzers auf das neue Element zu beschränken.

Darauf weist etwa die Eigenschaft `dismissable` von `ModalBarrier` hin. Falls sie auf `true` gesetzt ist, entfernt der Navigator die aktuelle Route, sobald der Nutzer den ausgegrauten Bereich um den Dialog berührt.

Beim Aufruf von `showDialog` ruft die Funktion den `Navigator` auf und navigiert einen modalen Screen auf den Ihrigen. Weil es sich dabei nur um das Einfügen einer weiteren Ebene handelt, können Sie Ihren ursprünglichen Screen weiterhin sehen und, wenn keine `ModalBarrier` eingefügt würde, auch weiter mit Widgets auf ihm interagieren.

Somit können Sie einen Dialog zum einen durch die Methode `pop` (siehe Abschnitt 7.5) des `Navigator` schließen und außerdem über `dismissable` in `ModalBarrier`, das Sie in der angesprochenen Funktion `showDialog` über den Parameter `barrierDismissable` einstellen.

Der Container wirkt mit einigen Einstellungen auf sein `child`-Widget ein, indem er etwa die Größe auf je 200 logische Pixel Seitenlänge setzt, und danach über die Eigenschaft `decoration`, die Sie als `BoxDecoration` in Abschnitt 11.1 kennenlernen werden. Sie sorgt in Listing 6.72 für runde Ecken und stellt die Hinweisfarbe in Weiß dar. Weil das weiter unten eingesetzte `Overlay` kein Material Theme besitzen wird, legt sich das

Widget `Material` um den Inhalt in der `Column`. Ohne es würden sich die Texte sozusagen im ungeschminkten Zustand zeigen.

[»]

Das Material-Widget

Auch wenn Sie den Cupertino-Stil einsetzen und Ihr Wurzelelement eine `CupertinoApp` ist, können Sie jederzeit etwas *Material* in Ihrem Widget-Tree verstreuen. Hierzu wickeln Sie wie in Listing 6.72 den Teil ein, der auf Material-Ressourcen zugreifen soll, etwa das *Theme*. Mithilfe dieses Widgets können Sie spezifische Material-Komponenten wie zum Beispiel den `DropDownButton` einsetzen, ohne dass Sie Ihre App aus Ihrer gewünschten Designwelt herausholen müssen.

Weil die festen Ausmaße des Containers nicht sehr zukunftsweisend sind und auch das Einfügen von `Material` oder die abgerundeten Ecken zusätzliche Aufwände bedeuten, könnte die `InfoBox` durch das Widget `Dialog` (siehe Abschnitt 10.3.1) vereinfacht werden:

```
@override
Widget build(BuildContext context) {
  return Stack(
    children: [
      ModalBarrier(color: Colors.grey.withOpacity(0.4)),
      Dialog(
        child: Padding(
          padding: const EdgeInsets.all(16),
          child: Column(
            crossAxisAlignment: CrossAxisAlignment.start,
            mainAxisSize: MainAxisSize.min,
            children: [
              Text('Überschrift'),
              const SizedBox(height: 24),
              Text('Beschreibung'),
            ],
          ),
        ),
      ),
    ],
  );
}
```

Listing 6.73 Die vereinfachte »InfoBox«

Die neue Version ist deutlich kürzer, einfacher zu lesen und zu warten. Durch den Unterschied möchte ich Ihnen noch einmal demonstrieren, dass Sie mit Flutter zwar alles von Hand bauen können, dass sich aber der Blick in den dahinterliegenden Code oft als lohnend herausstellt. Egal ob es über den Paketmanager angebotene Packages oder schon im Framework befindliche Widgets sind – nicht selten können Sie auf bereits vorhandenem Code aufbauen und sich an erster Stelle auf Ihre Anforderungen konzentrieren.

Eine Instanzvariable für OverlayEntry

Damit der `OverlayEntry` wieder entfernt werden kann, wird dessen Referenz in einer Instanzvariablen gespeichert. Hierzu erweitern Sie den State entsprechend mit der Deklaration:

```
class _ModalBarrierAlertExampleState extends State<ModalBarrierAlertExample> {
  OverlayEntry _infoBox;
  ...
```

Listing 6.74 Die Instanzvariable »_infoBox«

Den Dialog im Overlay anzeigen

Als Nächstes soll das Hinweis-Widget definiert und als `OverlayEntry` eingefügt werden. Damit dies nur einmal geschieht, wird die Logik innerhalb von `initState` (siehe Abschnitt 5.2.5, »Das State-Objekt«) eingeführt:

```
@override
void initState() {
  super.initState();

  SchedulerBinding.instance.addPostFrameCallback((_) {
    final overlay = Overlay.of(context);

    _infoBox = OverlayEntry(builder: (context) {
      return InfoBox();
    });

    overlay.insert(_infoBox);
  });
}
```

Listing 6.75 Die »InfoBox« wird dem Overlay hinzugefügt.

Das Ergebnis

Um das `Overlay` aufzuräumen, wenn das einfügende Widget vom Garbage Collector eingesammelt wird, empfiehlt es sich, in `dispose` den durch `_infoBox` referenzierten `OverlayEntry` zu entfernen:

```
@override
void dispose() {
  _infoBox?.remove();

  super.dispose();
}
```

Listing 6.76 Den »OverlayEntry« in »dispose« entfernen

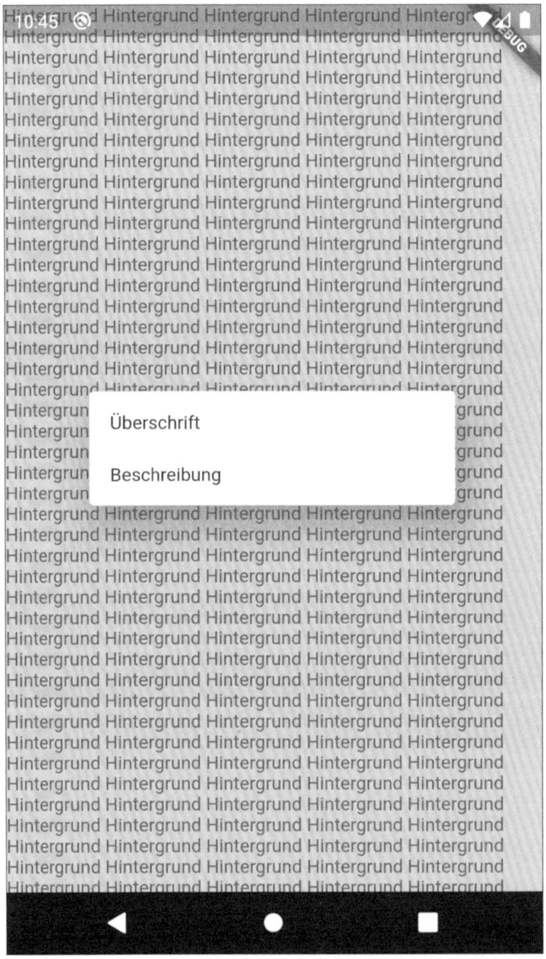

Abbildung 6.35 Die »InfoBox« als »OverlayEntry«

Wenn Sie den Stand auf Ihren Simulator übertragen, sehen Sie als Ergebnis wie in Abbildung 6.35 einen Hinweisdialog auf dem Bildschirm, der den Inhalt im Hintergrund überlagert.

6.6 Die Gerüste

Wenn Sie sich für das *Material Design* oder den *Cupertino*-Stil entschieden haben, möchten Sie sicherlich, dass Ihre App dem jeweils typischen Layout folgt. In Abbildung 6.36 sind exemplarisch die beiden Stile auf einem Tablet nebeneinander dargestellt. Außerdem können Sie dort sehen, dass Sie nicht nur die kleineren Widgets aus Material und Cupertino mischen, sondern auch ganze App-Gerüste auf einer Page unterbringen können.

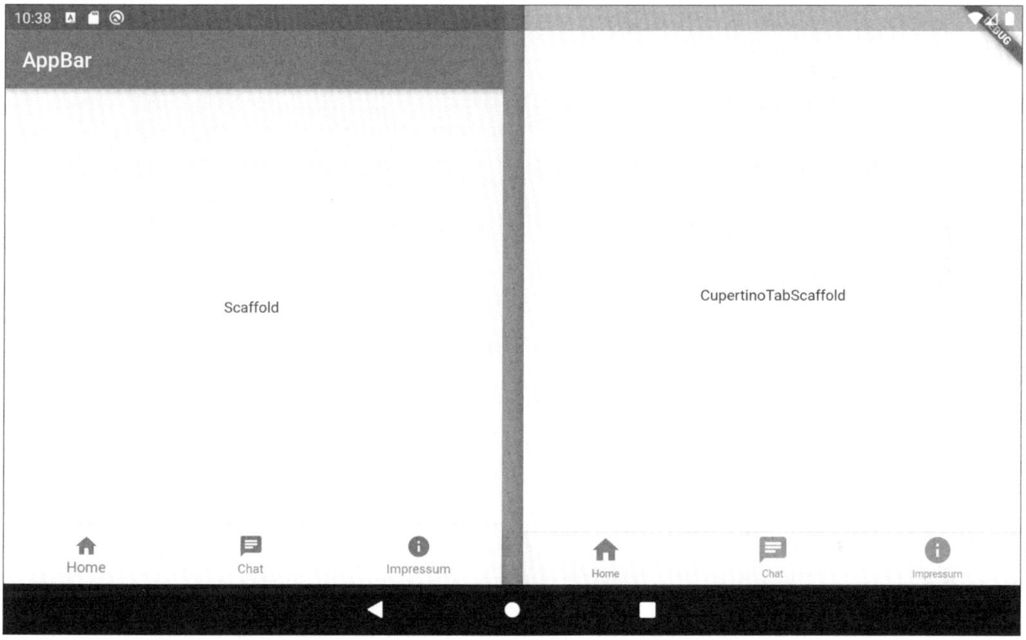

Abbildung 6.36 Material-»Scaffold« und »CupertinoTabScaffold«

Damit Sie die Layouts nicht nachimplementieren müssen, können Sie auf Gerüste in Form von Widgets zurückgreifen, sodass Sie sich nur noch um das Ausfüllen der Details kümmern müssen. Mit dem `Scaffold` im Material Design und dem `CupertinoTabScaffold` möchte ich Ihnen im Folgenden die zwei Layout-Widgets vorstellen, mit denen das Beispiel in Abbildung 6.36 erstellt wurde.

6.6.1 Das Scaffold

Die Kerneigenschaften von `Scaffold` sind `appBar`, `body` und `bottomNavigationBar`. Im folgenden Listing sehen Sie alle drei mit Werten ausgefüllt, wie sie in Abbildung 6.36 dargestellt wurden:

```
Scaffold(
  appBar: AppBar(
  title: Text('AppBar'),
  ),
  body: Center(
  child: Text('Scaffold'),
  ),
  bottomNavigationBar: BottomNavigationBar(
  currentIndex: _currentMaterialTab,
  onTap: (index) => setState(() => _currentMaterialTab = index),
  items: [
    BottomNavigationBarItem(
    icon: Icon(Icons.home),
    label: 'Home',
    ),
    BottomNavigationBarItem(
    icon: Icon(Icons.chat),
    label: 'Chat',
    ),
    BottomNavigationBarItem(
    icon: Icon(Icons.info),
    label: 'Impressum',
    ),
  ],
  ),
)
```

Listing 6.77 »Scaffold« mit »appBar«, »body« und »bottomNavigationBar«

AppBar

Die `AppBar` erzeugt eine für Material übliche Leiste am oberen Rand. Üblicherweise werden darin Titel, Aktions-Buttons oder ein Menü-Button untergebracht. Nachfolgend stelle ich einige der Eigenschaften vor.

Neben dem in Listing 6.77 benutzten `title` können Sie über `centerTitle` einen Titel auch mittig platzieren. Vor den beiden Feldern können Sie beliebige Widgets über die Eigenschaft `leading` einsetzen, beispielsweise den besagten Menü-Button:

```
Scaffold(
  appBar: AppBar(
    leading: IconButton(icon: Icon(Icons.menu), onPressed: () {}),
    title: Text('AppBar'),
```

```
  ),
  // ...
)
```

Listing 6.78 »AppBar« mit Menü-Button

Eine AppBar im Material Design kann über actions hinter dem Titel Aktionen definieren, die im Kontext des Inhalts stehen, der über body von Scaffold angezeigt wird. Sollen beispielsweise das Speichern, Löschen oder Teilen angeboten werden, können Sie dementsprechende IconButtons einsetzen:


```
// ...
actions: [
  IconButton(icon: Icon(Icons.save), onPressed: () {}),
  IconButton(icon: Icon(Icons.delete), onPressed: () {}),
  IconButton(icon: Icon(Icons.share), onPressed: () {}),
],
// ...
```

Listing 6.79 »Actions« in der »AppBar«

In Scaffold wird für appBar nicht spezifisch ein Objekt einer AppBar verlangt, sondern ein Widget vom Typ PreferredSizeWidget. Das hat den Vorteil, dass Sie eigene Widgets einfügen können, etwa wenn sich Ihr Design grundlegend vom Layout im Material Design unterscheidet. Wenn die AppBar nur aus drei farbigen Boxen bestehen soll, könnten die Anforderungen folgendermaßen realisiert werden:

```
Scaffold(
  appBar: PreferredSize(
  preferredSize: Size.fromHeight(40),
  child: Row(
    mainAxisAlignment: MainAxisAlignment.spaceEvenly,
    children: [
    ColoredBox(
      color: Colors.grey,
      child: SizedBox(height: 40, width: 40),
    ),
    ColoredBox(
      color: Colors.green,
      child: SizedBox(height: 40, width: 40),
    ),
    ColoredBox(
      color: Colors.blue,
      child: SizedBox(height: 40, width: 40),
```

```
    ),
    ],
  ),
  ),
  // ...
```

Listing 6.80 Eine eigene »AppBar«-Implementierung

Durch `PreferredSize` erstellen Sie ein Widget, das `PreferredSizeWidget` bereits implementiert. Das `Scaffold` benötigt eine feste Größe, um das Layout umzusetzen. Der Eigenschaft `preferredSize` geben Sie mit, dass die Ausmaße eine Höhe von `40` logischen Pixeln einnehmen sollen. Die anzuzeigenden Boxen werden in einer `Row` positioniert und an `child` weitergereicht. Auf dem Simulator zeigt sich der Stand, den Sie in Abbildung 6.37 sehen.

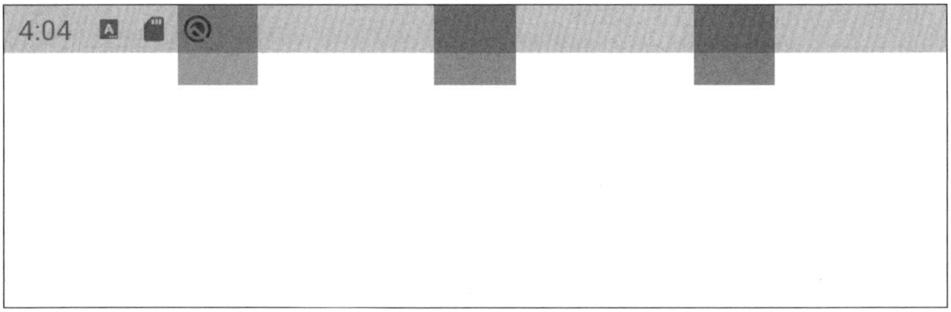

Abbildung 6.37 Die eigene »AppBar«

Offensichtlich berücksichtig die eigene AppBar das kopfseitige Padding der Statusleiste noch nicht, das von der Material-`AppBar` automatisch einbezogen wird. Folgendermaßen fügen Sie den nötigen Abstand in die Implementierung ein:

```
PreferredSize(
  preferredSize: Size.fromHeight(40),
  child: Align(
    alignment: Alignment.bottomCenter,
    child: Row(
  // ...
```

Listing 6.81 Berücksichtigen der Statusleiste

Der eigentliche Platz ist schon vorhanden, aber die `Row` wurde – wie in Flutter üblich – zunächst oben links angeordnet. Wenn Sie hingegen die Ausrichtung mithilfe von `Align` in `bottomCenter` ändern, sieht die eigene AppBar bereits ordentlich aus (siehe Abbildung 6.38).

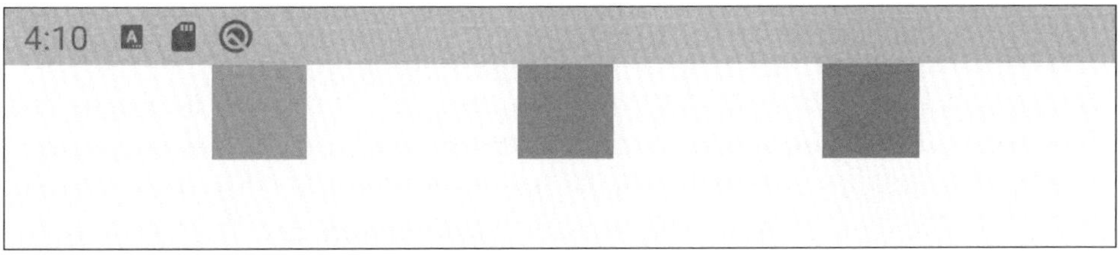

Abbildung 6.38 Finaler Stand der eigenen »AppBar«

Body

Wenig spektakulär zeigt sich `body` in `Scaffold`. Hier fügen Sie ganz einfach das Widget ein, das den Bereich ausfüllen soll. Der Inhalt erstreckt sich ausgehend von der `AppBar` bis zu einer `BottomNavigationBar`, die unten noch thematisiert wird, oder orientiert sich an den Angaben von `MediaQueryData.viewInsets` (siehe Abschnitt 6.4.1), also an dem unbedeckten Bildschirm.

BottomNavigationBar

Die `BottomNavigationBar`, die wir in Listing 6.77 in den Code eingefügt hatten, führt drei Elemente vom Typ `BottomNavigationBarItem` ein. Darin können Sie ein `Icon` für den Eintrag und einen darunter platzierten Text definieren:

```
bottomNavigationBar: BottomNavigationBar(
  currentIndex: _currentMaterialTab,
  onTap: (index) => setState(() => _currentMaterialTab = index),
  items: [
    BottomNavigationBarItem(
       icon: Icon(Icons.home),
       label: 'Home',
    ),
    BottomNavigationBarItem(
       icon: Icon(Icons.chat),
       label: 'Chat',
    ),
    BottomNavigationBarItem(
       icon: Icon(Icons.info),
       label: 'Impressum',
    ),
  ],
),
```

Listing 6.82 Die Definition der »BottomNavigationBar«

Sie entnehmen dem Code über die Funktion `setState` bereits, dass sich das `Scaffold` innerhalb eines `StatefulWidgets` befindet. Die `BottomNavigationBar` ist zwar ein `StatefulWidget`, aber der Wechsel des ausgewählten Items erfolgt nur über die Eigenschaft `currentIndex`, die Sie von außen setzen müssen. Wenn Sie ein anderes als das selektierte Item auswählen, verändert sich die Oberfläche also nicht. Aus diesem Grund muss der Wechsel über ein *Statemanagement* abgebildet werden. Das kann ein `StatefulWidget` mit `setState` sein, aber ebenso eine andere Umsetzung (siehe Kapitel 9). Weil sich mit dem ausgewählten `BottomNavigationBarItem` aber auch der Inhalt unter `body` ändern sollte, bietet sich die äußere Verwaltung an.

6.6.2 CupertinoTabScaffold

Das `CupertinoTabScaffold` lässt sich sehr ähnlich wie das `Scaffold` benutzen, um unkompliziert das von iOS bekannte klassische Tab-Verhalten zu implementieren. Der Code des in Abbildung 6.36 dargestellten Beispiels ist unten aufgeführt:

```
CupertinoTabScaffold(
  controller: _cupertinoTabController,
  tabBuilder: (context, index) => CupertinoTabView(
    builder: (context) => Center(child: Text('CupertinoTabScaffold')),
  ),
  tabBar: CupertinoTabBar(
  items: [
    BottomNavigationBarItem(
       icon: Icon(Icons.home),
       label: 'Home',
    ),
    BottomNavigationBarItem(
       icon: Icon(Icons.chat),
       label: 'Chat',
    ),
    BottomNavigationBarItem(
       icon: Icon(Icons.info),
       label: 'Impressum',
    ),
  ],
  ),
)
```

Listing 6.83 Beispiel eines »CupertinoTabScaffold«s

TabController

Die Cupertino-Variante weist kein `setState` auf, dafür stoßen Sie auf die Instanzvariable `_cupertinoTabController`, die in einem gedachten und umschließenden Widget wie folgt definiert würde:

```
CupertinoTabController _cupertinoTabController = CupertinoTabController();
```

Listing 6.84 Einführung des »CupertinoTabController«s

Der `CupertinoTabController` verbindet den Auswahl-Callback der `CupertinoTabBar` mit dem `CupertinoTabScaffold`. Hier muss im Unterschied zum zuvor vorgestellten `Scaffold` also keine eigene Brücke geschlagen werden, um die Selektion in der *Bottombar* und den Wechsel des Inhalts durchzuführen.

BottomNavigationBar

Wenn ein `BottomNavigationBarItem` berührt wird, leitet der `CupertinoTabController` das Ereignis an den `tabBuilder` weiter. Sie haben sicherlich schon bemerkt, dass Sie das gleiche `BottomNavigationBarItem` im `Scaffold` und auch hier im `CupertinoTabScaffold` verwenden. Tatsächlich ist das Widget in keinem der beiden Packages definiert, sondern im Package `Widgets`.

Builder

Mit `BuildContext` und dem ausgewählten Index sind Sie dann bestens ausgerüstet, um einen entsprechenden Inhalt anzuzeigen. Üblicherweise wird als Wurzelelement eines Tabs ein Widget vom Typ `CupertinoTabView` eingesetzt, wie es auch in Listing 6.83 vorgestellt wurde. Analog zu einer gewöhnlichen iOS-App wird auch in diesem Widget eine eigene *Navigation* aufgebaut, die in Abschnitt 7.10 behandelt wird. Jeder Tab erhält somit seinen eigenen `Navigator`, der aber den globalen und unter `CupertinoApp` aufgehängten Navigator nicht ersetzt.

6.6.3 CupertinoPageScaffold

In gleichem Maße aus der iOS-Entwicklung als Layout bekannt ist die *Single View Application*, die Flutter als `CupertinoPageScaffold` implementiert. In diesem Widget können Sie eine `CupertinoNavigationBar` definieren, die das Gegenstück zur `AppBar` im `Scaffold` des Material Designs darstellt. Der in Listing 6.79 gezeigte Stand lässt sich etwa folgendermaßen realisieren, wenngleich ohne die Bottombar am unteren Rand:

```
CupertinoPageScaffold(
  navigationBar: CupertinoNavigationBar(
    leading: IconButton(icon: Icon(Icons.menu), onPressed: () {}),
    middle: Text('Titel'),
```

```
    trailing: Row(
      mainAxisSize: MainAxisSize.min,
      children: [
        IconButton(icon: Icon(Icons.save), onPressed: () {}),
        IconButton(icon: Icon(Icons.delete), onPressed: () {}),
        IconButton(icon: Icon(Icons.share), onPressed: () {}),
      ],
    ),
  ),
  child: Center(child: Text('CupertinoPageScaffold')),
)
```

Listing 6.85 »CupertinoPageScaffold«

Über die Eigenschaften `leading`, `middle` und `trailing` fügen Sie links einen Menü-Button ein, schreiben in der Mitte einen Titel aus und platzieren auf der rechten Seite einige Buttons, die Aktionen im Kontext des angezeigten Inhalts ermöglichen. Abbildung 6.39 illustriert das Ergebnis.

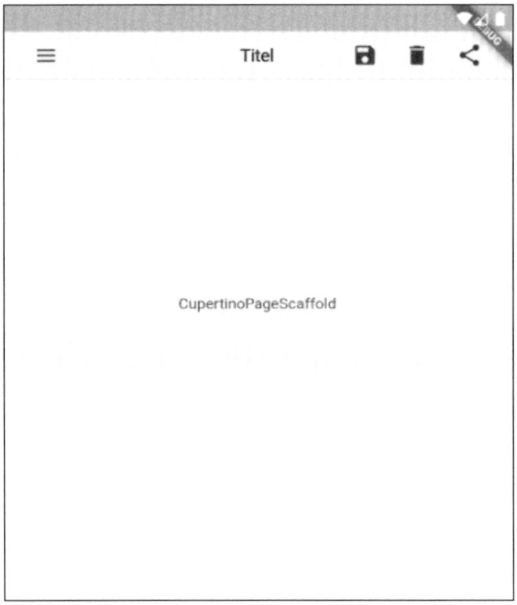

Abbildung 6.39 »CupertinoPageScaffold« mit »CupertinoNavigationBar«

6.6.4 Slivers in Scaffolds

In Abschnitt 6.2.11, »Slivers«, habe ich Ihnen die `SliverAppBar` vorgestellt, die eine scrollbare Variante der `AppBar` im `Scaffold` darstellt. Wenn Sie die AppBar Ihres `Scaffolds` genauso aus dem Bildschirm herausscrollen wollen, lassen Sie die Zuweisung an appBar aus und fügen nur Ihrer CustomScrollView, die sich in body befindet, die SliverAppBar hinzu. Natürlich gilt das gleichermaßen für die CupertinoNavigationBar (siehe Abbildung 6.40).

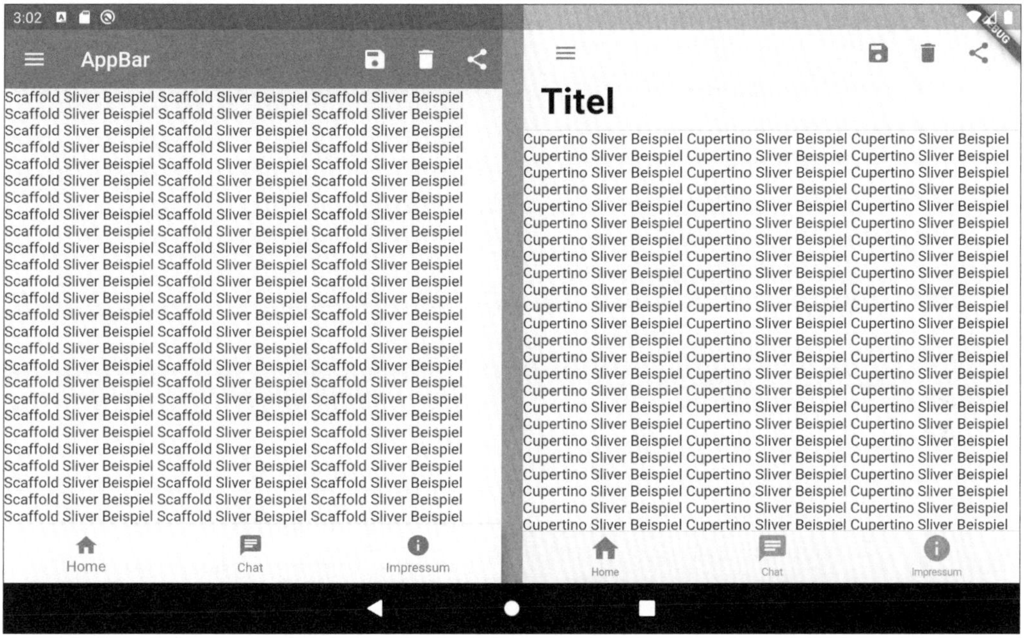

Abbildung 6.40 Die Scaffolds mit Slivers als Body

Der Code aus den vorherigen Abschnitten ist nur minimal anzupassen, damit im Scaffold.body und im CupertinoTabScaffold.tabBuilder Slivers benutzt werden:

```
Scaffold(
  body: CustomScrollView(
    slivers: [
    SliverAppBar(
      leading: IconButton(
      icon: Icon(Icons.menu),
      onPressed: () {},
      ),
      title: Text('AppBar'),
      actions: [
      IconButton(icon: Icon(Icons.save), onPressed: () {}),
      IconButton(icon: Icon(Icons.delete), onPressed: () {}),
      IconButton(icon: Icon(Icons.share), onPressed: () {}),
      ],
    ),
    SliverList(
```

```
      delegate: SliverChildListDelegate.fixed(
      [Text('Scaffold Sliver Beispiel ' * 1000)],
      ),
    ),
    ],
  ),
  // ...

CupertinoTabScaffold(
  tabBuilder: (context, index) => CustomScrollView(
  slivers: [
    CupertinoSliverNavigationBar(
    leading:
      IconButton(icon: Icon(Icons.menu), onPressed: () {}),
    largeTitle: Text('Titel'),
    trailing: Row(
      mainAxisSize: MainAxisSize.min,
      children: [
      IconButton(icon: Icon(Icons.save), onPressed: () {}),
      IconButton(icon: Icon(Icons.delete), onPressed: () {}),
      IconButton(icon: Icon(Icons.share), onPressed: () {}),
      ],
    ),
    ),
    SliverList(
      delegate: SliverChildListDelegate.fixed(
        [Text('Cupertino Sliver Beispiel ' * 1000)],
      ),
    )
  ],
  ),
  // ...
```

Listing 6.86 Slivers in Scaffolds einsetzen

Wenn Sie Ihre Scaffolds so verändern, wie es in Listing 6.86 zu sehen ist, erhalten Sie mit der nächsten Übertragung auf den Simulator bereits die jeweiligen Scrolleffekte. Das `Scaffold` wird die `SliverAppBar` aus dem Bild schieben und die `CupertinoTabBar` wird den als `largeTitle` definierten Text in eine kleine AppBar überführen. Abbildung 6.41 stellt die beschriebenen Zustände Seite an Seite dar.

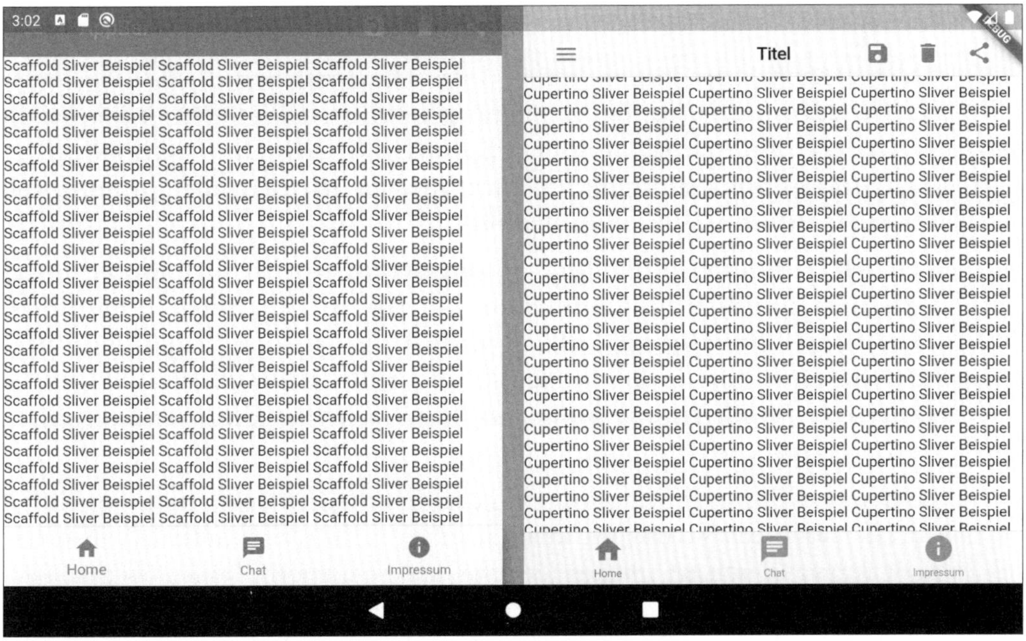

Abbildung 6.41 Die »AppBar«s verändern sich beim Scrollen.

6.6.5 Automatisches Scrollen

Sowohl `Scaffold` als auch `CupertinoPageScaffold` überwachen das Ein- und Ausblenden der Tastatur. Wenn das fokussierte Widget, zum Beispiel ein Textfeld, durch die Eingabe überdeckt wird, so scrollen die Gerüst-Widgets es zurück in den sichtbaren Bereich. Dieses Verhalten können Sie über die Eigenschaft `resizeToAvoidBottomInset` steuern. Falls Sie beispielsweise ein eigenes Scrollverhalten implementiert haben, das mit dem automatischen Scrollen kollidiert, dann schalten Sie es folgendermaßen aus:

```
Scaffold(
  resizeToAvoidBottomInset: false,
  // ...
)

// ...
CupertinoPageScaffold(
  resizeToAvoidBottomInset: false,
  // ...
)
```

Listing 6.87 Das Scrollen mit »resizeToAvoidBottomInset« steuern

6.7 Zusammenfassung

In diesem Kapitel haben Sie zahlreiche Widgets kennengelernt, die Sie dabei unterstützen, das Layout und das Design Ihrer App umzusetzen. Wo Sie zuvor dem Begriff *Constraints* eher theoretisch begegnet waren, haben Sie jetzt mit Widgets wie `Center`, `Align`, `SizedBox` oder `AspectRatio` den Effekt gesehen, den Sie mit der Änderung von Constraints in ihrem Widget-Tree erzielen.

Während Sie die genannten Widgets jeweils immer nur auf ein `child`-Widget anwenden können, beeinflussen Sie mit Container-Widgets wie `Column` oder `Row` das Layout von beliebig vielen Widgets über die Eigenschaft `children`. Falls der Bildschirm nicht ausreicht, um alles anzuzeigen, greifen Sie auf ScrollViews zurück, etwa auf `ListView` oder `GridView`. Großen Gestaltungsspielraum gewinnen Sie gegenüber den genannten Widgets mit Slivers.

Die räumliche Umgebung eines Widgets oder Ihres Widget-Trees untersuchen Sie mit `MediaQueryData`, das Sie beispielsweise aus dem `BuildContext` mithilfe von `MediaQuery.of` herauslesen. So erhalten Sie unter anderem Informationen über die Bildschirmbereiche, die für Systemelemente des Betriebssystems reserviert sind, oder über die Anzahl der vom Bildschirm bereitgestellten logischen Pixel.

Die gängigen Layouts der beiden Designstile *Material* und *Cupertino* (iOS-Stil) müssen Sie nicht selbst nachbauen (bei Bedarf spricht aber nichts dagegen!). Sie können auf die vorgefertigten Gerüste `Scaffold` oder `CupertinoTabScaffold` zurückgreifen, um Ihre App mit dem Einsatz nur eines Widgets in einem Layout darzustellen, mit dem Ihre Nutzer bereits vertraut sind.

Damit ist das Ende der Fahnenstange aber noch lange nicht erreicht! Wenn Sie Ihre speziellen Anforderungen nicht im Standardbausatz von Flutter wiederfinden, empfehle ich Ihnen eine Suche auf *https://pub.dev*. Die Chancen stehen nicht schlecht, dass Widgets, die Sie brauchen, bereits von der Flutter-Community erstellt worden sind. Benötigen Sie zum Beispiel für Ihre App eine Eingabe für Kreditkarteninformationen, so bekommen Sie mit `flutter_credit_card` eine vollständige Lösung als Widget, die Sie – genau wie alle anderen – einfach in Ihren Widget-Tree integrieren!

Kapitel 7
Navigation

»Wer sein Ziel kennt, findet den Weg.«
– Laotse

Es ist an der Zeit, das Nest zu verlassen und die Wege zu erkunden, auf denen wir in einer Flutter-App zwischen Screens oder Pages hin- und herspringen werden. In diesem Kapitel möchte ich Ihnen die beiden Wege – nämlich anonyme Routen und solche mit ID oder Namen – anhand von gängigen Anwendungsfällen vorstellen. Dazu sehen wir uns das Navigieren zwischen Screens an sowie das gleichzeitige Austauschen von Daten und das Verwalten der Routen.

Zum Ende des Kapitels werden wir die API des Navigators entschlüsseln, die der Flutter-Navigation eine deklarative Variante hinzufügt und etwaige Einschränkungen beseitigt.

7.1 Ein erster Sprung

Dieser Abschnitt führt Sie anhand eines Beispiels in die *Navigation* mithilfe von *Routes* ein. (*Routen* sind in Flutter ein Synonym für *Seite*, *Screen* oder *Page*.) Dazu benötigen wir zwei Widgets, die jeweils eine *Page* oder Bildschirmseite darstellen.

Hier sehen Sie zunächst einmal den Code der ersten *Route*:

```
class PageA extends StatelessWidget {
  @override
  Widget build(BuildContext context) {
    return Scaffold(
      body: Center(
        child: Column(
          mainAxisAlignment: MainAxisAlignment.center,
          children: [
            Text('Seite A'),
            ElevatedButton(
              onPressed: () {
                Navigator.of(context)
                    .push(MaterialPageRoute(builder: (context) => PageB()));
```

```
                },
                child: Text('Vorwärts zu B'),
              ),
            ],
          ),
        ),
      );
  }
}
```

Listing 7.1 Die erste Route

Bis auf das zweite Element der Column dürfte für Sie nach den zurückliegenden Kapiteln alles ein alter Hut sein. Das Widget ElevatedButton ist jedoch neu. Es handelt sich um einen Button des Material Design, das Sie vielleicht auch schon an der Verwendung von Scaffold erkannt haben. Schaltflächen und andere Nutzereingaben werden in Abschnitt 10.1 behandelt. Weil die Navigation jedoch ein Ereignis zum Auslösen benötigt und der Button hierzu ein wunderbar simpler Helfer ist, machen wir bereits jetzt von dem Widget Gebrauch. Sie werden es später noch genauer kennenlernen.

Die Eigenschaft onPressed von ElevatedButton erhält eine Funktion, die Flutter als VoidCallback bezeichnet:

```
typedef VoidCallback = void Function();
```

Durch das Schlüsselwort typedef wird der Ausdruck, der sich auf der linken Seite befindet, dem Bezeichner VoidCallback zugewiesen und zugänglich gemacht.

Aber zurück zu onPressed, speziell zu dem übergebenen Funktionsrumpf: Hier erwartet Sie schon wieder etwas Neues. Damit Sie sich nicht extra mit den Eigenheiten der Android- oder iOS-Navigation vertraut machen müssen, abstrahiert Flutter die Konzepte und bringt sie auf einen gemeinsamen Nenner: den Navigator. Angesprochen wird er über Navigator.of, eine statische Funktion, die auf InheritedWidget (siehe Kapitel 8) aufsetzt. Durch das Argument context, also den aktuellen BuildContext im Widget, löst sie denjenigen Navigator auf, der dem aufrufenden Widget am nächsten steht, und führt darauf die Methode push aus, sodass Flutter zu einer anderen *Route* navigiert.

[+]

Push und Pop?

Navigation wird normalerweise als Stapel (*Stack*) implementiert. Darauf kann ein neues Element über push gelegt werden. Der Aufruf von pop nimmt das oberste Element wieder herunter. Diese Anordnung eignet sich besonders zur Navigation, weil in mobilen Anwendungen immer nur eine *Route* (Page) sichtbar sein kann und man sich stets von *Route* zu *Route* vor- und zurückbewegt.

Weil die Navigationsereignisse linear, also der Reihe nach verlaufen, wird der Stack des Navigators auch *Navigation History* genannt.

Das Argument, das der Navigation übergeben wird, ist vom Typ `MaterialPageRoute`, die unter anderem eine Builder-Funktion erhält, die aufgerufen wird, unmittelbar bevor der Seitenwechsel stattfindet. Auch hierbei handelt es sich um eine sehr verbreitete Funktion, weshalb Flutter dafür ebenfalls einen Bezeichner eingeführt hat:

```
typedef WidgetBuilder = Widget Function(BuildContext context);
```


Sogenannte `WidgetBuilder` werden Ihnen häufig begegnen. Sie nehmen, wie der Definition zu entnehmen ist, einen `BuildContext` auf und geben ein Widget zurück.

Das im Beispiel übergebene Lambda erfüllt diese Funktionssignatur, da sie einen Parameter erwartet (`context`) und das Widget `PageB` zurückgibt. Es unterscheidet sich nur wenig von der momentan betrachteten `PageA`:

```
class PageB extends StatelessWidget {
  @override
  Widget build(BuildContext context) {
    return Scaffold(
      body: Center(
        child: Column(
          mainAxisAlignment: MainAxisAlignment.center,
          children: [
            Text('Seite B'),
            ElevatedButton(
              onPressed: () {
                Navigator.of(context).pop();
              },
              child: Text('Zurück zu A'),
            ),
          ],
        ),
      ),
    );
  }
}
```

Listing 7.2 Die zweite Route: »PageB«

Bis auf den Funktionsrumpf innerhalb der Funktion für `onPressed` von `ElevatedButton` und dem veränderten Text darunter hat sich nichts außer dem Namen geändert. Dieses Mal wird die Methode `pop` auf dem `Navigator` aufgerufen. Sie nimmt die aktuelle

Route, was in diesem Fall `PageB` wäre, vom Stapel, wodurch die Navigation wieder zur Ausgangsroute zurückfällt, nämlich zu `PageA`. Beachten Sie den semantischen Unterschied: Während der Button von Seite A immer zu Seite B führt, führt der Button von Seite B zur *vorherigen* Seite.

Nachdem die beiden Routen definiert sind, fehlt nur noch der Start über das erste Widget der App:

```
void main() {
  runApp(MyApp());
}

// Das erste Widget
class MyApp extends StatelessWidget {
  @override
  Widget build(BuildContext context) {
    // home bekommt PageA als erste Route
    return MaterialApp(
      home: PageA(),
    );
  }
}
```

Listing 7.3 Der Einsprungspunkt der App

Die in `MyApp` verwendete `MaterialApp` erhält über `home` eine Instanz von `PageA`. Damit ist der Startpunkt gesetzt. Wenn Sie diesen Code im Browser starten oder auf Ihren Simulator übertragen, sollte sich der Stand aus Abbildung 7.1 zeigen:

Abbildung 7.1 »PageA« mit Navigation zu »PageB«

Wenn Sie die Schaltfläche betätigen, wird Flutter zur `PageB` navigieren. Der Text hat sich nach der Animation entsprechend verändert. Der Button zeigt jetzt die Beschriftung ZURÜCK ZU A. Betätigen Sie ihn, um zurück zum Ausgangspunkt zu gelangen.

Damit haben Sie bereits die Grundmechanik der Navigation in Flutter implementiert und gemeistert!

Beachten Sie, dass die Zurück-Funktion auf Geräten mit dafür vorgesehenen Tasten (oder Gesten) automatisch ein `pop` durchführt. Auch im Browser gelangen Sie also von Seite B mit dem Zurück-Pfeil wieder zu Seite A, danach aber nicht auf die gleiche Weise wieder zu Seite B: Da nichts mehr auf dem Stapel liegt, passiert gar nichts.

[+]

Navigation im Cupertino-Stil

Trotz des Namens `MaterialPageRoute` wird jeweils das auf der Plattform (also iOS oder Android) spezifische Look and Feel für Animationen und Verhalten während der *Navigation* benutzt. Falls Sie auch auf Android lieber einen für iOS-Apps üblichen Stil hätten, dann tauschen Sie einfach die `MaterialPageRoute` gegen die `CupertinoPageRoute` aus.

7.2 Wenn Flutter nach dem Weg fragt: Named Routes

Nicht selten wird ein und dieselbe Route an mehreren Stellen als Ziel gesetzt. Damit Sie nicht überall `MaterialPageRoutes` und besonders deren Builder wiederholen müssen, empfiehlt es sich, Routen einen Bezeichner zuzuweisen, wodurch zur Navigation nur noch der Name der Route eingesetzt werden muss.

Flutter bietet für die als *Named Routes* bezeichneten Wege bereits eine API, die im Folgenden demonstriert wird. Alternativ, und mit einigem Aufwand verbunden, kann auch ein eigener Router eingeführt werden, der die `MaterialPageRoutes` zentralisiert.

7.2.1 InitialRoute und Routes

Um Routen fortan durch einen Bezeichner oder eine ID zu referenzieren, müssen sie zunächst zusammengestellt und der Navigation bekannt gemacht werden. Hierzu werden die Eigenschaften `initialRoute` und `routes` der `MaterialApp` oder der `CupertinoApp` mit der ID der ersten Route und einer Map aus den IDs mit dem jeweiligen `WidgetBuilder` gesetzt:

```
class NamedRoutesApp extends StatelessWidget {
  @override
  Widget build(BuildContext context) {
    return MaterialApp(
      initialRoute: 'A',
      routes: {
        'A': (context) => PageA(),
        'B': (context) => PageB()
      },
    );
```

```
  }
}
```

Listing 7.4 »MaterialApp« mit »initialRoute« und »routes«

Das obere Beispiel verbindet die `initialRoute` mit der ID `'A'`, deren `WidgetBuilder`, wie Sie in der nächsten Zeile erkennen, das Widget `PageA` zurückgibt. Ebenfalls zugewiesen wird die `PageB` erstellende Funktion der ID `'B'`.

Es ist besonders von Vorteil, die IDs als statische Variablen zu definieren, sodass Sie in Ihrer App auf Symbole zurückgreifen können, die von der IDE besser überwacht und verarbeitet werden können als bloße Zeichenketten, die sich über den Quellcode verteilen. Natürlich ist es sinnvoll, Ihren Pages sprechende Namen zu geben (wie *Main, Options, Inventory*) und nicht nur Buchstaben.

[!]

»initialRoute« heißt wirklich nur: »initial«!

Flutter liest die `initialRoute` nur beim Start der App aus. Nachträgliche Änderungen werden daher ignoriert. Anpassungen an der *Navigation History* lassen sich nur über die Methoden des Navigators bewerkstelligen.

7.2.2 PushNamed und Pop

Damit die so eingeführten Routen auch benutzt werden, müssen die Aufrufe an den Navigator leicht geändert werden. Das Erzeugen von `MaterialPageRoutes` oder `CupertinoPageRoutes` ist jetzt nicht mehr nötig. Weil im Beispiel die Methode `push` nur an einer Stelle auftritt, ist es im Handumdrehen umgebaut. Tauschen Sie den bisherigen Aufruf durch diesen aus:

```
Navigator.of(context).pushNamed('B');
```

Diese API zeigt sich äußerst prägnant, da sie nur die ID des Ziels verlangt. Laden Sie einmal die Änderungen auf Ihren Simulator. Die App wird genauso wie vorher zwischen den Routen A und B hin- und hernavigieren.

Abgesehen von `push` wird der Navigator im Code nur für die Methode `pop` aufgelöst, die unabhängig von der aktuellen Position einfach immer die oberste Route vom Stapel nimmt. Beachten Sie allerdings, dass Sie aus Versehen die einzige Route vom Stack entfernen könnten, was zu einem Fehler führt. Daher empfiehlt es sich, sich vorher zu vergewissern, dass `pop` ausgeführt werden darf:

```
if (Navigator.of(context).canPop()) {
  Navigator.of(context).pop();
}
```

Listing 7.5 Die Methode »canPop« von Navigator

Alternativ kann die Methode maybePop aufgerufen werden, die zumindest keinen Fehler auslöst, falls die Aktion nicht gültig war. Ihr Rückgabewert vom Typ Bool gibt darüber Auskunft, ob die Navigation zurück stattgefunden hat.

7.3 Eine Route austauschen

Wenn Sie die aktuelle Route durch eine andere austauschen möchten, verwenden Sie hierzu die Methode pushReplacementNamed oder pushReplacement, wenn keine IDs vergeben wurden. Zur Demonstration wird das vorherige Beispiel um die Route C erweitert, sodass A dorthin navigiert; anschließend wird B diese erreichte Route ersetzen und wieder zurück zu A führen, sodass Sie über die Schaltflächen A → C → B → A navigieren.

7.3.1 pushReplacementNamed und pushReplacement

Entsprechend sind die Routen der MaterialApp zu erweitern: Der Navigatoraufruf von PageA muss zu C leiten und letztlich muss das Widget PageC definiert werden:

```
class NamedRoutesApp extends StatelessWidget {
  @override
  Widget build(BuildContext context) {
    return MaterialApp(
      initialRoute: 'A',
      routes: {
        'A': (context) => PageA(),
        'B': (context) => PageB(),
        'C': (context) => PageC(),
      },
    );
  }
}

// [...]
children: [
  Text('Seite A'),
  ElevatedButton(
    onPressed: () {
      Navigator.of(context).pushNamed('C');
    },
    child: Text('Vorwärts zu C'),
  ),
],
```

```
// [...]

class PageC extends StatelessWidget {
  @override
  Widget build(BuildContext context) {
    return Scaffold(
      body: Center(
        child: Column(
          mainAxisAlignment: MainAxisAlignment.center,
          children: [
            Text('Seite C'),
            ElevatedButton(
              onPressed: () {
                Navigator.of(context).pushReplacementNamed('B');
              },
              child: Text('Austauschen mit B'),
            ),
          ],
        ),
      ),
    );
  }
}
```

Listing 7.6 Die Route C durch B ersetzen

Falls Sie eine Route durch eine andere ersetzen wollen, die nicht mit einer ID verbunden ist, so können Sie mit folgender Zeile die Seite C durch B austauschen:

```
Navigator.of(context).pushReplacement(
  MaterialPageRoute(
    builder: (context) => PageB(),
  ),
);
```

Listing 7.7 »pushReplacement« mit »MaterialPageRoute«

7.3.2 popAndPushNamed

Sie können außerdem eine Route ersetzen, indem Sie `popAndPushNamed` aufrufen. Die Methode führt durch das Herausnehmen aus dem Stack und das anschließende Ablegen technisch einen Austausch durch, genauso wie pushReplaceNamed. Der Unterschied besteht aber darin, dass die Animation von pop ausgeführt wird und die Oberfläche somit den Ablauf anders darstellt. Die Route C ließe sich demnach folgendermaßen durch B ersetzen:

```
Navigator.of(context).popAndPushNamed('B');
```

7.3.3 replace

Falls die zu ersetzende Route aktuell nicht sichtbar ist, können Sie die Methode replace verwenden. Sie führt keine Animationen durch und es wird kein Rückgabewert an den Aufrufer der Route zurückgegeben.

Darüber hinaus können Sie das Element vor einer an replaceRouteBelow übergebenen Route auswechseln:

```
Navigator.of(context).replace(oldRoute: oldRoute, newRoute: newRoute);

Navigator.of(context).replaceRouteBelow(
  anchorRoute: anchorRoute,
  newRoute: newRoute,
);
```

Listing 7.8 »replace« und »replaceRouteBelow«

7.4 Routen entfernen

Mit dem Navigator können Sie eine Route entfernen, ohne dass dabei eine Animation wie bei pop ausgeführt wird. Außerdem kann die Rückgabe von Daten (siehe Abschnitt 7.7.3) dadurch verhindert werden. Die Methode removeRoute ist somit vergleichbar mit dem Abbrechen (*Cancel*) eines Dialogs in der Oberfläche. Eine beliebige Route entfernen Sie mit:

```
Navigator.of(context).removeRoute(route);
```

Soll nicht die oberste Route vom Stapel genommen werden, so kann über removeRouteBelow die Vorgängerroute einer angegebenen Route entnommen werden:

```
Navigator.of(context).removeRouteBelow(anchorRoute);
```

Das Argument anchorRoute bezeichnet jene Route, unter der eine andere entfernt werden soll.

7.5 Großflächig aufräumen mit push und pop

Wenn Sie eine Route auf den Stack legen und dabei gleich einen Use-Case-Frühjahrsputz durchführen möchten, etwa nach dem Durchlaufen eines Tutorials oder Checkout-Prozesses, dann hilft Ihnen `pushAndRemoveUntil`. Dieser Methode übergeben Sie eine neue Route, nämlich jene, die auf den Stapel soll, und zusätzlich eine Bedingung, die von der Route zu erfüllen ist, an der das Entfernen stoppen soll:

```
Navigator.of(context).pushAndRemoveUntil(
  MaterialPageRoute(builder: (context) => PageC()),
  (route) => route.isFirst,
);
```

Listing 7.9 Entferne alle Routen bis zur ersten

Die durch `MaterialPageRoute` abgebildete Route wird auf den Stack gelegt. Danach iteriert die Methode über jede der Routen und prüft die Bedingung, hier `route.isFirst`, bis die erste Route gefunden ist.

Die Methode `pushNamedAndRemoveUntil` implementiert die entsprechende API für Named Routes:

```
Navigator.of(context).pushNamedAndRemoveUntil('C', (route) => route.isFirst);
```

Wenn Sie das Säubern des Stacks benötigen, aber auf das Hinzufügen einer neuen Route verzichten möchten, wird Ihnen die Methode `popUntil` nützlich sein, die lediglich die Bedingung aufnimmt, die wie zuvor die Route identifiziert, an der das Entfernen stoppen soll:

```
Navigator.of(context).popUntil((route) => route.isFirst);
```

7.6 NavigatorObserver

Für viele Anliegen praktisch, beispielsweise für navigationsbezogene Logausgaben, ist der Typ `NavigatorObserver`. Einer `MaterialApp` oder `CupertinoApp` kann eine *List* aus solchen *Observern* (Beobachtern) übergeben werden. Registrierte Implementierungen werden über Navigationsereignisse benachrichtigt. Es stehen einige solcher Ereignisse zur Verfügung, wie die folgende Implementierung zeigt:

```
class AppNavigatorObserver extends NavigatorObserver {
  @override
  void didPush(Route<dynamic> route, Route<dynamic> previousRoute) {}

  @override
```

```
  void didPop(Route<dynamic> route, Route<dynamic> previousRoute) {}

  @override
  void didRemove(Route<dynamic> route, Route<dynamic> previousRoute) {}

  @override
  void didReplace({Route<dynamic> newRoute, Route<dynamic> oldRoute}) {}

  @override
  void didStartUserGesture(
      Route<dynamic> route, Route<dynamic> previousRoute) {}

  @override
  void didStopUserGesture() {}
}
```

Listing 7.10 Die Callbacks von »NavigatorObserver«

Um ein Objekt Ihres `NavigatorObserver`s und gegebenenfalls auch aus anderen Packages, etwa *Analytics*, importierte Objekte anzumelden, fügen Sie Ihrer App über die Eigenschaft `navigatorObservers` eine entsprechende Liste hinzu:

```
MaterialApp(
  initialRoute: 'A',
  routes: {
    'A': (context) => PageA(),
    'B': (context) => PageB(),
    'C': (context) => PageC(),
  },
  navigatorObservers: [AppNavigatorObserver()],
);
```

Listing 7.11 Die App wird mit »navigatorObserver«s erweitert.

7.7 Daten austauschen

In Apps werden häufig Daten zwischen einzelnen Screens beziehungsweise Routes ausgetauscht, zum Beispiel zwischen einer Auswahlseite und einer Detailseite, der das vom Nutzer selektierte Element zugesendet wird, um dieses anzuzeigen.

Flutter bietet zwei Varianten, um solche Szenarien zu realisieren. Zum einen können Sie dem Konstruktor eines Widgets wie `PageB()` die Daten als Argument übergeben. Darüber hinaus können die sogenannten `RouteSettings` einer Route benutzt werden, um Daten von einem Widget zu einem anderem zu übermitteln.

7.7.1 Daten über den Konstruktor

Wenn Sie zur Navigation Instanzen von PageRoute, etwa MaterialPageRoute oder CupertinoPageRoute, erzeugen, können Sie dem Konstruktor des Zielwidgets der Route beliebige Argumente mit auf den Weg geben. Um beispielsweise eine Zeichenkette, die den Ursprung der Navigation beschreibt, von Route A nach C zu senden, können Sie den Konstruktor von PageC anpassen und übergeben dann die Information beim Aufruf von push:

```
class PageC extends StatelessWidget {
  PageC({this.from = ''});
  final String from;
  [...]
}

[...]
onPressed: () {
  Navigator.of(context).push(
    MaterialPageRoute(
      builder: (context) => PageC(from: 'Von A'),
    ),
  );
},
[...]
```

Listing 7.12 »PageA« übergibt die Daten dem Konstruktor von »PageC«.

7.7.2 Daten über RouteSettings

Bei der Verwendung von Named Routes hantieren Sie allerdings nicht mit den MaterialPageRoutes und dementsprechend auch nicht mit den Konstruktoren. In diesem Fall verwenden Sie die Übergabe per RouteSettings. Methoden wie pushNamed besitzen einen zweiten Parameter namens arguments. Hier referenzieren Sie das weiterzureichende Objekt. Das Widget der Zielroute kann darauf über den BuildContext zugreifen. Der Zugriff erfolgt etwa in der build-Methode bei einem StatelessWidget oder bei einem StatefulWidget schon früher in der didChangeDependencies-Methode:

```
onPressed: () {
  Navigator.of(context).pushNamed('C', arguments: 'Von A');
},

class PageC extends StatelessWidget {
...
@override
```

```
Widget build(BuildContext context) {
  final from = ModalRoute.of(context).settings.arguments;
  [...]
}
```

Listing 7.13 Navigationsargumente über »RouteSettings«

Nicht nur Strings, sondern jegliches Objekt kann über `arguments` in `pushNamed` und ähnlichen Methoden gesendet werden. Allerdings ist der Parameter vom Typ `dynamic`. Sie müssen also beim Empfangen und Auspacken von Daten, die Sie über `RouteSettings` erhalten, Vorsicht walten lassen, weil das Typsystem den Sender nicht zu einem erwarteten Typ zwingen kann. Statt einer Zeichenkette könnte `PageA` im oberen Code zum Beispiel einfach die Zahl 42 senden.

7.7.3 Wenn Routen antworten

Möglicherweise ist Ihnen aufgefallen, dass die Methoden des Navigators asynchron sind und sogar generische Rückgabetypen definieren. Das bedeutet zum einen, dass Sie eine Operation, etwa `push` oder `pop`, abwarten können und spezifische Logik danach ausführen lassen können. Des Weiteren können Sie dem `Future` ein Objekt entnehmen, das von einer zuvor ausgetauschten oder vom Stack genommenen Route stammt.

Die kreisrunde Navigation zwischen den Seiten A, C, B und A aus den vorigen Beispielen können Sie folgendermaßen ausbauen, um eine solche Antwort zu senden.

Ändern Sie die Klasse `PageA`:

```
[...]
onPressed: () async {
  print(await Navigator.of(context).pushNamed('C'));
},
[...]
```

Diese Änderung von `onPressed` in `PageB` ist zusätzlich nötig:

```
[...]
onPressed: () {
  if (Navigator.of(context).canPop()) {
    Navigator.of(context).pop('Komme von B');
  }
},
[...]
```

Listing 7.14 »pop« übergibt Daten an die davorliegende Route.

Beim Ausprobieren der Navigation werden Sie in der Logausgabe, wenn Sie von B nach A zurückfallen, die im oberen Code an pop übergebene Zeichenkette sehen.

PageA wurde dahingehend geändert, dass die onPressed-Funktion benachrichtigt wird, wenn die Navigation zu ihr zurückkommt, wie es durch die PageB der Fall ist. Der optionale Rückgabewert fließt im Beispiel aus pushNamed an print.

An dieser Stelle ist festzuhalten, dass PageA und PageB nicht miteinander verknüpft wurden – es handelt sich weiterhin um eine lose Navigation. Würde die Strecke dahingehend geändert, dass die Routen A → C → A navigieren, etwa wenn Sie in PageC den Aufruf pushReplacementNamed mit dem Ziel A statt mit B ausführen würden, dann sähen Sie in der Ausgabe bloß »null«, weil C keinen Rückgabewert übergibt:

```
Navigator.of(context).pushReplacementNamed('A');
```

Aber auch die Methode pushReplacementNamed kann Objekte zurückgeben. Um dies auszuprobieren, ändern Sie die onPressed-Funktion in PageC wie oben ab und fügen außerdem den Parameter result hinzu:

```
Navigator.of(context).pushReplacementNamed(
  'A',
  result: 'Komme von C',
);
```

Listing 7.15 Route C sendet eine Antwort an A.

Nach einem Hot-Reload wird die Logausgabe die Änderung der Navigation mit der Zeichenkette »Komme von C« quittieren, die von PageA ausgegeben wird.

7.8 Den Android-Back-Button zähmen

Wie aus dem Nichts kann er zuschlagen: der *Back-Button* von Android. Nicht immer ist eine Standardbehandlung des Ereignisses erwünscht, etwa wenn sich die App nicht schließen soll. Flutter gewährt mit dem Widget PopScope eine Einflussnahme darauf. Sie können in einer Funktion entscheiden, ob die Anfrage, in der Navigation die Methode pop auszuführen (was auch durch den Android-Back-Button geschieht), gestattet wird.

Um beispielsweise das Widget PageA vor diesem unerwünschten Ereignis zu schützen, wird das dortige Scaffold mit PopScope eingewickelt:

```
class PageA extends StatelessWidget {
  @override
  Widget build(BuildContext context) {
    return PopScope(
```

```
      canPop: false,
      onPopInvokedWithResult: (didPop, result) async {
        if(didPop) {
          return;
        }
      },
      child: Scaffold(
      [...]
}
```


Listing 7.16 »PopScope« in »PageA«

Das Widget verlangt eine Funktion, die der Eigenschaft `onPopInvokedWithResult` zugewiesen wird. Der Rückgabewert wird den Vorgang verweigern, falls `false` zurückgegeben wird. Das obere Beispiel bietet hierfür eine sehr simple Implementierung und verbietet generell, dass `PageA` aus der *Navigation History* entfernt werden darf. Wahrscheinlich werden Sie `PopScope` nur an einer Stelle implementieren, etwa für die Startseite Ihrer App und für Spezialfälle.

7.9 Routen als URIs

Die in diesem Kapitel vorgestellten Routen entsprachen keinem bestimmten Format und lauteten der Einfachheit halber A, B oder C. Normalerweise schreibt man sie aber im URI-Format, etwa wie eine Webadresse, die Sie in Ihrem Browser aufrufen.

Der ersten Seite, *HomePage* oder *InitialPage*, wird dementsprechend die URI »/« zugewiesen. Wenn von dort die Unterseiten A, B und C erreichbar wären, würden die zugehörigen Routen »/A«, »/B« und »/C« lauten. Falls auf »/B« eine Liste angezeigt wird, deren Elemente zu einer Detailseite führen, ergibt sich »/B/detail«. Die Zeichenketten zwischen den Trennzeichen »/« werden *Segmente* genannt.

7.10 Verschachtelte Navigator-Objekte

In Flutter-Apps können durchaus mehrere `Navigator`-Objekte in den Widget-Tree eingefügt werden. Den Hauptnavigator finden Sie zumeist in `MaterialApp` oder `CupertinoApp`. Mit `CupertinoTabScaffold` haben Sie in Abschnitt 6.6.2 ein Widget kennengelernt, das jedem Tab eine eigene Navigation zuordnet.

In manchen Situationen – etwa dann, wenn Sie einen Dialog nicht auf der Ebene der App, sondern innerhalb eines tiefer im Baum befindlichen Navigators anzeigen müssen – gilt es, den nächsten Navigator zu finden, denn `showDialog` oder `showCupertinoDialog` benutzen stets den Hauptnavigator. Die Funktion `Navigator.of` hingegen sucht Ihnen die Instanz heraus, die Ihrem `BuildContext` am nächsten steht. Im Fall von `CupertinoTabScaffold` wäre das wahrscheinlich der Navigator eines der Tabs, den ein jeder `CupertinoTabView` einbringt.

Wenn Sie den Hauptnavigator, der in Flutter als *Root-Navigator* bezeichnet wird, auflösen wollen, bieten Ihnen die Funktionen des Frameworks das entsprechende Flag:

```
showDialog(
  context: context,
  useRootNavigator: true,
  builder: (context) {
    // Dialog im Hauptnavigator anzeigen
  },
);

Navigator.of(
  context,
  rootNavigator: true,
).push(
  // Route auf dem Hauptnavigator
);
```

Listing 7.17 Auflösen des Hauptnavigators

Abbildung 7.2 stellt das unterschiedliche Verhalten des Haupt- und des Tab-Navigators dar. Sie finden auf der linken Seite (und teilweise überdeckt) den Dialog, der vom `Navigator` des `CupertinoTabViews` angezeigt wird. Weil dessen `CupertinoTabScaffold` lediglich die eine Hälfte des Bildschirms umfasst, beschränkt sich die Breite ihm entsprechend und demonstriert, dass sich der Dialog nur im Kontext des Tabs bewegt. Das heißt, Sie könnten, während er geöffnet ist, zu einem der beiden anderen Tabs wechseln, die nicht von dem Hinweis bedeckt werden. Bei Ihrer Rückkehr finden Sie aber erneut den Dialog im Tab HOME vor.

Der in der Mitte befindliche Dialog mit dem Titel HAUPT-NAVIGATOR ist durch den Button mit der Aufschrift KLICK! erzeugt worden, den Sie rechts im Bild sehen. Sein Auftritt, der sich über beide Hälften und im Grunde durch den abgedunkelten Hintergrund (`ModalBarrier`) über den ganzen Bildschirm der App erstreckt, führt deutlich vor Augen, dass der Dialog über den Hauptnavigator eingereiht wurde. Infolgedessen ist eine Interaktion mit den Tabs des `CupertinoTabScaffolds` nicht mehr möglich.

Sie bestimmen mit der Wahl des Navigators insofern gleichfalls, inwieweit der Nutzer mit der App interagieren kann, wenn ein bestimmtes Ereignis eingetreten ist. Durch die Beschränkung auf den Kontext eines Tabs ließe sich etwa verdeutlichen, dass die Aktion sich nur darauf bezieht, andere Anwendungsfälle aber unbeeinträchtigt sind.

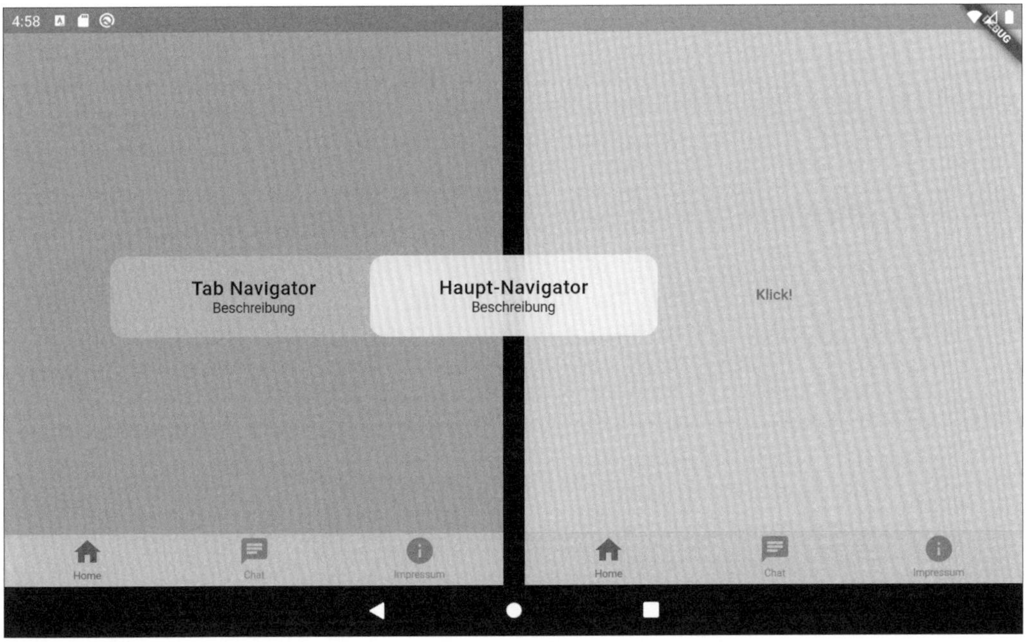

Abbildung 7.2 Zwei Alerts: eines im Tab und das andere auf Ebene der App

7

7.11 Navigator 2.0

Seit Flutter 2.0 gibt es eine grundlegend verbesserte, aber nicht gerade einfach zu bedienende Navigator-API. In den folgenden Abschnitten möchte ich Ihnen einen hoffentlich einsteigerfreundlicheren Weg aufzeigen, wie Sie den neuen Navigator zügig und stressfrei in Ihren Projekten einsetzen können.

7.11.1 Wann brauchen Sie den Navigator 2.0?

Der Bedarf könnte sich entwickeln, wenn Sie ganze Teile der Navigation History auf einen Schlag austauschen müssen. Denken Sie beispielsweise an eine *Push-Notification*, die der Nutzer Ihrer App auf dem Home-Bildschirm öffnet. Die Anforderung könnte lauten, die Nutzer beim Öffnen durch einen *Deeplink* in einen Unterbereich der App zu leiten. Hierfür ist der gleiche Navigationsweg wie bei manueller Bewegung zum Ziel in den Navigator zu übertragen. Das ermöglicht es dem Nutzer, über Zurück-Buttons oder den *Back-Button* von Android auf gewohnte Weise zu navigieren. Zusätzlich ließe sich das Schließen der App verhindern, falls keine weitere Route mehr auf dem Stack liegt.

Erst mit dem neuen `Navigator` erhalten Sie die nötigen Informationen, woher der Nutzer kam, und können außerdem nur hier den Navigationsweg austauschen oder vorsorglich setzen. Technisch können Sie die Navigation History zwar auch mit den Mitteln entsprechend verändern, die Sie bisher kennengelernt haben. Hierbei würden allerdings Animationen in der Oberfläche ausgeführt und wären für den Nutzer unschön anzusehen.

7.11.2 Die Bestandsaufnahme

Zuvor haben die `MaterialApp` oder die `CupertinoApp` den Anlaufpunkt gebildet, um einen `Navigator` zu erhalten. Der neue Navigator hat dort ebenfalls seinen Ursprung. Doch benutzen Sie jetzt einen anderen Konstruktor:

```
class MyApp extends StatelessWidget {
  @override
  Widget build(BuildContext context) {
    return MaterialApp.router(
      routeInformationParser: null,
      routerDelegate: null,
    );
  }
}
```

Listing 7.18 »MaterialApp.route«

Router

Der oben verwendete Konstruktor unterscheidet sich von dem bisherigen darin, dass die `MaterialApp` oder `CupertinoApp` nicht mehr direkt mit dem `Navigator` zusammenarbeitet. Die unmittelbare Verdrahtung der Komponenten führte zu den eingangs aufgeführten Problemen und wird durch den Router als Vermittler zwischen App-Gerüst und Navigation aufgelöst. Hier laufen Navigationsereignisse von der Plattform, vom *Android-Back-Button* oder dem Einfügen eigener neuer Navigation Historys zusammen. Mit dem Router selbst werden Sie aber kaum zusammenarbeiten, weil die relevanten Ereignisse und Aktionen vom Router an den `RouterDelegate` delegiert werden, den Sie weiter unten kennenlernen.

RouteInformationParser

Mithilfe der Annotation `@required` fordert `MaterialApp.router` die beiden Parameter `routeInformationParser` und `routerDelegate`. Der `RouteInformationParser` erhält von Ereignissen wie dem Start der App oder von Ihrem Code ein Objekt des Typs `RouteInformation`, das einen String im URI-Format transportiert. Die erste URI, die Ihr Parser entgegennimmt, ist aller Wahrscheinlichkeit nach das »/«, das Sie schon aus Abschnitt 7.9 kennen. Eine von Ihrem Programmcode erstellte URI könnte etwa

»/menu/profile/details« sein und letztlich in drei Routen, nämlich *Menu*, *Profile* und *ProfileDetails* aufgeteilt werden.

Konfigurationstyp

Aber in was übersetzt der `RouteInformationParser` die `RouteInformation` eigentlich? Wenn vorne ein `String` hineingeht, was kommt hinten heraus? Die Architektur des *Navigator 2.0* erwartet, dass Sie einen Konfigurationstyp erschaffen. Er ist das Zahnrad, das sich auf der Seite der `RouteInformation` im `RouteInformationParser` einhakt und diese im URI-Format gehaltene Information in etwas übersetzt, das innerhalb Ihrer App Sinn ergibt. Wenn der `String` »/details/pizza/salami/26« eintrifft, so könnte eine Konfiguration etwa folgendermaßen aussehen:

```
class PizzaRoute {
  String? flow;
  String? category;
  String? flavor;
  int? size;
}
```

Listing 7.19 Der Konfigurationstyp »PizzaRoute«

Hier ergibt die URI die `PizzaRoute flow=='details', category=='pizza', flavor=='salami'` und `size==26`. Da einzelne oder alle Elemente der Konfiguration fehlen können, können die Attribute `null` werden. Daher sind die Fragezeichen hinter den Typen erforderlich.

Damit Sie auf die einzelnen Segmente des über die `RouteInformation` erhaltenen `Strings` zugreifen können, wäre es vorteilhaft, ihn in eine URI zu verwandeln. Durch einen auf `Uri`-Objekte ausgerichteten Konstruktor in `PizzaRoute` könnten die Daten anschließend komfortabel in die Instanzvariablen geschoben werden:

```
class PizzaRoute {
  PizzaRoute.fromUri({@required Uri uri})
      : assert(uri.pathSegments.isNotEmpty),
        flow = uri.pathSegments.elementAt(0),
        category =
            uri.pathSegments.length > 1
                ? uri.pathSegments.elementAt(1)
                : null,
        flavor =
            uri.pathSegments.length > 2
                ? uri.pathSegments.elementAt(2)
                : null,
        size = int.parse(
```

```
            uri.pathSegments.length > 3
                ? uri.pathSegments.elementAt(3)
                : 0);
  // ...
}
```

Listing 7.20 Der »PizzaRoute«-Konstruktor

Das sind viele Zeilen, aber es ist halb so wild! Sie entnehmen der Parameterliste im Named Constructor `fromUri`, dass ein Objekt des Typs `Uri` gefordert ist. Das erste `assert` prüft, ob überhaupt Segmente in der URI sind. Ab diesem Punkt geht es los mit der Übertragung der Segmente der `Uri` in die Felder von `PizzaRoute`, jedes Mal mit einem vorgelagerten Check. Das Format soll in jedem Fall »/flow/category/flavor/size« lauten.

Jetzt sind Sie bestens darauf vorbereitet, Ihren auf `PizzaRoute` aufbauenden Parser einzuführen. Weil `RouteInformationParser` eine abstrakte und somit zu implementierende Klasse ist, besteht der nächste Schritt darin, einen davon abgeleiteten Typ zu erstellen, der eine `RouteInformation` aufnimmt und eine daraus entwickelte `PizzaRoute` als `Future` zurückgibt:

```
class _RouteInformationParser extends RouteInformationParser<PizzaRoute> {
  @override
  Future<PizzaRoute> parseRouteInformation(
   RouteInformation routeInformation) {
    final uri = routeInformation.uri;
    final pizzaRoute = PizzaRoute.fromUri(uri: uri);
    return SynchronousFuture(pizzaRoute);
  }
}
```

Listing 7.21 Der »RouteInformationParser«

Ihr `RouteInformationParser` muss die Methode `parseRouteInformation` implementieren. Hier kann Ihnen die Basisklasse nicht weiterhelfen; sie weiß schließlich nicht, wie eine `RouteInformation` in eine `PizzaRoute` zu transferieren ist. Die erste Zeile im Funktionsrumpf erzeugt, wie zuvor angemerkt, aus dem Eingangswert eine `Uri`. `RouteInformation` ist ein Datenobjekt, das die Eigenschaften `uri` und `state` besitzt.

Die nächste Zeile gibt die generierte `Uri` an den eben erstellten Konstruktor von `PizzaRoute`. Weil die Methode, um asynchrone Auswertungen zu erlauben, ein `Future` als Rückgabewert fordert, das Ergebnis aber synchron erreicht wird, verpackt sie die letzte Anweisung noch in eine `SynchronousFuture`-Klasse (siehe Abschnitt 3.12.2), die ein Future sofort ausführt und ohne Sprung aus dem Durchlauf der Event Loop (siehe Abschnitt 3.12.1) den Wert zurückgibt.

RouterDelegate

Wenn der Parser das Zahnrad in Schwung versetzt hat und mitbewegt, gilt es das Momentum auf die andere Seite zu übertragen, also ein Konfigurationsobjekt auszuwerten. Da der eingetroffene `String` in eine fachliche Form gebracht wurde (d. h., er besteht aus Begriffen und zugehörigen Werten, die aus dem Kontext der App stammen), ordnen Sie den strukturierten Informationen Navigationsrouten zu.

Mit anderen Worten: Sie halten jetzt eine `PizzaRoute` in Ihren Händen und müssen sie einer anzuzeigenden *Page* und gegebenenfalls einer Navigation History zuordnen. Das bewerkstelligen Sie, indem Sie den Navigator in Ihren Widget-Tree einfügen.

7.11.3 Von der RouteInformation zum Navigator

Oben habe ich Ihnen in Listing 7.21 eine Implementierung des `RouteInformationParser` vorgeführt, mit dem Sie schon eine der beiden geforderten Eigenschaften im Konstruktor `MaterialApp.router` oder `CupertinoApp.router` setzen können:

```
import 'package:flutter/foundation.dart';
import 'package:flutter/material.dart';

runApp(MyPizzaApp());

// ...
class MyPizzaApp extends StatelessWidget {
  @override
  Widget build(BuildContext context) {
    return MaterialApp.router(
      routeInformationParser: _RouteInformationParser(),
      routerDelegate: null,
    );
  }
}
```

Listing 7.22 Der aktuelle Stand mit »RouteInformationParser«

Offen bleibt nur noch der `RouterDelegate`, den Sie folgendermaßen definieren:

```
class _RouterDelegate extends RouterDelegate<PizzaRoute> {
  @override
  Widget build(BuildContext context) {
    return Navigator();
  }

  @override
```

```
  Future<bool> popRoute() {
    return SynchronousFuture(true);
  }

  @override
  Future<void> setNewRoutePath(PizzaRoute configuration) {
  }

  @override
  void addListener(VoidCallback listener) {}

  @override
  void removeListener(VoidCallback listener) {}
}
```

Listing 7.23 Implementierung von »RouterDelegate«

Zunächst sehen Sie die build-Methode, in deren Rumpf bisher bloß ein Aufruf an Navigator festgehalten ist. Dieses Widget ist der Hauptnavigator Ihrer App, zumindest sofern über MyPizzaApp kein weiterer eingefügt wird. An diese Stelle kehren wir mit der Betrachtung gleich zurück. Zuvor möchte ich Ihnen noch eine kurze Beschreibung der anderen Methoden im _RouterDelegate geben.

Unter der build-Methode ist popRoute definiert. Dieser Callback wird vom Router aufgerufen, wenn die Plattform ein Pop-Ereignis wie den Android-Back-Button bei ihm anmeldet. Der boolesche Rückgabewert teilt dem Aufrufer mit, ob das Ereignis von diesem RouterDelegate-Objekt behandelt wird (true) oder nicht (false).

Wenn dem Router eine initiale RouteInformation wie »/« beim Start der App gemeldet wird, ruft Flutter setNewRoutePath auf dem RouterDelegate auf. Somit werden Sie darüber benachrichtigt, dass ein neues Konfigurationsobjekt erstellt wurde. Genau hier nehmen Sie die vom RouteInformationParser erzeugten PizzaRoutes auf und entscheiden, ob die build-Methode des Delegate aufgerufen werden soll. Bei einem solchen Durchlauf beeinflussen Sie beispielsweise mithilfe von Instanzvariablen, ob der Navigator in seinem bisherigen Zustand verbleibt oder mit einer neuen Navigation History und einer anderen momentan anzuzeigenden Page in den Widget-Tree eingefügt werden soll.

Sie könnten, wenn Sie die PizzaRoute (»/«) erhalten, die Startseite Ihrer App mit leerer History anbieten, und für die empfangene RouteInformation »/details/pizza/salami/26« würde der Parser eine PizzaRoute erstellen, für die etwa eine Detailseite anzuzeigen ist, auf der die Salami-Pizza präsentiert wird. Weil eine solche Seite meist aus einer Liste heraus aufgerufen wird, würden Sie die Navigation History gleich anpassen, sodass die Zurücknavigation dazu zurückführt und eine abermalige Zurücknavigation dann zur Startseite, also: Salami-Detail → Pizza-Liste → Startseite.

Bevor Sie als Nächstes die build-Methode und darin den Navigator implementieren, bietet es sich an, eine Instanz des _RouterDelegate in MaterialApp.router einzubinden, sodass diese Stelle fertiggestellt ist:

```
class MyPizzaApp extends StatelessWidget {
  @override
  Widget build(BuildContext context) {
    return MaterialApp.router(
      routeInformationParser: _RouteInformationParser(),
      routerDelegate: _RouterDelegate(),
    );
  }
}
```

Listing 7.24 »materialApp.router« mit vollständigen Abhängigkeiten

7.11.4 Die Startseite anzeigen

Zum jetzigen Zeitpunkt haben Sie fast alle Spieler auf dem Feld. Nachgelagert wird nur noch die Methode gefüllt, die Ihren RouterDelegate automatisch mit Plattform-Ereignissen wie dem Android-Back-Button verbindet.

PizzaRoute.home

Lassen Sie uns die Lösung als Nächstes auf die RouteInformation »/« vorbereiten, sodass Sie die erste Page der App auf Ihrem Simulator ausprobieren können. Weil eine damit gefütterte Uri keine Segmente ausspuckt, ist es praktisch, einen expliziten Konstruktor in PizzaRoute anzulegen, um die Startseite zu repräsentieren:

```
class PizzaRoute {
  PizzaRoute.home()
    : flow = PizzaPage.homeLocation,
      category = null,
      flavor = null,
      size = 0;

  PizzaRoute.fromUri({@required Uri uri})
  // ...
}
```

Listing 7.25 Hinzufügen von »PizzaRoute.home«

Die abstrakte Klasse PizzaPage

Haben Sie den neuen und noch unbekannten Typ entdeckt, den ich in Listing 7.25 geschmuggelt habe? Mit dem Typ PizzaPage möchte ich im Folgenden einen Ort einführen, an dem die *Locations* wie »/« (Startseite) »/list« (Pizza-Liste) oder »/details« (Pizza-Details) zentral definiert werden. Außerdem sollen an dieser Stelle die UI-Beschreibungen der einzelnen Pages festgehalten werden. Für die Startseite ergibt sich dann:

```
abstract class PizzaPage {
  static const String homeLocation = '/';
  static const String listLocation = 'list';
  static const String detailsLocation = 'details';

  static MaterialPage get homePage => MaterialPage(
    child: Scaffold(
      body: Center(
        child: Column(
          mainAxisAlignment: MainAxisAlignment.center,
          children: [
            Text('Willkommen'),
            SizedBox(height: 24),
            ElevatedButton(
              onPressed: () {},
              child: Text('Zum Detail'),
            ),
          ],
        ),
      ),
    ),
  );
}
```

Listing 7.26 Die abstrakte Klasse »PizzaPage«

ParseRouteInformation anpassen

Jetzt aber zurück zum RouteInformationParser. Mit der dedizierten PizzaRoute im Gepäck können Sie die Methode parseRouteInformation erweitern:

```
class _RouteInformationParser extends RouteInformationParser<PizzaRoute> {
  @override
  Future<PizzaRoute> parseRouteInformation(RouteInformation routeInformation)
{
    final uri = Uri(path: routeInformation.location);
```

```
    final pizzaRoute = uri.pathSegments.isEmpty
      ? PizzaRoute.home()
      : PizzaRoute.fromUri(uri: uri);

    return SynchronousFuture(pizzaRoute);
  }
}
```

Listing 7.27 Die erweiterte Methode »parseRouteInformation«

Die erzeugte `PizzaRoute` wird im nächsten Schritt an den `RouterDelegate` übergeben, genauer gesagt an dessen `setNewRoutePath`. Damit der `RouterDelegate` die erhaltene `PizzaRoute` in die in `PizzaPage.homePage` definierte Oberfläche übersetzen kann, sind nur noch wenige Änderungen in dieser Klasse hinzuzufügen.

Den Navigator konfigurieren

Bislang haben wir die `build`-Methode lediglich rudimentär mit einem `return Navigator();` ausgefüllt. Um innerhalb von `setNewRoutePath` einen Durchlauf starten zu können, wird eine Möglichkeit der Benachrichtigung gebraucht.

Hierfür werden ein `ValueNotifier` und sein Gegenstück, der `ValueListenableBuilder`, eingesetzt, die zwar erst in Abschnitt 9.2 behandelt werden, aber an dieser Stelle eine einfache Lösung ermöglichen. Kurz zusammengefasst, implementiert `ValueNotifier` das *Observer*-Pattern. Das heißt, es nimmt einen Wert auf und wann immer dieser geändert wird, benachrichtigt es etwaige Zuhörer. Einer dieser Zuhörer ist `ValueListenableBuilder`, der genau dann seinen `builder`-Callback ausführt, wenn sich `ValueNotifier` mit einem neuen Wert meldet.

Die `build`-Methode von `_RouterDelegate` stellt sich folgendermaßen dar:

```
class _RouterDelegate extends RouterDelegate<PizzaRoute> {
  ValueNotifier<List<Page>> _navigationHistory = ValueNotifier<List<Page>>(
    [PizzaPage.homePage],
  );

  @override
  Widget build(BuildContext context) {
    return ValueListenableBuilder(
      valueListenable: _navigationHistory,
      builder: (context, history, child) {
        return Navigator(
          key: UniqueKey()
          pages: history,
          onPopPage: (route, result) => route.didPop(result),
```

```
        );
      },
    );
  }
  // ...
}
```

Listing 7.28 Erweiterung der »build«-Methode

Zuoberst sehen Sie den angekündigten `ValueNotifier`, der einen generischen Parameter besitzt und für diesen eine `List<Page>` zugewiesen bekommt. Der initiale Wert ist eine Liste, die nur die Location der `PizzaPage.homePage` enthält. Dann folgt auch schon die `build`-Methode, die als äußerstes Widget den `ValueListenableBuilder` zurückgibt. Dessen Eigenschaft `valueListenable` ist die Referenz auf den `ValueNotifier` namens `_navigationHistory`. Damit sind Melder und Zuhörer miteinander verknüpft. Der `builder` erhält über das Argument `history` jeweils die aktuelle History und der `Navigator` innerhalb des Builders zeigt sich nicht mehr so »nackt« wie zuvor.

Die Navigation History wird dem `Navigator` mittels `pages` zugewiesen. Das heißt, alle Pages, die Sie in die Liste einfügen, können rückwärts über `pop` erreicht werden. Das erklärt auch, warum der initiale Wert eine Liste ist, die lediglich aus `PizzaPage.homePage` besteht – es gibt keine Möglichkeit, von dort zurück zu navigieren, allenfalls aus der App heraus, wie es unter Android mit dem Back-Button möglich ist.

Der Callback `onPopPage` wird vom `Navigator` dann gefordert, wenn `pages` nicht `null` ist. Das ist hier der Fall und das zwingt Sie, eine Funktion zu übergeben, die aber das Ereignis direkt an die entsprechende Route weiterreicht.

Zuletzt möchte ich auf den Einsatz von `UniqueKey` (siehe Abschnitt 5.5.2, »Widgets markieren«) hinweisen. Mithilfe des Keys kann Flutter die `Navigator`-Widgets über mehrere Build-Vorgänge hinweg identifizieren und dem gleichen *Element* sowie *Render-Objekt* (siehe Abschnitt 5.5) zuordnen. Andernfalls würden mehrere solcher Objekte entstehen, was zu Fehlern in der Engine führen würde.

setNewRoutePath erweitern

In der Methode `setNewRoutePath` von `RouterDelegate` erhalten Sie die aus einer `RouteInformation` herausgelesene `PizzaRoute`. Mit dem `ValueNotifier` namens `_navigationHistory` wurde zuvor eine Möglichkeit geschaffen, um die Navigation zu konfigurieren und gleichzeitig einen neuen Durchlauf der `build`-Methode zu veranlassen. Genau dieses Ziel wird durch die Zuweisung einer aktualisierten Liste aus Page-Objekten in `setNewRoutePath` erfüllt:

```
// ...

@override
Future<void> setNewRoutePath(PizzaRoute configuration) {

  switch (configuration.flow) {
    default:
      _navigationHistory.value = [PizzaPage.homePage];
      break;
  }

  return SynchronousFuture(null);
}

// ...
```

Listing 7.29 Eine Navigation History für eine »PizzaRoute«

Die nach dem App-Start auftretende `PizzaRoute` wird den `flow` »/« tragen. Momentan sind alle `flow`-Werte durch `default` in der `switch`-Anweisung abgedeckt. An dieser Stelle werden im Weiteren aber andere Locations, etwa »/details«, auf spezifische Navigation-History-Listen übersetzt.

Geschafft! An diesem Punkt können Sie den Simulator anwerfen und sollten dann den in Abbildung 7.3 dargestellten Stand sehen.

Abbildung 7.3 Die Startseite mit Navigator 2.0

Der Start der App lieferte dem `RouteInformationParser` die `RouteInformation` »/«, die in `parseRouteInformation` in Ermangelung von Segmenten in eine `PizzaRoute.home` übersetzt wurde. Diese ist dann an den `RouterDelegate` weitergeleitet worden und in `setNewRoutePath` angekommen. Dort wurde der Konfiguration mithilfe der `switch`-Anweisung eine Navigation History zugeordnet. Diese besteht in diesem Fall nur aus `PizzaPage.homePage`.

7.11.5 Die Navigation History ersetzen

Nach diesem ersten Erfolg möchte ich mit Ihnen den Austausch der Navigation durchspielen – ein Szenario, das wahrscheinlich am ehesten beim Einsatz von Deeplinks oder Ähnlichem auftritt. In Abbildung 7.3 zeigt sich schon der Button ZUM DETAIL, der die aktuell angezeigte Page ändern soll, sodass Details zu einer Pizza angezeigt werden und gleichzeitig die Navigation History abgeändert wird. Am Ende soll der Stand erzielt werden, dass Sie auf die Detailseite gelangen und dort durch die angepasste Navigation History zurück zur Pizza-Liste gehen können. Mit einem erneuten `pop` auf dem `Navigator` soll dann die Startseite erreicht werden. Der Wechsel zurück in die Detailseite wird aber ebenso ermöglicht.

Anpassungen auf der Startseite

Der `onPressed`-Callback unter `PizzaPage.homePage` ist noch leer. Damit der `RouterDelegate` die Navigation wie gewünscht anpasst, muss er eine neue Konfiguration bekommen. Die wird in der aktuellen App vom Typ `PizzaRoute` ausgedrückt. Um das gesteckte Ziel zu erreichen, müssen Sie dementsprechend im Callback des Buttons eine `PizzaRoute` erzeugen, die dem Delegate vermittelt, dass die Pizza-Detailseite mit zusätzlich angepasster Navigation History anzuzeigen ist.

Um den `RouterDelegate` zu benutzen, lösen Sie ihn über `Router.of` auf, ein `InheritedWidget` des Routers. Mit der entsprechenden `PizzaRoute` als Konfiguration folgt für `onPressed`:

```
// ...
ElevatedButton(
  onPressed: () {
    final pizzaRoute = PizzaRoute.fromUri(
      uri: Uri(path: '/details/pizza/salami/26'),
    );
    Router.of(context)
        .routerDelegate
        .setNewRoutePath(pizzaRoute);
  },
  child: Text('Zum Detail'),
),
// ...
```

Listing 7.30 »setNewRoutePath« zur Pizza-Detailseite

Durch `Router.of` ergibt sich allerdings ein Problem. Der `BuildContext` liegt in der abstrakten Klasse `PizzaPage` nicht vor und lässt sich nicht einfach erreichen. Deswegen lagern Sie die der `MaterialPage` zugeführten Widgets in ein eigenes Widget aus, das dann über die `build`-Methode automatisch den `BuildContext` erhalten wird:

```
// Anpassung in PizzaPage:
abstract class PizzaPage {
  // ...
  static MaterialPage get homePage => MaterialPage(child: _HomePageWidget());
  // ...
}

// Das ausgelagerte Widget
class _HomePageWidget extends StatelessWidget {
  const _HomePageWidget({
    Key key,
  }) : super(key: key);

  @override
  Widget build(BuildContext context) {
    return Scaffold(
   // ...
              ElevatedButton(
                 // wie in Abschnitt Listing 7.30 definiert
              ),
   // ...
}
```

Listing 7.31 »HomePage« wird ein eigenes Widget.

Damit ist der auslösende Teil schon platziert! Durch die Berührung des Buttons erstellt der Callback die neue `PizzaRoute`-Konfiguration, löst den `RouterDelegate` auf und übergibt sie der Methode `setNewRoutePath`. Als Nächstes passen Sie die Verarbeitung an diesem Ort an. In Listing 7.29 kannte die `switch`-Anweisung nur den Fall `default`. Fügen Sie jetzt den `case` für `detailsLocation` ein, um die eintreffende `PizzaRoute` zu verarbeiten:

```
@override
Future<void> setNewRoutePath(PizzaRoute configuration) {

  switch (configuration.flow) {
    // Die Pizza-Details behandeln
    case PizzaPage.detailsLocation:
      _navigationHistory.value = [
         PizzaPage.homePage,
         PizzaPage.detailPage(configuration),
       ];
    break;
    default:
```

```
        _navigationHistory.value = [PizzaPage.homePage];
      break;
    }

    return SynchronousFuture(null);
}
```

Listing 7.32 Der »case PizzaPage.detailsLocation«

Innerhalb des hinzugefügten `case` wird (wie auch schon in `default`) der Wert des `ValueNotifiers _navigationHistory` verändert. Dieses Mal werden nacheinander die Startseite und die Detailseite eingefügt. Achten Sie besonders darauf, wie `PizzaPage.detailPage` die `PizzaRoute` als Konfiguration und genau wie einen State aufnimmt, um sich entsprechend zu repräsentieren.

Die Detailseite

Die in Listing 7.32 eingeführte `PizzaPage.detailPage` besitzen Sie allerdings noch nicht. Passen Sie `PizzaPage` analog zu `homePage` an:

```
static MaterialPage detailPage(PizzaRoute pizzaRoute) => MaterialPage(
    child: _DetailPageWidget(pizzaRoute: pizzaRoute),
  );
// ...

class _DetailPageWidget extends StatelessWidget {
  const _DetailPageWidget({
    Key key,
    this.pizzaRoute,
  }) : super(key: key);

  final PizzaRoute pizzaRoute;

  @override
  Widget build(BuildContext context) {
    return Scaffold(
      body: Center(
        child: Column(
          mainAxisAlignment: MainAxisAlignment.center,
          children: [
            Text('Art: ${pizzaRoute.category}'),
            Text('Sorte: ${pizzaRoute.flavor}'),
            Text('Größe: ${pizzaRoute.size}'),
```

```
            // Zurück navigieren
            ElevatedButton(
              onPressed: () {
                Navigator.of(context).pop();
              },
              child: Text('Zurück'),
            ),
          ],
        ),
      ),
    );
  }
}
```

Listing 7.33 Die »PizzaPage.detailPage«

Den Zwischenstand können Sie jetzt ausprobieren. Die Startseite wird durch den angepassten Button eine neue Navigation History erzeugen, auf der die Detailseite den Kopf des Stapels darstellt. Der aus Abschnitt 7.2.2 bekannte Aufruf der Funktion `pop`, der in `_DetailPageWidget` ausgeführt wird, führt dazu, dass erneut die Startseite angezeigt wird, und schließt den Kreis. Sie können beliebig oft die Navigation History auf der Startseite verändern und über die Detailseite zurückkommen.

Die Pizza-Liste als Zwischenstation

Im vorigen Abschnitt haben Sie mit `pop` bereits die Rückwärtsbewegung getestet. Um Ihnen auch die Navigation nach vorne mit altbekannten Mitteln im *Navigator 2.0* zu demonstrieren und nebenbei die Navigation History nochmals zu erweitern, soll im Folgenden eine Pizza-Liste eingeführt werden.

Um die neue Page einzufügen, gilt es wieder einmal, die Klasse `PizzaPage` auszubauen und anschließend ein Widget zu erstellen:

```
abstract class PizzaPage {
  // ...
  static MaterialPage get listPage => MaterialPage(child: _ListPageWidget());
}

class _ListPageWidget extends StatelessWidget {
  const _ListPageWidget({
    Key key,
  }) : super(key: key);

  @override
```

```
  Widget build(BuildContext context) {
    return Scaffold(
      body: ListView(
        children: ['Salami', 'Thunfisch', 'Schinken']
            .map((x) => ElevatedButton(
                  onPressed: () {
                    Navigator.of(context).pushNamed(
                      PizzaPage.detailsLocation,
                    );
                  },
                  child: Text(x),
                ))
            .toList()
              ..add(
                ElevatedButton(
                  onPressed: Navigator.of(context).pop,
                  child: Text('Zurück'),
                ),
              ),
      ),
    );
  }
}
```

Listing 7.34 Die Pizza-Liste

Innerhalb der oberen `ListView` wird aus drei für Pizzas als sinnvoll erachteten Bezeichnern mithilfe der Funktion `map` eine Liste aus `Text`-Widgets generiert, die jeweils in einen `ElevatedButton` eingewickelt werden und zunächst auf die bekannte Salami-Detailseite `PizzaPage.detailsLocation` verweisen.

Stattdessen können Sie auch schreiben:

```
onPressed: () {
  final pizzaRoute = PizzaRoute.fromUri(
    uri: Uri(path: '/details/pizza/$x/26'),
  );
  Navigator.of(context).pushNamed(
    PizzaPage.detailsLocation,
    arguments: pizzaRoute,
  );
},
```

Somit wird durch `$x` der angeklickte Pizzawunsch übermittelt.

Zuletzt wird dieser Liste der Zurück-Button hinzugefügt, damit Sie beim Testen von der Detail- über die Listen- zur Startseite zurückspringen und somit die ganze Navigation History mitnehmen können.

7.11.6 Navigationsziele im Router mit onGenerateRoute

Wie Sie feststellen, können Sie die Funktion `pushNamed` des `Navigator` weiterverwenden. Als Name der Route dient die Location, die Sie für `RouteInformation`-Objekte einsetzen. Mit dieser Information wird der Navigator zu einer Page springen. Weil der `Navigator` keine Zuweisungen von Location zu einer Page kennt, müssen Sie diese nachliefern. Das erledigen Sie ganz im Stil der `switch`-Anweisung, die bereits in der Funktion `setNewRoutePath` im `RouterDelegate` `PizzaRoute`-Konfigurationsobjekte in Pages übersetzt.

Damit die Navigationsanfragen bedient werden, implementieren Sie nun ein Callback des `Navigators` für `onGenerateRoute`:

```
class _RouterDelegate extends RouterDelegate<PizzaRoute> {
  // ...

  @override
  Widget build(BuildContext context) {
    return ValueListenableBuilder(
      // ...
      builder: (context, history, child) {
        return Navigator(
          // ...
          onGenerateRoute: (routeSettings) {
            switch (routeSettings.name) {
              case PizzaPage.detailsLocation:
                return MaterialPageRoute(
                  builder: (context) => _DetailPageWidget(
                    pizzaRoute: routeSettings.arguments,
                  ),
                );
              default:
                return MaterialPageRoute(
                  builder: (context) => _HomePageWidget(),
                );
            }
          },
        // ...
```

```
  }
  // ...
}
```

Listing 7.35 »onGenerateRoute«-Callback für den Navigator

Als Argument erreicht `onGenerateRoute` ein Objekt des Typs `RouteSettings`, das Sie ebenfalls vom bisherigen `Navigator` kennen. Daraus lässt sich der Name entnehmen, den Sie beim Aufruf von `pushNamed` angegeben haben, im vorliegenden Fall also die Location. Weil bei `onGenerateRoute` mal wieder der Name Programm ist, muss eine Route zurückgegeben werden. Sie kann etwa, wie hier gezeigt, in `MaterialPageRoute` eingewickelt werden. Dem dortigen `builder` übergeben Sie schließlich die entsprechenden Page-Widgets. Auch bekannt ist `RouteSettings.arguments`, das Ihnen das beim Aufruf von `pushNamed` übergebene Argument liefert, sodass `_DetailPageWidget` seinen State erhält. Als *Fallback* habe ich `default` eingeführt, das auf die Startseite verweist.

Die letzte Handlung besteht noch darin, im Fall von `case PizzaPage.detailsLocation` die `PizzaPage.listPage` in die Navigation History einzufügen:

```
class _RouterDelegate extends RouterDelegate<PizzaRoute> {
// ...
  @override
  Future<void> setNewRoutePath(PizzaRoute configuration) {
    switch (configuration.flow) {
      case PizzaPage.detailsLocation:
        _navigationHistory.value = [
          PizzaPage.homePage,
          PizzaPage.listPage,
          PizzaPage.detailPage(configuration),
        ];
        break;
// ...
```

Listing 7.36 »setNewRoutePath« für die Detailseite

Wenn Sie den aktuellen Stand auf den Simulator übertragen, können Sie von der Detailseite zurück auf die Pizza-Liste gehen und sich von dort wiederum vor oder weiter zurück zur Startseite bewegen.

7.11.7 Zurücknavigation durch Plattformereignisse

Durch Hardware wie den Back-Button in Android oder durch softwaregetriebene Ereignisse der Plattform kann das Zurücknavigieren in Ihrer App ausgelöst werden.

Aktuell ignoriert unser Beispiel diese Benachrichtigungen. Lassen Sie uns deshalb der Vollständigkeit halber noch eine entsprechende Behandlung im `RouterDelegate` einfügen.

In Listing 7.23 habe ich die Methode `popRoute` des `RouterDelegates` weitestgehend übersprungen und bloß den Rückgabewert definiert. Die folgenden Zusätze sorgen dafür, dass die aktuelle Page durch das eintretende Ereignis aus der Navigation History entfernt wird und die vorherige Page angezeigt wird, bis nur noch die Startseite darin liegt:


```
class _RouterDelegate extends RouterDelegate<PizzaRoute> {
  // ...
  @override
  Future<bool> popRoute() {
    if (_navigationHistory.value.length > 1) {
      _navigationHistory.value.removeLast();
    }
    return SynchronousFuture(true);
  }
  // ...
}
```

Listing 7.37 Auf die Zurücknavigation reagieren

7.12 Zusammenfassung

Herzlichen Glückwunsch, Sie haben den *Navigator 2.0* gemeistert! Trotz eines etwas komplexeren Aufbaus haben Sie sich vorwärts und rückwärts durch die Pages bewegt und gelernt, wie Sie eine komplette Navigation History im Betrieb austauschen. Genau dieses Merkmal wird wohl der Hauptgrund für einen Wechsel auf die neue Version des Navigators sein. Aber nicht zu vergessen ist, dass auch absolute Fans der deklarativen Beschreibung von Nutzeroberflächen nun einen weiteren Teil des Kuchens anschneiden und sich weiter von den imperativen Anweisungen entfernen können.

Nichtsdestotrotz können Sie selbst in einem neu aufgesetzten Projekt auf den Navigator 2.0 verzichten, wenn der Austausch der Navigation History im Betrieb für Sie keine Rolle spielt oder Sie kein Problem mit dem imperativen Charakter des Navigators haben.

Durch dieses Kapitel sind Sie daher für alle Fälle gerüstet, da Sie ein Grundverständnis von dem Konzept hinter der Navigation in Flutter erworben haben und in den vorherigen Abschnitten die wichtigsten Komponenten des Navigator 2.0 ausprobieren konnten. So sind Ihnen weder `push`, `pushNamed` oder `pop` noch die Idee des Routers mit zugehörigem Delegate und den Routes fremd.

Zuletzt möchte ich nicht unerwähnt lassen, dass Sie über *https://pub.dev* auch komplette Navigations-Packages wie *go_router*, *auto_route* oder *beamer* in Ihre App einbinden können. Dort werden Navigator 1.0 und 2.0 durch ein einheitliches Interface für Sie abstrahiert. Falls Sie generell neugierig sind oder in den vorgestellten Bordmitteln das eine oder andere Feature vermissen, empfehle ich Ihnen, einmal einen Blick zu riskieren und die einschlägigen Packages auszuprobieren.

Kapitel 8
Früchte am Baum: InheritedWidgets

»Was meiner Herkunft abgeht, das ersetzt die eigene Leistung.«
– Horaz

Was hielten Sie davon, wenn Sie Werte oder Funktionen in Form von Objekten innerhalb Ihres Widget-Trees zugänglich machen könnten? Sie würden an einer Stelle, ab der Sie es für sinnvoll erachten, ein Widget in den Baum schieben, sodass alle folgenden Widgets über eine statische Methode auf es zugreifen und mit ihm interagieren können. Bei Änderungen würden jene Widgets, die von dem Objekt abhängig sind, von Flutter automatisch neu gebaut. Wie klingt das?

Mit `InheritedWidgets` steht Ihnen ein außerordentlich praktisches Mittel zur Verfügung, um von anderen Widgets benötigte Abhängigkeiten zur Verfügung zu stellen (*Dependency Injection*) und die konsumierenden Widgets bei Änderungen automatisch neu zu bauen. Ich möchte Ihnen dieses Konzept anhand eines kleinen Beispiels vorstellen, sodass Sie zukünftig Ihre eigenen Informationen oder Funktionen in den Widget-Tree integrieren können.

8.1 Ein InheritedWidget

Sie haben bereits in Kapitel 7 vielfach ein `InheritedWidget` eingesetzt. Mit `Navigator.of` wurde der Navigator zurückgegeben, der dem aktuellen Widget respektive seinem `BuildContext` am nächsten steht. Auf diesem Navigator haben Sie dann Aktionen wie `push` oder `pop` durchgeführt.

Bei `InheritedWidget` handelt es sich um eine Basisklasse, vergleichbar mit `StatelessWidget` und `StatefulWidget`. Sobald ein Widget davon erbt, bietet es nach Konvention eine statische `of`-Methode an, etwa `Navigator.of`. Darin wird eine Flutter-Funktion auf dem `BuildContext` aufgerufen, nämlich `context.dependOnInheritedWidgetOfExactType<T>()`, die den Widget-Tree nach oben absucht und die erste Instanz des gesuchten Typs (`T`) liefert.

Das Implementieren von InheritedWidget erfordert außerdem das Überschreiben von `updateShouldNotify`. Das ist eine Methode, die einen booleschen Wert zurückgibt, der entscheidet, ob abhängige Widgets neu gebaut werden sollen.

8.2 Das eigene InheritedWidget: TimeInfo

Genug der Theorie! Auf geht's in die IDE und an die Programmierung eines eigenen InheritedWidgets. Zur Demonstration soll ein übersichtliches Exemplar gebaut werden, das eine Uhrzeit zurückgibt, die über einen Button aktualisiert wird. Diese Implementierung repräsentiert somit eine Abhängigkeit oder einen Service für andere Widgets, den diese über den Widget-Tree auflösen und benutzen können.

Zunächst benötigen Sie das Grundgerüst, das aus einem StatefulWidget, dem zugehörigen State und einem von InheritedWidget erbenden Widget besteht. Fangen wir bei Letzterem an:

```
class TimeInfo extends InheritedWidget {
  TimeInfo({
    this.lastUpdatedTime,
    this.updater,
    Widget child,
  }) : super(child: child);

  final String? lastUpdatedTime;
  final VoidCallback? updater;

  @override
  bool updateShouldNotify(covariant InheritedWidget oldWidget) => true;

  static TimeInfo? of(BuildContext context) {
    return context.dependOnInheritedWidgetOfExactType<TimeInfo>();
  }
}
```

Listing 8.1 Das »InheritedWidget« namens »TimeInfo«

Ganz oben im Code ist der Konstruktor des InheritedWidgets definiert, der einige Parameter anbietet. Er ermöglicht, dass ein child übergeben wird, das über super an die Basisklasse durchgereicht wird. Mit TimeInfo schreiben Sie ein Widget, das ein anderes einwickeln muss, um sich in den Widget-Tree einzufügen. Üblicherweise werden die zu umwickelnden Elemente, wie Sie anhand vieler Beispiele bisher beobachten konnten, über child übergeben – so auch hier.

Mit lastUpdatedTime und updater werden zwei Instanzvariablen eingeführt, die spezifisch für die zu erfüllende Aufgabe angelegt wurden. Während der String die zuletzt erhaltene Zeit für andere Widgets zum Auslesen verfügbar macht, können sie über updater eine Aktualisierung starten, sodass lastUpdatedTime einen neuen Wert erhält, bis die Auffrischung erneut aufgerufen wird.

Wie eingangs erwähnt, ist die unter Konstruktor und Variablen eingeführte Überschreibung von updateShouldNotify gefordert. Ihre Implementierung ist sehr banal: Wann immer Flutter nachfragt, ob von TimeInfo abhängige Widgets über die Aktualisierung benachrichtigt werden sollen, antwortet es mit true.

Zu guter Letzt folgt die statische of-Funktion, die einen BuildContext aufnimmt und darin nach einer Instanz von TimeInfo im Widget-Tree sucht. Es kann sein, dass nichts gefunden wird, falls Sie die Funktion beispielsweise in einem Widget ausführen, das über der Einwicklung liegt. Das wäre bei Navigator.of der Fall, wenn es über der MaterialApp, die den Navigator erst bereitstellt, aufgerufen würde.

Nachdem das InheritedWidget eingeführt wurde, besteht der nächste Schritt darin, ein StatefulWidget zu schreiben, das über die build-Methode TimeInfo-Instanzen zurückgibt:

```
class TimeInfoWidget extends StatefulWidget {
  const TimeInfoWidget({Key? key, this.child}) : super(key: key);

  final Widget child;

  @override
  _TimeInfoWidgetState createState() => _TimeInfoWidgetState();
}

class _TimeInfoWidgetState extends State<TimeInfoWidget> {
  @override
  Widget build(BuildContext context) {
    return TimeInfo(
      lastUpdatedTime: DateTime.now().toIso8601String(),
      updater: () => setState(() {}),
      child: widget.child,
    );
  }
}
```

Listing 8.2 Das »StatefulWidget« zu »TimeInfo«

Weil es dem InheritedWidget so nahesteht, wurde der Name TimeInfoWidget gewählt. Wie Sie sehen, wird die Instanzvariable child eingeführt und im Konstruktor gesetzt, damit eine Umwicklung durch dieses Widget möglich ist. Darauf folgt die Erstellung des zugehörigen State-Objekts (siehe Abschnitt 5.2.5), das in der build-Methode eine Instanz der TimeInfo zurückgibt. Aus dem State heraus wird lastUpdateTime gesetzt, und zwar mit dem Aufruf von DateTime.now().toIso8601String(), das die aktuelle Zeit im genannten Format (ISO 8601) liefert.

Damit ein anderes Widget von außen eine Aktualisierung anstoßen kann, wird die setState-Funktion des States an TimeInfo durchgereicht. Wie Sie sich erinnern, wird die Methode build ausgeführt, wann immer setState aufgerufen wird. Dies wird eine neue Instanz TimeInfo erzeugen, wodurch die abhängigen Widgets über Flutter benachrichtigt werden.

Damit stehen die drei nötigen Strukturen, um TimeInfo einzuführen. Jetzt fehlt noch eine kleine App zum Testen:

```
void main() {
  runApp(MyApp());
}

class MyApp extends StatelessWidget {
  @override
  Widget build(BuildContext context) {
    return TimeInfoWidget(
      child: MaterialApp(
        home: StartPage(),
      ),
    );
  }
}
```

Listing 8.3 »main« mit einer »MaterialApp«

Das oberste Widget wird das oben erstellte TimeInfoWidget, das die MaterialApp einwickelt. Damit wird jedes folgende Widget im Widget-Tree über die geschriebene statische Funktion TimeInfo.of auf die angebotene Funktionalität zugreifen können.

Der Eigenschaft home in MaterialApp wird das Widget StartPage zugeordnet, das als letzter Baustein noch fehlt:

```
class StartPage extends StatelessWidget {
  @override
  Widget build(BuildContext context) {
    return Scaffold(
      body: Center(
        child: Column(
          mainAxisAlignment: MainAxisAlignment.center,
          children: [
            const Text('Startseite'),
            const SizedBox(height: 8),
            ElevatedButton(
              onPressed: () => TimeInfo.of(context)?.updater?.call(),
              child: Text('Aktualisieren'),
```

```
            ),
            const SizedBox(height: 16),
            Text(TimeInfo.of(context?).lastUpdatedTime ?? ''),
          ],
        ),
      ),
    );
  }
}
```

Listing 8.4 Die »StartPage« mit Zugriff auf »TimeInfo«

Beachten Sie, dass bestimmte Aufrufe mit ? zu versehen sind, um die Null-Safety zu gewährleisten. Dies gilt in der `onPressed`-Funktion, die den Aktualisierungsaufruf durchführt, und bei der Anzeige der letzten festgestellten Zeit.

Wie in Kapitel 7 nehme ich auch hier den `ElevatedButton` vorweg, um die Aktualisierung von `TimeInfo` durchführen zu können. In dessen `onPressed` wird über `TimeInfo.of(context)` der `updater` ausgeführt, der wiederum ein `setState` des `TimeInfoWidgets` auslöst und genau nach Plan eine neue Instanz von `TimeInfo` erzeugt, der die aktuelle Zeit übergeben wird. Flutter erkennt automatisch, dass die `StartPage` durch den Zugriff auf `TimeInfo.of` von dem `InheritedWidget` abhängig ist, und startet entsprechend der Implementierung von `updateShouldNotify` in Listing 8.1 einen Durchlauf der `build`-Methode. Mit jeder Berührung der Schaltfläche verändert sich dementsprechend die Anzeige der Zeit.

8.3 Zusammenfassung

Sie haben auf den letzten Seiten ein eigenes `InheritedWidget` implementiert und in einen Widget-Tree integriert. Dabei konnten Sie Schritt für Schritt das `StatefulWidget` mit zugehörigem State, der wiederum Instanzen vom `InheritedWidget` erzeugt, als Bausteine kennenlernen.

Über die Methode `updateShouldNotify` können Sie kontrollieren, ob jene Widgets, die darauf zugreifen, über eine Änderung benachrichtigt werden sollen. Ein `StatefulWidget` wird daraufhin die Methoden `didChangeDependencies` und `build` des State-Objekts ausführen, während es bei `StatelessWidget` natürlich nur die `build`-Methode ist.

`InheritedWidgets` sind in Flutter sehr verbreitet, sie begegnen Ihnen beispielsweise im Navigator, den Sie mit `Navigator.of` auflösen. Oder sie teilen im Hintergrund *Theme*-Informationen (siehe Abschnitt 11.4), etwa die des Material Designs, sodass Widgets wie der in Listing 8.4 verwendete `ElevatedButton` intern darauf zugreifen können, um sich entsprechend darzustellen.

Kapitel 9
BloCs: View Logic aus dem Weg räumen

»Wechsle zuweilen den Ort deines Aufenthalts! Dein Wesen will neue Triebe schaffen.«
– Karl Gutzkow

Die Chancen stehen nicht schlecht, dass Sie schon einmal von dem Prinzip *Separation of Concerns* gehört haben. In der mobilen Entwicklung finden sich viele *Entwurfsmuster*, die nach diesem Prinzip die Oberflächendefinition von der Geschäftslogik trennen.

Nicht wegzudenken ist beispielsweise das Muster *MVC* (Model-View-Controller) in der iOS-Entwicklung. Das von Microsoft erdachte und in WPF (*Windows Presentation Foundation*), Xamarin und mittlerweile auch in Android verbreitete *MVVM* (Model-View-ViewModel) ist ein weiteres Beispiel für die Trennung der Oberfläche (*View*) von fachlichen Objekten (*Model*). So würden wir etwa ein Pizza-Objekt in einer Pizzabestell-App von der Geschäftslogik (*Controller* oder *ViewModel*) trennen, die, um im Bild zu bleiben, den Pizzabestellprozess abbilden würde.

9.1 Der BloC

Das Entwurfsmuster *BloC*, kurz für *Business Logic Component*, wird in Flutter eingesetzt, um Zustände und Funktionen vom Widget zu trennen. Hierdurch bleibt es dem Widget erspart, sich etwa mit Datenbanken oder Requests an eine API zu beschäftigen. Vielmehr wird die Logik dafür vom Flutter-Framework isoliert. Das erleichtert es erheblich, sie mit *Unit-Tests* (siehe Abschnitt 20.5.1) oder anderen automatischen Qualitätssicherungsmaßnahmen zu testen.

Das heißt aber noch lange nicht, dass jedes einzelne Widget, das Sie schreiben, eine solche BloC-Komponente benötigt. Es gilt, immer zwischen notwendiger und übermäßiger Komplexität abzuwägen und letztlich die Entscheidung darauf zu begründen, was das Beste für den aktuellen Stand des Projekts ist. Wenn Sie beispielsweise nur ein kleines Projekt mit wenigen Pages oder Routes aufbauen, könnte Sie ein voll ausgewachsener BloC-Überbau mehr ausbremsen, als er hilft. Andersherum würde in größeren und komplexen Projekten eine Salamitaktik, der zufolge sich hier und dort auf Widgets verteilt Zugriffe auf Datenbanken oder Vergleichbares tummeln, zu einer unübersichtlichen Codebasis führen. Diese würde wahrscheinlich aus jeder Menge Duplikate bestehen und wäre nur schwer zu testen, weil für jeden Durchlauf die ganze App gestartet werden muss. Idealerweise geht die Architektur also Hand in Hand mit den Anforderungen, die an die Anwendung gestellt werden.

Das Entwurfsmuster BloC beschreibt ähnlich wie MVVM die Aufteilung von Logik in Widget (*View*, also Benutzeroberfläche), *Model* (Daten) und BloC (*ViewModel*, also Geschäftslogik der Anwendung). An dieser Stelle sei darauf hingewiesen, dass einige Packages *bloc* im Namen tragen (besonders zu nennen ist hier *bloc* oder *flutter_bloc*), diese jedoch nur eine Implementierung des Musters sind. Anders gesagt: Sie können Ihre App auch ohne diese Packages entsprechend dem Muster aufbauen.

In den folgenden Abschnitten möchte ich Ihnen einige Möglichkeiten vorstellen, um Änderungen oder Ereignisse, die in der Geschäftslogik auftreten, in die Oberfläche zu leiten. Wichtig ist in jedem Fall, dass der Nutzer zu keinem Zeitpunkt mit einer nicht antwortenden App konfrontiert ist. Langwierige Aktionen müssen daher im Hintergrund und asynchron stattfinden, genauso wie eintreffende Informationen und Ergebnisse dieser Verarbeitungen die darauf wartenden Widgets nicht blockieren dürfen.

9.2 BloC und ValueListenable

In diesem Abschnitt möchte ich mit Ihnen einen Mini-Pizzabestellservice bauen. Das dazugehörige Widget ist rudimentär und besteht nur aus einer Überschrift, einem `ElevatedButton` und darunter dem aktuellen Bestellstatus. Das Layout und die eingesetzten Elemente kennen Sie bereits aus den vorherigen Kapiteln:

```
void main() {
  runApp(MyApp());
}

class MyApp extends StatelessWidget {
  @override
  Widget build(BuildContext context) {
    return MaterialApp(
      home: PizzaOrderWidget(),
    );
  }
}
```

```
class PizzaOrderWidget extends StatelessWidget {
  @override
  Widget build(BuildContext context) {
    return Scaffold(
      body: Center(
        child: Column(
          mainAxisAlignment: MainAxisAlignment.center,
          children: [
            const Text('Pizza-Service'),
            const SizedBox(height: 8),
            ElevatedButton(
              onPressed: () {},
              child: Text('Bestellung aufgeben'),
            ),
            const SizedBox(height: 16),
            Text('Bestellstatus'),
          ],
        ),
      ),
    );
  }
}
```

Listing 9.1 Unser Ausgangspunkt für den Pizzabestellservice

Nachdem die Basis steht, betrachten wir die beiden offen gebliebenen, fett hervorgehobenen Baustellen in dem `PizzaOrderWidget`. Noch führt die Funktion, die an `onPressed` übergeben wird, nichts aus. Hier soll der BloC, der als Nächstes behandelt wird, aufgerufen werden, um den Bestellvorgang außerhalb des Widgets durchzuführen. Auch die Textausgabe zum Bestellstatus ist noch fest hinterlegt, soll aber vom BloC automatisch aktualisiert werden – und dies sogar, ohne dass Sie ein `StatefulWidget` einsetzen müssen.

Der BloC sollte – Sie wissen schon, *Separation of Concerns* – in einer eigenen Datei *pizzaorder.dart* stehen. Diese sieht wie folgt aus:

```
import 'package:flutter/material.dart';

enum PizzaOrderStatus { none, ordered, delivered }

class PizzaOrderBloC {
```

```
  final ValueNotifier<PizzaOrderStatus> currentStatus =
      ValueNotifier(PizzaOrderStatus.none);

  void onNewOrder() => currentStatus.value = PizzaOrderStatus.ordered;
}
```

Listing 9.2 Der »PizzaOrderBloc« in der Datei »pizzaorder.dart«

Das Beispiel beginnt mit einer `enum` (siehe Abschnitt 3.7.6), die alle im Bestellprozess möglichen Zustände abbildet. Der BloC ist, wie Sie in den nächsten Zeilen sehen, nichts anderes als eine Klasse, die zwei Aufgaben hat: Zum einen soll sie über Änderungen des Bestellstatus informieren und zum anderen neue Bestellungen aufnehmen. Die Benachrichtigungen werden vom Typ `ValueNotifier` realisiert, der getreu dem *Observer*-Muster eine Möglichkeit schafft, um sich als interessierte Partei zu registrieren, sodass fortan keine Änderung verpasst wird. Die Instanz in `PizzaOrderBloc` wird mit dem Status `PizzaOrderStatus.none` initialisiert, weil zu diesem Zeitpunkt keine Bestellung vorliegt. Die Methode `onNewOrder` ändert dies und schiebt den Bestellstatus über `currentStatus.value` auf `PizzaOrderStatus.ordered`. Weil die Instanzvariable `currentStatus` wie angemerkt ein Objekt vom Typ `ValueNotifier` ist, kann auf den konkreten Wert, der hier verwaltet wird, nur über die Eigenschaft `value` zugegriffen werden.

Nachdem der BloC steht, kann er im Widget instanziiert und benutzt werden:

```
import 'package:pizza_service/pizzaorder.dart';
...
class PizzaOrderWidget extends StatelessWidget {
  @override
  Widget build(BuildContext context) {
    final bloc = PizzaOrderBloC();

    static const Map<PizzaOrderStatus, String> statusNames = {
      PizzaOrderStatus.none: 'Keine Bestellung',
      PizzaOrderStatus.ordered: 'Bestellt',
      PizzaOrderStatus.delivered: 'Geliefert - guten Appetit!',
    };

    return Scaffold(
      body: Center(
        child: Column(
          mainAxisAlignment: MainAxisAlignment.center,
          children: [
            const Text('Pizza-Service'),
            const SizedBox(height: 8),
```

```
            ElevatedButton(
              onPressed: bloc.onNewOrder,
              child: Text('Bestellung aufgeben'),
            ),
            const SizedBox(height: 16),
            ValueListenableBuilder<PizzaOrderStatus>(
              valueListenable: bloc.currentStatus,
              builder: (context, value, child) {
                return Text('Bestellstatus: ${statusNames[value]}');
              }
            ),
          ],
        ),
      ),
    );
  }
}
```

Listing 9.3 Der BloC in Verwendung

Dass onPressed des ElevatedButtons nun die Funktion des BloCs in *Short-Hand-Notation* verwendet (also ohne überflüssige Angabe eines Lambdas oder der runden Klammern), ist eine übersichtliche Anpassung. Die Änderung am Bestellstatus fällt etwas komplizierter aus. Das hängt damit zusammen, dass der enum PizzaOrderStatus eine technische Information ist, die zunächst in eine Textausgabe übersetzt werden muss. Dafür gibt es die Map statusNames, die jedem möglichen enum-Wert einen für Menschen lesbaren String zuweist. Beachten Sie, dass bei international lokalisierten Anwendungen an dieser Stelle unterschiedliche Sprachen berücksichtigt werden müssten. Für dergleichen ist die UI zuständig. Daher liegt die Map auch im Widget, also dem View, und nicht im BloC.

Um Benachrichtigungen des im BloC angebotenen currentStatus vom Typ ValueNotifier im Widget zu abonnieren und zu verarbeiten, wird das Widget ValueListenableBuilder eingeführt. Dieses ähnelt vom Aufbau her dem LayoutBuilder, den Sie schon in Abschnitt 6.3.11 kennengelernt haben. Dieser Builder aber wird durch Veränderungen an currentStatus ausgelöst, wie die Eigenschaft valueListenable vermuten lässt, die auf bloc.currentStatus gesetzt wird. Das ist wohlgemerkt nicht der Status selbst, sondern der zugehörige ValueListener, aber bloc.currentStatusValueListener wäre etwas lang.

Die folgende Zeile führt builder ein Lambda zu, das drei Parameter aufnimmt: als ersten den BuildContext, dann den Wert, den currentStatus bei einem Änderungsaufruf mitgibt, und als letzten Parameter child, mit dem Sie einen Teil eines Widget-Trees durchreichen können, der nicht von den Änderungen abhängig ist und sich deswegen über die Durchläufe hinweg nicht verändert (hier ungenutzt).

Im Funktionsrumpf des Builders wird einfach das Widget `Text` mit dem übersetzten Inhalt zurückgegeben.

Starten Sie den Code im Browser. Wenn Sie die Schaltfläche BESTELLUNG AUFGEBEN berühren, sehen Sie, wie sich der Bestellstatus in BESTELLT ändert, wie in Abbildung 9.1 zu sehen ist.

Abbildung 9.1 Die App nach dem Verbinden von Widget und BloC

Das Beispiel demonstriert, dass Sie für eine responsive und sich aktualisierende Oberfläche nicht ausschließlich auf `StatefulWidgets` angewiesen sind. Um die beste Leistung zu erzielen, sollte der State im Widget-Tree immer so nah wie möglich an den Widgets behandelt werden, die er beeinflusst. Das heißt, wenn sich ein Teil Ihres Widgets ändern muss, sollten Sie nur diesen neu bauen lassen, nicht aber alles andere. Diesem Leitsatz folgend und da die gesamte Oberfläche bis auf das unterste Widget `Text` gleich bleibt, wird der State an dieser Stelle isoliert, indem der `ValueListenableBuilder`, der selbst ein `StatefulWidget` ist, bei Bedarf den zustandsabhängigen Teil des Widget-Trees aktualisiert.

9.3 ChangeNotifier

Nichts hindert Sie daran, in Ihrem BloC mehrere `ValueNotifier` gleichzeitig zu verwenden. Sie können allerdings auch gleich den ganzen BloC zu einem *Listenable* machen, dessen Eigenschaften vom Widget ohne Umweg über den `ValueListenableBuilder` in einem zuhörenden Widget Aktualisierungen anstoßen. Der `ValueNotifier`, den Sie zuvor eingesetzt haben, baut auf dem `ChangeNotifier` auf, der das Konzept zu abonnierender Informationen und damit zusammenhängender Benachrichtigungen realisiert.

An dieser Stelle möchte ich Ihnen das Package `provider` vorstellen, einen Überbau von `InheritedWidget`, der das Einführen und Verwalten von Abhängigkeiten im Baum abstrahiert und vereinfacht. Außerdem bietet `provider` einige nützliche Typen wie den `Consumer`, ein Builder, der das Objekt einer mit `ChangeNotifier` zusammengesetzten Klasse im Widget-Tree auflöst und auf dessen Benachrichtigungen hin seine `builder`-Funktion ausführt.

Um das Package `provider` verwenden zu können, müssen Sie die *pubspec.yaml*-Datei Ihres Projekts anpassen (siehe Abschnitt 4.4.1). Fügen Sie dort diese Zeile ein:

```
[…]
dependencies:
  provider:
[…]
```

Listing 9.4 Die »pubspec.yaml« um »provider« erweitern

Falls Ihre IDE nicht unmittelbar – möglicherweise erst beim Übertragen auf den Simulator – eine Aktualisierung der Abhängigkeiten durchführt, können Sie dies auch selbst über den Befehl `flutter pub get` auslösen (siehe Abschnitt 4.4, »Packages verwenden«).

Um den BloC den Typ `ChangeNotifier` erben zu lassen und auf dessen Eigenschaften umzusatteln, müssen Sie einige Änderungen durchführen, sodass die Klasse am Ende folgendermaßen aussieht:

```
class PizzaOrderBloC extends ChangeNotifier {
  PizzaOrderStatus get currentStatus => _currentStatus;
  PizzaOrderStatus _currentStatus = PizzaOrderStatus.none;

  void onNewOrder() {
    _currentStatus = PizzaOrderStatus.ordered;
    notifyListeners();
  }
}
```

Listing 9.5 »PizzaOrderBloc« setzt auf »ChangeNotifier« auf.

Der `ValueNotifier` ist durch die Kombination eines Getters mit einer klasseninternen Variablen ersetzt worden, die den `currentStatus` bereitstellt. Die Funktion `onNewOrder` setzt den neuen Wert von `PizzaOrderStatus` und ruft danach die von `ChangeNotifier` implementierte Methode `notifyListeners` auf, die alle registrierten Widgets oder Klassen benachrichtigt.

Damit fehlt nur noch das `PizzaOrderWidget`, das wie folgt angepasst werden muss:

```
import 'package:provider/provider.dart';
import 'package:pizza_order_provider/pizzaorder.dart';
...
```

```
class PizzaOrderWidget extends StatelessWidget {
  @override
  Widget build(BuildContext context) {
    static const Map<PizzaOrderStatus, String> statusNames = { … };
    return Scaffold(
      body: Center(
        child: ChangeNotifierProvider<PizzaOrderBloC>(
          create: (context) => PizzaOrderBloC(),
          child: Consumer<PizzaOrderBloC>(
              builder: (context, pizzaNotifier, child) {
              return Column(
                mainAxisAlignment: MainAxisAlignment.center,
                children: [
                  const Text('Pizza-Service'),
                  const SizedBox(height: 8),
                  ElevatedButton(
                    onPressed: pizzaNotifier.onNewOrder,
                    child: Text('Bestellung aufgeben '),
                  ),
                  const SizedBox(height: 16),
                  Text('${statusNames[pizzaNotifier.currentStatus]}'),
                ],
              );
            }
          ),
        ),
      ),
    );
  }
}
```

Listing 9.6 »PizzaOrderStatusWidget«, angepasst an »ChangeNotifier«

Der mit `ValueNotifier` in Verbindung stehende `ValueListenableBuilder` ist verschwunden, aber erneut sind mit `ChangeNotifierProvider` und `Consumer` zwei neue Widgets in den Widget-Tree eingefügt worden.

Ihnen wird an dieser Stelle auffallen, dass am Anfang der `build`-Methode die Instanz `bloc` des BloCs nicht mehr erstellt und einer lokalen Variablen zugewiesen wird. Stattdessen erhält nun das Widget `ChangeNotifierProvider` über den Konstruktor von `PizzaOrderBloc` ein neues Objekt, das er über die `InheritedWidget`-Mechanik im Widget-Tree bereitstellt.

Direkt darunter fischt der `Consumer<PizzaOrderBloc>` es wieder heraus und umfasst die Definition der Oberflächenelemente mit seinem Builder, sodass sie initial und bei nachfolgenden Änderungen aktualisiert werden. Das Lambda, das von Consumer<PizzaOrderBloc> verwendet wird, besitzt die gleiche Signatur wie zuvor der ValueListenableBuilder: Als Parameter sind der BuildContext, der Wert, der hier der BloC selbst ist, und über child ein nicht veränderter Teil des Widget-Trees definiert.

So gestartet, ergibt sich nach Betätigung des Buttons das Ergebnis, das Sie in Abbildung 9.2 sehen.

Abbildung 9.2 Die Oberfläche wurde durch »ChangeNotifier« verändert.

Der Vorteil dieser Vorgehensweise ist, dass die Implementierung des Consumers bei unterschiedlichen Änderungen am PizzaOrderBloC aufgerufen wird und dementsprechend komplexere UI-Änderungen zentral gesteuert durchführen könnte.

9.4 Streams

Die bisherigen Mittel werden Ihnen in den meisten Fällen reichen, um Daten aus einem BloC in ein Widget zu transferieren. Eine Einschränkung von ChangeNotifier und damit auch von ValueNotifier ist aber, dass Zuhörer (Listener) nur benachrichtigt werden, falls sich der Wert *geändert* hat. Würde zweimal hintereinander der gleiche Status PizzaOrderStatus.ordered im BloC festgelegt, würde die Oberfläche nur beim ersten Mal darauf reagieren. Meistens ist das kein Problem. Wenn aber doch, dann können Sie mit *Streams* noch einen draufsetzen.

Streams werden in Darts async-Package definiert und werden von vielen Flutter-Packages verwendet, die den *Reactive Programming*-Stil implementieren. (Beispiele für solche Packages sind *BloC*, *flutter_bloc* oder *mobx*.) Solche Packages überbauen die API, vereinfachen und erweitern sie.

9.4.1 StreamController

Ein Stream wird ohne diese Packages und allein mit Bordmitteln in der Regel mithilfe des StreamControllers gesteuert. Besonders wichtig sind die beiden Eigenschaften stream (Ausgabe) und sink (Eingabe). Sehen Sie sich dazu die folgende Stream-Version von PizzaOrderBloc an:

```
import 'dart:async';

enum PizzaOrderStatus { none, ordered, delivered }

class PizzaOrderBloC {
  final StreamController<PizzaOrderStatus> _orderStatusController =
      StreamController<PizzaOrderStatus>();

  Stream<PizzaOrderStatus> get orderChanges =>
      _orderStatusController.stream;

  void onNewOrder() =>
      _orderStatusController.sink.add(PizzaOrderStatus.ordered);

  void dispose() {
    _orderStatusController.close();
  }
}
```

Listing 9.7 »PizzaOrderBloc«, basierend auf »Stream«

Zu Beginn nimmt der `StreamController` den generischen Parameter `PizzaOrderStatus` als Datentyp auf, der im Stream transportiert wird. Er wird über einen parameterlosen Konstruktor initialisiert und als `final` deklariert.

Als Nächstes wird der Getter mit dem Namen `orderChanges` eingeführt, der als Stream die Ausgabe realisiert. Er greift auf die entsprechende Eigenschaft `_orderStatusController.stream` zu.

Um den Datenstrom zu füllen, wird `sink` benutzt, die ebenfalls vom `StreamController` bereitgestellt wird. Die Methode `onNewOrder` fügt über `add` den Wert `PizzaOrderStatus.ordered` ein, der genau wie in den vorherigen Beispielen die Oberfläche aktualisieren soll. In dieser Implementierung würde jeder weitere Aufruf der Funktion dem Stream ein weiteres Element hinzufügen und somit letztlich ein Neuzeichnen auslösen. Das ist der entscheidende Unterschied im Vergleich zur vorherigen Variante.

Eine neue Methode ist mit `dispose` hinzugestoßen. Sie soll die eingenommenen Ressourcen des `StreamController`s freigeben, sobald das letzte Widget, das den BloC verwendet, aus dem Widget-Tree entfernt wird. Weil das bisher verwendete `StatelessWidget` nicht darüber informieren kann, dass es, da es nicht mehr benutzt wird, vom Garbage Collector eingesammelt wird, wechselt das `PizzaOrderWidget` unten zum `StatefulWidget`:

```
class PizzaOrderWidget extends StatefulWidget {
  @override
```

```
  _PizzaOrderWidgetState createState() => _PizzaOrderWidgetState();
}

class _PizzaOrderWidgetState extends State<PizzaOrderWidget> {
  // bloc in der Klasse verfügbar machen
  PizzaOrderBloC _bloc;

  @override
  void initState() {
    super.initState();
     // Der BloC soll nur einmal initialisiert werden.
     // In einem StatefulWidget könnte build aber sehr oft
     // ausgeführt werden.
    _bloc = PizzaOrderBloC();
  }

  @override
  Widget build(BuildContext context) {
    return Scaffold(
      body: Center(
        child: StreamBuilder<PizzaOrderStatus>(
          stream: _bloc.orderChanges,
          builder: (context, streamSnapshot) {
            return Column(
              mainAxisAlignment: MainAxisAlignment.center,
              children: [
                const Text('Pizza-Service'),
                const SizedBox(height: 8),
                ElevatedButton(
                  onPressed: _bloc.onNewOrder,
                  child: Text('Bestellung aufgeben'),
                ),
                const SizedBox(height: 16),
                Text('Bestellstatus: ${statusNames[streamSnapshot.data]}'),
              ],
            );
          },
        ),
      ),
    );
  }
```

```
  @override
  void dispose() {
    _bloc.dispose();
    super.dispose();
  }
}
```

Listing 9.8 »PizzaOrderWidget« als »StatefulWidget«

Um nur ein einziges BloC-Objekt pro Widget zu erstellen, wird die Initialisierung oben in die `initState`-Methode vorgezogen, weil die `build`-Methode oft aufgerufen werden und der State sonst zurückgesetzt werden könnte. Wie angekündigt, finden Sie außerdem `dispose` vor, das den BloC darüber benachrichtigt, dass der Stream des `StreamControllers` geschlossen werden soll.

Wenig überraschend wird im Beispiel ein weiterer Builder eingesetzt, nämlich der `StreamBuilder`. Genauso wie der `StreamController` im zugehörigen BloC erhält er einen generischen Parameter in Form des Datentyps, der über den Stream geliefert wird. Die zugewiesene Funktion erwartet den obligatorischen `BuildContext` und außerdem den `streamSnapshot`, der ein Datenpaket aus Metainformationen und dem eigentlichen Wert darstellt (in diesem Fall `PizzaOrderStatus`). So können Sie erfahren, ob ein Fehler aufgetreten ist und ob überhaupt Daten zur Verfügung stehen, und erhalten das Datenobjekt selbst, wie das `Text`-Widget zum Bestellstatus zeigt.

Wenn Sie das Beispiel auf den Simulator übertragen, werden Sie zunächst den Bestellstatus NULL sehen. Nach der Instanziierung des BloCs ist der Stream leer, und der initiale Snapshot, den der `StreamBuilder` erhält, wenn die `build`-Methode durchläuft, verfügt folglich über keine Daten. Wenn Sie die Schaltfläche betätigen, springt die Anzeige aber zum erwarteten Status.

[»]

Initiale Anzeige im StreamController

Möglicherweise möchten Sie, obwohl zu Beginn keine Daten im Stream sind, dennoch einen Startwert anzeigen? Dies können Sie leicht umsetzen, indem Sie dem `StreamBuilder` beim Erstellen einen entsprechenden Wert zuweisen. Zum Beispiel könnten Sie `PizzaOrderStatus.none` der Eigenschaft `initialData` zuweisen:

```
StreamBuilder(
  initialData: PizzaOrderStatus.none,
  ...
```

Allerdings befände sich die Initialisierung damit in der View, also der UI. Die meisten Entwickler würden jedoch die Festlegung eines Startwerts im Zuständigkeitsbereich der Geschäftslogik, also des BloC, verorten. Fügen Sie dazu der BloC-Klasse einfach einen passenden Konstruktor hinzu:

```
PizzaOrderBloC() {
  _orderStatusController.sink.add(PizzaOrderStatus.none);
}
```

Immer, wenn Sie BESTELLUNG AUFGEBEN drücken, wird der StreamBuilder erneut ausgeführt, wie Sie leicht nachprüfen können, indem Sie dem Funktionsrumpf des Builders eine Zeile hinzufügen, in der über print bei jedem Durchlauf der Wert von streamSnapshot.data ausgegeben wird:

```
[...]
child: StreamBuilder<PizzaOrderStatus>(
  stream: _bloc.orderChanges,
  builder: (context, streamSnapshot) {
    print(streamSnapshot.data);
    return Column(
[...]
```

Listing 9.9 Printausgabe im Builder

9.4.2 Broadcasts

Mit dem StreamController haben Sie eine Einschränkung beseitigt: Sie können den gleichen Status oder Wert so oft es Ihnen beliebt erneut an die Oberfläche senden. Allerdings haben Sie sich damit eine neue Einschränkung eingehandelt, denn nur *ein* StreamBuilder-Widget kann einen StreamController verfolgen. Falls Sie etwa zwei verschiedene Teile des Widget-Trees damit steuern möchten, bekommen Sie ein Problem. Werfen Sie dazu einen Blick auf das folgende Listing:

```
return Scaffold(
  body: Center(
    child: Column(
      mainAxisAlignment: MainAxisAlignment.center,
      children: [
        ElevatedButton(
          onPressed: _bloc.onNewOrder,
          child: Text('Bestellung aufgeben '),
        ),
        StreamBuilder(
          stream: _bloc.orderChanges,
          builder: (context, snapshot) =>
              Text('Einmal der Bestellstatus: ${snapshot.data}'),
        ),
        StreamBuilder(
```

```
          stream: _bloc.orderChanges,
          builder: (context, snapshot) =>
            Text('Noch mal der Bestellstatus: ${snapshot.data}'),
        ),
      ],
    ),
  ),
);
```

Listing 9.10 Zwei »StreamBuilder« in der »build«-Methode von »PizzaOrderWidget«

Wenn Sie den Code starten, wird Flutter Ihnen den folgenden Fehler anzeigen:

```
Bad state: Stream has already been listened to.
```

`StreamController` implementieren intern einen Puffer, der alle Daten zwischenspeichert, bis sich ein Listener registriert. Bei mehreren Listenern würde dieser Plan aber nicht aufgehen. Daher wird in diesem Fall der `StreamBuilder` als *Broadcast* empfohlen, der über einen speziellen Konstruktor erstellt wird, keinen Puffer anbietet und eine beliebige Anzahl Listener bedienen kann. Um das obere Beispiel ans Laufen zu bekommen, muss der `PizzaOrderBloc` in einen Broadcast geändert werden:

```
class PizzaOrderBloC {
  final StreamController<PizzaOrderStatus> _orderStatusController =
      StreamController<PizzaOrderStatus>.broadcast();
```

Listing 9.11 Die Änderung in einen Broadcast im BloC

Nach erneutem Start oder einem Hot-Reload sehen Sie jetzt einen fehlerfreien Stand, und wenn Sie den mittlerweile gut bekannten Button BESTELLUNG AUFGEBEN drücken, zeigt sich der aktualisierte Status wie beabsichtigt zweimal.

Allerdings funktioniert jetzt der initiale Status nicht mehr, weil es keinen Zwischenspeicher gibt. Sie sehen: Es gilt abzuwägen, welche Lösung die beste ist.

[»]

Eine Alternative zum StreamBuilder

Der vorgestellte StreamBuilder ist nicht der einzige Weg, um einen Stream im Widget-Tree zu konsumieren. Sie haben im Kontext von `ChangeNotifier` den dazugehörigen `ChangeNotifierProvider` kennengelernt. Mit dem `StreamProvider` können Sie ein sehr ähnliches Widget einsetzen, um einen Stream zu benutzen. Für `orderStatus` würde dies bedeuten:

```
StreamProvider<PizzaOrderStatus>(
  create: (context) => bloc.orderChanges,
  updateShouldNotify: (previous, current) => true,
```

```
  child: // …
);
```

Listing 9.12 »StreamProvider«

Der `StreamProvider` löst eine Aktualisierung aller unter `child` angegebenen Widgets aus. Anders als über den `StreamBuilder` erhalten Sie nicht den aktuellen Wert geliefert und müssten ihn somit anders auflösen. Mit `updateShouldNotify` können Sie anhand des vorherigen und des aktuellen Werts entscheiden, ob eine Aktualisierung durchgeführt werden soll. Standardmäßig löst `StreamProvider` ohne Wechsel keine Aktualisierung aus und verhält sich dadurch wie `ChangeNotifierProvider`.

9.4.3 Fehler in Streams

In Dart können Sie aufgetretene Fehler mit der `try-catch`-Anweisung fangen und behandeln. In Streams, denen Sie nur Reaktionen auf Ereignisse übergeben, können Sie dieses Konstrukt allerdings nicht einsetzen.

Da sich Fehler genauso wie reguläre Werte innerhalb eines Streams behandeln lassen, werden sie gleichermaßen einem Eingang (`sink`) übergeben und in einem Ausgang (`stream`) verarbeitet. Um einen Fehler aufzuzeigen und an etwaige Zuhörer (Listener) zu verteilen, rufen Sie die Methode `addError` auf Ihrem `StreamController` auf:

```
StreamController<String> streamController;

void onError() {
  streamController.addError('error');
}
```

Listing 9.13 »StreamController.addError«

Den in einen `Stream` eingefügten Fehler können Sie wie folgt in Ihrem `StreamBuilder` innerhalb eines Widgets verarbeiten:

```
StreamBuilder<String>(
  stream: bloc.stream,
  builder: (context, snapshot) {
    if (snapshot.hasError) {
      return Text('Fehler aufgetreten ${snapshot.error}');
    }
    return Text('Alles klar!');
  }
);
```

Listing 9.14 Fehler verarbeiten in »StreamBuilder«

Um zu prüfen, ob ein Fehler vorliegt, verwenden Sie den Getter `hasError` von `snapshot`. Anschließend lesen Sie ihn über die Instanzvariable `error` aus.

Weil Sie einem `Stream` auch außerhalb des Widget-Trees folgen können, haben Sie ebenfalls die Möglichkeit, Fehler in BloCs und anderen Strukturen abseits der Oberfläche zu verarbeiten:

```
stream.handleError(
  (error, stacktrace) {
    // Mit error arbeiten
    // ...
  },
  test: (error) => error == 'error',
);
```

Listing 9.15 Fehler verarbeiten mit »handleError«

Wie dargestellt, übergeben Sie einem Stream über die Methode `handleError` eine Funktion, die bis zu zwei Parameter definiert: `error` vom Typ `Object` und `stacktrace` als `StackTrace`, den Sie aber aussparen können, da auch alternativ die Signatur `void Function(Object error)` zulässig ist.

Darin können Sie den Fehler behandeln und gegebenenfalls durch ein `throw` weiterreichen, so wie Sie es mit `rethrow` bei einer `try-catch`-Anweisung implementieren würden. Der `Stream` sieht den Fall als behandelt an, wenn `onError` ohne `throw` verlassen wurde.

Die zweite bereitgestellte Funktion ging an den Named Parameter `test`. Er erhält das `error`-Objekt und prüft, ob es behandelt werden oder übersprungen werden soll. Der boolesche Rückgabewert `true` bestimmt, dass der Fehler relevant ist; Gleiches gilt, wenn keine Funktion an `test` übergeben wurde. Entsprechend wird das Objekt ignoriert, falls `test` den Wert `false` ergibt.

9.5 Futures

Asynchrone Funktionen werden in Dart und damit auch in Flutter mit den Schlüsselwörtern `async` und `await` implementiert und besitzen den Rückgabetyp `Future` (siehe Abschnitt 3.12.2, »Future«). Selbstverständlich können BloCs diese Mittel einsetzen, um die Oberfläche zu aktualisieren.

Nehmen Sie an, dass das Bestellsystem erst hochfährt, nachdem das Widget in der App sichtbar wird, und dann Bereitschaft signalisiert. Hierfür müsste das Widget dem BloC Bescheid geben und würde von ihm asynchron benachrichtigt, wenn neue

Bestellungen aufgenommen werden. Dieser Fall soll im folgenden Beispiel über ein `Future` und das Widget-Gegenstück `FutureBuilder` realisiert werden.

Werfen wir zunächst einen Blick auf die Änderungen in `PizzaOrderBloc`:

```
enum PizzaOrderStatus { none, ready, ordered, delivered }

class PizzaOrderBloC {
  PizzaOrderStatus get currentStatus => _currentStatus;
  PizzaOrderStatus _currentStatus = PizzaOrderStatus.none;

  Future<PizzaOrderStatus> makeReadyForOrders() async {
     await Future.delayed(Duration(seconds: 5));
    _currentStatus = PizzaOrderStatus.ready;

    return _currentStatus;
  }
}
```

Listing 9.16 Der BloC mit asynchroner Methode

Der `PizzaOrderStatus` ist um den Zustand `ready` erweitert worden, um das Szenario abbilden zu können. Der BloC präsentiert sich angenehm übersichtlich mit dem Getter `currentStatus` und zugehöriger geschützter Variable `_currentStatus` sowie mit `makeReadyForOrders`. Die Funktion wird fünf Sekunden warten und anschließend enden, um das Hochfahren des Systems zu simulieren. Im Anschluss ist die Oberfläche zu aktualisieren und der Status `ready` anzuzeigen. Die Anforderung wird in `PizzaOrderWidget` mithilfe des `FutureBuilders` erfüllt:

```
class PizzaOrderWidget extends StatelessWidget {
  static const Map<PizzaOrderStatus, String> statusNames = {
    PizzaOrderStatus.none: 'Bitte warten',
    PizzaOrderStatus.ready: 'Bereit für Bestellung',
    PizzaOrderStatus.ordered: 'Bestellt',
    PizzaOrderStatus.delivered: 'Geliefert',
  };
  @override
  Widget build(BuildContext context) {
    final bloc = PizzaOrderBloC();

    return Scaffold(
      body: Center(
        child: FutureBuilder(
          future: bloc.makeReadyForOrders(),
```

```
          initialData: PizzaOrderStatus.none,
          builder: (context, snapshot) {
            return Column(
              mainAxisAlignment: MainAxisAlignment.center,
              children: [
                const Text('Pizza-Service'),
                const SizedBox(height: 16),
                Text('Bestellstatus: ${statusNames[snapshot.data]}'),
              ],
            );
          }
        ),
      ),
    );
  }
}
```

Listing 9.17 Das »PizzaOrderWidget« mit »FutureBuilder«

Und wieder ein Builder! Keine Sorge, mit dem `FutureBuilder` lernen Sie vorerst den letzten Vertreter im Zusammenhang mit BloCs kennen. Ähnlich wie etwa der `StreamBuilder` ist auch das neueste Exemplar aufgebaut. Statt der Eigenschaft `stream` müssen Sie `future` bedienen, dem das Future der Methode `makeReadyForOrders` zugeordnet wird. Somit wird die asynchrone Operation angestoßen und durch das `Future`-Objekt überwacht.

Sobald das `Future` beendet ist, wird der darunter angeführte `builder` ausgeführt. Erneut können Sie auf die eigentlichen Daten über eine Art Snapshot zugreifen.

Wenn Sie diesen Code starten, sehen Sie für fünf Sekunden den Zustand BESTELLSTATUS: BITTE WARTEN, bis das System schließlich PIZZAORDERSTATUS.READY meldet. Allerdings sehen Sie auch, dass ich dazu einen kleinen Trick anwenden musste: Der `FutureBuilder` wird nur *einmal* aktiv und kann folglich nicht den ursprünglichen Status `none` anzeigen, der wiederum mit `initialData` hinterlegt werden musste.

[»]

StreamBuilder und Co schnell generieren

Hin und wieder wurde der Hilfsdialog Ihrer IDE erwähnt, wenn es darum ging, Code zu generieren, Widgets einzufügen oder *Refactorings* anzuwenden. Über den dort angebotenen Eintrag `StreamBuilder` im Dialog aus Abbildung 9.3 können Sie Visual Studio Code oder Android Studio über einen Tastendruck das entsprechende Template einfügen lassen. Zwar ist nur der `StreamBuilder` vertreten, aber mit Leichtigkeit können Sie den Code auf den benötigten Typ anpassen.

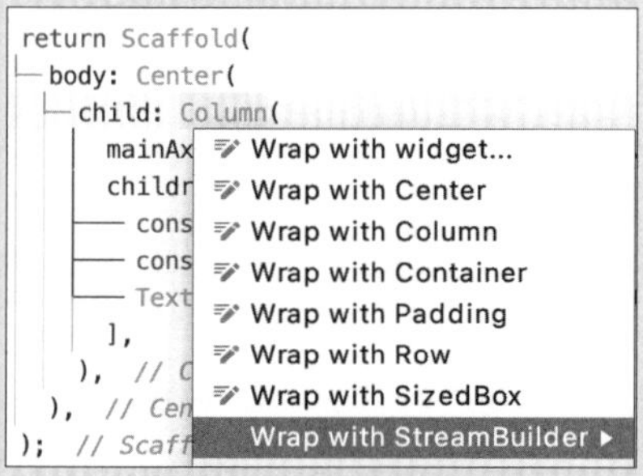

Abbildung 9.3 Der Hilfsdialog mit der Option »StreamBuilder«

Möchten Sie beispielsweise einen `FutureBuilder` einfügen, so generieren Sie einen `StreamBuilder`, tauschen `StreamBuilder` gegen `FutureBuilder` aus sowie `stream` gegen `future`, und schon können Sie loslegen!

9.6 Frische Pizza mit flutter_bloc

Ein Package hat sich als Schweizer Taschenmesser für alle BloC-Bedürfnisse etabliert: *flutter_bloc*. Bei ihm handelt es sich um eine externe Bibliothek, die Sie zunächst in die *pubspec.yaml* einbinden müssen:

```
dependencies:
  flutter_bloc: ^9.0.0
  bloc: ^9.0.0
  ...
```

Dieses System arbeitet mit Events und States. Üblicherweise verändert ein Event einen State. Jedes infrage kommende Event ist dabei eine Klasse. All diese Event-Klassen müssen von einer gemeinsamen abstrakten Basisklasse pro BloC erben. Auf diese Weise wird objektorientierte Programmierung angewendet, um die verschiedenen Zwecke zu separieren. Konkret sieht das so aus:

```
abstract class PizzaOrderEvent {}
class MakeReadyForOrders extends PizzaOrderEvent {}
class OrderPizza extends PizzaOrderEvent {}
```

Die States sind in diesem Fall die wohlbekannten Bestellstatus-Werte, könnten aber auch irgendwelche anderen einfachen oder komplexen Daten sein:

```
enum PizzaOrderStatus { none, ready, ordered, delivered }
```

Die BloC-Klasse selbst erweitert die Basisklasse Bloc, die zwei generische Typen erwartet: den Typ für die Events und den für den Status:

```
class PizzaOrderBloC extends Bloc<PizzaOrderEvent, PizzaOrderStatus> {
  PizzaOrderBloC() : super(PizzaOrderStatus.none) {
  ...
}
```

Wie Sie sehen, übergeben Sie dem Elternkonstruktor den initialen Status – ein Problem weniger im Vergleich zu anderen Lösungen!

Ferner ist in der Klasse zu definieren, wie sich der Status aufgrund der Events zu ändern hat:

```
on<MakeReadyForOrders>((event, emit) {
  emit(PizzaOrderStatus.ready);
});

on<OrderPizza>((event, emit) {
  emit(PizzaOrderStatus.ordered);
});
```

Die kurze Schreibweise mit `on<`*`EventKlasse`*`>` und einem Lambda-Ausdruck erlaubt einen kompakten, leicht lesbaren Code. Beachten Sie, dass dem Lambda auch das konkrete Event übergeben wird. So würde eine realitätsnahe Klasse `OrderPizza` sicher den gewünschen Belag und die Größe enthalten:

```
OrderPizza(String belag, int groesse);
```

In dem Fall könnte das zweite `on`-Lambda auf die Kundenwünsche eingehen. Im einfachsten Fall wie oben wird lediglich der Status auf `ordered` gesetzt.

Lassen Sie uns nun die zugehörige View erstellen. Dazu gibt es den `BlocProvider`:

```
class MyApp extends StatelessWidget {
  @override
  Widget build(BuildContext context) {
    return MaterialApp(
      home: BlocProvider(
        create: (context) => PizzaOrderBloC()..add(MakeReadyForOrders()),
        child: PizzaOrderWidget(),
      ),
    );
  }
}
```

Im Rahmen des `create`-Callbacks wird bereits ein Event gesendet, nämlich `MakeReadyForOrders`. Wie Sie sehen, geht das ganz einfach mit `add()` auf dem `PizzaOrderBloC` – es handelt sich um die gleichnamige Funktion der Basisklasse `Bloc`.

Das Widget selbst ist wiederum Stateless und verwendet einen BlocBuilder:

```
class PizzaOrderWidget extends StatelessWidget {

  static const Map<PizzaOrderStatus, String> statusNames = { ... };

  @override
  Widget build(BuildContext context) {
    return Scaffold(
      body: Center(
        child: BlocBuilder<PizzaOrderBloC, PizzaOrderStatus>(
          builder: (context, state) {
            return Column(
              mainAxisAlignment: MainAxisAlignment.center,
              children: [
                const Text('Pizza-Service'),
                const SizedBox(height: 16),
                ElevatedButton(
                  onPressed: () =>  context
                  .read<PizzaOrderBloC>()
                  .add(OrderPizza("Tomaten",24)),
                  child: Text('Margherita bestellen'),
                ),
                Text('Bestellstatus: ${statusNames[state]}'),
              ],
            );
          },
        ),
      ),
    );
  }
}
```


Der Bestell-Button holt sich mit context.read<> eine Referenz auf unseren BloC und sendet das Event OrderPizza dorthin – komplett mit Belag und Größe. Der Bestellstatus ist einfach der state aus dem Lambda-Aufruf des Builders. Übersichtlich, oder?

Es wird aber noch besser: *flutter_bloc* bringt die Grundausstattung für asynchrone UIs bereits mit. Bauen Sie mal eine Pause ins erste on-Lambda ein:

```
on<MakeReadyForOrders>( (event, emit) async {
  await Future.delayed(Duration(seconds: 5));
  emit(PizzaOrderStatus.ready);
});
```

Testen Sie die App im Browser! Sie werden sehen, dass die UI nicht blockiert ist und dass nach fünf Sekunden der Bestellstatus von »bitte warten« in »Bereit für Bestellung« umspringt.

Auch für viele andere Fälle ist *flutter_bloc* gut gerüstet. Werfen Sie einen Blick auf die Dokumentation des Projekts unter *https://pub.dev/packages/flutter_bloc*.

9.7 Zusammenfassung

In diesem Kapitel haben Sie verschiedene Möglichkeiten kennengelernt, UI, Daten und Geschäftslogik voneinander zu separieren. Das schafft Übersicht im Code und eine flüssige Nutzererfahrung. Behalten Sie diese Methoden im Hinterkopf – wir werden auf sie zurückkommen!

Kapitel 10
Mit dem Nutzer interagieren

»Eine Katze in Handschuhen fängt keine Mäuse.«
– Benjamin Franklin

Schon die von Flutter mitgelieferte Auswahl an Widgets ist gewaltig, ganz zu schweigen von den Erweiterungsmöglichkeiten durch Packages. Ich möchte Ihnen in diesem Kapitel einige sehr häufig verwendete Widgets vorstellen, die man gut das Standardrepertoire einer mobilen Anwendung nennen könnte. In Abschnitt 5.2.2 haben Sie bereits erste Schritte in Richtung einer Login-Maske unternommen, die wir nun fortführen. Dabei erkunden wir die erforderlichen Elemente wie Textfelder, Buttons und auch die Behandlung des Fokus, etwa zum Ein- und Ausklappen der Tastatur. Außerdem betrachten wir einige Widgets zum Ziehen und Wischen und werfen einen Blick auf *Dialogs* und die *Snackbar*.

Weil die Welt der Widgets in *Material Design* und *Cupertino* aufgeteilt ist, werden die Beispiele im Folgenden zwischen den beiden Richtungen hin- und herwechseln. Damit versuche ich, so viel Varianz wie möglich einzubringen. Das Angebot lückenlos vorzustellen, würde an dieser Stelle den Rahmen sprengen, aber glücklicherweise ist das »Flutter-Feeling« über alle Widgets hinweg das gleiche: Wenn Sie zum Beispiel die Handhabung eines Material-Design-Buttons verstanden haben, stellt kein Cupertino-Vertreter für Sie eine Herausforderung dar. Das Gleiche gilt selbstverständlich auch andersherum und für alle anderen Widget-Kategorien!

10.1 Button, TextField und Co

Dann mal los! Die Grundkomponenten für den geplanten Login haben Sie schon in Abschnitt 5.3 im Material Design gesehen, weshalb ich mich dieses Mal für den Cupertino-Stil entschieden habe. Die Struktur des `StatefulWidgets` ist:

```
import 'package:flutter/cupertino.dart';

class LoginMask extends StatefulWidget {
  @override
  _LoginMaskState createState() => _LoginMaskState();
}
```

```
class _LoginMaskState extends State<LoginMask> {
  @override
  Widget build(BuildContext context) {
    return CupertinoPageScaffold(
      backgroundColor: CupertinoColors.secondarySystemBackground,
      child: Center(
        child: FractionallySizedBox(
          widthFactor: 0.6,
          child: Column(
            mainAxisAlignment: MainAxisAlignment.center,
            children: [
              const Text('Login'),
              const SizedBox(height: 8),
              CupertinoTextField(),
              const SizedBox(height: 8),
              CupertinoTextField(),
              const SizedBox(height: 16),
              CupertinoButton(
                onPressed: () {},
                child: Text('Einloggen'),
              ),
            ],
          ),
        ),
      ),
    );
  }
}
```

Listing 10.1 »LoginMask« im Cupertino-Stil

Denken Sie daran, dass das Widget innerhalb einer CupertinoApp liegen muss:

```
void main() {
  runApp(MyApp());
}

class MyApp extends StatelessWidget {
  // This widget is the root of your application.
  @override
  Widget build(BuildContext context) {
    return CupertinoApp(
      home: LoginMask(),
```

```
    );
  }
}
```

Listing 10.2 Das Root-Widget ist eine »CupertinoApp«.

Mit dem oberen Code erhalten Sie die in Abbildung 10.1 dargestellte Page mit einem Text, zwei Eingabefeldern und einem Button.

Abbildung 10.1 Die »LoginMask« auf dem Simulator. Natürlich können Sie auch einfach in Chrome/Web testen; bis auf die fehlende Anzeige im Kopfbereich sieht das gleich aus.

Die beiden Eingabefelder nehmen zwar schon Zeichen über die Tastatur auf und zeigen diese an. Aber für ein sinnvolles Nutzererlebnis müssen wir noch einige weitere Dinge tun.

10.1.1 TextFields

Ein neugieriger Blick in die Definition eines Widgets lohnt sich zumeist. Wie ich zu Beginn des Kapitels erklärt habe, sind alle Widgets, egal ob Cupertino oder Material Design, stets vollständiges Flutter und unterscheiden sich nicht in der Handhabung gemeinsamer Funktionalität, etwa `onPressed` zur Verarbeitung eines Button-Taps oder `onSubmitted` als Callback für den FERTIG-Button der Tastatur in Textfeldern – aber manche Eigenschaften sind nur in der einen oder anderen Interpretation vorhanden.

Allgemeine Einstellungsmöglichkeiten

Zunächst wäre es recht elegant, wenn die sehr schlicht gehaltenen Felder zumindest einen Hinweis darauf geben könnten, was sie genau erwarten (siehe Abbildung 10.2). Mit `placeholder` können Sie den Textfeldern eine kleine Hilfe hinzufügen, die verschwindet, sobald der Nutzer zu tippen beginnt:

```
CupertinoTextField(
  placeholder: 'Nutzername',
),
const SizedBox(height: 8),
CupertinoTextField(
  placeholder: 'Passwort',

),
```

Listing 10.3 Die Eigenschaft »placeholder«

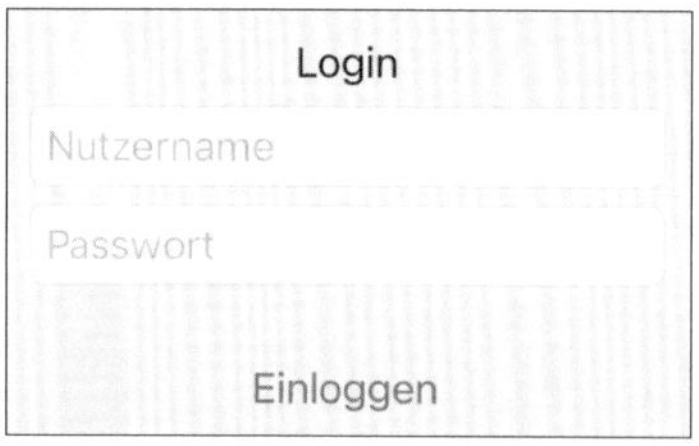

Abbildung 10.2 Die Textfelder zeigen nun Hinweise.

Um bei der Eingabe die Möglichkeit anzubieten, den Text über einen Löschen-Button (*Clear*) zu entfernen, greifen wir auch schon in die Trickkiste des `CupertinoTextField`s, d. h., für ein `TextField` des *Material Design* müssten Sie die untere Funktionalität händisch implementieren. Erweitern Sie die Textfelder jeweils wie folgt:

```
CupertinoTextField(
  placeholder: 'Nutzername',
  clearButtonMode: OverlayVisibilityMode.editing,
),
const SizedBox(height: 8),
CupertinoTextField(
  placeholder: 'Passwort',
  clearButtonMode: OverlayVisibilityMode.editing,
),
```

Listing 10.4 Der »clearButtonMode« in »CupertinoTextField«

Nach dem nächsten Hot-Reload sehen Sie, sofern das Textfeld nicht leer ist, wie in Abbildung 10.3 einen Löschen-Button, der ohne nennenswerten Aufwand erzeugt wurde. Die Eigenschaft `clearButtonMode` wird über Werte vom Typ `OverlayVisibilityMode` gesteuert. Sie können entscheiden, ob der Button wie oben beim Schreiben erscheint oder dann, wenn nicht geschrieben wird, ob er immer sichtbar ist oder ob er ausgeblendet ist.

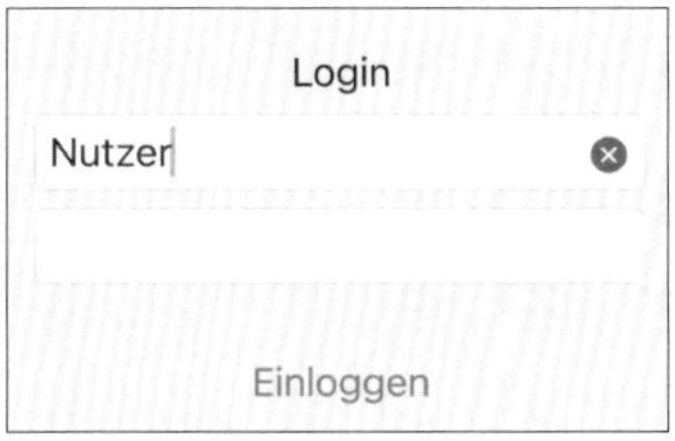

Abbildung 10.3 Der Nutzer kann jetzt den Text löschen.

Nach dem Start der App mussten Sie das obere Eingabefeld für den Nutzernamen manuell auswählen. Es wäre doch viel besser, wenn Flutter diese Aufgabe erledigen würde:

```
// Nutzername
CupertinoTextField(
  autofocus: true,
  clearButtonMode: OverlayVisibilityMode.editing,
),
```

Listing 10.5 »autofocus« auf das »Nutzername«-Textfeld

Ein Textfeld mit `autofocus` auf `true` zieht automatisch den Eingabefokus auf sich. Falls Sie mehrere Widgets damit ausgerüstet haben, gewinnt jenes Widget, das Flutter bei seiner Suche von oben nach unten zuerst findet.

TextEditingController

Falls Sie ein Textfeld schon mit einem Inhalt initialisieren oder Zeichen markieren wollen, kommen Sie um den `TextEditingController` nicht herum. Er basiert auf `ValueNotifier` (siehe Abschnitt 9.2, »BloC und ValueListenable«) und informiert unter anderem über Änderungen am Text.

Sie fügen einem `TextField` oder `CupertinoTextField` ein Objekt dieses Typs über die Eigenschaft `controller` hinzu. Am besten wird die Eigenschaft zur weiteren Verwendung auf Klassenebene des State-Objekts eines `StatefulWidgets` deklariert und in der `initState`-Methode erstellt und zugewiesen. So ist sichergestellt, dass über die Lebenszeit des Widgets hinweg der gleiche Controller verwendet wird.

Um dem mit `autofocus` versehenen Textfeld ebenfalls einen `TextEditingController` zuzuweisen, müssten Sie den Code folgendermaßen erweitern:

```
class _LoginMaskState extends State<LoginMask> {

  TextEditingController _userTextController;

  @override
  void initState() {
    _userTextController = TextEditingController();
    super.initState();
  }
  // ...
  @override
  Widget build(BuildContext context) {
    // ...
    CupertinoTextField(
      autofocus: true,
      clearButtonMode: OverlayVisibilityMode.editing,
      controller: _userTextController,
    ),
    // ...
  }
}
```

Listing 10.6 Einen »TextEditingController« einbauen

So integriert, können Sie einen initialen Text an den Konstruktor des Controllers innerhalb von `initState` überreichen, indem Sie `text` setzen. Neben dem schon verwendeten `clearButtonMode` können Sie das Textfeld ebenfalls über den Controller leeren. Hierfür steht Ihnen die Methode `clear` zur Verfügung. Eine weitere interessante Funktionalität des Typs ist `selection`, die die Markierung ermöglicht. Zu dieser Eigenschaft sind der Startpunkt (`baseOffset`) und die Anzahl der von dort einzuschließenden Zeichen (`extentOffset`) anzugeben:

```
// Login-Button
CupertinoButton(
  onPressed: () {
    _userTextController.selection = TextSelection(
      baseOffset: 0,
      extentOffset: _userTextController.text.length,
    );
  },
  child: Text('Einloggen'),
),
```


Listing 10.7 Den gesamten Inhalt eines Textfelds selektieren

Zur Demonstration habe ich den Login-Button herangezogen, sodass `onPressed` die Selektion des eingetippten Nutzernamens auslöst. Schreiben Sie doch etwas in das obere Textfeld, und drücken Sie anschließend die Schaltfläche. Ihr Text sollte nun plattformtypisch hinterlegt sein (siehe Abbildung 10.4).

Abbildung 10.4 Das Textfeld, nachdem der Login-Button gedrückt wurde

Wenn Flutter ein `TextField` anzeigt, wurde die `build`-Methode durchlaufen. Sie fragen sich vielleicht, wie Sie jetzt den darin befindlichen Text ändern. Wenn Sie mit dem `TextField` einen `TextEditingController` verbinden, können Sie über den Setter `text` nach Belieben neue Inhalte zur Anzeige bringen. Ein Beispiel hierzu finden Sie im übernächsten Abschnitt, »Die Eingabemöglichkeit verändern und Text verstecken«.

Submit und Changed

Sobald die Eingabe beendet ist, wäre es nett, wenn Flutter Bescheid geben könnte, sodass sie verarbeitet werden kann. Diese Ereignisse können Sie mit `onChanged`, `onSubmitted` und `onEditingCompleted` behandeln, denen Sie je eine Funktion mit einem String-Parameter übergeben:

```
// Nutzername
CupertinoTextField(
  autofocus: true,
  clearButtonMode: OverlayVisibilityMode.editing,
  controller: _userTextController,
  onChanged: (text) => print(text),
  onEditingComplete: () => print('Bearbeitung beendet'),
  onSubmitted: (text) => print('Submitted: $text'),
),
```

Listing 10.8 Die Ereignishandler im »TextField«

So ausgerüstet, meldet Flutter während der Eingabe immer den aktuellen Inhalt über `onChanged`. Sobald Sie den FERTIG-Button Ihrer Tastatur auf dem Simulator drücken, erscheint außerdem zuerst BEARBEITUNG BEENDET durch `onEditingComplete`, das, wie Sie erkennen, den Text nicht als Parameter erhält, gefolgt von SUBMITTED: und Ihrer Eingabe, die schließlich von `onSubmitted` ausgegeben wird.

Mithilfe der vorgestellten Callbacks können Sie dementsprechend einfach eine Fehlerüberprüfung während der Eingabe (`onChanged`) oder beim Absenden (`onSubmitted`) durchführen. Wenn Sie den Inhalt ändern möchten, können Sie problemlos Funktionen eines zugewiesenen `TextEditingControllers` einsetzen, etwa:

```
onSubmitted: (text) {
  _userTextController.text = 'Überraschung!';
},
```

Die Eingabemöglichkeit verändern und Text verstecken

Das untere Textfeld aus Abbildung 10.1 soll das Passwort aufnehmen. Womöglich haben Sie aber schon gesehen, dass es die geheime Eingabe nicht versteckt. Hierzu werden wir im folgenden Code `obscureText` einsetzen, ein Boolean, der den Inhalt vor dem Mitlesen schützt, sowie `obscuringCharacter`, mit dem Sie das Zeichen auswählen können, das die Eingabe ersetzen soll:

```
// Passwort
CupertinoTextField(
  clearButtonMode: OverlayVisibilityMode.editing,
  obscureText: true,
  obscuringCharacter: 'X',
),
```

Schon besser! Jetzt wird der Text durch das Zeichen `X` versteckt. Android und iOS bieten mitunter verschiedene Tastaturarten an, etwa speziell zur Eingabe von Zahlen. Nehmen wir an, dass das einzugebende Passwort aus Ziffern bestehen soll; dann würde die Änderung der Tastatur durch die Eigenschaft keyboardType das Einfügen erleichtern:

```
CupertinoTextField(
  clearButtonMode: OverlayVisibilityMode.editing,
  obscureText: true,
  obscuringCharacter: 'X',
  keyboardType: TextInputType.number,
),
```

Abbildung 10.5 Der Login mit einer Zahlentastatur

Der Typ TextInputType liefert einige Einstellungsmöglichkeiten, aus denen ich number ausgewählt habe. Das Passwortfeld wird jetzt über die Tastatur nur noch mit Zahlen gefüttert (siehe Abbildung 10.5). Eigentlich könnte man aber weiterhin Buchstaben über die Zwischenablage einfügen. Über onChanged könnten Sie in diesem Fall einen Text auf den zuletzt gültigen oder leeren Stand zurücksetzen.

Mit dieser Tastaturart ist allerdings – zumindest auf iOS – der FERTIG-Button verschwunden. Dieses Problem werden wir in Abschnitt 10.1.2 und noch mal in Abschnitt 10.1.3 angehen, indem wir in unserem Programm Einfluss auf das aktuell fokussierte Widget nehmen.

Mehrere Zeilen

Die Eingabemaske nimmt immer mehr Fahrt auf. Vielleicht gefällt sie den Nutzern schon recht gut? Ohne Daten können wir aber nur spekulieren. Am besten fügen wir deshalb ein weiteres `TextField` ein, das einen Kommentar aufnimmt. In Abbildung 10.6 sehen Sie den Stand, den wir erreichen wollen: Die Login-Maske zeigt ein neues Eingabefeld mit drei Zeilen. Die Zeichenanzahl soll auf 140 beschränkt sein, was durch eine Anzeige darunter dargestellt wird.

Abbildung 10.6 Das Kommentarfeld in der Login-Maske

Das neue Feld wird in der `Column` von `LoginMask` direkt unterhalb des Passworts eingefügt und benötigt einen zusätzlichen `TextEditingController`:

```
class _LoginMaskState extends State<LoginMask> {
  TextEditingController _feedbackTextController;
```

Der Controller muss initialisiert werden:

```
_feedbackTextController = TextEditingController();
```

Schließlich muss die Column um eine weitere `SizedBox` erweitert werden:

```
const SizedBox(height: 8),
StatefulBuilder(
  builder: (context, builderSetState) {
    return Column(
      crossAxisAlignment: CrossAxisAlignment.end,
      children: [
        CupertinoTextField(
          placeholder: 'Wie finden Sie den Login?',
          maxLines: 3,
          maxLength: 140,
          maxLengthEnforcement: MaxLengthEnforcement.enforced,
```

```
          controller: _feedbackTextController,
          onChanged: (text) => builderSetState(() {}),
        ),
        Text('${_feedbackTextController.text.length}/140'),
      ],
    );
  }
),
```

Ich habe, wie Sie oben sehen, dem Programm zusätzlich eine SizedBox spendiert. Das nächste Widget ist ein StatefulBuilder, den Sie bisher nicht kennengelernt haben. Er ist wie ein StatefulWidget, in dessen build-Methode Sie die Funktion setState aufrufen können, sodass ein neuer Durchlauf gestartet wird, der veränderte Werte und Inhalte anzeigt. Der Builder ist äußerst praktisch, wenn Sie State-Änderungen auf einen Teil des Widget-Trees beschränken möchten. Im vorliegenden Fall müsste der Rest der LoginMaske nicht neu erzeugt werden, nur damit sich der Zähler unterhalb des Kommentarfelds anpasst. Die builder-Funktion stellt den BuildContext und die lokale setState-Funktion zur Verfügung, die ich oben zur Unterscheidung builderSetState genannt habe.

Der Builder gibt eine Column zurück, in der sich das CupertinoTextField und ein Text mit dem Zähler befinden. Ersteres setzt über maxLines, maxLength und maxLengthEnforcement die entsprechenden Eigenschaften, die die Höhe (drei Zeilen), die maximale Zeichenanzahl (140) und einen Aufnahmestopp ab dem Erreichen von maxLength bestimmen. Ohne maxLengthEnforcement könnten trotz Überschreiten der Grenze weitere Zeichen eingetippt werden.

Der Callback onChanged wird vom Textfeld benutzt, um das setState des StatefulBuilders aufzurufen. Mit jedem Tastendruck im Kommentarfeld wird builder durchlaufen, wodurch das Widget Text jeweils die aktuelle Zeichenlänge über den _feedbackTextController ausliest und anzeigt.

Passworthilfen

Gerade auf modernen mobilen Betriebssystemen wie Android und iOS treffen Sie häufig Services zum automatischen Ausfüllen von Zugängen an, etwa beim Login in einer App mit Benutzername und Passwort. Die TextField-Widgets Ihrer App können Sie unkompliziert darauf vorbereiten, indem Sie den Widgets AutofillHints übergeben.

Sie markieren zum Beispiel das nächste TextField als Ziel für den Benutzernamen eines Zugangs, indem Sie AutoFillHints.name oder AutofillHints.email verwenden. Sie können aber auch beide zusammen einsetzen, falls Ihre Eingabelogik mit Mailadressen und Benutzernamen gleichermaßen umgeht:

```
TextField(
  autofillHints: [AutofillHints.email, AutofillHints.name],
)
```

Die Eigenschaft `autofillHints` erwartet eine Liste aus Strings. Damit die jeweiligen Schlüssel besser im Code zu erkennen und auch wiederzufinden sind, können Sie auf die Konstanten unter der Klasse `AutofillHints` wie im oberen Beispiel zugreifen. Dort werden gleich zwei davon übergeben, hilfreich für den Fall, dass ein Nutzername als Name oder E-Mail in einem *Passwortmanager* abgelegt wurde. Ein Zugang besteht zumeist aus der Kombination einer Nutzerkennung wie oben und einem Passwort.

Damit beide Elemente von einem Service erkannt werden, der das automatische Ausfüllen anbietet, packen Sie die `TextField`-Widgets in eine `AutofillGroup`. Die in den vorherigen Abschnitten zusammengesetzte `LoginMask` würden Sie dementsprechend wie folgt auf *Autofill* vorbereiten:

```
AutofillGroup(
 child: Column(
   mainAxisAlignment: MainAxisAlignment.center,
   children: [
     // ...
     const SizedBox(height: 8),
     // Nutzername
     CupertinoTextField(
       autofocus: true,
       autofillHints: [AutofillHints.email, AutofillHints.name],
       // ...
     ),
     const SizedBox(height: 8),
     // Passwort
     CupertinoTextField(
       autofillHints: [AutofillHints.password],
       focusNode: _passwordFocusNode,
       // ...
     ),
     const SizedBox(height: 8),
     // ...
   ],
 ),
)
```

Listing 10.9 »AutofillGroup« in »LoginMask«

10.1.2 Den Fokus steuern

Die `LoginMask` ist mittlerweile auf drei untereinanderliegende Textfelder angewachsen. Es wäre wünschenswert, über den FERTIG-Button der Tastatur durch die einzelnen Elemente springen zu können. Außerdem fehlt dieser Button gänzlich im Passwortfeld, nachdem es auf die Zahlen-Tastatur umgestellt wurde.

Mit dem Steuern des Eingabefokus kann man diese Ideen umsetzen und den Komfort weiter steigern. Hauptakteure werden zum einen die `FocusNode` sein, mit der Sie einen Punkt definieren, der fokussierbar ist, zum anderen der `FocusManager`, der allgemein den Fokus steuert.

Das Nutzername-Textfeld beansprucht nach dem Laden der Page bereits den Fokus, sodass die Tastatur (wie in Abbildung 10.7 zu sehen) ausgeklappt ist.

Abbildung 10.7 Ausgeklappte Tastatur für den Nutzernamen

Nachdem der Nutzername eingegeben worden ist, soll der Fokus über den FERTIG-Button zum Passwortfeld springen. Hierfür muss es mit einer Sprungmarke ausgerüstet werden, der `FocusNode`:

```
class _LoginMaskState extends State<LoginMask> {
  FocusNode _passwordFocusNode;

  @override
  void initState() {
    // ...
    _passwordFocusNode = FocusNode();

    super.initState();
  }
```

Dann müssen Sie die `FocusNode` dem Passwort-Textfeld zuweisen:

```
CupertinoTextField(
  focusNode: _passwordFocusNode,
  placeholder: 'Passwort',
  clearButtonMode: OverlayVisibilityMode.editing,
  obscureText: true,
  obscuringCharacter: 'X',
  keyboardType: TextInputType.number,
),
```

Als Nächstes passen Sie den `onSubmitted`-Callback des Nutzernamen-Textfelds an, der zum Passwort weiterleiten soll:

```
onSubmitted: (text) {
  _passwordFocusNode.requestFocus();
},
```

Da jetzt alle Komponenten an Ort und Stelle sind, können Sie vom Nutzernamen zum Passwort springen. Dann öffnet sich automatisch die Zahlentastatur. Das nehmen wir zum Anlass, um für den unter iOS fehlenden FERTIG-Button in dieser Tastatur eine Lösung zu finden. Eine Lösung könnte darin bestehen, einen Button über der Tastatur zu platzieren. Wenn wir aber annehmen, dass ein Passwort in diesem Fall immer aus sechs Ziffern bestehen muss, so könnte der Fokus nach Eingabe der letzten Ziffer ins Kommentarfeld springen. Erstellen Sie daher eine weitere `FocusNode`, analog zu `_passwordFocusNode`, und weisen Sie sie dem Kommentar-Textfeld zu. Danach fügen wir eine Prüfung im `onChanged`-Callback des Passworts ein:

```
onChanged: (text) {
  if (text.length >= 6) {
    _commentFocusNode.requestFocus();
  }
},
```

Den Fokus gänzlich von dem aktiven Widget entfernen können Sie über den `FocusManager`, der als Singleton über den statischen Getter `instance` aufgelöst wird. In mobilen Apps ist es mittlerweile Standard, dass Sie, sollte momentan ein Textfeld fokussiert sein, auf den Bereich außerhalb davon tippen können, sodass die Tastatur verschwindet. Hierfür können Sie folgende Methode benutzen, die wir im nächsten Abschnitt in die `LoginMaske` einbauen:

```
FocusManager.instance.primaryFocus.unfocus();
```


10.1.3 GestureDetector

Es muss nicht immer gleich ein Button sein, um eine Berührungsgeste aufzuzeichnen. Oftmals möchte man das Verhalten oder Aussehen eines Buttons sogar gar nicht um einen anderen Inhalt wickeln.

Mit dem `GestureDetector` können Sie mehr als den normalen *Tap* verarbeiten; hiermit stehen Ihnen Tür und Tor zur Gestenverarbeitung weit offen. Ob *Zoom*, *Pan*, *Swipen*, *LongPress* oder *DoubleTap*, um nur einige Beispiele zu nennen – sie alle können über Callbacks behandelt werden.

Um als ersten Schritt wie oben beschrieben die Tastatur einfahren zu können, wird das Widget `GestureDetector` wie folgt als erstes Widget in die `LoginMask` integriert:

```
@override
Widget build(BuildContext context) {
  return GestureDetector(
    onTap: () => FocusManager.instance.primaryFocus.unfocus(),
    child: CupertinoPageScaffold(
      backgroundColor: CupertinoColors.secondarySystemBackground,
      child: Center(
      // ...
}
```

Listing 10.10 »FocusManager« und »GestureDetector« in »LoginMask«

Wenn Sie den Stand auf Ihren Simulator übertragen, können Sie beobachten, dass der `GestureDetector` nicht mit dem Login-Button kollidiert, sondern dass beide wie erwartet ihren Dienst verrichten.

So manche App versteckt Views hinter Gesten, die nur den Testern oder Entwicklern des Unternehmens bekannt sind und Zugriff auf Diagnosedaten oder Konfigurationen bieten, die mit den Cheat-Codes von Spieleentwicklern vergleichbar sind. Ein sehr bekannter Vertreter dieser Szene ist etwa der sogenannte *Konami-Code*, der auf klassischen Konsolen der 80er-Jahre eingesetzt wurde, um gewisse Spielhilfen freizuschalten. Dabei mussten Tasten der Steuerelemente in einer spezifischen Reihenfolge gedrückt werden.

In Anlehnung daran möchte ich Ihnen zeigen, wie Sie über den `GestureDetector` und mithilfe des Navigators (siehe Kapitel 7) ebenfalls etwas verstecken können. Hierzu rahmen Sie das `Text`-Widget, das den Inhalt LOGIN trägt, mit dem Widget ein und definieren folgende Gesten, die in den Callbacks Status verarbeiten:

```
class _LoginMaskState extends State<LoginMask> {
  // ...
  bool _doubleTapped = false;
  bool _longPressed = false;

  @override
  Widget build(BuildContext context) {
   // ... vorherige Widgets ...
   GestureDetector(
     child: const Text('Login'),
     onDoubleTap: () => _doubleTapped = true,
     onLongPress: () => _longPressed = true,
     onHorizontalDragEnd: (details) async {
       if (_doubleTapped && _longPressed) {
         await Navigator.of(context).push(
           CupertinoPageRoute(
             builder: (context) => HiddenPage(),
           ),
         );

         _doubleTapped = false;
         _longPressed = false;
       }
     },
   ),
// ...
```

Für die Anzeige der versteckten Seite ist ein eigenes Widget zuständig:

```
class HiddenPage extends StatelessWidget {
  @override
  Widget build(BuildContext context) {
    return Center(
      child: GestureDetector(
        onTap: () => Navigator.of(context).pop(),
        child: Container(
          color: CupertinoColors.systemGreen,
          height: 100,
          width: 100,
          child: Center(
            child: Text('Zurück'),
          ),
        ),
      ),
    );
  }
}
```

Listing 10.11 »GestureDetector« um Login-Text

Der `GestureDetector` umwickelt nun das `Text`-Widget und setzt Callbacks für `onDoubleTap` und `onLongPress`, die je eine Variable zu `true` ändern, sowie für `onHorizontalDragEnd`, das zu einer anderen Page, der `HiddenPage`, navigiert, falls die Werte auf `true` stehen. Um das Versteck zu erreichen, müssen Sie auf den Text LOGIN doppeltippen, danach den Finger ungefähr eine Sekunde lang auf ihm ruhen lassen und schließlich von dort zur Seite wischen und loslassen. Wenn Sie diese Gesten in der beschriebenen Reihenfolge ausgeführt haben, sollten Sie die `HiddenPage` sehen, die Sie wieder zurück zur `LoginMask` führt.

10.1.4 Buttons

In diesem Abschnitt über Buttons schwenke ich auf das Material Design um, weil es zu diesem Thema dort mehr zu berichten gibt als beim Cupertino Design, das an Apples *Human Interface Guidelines* angelehnt ist. Diese Guidelines umfassen aber nur den `CupertinoButton`, den Sie schon kennengelernt haben, sowie Buttons mit darin befindlichen Icons.

Die wichtigsten Eigenschaften der Buttons – nämlich dass sie dann benutzbar (*enabled*) sind, wenn `onPressed` eine Funktion zugewiesen wurde, und dass sie über `child` jegliches Widget aufnehmen können, also keineswegs auf Text beschränkt sind – haben Sie im Verlauf des Buchs bereits kennengelernt.

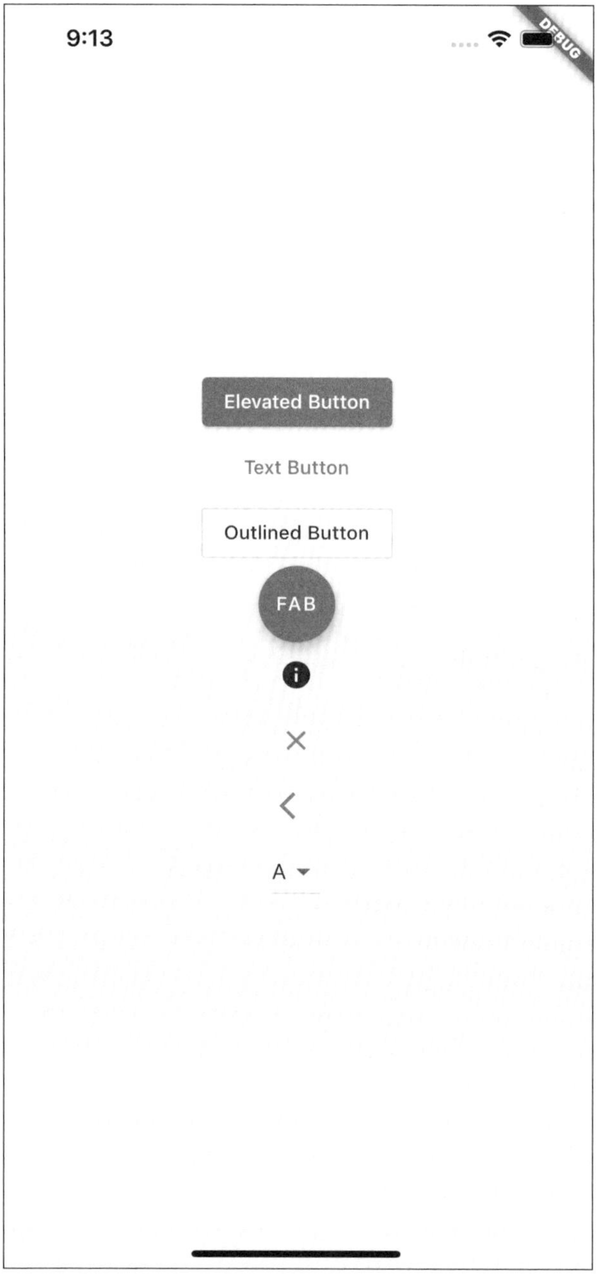

Abbildung 10.8 Übersicht zu Buttons im »Material Design«

Das untere Beispiel führt Ihnen die Buttons des Material Design vor, aus denen Abbildung 10.8 hervorgeht:

```
MaterialApp(
  home: Scaffold(
    body: Center(
      child: Column(
        mainAxisAlignment: MainAxisAlignment.center,
        children: [
          ElevatedButton(onPressed: () {}, child: Text('Elevated Button')),
          TextButton(onPressed: () {}, child: Text('Text Button')),
          OutlinedButton(onPressed: () {}, child: Text('Outlined Button')),
          FloatingActionButton(onPressed: () {}, child: Text('FAB')),
          IconButton(icon: Icon(Icons.info), onPressed: () {}),
          CloseButton(color: Colors.green),
          BackButton(color: Colors.green),
          DropdownButton(
            items: [
                DropdownMenuItem(
                child: Text('A'),
                ),
                DropdownMenuItem(
                child: Text('B'),
                )
            ],
            onChanged: (_) {},
          ),
        ],
      ),
    ),
  ),
);
```

Listing 10.12 Benutzung der verschiedenen Buttons im »Material Design«

Eine hervorragende Dokumentation zu den einzelnen Buttons mit Anweisungen, für welche Zwecke sie eingesetzt werden sollten, finden Sie unter *https://material.io/components/buttons*.

10.1.5 Checkbox und Switch

Vielleicht möchten nicht alle Nutzer in der `LoginMask` einen Kommentar hinterlassen, sondern sich stattdessen schnell einloggen. Das Feld optional auszuklappen, würde dies ermöglichen.

In diesem Sinne erweitern wir nun die `LoginMask` um einen Switch, der den Kommentar, wenn er aktiviert wird, sichtbar schaltet. Der `StatefulBuilder` ist der perfekte Ort, um die Funktionalität einzubetten. Schließlich ergibt sich folgender Code:

```
bool _commentEnabled = false;

// ...
StatefulBuilder(
  builder: (context, builderSetState) {
    return Column(
      crossAxisAlignment: CrossAxisAlignment.end,
      children: [
        Row(
          mainAxisAlignment: MainAxisAlignment.end,
          children: [
            Text('Kommentar abgeben'),
            CupertinoSwitch(
              value: _commentEnabled,
              onChanged: (value) {
                builderSetState(
                  () {
                    _commentEnabled = value;
                  },
                );
              },
            ),
          ],
        ),
        Visibility(
          visible: _commentEnabled,
          child: Column(
            crossAxisAlignment: CrossAxisAlignment.end,
            children: [
              CupertinoTextField(
                focusNode: _commentFocusNode,
                placeholder: 'Wie finden Sie den Login?',
                maxLines: 3,
                maxLength: 140,
                maxLengthEnforcement: MaxLengthEnforcement.enforced,
                controller: _feedbackTextController,
                onChanged: (text) => builderSetState(() {}),
              ),
```

```
                Text(
                  '${_feedbackTextController.text.length}/140',
                ),
              ],
            ),
          ),
        ],
      );
    },
  ),
  // ...
```

Listing 10.13 Erweiterung des Kommentarbereichs im Widget-Tree

Von oben nach unten betrachtet, wurde eine `Row` (siehe Abschnitt 6.1.8) hinzugefügt, die horizontal den Beschreibungstext und einen `Switch` positioniert. Darauf folgt der Bereich für den Kommentar. Das `CupertinoTextField` und der Zeichenzähler darunter sind nicht mehr in der Haupt-`Column`, sondern wurden in eine eigene `Column` verlagert. Dies hat den Grund, dass die beiden Widgets unter einem Container-Widget zusammengefasst im Widget-Tree zusammen behandelt werden können, etwa wie im Beispiel durch das Widget `Visibility`. Seine Funktion ist gleich dem Hinzufügen einer `if`-Anweisung, aber deklarativer. Sie könnten außerdem über die Eigenschaft `replacement` ein Ersatzwidget definieren, was dem `else`-Zweig entspräche.

Der `CupertinoSwitch` nimmt im Beispiel ein Boolean als darzustellenden Zustand auf und bekommt außerdem einen Callback zugewiesen, der Zustandsveränderungen meldet. Die hier eingesetzte Funktion benutzt das `setState` des `StatefulBuilders`, um die Variable `_commentEnabled` zu setzen und eine Aktualisierung des umfassten Teils des Widget-Trees durchzuführen.

Genauso wie der `CupertinoSwitch` verhalten sich auch der `Switch` und die `Checkbox` des Material Designs. In einer `MaterialApp` wäre der zugehörige Code völlig analog, sodass sich nur die Bezeichner ändern:

```
Switch(value: _commentEnabled, onChanged: (value) {
  // ...
}),
```

Die Checkbox sieht so aus:

```
Checkbox(value: _commentEnabled, onChanged: (value) {
  // ...
}),
```

10.2 Wischen, Schieben und Ziehen

Im Folgenden möchte ich Ihnen eine kleine Auswahl von Widgets vorstellen. Einerseits, um Ihnen einen Eindruck davon zu geben, dass Flutter über umfangreiche Gestenverarbeitung verfügt, wie Sie auch schon beim `GestureDetector` (siehe Abschnitt 10.1.3) erahnen konnten. Andererseits besitzen die nächsten Widgets einen sehr interessanten Charakter (etwa `Draggable`) oder sollten erwähnt werden, weil sie häufig anzutreffen sind (`Slider`).

10.2.1 Dismissable

Wisch und weg – das können Sie auch in Flutter haben. Mit `Dismissable` werden Ihnen die Erkennung der Geste, das Verhalten und die zugehörigen Animationen zum Aus-dem-Bildschirm-Wischen geliefert:

```
Column(
  mainAxisAlignment: MainAxisAlignment.center,
  children: [
    const Text('Über dem Dismissable'),
    Dismissible(
      key: UniqueKey(),
      child: Container(
        height: 100,
        width: double.infinity,
        color: Colors.green,
      ),
      background: ColoredBox(color: Colors.red),
      secondaryBackground: Container(
        height: 20,
        width: double.infinity,
      ),
      confirmDismiss: (direction) async =>
          direction == DismissDirection.endToStart,
    ),
    const Text('Unter dem Dismissable'),
  ],
);
```

Listing 10.14 »Dismissible« in einer »Column«

Über und unter dem Widget `Dismissible` finden Sie je einen Text (siehe Abbildung 10.9). Wenn Sie das Beispiel starten, sehen Sie dadurch besser, wie sich der Bereich, der von `Dismissable` eingenommen wurde, zusammenzieht und verschwunden ist.

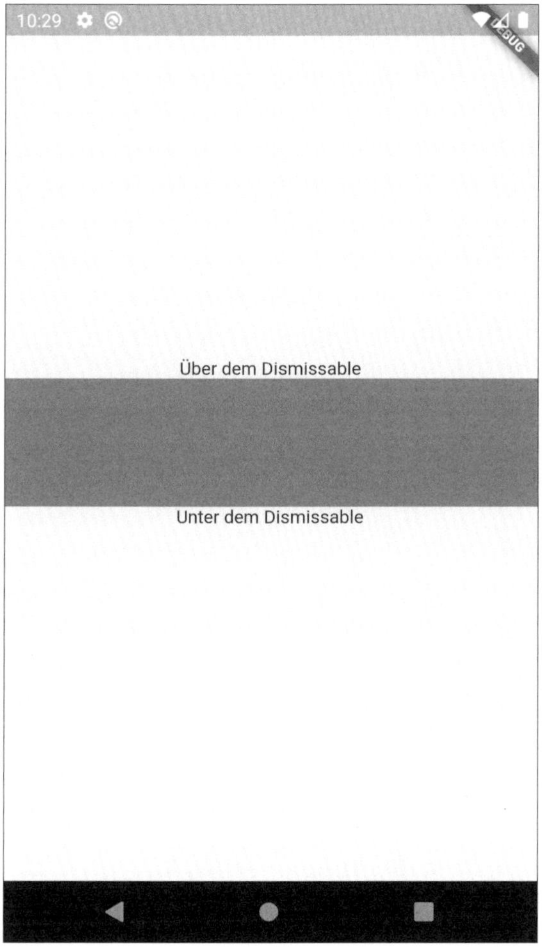

Abbildung 10.9 Das »Dismissible« in der Ausgangssituation

Ein `Dismissible` benötigt in jedem Fall einen `Key` (siehe Abschnitt 5.5), sodass das Widget von Flutter über die etwaigen Zeichenvorgänge identifiziert werden kann. Innerhalb können Sie über `child` beliebige Widgets anzeigen. Im Beispiel ist dies ein grün eingefärbter Container.

Die Eigenschaften `background` und `secondaryBackground` ermöglichen es, ein Widget anzuzeigen, während in eine bestimmte Richtung gezogen wird. Oben wird ein roter Bereich (`background`) dargestellt, wenn der Finger von links nach rechts bewegt wird (siehe Abbildung 10.10). Je nach Richtung (die über das hier nicht eingesetzte `direction` bestimmt wird) beziehen sich `background` und `secondaryBackground` auf eine andere Ausgangsseite.

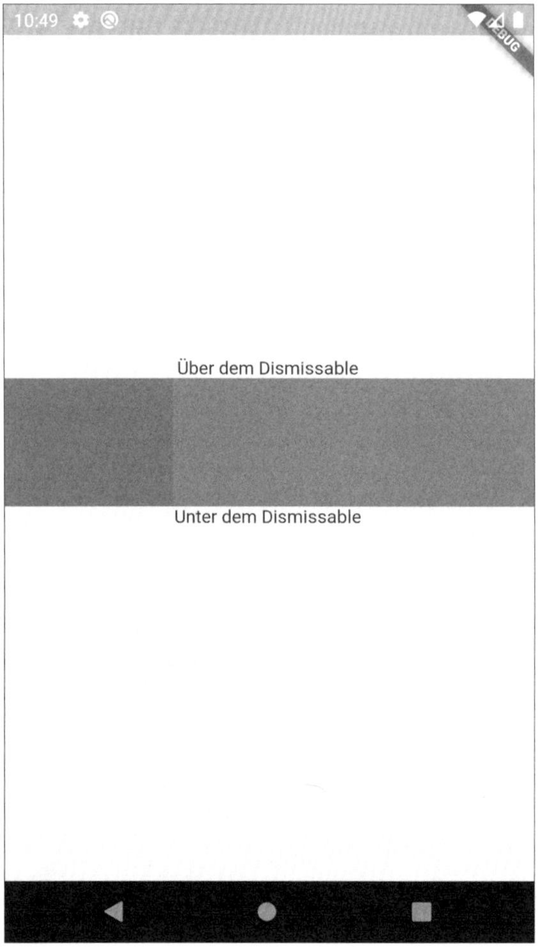

Abbildung 10.10 Das »Dismissible« wird von links nach rechts gezogen.

Der Callback `confirmDismiss` liefert eine solche Richtung vom Typ `DismissDirection`. Die zugewiesene Funktion prüft, ob `endToStart` erfüllt ist, was bei Links-nach-rechts-Sprachen einem Wischen von rechts nach links entspricht. So geschoben, wird das `Dismissible` verschwinden, ansonsten wird es den zuvor beschriebenen roten Bereich durch `background` und `secondaryBackground` anzeigen und wieder zurückschnappen.

Je nachdem, welche Richtungen Sie unterstützen möchten, konfigurieren Sie die Eigenschaft `direction` und den Callback entsprechend Ihren Vorstellungen.

10.2.2 Draggable

Flutter bietet ein sehr einfaches Interface, um ein Widget von A nach B zu ziehen und dort fallen zu lassen (*Drag-and-drop*). Das drag-and-drop-fähige Widget, genannt

Draggable, kann Daten aufnehmen und zu einem Ziel transportieren. Dieses kann dann entscheiden, ob es die Daten akzeptieren möchte, und entsprechend reagieren.

Das nächste Beispiel demonstriert dies anhand einer äußerst rudimentären Paper-Toss-Variante, bei der eine graue Box gezogen wird, die sich verwandelt und im Ziel losgelassen wird, was schließlich den Korbzähler erhöht. In Abbildung 10.11 sehen Sie die Oberfläche.

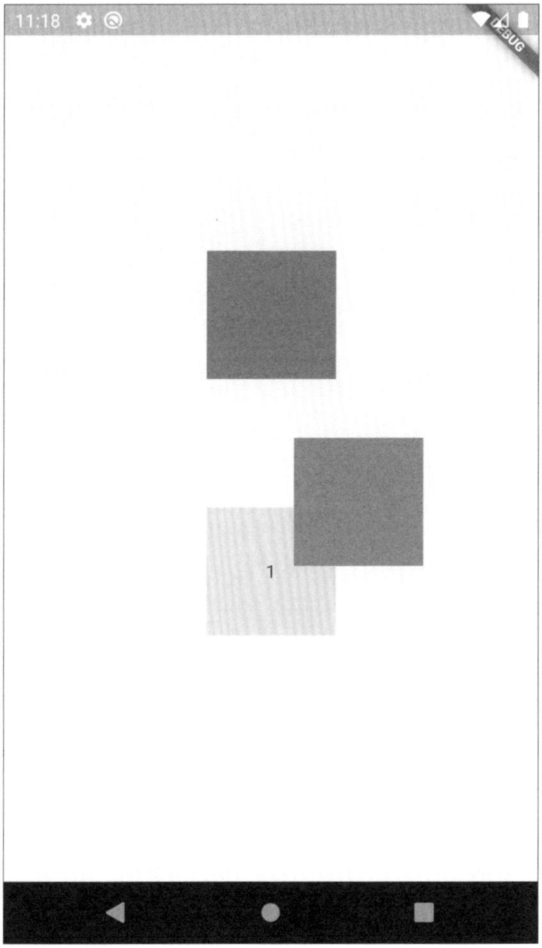

Abbildung 10.11 Ein »Draggable« wird auf ein »DragTarget« gezogen.

Der zugehörige Code besteht wie angedeutet aus zwei Widgets, nämlich Draggable und DragTarget. Bitte fügen Sie den nachfolgenden Code in ein StatefulWidget ein:

```
int tosses = 0;

// in der build-Methode zurückgeben
Column(
```

```
  mainAxisAlignment: MainAxisAlignment.center,
  children: [
    Draggable(
      data: tosses,
      child: Container(
        color: Colors.black12,
        height: 100,
        width: 100,
        child: Center(child: Text('Ziehen')),
      ),
      childWhenDragging: Container(
        color: Colors.red,
        height: 100,
        width: 100,
      ),
      feedback: Container(
        color: Colors.green,
        height: 100,
        width: 100,
      ),
    ),
    const SizedBox(height: 100),
    DragTarget<int>(
      onAcceptWithDetails: (details) => tosses++,
      onWillAcceptWithDetails: (details) => details.data.runtimeType == int,
      builder: (context, candidateData, rejectedData) {
        return Container(
          color: candidateData.isEmpty ? Colors.black12 : Colors.yellow,
          height: 100,
          width: 100,
          child: Center(
            child: Text(tosses.toString()),
          ),
        );
      },
    ),
  ],
);
```

Listing 10.15 »Draggable« und »DragTarget«

Das erste Widget ist Draggable. Es weist die lokale Variable tosses aus dem State-Objekt (siehe Abschnitt 5.2.5) seiner Eigenschaft data zu. Die Eigenschaft data ist sozusagen der Kofferraum Ihres Draggables. Sie wird die Anzahl der »Würfe« festhalten.

Über child legen Sie fest, wie die Oberfläche aussieht, wenn gerade nichts passiert. In diesem Fall ist sie ein grauer Kasten mit der Aufschrift ZIEHEN. Als Nächstes kommt childWhenDragging dran, mit dem Sie das Aussehen während der Interaktion bestimmen. Im Beispiel wechselt die Farbe der zuvor erwähnten grauen Box auf Rot. Die Eigenschaft feedback erhält ein grünes, quadratisches Widget, das unter dem Finger angezeigt wird.

So ausgerüstet, verbleibt noch das DragTarget, das als generischen Parameter den Datentyp ausweist, der von Draggable erwartet wird. Der Callback onAccept bestimmt, was ausgeführt wird, wenn die Daten akzeptiert wurden. Diese Frage wird von onWillAccept beantwortet, das entscheidet, ob das erhaltene Paket den Erwartungen entspricht.

Das Aussehen auf der Oberfläche wird über den builder bestimmt, der bei Interaktionen die zugewiesene Funktion ausführt – also z. B. wenn ein Draggable darüber schwebt oder wenn es fallen gelassen wird – und außerdem natürlich initial. Im Beispiel ist eine zunächst graue Box definiert. In ihrer Mitte befindet sich der über tosses gespeiste Zähler. Sobald ein Draggable über dem Ziel schwebt, was das Argument candidateData signalisiert, färbt sich die Fläche gelb. Beim Fallenlassen erhöht sich tosses, wie in onAccept definiert, um 1, ansonsten wird der Kasten mit Verlassen des Draggables wieder grau und der Zähler hat sich nicht verändert.

Das im oberen Code nicht verwendete rejectedData hält jene Daten, die vom DragTarget nicht akzeptiert werden.

10.2.3 Slider

Zu guter Letzt möchte ich Ihnen den Slider vorstellen. Dieses Widget wird sowohl vom Material Design als auch vom Cupertino-Design in der Form realisiert, die Sie in Abbildung 10.12 sehen.

Um einen Material-Slider zu erstellen, schreiben Sie folgenden Code:

```
Slider(
  min: 0,
  max: 10,
  value: sliderValue,
  onChanged: (value) {
    setState(() {
      sliderValue = value;
```

```
    });
  },
);
```

Listing 10.16 »Material«-Slider

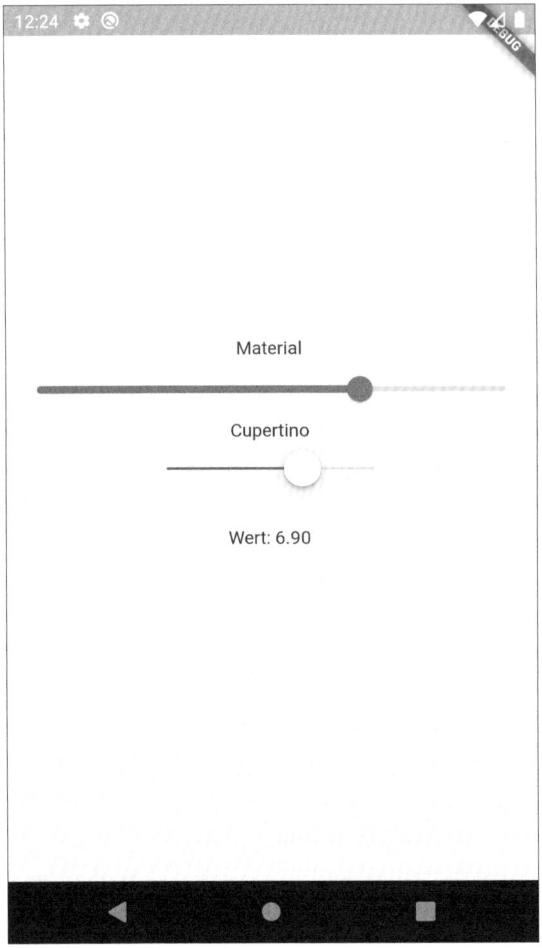

Abbildung 10.12 Ein »Material«- und ein »Cupertino«-Slider

In diesem Beispiel nehmen wir an, dass der `Slider` in einem `StatefulWidget` benutzt wird und die lokale Variable `sliderValue` setzt. Die Funktion `setState` wird jede über `onChanged` gemeldete Änderung entsprechend darstellen. Mit `min` und `max` setzen Sie die Grenzen, zwischen denen sich `value` vom Typ `double` bewegen wird.

Völlig analog dazu definieren Sie einen `CupertinoSlider`:

```
CupertinoSlider(
  min: 0,
  max: 10,
  value: sliderValue,
  onChanged: (value) {
    setState(() {
      sliderValue = value;
    });
  },
);
```

Listing 10.17 »Cupertino«-Slider

[«] 10

Material und Cupertino mischen

Sie haben möglicherweise beim Betrachten von Abbildung 10.12 bemerkt, dass der Material Design-`Slider` und der `CupertinoSlider` in einem Elternwidget, etwa einer `Column`, dargestellt werden können. Cupertino-Widgets lassen sich problemlos unterhalb einer `MaterialApp` einfügen; andersherum müssen Sie allerdings ein Material-Widget unterhalb einer `CupertinoApp` mit dem Material Design-`Theme` versorgen. Eine Möglichkeit besteht darin, das betroffene Widget in `Material` einzuwickeln, beispielsweise so:

```
Material(
  child: Slider(
    min: 0,
    max: 10,
    value: sliderValue,
    onChanged: (value) {
      setState(() {
        sliderValue = value;
      });
    },
  ),
);
```

Listing 10.18 Das »Material«-Widget

10.3 Dialogs und die Snackbar

Nicht jede Entscheidung kann von Ihnen oder den Anforderungen der App getroffen oder vorausgesehen werden, etwa wenn es um nutzerspezifische Einstellungen geht. In diesen Fällen ist der Anwender gefragt. Meistens werden dazu Widgets wie *Dialogs* oder die *Snackbar* des Material Designs benutzt. In diesem Abschnitt lernen Sie einige bekannte Vertreter dieser Kategorien aus beiden Designwelten kennen.

10.3.1 Dialogs

Wie so viele Widget-Kategorien in Flutter sind auch die *Popups* oder die *Dialogs* sehr einfach zu verwenden. Im Grunde erstellen Sie Dialog-Widgets, die anschließend an speziell für diesen Anwendungsfall vorgesehene Funktionen übergeben werden, etwa an `showDialog` und `showCupertinoDialog`. Anhand von drei häufig verwendeten Beispielen möchte ich Ihnen die Verwendung demonstrieren.

[!]

Popups und zu wenig Platz

Eine generelle Warnung zum Einsatz von Dialogen gleich vorneweg: Falls der vertikal zur Verfügung gestellte Bereich nicht ausreicht, werden Sie einen Overflow erleben. Möchten Sie lieber Vorsicht walten lassen oder wissen Sie bereits, dass der Bildschirm überlaufen wird, dann können Sie direkt ein Scroll-Widget (siehe Abschnitt 6.2), etwa die `SingleChildScrollView`, einsetzen.

AlertDialog

Möchten Sie den Nutzer über eine spezifische Situation informieren und seine Entscheidung einholen, so empfiehlt sich im Material Design der `AlertDialog`. Er bietet Ihnen Eigenschaften wie Titel (`title`), Inhalt (`content`) und Aktionen (`actions`):

```
AlertDialog(
  content: Text('Content'),
  title: Text('Title'),
  actions: [
    TextButton(onPressed: () {}, child: Text('Left')),
    TextButton(onPressed: () {}, child: Text('Right')),
  ],
);
```

Listing 10.19 »AlertDialog«

Wie gewohnt, sind `title` und `content` durch Widgets zu besetzen. Eine Liste davon erwartet `actions`, wie oben durch die zwei `TextButtons` gezeigt.

Haben Sie Ihren Dialog erstellt, geben Sie ihn über `showDialog` zur Anzeige:

```
showDialog(
  context: context,
  builder: (context) => AlertDialog( ... ),
);
```

Die Funktion wird Ihren Dialog für Material Design typisch anzeigen, d. h. mit abgedunkeltem Hintergrund, auf den Sie tippen können, um das Popup zu schließen (siehe Abbildung 10.13).

Abbildung 10.13 Der »AlertDialog« wird angezeigt.

SimpleDialog

Ein weiterer Dialog des Material Designs ist der `SimpleDialog`. Er wird dann verwendet, wenn der Nutzer eine Option aus mehreren wählen soll. Die Einträge, die an `SimpleDialog` übergeben werden, sind vom Typ `SimpleDialogOption` und sehen implizite Abstände sowie das Verhalten eines Buttons vor, der über `onPressed` eine Funktion ausführen kann:

```
SimpleDialog(
  title: Text('Title'),
```

```
  children: [
    SimpleDialogOption(
      child: Text('Option 1'),
      onPressed: () {},
    ),
    SimpleDialogOption(
      child: Text('Option 2'),
      onPressed: () {},
    ),
  ],
);
```

Listing 10.20 »SimpleDialog«

Sie zeigen einen `SimpleDialog` genauso wie den `AlertDialog` über `showDialog` an. Der obige Code stellt sich wie in Abbildung 10.14 dar.

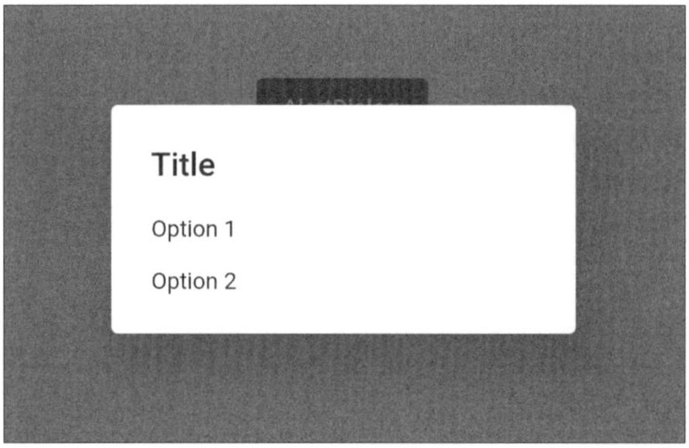

Abbildung 10.14 Ein »SimpleDialog«

CupertinoAlertDialog

Auch der für iOS typische `AlertDialog`, der in Abbildung 10.15 dargestellt wird, lässt sich in Flutter anzeigen. (Natürlich geht das auch auf Android-Geräten.) Hierfür verwenden Sie den `CupertinoAlertDialog` und übergeben ihn an die Funktion `showCupertinoDialog`.

Falls Sie die von `showDialog` geschaffene Umgebung schöner finden, hält Sie übrigens nichts davon ab, einen `CupertinoAlertDialog` an `showDialog` zuzuweisen. Die beiden Funktionen erwarten nur ein Widget, sodass Sie tatsächlich sogar Ihren völlig eigenen Stil einbringen könnten.

Um das volle iOS-Gefühl zu erleben, schreiben Sie folgenden Code:

```
showCupertinoDialog(
  context: context,
```

```
  builder: (context) => CupertinoAlertDialog(
    content: Text('Content'),
    title: Text('Title'),
    actions: [
      TextButton(onPressed: () {}, child: Text('Left')),
      TextButton(onPressed: () {}, child: Text('Right')),
    ],
  ),
);
```

Listing 10.21 »showCupertinoDialog«

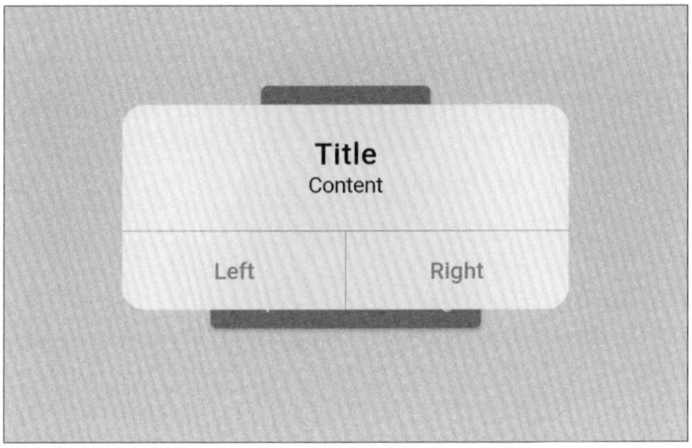

Abbildung 10.15 Der »CupertinoAlertDialog«

10.3.2 Snackbar

Die *Snackbar* ist eine Mitteilung, die häufig im Zusammenhang mit dem Bearbeiten von Elementen einer Collection auftritt, wie beim Verändern einer Liste oder etwa einem Foto-Grid. Wenn Sie zum Beispiel eine Mail aus Ihrer Inbox löschen, ist es in Apps, die dem Material Design folgen (z. B. *Google Mail*), recht wahrscheinlich, dass Sie eine Snackbar sehen, die über die Löschung informiert und Ihnen auch gleich das Wiederherstellen anbietet.

Das Anzeigen einer `Snackbar` ist in Flutter sehr einfach. Weil sie auf das `Scaffold` zugreift, muss es irgendwo vor ihr im Widget-Tree liegen. Um dann eine `Snackbar` darzustellen, wird über den `InheritedWidget`-Mechanismus (siehe Kapitel 8) das nächstgelegene `Scaffold` aufgelöst.

Eine kleine Gruß-Snackbar erstellen Sie wie folgt:

```
Scaffold(
  body: Center(
    child: ElevatedButton(
```

```
      child: Text('Zeige Snackbar'),
      onPressed: () {
        final snackbar = SnackBar(
          content: Text('Hallo!'),
          action: SnackBarAction(onPressed: () {}, label: 'Aktion'),
        );
        ScaffoldMessenger.of(context).showSnackBar(snackbar);
      },
    ),
  ),
);
```

Listing 10.22 Eine Snackbar anzeigen

Der Startpunkt oben ist der `ElevatedButton`, der in `onPressed` eine `Snackbar` erzeugt. Der `content` wird mit einem `Text` gesetzt. Zusätzlich wird über die Eigenschaft `action` eine `SnackBarAction` eingebracht, die Sie in Abbildung 10.16 unten rechts in der erscheinenden Snackbar erkennen.

Abbildung 10.16 Die Snackbar erscheint im Simulator.

Wenn Sie an die einleitenden Worte zurückdenken, wäre hier nach dem Löschen eines Eintrags das erwähnte Wiederherstellen unterzubringen.

Mit der instanziierten `SnackBar` geht es in der nächsten Zeile an die Methode `showSnackBar`, die über `ScaffoldMessenger.of` aufgelöst wird. Damit haben Sie schon die nötigen Bestandteile zum Anzeigen einer Snackbar kennengelernt.

Kapitel 11
Themes und Styles

»Über Geschmack lässt sich nicht disputieren.«
– Immanuel Kant

An mancher Stelle haben wir schon ein wenig Einfluss darauf ausgeübt, wie ein Widget aussehen soll. Die bisherigen Beispiele haben sich aber zumeist auf die Farbe beschränkt, die über die Typen `Colors` (Material Design) und `CupertinoColors` (Cupertino) bestimmt wurde.

In diesem Kapitel möchte ich mit Ihnen Wege erkunden, um über Hintergrundfarben hinauszugehen und *Gradienten*, *Ränder* sowie *Schatten* zu zeichnen. Formen können über besagte Ränder, aber auch mithilfe von *Clipping* produziert werden, indem ein Rechteck nach Wunsch zurechtgeschnitten wird.

Effekte wie *Blur* werden über eigenständige Widgets ganz Flutter-konform auf andere angewendet. Einige dieser Effekte werden Sie im Folgenden kennenlernen.

Aber auch der Einsatz von `Text` war bisher recht rudimentär und soll im Weiteren über den Typ `TextStyle` beeinflusst werden, etwa um die Schriftgröße und -familie festzulegen oder Schriftattribute wie »kursiv« oder »fett« hinzuzufügen.

Außerdem werfen wir einen Blick auf das `Theme`-Objekt, das die Widgets `MaterialApp` und `CupertinoApp` bereitstellen und das von nachfolgenden Elementen im Widget-Tree benutzt wird.

11.1 BoxDecoration

Die `BoxDecoration` lässt Sie den Rand, Inhalt und Schatten einer Box bestimmen. Sie wird von `Container` und `DecoratedBox` verwendet, da der Container in seiner `build`-Methode eine `DecoratedBox` einsetzt.

Anhand einiger Beispiele möchte ich Ihnen die Verwendung dieser `BoxDecoration` vorstellen. Die erzielten Ergebnisse der jeweiligen Codes können Sie in Abbildung 11.1 sehen, wo sie vertikal der Reihe nach dargestellt sind.

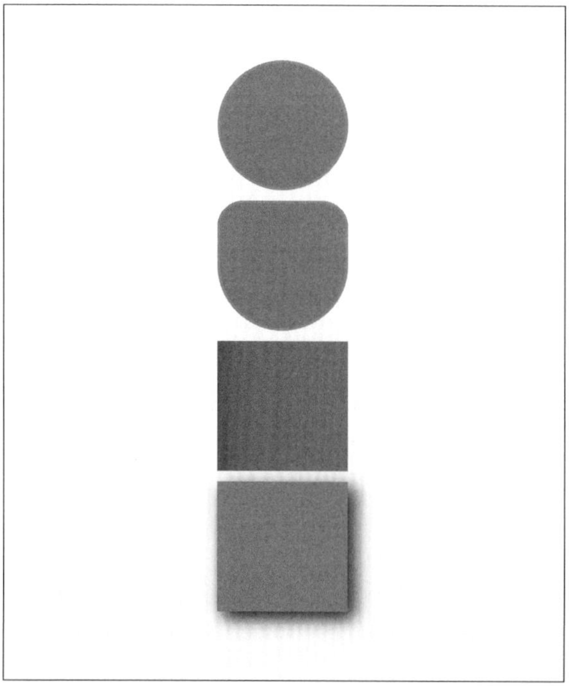

Abbildung 11.1 Darstellung verschiedener »BoxDecorations«

11.1.1 Ein Kreis mit Container

Der `Container` ist, wie Sie sich vielleicht schon gedacht haben, so etwas wie das Schweizer Taschenmesser in Flutter. Er vereinigt aus Komfortgründen viele verschiedene Eigenschaften in sich, wie `padding`, `height`, `width` und auch `decoration`.

Die letzte Eigenschaft ist vom Typ `BoxDecoration` und lässt Sie das Aussehen des Widgets auf vielfältige Weise verändern. Im Folgenden wird es zum Beispiel zu einem Kreis mit Rand:

```
Container(
  height: 100,
  width: 100,
  decoration: BoxDecoration(
    shape: BoxShape.circle,
    border: Border.all(width: 2, color: Colors.green),
    color: Colors.red,
  ),
);
```

Listing 11.1 »BoxDecoration« mit »BoxShape.circle«

Um die runde Form zu erzielen, erhält die im Code angewendete BoxDecoration den BoxShape.circle. Er ist neben dem Standardwert BoxShape.rectangle die einzige Option. Die vom Container vorgegebenen Maße werden mit der color zugewiesenen Farbe Colors.red gefüllt. Beachten Sie, dass Sie entweder über die Eigenschaft color von Container oder über die BoxDecoration eine Farbe setzen können, da Ersteres in der build-Methode von Container eine ColoredBox einfügt und Letzteres eine DecoratedBox, zwei Widgets also, die sonst im Konflikt zueinander stünden.

Der Rand wird über border definiert. Das zugewiesene Objekt vom Typ Border kann über die Konstruktoren Border.all, Border.symmetric oder sehr ausführlich über Border.fromBorderSide erzeugt werden, bei dem Sie jede einzelne Seite auswählen können. Im Beispiel wird Border.all angewendet und setzt die Breite des Rands auf zwei logische Pixel, die in grüner Farbe um die Form herum gezeichnet werden. Das Ergebnis sehen Sie in Abbildung 11.1 anhand des Kreises.

11.1.2 Spezifische Radien mit Container

Das nächste Beispiel führt Ihnen borderRadius vor, mit dem Sie den Rand einer jeden Seite einer Box spezifizieren können. So können entweder alle Seiten, ebenso aber nur die horizontalen oder die vertikalen gesetzt werden. Das folgende Beispiel rundet die oberen und unteren Ecken mit jeweils unterschiedlichen Werten ab:

```
Container(
  height: 100,
  width: 100,
  decoration: BoxDecoration(
    border: Border.all(width: 2, color: Colors.green),
    borderRadius: BorderRadius.vertical(
      top: Radius.circular(20),
      bottom: Radius.circular(50),
    ),
    color: Colors.red,
  ),
);
```

Listing 11.2 »BoxDecoration« mit »BorderRadius«

Analog zum vorherigen Code wird ein Rand gezogen, der in diesem Fall durch die zusätzlich gesetzte Eigenschaft borderRadius manipuliert wird. BorderRadius.vertical definiert mit top und bottom die oberen und unteren Kanten mit runden Radien. Alternativ können Sie Radius.elliptical verwenden. Das an einen Schild erinnernde Resultat sehen Sie in Abbildung 11.1 anhand des zweiten Widgets von oben.

11.1.3 Gradient in einer BoxDecoration

Ein Farbverlauf lässt sich mühelos in einer `BoxDecoration` bestimmen. Der folgende Code stellt ebenfalls den Einsatz des Widgets `DecoratedBox` dar. Es wird, wie zuvor erwähnt, intern von einem `Container` benutzt, falls die Eigenschaft `decoration` gesetzt wurde:

```
DecoratedBox(
  child: SizedBox(height: 100, width: 100),
  decoration: BoxDecoration(
    gradient: LinearGradient(
      begin: Alignment.centerLeft,
      end: Alignment.centerRight,
      colors: [Colors.red, Colors.green, Colors.blue],
    ),
  ),
);
```

Listing 11.3 »DecoratedBox« mit Gradient

Die `DecoratedBox` bekommt als `child` eine `SizedBox` mit den gleichen Maßen wie die `Container` in den vorherigen Beispielen zugewiesen. Innerhalb dieser Box wird ein `LinearGradient` benutzt, der von der linken zur rechten Mitte verläuft und für eine gleichmäßige Verteilung der Farben Rot, Grün und Blau sorgt. Außer der linearen Anordnung können Sie mit `RadialGradient` eine konzentrische und mit `SweepGradient` eine spiralförmig deckende Form darstellen (siehe Abbildung 11.2).

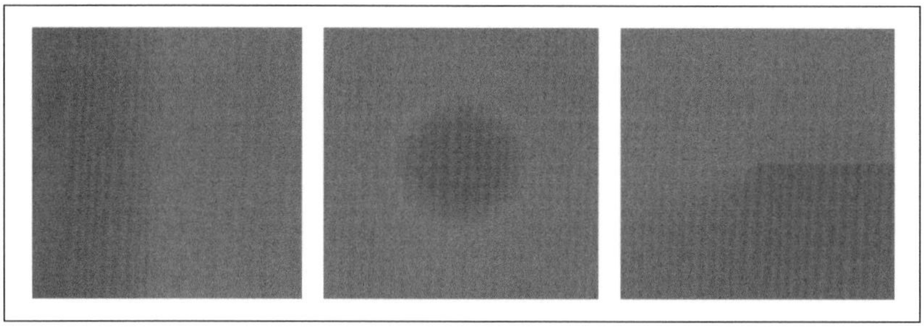

Abbildung 11.2 Die Auswirkungen von »LinearGradient«, »RadialGradient« und »SweepGradient«

11.1.4 Schatten

Falls eine Box mit einem Schatten versehen werden soll, ist die `BoxDecoration` wieder einmal die richtige Anlaufstelle. Die Eigenschaft `boxShadow` wird mit dem gleichnamigen Typ `BoxShadow` beliefert, der unter anderem die Farbe, den Versatz zum Rahmen und einen *Blur*-Effekt wie folgt definiert:

```
Container(
  height: 100,
  width: 100,
  decoration: BoxDecoration(
    color: Colors.blue,
    boxShadow: [
      BoxShadow(
        color: Colors.black,
        offset: Offset(5, 5),
        blurRadius: 10,
      )
    ],
  ),
);
```

Listing 11.4 »BoxShadow«

11.2 Clipping

Oft müssen Widgets in die richtige Form geschnitten werden, etwa wenn quadratische Bilder rund erscheinen sollen. Hierfür werden in Flutter spezielle *Clipping*-Widgets auf besagte Ziele angewendet. Die Möglichkeiten sind vielfältig: Sie können ähnlich dem `borderRadius` bei `Container` ein solches Widget zum Zuschneiden einsetzen, Ihren eigenen *Clipper* definieren oder Breiten- und Höhenverhältnisse automatisch in eine ovale Form bringen.

11.2.1 ClipRect und ClipPath

Wenn Sie sehr individuelle Wünsche in Hinblick auf die Gestalt eines Rechtecks oder Pfads haben, helfen Ihnen `ClipRect` und `ClipPath`. Bei beiden Widgets können Sie einen sogenannten `CustomClipper` einsetzen, der die Ausmaße des eingerahmten Widgets erhält, Ihre Anforderungen auf das Widget anwendet und schließlich das Resultat zurückgibt.

Ein Rechteck können Sie daher mit `ClipRect` folgendermaßen mit einem `CustomClipper` behandeln:

```
ClipRect(
  clipper: _MyCustomClipper(),
  child: Container(
    height: 100,
    width: 100,
    color: Colors.yellow,
```

```
  ),
);

// ...
class _MyCustomClipper extends CustomClipper<Rect> {
  @override
  Rect getClip(Size size) => Rect.fromCircle(
        center: Offset(20, 20),
        radius: 20,
      );

  @override
  bool shouldReclip(covariant CustomClipper<dynamic> oldClipper) => true;
}
```

Listing 11.5 »ClipRect« mit »CustomClipper«

Die Eigenschaft `clipper` nimmt, wie Sie erkennen, eine Instanz des darunter eingeführten `_MyCustomClipper` auf. Dieser Clipper ignoriert die durch `size` übergebene Höhe und Breite des `child`-Widgets und generiert immer das gleiche Rechteck.

Der von `_MyCustomClipper` erweiterte Basistyp `CustomClipper` besitzt einen generischen Parameter, der hier auf `Rect`, also ein Rechteck, gesetzt wird. Möchten Sie hingegen einen von dieser Geometrie losgelösten Pfad zeichnen lassen, greifen Sie zu `ClipPath`, dem ebenfalls ein `CustomClipper`, aber mit dem generischen Parameter `Path`, übergeben wird:

```
ClipPath(
  clipper: _MyCustomPathClipper(),
  child: Container(
    height: 100,
    width: 100,
    color: Colors.green,
  ),
);

// ...
class _MyCustomPathClipper extends CustomClipper<Path> {
  @override
  Path getClip(Size size) => Path()
    ..addRRect(
      RRect.fromRectAndRadius(
        Rect.fromLTRB(20, 20, 80, 80),
        Radius.circular(100),
```

```
      ),
    )
    ..close();

  @override
  bool shouldReclip(covariant CustomClipper<Path> oldClipper) => true;
}
```

Listing 11.6 »ClipPath«

Die Implementierung von _MyCustomPathClipper arbeitet mit Path, einem Typ, den Sie in Kapitel 13 über das Zeichnen noch genauer kennenlernen werden. Sie gibt in der Methode getClip, die auch in ClipRect überschrieben wurde (dort aber mit Rect), als Rückgabetyp einen individuellen Path zurück. Im Beispiel aus Listing 11.6 wird ein abgerundetes Rechteck (RRect) an den Pfad übergeben, der einen Kreis darstellt (siehe Abbildung 11.3).

Abbildung 11.3 Das Rechteck vor und nach dem »CustomClipper«

Ebenfalls zu überschreiben ist die Methode shouldReclip. Sie prüft, ob das Clipping neu gezeichnet werden soll, falls sich das umwickelte Widget geändert hat oder der CustomClipper selbst. In den Beispielen habe ich der Einfachheit halber den Wert true zurückgegeben.

11.2.2 ClipRRect

Wenn es mal wieder richtig rundlaufen soll, wird das Widget ClipRRect nützlich sein. Mit ihm können Sie über die Eigenschaft borderRadius, wie auch in Container, die Kanten des umrahmten Rechtecks abrunden.

Um etwa die Ecken sanft abzuschleifen, wäre folgender Code zu schreiben:

```
ClipRRect(
  borderRadius: BorderRadius.all(Radius.circular(8)),
  child: Container(
    height: 100,
    width: 100,
```

```
    color: Colors.green,
  ),
);
```

11.2.3 ClipOval

Ein automatisch angewendetes und auf der Höhe und Breite basierendes Clipping erhalten Sie über `ClipOval`. Je nach Verhältnis der Parameter wird das Ergebnis eher horizontal oder vertikal gestreckt sein. Bei gleichen Werten entsteht ein Kreis. Abbildung 11.4 zeigt die verschiedenen Möglichkeiten nebeneinander.

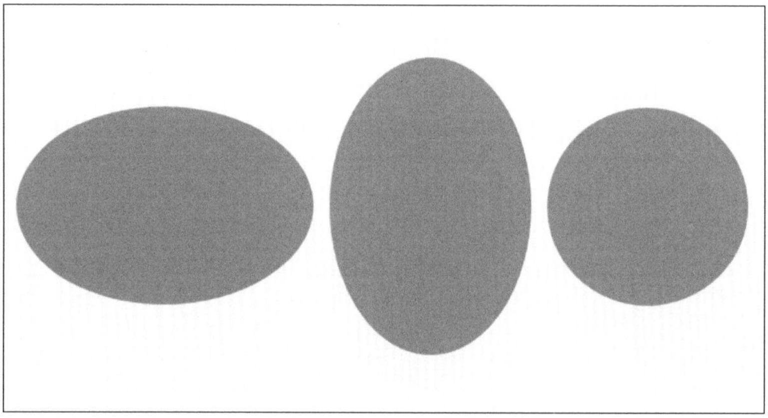

Abbildung 11.4 Drei unterschiedliche Seitenverhältnisse mit »ClipOval«

Die eiförmige Gestalt in der Mitte der Abbildung wäre mit diesem Code zu erzielen:

```
ClipOval(
  child: Container(
    height: 150,
    width: 100,
    color: Colors.green,
  ),
);
```

11.2.4 ClipBehavior

Den Clipping-Widgets können Sie über die Eigenschaft `clipBehavior` mitteilen, ob *Anti-Aliasing* eingesetzt werden soll, um die Kanten zu glätten, oder ob es aus Leistungsgründen nicht gewünscht ist und deshalb zu deaktivieren ist. Die verfügbaren Werte hierfür sind `none`, `hardEdge`, `antiAlias` und `antiAliasWithSaveLayer`. Ersterer ist gesetzt, wenn kein Clipping durchgeführt wird. Die nachfolgenden Möglichkeiten betreffen die Clipping-Widgets: `hardEdge` bewirkt ein Clipping mit Ausfransung an den Kanten. antiAlias und antiAliasWithSaveLayer sorgen für eine Kantenglättung, wobei antiAliasWithSaveLayer mit zusätzlichem Pufferspeicher eine bessere Qualität ermöglicht.

11.3 Text

Die Texte, die wir in den bisherigen Kapiteln eingesetzt haben, machen nicht viel her, sondern haben meist unscheinbar ihren Dienst verrichtet. Bei Experimenten ist Ihnen womöglich der *Named Parameter* style des Widgets aufgefallen. Diese Eigenschaft erwartet ein Objekt vom Typ TextStyle, das Ihnen den Weg zu umfassenden Einstellungen des darzustellenden Inhalts eröffnet.

11.3.1 TextStyle

Die vielen Stellschrauben von TextStyle zu beschreiben, könnten einige Seiten füllen und diesen Abschnitt über das Ziel hinausschießen lassen, Ihnen einen Eindruck von den Möglichkeiten zu vermitteln, die TextStyle Ihnen eröffnet. Daher möchte ich Ihnen im Folgenden einige typische Attribute vorstellen. Sie können auf diesen ersten Erfahrungen aufbauen und die anderen Optionen je nach Anforderung erkunden und verwenden.

Das untere Beispiel wendet zur Demonstration eine Handvoll Eigenschaften auf ein Text-Widget an:

```
Text(
  'Ein Text',
  style: TextStyle(
    color: Colors.blue,
    backgroundColor: Colors.grey,
    fontSize: 64,
    fontWeight: FontWeight.w600,
    decoration: TextDecoration.lineThrough,
  ),
);
```

Als Erstes ändert der TextStyle die Schriftfarbe auf Blau, und der vom Text beanspruchte Platz wird grau gefärbt. Danach setzt fontSize die Schriftgröße auf 64, was auf einem Display sehr groß erscheint, wie Sie in Abbildung 11.5 sehen. Die fontWeight, also die Dicke der Schrift, ist aus neun Stufen selektierbar, wobei FontWeight.w100 die dünnste und FontWeight.w900 die dickste Variante ist. Standard ist FontWeight.w400; diese Stufe erhält daher zusätzlich den Bezeichner FontWeight.normal. Auch FontWeight.w900 bekommt einen extra Namen: FontWeight.bold.

Über `decoration` können Sie einen Text wie in Abbildung 11.5 durchstreichen (`TextDecoration.lineThrough`), unterstreichen (`TextDecoration.underline`) oder einen Strich darüber einfügen (`TextDecoration.overline`). Mit `TextDecoration.combine` können Sie eine Kombination der drei Merkmale erzeugen, indem Sie der Methode eine Liste mit den entsprechenden Werten übergeben.

Abbildung 11.5 Der aus dem obigen Listing hervorgehende Text

11.3.2 RichText

Hinter dem `Text` steht eigentlich das Widget `RichText`, mit dem Sie Textstücke definieren können, um jedem einen unterschiedlichen `TextStyle` zuzuordnen. Ein solches Textstück heißt `TextSpan`. Ein `RichText` erwartet einen `TextSpan`, der wiederum über die Eigenschaft `children` weitere `TextSpan`-Objekte hinzufügen kann – jedes im eigenen Stil. Wichtig ist aber, dass der `RichText` über `style` einen Wert zugewiesen bekommt, etwa den `DefaultTextStyle`, den ich im nächsten Abschnitt erkläre:

```
RichText(
  text: TextSpan(
    text: 'Links',
    children: [
      TextSpan(text: 'Mitte', style: TextStyle(fontSize: 24)),
      TextSpan(text: 'Rechts', style: TextStyle(fontSize: 36)),
    ],
    style: DefaultTextStyle.of(context).style,
  ),
);
```

Wie Sie in Abbildung 11.6 erkennen, wurde jedem Text ein eigener `TextStyle` zugeordnet. Das Textstück »Links« erhielt den `DefaultTextStyle`, der der Eigenschaft `style` von `RichText` übergeben wurde. Über `children` im oberen `TextSpan` werden zwei weitere `TextSpans` hinzugefügt, die jeweils einen `TextStyle` mit der `fontSize` 24 bzw. 36 wünschen.

Abbildung 11.6 Mit »RichText« beeinflussen Sie die Textgröße.

11.3.3 DefaultTextStyle

Das Widget `DefaultTextStyle` kann einen definierten `TextStyle` für nachfolgende Elemente des Widget-Trees zur impliziten Verwendung bereitstellen. Die `MaterialApp` und die `CupertinoApp` definieren einen solchen Standard, aber falls Sie einmal in einem Teil des Trees einen bestimmten `TextStyle` anwenden möchten, ohne ihn wiederholen zu müssen, dann können Sie das mithilfe des `DefaultTextStyle` bewerkstelligen:


```
DefaultTextStyle(
  style: TextStyle(
    color: Colors.blue,
    backgroundColor: Colors.grey,
    fontSize: 64,
    fontWeight: FontWeight.w600,
    decoration: TextDecoration.lineThrough,
  ),
  child: Column(
    mainAxisAlignment: MainAxisAlignment.center,
    children: [
      Text('1. Text'),
      SizedBox(height: 8),
      Text('2. Text')
    ],
  ),
);
```

Listing 11.7 Der »DefaultTextStyle«

Das obere Beispiel greift den in Abschnitt 11.3.1 definierten `TextStyle` auf und zieht ihn in die `style`-Eigenschaft von `DefaultTextStyle`. Nun erscheinen alle weiteren `Text`-Widgets mit den angegebenen Merkmalen (siehe Abbildung 11.7).

Normalerweise sollte sich bereits im Widget-Tree ein `DefaultTextStyle` befinden, zumindest wenn Ihre App die `MaterialApp` oder die `CupertinoApp` verwendet. Sie können über die statische Funktion `DefaultTextStyle.of` (siehe Kapitel 8 zum Thema `InheritedWidget`) auf den `TextStyle` zugreifen.

Abbildung 11.7 »Text«-Widgets benutzen den »DefaultTextStyle«.

11.4 ThemeData und CupertinoThemeData

Ähnlich dem `DefaultTextStyle` finden Sie im Widget-Tree je nach benutztem Design-Stil entweder das `ThemeData` von der `MaterialApp` oder das `CupertinoThemeData` von der `CupertinoApp`.

Über den `InheritedWidget`-Mechanismus können Sie auf die jeweiligen Daten zugreifen, indem Sie entweder `Theme.of` (Material Design) oder `CupertinoTheme.of` (Cupertino) verwenden.

Die `Theme`-Daten enthalten – besonders im Material Design, im Cupertino-Stil hingegen weniger – weitreichende Eigenschaften sowohl zu Widgets (unter anderem Text, Button, Dark- und Bright-Mode, Primär- und Sekundärfarben, Hintergrundfarben) als auch zu Grundgerüst-Widgets wie dem `Scaffold`.

Sie können diese Einstellungen nach Belieben selbst definieren und die `MaterialApp` oder die `CupertinoApp` über die Eigenschaft `theme` bereitstellen. Sollen nur wenige Änderungen durchgeführt werden, lohnt sich die konventionelle `copyWith`-Methode:

```
runApp(MaterialApp(
    theme: ThemeData.light().copyWith(primaryColor: Colors.green),
```

Für die Cupertino-Variante sieht das dann so aus:

```
runApp(CupertinoApp(
    theme: CupertinoTheme.of(context)
          .copyWith(primaryColor: CupertinoColors.systemGreen),
```

11.5 Effekte durch Widgets

Sie wollen mal eben unverbindlich eine *Rotation*, eine *Transparenz* oder eine *Transformation* auf ein Widget anwenden? In Flutter gestaltet sich das ganz einfach. In diesem Abschnitt möchte ich Ihnen noch ein paar Widgets vorstellen, die einen Effekt anwenden.

11.5.1 Rotation

Sie können eine Rotation mithilfe von `RotatedBox` auf ein `child`-Widget anwenden. Ein umwickeltes Widget kann in 90°-Schritten gedreht werden, indem die Eigenschaft `quarterTurns` entsprechend gesetzt wird:

```
RotatedBox(
  quarterTurns: 1,
  child: Text(
    'Text rotiert!',
    style: TextStyle(fontSize: 48),
  ),
);
```


Abbildung 11.8 zeigt das Ergebnis.

Abbildung 11.8 Ein durch »RotatedBox« gedrehter Text

11.5.2 Transform

Falls es ein bisschen mehr als nur rechte Winkel sein darf, können Sie sich mit `Transform` richtig austoben. Dieses Widget nimmt eine 4D-Matrix auf, die Sie über bereitgestellte Methoden manipulieren und dem `Transform`-Widget übergeben, das diese Anweisung umsetzt. Daneben bietet es die Konstruktoren `Transform.rotate`, `Transform.scale` und `Transform.translation` für häufige Anwendungen.

Im folgenden Beispiel wird jeweils ein Rechteck um 45° gedreht, einmal über die entsprechenden Einstellungen einer Matrix und danach über `Transform.rotate`:

```
import 'dart:math';
// ...

Column(
  mainAxisAlignment: MainAxisAlignment.center,
  children: [
    Transform(
      transform: Matrix4.rotationZ(pi / 4),
      child: Container(
        height: 100,
        width: 100,
        color: Colors.green,
      ),
    ),
    SizedBox(height: 8),
    Transform.rotate(
      angle: pi / 4,
      child: Container(
        height: 100,
        width: 100,
        color: Colors.red,
      ),
    ),
  ],
);
```

Listing 11.8 Zwei Rotationen mit »Transform«

Das Ergebnis der beiden Operationen sehen Sie in Abbildung 11.9, wo sich zwei gedrehte Boxen aneinanderschmiegen.

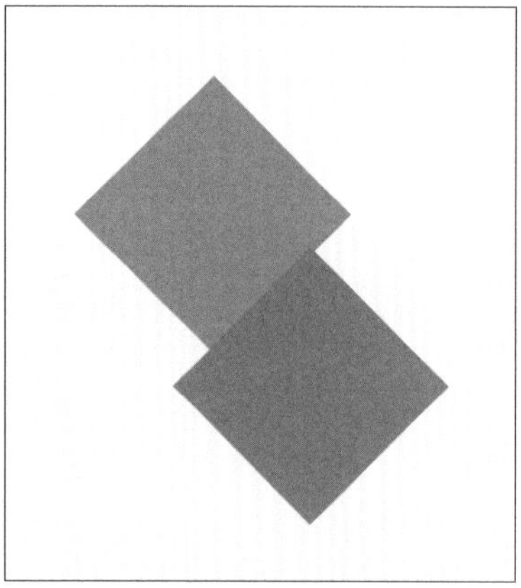

Abbildung 11.9 Die Rotation zweier Boxen

11.5.3 Opacity

Über `Opacity` werden Ihre Widgets mehr oder weniger durchsichtig. Hierfür ist die Angabe der Opazität, also der Undurchsichtigkeit, nötig, die Werte von 0,0 bis 1,0 in `double` einnehmen kann. Um etwa einen `Container` mit nur 20 % Deckkraft anzuzeigen, schreiben Sie:

```
Opacity(
  opacity: 0.2,
  child: Container(
    height: 100,
    width: 100,
    color: Colors.green,
  ),
);
```


11.5.4 BackdropFilter

Zum Abschluss wird es etwas verschwommen. Mit `BackdropFilter` können Sie auf andere Widgets einen Blur-Effekt oder eine eigene Matrix mit beliebiger Manipulation anwenden. In Listing 11.9 zeige ich Ihnen noch kurz, wie Sie zu dem Effekt aus Abbildung 11.10 kommen.

Abbildung 11.10 Der Blur-Effekt auf einem Text

Setzen Sie dazu den folgenden Code ein:

```
import 'dart:ui';
// ...

Center(
  child: Stack(
    children: [
      Text('Blurry', style: TextStyle(fontSize: 64)),
      Positioned.fill(
        child: BackdropFilter(
          filter: ImageFilter.blur(sigmaX: 5, sigmaY: 5),
```

```
          child: Container(
            color: Colors.transparent,
          ),
        ),
      )
    ],
  ),
);
```

Listing 11.9 »BackdropFilter« in einem Stack

Der `BackdropFilter` legt sich durch die Positionierung im `Stack` über alle zuvor eingeführten Widgets. Im Beispiel aus Listing 11.9 ist dies der `Text`. Die Eigenschaft `filter` erhält `ImageFilter.blur`, das einen entsprechenden Effekt erzielt und ihn auf das über `child` zugewiesene Widget anwendet. Der so auf den gesamten `Stack` aufgespannte `Container` unterhalb von `BackdropFilter` erhält eine transparente Farbe, die über den Blur-Effekt manipuliert wird.

Über den Konstruktor von `Position` und durch Angabe des konkreten Bereichs können Sie auch einzelne Bereiche mit dem Effekt bearbeiten.

Kapitel 12
Animationen

»Die Körper wären nicht schön, wenn sie sich nicht bewegten.«
– Johannes Kepler

Bewegung tut gut. Das ist eine Aussage, die wir im Leben häufig zu hören bekommen. Doch nicht nur die Muskulatur oder Gelenke des Menschen freuen sich darüber, sondern auch die Augen. *Animationen* sind daher ein wunderbares Mittel, um einen sanften Verlauf visueller Informationen zu ermöglichen – etwa wenn sich zwei Widgets austauschen oder um bei der Navigation von dem berührten Element einer Liste mit einem fließenden Übergang zur zugehörigen Detailseite weiterzuleiten.

In diesem Kapitel möchte ich Ihnen die verschiedenen Wege vorstellen, die Sie in Flutter zur Umsetzung von Animationen gehen können. Sie werden schnell feststellen, dass die Anzeige zumeist wenig Aufwand erfordert, Sie aber ebenso die volle Kontrolle über völlig frei erdenkliche Bewegungen besitzen.

12.1 Implizite Animationen

Die am einfachsten einzusetzende Art der Animation von Flutter ist die *Implicit Animation*. Sie zeichnet sich dadurch aus, dass ein zu animierendes Ziel schlicht wie von einem herkömmlichen Widget umwickelt wird. Zusätzlich müssen lediglich einige Details, etwa zur Dauer oder Interpolationskurve mitgeteilt werden.

12.1.1 Die Animated-Widgets

Stellen Sie sich vor, dass Sie mit einem `Future` auf eine Information warten, zum Beispiel auf die Antwort zu einer Abfrage. Währenddessen soll in der Oberfläche eine Aktivitätsanzeige, zum Beispiel der `CircularProgressIndicator`, angezeigt werden. Mit Beendigung des `Future`s soll der Indikator in ein Widget verwandelt werden, das ihn ersetzt. Hierzu bietet sich `AnimatedCrossFade` an, das, wie Sie sehen werden, ein normales Widget ist – was im Übrigen genauso für andere Animationen gilt.

Der folgende Code zeigt dazu eine beispielhafte Implementierung:

```
FutureBuilder(
  future: Future.delayed(const Duration(seconds: 4)),
```

```
  builder: (context, snapshot) {
    return AnimatedCrossFade(
      firstChild: Center(child: CircularProgressIndicator()),
      secondChild: Container(
        color: Colors.green,
        height: 100,
        width: 100,
      ),
      crossFadeState: snapshot.connectionState != ConnectionState.done
          ? CrossFadeState.showFirst
          : CrossFadeState.showSecond,
      duration: const Duration(milliseconds: 400),
    );
  },
);
```

Listing 12.1 Eine »AnimatedCrossFade«-Animation

Der eingesetzten Implicit Animation werden zunächst zwei `child`-Widgets zugeordnet: `firstChild` und `secondChild`. Zwischen den beiden wird über eine von `duration` bestimmte Dauer gewechselt, indem der Übergang implizit *interpoliert* wird. Die Zwischenwerte aus der *Interpolation* werden intern einer Funktion namens `Curve` zugeordnet. Sie können aus vielen solcher vorgefertigten Kurven wählen und sogar Ihre eigenen definieren. Sie könnten das Beispiel dementsprechend über die Eigenschaften `firstCurve` und `secondCurve` weiter verfeinern, indem Sie statt dem Standardwert `Curves.linear` eine andere Auswahl treffen. Wenn der Wert von `crossFadeState` verändert wird, beginnt `AnimatedCrossFade` die Animation.

Um zwischen den beiden `child`-Widgets umzuschalten, habe ich einen `FutureBuilder` eingesetzt, der nach vier Sekunden den `ConnectionState` auf `done` wechselt und dadurch im Durchlauf des Builders `crossFadeState` umstellt.

Die verfügbaren Implicit Animations sind sehr vielseitig. Per Konvention beginnen sie mit dem Präfix `Animated`, etwa wie in `AnimatedCrossFade`, das ich Ihnen oben vorgestellt habe. Zumeist schließt sich daran der Name des Widgets an, das animiert wird. Ein gutes Beispiel dafür ist `AnimatedContainer`:

```
FutureBuilder<Object>(
  future: Future.delayed(Duration(seconds: 1)),
  builder: (context, snapshot) {
    final hasEnded = snapshot.connectionState == ConnectionState.done;

    return AnimatedContainer(
      color: Colors.green,
```

```
        height: hasEnded ? 300 : 100,
        width: hasEnded ? 300 : 100,
        duration: Duration(seconds: 2),
      );
    },
);
```

Listing 12.2 »AnimatedContainer«

Sie finden erneut einen FutureBuilder vor, der die Animation auslöst. Zurückgegeben wird der AnimatedContainer, der zunächst mit einer Breite und Höhe von je 100 logischen Pixeln startet. Sobald das Future nach einer Sekunde beendet ist, erhält er neue Ausmaße und vergrößert sich automatisch über die an duration übergebene Zeitspanne. AnimatedContainer ermöglicht es Ihnen, die verschiedenen Eigenschaften eines Containers zu animieren, wie oben die Größe. Genauso könnten Sie auch (gleichzeitig) color verändern, sodass sich ein sanfter Farbwechsel ergibt:


```
AnimatedContainer(
  color: hasEnded ? Colors.green : Colors.red,
  height: hasEnded ? 300 : 100,
  width: hasEnded ? 300 : 100,
  duration: Duration(seconds: 2),
);
```

Listing 12.3 »AnimatedContainer« mit Größe und Farbe

Eine Übersicht über die möglichen Implicit Animations finden Sie in Tabelle 12.1:

Widget	Beschreibung
AnimatedAlign	Anstatt das Widget über Align an einem Ort erscheinen zu lassen, wird es dorthin bewegt.
AnimatedContainer	Kontrollieren Sie die Eigenschaften des Containers, die über die angegebene Zeit hinweg interpolieren.
AnimatedCrossFade	Zwei Widgets gegeneinander austauschen
AnimatedDefaultTextStyle	Den Übergang des angewendeten TextStyles zu einem anderen flüssig darstellen
AnimatedListState	Animiert Listenoperationen wie das Hinzufügen und Entfernen von Elementen mit Scrolleffekten.

Tabelle 12.1 Implicit Animations

Widget	Beschreibung
AnimatedModalBarrier	Mit ModalBarrier fügen Sie einen Hintergrund als Barriere ein, sodass der Nutzer nicht mehr mit den dahinter angezeigten Widgets interagieren kann. AnimatedModalBarrier fügt dem Erscheinen eine Animation hinzu.
AnimatedOpacity	Die Sichtbarkeit (opacity) ändert sich nicht mehr schlagartig, sondern wird entsprechend dem Ausgangs- und Zielwert animiert.
AnimatedPositioned	Ähnlich wie mit AnimatedAlign können Sie Elemente mithilfe einer Animation positionieren. AnimatedPositioned beschränkt sich aber genauso wie Positioned auf den Stack.
AnimatedSize	Verändern Sie die Größe eines Widgets mit AnimatedSize. Im Unterschied zu den anderen vorgestellten Implicit Animations fordert AnimatedSize die Eigenschaft vsync. Diese werden Sie im Abschnitt zu *Explicit Animations* (siehe Abschnitt 12.3) kennenlernen.
AnimatedSwitcher	Indem Sie das child-Widget ändern, wird eine Übergangsanimation vom bisherigen zum neuen Widget ausgeführt. AnimatedSwitcher verhält sich ähnlich wie AnimatedCrossFade, wechselt aber nicht zurück und interpoliert nicht die Größenunterschiede.

Tabelle 12.1 Implicit Animations (Forts.)

12.1.2 Überflieger: Hero in der Navigation

Es ist praktisch. Es ist kostenlos. Hier kommt das Hero-Widget! Wenn Sie zwischen zwei Routen navigieren (siehe Abschnitt 7.1) und auf beiden ein markantes Element, etwa ein Bild, definiert ist, dann können Sie die Stellen mit dem Hero-Widget einwickeln. Hierdurch erhalten Sie während der Navigation eine Animation, die das betreffende Widget von der Ausgangsroute und der dortigen Position zur Zielposition auf der folgenden Route bewegt.

Nehmen wir an, Sie hätten zwei Widgets, die jeweils einer Route zugewiesen sind, dann könnten Sie die beschriebene Animation folgendermaßen einsetzen:

```
// RouteA
//...
Hero(
  tag: 'HeroTag',
```

```
  child: RawMaterialButton(
    onPressed: () {
      Navigator.of(context).push(
        MaterialPageRoute(
          builder: (context) => RouteB(),
        ),
      );
    },
    child: Container(
      height: 100,
      width: 100,
      color: Colors.green,
    ),
  ),
);

// RouteB
// ...
Hero(
    tag: 'HeroTag',
    child: Container(
      height: 100,
      width: 300,
      color: Colors.green,
    ),
  ),
);
```


Listing 12.4 Die Verwendung von »Hero«

Achten Sie auf die Eigenschaft `tag`, der ein String als ID übergeben wird: Sie muss an beiden Orten übereinstimmen und darf im Widget-Tree nur einmal vorkommen.

Die erste Route verwendet im oberen Beispiel den Navigator (siehe Kapitel 7), um zur `RouteB` zu wechseln, indem um den dortigen `Container` ein `RawMaterialButton` gelegt wird, der zunächst die Grundfunktionen eines Buttons anbietet, etwa den `onPressed`-Callback. Wenn Sie die Hero-Widgets beispielsweise in `StatelessWidgets` integrieren, sehen Sie, während die Navigation abläuft, den animierten Übergang.

Falls ein anderes Widget während des Verlaufs angezeigt werden soll, können Sie die Eigenschaft `flightShuttleBuilder` von `Hero` verwenden und dort entsprechend ein abweichendes Element darstellen. Ein weiterer Builder wird durch den `placeholderBuilder` bereitgestellt, der ein Widget zurückgibt, während sich das als `Hero` markierte Widget auf den Weg zur neuen Route macht.

12.2 Tween-Animationen

Der Begriff Tween lehnt sich an das englische Wort »between« (dt. »zwischen«) an. Dem Konstruktor eines Tweens übergeben Sie einen Start- und einen Endwert. Das Tween wird eine entsprechende Interpolation erstellen, die eine beliebige Animation antreiben könnte.

Diese Zwischenwerte können einer *Explicit Animation* (siehe Abschnitt 12.3) oder einem TweenAnimationBuilder übergeben werden. Letzteres möchte ich Ihnen in diesem Abschnitt vorstellen. Sie haben mit den Implicit Animations im vorigen Abschnitt die einfachste Variante der Animationen kennengelernt. Der TweenAnimationBuilder ist ein Zwischenschritt, bevor es an die Explicit Animations geht, deren Implementierung ein wenig aufwendiger ist.

12.2.1 TweenAnimationBuilder

Wie alle anderen Builder in Flutter besitzt der TweenAnimationBuilder neben einigen Eigenschaften einen builder-Callback, der Ihrer Funktion den BuildContext, den momentanen Wert des Tweens und ein von diesem nicht betroffenes child-Widget liefert. Das nächste Beispiel demonstriert die Verwendung. Im folgenden Listing 12.5 wird ein Container vergrößert, der in seiner Mitte ein Text-Widget darstellt, das nicht verändert wird:

```
TweenAnimationBuilder<double>(
  duration: const Duration(seconds: 3),
  tween: Tween<double>(begin: 100, end: 300),
  curve: Curves.bounceOut,
  builder: (context, value, child) {
    return Container(
      height: value,
      width: value,
      color: Colors.blue,
      child: Center(child: child),
    );
  },
  child: Text('In der Mitte'),
);
```

Listing 12.5 »TweenAnimationBuilder«

Der Builder besitzt einen generischen Parameter und bestimmt damit explizit den Typ der Werte, den das Tween verarbeiten und interpolieren soll, das Sie der Eigenschaft tween zugewiesen haben. Im Beispiel wird der Wertebereich von 100 bis 300 angegeben. Wie Sie in Abschnitt 3.5.1 über numerische Datentypen erfahren haben, übersetzt Dart automatisch (wo es möglich ist) `int`-Werte in `double`-Werte, sodass hier kein Fehler entstanden ist. Wenn Sie den generischen Parameter nicht angegeben hätten, würde Dart von `TweenAnimationBuilder<dynamic>` ausgehen, nicht zur Kompilierzeit von `int` auf `double` wechseln und zur Laufzeit einen `Error` (siehe Abschnitt 3.11.2) werfen:

```
type 'double' is not a subtype of type 'int' in type cast
```

Alternativ können Sie, falls Sie den Parameter aussparen möchten, die Werte für `begin` und `end` im Konstruktor des `Tweens` als `double` definieren:

```
tween: Tween(begin: 100.0, end: 300.0),
```

Anschließend sollte die blaue Box geschmeidig wachsen und durch `Curves.bounceOut` beim Erreichen des Maximalwerts hüpfen.

Ein `Tween` ist nicht auf `int` oder `double` beschränkt, wie Sie sich sicherlich schon aufgrund des generischen Parameters denken. Sie können zum Beispiel auch zwischen zwei `Color`-Werten interpolieren. Alle von `Tween` verwertbaren Typen definieren die statische Methode `lerp`. Für besagtes `Color` wäre dies:

```
static Color lerp(Color a, Color b, double t) { ... }
```

12.2.2 Ein eigenes Tweenable

Mit dieser Erkenntnis können Sie sogar einen Schritt weiter gehen und eine eigene Klasse einführen, die eine solche Funktion und einige nötige Operatoren definiert. So könnten Sie etwa einen Typ implementieren, der die Ergebnisse der Werte, die aus der `lerp`-Methode entstanden sind, als Text ausgibt. Dies wird im folgenden Beispiel umgesetzt:

```
class CustomTweenable {
  const CustomTweenable({this.value});

  final double value;

  static CustomTweenable lerp(
    CustomTweenable a,
    CustomTweenable b,
    double t,
  ) {
    return CustomTweenable(value: a.value + b.value);
  }
```

```
  CustomTweenable operator +(CustomTweenable other) {
    return CustomTweenable(value: value + other.value);
  }

  CustomTweenable operator -(CustomTweenable other) {
    return CustomTweenable(value: value - other.value);
  }

  CustomTweenable operator *(double val) {
    return CustomTweenable(value: value * val);
  }
}
```

Listing 12.6 Eine eigene »Tweenable«-Klasse

Der Code gestaltet sich sehr übersichtlich: Die Klasse nimmt einen Wert vom Typ double auf und definiert eine Operation in lerp, sodass für jeden Zeitpunkt innerhalb des von duration vorgegebenen Zeitrahmens eine Berechnung zurückgegeben wird. Die Operatoren (siehe Abschnitt 3.5.1) für Addition, Subtraktion und die Multiplikation mit double in den nächsten Zeilen werden intern von Flutter aufgerufen und müssen daher genauso wie lerp bereitgestellt werden. Mit dieser Vorarbeit können Sie nun das Konstrukt aus Listing 12.5 anpassen, sodass der generische Parameter statt double jetzt CustomTweenable entspricht und die an Tween übergebenen Objekte von diesem Typ sind:

```
TweenAnimationBuilder<CustomTweenable>(
  tween: Tween<CustomTweenable>(
    begin: CustomTweenable(value: 1.0),
    end: CustomTweenable(value: 5.0),
  ),
  duration: const Duration(seconds: 5),
  builder: (context, tweenable, child) {
    return Text('Value: ${tweenable.value.toStringAsFixed(2)}');
  },
);
```

Listing 12.7 »TweenAnimationBuilder« mit »CustomTweenable«

Die builder-Funktion gibt zur Demonstration ein Text-Widget mit dem jeweiligen interpolierten Wert zurück. So ausgeführt, wird das Widget mit jedem sogenannten Tick, den es erhält, den Text neu bauen.

12.3 Explizite Animationen

Die nächsthöhere Eskalationsstufe für Animationen nach `Tween` ist die *Explicit Animation*. Sie kommt dann zum Einsatz, wenn Animationen nicht nur einmal und lediglich vorwärts abgespielt werden sollen. In diesen Fällen müssen Sie Einfluss auf den Ablauf ausüben. Zugriff darauf erhalten Sie über den Typ `Animation`.

Für gewöhnlich wird hierfür der `AnimationController` eingesetzt, der sich ähnlich wie der `StreamController` (siehe Abschnitt 9.4.1) oder der `TextEditingController` (siehe Abschnitt 10.1.1, »TextFields«) um ein Konzept legt und hilfreiche Funktionalität bietet – bei `AnimationController` etwa, um die Animation zu stoppen oder fortzusetzen.

12.3.1 AnimatedIcon

Manche Symbole oder Icons sind in modernen mobilen Anwendungen Standard. Dazu zählen beispielsweise der *Burgerbutton* (*Menubutton*) mit seinen drei vertikal übereinander angeordneten Strichen oder der Zurück-Pfeil. Wenn Sie an eine App mit einem sogenannten *Drawer* denken (also mit einer View, die von der linken Seite über den Bildschirm fährt, nachdem Sie den besagten Menübutton gedrückt haben), dann erleben Sie nicht selten, dass sie wieder über den Zurück-Pfeil geschlossen werden kann. Für solch allgegenwärtige Iconwechsel bietet Flutter einen Satz, der als `AnimatedIcons` bezeichnet wird. Im nächsten Beispiel wird mithilfe einer Explicit Animation ein `AnimatedIcon` verwendet:

```
class AnimatedIconExample extends StatefulWidget {
  @override
  _AnimatedIconExampleState createState() => _AnimatedIconExampleState();
}

class _AnimatedIconExampleState extends State<AnimatedIconExample>
    with SingleTickerProviderStateMixin {
  AnimationController _animationController;

  @override
  void initState() {
    super.initState();

    _animationController = AnimationController(
      vsync: this,
      duration: Duration(
        milliseconds: 500,
      ),
    );
```

```
  }

  @override
  void dispose() {
    _animationController.dispose();
    super.dispose();
  }

  @override
  Widget build(BuildContext context) {
    return IconButton(
      onPressed: () {
        setState(() {
          _animationController.isCompleted
              ? _animationController.reverse()
              : _animationController.forward();
        });
      },
      icon: AnimatedIcon(
        progress: _animationController,
        icon: AnimatedIcons.menu_arrow,
        size: 50,
      ),
    );
  }
}
```

Listing 12.8 Ein »StatefulWidget« mit »AnimationController«

Das `StatefulWidget` teilt sich gewohnter Weise auf und implementiert im State-Objekt (siehe Abschnitt 5.2.5) den `AnimationController`, der in `initState` aufgebaut und in `dispose` abgebaut wird, sodass keine Ressourcen verloren gehen.

Der `AnimationController` erhält eine Referenz auf den State, indem `this` der Eigenschaft `vsync` zugewiesen wird. Jede Animation braucht einen Antrieb, also etwas, das in bestimmten Zeitintervallen ein Zeichen gibt, um den Bildschirm zu aktualisieren. Aus diesem Grund bindet das State-Objekt das Mixin (siehe Abschnitt 3.7.5) `SingleTickerProviderStateMixin` ein, das einen Ticker als Zeitgeber implementiert. Neben `vsync` wird ebenfalls eine `Duration` übergeben, die Sie bereits aus den Implicit Animations und aus `Tween` kennen.

Die `build`-Methode benutzt den `IconButton`, eine speziell für Icons konzipierte Button-Variante, und definiert einen Callback für das `onPressed`-Ereignis. Wenn es eintritt, wird `_animationController.isCompleted` gefragt, ob der `AnimationController` bereits durchlaufen worden ist. Abhängig davon wird die Animation vorwärts und wieder zurück abgespielt. Nach dem Callback wird mit `AnimatedIcon` ein Widget übergeben, das `_animatedController` verwendet, um Ticks zu erhalten. Der Typ `AnimatedIcons` bietet den Zugriff auf einige vorgefertigte Elemente, aus denen `AnimatedIcons.menu_arrow` gewählt wurde. Schließlich wird mit `size` eine Größe von 50 logischen Pixeln übergeben. Beachten Sie, dass der `IconButton` das Material-Theme im Widget-Tree benötigt und Sie daher das Widget `AnimatedIconExample` entweder in `Material` oder in ein `Scaffold` einwickeln müssen.

Wenn Sie den Code auf Ihren Simulator übertragen haben und dann den Menübutton berühren, wird er sich über eine Animation in den Zurück-Pfeil verwandeln.

12.3.2 Transitions

Mit etwas mehr Code verbunden, aber dennoch nicht komplex sind die *Transitions*. Recht ähnlich wie bei den *Animated*-Widgets, wo das Präfix auf Implicit Animations hindeutete, weist in diesem Fall das Suffix »Transition« auf Explicit Animations hin.

Den `AnimationController` haben Sie im vorigen Abschnitt schon kennengelernt. Auch an dieser Stelle spielt er eine wichtige Rolle und fungiert als Taktgeber.

Im folgenden Beispiel werden mehrere Transitions kombiniert und lassen einen `Container` gleichzeitig rotieren, die Transparenz wechseln und die Größe ändern. Als Erstes wird ein `StatefulWidget` benötigt, das einen `AnimationController` beinhaltet:

```
class MultipleTransitionsExample extends StatefulWidget {
  @override
  _MultipleTransitionsExampleState createState() =>
      _MultipleTransitionsExampleState();
}

class _MultipleTransitionsExampleState extends
    State<MultipleTransitionsExample>
    with SingleTickerProviderStateMixin {

  AnimationController _animationController;
  Tween<double> _tween;
  Tween<double> _fadeTween;

  // ...
```

Listing 12.9 Der Beginn mit »AnimationController«

Wie zu erwarten, benutzt das `StatefulWidget` das `SingleTickerProviderStateMixin`, das Sie schon in früheren Beispielen gesehen haben. Es werden ein `AnimationController` eingeführt und zusätzlich zwei Instanzvariablen vom Typ Tween (siehe Abschnitt 12.2), die später jeweils interpolierte Werte für Animationen zur Verfügung stellen.

Die Variablen werden in initState initialisiert und in dispose abgeräumt:

```
@override
void initState() {
  super.initState();

  _animationController = AnimationController(
    vsync: this,
    duration: const Duration(milliseconds: 3000),
  )
    ..repeat(reverse: true)
    ..addListener(() => setState(() {}));

  _tween = Tween<double>(begin: 100, end: 300);
  _fadeTween = Tween<double>(begin: 0.5, end: 1.0);
}

@override
void dispose() {
  _animationController.dispose();
  super.dispose();
}
```

Listing 12.10 »initState« und »dispose«

Zusätzlich zu den bekannten Eigenschaften vsync und duration werden über den Cascade-Operator die Methoden repeat und addListener auf _animationController aufgerufen. Ersteres sorgt dafür, dass die Animation vorwärts und dann wieder rückwärts zum Startpunkt abgespielt wird. Der Aufruf von addListener übergibt die setState-Funktion des State-Objekts, die bei jedem Tick des AnimationControllers aufgerufen wird und somit eine Aktualisierung durch die unten aufgeführte build-Methode auslöst:

```
@override
Widget build(BuildContext context) {
  return Center(
    child: RotationTransition(
      turns: _animationController,
      child: FadeTransition(
        opacity: _fadeTween.animate(_animationController),
        child: Container(
          height: _tween.evaluate(_animationController),
```

```
          width: _tween.evaluate(_animationController),
          color: Colors.green,
        ),
      ),
    ),
  );
}
```

Listing 12.11 Die »build«-Methode

Die von Center eingerahmte RotationTransition fordert ein Animation-Objekt, das von _animationController an turns bereitgestellt wird. Als dessen child-Widget wiederum wird eine FadeTransition definiert. In diesem Fall muss eine Animation an die Eigenschaft opacity übergeben werden. Durch _fadeTween möchte ich Ihnen demonstrieren, dass Sie eine solche Animation durch den Aufruf der Methode animate und im Zusammenspiel mit einem AnimationController erstellen können.

Am Ende des kleinen Widget-Trees befindet sich ein Container-Widget. Hier werden den Eigenschaften height und width über das andere Tween interpolierte Werte übergeben. Mit evaluate lernen Sie somit eine weitere praktische Methode von Tween kennen. Durch den Taktgeber _animationController kann es für jeden Tick einen Wert bereitstellen, der davon abhängig zwischen dem gegebenen Start- und Endwert liegt, die dem Konstruktor in initState übergeben wurden.

Weil die build-Methode durch den Aufruf von addListener zu Beginn bei jedem Tick durchlaufen wird, sehen Sie die verschiedenen Transitions nach der Übertragung des Codes auf Ihren Simulator im Zusammenspiel animiert. Abbildung 12.1 zeigt eine Momentaufnahme.

Abbildung 12.1 Ein Schnappschuss der ablaufenden Transitions

Neben den Transitions, die Sie im vorigen Beispiel kennengelernt haben, existieren noch einige weitere. Die untenstehende Tabelle 12.2 listet die von Flutter implementierten Transitions auf:

Transition	Funktion
DecoratedBoxTransition	Unterstützung für die Animation der über DecoratedBox angebotenen Eigenschaften
FadeTransition	Ähnlich wie AnimatedOpacity wird die Opacity animiert, hier aber mit mehr Kontrolle wegen des Animation-Controllers.
PositionedTransition	Animation von Positioned in einem Stack
RotationTransition	Lässt Sie ein beliebiges Widget rotieren.
ScaleTransition	Animiert die Skalierung eines Widgets.
SizeTransition	Die Veränderung der Größe des Widgets wird animiert.
SlideTransition	Lässt Sie ein Widget animiert zu einer spezifischen Position bewegen, die über ein Offset definiert wird. Die Werte werden als Faktor in Bezug auf die Größe angegeben.

Tabelle 12.2 Transitions in Flutter

12.4 AnimatedWidget und der AnimatedBuilder

In Listing 12.10 wurde über die Methode addListener des AnimationControllers das setState des State-Objekts übergeben, sodass das StatefulWidget bei jedem Tick erneut die build-Methode aufruft. Mit AnimatedWidget und AnimatedBuilder werden Ihnen zwei Widgets geliefert, die Ihnen diese Aufgabe abnehmen. So könnten Sie beispielsweise auf den gesamten Durchlauf der build-Methode verzichten und stattdessen lediglich den von einer Animation betroffenen Teil des Widget-Trees erneut bauen lassen.

12.4.1 AnimatedWidget

Nehmen wir das Beispiel aus Abschnitt 12.3.2 noch einmal auf, aber streichen wir in der neuen Version das setState (siehe Listing 12.10). An seiner Stelle benutzen wir nun ein Widget, das auf der Basisklasse AnimatedWidget aufbaut:

```
class MultipleTransitions extends AnimatedWidget {
  MultipleTransitions({
    AnimationController animationController,
    this.fadeTween,
    this.tween,
```

```
  }) : animationController = animationController,
        super(listenable: animationController);

  final AnimationController animationController;
  final Tween fadeTween;
  final Tween tween;

  @override
  Widget build(BuildContext context) {
    return RotationTransition(
      turns: animationController,
      child: FadeTransition(
        opacity: fadeTween.animate(animationController),
        child: Container(
          height: tween.evaluate(animationController),
          width: tween.evaluate(animationController),
          color: Colors.green,
        ),
      ),
    );
  }
}
```

Listing 12.12 Ein »AnimatedWidget«

Das AnimatedWidget übernimmt für Sie das Einhaken im jeweiligen AnimationController, sodass Sie sich nicht mehr darum kümmern müssen, dass Ihre build-Methode aufgerufen wird. Hierzu definiert MultipleTransitions im oberen Beispiel einen Konstruktor, der den AnimationController und die Tween-Objekte aufnimmt und Ersteren über den Aufruf von super an die Basisklasse weiterreicht. Ansonsten wurde der Code ab der RotationTransition aus dem alten Widget einfach in das neue AnimatedWidget verfrachtet:

```
@override
void initState() {
  super.initState();

  // kein Aufruf von addListener mehr
  _animationController = AnimationController(
    vsync: this,
    duration: const Duration(milliseconds: 3000),
  )..repeat(reverse: true);
  // ...
}
```

```
// ...
// Die build-Methode ist übersichtlicher geworden
@override
Widget build(BuildContext context) {
  return Center(
    child: MultipleTransitions(
      animationController: _animationController,
      fadeTween: _fadeTween,
      tween: _tween,
    ),
  );
}
```

Listing 12.13 Das ursprüngliche Widget mit »AnimatedWidget«

So auf den Simulator übertragen, beginnt das Rechteck sofort mit der aus dem letzten Abschnitt bekannten Kombination der Transitions. Im Gegensatz zu vorher wird die `build`-Methode jetzt nicht mehr für die Animationen aufgerufen, sondern nur noch die `build`-Methode innerhalb des Widgets `MultipleTransitions`.

12.4.2 AnimatedBuilder

Alternativ zur Einführung eines neuen Widgets, das auf `AnimatedWidget` basiert (wie in Listing 12.12 vorgeführt), können Sie einen Builder benutzen. Der `AnimatedBuilder` kapselt die Transitions und führt bei jedem Tick des zugewiesenen `AnimationControllers` seine `build`-Funktion aus. Die entsprechende Variante des oberen Beispiels wäre wie folgt:

```
@override
Widget build(BuildContext context) {
  return Center(
    child: AnimatedBuilder(
      animation: _animationController,
      builder: (context, child) {
        return RotationTransition(
          turns: _animationController,
          child: FadeTransition(
            opacity: _fadeTween.animate(_animationController),
            child: Container(
              height: _tween.evaluate(_animationController),
              width: _tween.evaluate(_animationController),
              color: Colors.green,
            ),
```

```
          ),
        );
      },
    ),
  );
}
```

Listing 12.14 Der »AnimatedBuilder«

Auch in diesem Fall wird lediglich der Funktionsrumpf des `builder`-Callbacks aufgerufen, nicht aber die äußere `build`-Methode, die den `AnimatedBuilder` mit dem `Center`-Widget einwickelt.

12.4.3 Widget oder Builder?

Die beiden Lösungen sind gleichberechtigt und stehen einander in nichts nach. In jedem Fall haben Sie die Leistung verbessert, indem nur der Teil des Widget-Trees neu gebaut werden muss, der sich auch wirklich verändert hat. Sie können aus beiden Lösungen die jeweils komfortabelste oder für Sie passendste Variante wählen.

Kapitel 13
Arbeiten mit Canvas und Paint

»Ich male die Nasen absichtlich schief, damit die Leute gezwungen sind, sie anzusehen.«
– Pablo Picasso

Nicht alle Designanforderungen lassen sich mithilfe von Widgets abbilden. Oft erfordert eine Vorlage, dass die App auf einer Oberfläche Formen oder Pfade zeichnen muss, etwa um den Text einer Nachricht mit einer Sprechblase zu umgeben.

Flutter rendert bereits die gesamte Oberfläche einer App mit all ihren Widgets über das in C/C++ geschriebene Grafikframework *Skia*. Über spezielle Widgets und Typen können Sie darauf aufbauen und Ihre eigenen Anforderungen in beliebigen Formen auf einem sogenannten *Canvas* (Zeichenbereich) zeichnen.

13.1 CustomPaint und CustomPainter

Das Widget `CustomPaint` ist Ihre Eintrittskarte in die Welt, in der Sie Zugriff auf das Zeichnen komplexerer Formen, Farben und Effekte sowie auf Bilder und Texte erhalten. Verwendet wird es genauso wie jedes andere Widget, indem Sie es in Ihren Widget-Tree einfügen.

Das eigentliche Zeichnen übernimmt die Klasse `CustomPainter`, die den verfügbaren Bereich als Canvas definiert und auf diesem zeichnet. Über die Eigenschaft `child` können Sie beliebige Widgets an `CustomPaint` übergeben. Sie können Zeichenoperationen jeweils über einen `CustomPainter` dahinter (`painter`) und davor (`foregroundPainter`) ausführen, weil als Erstes der an `painter` übergebene `CustomPainter` gezeichnet wird, gefolgt vom `child`-Widget, und schließlich legt sich der `foregroundPainter` darüber.

Im Folgenden möchte ich mit Ihnen eine kleine Sprechblase mit darin positioniertem Text ausgeben, die Sie wahrscheinlich bereits von den unzähligen existierenden Chat-Apps kennen.

13.1.1 CustomPaint integrieren

Ein Rechteck mit abgerundeten Ecken ist eine gute erste Annäherung an eine Sprechblase. Wie zuvor erwähnt, muss ein `CustomPaint`-Widget in den Tree eingefügt werden, sodass Sie zu dem Ergebnis gelangen können, das in Abbildung 13.1 dargestellt ist. Hierfür wird ein neues Widget mit dem Namen TextBubble eingeführt:

```
class TextBubble extends StatelessWidget {
  @override
  Widget build(BuildContext context) {
    return CustomPaint(
      painter: TextBubblePainter(),
      child: Padding(
        padding: const EdgeInsets.all(16),
        child: Text('Hallo!', style: TextStyle(fontSize: 26)),
      ),
    );
  }
}
```

Listing 13.1 »CustomPaint« innerhalb von »TextBubble«

Wie Sie erkennen, ist die TextBubble ein StatelessWidget und fügt über die build-Methode ein CustomPaint in den Widget-Tree ein. Als child-Widget wird ein mit Padding umgebener Text definiert, und in dessen Hintergrund zeichnet eine als TextBubblePainter bezeichnete Klasse das abgerundete Rechteck.

Abbildung 13.1 Der erste Entwurf der Sprechblase

13.1.2 Formen und Farbe

Bei TextBubblePainter handelt es sich um einen neuen Typ, der auf dem eingangs erwähnten CustomPainter basiert und sich wie folgt darstellt:

```
class TextBubblePainter extends CustomPainter {
  @override
  void paint(Canvas canvas, Size size) {
    final left = 0.0;
    final top = 0.0;
    final right = size.width;
```

```
    final bottom = size.height;
    final radius = Radius.circular(8);

    final paint = Paint()
      ..color = Colors.green
      ..style = PaintingStyle.fill;

    canvas.drawRRect(
      RRect.fromLTRBR(left, top, right, bottom, radius),
      paint,
    );
  }

  @override
  bool shouldRepaint(covariant CustomPainter oldDelegate) =>
      this != oldDelegate;
}
```


Listing 13.2 »TextBubblePainter«

Die Basisklasse CustomPainter verlangt die Implementierung von zwei Methoden. Die obere ist paint, die ein Objekt vom Typ Canvas aufnimmt, das den Bereich beschreibt, den Sie mit Zeichenoperationen bearbeiten können. size gibt dabei dessen Ausmaße an. In der Implementierung werden die Koordinaten für ein RRect-Widget und ein Paint-Objekt instanziiert. Mit paint teilen Sie Flutter mit, mit welchen Eigenschaften es die Zeichnung durchführen soll, etwa in welcher Farbe, wie dick der Strich sein soll oder ob die Form wie im Beispiel zu füllen ist. Zum Schluss werden das RRect und die Instanz von Paint an die Methode drawRRect von Canvas übergeben, und Flutter zeichnet das in Abbildung 13.1 gezeigte Ergebnis.

Die zweite von CustomPainter geforderte Methode ist shouldRepaint. Sie bestimmt, wann paint erneut durchlaufen werden soll. Im Beispiel ist dies der Fall, wenn ein neues Objekt des CustomPainters erzeugt und benutzt wird. Mit dieser Methode lässt sich optimieren, ob ein erneuter Zeichenvorgang übersprungen werden kann, wenn sich zwar die Instanz verändert hat, aber der eigentliche Inhalt nicht.

Wenn Sie den oben abgebildeten Code starten, sollten Sie die erste Version der Sprechblase sehen können.

Verschiedene draw-Methoden

Das im vorherigen Beispiel verwendete drawRRect ist nur eine von vielen weiteren Möglichkeiten, die Ihnen zum Zeichnen von Formen, Linien und Pfaden, aber auch von Bildern und Text (siehe Abschnitt 13.1.3 und Abschnitt 13.1.4) geboten werden.

Die in Abbildung 13.2 dargestellte Zeichnung eines Roboters ließe sich über vielerlei Kombinationen von draw-Methoden auf einem Canvas erreichen.

Abbildung 13.2 Ein mit »draw«-Methoden gezeichneter Roboter

Das nächste Beispiel implementiert Abbildung 13.2 über eine Auswahl der draw-Methoden:

```
final paint = Paint()
  ..color = Colors.grey
  ..style = PaintingStyle.fill;

canvas.drawRRect(
  RRect.fromLTRBR(0, 0, 100, 70, Radius.circular(8)),
  paint,
);

canvas.drawOval(
    Rect.fromLTWH(20, 20, 20, 20), paint..color = Colors.yellow);
canvas.drawOval(
    Rect.fromLTWH(60, 20, 20, 20), paint..color = Colors.yellow);

canvas.drawCircle(Offset(50, 170), 100, paint..color = Colors.grey);

canvas.drawLine(
  Offset(-20, 290),
  Offset(40, 290),
```

```
  paint
    ..color = Colors.red
    ..style = PaintingStyle.stroke
    ..strokeWidth = 30.0,
);

canvas.drawLine(Offset(60, 290), Offset(120, 290), paint);

canvas.drawPath(Path()..addPolygon([
  Offset(120, 80),
  Offset(185, 180),
], false), paint..strokeCap = StrokeCap.round);

canvas.drawPoints(PointMode.polygon, [
  Offset(-20, 80),
  Offset(-65, 180),
], paint);
```


Listing 13.3 Die »draw«-Methoden des Roboters

Der Kopf wird über das Ihnen bereits bekannte `drawRRect` erzeugt. Darauf folgen zwei Aufrufe von `drawOval`, die an dieser Stelle die beiden Augen darstellen. Wie das in Abschnitt 11.2.3 vorgestellte `ClipOval` wird natürlich auch `drawOval` bei gleichem Seitenverhältnis ein Kreis. Für die Zeichnung der Ovale wurde `paint` angepasst, indem die Farbe über den Cascade Operator in Gelb geändert wurde.

Der Rumpf wird über `drawCircle` realisiert, und auch hier sehen Sie eine Farbänderung über den genannten Operator.

Die Füße werden als breite Linien gezeichnet. Daher wird `paint` entsprechend geändert und erhält neben einer neuen Farbe auch den `PaintingStyle` `stroke`, der zuvor auf `fill` stand, sowie eine `strokeWidth`, mit der die Dicke des Strichs definiert wird.

Die Arme zu beiden Seiten werden über *Polygone* bestimmt. Als Erstes definieren wir den rechten Arm, der über `drawPath` einen über Offsets definierten Pfad vertikal nachzeichnet. An dieser Stelle wird `paint` ebenfalls mit der Eigenschaft `strokeCap` konfiguriert, mit der die Strichenden durch `StrokeCap.round` abgerundet werden. Das Gegenstück wird auf der linken Seite von `drawPoints` erzeugt, das über einen `PointMode` einzelne Punkte, eine Linie oder ein Polygon darstellen kann.

Bei der Benutzung von `drawLine` und `drawPoints` sehen Sie, dass auch negative Offsets möglich sind, die ein `Padding` beispielsweise nicht erlaubt. Die Zeichenoperationen werden nicht beschränkt und können ungewollt außerhalb des angedachten Bildschirmbereichs stattfinden. Mit einem Clipping (siehe Abschnitt 13.1.5), das das `CustomPaint`-Widget umgibt, können Sie dies aber verhindern.

[!]

Die Reihenfolge macht's

Sie kennen es schon vom `Stack` (siehe Abschnitt 6.1.12): Die Reihenfolge, in der Sie die Widgets oder hier die Zeichnungen einführen, legt auch fest, wie sich die Elemente überlagern. Kurz gesagt: Der Letzte gewinnt! Falls Sie also mal etwas auf dem Bildschirm vermissen sollten, lohnt es sich, die Reihenfolge zu überprüfen. Vielleicht ist das Fehlende ja nur überdeckt worden?

13.1.3 Bilder

Bisher haben Sie `draw`-Methoden kennengelernt, mit denen Sie Formen und Linien zeichnen können. Analog dazu stellen Sie auch Bilder, die Sie über den Typ `Image` (siehe Abschnitt 14.1) erhalten, im `Canvas` dar. Anders als beim `Image`-Widget können Sie im `Canvas` über `Paint` einstellen, wie sich Formen und Medien überlagern (`BlendMode`), oder bestimmte Filter (`ImageFilter`) anwenden.

Ein Bild können Sie unter anderem über `drawImage` oder `drawImageRect` auf dem `Canvas` platzieren.

13.1.4 Text

In der Sprechblase aus Abbildung 13.1 wurde der Text über das `child`-Widget dargestellt. Sie können Textinhalte jedoch auch direkt auf das `Canvas` zeichnen lassen. Hierzu bieten sich Ihnen zwei Möglichkeiten an: eine komplexere, die näher am Skia-Framework ist, und eine abstrahierte, die eher dem Flutter-Gefühl entspricht.

Paragraph und der ParagraphBuilder

Um in der komplexeren Variante einen Text auf das `Canvas` zu bringen, wird die Methode `drawParagraph` aufgerufen. Sie verlangt zuerst ein Objekt vom Typ `Paragraph`, der das Konzept von `Text` abbildet. Sein Konstruktor ist nicht zugänglich, sodass eine Instanz über den `ParagraphBuilder` erstellt wird.

Weil `Paragraph` und `ParagraphBuilder` nahe an der Plattform liegen, sind sie innerhalb von `dart:ui` definiert. Diese Library definiert unter anderem auch einen Typ namens `TextStyle`, den Sie schon aus dem Package `material` kennen und den Sie über die Anweisung `import 'package:flutter/material.dart'` einbinden. Um Namenskonflikte zu vermeiden, wird die Library `dart:ui` mit dem Alias `ui` importiert:

```
import 'dart:ui' as ui;
```

Innerhalb der Methode paint von CustomPainter geben Sie mit dem folgenden Code den Text »Hallo« aus:

```
final textStyle = ui.TextStyle(color: Colors.black);
final paragraphBuilder = ui.ParagraphBuilder(
  ui.ParagraphStyle(fontSize: 24),
)
  ..pushStyle(textStyle)
  ..addText('Hallo');

final paragraph = paragraphBuilder.build()
  ..layout(ui.ParagraphConstraints(width: 200.0));

canvas.drawParagraph(paragraph, Offset(20, 20));
```

Listing 13.4 »drawParagraph«

In der ersten Zeile wird ein TextStyle über den Alias ui eingeführt, der die Textfarbe Schwarz bestimmt. Darauf folgt der ParagraphBuilder, dem ein ParagraphStyle zugewiesen wird, dessen Eigenschaft eine fontSize erhält. Diese hätte auch im zuvor erzeugten TextStyle angegeben werden können, und tatsächlich überschreibt dieser Wert den Wert des ParagraphStyles, weil dieser nur herangezogen wird, wenn kein TextStyle gefunden wurde. Durch die Methode pushStyle des ParagraphBuilders wird der Style übergeben. Ein addText liefert schließlich den auszugebenden Inhalt ab. Wie für einen Builder üblich, erfolgt über den Aufruf von build die Rückgabe einer frisch erstellten Instanz von Paragraph.

Noch ist der Paragraph allerdings nicht bereit. Kurz vor dem Ziel müssen Sie darauf die Methode layout aufrufen, die ein ParagraphConstraints verlangt, dem eine Breite bereitgestellt werden muss. Wenn auch dieser letzte Schritt getan ist, kann der Paragraph zusammen mit einem Offset endlich an drawParagraph von Canvas übergeben werden und wird somit gezeichnet.

TextPainter

Nach den ganzen Details rund um Paragraph wird es Zeit für eine weitaus komfortablere Lösung, um einen Text auf dem Canvas anzuzeigen:

```
final textPainter = TextPainter(
  text: TextSpan(
    text: 'Welt!',
    style: TextStyle(fontSize: 24, color: Colors.white),
  ),
  textDirection: TextDirection.ltr,
```

```
)..layout();

textPainter.paint(canvas, Offset(80, 20));
```

Listing 13.5 »TextPainter«

Der TextPainter arbeitet mit TextSpan, das Ihnen auch bei RichText begegnet ist. Neben dem nun wieder aus import 'package:flutter/material.dart' stammenden TextStyle für das TextSpan verlangt der TextPainter nur noch die TextDirection. Genauso wie beim Paragraph wird vor der Weitergabe an das Canvas die Methode layout aufgerufen, die in diesem Fall aber ohne weitere Parameter auskommt, der Sie allerdings auch eine minimale und maximale Breite mitgeben können. Der fertig konfigurierte TextPainter wird nicht dem Canvas übergeben, sondern andersherum das Canvas dem TextPainter. Wie Sie in der letzten Zeile sehen können, erhält die Methode paint die Referenz auf das Canvas, auf dem zu zeichnen ist, und den Offset, bei dem die Operation beginnt.

13.1.5 Clipping

Sie können auf Ihrem Canvas nach Belieben clippen. Hierzu stehen Ihnen clipPath, clipRect und clipRRect zur Verfügung. Wenn Sie ein solches Clipping definieren, unterliegen alle nachfolgenden Zeichenoperationen dieser Einstellung, weil es sich auf die Ebene bezieht, auf der aktuell gezeichnet wird.

Sie können mehrere Ebenen (*Layer*) übereinanderlegen und miteinander vermischen. Wenn Sie nur für eine Zeichenoperation oder für eine beschränkte Anzahl von Zeichenoperationen ein Clipping definieren und danach ohne fortfahren möchten, können Sie über die Methode save die aktuelle Ebene mit möglichen Clippings speichern. Die gegenteilige Operation dazu ist restore, das eine Ebene wieder vom Stack nimmt.

13.1.6 Weitere Operationen

Neben den bisher vorgestellten Operationen ermöglicht Ihnen Canvas auch fortgeschrittenere wie transform, mit der Sie Matrixoperationen anwenden können, oder translate, um die Koordinaten horizontal und vertikal zu verschieben. Außerdem können Sie mit scale und skew die Skalierung und Schrägstellung definieren oder mit rotate eine Rotation ausführen. Ein Blick in die Spezifikation der Klasse Canvas offenbart, dass Sie mit ihr weit mehr als eine simple Sprechblase oder zweidimensionale geometrische Formen umsetzen können. Natürlich lässt sich alles mit Tweens auch noch animieren. Flutter genügt zwar nicht ganz zum Programmieren von AAA-Spielen. Aber für den Fall, dass Ihre App unbedingt eine einfache, aber attraktive Animation benötigt, stehen Ihnen alle Werkzeuge zur Verfügung.

13.2 Zusammenfassung

In diesem Kapitel haben Sie unterschiedliche Methoden kennengelernt, mit denen Sie Formen, Bilder und Texte auf einen Zeichenbereich, den `Canvas`, übertragen können. Einige `draw`-Methoden, die häufig Anwendung finden, habe ich Ihnen vorgestellt, etwa `drawRect`, `drawRRect`, `drawOval` oder `drawPath`. Sie haben mit `Paragraph` und `TextPainter` zwei unterschiedliche Wege gesehen, um Texte auf dem `Canvas` darzustellen. `Canvas` und allgemein die Zeichenfähigkeit von Flutter bietet aber noch viel mehr und lädt bei Interesse zur Recherche und zum Ausprobieren ein. Weil die vielfältigen Möglichkeiten hier allerdings nicht erschöpfend behandelt werden können, habe ich versucht, Ihnen einen ersten Eindruck von den Fähigkeiten zu vermitteln, sodass Sie bei Bedarf an diesem Punkt ansetzen können.

TEIL III

Assets und Medien

Kapitel 14
Assets und Medien

»Die Kunst ist eine Vermittlerin des Unaussprechlichen.«
– Johann Wolfgang von Goethe

Das *Bundle* einer Flutter-App besteht nicht nur aus Quellcode, sondern liefert ebenfalls Bilder, Icons, Schriften und Texte aus, die zur Laufzeit von Flutter vom Dateisystem gelesen werden.

Sie referenzieren *Assets* über die Datei *pubspec.yaml*, die Ihnen aus der Arbeit mit Packages (*Pubs*) in Kapitel 4 bekannt ist. Darin befindet sich unter `dependencies` und `dev_dependencies` die Sektion `flutter`:

14

```
dependencies:
  flutter:
    sdk: flutter

dev_dependencies:
  ...
flutter:
  ...
  uses-material-design: true

  assets:
```

Listing 14.1 »pubspec.yaml« mit »flutter« und »assets«-Sektion

In den nächsten Abschnitten möchte ich Ihnen anhand einiger Beispiele zeigen, wie Sie Medien, etwa Bilder und Videos, aber auch Ressourcen wie Schriften und Text als Assets einfügen und verwenden. Darüber hinaus werfen wir ebenfalls einen Blick darauf, wie Sie jene Inhalte mithilfe von URLs aus der Cloud herunterladen können.

14.1 Bilder

In der Regel werden in mobilen Apps Bilder als *PNG* oder als *Vektorgrafik* (*SVG*) eingesetzt. Während sich Vektorgrafiken an die jeweilige Auflösung des Geräts anpassen, liegen PNG-Dateien (oder auch *JPG*-Dateien) in einem festen Format vor und werden der App in Bündeln (*Bundles*) bereitgestellt, in denen einigen Pixeldichten je eine Variante zugeordnet ist.

14.1.1 Bilder als Assets einbinden

Flutter-Apps laufen auf verschiedenen Geräten und sehen weitgehend gleich aus – obwohl die Bildschirmauflösungen völlig unterschiedlich sein können. Flutter kümmert sich beim Einbinden von Pixel-Bildern (*Images*) automatisch darum, die für die aktuelle Auflösung geeignetste Datei zu verwenden. Dafür müssen die Grafiken lediglich unter dem gleichen Dateinamen, aber in aneinander angrenzenden Ordnern definiert werden. Um etwa die Ressource *logo.png* in drei verschiedenen Auflösungen bereitzustellen, sodass Flutter zur Laufzeit die beste Wahl treffen kann, würde *pubspec.yaml* wie folgt erweitert:

```
assets:
  - images/logo.png
  - images/high_res/logo.png
  - images/low_res/logo.png
```

Die Pfade werden immer relativ zu *pubspec.yaml* angegeben und müssen keinem spezifischen Namensschema entsprechen. Flutter gruppiert die Dateien mit gleichem Namen, erkennt deren Auflösung und ordnet diese dann der Pixeldichte zu, zu der die Grafik am besten passt. Ebenfalls nicht von Belang ist die Reihenfolge, in der die Pfade angegeben werden.

Flutter nennt diese Gruppierung *Asset Variants*. Hierbei wird *images/logo.png* als Hauptgrafik angesehen, während die in den Unterordnern positionierten Dateien ihre Varianten darstellen.

Natürlich müssen Sie nicht jede Datei einzeln eintragen, die Pfade genügen völlig:

```
assets:
    - images/
    - images/high_res/
    - images/low_res/
```

Ein so über *pubspec.yaml* definiertes Bild können Sie über das Widget `Image` einbinden, das mehrere Konstruktoren anbietet. Um eine über die Assets eingebrachte Datei anzuzeigen, schreiben Sie kurz und schmerzlos:

```
Image.asset('images/logo.png')
```

Beachten Sie, dass Sie nach dem Hinzufügen eines Bildes `pub get` ausführen und die App neu starten müssen, ein Hot Reload genügt nicht.

14.1.2 Ein Image über eine URL anzeigen

Wenn Sie eine Grafik über den Datenaustausch mit einer entfernten API in Form einer URL erhalten haben, können Sie diese direkt als `String` an `Image` übergeben, das hierfür den Konstruktor `Image.network` anbietet:

```
Image.network('https://url/zum/bild.png')
```

14.1.3 Wenn ein Bild im Speicher liegt

Nicht selten erhält eine App in der Response einer Anfrage an die API Bilder, die im *Base64*-Format in das Antwort-*JSON* eingebettet wurden. In diesem Fall liegt die Ressource im Speicher Ihrer App, sodass sich der Einsatz von `Image.memory` empfiehlt:

```
final decodedImage = base64Decode(base64);
return Image.memory(decodedImage);
```

14.1.4 Ein Bild vom Dateisystem auslesen

Wenn Ihre App eine Ressource heruntergeladen und im Dateisystem abgelegt hat, so können Sie über `Image.file` darauf zugreifen. Als Parameter wird ein Objekt vom Typ `File` verlangt, der das Konzept einer Datei implementiert, zum Beispiel das Auslesen und Schreiben. Sie benötigen für den Zugriff den Pfad, den Sie etwa über das Package `path_provider` erhalten, das die gängigen Verzeichnisse einer Plattform findet und anbietet.

Sie binden ein beliebiges `Image` wie folgt vom Dateisystem ein:

```
Image.file(File('folder/file'))
```

14.1.5 Caching

Die zuletzt vorgestellten Konstruktoren von `Image` sind jeweils Kurzformen. `Image.asset` leitet (delegiert) beispielsweise an `AssetImage` weiter. Diese Implementierungen verfügen über einen *Cache*, der bis zu 1000 Elemente oder 100 MByte Größe verwaltet. Wenn Sie mit `Image.network` (Kurzform für `NetworkImage`) ein Bild aus dem Internet herunterladen, wird es zunächst in diesen Cache geladen. Das merken Sie unter anderem daran, dass beim ersten Laden eine Verzögerung auftreten kann, bis die Daten vollständig auf dem Gerät angekommen sind. Wenn das `Image`-Widget danach durch einen Hot-Reload oder nach einer Navigation vor und wieder zurück erneut angezeigt werden soll, liest Flutter die Ressource automatisch aus dem Cache. Diese Funktionalität wird von `ImageProvider` realisiert, auf dem die `Image`-Implementierungen basieren.

Wenn Sie aber einen Hot-Restart oder einen generellen Neustart der App durchführen, werden Sie sehen, dass die Ressource neu geladen wird. Der Zwischenspeicher ist also nicht persistent. Das heißt, er schreibt die Daten nicht auf das Dateisystem des Geräts.

Ist eine Sicherung der heruntergeladenen Bilder über das Ende der App hinweg gewünscht, dann greifen Sie auf das Package `cached_network_image` zurück, das über das Widget `CachedNetworkImage` ein Caching auf dem Dateisystem durchführt:

```
CachedNetworkImage(
  imageUrl: 'https://url/zum/bild.png',
)
```

Zusätzlich bietet das Package die Möglichkeit, einen Platzhalter anzuzeigen, den Fehlerfall beim Laden zu behandeln oder das `Image` in der Form des `ImageProviders` noch einmal einzuwickeln:

```
CachedNetworkImage(
  imageUrl: 'https://url/zum/bild.png',
  errorWidget: (context, url, error) =>
    Text('Problem bei $url: $error'),
  imageBuilder: (context, imageProvider) => GestureDetector(
    child: Image(image: imageProvider),
    onTap: () {
    // ...
    },
  ),
)
```

Listing 14.2 »CachedNetworkImage« mit »errorWidget« und »imageBuilder«

14.1.6 Eigenschaften von Image

Ein Bild besitzt eine implizite Größe und ein Seitenverhältnis. Ausgenommen davon sind natürlich Vektorgrafiken, die statt Rasterinformationen (Bildpunkten) eine Beschreibung von Position, Form, Strichstärke etc. definieren – für Vektorgrafiken setzen Sie zum Beispiel das Package `flutter_svg` ein (siehe Abschnitt 14.1.7).

Flutter versucht, beide Kriterien so weit wie möglich zu respektieren, aber was tun Sie, wenn die zugestandene Fläche dafür nicht ausreicht? Sie können über `Image` Einfluss auf die Höhe, die Breite und darauf nehmen, wie ein Bild in den verfügbaren Rahmen gesetzt wird.

Die Eigenschaft `fit` vom Typ `BoxFit` ermöglicht es Ihnen etwa zu entscheiden, ob das Bild beim Füllen einer Box die Seitenverhältnisse bewahren soll (`contain`), die Fläche komplett bedecken (`cover`) soll oder jeweils die volle Breite (`fitWidth`) oder Höhe (fitHeight) der Ressource zeigen soll. Über BoxFit.none lässt sich außerdem eine Zentrierung innerhalb der umgebenden Box vornehmen, die abgeschnittene Inhalte nicht berücksichtigt.

Außerdem können Sie mit color das Image nach Ihren Wünschen einfärben und mit height und width die Ausmaße genau bestimmen. Wenn Sie nur eines der beiden Maße angeben, ergibt sich das andere automatisch unter Beibehaltung des Seitenverhältnisses.

Wenn's mal etwas länger dauert

Oft brauchen Ressourcen einige Zeit, um geladen zu werden, und sind nicht innerhalb weniger Millisekunden sichtbar. Vielleicht läuft während des Ladens auch etwas schief. Um diese Fälle zu behandeln, stehen Ihnen der frameBuilder, der loadingBuilder und der errorBuilder zur Verfügung.

Am Anfang der Verarbeitung steht der frameBuilder, der aufgerufen wird, wenn das Image-Widget sichtbar wird. Der Builder wird über ein typedef und den Namen ImageFrameBuilder eingeführt. Sie erhalten als Argumente den BuildContext, ein child, die aktuelle Frame-Nummer und ein Boolean, das aussagt, ob das Bild synchron geladen wurde, also im gleichen Zeichenzyklus zur Verfügung stand wie das einrahmende Image-Widget. Das child ist die Bildressource selbst. Spannend wird es hinsichtlich frame, der den Wert null einnimmt, falls noch geladen wird, und 1, wenn ein statisches Bild nach dem Laden vorliegt. Dementsprechend können Sie unterscheiden, ob ein Bild angezeigt werden kann (1) oder lädt (null). Bei dynamischen Bildern wie *GIFs* zählt frame bei jedem Wechsel des Bildes hoch.

Damit können Sie bereits mit frameBuilder während des Ladevorgangs Platzhalter anzeigen oder Animationen durchführen, wenn das Bild zur Verfügung steht, also der frame den Wert 1 angenommen hat. Einen Schritt weiter geht der loadingBuilder, der Ihnen noch weitere Informationen über den Ladevorgang übermittelt. Statt frame erhalten Sie loadingProgress vom Typ ImageChunkEvent, das die Gesamtanzahl erwarteter Daten und den gegenwärtig erhaltenen Teil abliefert. Hiermit könnten Sie beispielsweise Ladeindikatoren bauen.

Ein sanftes Erscheinen

Zwar können Sie im frameBuilder auch mit Animationen arbeiten, sodass ein Bild, nachdem es geladen wurde, nicht plötzlich erscheint. Doch für diesen Zweck steht auch – und ohne weiteren Aufwand – das Widget FadeInImage zur Verfügung. Sie übergeben dem Konstruktor jeweils eine Ressource, die geladen werden soll, und eine, die während des Vorgangs als Platzhalter fungiert. Über die Eigenschaften zu Kurven und Dauer, die Sie aus Kapitel 12 kennen, können Sie ergänzende Feineinstellungen vornehmen.

Durch den `errorBuilder` erhalten Sie, wenn mal etwas beim Laden schiefläuft, ähnlich wie bei Streams (siehe Abschnitt 9.4) weitere Informationen und die Möglichkeit, anstatt des Bildes ein anderes Widget anzuzeigen, etwa einen Hinweis.

14.1.7 SVGs anzeigen

Wie so viele andere Fähigkeiten wird die Unterstützung des Bildformats *SVG* (*Scalable Vector Graphic*) von einem Package zur Verfügung gestellt, das Sie über die Datei *pubspec.yaml* einbinden. Mit `flutter_svg` greifen Sie direkt auf Ihre als Assets eingebundenen SVG-Ressourcen zu:

```
dependencies:
  ...
  flutter_svg:
```

Anschließend verwenden Sie das Widget in Ihrem Code:

```
SvgPicture.asset('images/party.svg')
```

Interessante Funktionen und Eigenschaften des Typs sind – ähnlich wie bei `Image` – `height`, `width`, `fit` und der `placeholderBuilder`. Da Vektorgrafiken keine feste Größe haben, müssen Sie diese selbst festlegen, indem Sie `width` und `height` mit angeben, zum Beispiel so:

```
SvgPicture.asset('images/party.svg',width: 100,height: 100),
```

Bei komplexeren SVG-Dateien sollten Sie allerdings immer Messwerkzeuge zur Hand haben! Es kann durchaus vorkommen, dass vom Laden bis zur Anzeige der Grafik einige Hundert Millisekunden vergehen. Im schlimmsten Fall würde der Inhalt also erst mit Verzögerung erscheinen und Ihre Oberfläche gegebenenfalls verschieben, um sich Platz zu verschaffen. Im Gegenzug erhalten Sie aber den Vorteil, dass die SVG-Dateien wesentlich weniger Speicherplatz in Ihrem App-Bundle verbrauchen – Sie brauchen nur eine Version, nicht mehrere mit unterschiedlich hohen Auflösungen.

14.2 Icons

Icons sind ein wichtiger Bestandteil von Apps geworden und werden auch über die Anzeige auf dem Home-Bildschirm des Smartphones hinaus als grafische Elemente innerhalb der Anwendung benutzt.

14.2.1 IconData

In Flutter werden Icons über das zugehörige `Icon`-Widget eingebunden. Es verlangt die Angabe eines `IconData`-Objekts, das die grafischen Informationen zu einem `Icon` liefert, etwa den zu zeichnenden Pfad. Darüber hinaus können Sie die Farbe, in der das Element angezeigt wird, über die Eigenschaft `color` bestimmen oder die quadratische Größe über `size` definieren. Beachten Sie, dass Icons stets einfarbig sind. Die hinterlegten PNGs sollten beispielsweise nur schwarze und transparente Pixel enthalten. Die schwarzen werden dann über `color` eingefärbt.

Wenn Sie Ihr Flutter-Projekt aus einer Flutter-Vorlage erstellt haben, beispielsweise mit Visual Studio Code oder Android Studio, dann wurden Ihnen bereits die beiden Icon-Sets für Material Design und Cupertino mitgeliefert. Wenn Sie einen Blick in die *pubspec.yaml*-Datei Ihres Projekts werfen, finden Sie unterhalb der `dev_dependencies` Folgendes:

```
# The following section is specific to Flutter.
flutter:

  # The following line ensures that the Material Icons font is
  # included with your application, so that you can use the icons in
  # the material Icons class.
  uses-material-design: true
```

Listing 14.3 »Material Design«-Icons in »pubspec.yaml«

Wie dem originalen englischen Kommentar zu entnehmen ist, erhalten Sie mit der Zeile `uses-material-design: true` den Zugriff auf die Material-Design-Icons. Das Cupertino-Pendant ist ebenfalls in der Datei konfiguriert und liegt unterhalb der `dependencies`-Sektion:

```
dependencies:
  flutter:
    sdk: flutter

  # ...

  # The following adds the Cupertino Icons font to your application.
  # Use with the CupertinoIcons class for iOS style icons.
  cupertino_icons: ^1.0.0
```

Listing 14.4 »Cupertino Icons« in »pubspec.yaml«

Sie können somit die beiden Sets direkt in Ihrem Projekt einsetzen.

Icon-Sets durch Packages

Über den Paketmanager *pub* fügen Sie Ihrer App neben Funktionalität auch grafische Elemente wie Icon-Sets hinzu. So können Sie beispielsweise das Paket der *Material Design Icons* verwenden, indem Sie es Ihrer *pubspec.yaml* unter `dependencies` hinzufügen, etwa so:

```
material_design_icons_flutter: ^7.0.0
```

Dieses Paket enthält verschiedene Icons für Standard-Einsatzzwecke. Um zum Beispiel ein E-Mail-Icon im Material Design anzuzeigen, schreiben Sie:

```
Icon(
  Icons.email,
  color: Colors.green,
  size: 36,
)
```

Listing 14.5 Ein Icon im »Material Design«

Der Typ `Icons` erlaubt Ihnen den Zugriff auf statische Eigenschaften wie das hier verwendete `email`. Um sich einen Überblick über die einsetzbaren Elemente zu verschaffen, öffnen Sie die Definition dieser Klasse oder verwenden die Codevervollständigung Ihrer IDE.

Auf Cupertino-Icons greifen Sie hingegen über den Typ `CupertinoIcons` zu und geben die darin befindlichen Elemente wieder an das Widget `Icon`:

```
Icon(
  CupertinoIcons.mail,
  color: CupertinoColors.activeBlue,
  size: 36,
)
```

Listing 14.6 Ein Icon im »Cupertino«-Design

Die folgende Abbildung 14.1 zeigt die unterschiedliche Erscheinung der Icons für das E-Mail-Symbol.

Abbildung 14.1 Oben »Material«-, unten »Cupertino«-Design

[!]

Imports

Denken Sie daran, dass die beiden `IconData`-Sets in den jeweiligen Packages liegen. Den Typ `Icons` lösen Sie daher über `import 'package:flutter/material.dart';` auf, während Sie auf die `CupertinoIcons` und ebenfalls auf die `CupertinoColors` durch `import 'package:flutter/cupertino.dart';` zugreifen.

14.2.2 IconButton

Um die Nutzerinnen und Nutzer Ihrer App mit dem Icon interagieren zu lassen, könnten Sie das `Icon`-Widget selbstverständlich in einen `GestureDetector` oder einen beliebigen Button einwickeln. Doch gerade dafür implementiert das Material Design den `IconButton`:

```
IconButton(
  icon: Icon(
    Icons.email,
    color: Colors.green,
    size: 36,
  ),
  onPressed: () {},
)
```

Listing 14.7 »IconButton« mit E-Mail-Icon

Sie können bei `onPressed` einfach eine Funktion hinterlegen, die auf das Antippen des Icons reagiert.

14.2.3 ImageIcon

Falls Sie Ihrer App ein Icon als *Asset* hinzugefügt haben, können Sie darauf über das `ImageIcon`-Widget zugreifen, das anders als die vorher erwähnten Widgets nicht auf `IconData`, sondern auf dem `ImageProvider` aus Abschnitt 14.1.5 basiert:

```
ImageIcon(
  AssetImage('images/hammer.png'),
  size: 36,
  color: Colors.green,
)
```

Sie haben in Abschnitt 14.1.1 `Image.asset` als Abkürzung für das `AssetImage` kennengelernt. Weil `ImageIcon` an dieser Stelle unmittelbar den `ImageProvider` verlangt, müssen

Sie auf die »lange« Schreibweise zurückgreifen. ImageIcon ist jeweils im Material Design und in Cupertino definiert.

14.2.4 IconTheme

Liegt für Ihre Icons eine einheitliche Farbgebung, Transparenz oder Größe vor? Dann können Sie diese Richtlinien über das Widget IconTheme in Ihren Widget-Tree einbetten:

```
IconTheme(
  data: IconThemeData(color: Colors.red),
  child: Icon(Icons.call),
)
```

Der MaterialApp, die Sie schon als Wurzel-Widget Ihrer App kennengelernt haben, bzw. der CupertinoApp können Sie ebenfalls ein Objekt des Typs IconThemeData übergeben, das anschließend global angewendet wird:

```
MaterialApp(
  theme: ThemeData(
    iconTheme: IconThemeData(
      color: Colors.red,
      opacity: 0.4,
      size: 36,
    ),
  ),
  // ...
)
```

Listing 14.8 »IconThemeData« unterhalb von »ThemeData«

14.3 Videos

Um Videos anzuzeigen, benötigt Flutter Packages, die Sie zunächst in Ihrer *pubspec.yaml* einpflegen müssen. Das vom Flutter-Team entwickelte video_player können Sie über *https://pub.dev* beziehen. Die mitunter etwas komplexe Benutzung wird von dem Package chewie gemildert, das darauf aufbaut und ebenfalls als Package in *pubspec.yaml* hinzugefügt wird.

Der eigentliche VideoPlayer ist ein StatefulWidget, das Sie wie folgt implementieren können:

```
class VideoPlayerScreen extends StatefulWidget {
  @override
```

```
  _VideoPlayerScreenState createState() => _VideoPlayerScreenState();
}
```

Der State verwendet einen `VideoPlayerController`, um das Video zu laden und abzuspielen:

```
class _VideoPlayerScreenState extends State<VideoPlayerScreen> {
  late VideoPlayerController _controller;

  @override
  void initState() {
    super.initState();
    _controller = VideoPlayerController.asset('assets/my_video.mp4')
      ..initialize().then((_) {
        setState(() {});
      });
  }

  @override
  void dispose() {
    super.dispose();
    _controller.dispose();
  }

  @override
  Widget build(BuildContext context) {
    return Scaffold(
      body: Center(
        child: _controller.value.isInitialized
            ? AspectRatio(
                aspectRatio: _controller.value.aspectRatio,
                child: VideoPlayer(_controller),
              )
            : CircularProgressIndicator(),
      ),
      floatingActionButton: FloatingActionButton(
        onPressed: () {
          setState(() {
            _controller.value.isPlaying ? _controller.pause()
                : _controller.play();
          });
        },
        child: Icon(
```

```
          _controller.value.isPlaying ? Icons.pause : Icons.play_arrow,
        ),
      ),
    );
  }
}
```

Listing 14.9 Der VideoPlayer erfordert einiges an zusätzlichem Code.

14.4 Schriften

Die Standardschriften einer Plattform können in einer Flutter-App ergänzt werden. Hierzu können Sie neue Schriften entweder über Packages einbinden, etwa die *Google Fonts* über `google_fonts`. Sie können außerdem einzelne Schriftarten ganz nach Bedarf zu Ihrem Projekt hinzufügen.

14.4.1 Eine Schrift hinzufügen

Wenn Sie eine Schrift in Form einer Datei integrieren möchten, fügen Sie sie zum Projekt hinzu. Der nächste Schritt besteht darin, die Ressourcen über die *pubspec.yaml* zu referenzieren und somit in Ihrem Code verfügbar zu machen.

In Ihrer *pubspec.yaml* finden Sie am Ende die Sektion `flutter`, der Sie in Abschnitt 14.1.1 bereits Assets hinzugefügt haben. Falls sie nicht schon vorhanden ist, führen Sie darunter die Untersektion `fonts` ein:

```
flutter:
  # ...
  assets:
     - images/logo.png
  # ...
  fonts:
     - family: <Name>
       fonts:
         - asset: Pfad/<Name>-Regular.ttf
         - asset: fonts/<Name>-Italic.ttf
           style: italic
     - family: <Andere>
       fonts:
         - asset: Pfad/<Andere>-Bold.ttf
           weight: 700
```

Listing 14.10 Eine Schrift in »pubspec.yaml« hinzufügen

Eine Schriftart wird über eine Schriftfamilie (`family`) eingeführt. Die unter dem inneren `fonts` aufgeführten Assets decken die verschiedenen Ausführungen einer Schrift wie Kursiv oder Fett ab. Die obere der beiden eingeführten Familien definiert für regulären und für kursiven (`italic`) Text je eine Variante. Unter der `Italic`-Variante findet sich außerdem der Eintrag `style`, der das Asset entweder dem kursiven oder dem regulären `TextStyle` zuordnet.

Die beiden Optionen sind `italic` (wie oben) und `normal`. Die Eigenschaft, die den Fettdruck definiert, wird im unteren Block aufgeführt, der über `weight` und die Zahl `700` eine Fettdruckstufe bestimmt. Sie können für `weight` die gleichen Werte angeben, wie sie auch im Typ `FontWeight` benutzt werden.

14.4.2 Eine Schrift benutzen

Ähnlich wie mit einem `IconTheme` können Sie die Schrift, die in Ihrer App verwendet werden soll, global über die Eigenschaft `theme` von `MaterialApp` oder `CupertinoApp` festlegen:

```
MaterialApp(
  theme: ThemeData(
    fontFamily: '<Name>',
  ),
)
```

14

Außerdem kann eine Schriftart speziell für eine Verwendung in einem `Text` angegeben werden:

```
Text(
  'Ein Text',
  style: TextStyle(fontFamily: '<Name>'),
)
```

14.5 Textressourcen

Möchten Sie gewisse Informationen, etwa Konfigurationen oder Inhalte in Ihrer App, als Dateien mit der App ausliefern und sie zur Laufzeit auslesen? Mit `AssetBundle` ist dies kein Problem!

Die benötigten Dateien fügen Sie wie andere Assets auch der Datei *pubspec.yaml* hinzu, sodass sie mit der App gepackt werden. In Ihrem Code können Sie mithilfe von `DefaultAssetBundle.of(context)` über den Pfad und Dateinamen die jeweiligen Inhalte der Dateien auslesen.

Dazu stehen Ihnen drei Methoden zur Auswahl: `load(String key)`, `loadString(String key)` und `loadStructuredData<T>(String key, Future<T> parser(String value))`. Die erste Methode gibt Ihnen ein Objekt des Typs `ByteData` zurück, das ein Container für eine feste Anzahl von Bytes ist. Hierüber könnten Sie zum Beispiel die Informationen eines Bilds auslesen und die Daten über `ByteData` als Image interpretieren lassen. Mit `loadString` bekommen Sie den Dateiinhalt als Zeichenkette zurück und können anschließend damit weiterarbeiten. Die Methode `loadStructuredData` erlaubt Ihnen, die als String ausgelesenen Daten einer *Parser*-Funktion zu übergeben. Damit ließe sich etwa unmittelbar ein *JSON*-Parser einsetzen, sodass der Rückgabewert von `loadStructuredData` ein *JSON*-Objekt ist.

Der Inhalt einer solchen Datei könnte wie folgt aussehen:

```
{
  "id": 4,
  "is_ready": true
}
```

Dann referenzieren Sie die Datei in Ihrer *pubspec.yaml*:

```
flutter:
  # ...
  assets:
    - text/inhalt.json
```

In Ihrem Dart-Code greifen Sie dann darauf zu:

```
void readJson(BuildContext context) async {
  final jsonReadout = await DefaultAssetBundle
    .of(context)
    .loadStructuredData(
      'text/inhalt.json',
      (value) {
        try {
          final decoded = json.decode(value);
          return Future.value(decoded);
        } catch (e) {
          ...
        }
    },
  );
  print(jsonReadout);
}
```

Listing 14.11 Eine JSON-Datei auslesen und interpretieren

Mehr zum *JSON*-Format und dazu, wie Sie die Daten serialisieren und deserialisieren, lernen Sie in Kapitel 16, »Die Cloud: Unendliche Weiten«. Dort erfahren Sie, wie die Kommunikation mit *HTTP-Clients* erfolgt.

Es ist deswegen eine ziemlich gute Idee, Daten im JSON-Format in die App zu integrieren. Seien es Beispieldaten, ein Tutorial oder die Levels eines Spiels: JSON stellt komplexe Daten effizient und gut lesbar für Mensch und Maschine dar. Schreiben Sie solche konstanten Daten nicht in Form von Listen in Ihren Code – denken Sie an die *Separation of Concerns*!

[+]

Ein Bundle im Netzwerk

Über den Typ `NetworkAssetBundle` können Sie die gleichen Methoden auch auf ein über eine URI erreichbares Bundle anwenden, das sich beispielsweise in der Cloud befindet. Hierzu übergeben Sie dem Konstruktor von `NetworkAssetBundle` die Adresse (*URL*) und können so auf Ressourcen zugreifen, die relativ dazu liegen.

14.6 Zusammenfassung

In diesem Kapitel haben Sie gesehen, wie Sie Bilder und andere Medien aus unterschiedlichen Quellen in Ihre App einbinden können. Speziell JSON-formatierte Textdaten können sehr hilfreiche Datenvorräte sein, die Ihnen einiges an Code ersparen, weil sie sehr leicht eingelesen und weiterverarbeitet werden können.

Kapitel 15

Den Nutzerkreis vergrößern: Localization und Accessibility

»With great power comes great responsibility.«
– Das Peter-Parker-Prinzip

In den Nachrichten ist oft von der Globalisierung und den damit zusammenhängenden Herausforderungen die Rede. Auch die Anwendungsentwicklung ist heutzutage ein vollständig globalisiertes Geschäft. Mit dem Einreichen einer App in den *Apple App Store* oder bei *Googles Play Store* steht Ihnen der Vertrieb Ihrer App in unglaublich viele Länder und Märkte offen. Zudem können Sie Ihre Anwendung im Web auf einem beliebigen Webspace veröffentlichen. So ist es für Ideen, Services und Anwendungen möglich geworden, die Nutzerzahlen in kurzer Zeit auf Millionen zu bringen und lohnende Umsätze auch als einzelner unabhängiger Entwickler einzufahren.

Zwar können Sie über manche Sprache, etwa Englisch oder Spanisch, großen Teilen der Weltbevölkerung die Bedienung Ihrer App in einer gewissen Qualität ermöglichen. Doch am angenehmsten ist stets das Angebot einer Übersetzung in die Muttersprache eines Nutzers. An dieser Stelle kommt die *Localization* (Lokalisierung) ins Spiel, die Flutter selbstverständlich beherrscht.

In der modernen App-Entwicklung ist auch die Inklusion von Nutzern ein Muss, deren optische, akustische oder haptische Fähigkeiten eingeschränkt sind. Die *Accessibility* wird daher genauso in diesem Kapitel thematisiert, sodass Sie die wichtigsten Konzepte und Flutter-Schnittstellen für diese Aufgabe kennenlernen.

15.1 Localization

Viele Packages bieten sich an, um Ihre App mit den notwendigen Fähigkeiten zur Lokalisierung auszurüsten. Dazu gehört beispielsweise das Auslesen der Spracheinstellungen auf dem Gerät, das Definieren und Bereitstellen von Übersetzungen und das Laden von Text-, Bild- und sonstigen Ressourcen in der eingesetzten Sprache.

Im Folgenden möchte ich Ihnen das mit der Flutter-Bibliothek ausgelieferte Package `flutter_localization` vorstellen, das die zuvor genannten Anforderungen abdeckt und die grundlegende Lokalisierung der Widgets, beispielsweise die Textausrichtung, übernimmt.

15.1.1 Die Lokalisierung in das Projekt einbinden

Zunächst gilt es, das entsprechende Package über die Datei *pubspec.yaml* Ihres Projekts hinzuzufügen. Hierfür erweitern Sie die Sektion `dependencies` wie folgt:

```
dependencies:
  flutter:
    sdk: flutter
  flutter_localizations:
    sdk: flutter
```

Führen Sie gegebenenfalls den Befehl `flutter pub get` aus, sodass die Abhängigkeit geladen wird.

Die Ihnen bekannten Widgets `MaterialApp` und `CupertinoApp` bilden die Einhängepunkte für die Lokalisierung. Die zwei hier zu setzenden Eigenschaften sind:

```
import 'package:flutter/material.dart';
import 'package:localization/l10n/app_localizations.dart';

MaterialApp(
  localizationsDelegates: [
    GlobalMaterialLocalizations.delegate,
    GlobalCupertinoLocalizations.delegate,
    GlobalWidgetsLocalizations.delegate,
  ],
  supportedLocales: [
    const Locale('de'),
    const Locale('en'),
  ],
  // ...
)
```

Listing 15.1 »Localization«-Eigenschaften in »MaterialApp«

Während `localizationDelegates` im Package `Material` definiert ist, kommen die *Global-Delegates* aus dem vorhin einbezogenen `flutter_localizations`. Die beiden Delegates `GlobalMaterialLocalizations.delegate` und `GlobalCupertinoLocalizations.delegate` versorgen jeweils die in den Packages `Material` und `Cupertino` angebotenen Widgets mit den entsprechenden Informationen zur Lokalisierung, zum Beispiel zur Textausrichtung. Diese verläuft in westlichen Sprachen von links nach rechts, aber beispielsweise im Arabischen von rechts nach links.

15.1.2 Eigene Texte und Übersetzungen

Jetzt haben Sie bereits alle Widgets mit einem Schlag empfänglich für die Lokalisierung gemacht. Allerdings fehlt noch die Möglichkeit, eigene Texte zu übersetzen und einzubringen, etwa in einem `Text`-Widget.

Hierfür holen Sie eine weitere Abhängigkeit ins Boot, die es Ihnen ermöglicht, Inhalte in einem JSON-ähnlichen Format in Dateien festzuhalten. *Google* setzt in Flutter *ARB* ein, was für *Application Resource Bundle* steht. Bevor ich Ihnen das Format anhand eines Beispiels zeige, muss allerdings noch die ein oder andere Stellschraube im Projekt in Position gebracht werden.

Das erwähnte weitere Package namens `intl` fügen Sie direkt unterhalb von `flutter_localizations` in der `dependencies`-Sektion ein. Nutzen Sie, wenn möglich, jeweils die aktuell auf *https://pub.dev* angebotene Version:

```
dependencies:
  flutter:
    sdk: flutter
  flutter_localizations:
    sdk: flutter
  intl:
```


Mithilfe dieses Packages können Sie aus einigen Inhaltsdateien – je einer pro zu unterstützender Sprache – statische Symbole für Ihren Dart-Code generieren. Um die automatische Codegenerierung zu aktivieren, fügen Sie der Datei *pubspec.yaml* noch eine weitere Zeile hinzu:

```
flutter:
  generate: true
```

Die Sektion finden Sie wahrscheinlich am Ende.

Nachdem Sie die Abhängigkeiten in Stellung gebracht haben, geht es an die Konfigurationsdatei, die dem soeben eingebrachten Build-Prozess mitteilt, welches Verzeichnis er verarbeiten soll, welche der Dateien als Vorlage (*Template*) anzusehen ist und wo er das Ergebnis, also den generierten Dart-Code, auf dem Dateisystem ablegen soll. Erstellen Sie im Hauptverzeichnis Ihres Projekts – das ist die Ebene, auf der sich auch die *pubspec.yaml* befindet – eine neue Datei: *l10n.yaml*.

[+]

l10n, i18n und a11y

Weil Begriffe wie *Localization* (*l10n*), *Internationalization* (*i18n*) oder *Accessibility* (*a11y*) häufig genutzt werden, aber aus vielen Buchstaben bestehen, hat es sich eingebürgert, nur den ersten und letzten Buchstaben zu verwenden und dazwischen die

Anzahl der restlichen Zeichen festzuhalten. Im Falle von *Localization* ist dies *l10n*, was oben zu dem Dateinamen *l10n.yaml* führte.

In der neuen Datei fügen Sie die folgenden Zeilen ein:

```
arb-dir: lib/l10n
template-arb-file: en.arb
synthetic-package: false
```

Listing 15.2 Inhalt der »l10n.yaml«

Die erste Zeile weist Flutter an, das Verzeichnis *lib/l10n* als Quelle der Lokalisierungen anzusehen. Bisher existiert es noch nicht. Erstellen Sie daher in Ihrem Projekt unter *lib* das Verzeichnis *l10n*. Dort legen Sie die in der zweiten Zeile als Template ausgewiesene Datei *en.arb* an.

Die frisch erstellte *en.arb* füllen Sie dann mit der Metainformation über das betreffende *Locale* und einer ersten Begrüßung:

```
{
  "@@locale": "en",
  "greeting": "Hello",
  "@greeting": {
    "description": "a greeting"
  }
}
```

Listing 15.3 Ein erster Eintrag in der ARB-Datei im JSON-Format

[+]

Locale

Das *Locale* umfasst eine Anzahl Parameter, die sprachliche und kulturelle Einstellungen auf einem Computersystem oder in einem Computerprogramm beschreiben. Dazu zählen etwa die gewünschte Sprache, die Region, Datums- und Zahlenformate oder die Textausrichtung. Am häufigsten wird ein Locale durch seinen Sprachcode, z. B. »de« für Deutsch, und die Region, z. B. »DE« für Deutschland, angegeben.

Auf den Schlüssel `greeting` folgt ein weiteres `greeting`, das mit einem @-Zeichen eingeleitet wird. So markiert, interpretiert ARB den Inhalt als ein sogenanntes *Resource Attributes*-Objekt. Hierüber werden gewisse Metainformationen zu dem Schlüssel mitgeliefert, etwa wie die dargestellte `description` (Beschreibung).

Um die Übersetzungen beim Wechseln der Systemsprache auf dem Simulator in Aktion zu erleben, brauchen Sie noch eine weitere Sprache bzw. ein weiteres Locale. Erstellen Sie neben dem englischen Locale auch jenes für deutsche Inhalte mithilfe der Datei *de.arb*:

```
{
  "@@locale": "de",
  "greeting": "Guten Tag!"
}
```

Listing 15.4 Die deutsche Übersetzung

Wenn Sie die App nach dem Anlegen der Dateien starten, werden Sie feststellen, dass sich die Lokalisierung tatsächlich in den Build-Prozess eingehängt hat. Unterhalb des Verzeichnisses *lib/l10n* finden Sie generierten Dart-Code, den Sie sich natürlich auch anschauen können. Wenn Sie die Datei *app_localizations.dart* über eine `import`-Anweisung in Ihren Quellcode einbinden, können Sie auf die generierten Übersetzungen zugreifen. Das folgende Beispiel ändert die `MaterialApp` aus Listing 15.1 auf den autogenerierten Code ab:

```
MaterialApp(
  localizationsDelegates: AppLocalizations.localizationsDelegates,
  supportedLocales: AppLocalizations.supportedLocales,
  home: Scaffold(
    body: Center(
      child: Text(
        AppLocalizations.of(context)!.greeting,
      ),
    )
  ),
)
```

Listing 15.5 Die »MaterialApp« mit autogenerierter »AppLocalizations«

Beachten Sie das Ausrufezeichen! Tatsächlich kann das Laden der Lokalisierung einen Moment dauern. In dem Fall wäre das Ergebnis von `of()` null, was natürlich unzulässig ist. Daher fangen Sie diesen Fall mit dem Ausrufezeichen ab.

Erinnern Sie sich noch daran, dass Sie die einzelnen Delegates für Material, Cupertino und Widgets an `MaterialApp` übergeben mussten? Natürlich kennt das Package `intl` diese Aufgabe und nimmt diese drei standardmäßig in seine Liste auf. Zusätzlich fügt es seinen eigenen Delegate ein, der den Zugriff auf Ihre ARB-Dateien ermöglicht. Die `supportedLocales` können natürlich aus den von Ihnen erstellten und gefüllten Inhalten herausgelesen werden. Sie müssen hier ebenfalls nicht mehr manuell Locale-Objekte nachtragen. Schließlich greifen Sie komfortabel über den InheritedWidget-Ansatz mit `AppLocalizations.of(context)` auf Ihre Übersetzungsschlüssel zu, wie in

Listing 15.4 mit `greeting`. Öffnen Sie einmal die Definition von `AppLocalizations` und dem verwendeten `greeting` im Besonderen, um sich einen kurzen Überblick zu verschaffen. Sie werden dort die soeben aufgeführten Bestandteile wie Delegates, `supportedLocales` und die einzelnen Schlüssel als Getter finden:

```
static const List<LocalizationsDelegate<dynamic>> localizationsDelegates =
 <LocalizationsDelegate<dynamic>>[
  delegate,
  GlobalMaterialLocalizations.delegate,
  GlobalCupertinoLocalizations.delegate,
  GlobalWidgetsLocalizations.delegate,
];

/// A list of this localizations delegate's supported locales.
static const List<Locale> supportedLocales = <Locale>[
  Locale('de'),
  Locale('en')
];

// A greeting
String get greeting;
```

Listing 15.6 Ausschnitt aus »app_localizations.dart«

Über `greeting` bemerken Sie sicherlich den Kommentar, der exakt dem in der Template-Datei festgehaltenen Wert für `description` entspricht:

```
"greeting": "Hello",
"@greeting": {
  "description": "A greeting"
}
```

Jetzt bleibt nur noch ein kleines Problem: Wenn Sie die App starten, erhalten Sie einen roten Bildschirm wegen eines `null`-Fehlers. Die Ursache dafür ist, dass der `context` der `BuildContext` der App ist und nicht jener des Widgets. Sie müssen einen Builder verwenden, um an den richtigen `context` zu kommen:

```
class MyApp extends StatelessWidget {

  @override
  Widget build(BuildContext context) {
    return MaterialApp(
      localizationsDelegates: AppLocalizations.localizationsDelegates,
      supportedLocales: AppLocalizations.supportedLocales,
      home: Scaffold(
```

```
        body: Center(
          child: Builder(
            builder: (context) {
              return Text(
                AppLocalizations.of(context)!.greeting,
              );
            }
          ),
        )
      ),
    );
  }
}
```

Listing 15.7 Mit dem Builder eingewickelter Grußtext

Jetzt sind alle Spieler auf dem Feld. Wenn Sie den Code ausführen, werden Sie endlich den lokalisierten Text sehen, der sich je nach Einstellung der Sprache auf Ihrem Simulator zu Deutsch oder Englisch verändert.

15.1.3 Datum und Zahlen

Neben Textinhalten betrifft die Lokalisierung ebenfalls das Datumsformat und die Eingabe oder Ausgabe von Zahlen. Bereits das bloße Einlesen einer Fließkommazahl wird über mehrere Sprachen hinweg scheitern, wenn Sie sich lediglich auf `double.parse` verlassen, das mit dem englischen Format arbeitet (»15.05«) und das deutsche (»15,05«) nicht korrekt verarbeiten wird. Mit den Werkzeugen `DateFormat` und `NumberFormat` von *Intl* können Sie bequem Eingaben anhand des eingestellten Locales behandeln. Ich stelle beide Werkzeuge im Folgenden vor.

Mit DateFormat ausgeben

Blicken wir zunächst auf die Ausgabe einer `DateTime`. Ohne eine lokalisierte Formatierung erhalten Sie eine Zeichenkette im Format *ISO 8601*. `DateFormat` lässt Sie aus einer Reihe von vordefinierten Anordnungen der einzelnen Komponenten wie Jahr, Monat, Tag usw. wählen, aber genauso eigene Zusammenstellungen definieren. So steht das `M` für den Monat als Zahl, `d` für den Tag im Monat und `y` für das Jahr. Unter der Adresse *https://pub.dev/documentation/intl/latest/intl/DateFormat-class.html* finden Sie hierzu eine komplette Übersicht.

Unabhängig davon, welches Format Sie für Ihre Zwecke einzusetzen gedenken, die Verwendung erfolgt immer nach dem gleichen Aufbau:

```
final formatted = DateFormat.MMMMd().format(DateTime.now());
```

Natürlich können Sie auch andere Zeitpunkte als den momentanen auf diese Weise formatieren.

[!]

Initialisierung von DateFormat

Falls Sie die `DateFormat`-Funktionalität innerhalb Ihrer `MaterialApp` oder `CupertinoApp` mit entsprechend gesetzter Eigenschaft `localizationsDelegates` benutzen (wie im unteren Listing), so können Sie `DateFormat` ohne weitere Schritte verwenden.

```
// ...
localizationsDelegates: [
   GlobalMaterialLocalizations.delegate,
   GlobalCupertinoLocalizations.delegate,
   GlobalWidgetsLocalizations.delegate,
],
// ...
```

Listing 15.8 »localizationsDelegates«

Wenn Sie darauf nicht zurückgreifen sollten, müssen Sie vor der Verwendung allerdings die asynchrone Methode `initializeDateFormatting` mit dem jeweiligen *Language Code* aufrufen, noch bevor ein erster Aufruf an `DateFormat` erfolgt:

```
initializeDateFormatting('de_DE').then((_) {
  // Ab sofort kann DateFormat verwendet werden.
});
```

Listing 15.9 Initialisierung von »DateFormat«

Die vordefinierten Anordnungen einer `DateTime` erreichen Sie wie im oberen Listing über die dazugehörigen Named Constructors, etwa das verwendete `DateFormat.MMMMd`, das den Monat und dessen Tag ausgibt.

Wenn Sie ein eigenes Format angeben möchten, setzen Sie den Standardkonstruktor ein, dem Sie einen frei konfigurierbaren `String` übergeben können:

```
final customDateFormat = DateFormat('yyyy G');
final customFormatted = customDateFormat.format(DateTime.now());
```

Ohne Angabe eines Locales fällt `DateFormat` auf »en_US« zurück. Um beispielsweise deutsche Repräsentationen anzuwenden, müssen Sie den zugehörigen Language Code angeben, also »de_DE«:

```
final dateFormat = DateFormat.MMMMd('de_DE');
final customDateFormat = DateFormat('yyyy G', 'de_DE');
```

Wenn Sie das aktuelle Locale einlesen, können Sie dessen `languageCode` anstelle eines hartcodierten Strings in den Konstruktoren einsetzen:

```
final locale = Localizations.localeOf(context);
final formatted =
 DateFormat.MMMMd(locale.languageCode).format(DateTime.now());
```

[«]

Das derzeitige Locale abfragen

Das jeweils von Flutter benutzte Locale können Sie mit dem `BuildContext` über `Localizations.localeOf(context)` abfragen. Mit der Information könnten Sie beispielsweise Entscheidungen im Design treffen oder sprachspezifische Ressourcen auswählen.

Mit DateFormat parsen

Das Einlesen eines Werts in eine `DateTime` über eine freie Texteingabe kann zu Problemen in Apps führen – natürlich nur, falls keine Date-Picker zur Eingabe benutzt werden. Im Folgenden wird ein Formularfeld angenommen, um das Verarbeiten eines `DateTime`-Objekts vorzuführen.

Sie könnten dem Nutzer Ihrer App vorschreiben, dass ein Datum in einem über alle Sprachen hinweg verwendeten Format anzugeben ist, z. B. als »2026-01-01«. Viel entgegenkommender wäre es allerdings, eine Eingabe im jeweiligen Landesformat anzunehmen.

Die Aufgabe lässt sich bewerkstelligen, indem Sie die Methode `parse` von `DateFormat` verwenden. Ihnen bieten sich die aus dem vorherigen Abschnitt bekannten Optionen eines vordefinierten und frei bestimmbaren Formats:

```
final parseDateFormat = DateFormat.yMd();
final localizedParseDateFormat = DateFormat('yMd', 'de_DE');
```

Das somit erzeugte Format können Sie dann zum Parsen verwenden, zum Beispiel so:

```
final parsedDate = parseDateFormat.parse('12/24/2025');
final localizedParsedDate = localizedParseDateFormat.parse('24.12.2025');
```

Durch `DateFormat` lesen Sie, wie eben demonstriert wurde, eine Zeichenkette ein, die in einem beliebigen landesspezifischen Format sein kann, und erhalten dank `parse` ein vollständiges `DateTime`-Objekt, mit dem Sie fortfahren können. Das erste `DateFormat` im oberen Listing bezieht sich automatisch auf das US-amerikanische Datumsformat (»12/24/2025«), während `localizedParseDateFormat` aufgrund der Angabe des deutschen Language Codes das Datum 24.12.2025 einlesen kann. In Verbindung mit dem aktuellen Locale des Systems verarbeitet Ihre App durch `DateFormat` dynamisch stets das Format der verwendeten Sprache:

```
final parseDateFormat = DateFormat.yMd(locale.languageCode);
```

So können Sie Eingaben korrekt verarbeiten, die in der Sprache des Geräts vorgenommen wurden.

NumberFormat

Die Klasse NumberFormat aus *Intl* löst für Sie einige der klassischen Probleme: Zahlen, Währungen oder generell deren Formate ändern sich über die Sprachen hinweg. Wenn Sie Ihren Nutzer eine Fließkommazahl, etwa »2,04«, eingeben lassen und diese mit einem Wert vom Typ double verrechnen möchten, stehen Sie vor dem Problem, dass der eingegebene String nicht korrekt umgewandelt wird und zu einer FormatException führen würde:

```
final input = double.parse('2,04');
```

Die Methode double.parse kann mit der Zeichenkette »2,04« nicht viel anfangen, denn double arbeitet mit Zahlen im US-Format. Der Nutzer müsste also »2.04« eingeben, damit das Programm weiterarbeiten kann. Übrigens würde ein US-Amerikaner ebenfalls schnell auf Probleme stoßen, da Zahlen dort üblicherweise nach drei Stellen mit einem Komma getrennt werden, beispielsweise »1,234,567,000.45«.

Damit Sie Ihren Anwendern keine derartigen Einschränkungen auferlegen müssen, fügen Sie mithilfe von NumberFormat einen Zwischenschritt ein, der die Eingabe entsprechend der Sprache interpretiert und dann im von double gewünschten Format liefert:

```
final numberFormat = NumberFormat.decimalPattern('de_DE');
final fromGerman = numberFormat.parse('2,04');
```

Der Named Constructor decimalPattern von NumberFormat nimmt optional einen Language Code entgegen, der im oberen Beispiel der deutsche ist. Hiermit ist NumberFormat schon konfiguriert und wird die Eingabe beim Aufruf von parse in der landesspezifischen Art verarbeiten. Der Wert kann jetzt richtig geparst werden.

[»]

Nachkommastellen automatisch anpassen

Möchten Sie bei der Ausgabe von Zahlen künstlich angehängte Nachkommastellen wie »20,10« statt »20,1« vermeiden, dann setzen Sie hierfür ebenfalls NumberFormat ein wie folgt:

```
final adjustingFormat = NumberFormat.decimalPattern('de_DE');
adjustingFormat.maximumFractionDigits = 2;
adjustingFormat.minimumFractionDigits = 0;
print(
  'Keine Nachkommastelle: ${adjustingFormat.format(20.0)}\n'
  'Eine Nachkommastelle: ${adjustingFormat.format(20.10)}\n'
  'Zwei Nachkommastellen: ${adjustingFormat.format(20.02)}'
```

```
);
// Keine Nachkommastelle: 20
// Eine Nachkommastelle: 20,1
// Zwei Nachkommastellen: 20,02
```

Listing 15.10 Zahlen mit dynamischer Anzahl an Nachkommastellen

Wie zuvor initialisieren Sie das Objekt mit einem Locale oder nutzen das aus dem System ausgelesene. Danach bestimmen Sie mithilfe der Eigenschaften `maximumFractionDigits` und `minimumFractionDigits`, in welchem Rahmen sich die Ausgabe bewegen soll. In diesem Beispiel darf der Formatter demnach die Nachkommastellen weglassen, wenn die resultierende Zahl keine besitzt; und bei Bedarf zeigt er bis zu zwei von ihnen an.

Analog zu diesem Vorgehen unterstützt `NumberFormat` Sie gleichermaßen beim Einlesen und Ausgeben von Werten der jeweiligen Währung, etwa:

```
final currencyFormat = NumberFormat.compactCurrency(locale: 'de_DE');
final formattedCurrency = currencyFormat.format(1200000);
```

In diesem Beispiel erhalten Sie als Ausgabe 1,2 Millionen EUR. Umgekehrt können Sie aber auch einen Kontostand ohne Währungskürzel parsen:

```
final parsedCurrency = currencyFormat.parse('1.200.000');
```

Neben den vorgestellten Beispielen implementiert `NumberFormat` einen Standardkonstruktor, dem Sie ein eigenes Format übergeben können, das Sie aus einem Baukasten von kleinen Mustern zusammensetzen. In der Dokumentation von `NumberFormat` (*https://pub.dev/documentation/intl/latest/intl/NumberFormat-class.html*) finden Sie hierzu eine Übersicht sowie weitere hilfreiche Einsatzmöglichkeiten des Werkzeugs im Umgang mit sprachspezifischer Eingabe.

15.1.4 Intl in die IDE integrieren

Zum Aufsetzen der Lokalisierung mit dem Package *Intl* waren einige Schritte nötig, etwa das Erstellen und Konfigurieren der *l10n.yaml*-Datei. Erfreulicherweise können Sie mithilfe eines Plugins, das Sie in Visual Studio Code oder Android Studio installieren, sogar die Konfiguration generieren lassen, sodass neben minimalen Anpassungen nur noch das Füllen der ARB-Dateien zu übernehmen ist.

Installation in Android Studio

Am besten erstellen Sie mit Android Studio ein neues Projekt, um die Unterschiede zum vorherigen manuellen Prozess leichter nachvollziehen zu können. Öffnen Sie, falls Sie es nicht schon installiert haben, die Einstellungen, und gehen Sie dort zum Plugin-Bereich, um *Flutter Intl* herunterzuladen (siehe Abbildung 15.1).

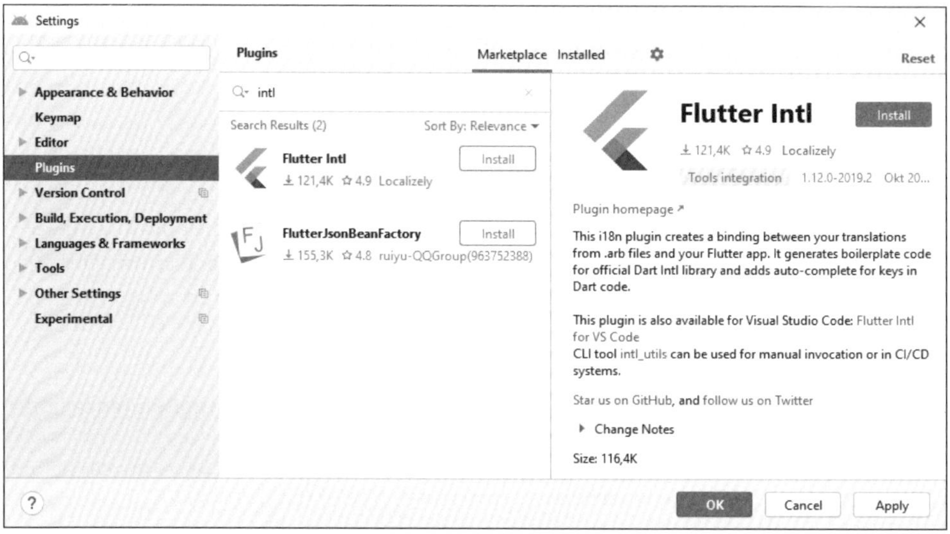

Abbildung 15.1 »Flutter Intl« als Plugin in Android Studio

Nach dem Neustart der IDE können Sie die Funktionen des Plugins über den Eintrag TOOLS in der Menüleiste erreichen. Um in Ihrem Projekt die Lokalisierung aufzusetzen, wählen Sie den Menüpunkt TOOLS • FLUTTER INTL • INITIALIZE FOR THE PROJECT, der in Abbildung 15.2 zu sehen ist.

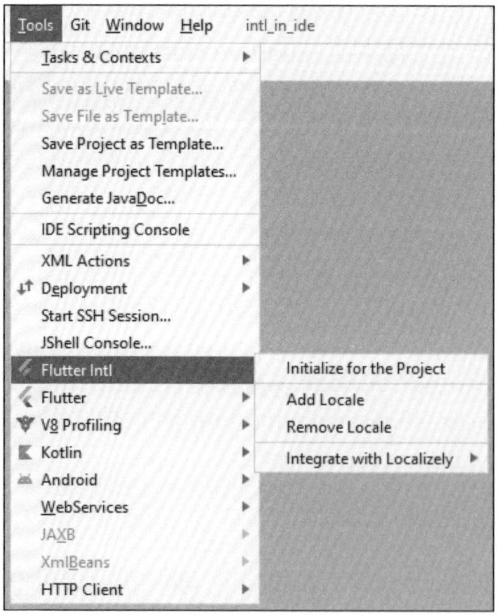

Abbildung 15.2 »Flutter Intl« in der Menüleiste

Installation in Visual Studio Code

Öffnen Sie die den Erweiterungsbereich in Visual Studio Code, um das Plugin *Flutter Intl* herunterzuladen (siehe Abbildung 15.3). Nach der Installation in Ihrer IDE können Sie es über die Command-Palette einsetzen.

Abbildung 15.3 Das »Flutter Intl«-Plugin in Visual Studio Code

Initialisieren Sie die Lokalisierung in Ihrem Projekt, indem Sie in der Command-Palette »Flutter Intl« eintippen und dort den Eintrag INITIALIZE auswählen (siehe Abbildung 15.4).

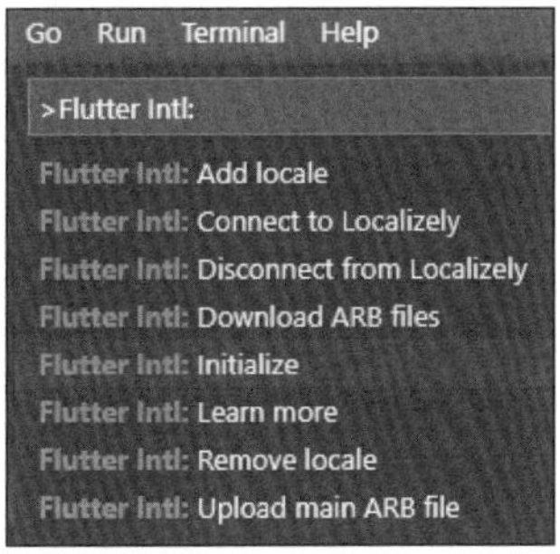

Abbildung 15.4 Die Command-Palette mit »Flutter Intl«

Flutter Intl benutzen

Durch die Initialisierung wurden die beiden Ordner *generated* und *l10n* unterhalb von *lib* erstellt. Wie der Verzeichnisname bereits vermuten lässt, befinden sich in *generated* jene Elemente, die aus den ARB-Dateien hergeleitet werden können. Das wären zum Beispiel die von Ihnen angebotenen (*supported*-)Locales, die im erwähnten Unterordner *l10n* liegen.

Weil die für die englische Übersetzung generierte Datei *intl_en.arb* noch leer ist, fügen Sie dort wie in Listing 15.11 den Eintrag `greeting` ein:

```
{
  "greeting": "Hello"
}
```

Listing 15.11 Inhalt von »intl_en.arb«

Mit dem Speichern der Datei wird automatisch ein Durchlauf von *Flutter Intl* gestartet, der die Inhalte im Ordner `generated` neu erzeugt.

[»]

Dateiname vs. Attribute

Wie Sie in Listing 15.11 sehen, wurde auf die Angabe von `@@Locale` zur Bestimmung des Locales verzichtet. Das Package `intl` kann die Sprache anhand des Dateinamens automatisch erkennen. Falls Sie auf diese Möglichkeit zurückgreifen möchten, benennen Sie Ihre Dateien entsprechend im Schema *<Präfix>_<Locale>.arb*. Demzufolge hätten die ARB-Dateien im Beispiel aus Abschnitt 15.1.2, die zunächst *en.arb* und *de.arb* genannt wurden, beispielsweise auch als *translations_en.arb* und *translations_de.arb* gespeichert werden können. Dann würde `@@Locale` nicht mehr nötig sein, und der Inhalt der englischen Variante wäre folglich:

```
{
  "greeting": "Hello",
  "@greeting": {
    "description": "Eine Begrüßung"
  }
}
```

Listing 15.12 Inhalt der »translations_en.arb«

Beachten Sie allerdings, dass bei einer Umbenennung der Template-ARB-Datei auch eine Anpassung in der *l10n.yaml*-Konfigurationsdatei durchzuführen ist, falls Sie das Plugin *Flutter Intl* nicht verwenden.

Die sogenannten *Resource Attributes*, die in Listing 15.11 durch `@greeting` eingeführt wurden, können durch den Einsatz des Plugins *Flutter Intl* weggelassen werden, falls Sie darauf keinen Wert legen.

Die Datei *l10n.dart* im Verzeichnis *generated* erfüllt den gleichen Zweck wie *app_localizations.dart*, die als Ausgabe der Lokalisierung mit der *l10n.yaml*-Konfigurationsdatei erzeugt wurde: Hierüber können Sie im Code auf die autogenerierten Informationen zugreifen. Einige wenige Unterschiede zwischen den beiden Dateien sind zu erwähnen: Statt der Klasse `AppLocalizations`, die Sie vor der Verwendung von *Flutter Intl* kennengelernt haben, arbeiten Sie jetzt mit der Klasse `S`, die vom Plugin erstellt wurde. Die über `AppLocalizations.delegates` zusammengefasste Liste ist darin gestrichen worden, sodass Sie die von Ihnen eingesetzten Delegates wie in Listing 15.1 von Hand eintragen müssen. Das nächste Beispiel implementiert erneut das aus vorangegangenen Abschnitten bekannte `Text`-Widget mit der Begrüßung, dieses Mal aber mit der aus dem Plugin bereitgestellten Implementierung:

```
import 'package:flutter/material.dart';
import 'package:intl_in_ide/generated/l10n.dart';
import 'package:flutter_localizations/flutter_localizations.dart';

void main() {
  runApp(MyApp());
}

class MyApp extends StatelessWidget {
  @override
  Widget build(BuildContext context) {
    return MaterialApp(
      supportedLocales: S.delegate.supportedLocales,
      localizationsDelegates: [
        GlobalMaterialLocalizations.delegate,
        GlobalCupertinoLocalizations.delegate,
        GlobalWidgetsLocalizations.delegate,
        S.delegate,
      ],
      home: Scaffold(
        body: Builder(
            builder: (context) {
              return Center(
                child: Text(
                  S.of(context).greeting,
                ),
              );
            }
        ),
      ),
    );
  }
}
```

Listing 15.13 Lokalisierter Text mit dem »Flutter Intl«-Plugin

Viel hat sich nicht verändert. Die `supportedLocales` können Sie weiterhin über die generierte Klasse beziehen und auch die Nutzung innerhalb Ihres Codes ist gleich geblieben. Achten Sie aber darauf, dass sich die zu importierende Datei entsprechend geändert hat. Die Klasse `S` ist im Unterordner *generated* und dort in *l10n.dart* definiert.

Ein weiteres Locale hinzufügen und entfernen

Das Plugin erstellt standardmäßig nur eine ARB-Datei für die englische Sprache. Sie können jederzeit über das Tool weitere Locales hinzufügen. Wählen Sie hierzu das entsprechende Kommando aus, entweder in Android Studio über TOOLS • FLUTTER INTL • ADD LOCALE oder in Visual Studio Code über die *Command-Palette* und FLUTTER INTL: ADD LOCALE. Sie erhalten automatisch eine neue ARB-Datei für Ihr Locale, und die Erweiterung kümmert sich im Hintergrund um die Generierung aller notwendigen Verknüpfungen.

Über den gleichermaßen erreichbaren Eintrag REMOVE LOCALE entfernen Sie eine nicht mehr benötigte Übersetzung aus Ihrem Projekt.

Für den nächsten Abschnitt, der Ihnen demonstriert, wie Sie zwischen Locales wechseln können, können Sie an dieser Stelle vorbereitend das neue Locale *de* anlegen und die entstandene ARB-Datei *intl_de.arb* mit folgendem Inhalt füllen:

```
{
  "greeting": "Hallo Welt!"
}
```

Listing 15.14 Der Inhalt von »intl_de.arb«

15.1.5 Im Betrieb die Sprache ändern

Wie Sie in den zurückliegenden Abschnitten festgestellt haben, erkennt die eingesetzte Lokalisierung die Systemsprache des Geräts und wendet eine verfügbare und auf dem Locale basierende Übersetzung an. Ihre Anwendung kann dem Nutzer aber zusätzlich den Service anbieten, die Sprache unabhängig von den Systemeinstellungen an seine Präferenz anzupassen – und zwar noch während sie in Benutzung ist, also ohne erforderlichen Neustart Ihrer App.

Hierzu rufen Sie auf Ihrem `LocalizationDelegate` die statische Funktion `load` auf. Darauf können Sie mit und ohne Nutzung des *Flutter Intl*-Plugins zugreifen. Je nachdem wird sich aber der Klassenname Ihres Delegates unterscheiden. Das folgende Beispiel implementiert zusätzlich zu dem lokalisierten `Text`-Widget einen Button, der im umgebenden `StatefulWidget` bei einer Aktualisierung die Sprache wechselt. In diesem Beispiel nehmen wir an, dass zwei ARB-Dateien, jeweils mit dem Key `greeting`, existieren. Deren Inhalte können Sie beispielsweise Listing 15.11 und Listing 15.14 entnehmen.

```
import 'package:flutter/material.dart';
import 'package:intl_in_ide/generated/l10n.dart';
import 'package:flutter_localizations/flutter_localizations.dart';

void main() {
  runApp(MyApp());
}

class MyApp extends StatefulWidget {
  @override
  _MyAppState createState() => _MyAppState();
}

class _MyAppState extends State<MyApp> {
  bool isEnglish = true;

  @override
  Widget build(BuildContext context) {
    return MaterialApp(
      supportedLocales: S.delegate.supportedLocales,
      localizationsDelegates: [
        GlobalMaterialLocalizations.delegate,
        GlobalCupertinoLocalizations.delegate,
        GlobalWidgetsLocalizations.delegate,
        S.delegate,
      ],
      home: Scaffold(
        body: Column(
          mainAxisAlignment: MainAxisAlignment.center,
          children: [
            Builder(builder: (context) {
              return Center(
                child: Text(
                  S.of(context).greeting,
                ),
              );
            }),
            const SizedBox(height: 16),
            TextButton(
              onPressed: () {
```

```
                S.load(Locale(isEnglish ? 'de' : 'en'));
                setState(() => isEnglish = !isEnglish);
              },
              child: Text('Sprache wechseln'),
            )
          ],
        ),
      ),
    );
  }
}
```

Listing 15.15 Aktiver Wechsel der Sprache

Wenn Sie den Code auf den Simulator übertragen, erhalten Sie den in Abbildung 15.5 dargestellten Stand. Mit dem unteren Button können Sie zwischen den beiden Sprachen Deutsch und Englisch wechseln.

Abbildung 15.5 Der Sprach-Switcher auf dem Gerät

15.1.6 Werte an die lokalisierten Texte übergeben

Statische Texte in einer Sprache darzustellen, die an den Nutzer angepasst wurde, ist ein ausgezeichneter erster Schritt hin zur Lokalisierung. Oftmals soll an einer Stelle einer Übersetzung aber ein Wort, Teilsatz oder Zeichen angezeigt werden, das erst zur Laufzeit bekannt ist. Auch für diese Aufgabe gibt es eine Lösung, die ohne Umwege zum Ziel führt: Nutzen Sie *Parameter*.

Damit könnte etwa ein Nutzername oder Begriff an die aus den vorherigen Beispielen bekannten Übersetzungen von `greeting` angehängt werden. Ändern Sie beispielsweise den Inhalt der englischen Variante wie folgt:

```
{
  "greeting": "Hello {name}"
}
```

Ein solcher Parameter wird mit geschweiften Klammern eingerahmt und kann im Code benutzt werden. Die bisher statischen Texte hat `intl` als Getter für Sie generiert. Das veränderte `greeting` bildet jetzt allerdings eine Funktion ab, die den von Ihnen bereitgestellten Wert in die Übersetzung einbettet:

```
S.of(context).greeting('HAL')
```

Erfreulicherweise erzwingt Flutter hier sogar, dass Sie einen Parameter benötigen: Der generierte Code verursacht einen Syntaxfehler, wenn Sie keinen oder die falsche Anzahl Parameter übergeben.

Sie können über den vorgestellten Weg beliebig viele Platzhalter in einen Text einfügen. Die Parameter werden beim Aufruf immer der Reihe nach aufgelöst. Die verwendeten Namen tauchen bei der Autovervollständigung wieder auf, sodass Sie leicht erkennen können, was benötigt wird.

15.2 Accessibility

Während man sich bei der *Localization* und *Internationalization* mit Sprache und Kultur beschäftigt, widmen wir uns bei der *Accessibility* der Aufgabe, Inhalte und Funktionalität Nutzern mit körperlichen Behinderungen verfügbar zu machen.

Besondere Problemfelder stellen dabei die Schriftgröße und das Vorlesen von Inhalten durch den sogenannten *Screenreader* dar.

15.2.1 Schriftgröße

Allzu häufig wird beim Entwickeln von Apps übersehen, dass Nutzer auf ihren Systemen Schriftgrößen oder Zoomstufen eingestellt haben könnten, die von den idealen Bedingungen auf dem Simulator des Programmierers oder der Testerin abweichen. So sind Texte oft nicht darauf vorbereitet, dass Nutzer die Schrift auf einen so hohen Schriftgrad einstellen, dass der dem Text zugewiesene Platz nicht ausreicht.

Behalten Sie daher im Hinterkopf, dass Sie mithilfe des `Text`-Widgets schon einige Vorbereitungen treffen können. Sie können es beispielsweise in ein `Flex`-Widget wie `Flexible` oder `Expanded` einwickeln, die einen Overflow verhindern können. Zusätzlich stellt Ihnen `MediaQuery` (siehe Abschnitt 6.4) die Einstellung der Textskalierung zur Verfügung, die Sie zum Beispiel folgendermaßen abgreifen:

```
final textScale = MediaQuery.of(context).textScaleFactor;
```

Oder so:

```
final convenienceTextScale = MediaQuery.textScaleFactorOf(context);
```

Mit dieser Information könnten Sie etwa das Layout eines Screens anpassen oder anderweitig reagieren. Während sich `Text` automatisch an den eingestellten `TextScaleFactor` anpasst, ignoriert `RichText` diesen. Weil Sie aber, wie oben dargestellt, den jeweiligen Faktor auslesen können, lassen Sie das Widget damit ohne nennenswerten Aufwand automatische Anpassungen vornehmen. Das geht wie folgt:

```
final textScale = MediaQuery.of(context).textScaleFactor;

// . . .
RichText(
  text: TextSpan(
    text: 'RichText',
    style: TextStyle(color: Colors.black),
  ),
  textScaleFactor: textScale,
)
```

Listing 15.16 Den »textScaleFactor« an »RichText« weitergeben

Falls Ihnen Ihr Text mal über den Kopf wächst, gebieten Sie ihm mit der Eigenschaft `overflow` jedoch Einhalt (siehe auch Abbildung 15.6):

```
Text(
  'Schrift benutzt Auslassungspunkte',
  overflow: TextOverflow.ellipsis,
),
```

Listing 15.17 Ausblenden von Text mit »TextOverflow«

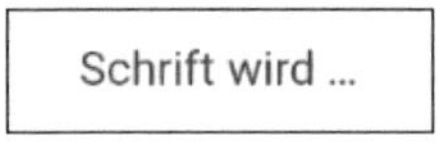

Abbildung 15.6 Der ausgeblendete Text

Um sicherzugehen, dass Ihr Layout in Flutter auf Textvergrößerungen vorbereitet ist, können Sie auf Android und iOS in den Systemeinstellungen die Schriftgröße versuchsweise so, wie in Abbildung 15.7 dargestellt, nach rechts ziehen. Neben dieser Einstellung findet sich – meist ebenfalls in den Untermenüs zu den Bedienungshilfen – ein Regler, mit dem Sie die Skalierung weiter nach oben treiben können.

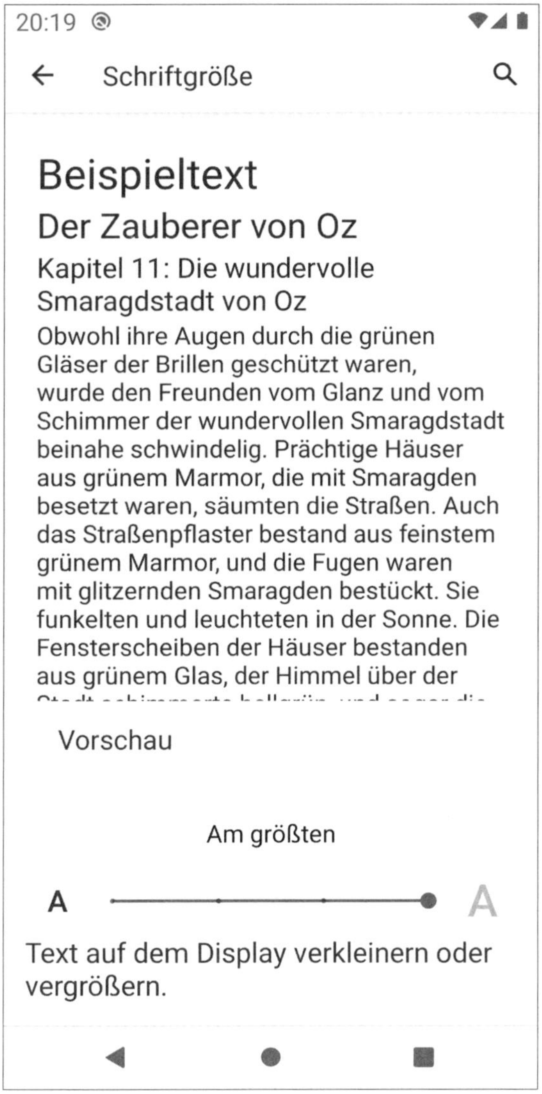

Abbildung 15.7 Systemeinstellungen zur Schriftgröße von Android

15.2.2 Screenreader

Seit der Vorstellung des ersten iPhones im Jahr 2007, das mit einem 3,5 Zoll großen Display auf den Markt kam, sind die Bildschirme der Smartphones teils auf die doppelte Größe angewachsen. Menschen mit Sehbehinderungen hoffen aber dennoch weiterhin darauf, dass Entwickler Bedienungshilfen wie den Screenreader durchgängig in ihren Apps zu unterstützen.

Flutter hilft Ihnen dabei, dieses Ziel zu erreichen. Eigens dafür konzipierte Widgets wie Semantics, MergeSemantics und ExcludeSemantics fügen sich beim Schreiben der Oberfläche ganz natürlich in Ihren Widget-Tree ein. Außerdem besitzen einige der Standard-Widgets eine spezielle Eigenschaft, über die Sie Informationen an den *Screenreader* übergeben, ohne ein zusätzliches Widget einfügen zu müssen.

Semantics

Die Beschreibung der in Ihrem Widget-Tree eingesetzten und sichtbaren Elemente erfolgt über Semantics. Um die Technologien der Plattformen zu unterstützen, die diese Informationen erkennen und vorlesen, besitzt Flutter einen *Semantics-Tree*, mit dem Sie persönlich allerdings nicht in Berührung kommen.

Wenn Sie Ihren Nutzerinnen und Nutzern kontextuelle Beschreibungen über solche Semantics zukommen lassen wollen, hüllen Sie Ihr Widget folgendermaßen ein:

```
Semantics(
  label: 'Eine grüne Box',
  child: Container(
    height: 200,
    width: 200,
    color: Colors.green,
  ),
)
```

Listing 15.18 Beschreibung eines Containers

Die Eigenschaft label, die Sie in Listing 15.18 sehen, stammt aus der Zusammenstellung SemanticsProperties, die die verschiedensten Hilfestellungen umfasst. Je nach Aktion sind das das Verschieben eines Sliders, das Drücken eines Buttons oder das Anzeigen eines Textes. Semantics nutzt diese Konfiguration intern. In einem der folgenden Abschnitte führe ich Ihnen weitere Eigenschaften vor, mit denen Sie interaktive Widgets für den Screenreader-Einsatz justieren.

Sie können die Auswirkungen, die Semantics entfaltet, testen, wenn Sie die entsprechenden Hilfen auf Android oder iOS aktivieren. Weitere Informationen dazu finden Sie auf den Hilfeseiten zu *Android TalkBack* und *iOS VoiceOver*. Etwas schneller und durchaus reibungsloser probieren Sie die Änderung aber mit dem booleschen Flag showSemanticsDebugger: true von MaterialApp oder CupertinoApp aus. Das Beispiel aus Listing 15.18 würde dann so aussehen:

```
MaterialApp(
  showSemanticsDebugger: true,
```

```
    home: Scaffold(
      body: Center(
        child: Semantics(
          label: 'Eine grüne Box',
          child: Container(
            height: 200,
            width: 200,
            color: Colors.green,
          ),
        ),
      ),
    ),
  );
```

Listing 15.19 »showSemanticsDebugger«

Mit dieser Eigenschaft verändert sich die Oberfläche und zeigt die kontextuellen Bereiche, die Sie beispielsweise mit `Semantics` beschreiben. Die Abbildung 15.8 zeigt das Beispiel der »grünen Box«. Der an `label` übergebene `Text` wird in dessen Mitte dargestellt.

MergeSemantics

Jedes Widget besitzt eine implizite `Semantics`-Repräsentation. Folgender Code erzeugt beispielsweise für jeden `Text` ein `Semantics`-Widget:

```
Column(
  mainAxisAlignment: MainAxisAlignment.center,
  children: [
    Text('Text 1'),
    Text('Text 2'),
    Text('Text 3'),
    Text('Text 4'),
    Text('Text 5'),
    Text('Text 6'),
  ],
)
```

Listing 15.20 Texte mit impliziten »Semantics«

In Abbildung 15.9 erkennen Sie die Elemente an den verschiedenfarbigen Einrahmungen und den Beschreibungen, die von Flutter direkt aus den Inhalten abgeleitet wurden.

Abbildung 15.8 Darstellung von »Semantics«

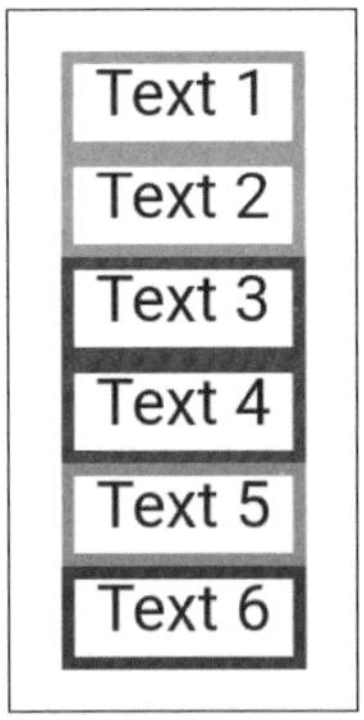

Abbildung 15.9 Die Texte mit eigenen impliziten Semantics

Häufig werden Sie einige zusammengesetzte Widgets zu einem einzigen `Semantics`-Element zusammenfügen wollen. In diesem Fall greifen Sie auf `MergeSemantics` zurück, das Sie genauso unkompliziert wie `Semantics` einsetzen. Um die verschiedenen Texte zur Demonstration zu einem einzigen `Semantics`-Element zu gruppieren, ändern Sie das Beispiel folgendermaßen:

```
MergeSemantics(
  child: Column(
    mainAxisAlignment: MainAxisAlignment.center,
    mainAxisSize: MainAxisSize.min,
    children: [
      Text('Text 1'),
      Text('Text 2'),
      Text('Text 3'),
      Text('Text 4'),
      Text('Text 5'),
      Text('Text 6'),
    ],
  ),
)
```


Listing 15.21 Mit »MergeSemantics« gruppieren

Durch diesen Schritt werden alle unter `MergeSemantics` befindlichen `Semantics`-Elemente zu einem einzelnen Element zusammengefügt (siehe Abbildung 15.10). Das zeigt sich auch in der Oberfläche recht deutlich durch das aktivierte Flag `showSemanticsDebugger`.

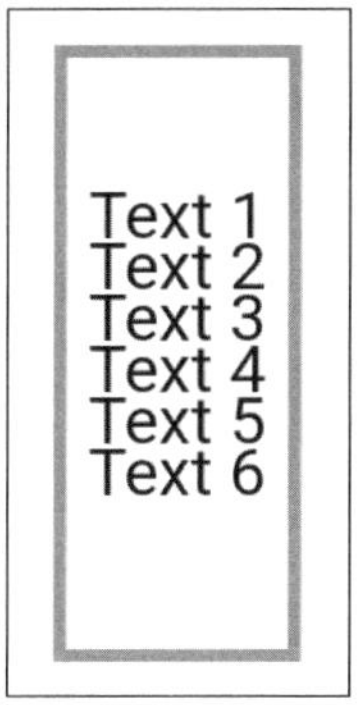

Abbildung 15.10 Die visuell zusammengefassten »Semantics«

Die Eigenschaft semantic(s)Label

Beim Blick hinter die Kulissen haben Sie wahrscheinlich des Öfteren festgestellt, dass Flutter innerhalb der `build`-Methode munter Elemente miteinander kombiniert. Weil der Einsatz von `Semantics` bei manchen Widgets im Voraus abzusehen ist, fügen unter anderem `Text`, `Image` und `Icon` ein `Semantics`-Widget in den Widget-Tree ein. Sie steuern dessen Inhalt über die Eigenschaft `semanticLabel`, die im Fall von `Text` allerdings `semanticsLabel` genannt wurde. Die besagten Widgets schreiben Sie dementsprechend wie folgt:

```
Text(
  'Es sind 10 °C',
  semanticsLabel: 'Die Temperatur beträgt zehn Grad Celsius',
),
Image.asset(
  'images/logo.png',
  semanticLabel: 'Ein hübsch anzusehendes Bild',
),
Icon(
  Icons.group,
  semanticLabel: 'Icon-Gruppe',
),
```

Listing 15.22 »Text«, »Image« und »Icon« mit »semanticLabel«

[+]

Text mit zusätzlichem semanticsLabel

Dass `Image` und `Icon` ein `semanticLabel` anbieten, kommt Ihnen sicherlich sinnvoll vor. Aber auch `Text`, dessen Inhalt vom Screenreader bereits ausgelesen wird, verfügt über diese Eigenschaft. Warum?

Zwar verarbeiten Screenreader, etwa *Voice Over* auf iOS und *TalkBack* auf Android, Abkürzungen wie »Mio.«, »°C« oder »°F« korrekt. Durch die eigene »Übersetzung« können Sie Ihre Inhalte bei Bedarf aber höherwertiger vermitteln. Möglicherweise ergibt ein Text in der visuellen Darstellung Sinn, ist vorgelesen aber nur schwer verständlich.

Falls Sie sich in einem Fall nicht sicher sind, kommen Sie am Ausprobieren mit einem physischen Gerät nicht vorbei. Diejenigen Nutzer und Nutzerinnen, die auf Bedienungshilfen angewiesen sind, werden Ihnen überaus dankbar dafür sein!

ExcludeSemantics

Falls ein Widget keine Bedeutung für den Kontext in sich trägt, beispielsweise der in Listing 15.18 eingeführte farbige `Container`, könnte es hilfreich sein, dieses Element auszuklammern, sodass es vom Screenreader ignoriert wird. Ähnlich wie eine visuelle Überflutung könnte nämlich eine zu hohe Dichte an `Semantics` Ihre Nutzer verwirren.

Den Hinweis auf die »grüne Box« könnten Sie daher mit dem Widget `ExcludeSemantics` entfernen:

```
ExcludeSemantics(
  child: Semantics(
    label: 'Eine grüne Box',
    child: Container(
      height: 200,
      width: 200,
      color: Colors.green,
    ),
  ),
)
```

Listing 15.23 Mit »ExcludeSemantics« arbeiten

Natürlich ist das obere Beispiel etwas praxisfern, weil es ein zunächst eigens hinzugefügtes `Semantics`-Element wieder ignoriert. Es zeigt aber dennoch, wie einfach Sie einzelne Elemente über den Widget-Tree mithilfe von `ExcludeSemantics` herausnehmen können.

Falls ein mit `Semantics` umrahmtes Widget in manchen Fällen von Bedeutung ist, aber ansonsten ausgeklammert werden soll, können Sie übrigens die Eigenschaft `excluding` von `ExcludeSemantics` dynamisch steuern:


```
ExcludeSemantics(
  excluding: false,
  child : // ...
)
```

IndexedSemantics

Auch ScrollViews wie `ListView` oder `SliverList` berücksichtigen `Semantics`. Sie packen die übergebenen Widgets implizit in `IndexedSemantics` ein, sodass der Screenreader die Reihenfolge der Elemente richtig auswerten und vorlesen kann. Wenn sich in Ihrer `ListView` aber Widgets befinden, die lediglich als Schmuckelemente dienen oder keinen Mehrwert bieten, dann können Sie selbst das Ummanteln mit `IndexedSemantics` übernehmen und nach Belieben Widgets außen vor lassen:

```
ListView(
  addSemanticIndexes: false,
  children: [
    IndexedSemantics(
      index: 0,
      child: Text(
        'Es sind 10 °C',
        semanticsLabel: 'Die Temperatur beträgt zehn Grad Celsius',
      ),
```

```
      ),
      // Kein IndexedSemantics, ignorieren
      Image.asset(
        name: 'images/logo.png',
        semanticLabel: 'Ein hübsch anzusehendes Bild',
      ),
      // Kein IndexedSemantics, ignorieren
      Icon(
        Icons.group,
        semanticLabel: 'Icon-Gruppe',
      ),
      // Element soll vorgelesen werden
      IndexedSemantics(
        index: 1,
        child: Text(
          'Der nächste Bericht',
        ),
      ),
    ],
)
```

Listing 15.24 »child«-Widgets mit »IndexedSemantics«

Während die Texte in der oberen `ListView` vom Screenreader zu berücksichtigen sind, hat er das `Image` und `Icon` zu ignorieren. Mit `IndexedSemantics` nehmen Sie dementsprechend eine Feinjustierung vor. Damit die `ListView` keine implizite Ummantelung der `child`-Widgets vornimmt, setzen Sie die Eigenschaft `addSemanticIndexes` auf `false`.

Auch Slivers, etwa die `SliverList`, wenden diese Methode an. Wie Sie aus Abschnitt 6.2 wissen, sind `ListView`-Widgets eigentlich Slivers, die aber speziell an das aus Box-Widgets bestehende Umfeld angepasst wurden. Die Eigenschaft `addSemanticIndexes` finden Sie dort innerhalb des Delegates, zum Beispiel:

```
SliverList(
  delegate: SliverChildListDelegate.fixed(
    [
      // children
    ],
    addSemanticIndexes: false,
  ),
  // ...
)
```

Listing 15.25 »SliverList«, konfiguriert für eigene »IndexedSemantics«

BlockSemantics

Vielleicht kommen Sie irgendwann an den Punkt, an dem nichts anderes hilft, als zu sagen: »Schluss! Bis hier und nicht weiter!« Wenn es dabei um `Semantics` geht, wird Ihnen in diesem Fall `BlockSemantics` nützlich sein. Mit `BlockSemantics` bestimmen Sie einen Punkt im Widget-Tree, der alle zuvor eingeführten `Semantics` sperrt und ausklammert. `BlockSemantics` wirkt demnach wie eine `ModalBarrier` (siehe Abschnitt 6.5), beschränkt sich aber auf die `Semantics`. Ein Beispiel dafür ist der `Drawer` des Material Design, der alle unter sich gezeichneten Widgets mithilfe von `BlockSemantics` von der Interaktion mit dem Screenreader ausnimmt.

Der nächste Code demonstriert das Verhalten innerhalb eines `Stacks`:

```
Stack(
  children: [
    Align(
      alignment: Alignment.centerLeft,
      child: Text('Nicht vorlesen bitte'),
    ),
    Align(
      alignment: Alignment.centerRight,
      child: Text('Auch nicht vorlesen'),
    ),
    BlockSemantics(),
    Align(
      alignment: Alignment.center,
      child: Text('Vorlesen'),
    ),
  ],
)
```

Listing 15.26 »BlockSemantics«

Wenn Sie das `BlockSemantics`-Widget auskommentieren, wird der Screenreader die beiden vorherigen `Text`-Widgets vorlesen, sobald Sie diese antippen. Mit dem oben dargestellten Code können Sie nur den in Abbildung 15.11 zentral platzierten Text VORLESEN antippen. `BlockSemantics` hat damit seinen Auftrag erfüllt. Durch die Eigenschaft `blocking` können Sie zur Laufzeit anhand des aktuellen States entscheiden, ob die vorherigen Widgets ignoriert werden sollen oder nicht.

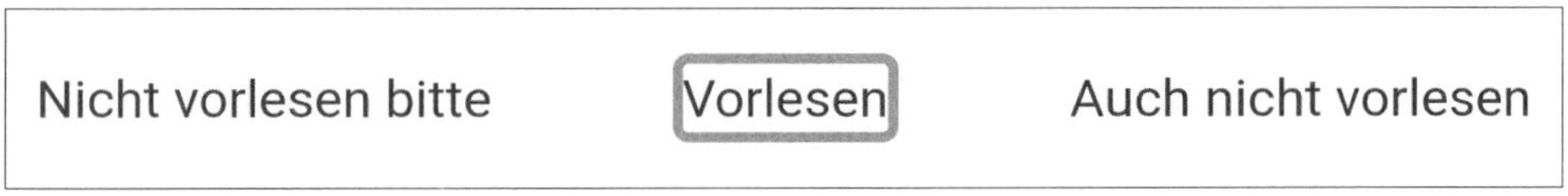

Abbildung 15.11 Darstellung des Stacks

15.3 Zusammenfassung

In diesem Kapitel haben wir uns damit beschäftigt, wie Sie eine App in mehreren Sprachen lokalisieren und Zahlen oder Formate jeweils gemäß deren Konventionen ausgeben können. Mit *Intl* und *Flutter Intl* als Plugin für Ihre IDE haben Sie praktische Werkzeuge kennengelernt, die Ihnen dabei unter die Arme greifen.

Die Semantics von Flutter helfen Ihnen darüber hinaus, auch User mit körperlichen Beeinträchtigungen bei der Benutzung Ihrer App zu unterstützen. So können Sie wichtige Inhalte mit entsprechenden Texten ausstatten, die von den eingebauten Screenreadern der jeweiligen Plattform vorgelesen werden. Manche Widgets dienen womöglich nur zum Schmuck und würden die Assistenten verwirren. Diese Zierelemente können Sie beispielsweise mit `BlockSemantics` oder `MergeSemantics` vom Vorlesen ausnehmen, um Ihren Nutzern nur die jeweils relevanten Informationen zu kommunizieren.

Kapitel 16

Die Cloud: Unendliche Weiten

»Wenn ich weiter als andere gesehen habe, dann nur deshalb, weil ich auf den Schultern von Giganten stand.«
– Isaac Newton

Apps kommen heutzutage kaum ohne eine Anbindung an ein *Backend* aus, das auf Servern läuft. Die Zeit einfacher lokaler Anwendungen ist lange vorüber: Wir befinden uns im Zeitalter komplexer und vielfach vernetzter Applikationen.

In diesem Kapitel möchte ich Ihnen daher zeigen, wie Sie mit Ihrer Flutter-App eine *HTTPS*-Verbindung zu einer *REST-API* herstellen, die sich nicht auf dem Gerät befindet, und über diese Verbindung Daten austauschen. Ich führe Sie am Anfang durch die Verwendung des Packages `http` und möchte Ihnen später zusätzlich das sehr beliebte Package `dio` vorstellen. Zum Schluss demonstriere ich Ihnen die Funktionen der *Webview*, mit der Sie einen Webbrowser in Ihre App integrieren und mit Webseiten interagieren.

[+]

HTTP-Methoden

Wenn Sie einen *HTTP-Request* an eine API senden, dann entscheiden Sie sich je nach Anwendungsfall oder Vorhaben für eine Methode. So fragen Sie beispielsweise eine Ressource ab, indem Sie *GET* verwenden, etwa `GET` *https://server/api/flutter.html*. Die API antwortet Ihnen anschließend, soweit alles in Ordnung war, mit einer *HTTP-Response* und darin enthaltenen Daten.

Um Ressourcen zu verändern, bieten *Backends* die Methoden *POST*, *PUT* oder *PATCH* an. Zwar können sie alle für eine Ressource implementiert werden, doch entscheidet der Anwendungsfall darüber, ob es nötig oder erwünscht ist. Mit *POST* könnten Sie etwa eine neue Ressource wie ein ToDo anlegen. Dafür würden Sie per `POST`-Request einige Daten an *https://server/api/todos* senden, die für das Erstellen notwendig sind. Wenn ein Client keine neuen Ressourcen anlegen können soll, würde diese API wegfallen.

Mit PUT und PATCH können Sie bestehende Ressourcen verändern. Während Sie bei PUT alle Daten einer Ressource liefern müssen, auch wenn Sie nur eine Eigenschaft davon ändern möchten, erlaubt PATCH es Ihnen, jene auszusparen, die Sie nicht beeinflussen möchten.

Ebenfalls oft anzutreffen ist *DELETE*, das eine Ressource meist anhand einer Eigenschaft wie einer *ID* selektiert und anschließend löscht.

16.1 Daten mit GET beziehen

Die typischen HTTP-Grundoperationen wie GET, POST, PUT und PATCH finden Sie zur Benutzung vorbereitet im Package `http`. Um darauf zuzugreifen, fügen Sie es der Datei *pubspec.yaml* Ihres Projekts hinzu:

```
dependencies:
  flutter:
    sdk: flutter
  http:
```

Anschließend greifen Sie auf dessen Funktionalität über den folgenden Import zu. Denken Sie daran, über das Schlüsselwort `as` einen Namen für die eingeführte Library zu deklarieren, da `http` einige Top-Level-Funktionen definiert. Ein Bezeichner verhindert mögliche Namenskonflikte.

```
import 'package:http/http.dart' as http;
```

[!]

Die Sache mit der Erlaubnis

Auf Android muss außerdem die Genehmigung für die Kommunikation über das Internet erteilt werden. Hierfür ist die Datei *AndroidManifest.xml* im Ordner *android/app/src/main* anzupassen. Für die weiteren Experimente im Debug-Modus erstellen Ihnen die IDEs Android Studio und Visual Studio Code über die Flutter-Projekt-Vorlage bereits einen Eintrag in Ihrer unter *android/app/src/debug* liegenden *AndroidManifest.xml*:

```
<uses-permission android:name="android.permission.INTERNET"/>
```

Die Internetseite *https://jsonplaceholder.typicode.com* erspart uns dankenswerterweise die Implementierung eines eigenen Servers, der hier nur unnötig von der Perspektive des Clients ablenken würde. So können Sie direkt einen ersten GET-Request versenden, indem Sie die Funktion `get` des Packages `http` wie folgt einsetzen:

```
Future<void> fetchFirstTodo() async {
  final baseUrl = 'jsonplaceholder.typicode.com';
  final uri = Uri.https(baseUrl, 'todos/1');
  final data = await http.get(uri);
```

```
  print(data.body);
}
```

Listing 16.1 Das erste GET

Verständlicherweise sollte eine Anfrage an eine entfernte API asynchron implementiert werden, um die Oberfläche nicht zu blockieren, während der Kontrollfluss auf die Antwort wartet. Die eingeführte Funktion `fetchFirstTodo` ist deshalb mit dem Schlüsselwort `async` versehen worden und deklariert den Rückgabetyp `Future<void>`. Innerhalb des Funktionsrumpfes wird die Variable `baseUrl` eingeführt, die den Host (Gastgeber) adressiert. Die nächste Zeile greift direkt auf deren Wert zu und fügt außerdem den Pfad zur Ressource `todos` hinzu. Das Element mit der ID `1` soll aus der Liste von Aufgaben ausgelesen werden.

Mit der folgenden Zeile geht es auch schon los: Die Anfrage wird über `http.get` abgesendet. Das Ziel ist die von `uri` bestimmte Adresse. Sobald eine Antwort eintrifft, wird sie in der Form einer Response an `data` überreicht, nachdem das eingetroffene `Future` vom Schlüsselwort `await` ausgepackt wurde.

Die Eigenschaft `body` gibt Ihnen den Inhalt aufbereitet in der Form eines Strings zurück:


```
{
  "userId": 1,
  "id": 1,
  "title": "delectus",
  "completed": false
}
```

Listing 16.2 Der Inhalt der Response

16.2 Ein eigener (HTTP-)Client

Nicht selten soll der Client der App zentral und in einer Komponente gekapselt werden. Dies vermeidet nicht nur die Duplikation von Code – denken Sie beispielsweise an `try/catch`-Anweisungen, die jeden Aufruf an `http.get` umgeben müssen. Ebenfalls wird die Testbarkeit verbessert, weil Sie etwa Bedingungen der Umgebung steuern können. Ich möchte Ihnen daher neben den Library-Funktionen auch diesen Ansatz vorstellen und ihn im Laufe des Kapitels ausbauen.

16.2.1 Ein AppRequest

Weil sich Anforderungen an den Client mit der Zeit durchaus ändern können, da er mit dem Projekt wächst, sollten die Methoden des zu erstellenden Clients einen gemeinsamen und erweiterbaren Typ entgegennehmen. Das verhindert, dass Sie im Nachhinein auch Änderungen an der Signatur vornehmen müssen, etwa um noch mehr Parameter aufzunehmen.

Im ersten Schritt könnte dieser Typ folgendermaßen aussehen:

```
import 'package:flutter/foundation.dart';

class AppRequest {
  AppRequest({@required this.url});

  final String url;
}
```

Listing 16.3 Erster Entwurf von »AppRequest«

Im Verlauf sollen zu der Instanzvariable `url` auch *Query Parameter* (siehe Abschnitt 16.5.3) oder spezielle *Header* (siehe Abschnitt 16.5.1) hinzugefügt werden können. Für `AppRequest` als erweiterbare Klasse ist das kein Problem.

16.2.2 AppResponse

Damit sich die Ausgabe gleichermaßen wie die Eingabe entwickeln kann, wird der Typ `AppResponse` eingeführt. Er soll zum einen die empfangenen Nutzdaten (*Payload*) tragen und zum anderen auch Informationen zum Vorgang (wie Erfolg oder Misserfolg) liefern.

Daher ergibt sich für `AppResponse` die folgende Implementierung:

```
import 'package:flutter/foundation.dart';

class AppResponse {
  AppResponse.success({@required this.rawResponse}) : isValid = true;

  AppResponse.failed()
      : isValid = false,
        rawResponse = null;

  final Map<String, dynamic> rawResponse;

  final bool isValid;
}
```

Listing 16.4 Die »AppResponse«

16.2.3 Der AppHttpClient

Wie im analogen Leben ist es auch in der Programmierung von großem Vorteil, für Werte, Ideen, Funktionen und Strukturen den richtigen Platz zu haben, um sie dann dort abzulegen. Mit einem zentralen Client wäre ein erster Kandidat, den Sie einsortieren können, die zuvor als `baseUrl` eingeführte Adresse, an die Sie Requests senden. Daneben soll eine Client-Instanz erstellt und fortan bei allen Operationen benutzt werden:

```
class AppHttpClient {

  static const String _baseUrl = 'jsonplaceholder.typicode.com';

  final Client _client = Client();

}
```

Listing 16.5 »baseUrl« und »Client« in »AppHttpClient«

Damit haben Sie die Zutaten zusammen und können im nächsten Abschnitt die `get`-Methode des gerade eingeführten `AppHttpClients` implementieren.

16.2.4 Die Methode get

Jetzt können Sie für Ihre gesamte App eine Schnittstelle heranziehen, um Daten von einer entfernten API abzufragen. Die Verwendung des in Listing 16.5 eingeführten `_clients` wird durch `try/catch` abgesichert. Die Eingabe und Ausgabe der Methode sind standardisiert und gleichzeitig erweiterbar:

```
import 'dart:convert';
import 'package:http/http.dart';

class AppHttpClient {
  // ...

  Future<AppResponse> get(AppRequest request) async {
    try {
      final uri = Uri.https(_baseUrl, request.url);
      final result = await _client.get(uri);
      final toDecodedJson = json.decode(result.body);

      return AppResponse.success(rawResponse: toDecodedJson);
    } catch (e) {
      print(e);
```

```
      return AppResponse.failed();
    }
  }
}
```

Listing 16.6 »get« in »AppHttpClient«

Die asynchrone Implementierung von get nimmt ein Argument vom Typ AppRequest auf. Weil die Adresse über _baseUrl schon auf Ebene des AppHttpClients definiert ist, wird zusätzlich nur der folgende Pfad zur Ressource aus request ausgelesen und zur Uri kombiniert. Der als Instanzvariable eingeführte _client erhält das Objekt in der nächsten Zeile über die Methode get, die auch schon in Abschnitt 16.1 durch die Library-Funktion ausgeführt wurde. Nachdem die Antwort des Servers über await eingelesen wurde, dekodiert json.decode, das Sie im Package dart:convert finden, die Zeichenkette zu einer Map<String, dynamic>. Das ist die typische Repräsentation von JSON.

Wenn dabei kein Fehler auftrat, erhält der Aufrufer eine Instanz von AppResponse, das den Named Constructor für den Erfolgsfall (AppResponse.success) bereitstellt, und ansonsten AppResponse.failed, der innerhalb von catch benutzt wird.

Sie setzen die neue get-Methode ähnlich wie in Listing 16.1 ein. Der folgende Code demonstriert die Verwendung:

```
final httpClient = AppHttpClient();

// ...

final request = AppRequest(url: 'todos/1');
final response = await httpClient.get(request);
print(response.rawResponse);
```

Listing 16.7 Die Verwendung des eigenen Clients

In der neuen Version müssen Sie allerdings keine Uri mehr von Hand erzeugen; auch die *BaseUrl* bleibt versteckt, und zusätzlich ist der Fehlerfall behandelt. Die weiteren Abschnitte begleiten Sie schrittweise durch die Erweiterung um die HTTP-Methoden POST, PUT und PATCH.

Abschnitt 16.6, der sich mit dem Package dio und dessen Verwendung befasst, wird Ihnen außerdem vor Augen führen, dass Sie den intern verwendeten Client ohne großen Aufwand austauschen können, ohne die Aufrufe, die über das Projekt verstreut sein werden, anpassen zu müssen.

16.3 POST, PUT und PATCH

Selbstverständlich muss eine App Daten auch senden können. Hierzu stehen Ihnen Implementierungen der gängigsten HTTP-Methoden zur Verfügung. Neue Ressourcen, etwa ein neues »todo«, übermitteln Sie mit `http.post`. Weil die von *https://jsonplaceholder.typicode.com* bereitgestellte Test-API für das bisher verwendete »todo« keine POST-, PUT- und PATCH-Endpunkte anbietet, wechseln wir auf die Ressource »posts«.

16.3.1 http.post

Der Aufbau des nächsten Beispiels ist dem in Listing 16.1 sehr ähnlich. Sie wechseln aber von `http.get` auf `http.post` und müssen jetzt die zu übertragenden Daten bereitstellen. Mit dem Wechsel auf die Ressource »posts« verändert sich die in JSON ausgedrückte Struktur. Ein exemplarischer Datensatz wäre etwa:

```
{
  "userId": 1,
  "id": 1,
  "title": "Der Titel des Posts",
  "body": "Kurz gefasst: der Inhalt"
}
```

Listing 16.8 Die JSON-Struktur einer »posts«-Ressource

Mit diesem Vorwissen ausgerüstet, können Sie sich jetzt in die Implementierung der neuen Methode stürzen:

```
Future<void> postPosts() async {
  final baseUrl = 'jsonplaceholder.typicode.com';
  final uri = Uri.https(baseUrl, 'posts');

  final jsonMap = {
    "userId": 1,
    "id": 1,
    "title": "Der Titel des Posts",
    "body": "Kurz gefasst: der Inhalt"
  };

  http.Response response = await http.post(
    uri,
    body: json.encode(jsonMap),
  );
```

```
  print('Status code: ${response.statusCode}');
}
```

Listing 16.9 »http.post«

Die Variablen `baseUrl` und `uri` sind Ihnen aus dem Umgang mit `http.get` bekannt, sodass ich Ihre Aufmerksamkeit direkt auf das Konstrukt darunter lenken möchte. Die nächste Zeile lässt `jsonMap` auf eine `Map<String, dynamic>` verweisen. Es handelt sich um das in Listing 16.8 vorgestellte JSON, ausgedrückt in Dart. Sie bemerken sicherlich die Ähnlichkeit in der Ausdrucksweise, die von `Map`-Literalen (siehe Abschnitt 3.9.3) der Sprache ermöglicht wird und JSON in Ihrem Programmcode angenehm lesbar gestaltet.

Darunter geht es mit dem Aufruf von `http.post` gleich zur Sache. Zunächst wird die `uri` übergeben, damit die Übertragung ein Ziel erhält. Darauf folgt der Named Parameter `body`, der einen String als Eingabe verlangt. Mithilfe von `json.encode` – dem Gegenstück zu dem in Listing 16.6 eingesetzten `json.decode` – wird die `jsonMap` in einen JSON-kodierten String zusammengefaltet und übergeben.

Zuletzt fließt das Ergebnis des Requests der Variable `response` zu. Interessant ist in diesem Fall der *HTTP-Status-Code* in der Response. Wenn die API vermeldet, dass die als JSON zugesendete Ressource erfolgreich bearbeitet wurde, sehen Sie in der Ausgabe den *Status* `201` (*created*).

16.3.2 POST im AppHttpClient

Bevor es weiter zu den beiden anderen Methoden PUT und PATCH geht, kehren wir noch einmal zum `AppHttpClient` aus Abschnitt 16.2.3 zurück, um diesen mit `post` zu erweitern.

Der *Status-Code* der Response ist generell eine wichtige Information. Zwar wurde er beim Implementieren der `http.get-` und der `AppHttClient.get`-Methoden nicht benutzt, er ist aber zur Diagnose genauso sinnvoll wie im Fall von `post` in Listing 16.9. Entsprechend ist es sinnvoll, den Typ `AppResponse` damit zu erweitern:

```
class AppResponse {
  AppResponse.success({
    @required this.rawResponse, this.status,
  }) : isValid = true;

  AppResponse.failed()
      : isValid = false,
      status = 0,
      rawResponse ={};
```

```
  final Map<String, dynamic> rawResponse;

  final int status;

  final bool isValid;
}
```

Listing 16.10 »AppResponse« mit Status-Code

An diese Änderung können Sie, wenn Sie mögen, auch die Methode get aus Listing 16.6 anpassen:

```
Future<AppResponse> get(AppRequest request) async {
  // ...
  return AppResponse.success(
    rawResponse: toDecodedJson,
    status: result.statusCode,
  );
)
```

Listing 16.11 »get« mit Status-Code erweitern

Zurück zur eigentlichen Baustelle: der neuen post-Methode. Sie erinnern sich, dass zum Senden von Daten hieraus eine JSON-Struktur erstellt und an den Client übergeben wird. Damit nicht von Hand bei jedem Aufruf von AppHttpClient.post die Funktion json.encode wiederholt werden muss, ziehen Sie sie in den AppHttpClient und erweitern den Typ AppRequest, der die Informationen bereitstellt, entsprechend mit einer Map<String, dynamic>:

```
class AppRequest {
  AppRequest({
    @required this.url, this.payload,
  });

  final String url;
  final Map<String, dynamic> payload;
}
```

Listing 16.12 »AppRequest« mit »payload« erweitern

Der so ausgerüstete AppRequest kann nun die neue Methode versorgen:

```
Future<AppResponse> post(AppRequest request) async {
  try {
    final uri = Uri.https(_baseUrl, request.url);
```

```
    final result = await _client.post(
      uri,
      body: json.encode(request.payload),
    );

    final toDecodedJson = json.decode(result.body);
    return AppResponse.success(
      rawResponse: toDecodedJson,
      status: result.statusCode,
    );
  } catch (e) {
    print(e);
    return AppResponse.failed();
  }
}
```

Listing 16.13 »post« in »AppHttpClient«

Nach den erledigten Vorarbeiten an `AppRequest`, `AppResponse` und natürlich den Erfahrungen mit `http.get` und `http.post` finden Sie nur wenig Überraschendes im obigen Listing. Die Teile fügen sich wie geplant ineinander. Damit bleibt nur noch die Verwendung:

```
final httpClient = AppHttpClient();
final jsonMap = {
  ...
};
final request = AppRequest(url: 'posts', payload: jsonMap);
final response = await httpClient.post(request);

print('Data: ${response.rawResponse}, Status Code: ${response.status}');
```

Listing 16.14 »AppHttpClient.post« benutzen

Mit diesem Stand haben Sie bereits eine einheitliche interne API für Ihr Projekt geschaffen! Egal ob Daten geholt (`get`) oder gesendet (`post`) werden müssen, der involvierte Entwickler wird den vertrauten Typ `AppRequest` als Eingabe verwenden können, ohne sich beim Schreiben von Code Gedanken über das Interface machen zu müssen. Darüber hinaus erwartet ihn auch bei der Auswertung mit `AppResponse` keine Überraschung. Aufgrund des erweiterbaren Aufbaus der Datentypen und der Kapselung des Client-Objekts fügen sich in den folgenden Abschnitten die anderen Methoden ebenso mit Leichtigkeit ein.

16.3.3 http.put und http.patch

Man kann die Methoden PUT und PATCH auch als nahe Verwandte betrachten, da Sie mit beiden eine Aktualisierung von Daten in einer API vornehmen. Während Sie mit PUT den gesamten Datensatz einer Ressource übermitteln müssen, zielt PATCH auf die Änderung nur einer Eigenschaft dieser Ressource ab.

So können Sie etwa mit `http.put` mit Werten für `title` und `body` eine Ressource von »posts« aktualisieren, wobei sich der Aufbau völlig gleich wie bei POST zeigt und auch hier die zu ändernde Ressource über die URI identifiziert wird:

```
Future<void> putPosts() async {
  final baseUrl = 'jsonplaceholder.typicode.com';
  final uri = Uri.https(baseUrl, 'posts/1');

  final jsonMap = {
    "userId": 1,
    "id": 1,
    "title": "Der aktualisierte Titel des Posts",
    "body": "Kurz gefasst: der Inhalt, aber etwas länger"
  };

  http.Response data = await http.put(
    uri,
    body: json.encode(jsonMap),
  );

  print('Status code: ${data.statusCode}');
}
```

Listing 16.15 »http.put«

Für das obere Update der Ressource »posts/1« erhalten Sie von der API im Erfolgsfall den HTTP-Status-Code `200` (Ok).

Soll beispielsweise nur die Eigenschaft `title` angepasst werden, würde sich allerdings der Einsatz von `patch` anbieten. Dann können Sie das JSON entsprechend zurechtstutzen. So werden beispielsweise nur die ID und der geänderte Titel angegeben:

```
Future<void> patchPosts() async {
  final baseUrl = 'jsonplaceholder.typicode.com';
  final uri = Uri.https(baseUrl, 'posts/1');

  final jsonMap = {"id": 1, "title": "Ein neuer Titel"};

  http.Response data = await http.patch(
```

```
    uri,
    body: json.encode(jsonMap),
  );

  print('Status code: ${data.statusCode}');
}
```

Listing 16.16 »http.patch«

Auch für einen erfolgreich bearbeiteten PATCH-Request erhalten Sie den HTTP-Status-Code 200 (Ok).

16.3.4 PUT und PATCH im AppHttpClient

Haben Sie die Ähnlichkeit der POST-, PUT- und PATCH-Requests in den vorherigen Abschnitten bemerkt? Alle drei Arten verwendeten JSON als Payload (Nutzdaten), was eine Codierung als JSON erforderte. Im Hinblick auf den `AppHttpClient` könnten Sie für jede HTTP-Methode eine eigene Dart-Methode erstellen und somit mit `get`, `post`, `put` und `patch` jeweils eine stabile API anbieten. Eine Option könnte es auch sein, die sendenden Request-Typen zusammenzufassen und intern für den Client aufzuspalten, um die jeweilige HTTP-Methode aufzurufen. So würden Sie mit nur zwei Methoden aufwarten: `get` und `send`. Diesen zweiten Ansatz möchte ich Ihnen im Folgenden kurz vorstellen.

Damit die gedachte Methode `send` später zwischen den HTTP-Methoden unterscheiden kann, muss sie die Information über die Art irgendwie erhalten. Wie auch zuvor lässt sich der Typ `AppRequest` problemlos damit erweitern:

```
enum HttpMethod { get, post, put, patch }

class AppRequest {
  AppRequest({
  // ...
    this.method = HttpMethod.get,
  });

  // ...
  final HttpMethod method;
}
```

Listing 16.17 Einführen von »HttpMethod«

Zur Unterscheidung der Methode führen Sie eine Enumeration namens `HttpMethod` ein, die alle bisherigen Arten aufzählt. `AppRequest` erhält eine Variable dieses Typs. Als

Standardwert wird HttpMethod.get angegeben, da wahrscheinlich erst dann das Setzen einer Methode interessant wird, wenn zwischen POST, PUT oder PATCH zu unterscheiden ist.

Das war es schon an vorbereitenden Maßnahmen. Jetzt führen Sie die neue Methode send ein, die dem Aufbau der alten post-Methode folgt, aber im Mittelteil anhand der Eigenschaft method von AppRequest entscheidet, welche HTTP-Methode ausgeführt werden muss:

```
Future<AppResponse> send(AppRequest request) async {
  try {
    final uri = Uri.https(_baseUrl, request.url);
    final encodedJson = json.encode(request.payload);

    var result;
    switch (request.method) {
      case HttpMethod.post:
        result = await _client.post(uri, body: encodedJson);
        break;
      case HttpMethod.put:
        result = await _client.put(uri, body: encodedJson);
        break;
      case HttpMethod.patch:
        result = await _client.patch(uri, body: encodedJson);
        break;
      default:
        return AppResponse.failed();
    }

    final toDecodedJson = json.decode(result.body);
    return AppResponse.success(
      rawResponse: toDecodedJson,
      status: result.statusCode,
    );
  } catch (e) {
    print(e);
    return AppResponse.failed();
  }
}
```

Listing 16.18 »AppHttpClient.send«

Wie zuvor angemerkt wurde, ist die send-Methode am Anfang und Ende gleich wie post. Der Code ist damit ordentlich zusammengeschrumpft, da das Erstellen der Uri, das Codieren des JSON oder das Behandeln eines Fehlers im `catch`-Block nicht wiederholt werden muss. Außerdem musste statt drei Methoden bloß eine implementiert werden.

Die Verwendung von `send` bleibt immer gleich, unabhängig davon, welche Methode letztlich gewünscht ist. Es ändert sich lediglich ein Parameter im Eingangstyp `AppRequest`:

```
final postRequest = AppRequest(
  // ...
  method: HttpMethod.post,
);

final putRequest = AppRequest(
  // ...
  method: HttpMethod.put,
);

final patchRequest = AppRequest(
  // ...
  method: HttpMethod.patch,
);

final httpClient = AppHttpClient();

final postResponse = await httpClient.send(postRequest);
final putResponse = await httpClient.send(putRequest);
final patchResponse = await httpClient.send(patchRequest);
```

Listing 16.19 Verwendung von »AppHttpClient.send«

16.4 Delete

Bisher noch nicht behandelt wurde die HTTP-Methode *DELETE*, die aber nach den bisherigen praktischen Erfahrungen nichts Neues mehr mit sich bringt. So verwenden Sie diese Methode analog zu den anderen über `http.delete`:

```
Future<void> deletePosts() async {
  final baseUrl = 'jsonplaceholder.typicode.com';
  final uri = Uri.https(baseUrl, 'posts/1');

  http.Response response = await http.delete(uri);
```

```
  print('Status code: ${response.statusCode}');
}
```

Listing 16.20 »http.delete«

Weil keine Payload, sondern nur die über die Ressource-URI ermittelte *ID* der zu löschenden Ressource übergeben werden muss, gestaltet sich das obige Beispiel sehr übersichtlich.

Das gilt auch für die Erweiterung des `AppHttpClient`s um die Funktionalität von `delete`, die sich sogar in die gerade erweiterte Methode `send` integrieren lässt:

```
// Die neue HTTP-Methode einführen
enum HttpMethod {
  // ...
  delete,
}

Future<AppResponse> send(AppRequest request) async {
  try {
    // ...

    Response result;
    switch (request.method) {
      // ...
      case HttpMethod.delete:
        result = await _client.delete(uri);
        break;
      default:
        return AppResponse.failed();
    }

    final toDecodedJson = json.decode(result.body);
    return AppResponse.success(
      rawResponse: toDecodedJson,
      status: result.statusCode,
    );
  } catch (e) {
    print(e);
    return AppResponse.failed();
  }
}
```

Listing 16.21 Die »send«-Methode, um »delete« erweitert

Nach dieser Implementierung sind alle wichtigen HTTP-Methoden eingebaut, und das Design von AppHttpClient erwies sich als äußerst anpassungsfähig. Daher verwundert es nicht, dass sich hierüber ein DELETE-Request völlig analog zu den anderen Methoden absenden lässt:

```
final httpClient = AppHttpClient();

final deleteRequest = AppRequest(
  url: 'posts/1',
  method: HttpMethod.delete,
);

final deleteResult = await httpClient.send(deleteRequest);
print(
  'Data: ${deleteResult.rawResponse}, Status Code: ${deleteResult.status}',
);
```

Listing 16.22 Verwendung von »send« mit einem DELETE-Request

16.5 Mehr zu Requests

In diesem Abschnitt möchte ich Ihnen einige kleinere und bisher nicht erwähnte Details zu Requests vorstellen, etwa wie Sie Header definieren, welche verschiedenen Facetten die Eigenschaft body hat und wie Sie Ihre Anfragen zu einem *Proxy* umleiten, um sie untersuchen zu können.

16.5.1 Header

Die vorgestellten Methoden wie http.get nehmen über den Parameter headers eine Map<String, String> auf, sodass Sie Ihre *Header* wie zum Beispiel das *Bearer-Token* zur Authentifizierung übergeben können – etwa so:

```
import 'dart:io';

// ...
http.Response data = await http.get(uri, headers: {
  HttpHeaders.authorizationHeader: 'Bearer i2k...',
});
```

Listing 16.23 Header eines Requests setzen

Diese Eigenschaft finden Sie im Aufruf jeder HTTP-Methode. Erwähnenswert ist zudem, dass das Package http mit dem Typ HttpHeaders Konstanten für die gängigen Header eines Requests (wie den oben eingesetzten authorizationHeader) definiert und Ihnen die Tipparbeit sowie mögliche Tippfehler erspart. Sie importieren die Header-Konstanten über `dart:io`.

16.5.2 Body

Zwar wurde der Eigenschaft `body` immer ein JSON-codierter String übergeben, doch können Sie ihr, weil sie als `dynamic` definiert ist, ebenfalls eine Liste zuspielen. Wenn Sie beispielsweise den Request-Body als Liste von Bytes vorliegen haben, können Sie an dieser Stelle auch ein Objekt vom Typ `List<int>` hineingeben.

Falls Ihr Request den *content-type* `application/x-www-form-url-encoded` besitzen muss, nutzen Sie statt `String` oder `List<int>` als Argument eine Instanz von `Map<String, String>`, da der Request den *content-type* für diesen Typ automatisch übernimmt.

16.5.3 Query Parameters

In den vorangegangenen Beispielen waren sie zwar nicht involviert, der Einsatz von *Query Parameters* stellt allerdings kein Problem dar. Diese treffen Sie beispielsweise bei APIs an, die eine *Pagination* unterstützen. Das heißt, Sie beziehen die Datenobjekte in einer festen Anzahl und bekommen jeweils die nächste Tranche durch das Beziehen der folgenden Page.

16

Auch die in diesem Kapitel als Beispiel herangezogene Test-API implementiert einen Endpunkt mit einem Query Parameter. Sie zeigt eine weitere Paradedisziplin dieses Typs: *Filterung*. So können Sie etwa spezifische Kommentare über die URI *https://jsonplaceholder.typicode.com/comments?postId=1* abfragen.

Solche Parameter können nicht einfach an eine URL angehängt werden, weil der Konstruktor von `Uri` sie umwandeln würde. Stattdessen bietet `Uri` einen weiteren Parameter an, sodass Sie dort eine `Map<String, String>` übergeben können, die mit Namen und zugewiesenen Werten gefüllt ist. Die obere URL ließe sich folgendermaßen als `Uri` ausdrücken:

```
final uri = Uri.https(
  baseUrl,
  'comments',
  {
    'postId': '1',
  },
);

http.Response data = await http.get(uri);
// ...
```

Listing 16.24 Query Parameter in »Uri«

16.5.4 Einen Proxy in Verbindung mit einem Client einsetzen

Unter der Haube werden beim Erstellen einer Client-Instanz etwa durch die Factory `Client()` einige Standardwerte eingelesen, die bestimmen, wie sich der `Client` zum Beispiel bei einem nicht sicheren Zertifikat verhalten soll. In diesen sogenannten `HttpOverrides` lässt sich ebenfalls ein Proxy definieren, sodass die Daten zu einem Ziel geleitet werden. So könnten Sie alle Requests von dem Gerät oder Simulator, auf dem Ihre App ausgeführt wird, auf Ihren Computer umlenken und mit Tools wie *Proxyman* (macOS), *Fiddler* (alle Plattformen) oder *Wireshark* (alle Plattformen) auslesen und diagnostizieren.

Um ein solches `HttpOverrides` zu erzeugen, definieren Sie Ihre eigene von diesem Typ abgeleitete Klasse und überschreiben die Methode `createHttpClient`:

```
class ProxyHttpOverride extends HttpOverrides {
  @override
  HttpClient createHttpClient(SecurityContext context) {
    return super.createHttpClient(context)
      ..findProxy = (uri) {
        return "PROXY <Proxy-IP>:<Proxy-Port>;";
      }
      ..badCertificateCallback =
          (X509Certificate cert, String host, int port) => true;
  }
}
```

Listing 16.25 »HttpOverrides« definieren

Das Beispiel demonstriert außerdem über das Setzen des `badCertificateCallbacks`, wie Sie während der Entwicklung oder aus anderen Gründen Ihrem Projekt erlauben können, trotz ungültigen HTTPS-Zertifikats weiter zu funktionieren.

Damit diese `HttpOverrides` von Ihrer App automatisch angewendet werden, müssen Sie die Klasse allerdings noch instanziieren und der statischen Eigenschaft `HttpOverrides.global` zuweisen:

```
HttpOverrides.global = ProxyHttpOverride();
```

Listing 16.26 »HttpOverrides« anwenden

Diese Zeile fügen Sie einfach in die Startfunktion oder an einer anderen Stelle früh im Code ein. Stellen Sie aber in jedem Fall sicher, dass sie ausgeführt wird, bevor eine Instanz von `Client` erzeugt wird.

16.6 Das Package dio

In den vorigen Abschnitten haben Sie sich mit dem `Client` aus dem Dart-Package `http` vertraut gemacht. Sie benötigen zur Programmierung Ihrer App kein anderes Package, sondern können auch komplexere Anforderungen damit umsetzen. Der Grundstein ist damit gelegt.

Dennoch lohnt sich ein Blick auf das in der Community häufig eingesetzte Package `dio`, das Sie über den Package-Manager *pub*, also über Ihre *pubspec.yaml*, beziehen können. `dio` bietet viele Komfortfunktionen im Umgang mit Requests, nimmt Ihnen die Arbeit des Codierens und Decodierens von JSON ab und schafft mit *Interceptors* die Möglichkeit, Responses auszuwerten, bevor sie von `dio` selbst verarbeitet werden.

16.6.1 Integration und erste Schritte

Wie bei dem Einfügen von Packages üblich, fügen Sie `dio` zusätzlich zu `http` in der jeweils gewünschten oder aktuellen Version als Abhängigkeit in Ihre *pubspec.yaml*-Datei ein:

```
dependencies:
  ...
  http:
  dio:
```


Falls es noch nicht geschehen ist, führen Sie den Befehl `flutter pub get` aus, sodass *pub* das Package herunterlädt und in Ihrem pub-cache ablegt.

Am einfachsten lässt sich die Verwendung von `dio` demonstrieren, indem Sie den `Client` aus dem Package `http` in der Klasse `AppHttpClient` durch `dio` ersetzen:

```
// ...
// Abhängigkeit importieren
import 'package:dio/dio.dart';

class AppHttpClient {
  static const String _baseUrl = 'jsonplaceholder.typicode.com';

  final Dio _client = Dio();

  //...

}
```

Listing 16.27 Integration von »dio« in den »AppHttpClient«

Der Code importiert bisher nur die Typinformationen von dio und tauscht den vormaligen Client gegen die Klasse Dio aus dem neuen HTTP-Client.

Durch diese Änderung treten allerdings Fehler in den Methoden get, post und send innerhalb von AppHttpClient auf. Das liegt daran, dass sich natürlich die Signaturen der Methoden http.get und dio.get voneinander unterscheiden, genauso wie die der anderen Methoden.

Ein Request in dio folgt immer diesem Schema:

```
Response = await Request(
  url, // String
  data: <Data>
  options: Options()
);
```

Listing 16.28 Aufbau eines Requests in »dio«

Sie müssen daher jeweils die Parameter ändern und gegebenenfalls auch die Verwendung des Rückgabetyps. Schauen wir uns diese Anpassungen doch noch einmal genauer an!

16.6.2 dio.get

Der *Dart Analyzer* beschwert sich zunächst in der Methode AppHttpClient.get über die übergebene Variable uri. Wie Sie aus Listing 16.28 wissen, ist dieser Typ nicht mehr gefordert. Ein simpler String reicht zur Identifizierung der Ressource aus. Genau diesen liefert AppRequest.url bereits:

```
Future<AppResponse> get(AppRequest request) async {
  try {
    final result = await _client.get(request.url);
    // ...
  }
  // ...
}
```

Listing 16.29 Anpassung der »url«

So weit, so gut! Der nächste angemerkte Fehler bezieht sich auf die Response, die der Variablen result zugewiesen wird. Anscheinend existiert die Eigenschaft body nicht in der Response von dio.Response. Praktischerweise können Sie dio für einen Request die Information mitgeben, in welchem Format die Daten eintreffen. Das Package übernimmt automatisch für Sie die Übersetzung, beispielsweise von JSON in eine Dart-Map. Somit vereinfacht sich die Methode zu:

```
Future<AppResponse> get(AppRequest request) async {
  try {
    final result = await _client.get(request.url);
    final toDecodedJson = result.data;

    return AppResponse.success(
      rawResponse: toDecodedJson,
      status: result.statusCode,
    );
  } catch (e) {
    print(e);
    return AppResponse.failed();
  }
}
```

Listing 16.30 Die »get«-Methode, umgebaut auf »dio«

Weil sich das Interface von AppHttpClient.get nicht verändert hat, müssen Sie noch kaum etwas tun. Es handelt sich bloß um kleinere Anpassungen der Ressource-URIs beim Aufruf. Der in Listing 16.7 benutzte Pfad todos/1 wird mit dio zu /todos/1. Das hat damit zu tun, dass als Zwischenschritt keine Uri-Objekte mehr erzeugt werden. Im besten Fall halten Sie Ihre Pfade zentral in Ihrer App, damit Sie die Strings nicht über den Quellcode verteilen und dementsprechend schnell Änderungen daran vornehmen können. Letztendlich ergibt sich das gleiche Bild wie im oben genannten Listing. Den einzigen Unterschied stellt die Ressource-URI dar. Damit keine Verwechslungen auftreten, habe ich die dio-Version von AppHttpClient als Dio eingebunden, wie unten am Import zu sehen ist:

```
import 'package:http_examples/app_http_client_dio.dart' as Dio;

// ...

Future<void> fetchFirstTodoWithDio() async {
  final request = Dio.AppRequest(url: '/todos/1');
  final response = await dioHttpClient.get(request);
  print(response.rawResponse);
}
```

Listing 16.31 »get« mit »dio«

Eine Angelegenheit ist allerdings noch nicht konfiguriert: dio fehlt die *BaseUrl*. Bei dieser Gelegenheit möchte ich Ihnen im Folgenden die BaseOptions vorstellen.

16.6.3 BaseOptions

Mithilfe der `BaseOptions` konfigurieren Sie Ihre `dio`-Instanz entsprechend Ihren Vorstellungen. Wichtige Eigenschaften dieser Klasse sind die `baseUrl`, Timeouts wie `connectTimeout`, `receiveTimeout` und `sendTimeout` sowie auch das Setzen von Standardheadern.

Sie übergeben der `dio`-Instanz ein solches Objekt über den Konstruktor:

```
class AppHttpClient {
  static const String _baseUrl = 'https://jsonplaceholder.typicode.com';

  final Dio _client = Dio(
    BaseOptions(
      baseUrl: _baseUrl,
        // ...
    ),
  );
}
```

Oder Sie bestimmen einzelne Werte über die zugehörigen Getter:

```
  final Dio _client = Dio()
    ..options.baseUrl = _baseUrl;
```

Ein Blick in die angebotenen Einstellungen von `BaseOptions` lohnt sich, um später nicht jeden Request aufs Neue konfigurieren zu müssen, falls Sie gewisse Standardeinstellungen bei der Kommunikation mit Ihrem Backend verwenden.

16.6.4 Query Parameters in dio

In Abschnitt 16.5.3 habe ich Ihnen demonstriert, wie Sie Query Parameters im Umgang mit dem *Http*-Client des Packages `http` einsetzen können. Zuvor war es nötig, dem Konstruktor von `Uri` die Parameter mitzugeben. Sie haben bereits erlebt, dass `Uri`-Objekte in `dio.get` keine Rolle mehr spielen, weil die `dio`-Requests diese Aufgabe selbst übernehmen. Das Gleiche gilt auch für die Query Parameters, die Sie ganz einfach als Named Parameters an den Request übergeben. Somit entspricht der folgende Code dem in Listing 16.24 präsentierten:

```
final result = await _client.get(
  '/comments',
  queryParameters: {
    'postId': '1',
  },
);
```

Listing 16.32 Query Parameters in »dio«

16.6.5 dio.post

Der Zug der Vereinfachung mit dio macht ebenfalls bei der Methode AppHttpClient.post oder http.post keinen Halt. Erneut fällt das Uri-Objekt als Zwischenschritt weg, und auch die JSON-Codierung oder -Decodierung ist nicht mehr nötig:

```
Future<AppResponse> post(AppRequest request) async {
  try {
    final result = await _client.post(
      request.url,
      data: request.payload,
    );

    final toDecodedJson = result.data;
    return AppResponse.success(
      rawResponse: toDecodedJson,
      status: result.statusCode,
    );
  // ...
}
```

Listing 16.33 Umstellung von »post« auf »dio«

Abgesehen von der Anpassung der Ressource-URI beim Aufruf, die Sie schon zuvor für die get-Variante in Abschnitt 16.6.2 durchgeführt haben, ist nichts weiter zu ändern, um die Funktion wie in Listing 16.14 einzusetzen:

```
// ...
final request = Dio.AppRequest(url: '/posts', payload: jsonMap);
final response = await dioHttpClient.get(request);
print(response.rawResponse);
```

Listing 16.34 Benutzen von »AppHttpClient.post« mit »dio«

Natürlich können Sie mit dio die anderen HTTP-Methoden wie PUT, PATCH oder DELETE ausführen. Ich hoffe, Ihnen an dieser Stelle aber den durchweg gleichen Aufbau von dio-Requests vermittelt zu haben, und möchte noch einige nützliche Informationen zu dem Package erwähnen.

16.6.6 Options

Ich habe auf die Möglichkeit, auf Ebene der Requests eine Konfiguration vorzunehmen, schon in Abschnitt 16.6.3 hingewiesen und möchte Ihnen das Vorgehen hierbei kurz darstellen.

In Listing 16.28 wurde neben der URL und der Eigenschaft `data` auch `options` erwähnt. An dieser Stelle können Sie mit einem `Options`-Objekt ansetzen und Ihrem Request so explizite Einstellungen mit auf den Weg geben, etwa einen spezifischen *Timeout*, `contentType` oder Header, die für einen Use-Case wichtig sind:

```
final result = await _client.post(
  request.url,
  data: request.payload,
  options: Options(
    sendTimeout: 500,
    // ...
  ),
);
```

Listing 16.35 »Options« eines »dio«-Requests

16.6.7 Das CancelToken

Nicht jeder Request soll aus der Sicht der App zu Ende geführt werden. So könnte der Upload eines Bildes, der sich über mehrere Sekunden erstreckt, vom Nutzer abgebrochen werden. Jeder `dio`-Request bietet über den Parameter `cancelToken` eine Schnittstelle, um die Bearbeitung beliebig beenden zu können:

```
final cancelToken = CancelToken();

_client.get('/todos/1', cancelToken: cancelToken).then((response) {
  // ... es vergehen einige Sekunden, bis das Ergebnis ankommt
  print(response.data);
});
```

Den laufenden Request können Sie dann wie folgt abbrechen:

```
cancelToken.cancel();
```

16.6.8 Den Fortschritt eines Requests anzeigen

Ein ebenfalls durchgängig in GET, POST, PUT und PATCH angebotener Parameter ist `onReceiveProgress`. Diese als `ProgressCallback` typisierte Funktion wird aufgerufen, sobald die Daten ganz oder teilweise im Client eingetroffen sind. Mit den beiden Parametern `count` und `total` haben Sie eine aktuelle Auflistung der eingetroffenen und insgesamt erwarteten Bytes des Requests.

Bei den Daten hochladenden Requests wie POST finden Sie außerdem einen `onSendProgress`-Parameter vom Typ `ProgressCallback`:

```
final result = await _client.post(
  '/posts',
  onReceiveProgress: (current, total) {
    print('Es wurden $current von $total Bytes empfangen');
  },
  onSendProgress: (current, total) {
    print('Bereits ${current / total} % abgeschlossen');
  },
);

// ...
```

Listing 16.36 Request-Fortschritt verarbeiten

Diesen Callback können Sie verwenden, um in einer UI bei Downloads einen animierten Balken anzuzeigen.

16.6.9 Interceptors

Ein überragendes Feature von `dio` sind die *Interceptors*. Hiermit schafft das Package unter anderem einen direkten Zugangspunkt zur empfangenen Response, noch bevor die Daten ausgewertet werden. Möchten Sie etwa für jeden Ihrer Requests an das Backend eine Überprüfung gegen einen spezifischen Fehlercode der API einfügen, dann wäre der Interceptor der perfekte Platz dafür!

Ein Interceptor formalisiert die Idee, einen Request, eine Response oder einen Fehler abzufangen, noch bevor der »reguläre« Code ausgeführt wird. Ihre eigene Logik injizieren Sie in die Interceptor-Liste einer `dio`-Instanz über den `InterceptorsWrapper`. Diesen Typ können Sie mithilfe des Schlüsselworts `extends` erweitern oder ganz unkompliziert initialisieren und dann die betreffenden Callbacks definieren:

```
final Dio dio = Dio();

dio.interceptors.add(InterceptorsWrapper(
  onRequest:(RequestOptions options) async {
    return options;
  },
  onResponse:(Response response) async {
    return response;
  },
  onError: (DioError e) async {
    return  e; //continue
```

```
  }
));
```

Listing 16.37 Den Interceptor über »InterceptorsWrapper« hinzufügen

Hierbei wird `onRequest` aufgerufen, bevor der Request abgesendet wird. Hingegen wird `onResponse` aufgerufen, wenn die Antwort eingetroffen ist, aber bevor diese weiterverarbeitet wird. Und schließlich ermöglicht Ihnen `onError`, im Fehlerfall zentral einzugreifen.

16.7 JSON-Serialisierung und -Deserialisierung

Es ist ratsam, die JSON-Struktur der Daten, die Sie an eine API senden und auch von dort erhalten, zu formalisieren, das heißt, jeweils eine eigene Klasse zu definieren. Dieses Vorgehen erlaubt es, die Logik zum Auslesen von JSON in Datentypen von Dart sowie das Übersetzen Ihrer Dart-Struktur in pures JSON zu zentralisieren.

[+]

Was ist eigentlich JSON?

Da der Begriff *JSON* im Verlauf des Buches allgegenwärtig zu sein scheint, haben Sie bestimmt schon den Eindruck gewonnen, dass es sich bei JSON um eine Technologie handelt, die in der Softwareentwicklung sehr weit verbreitet ist. Man kommt heutzutage kaum umhin, von JSON oder dem JSON-Format zu hören, zu lesen oder es selbst zu schreiben. Es wird nicht nur als Übertragungsformat von Daten zwischen Servern und Clients eingesetzt, sondern es werden auch immer mehr Konfigurationen von Anwendungen wie etwa in Visual Studio Code in JSON auf dem Dateisystem abgespeichert. JSON ist durch seine übersichtliche Struktur, die ein müheloses Lesen und Verstehen fördert, ein echter Allrounder!

JSON ist ein Akronym für *JavaScript Object Notation*, hat sich aber von seinen JavaScript-Wurzeln gelöst und ist ein unabhängiger Standard geworden, der in nahezu allen gängigen Programmiersprachen unterstützt wird. Es wurde in den frühen 2000er-Jahren von Douglas Crockford erdacht und spezifiziert. Douglas Crockford ist als Autor mehrerer JavaScript-Bücher bekannt und wird auch als JavaScript-Guru bezeichnet.

JSON kennt als Datentypen *Number*, *String*, *Boolean*, *Array*, *Object* und, um den leeren Zustand zu repräsentieren, *null*. Damit ist es ausdrucksstark genug, um Daten, Objektstrukturen und deren Beziehungen zueinander abzubilden. Eine Auflistung sieht zum Beispiel so aus:

```
[
  {
    "name": "Thalea",
```

```
    "age": 0,
    "status": "baby",
    "isBorn": false
  },
  {
    "name": "Lion",
    "age": 1,
    "status": "toddler",
    "isBorn": true,
    "favorites": [
      "Mum",
      "Dad",
      "Thumb"
    ]
  }
]
```

Listing 16.38 Eine Auflistung in JSON

Falls Sie mit JSON experimentieren möchten, können Sie sich auf der Seite *https://jsonformatter.curiousconcept.com* austoben! Dort finden Sie eine Eingabe mit eingebauter Validierung. Außerdem hilft das Tool Ihnen, indem es allgemeine Fehler, wie Kommas an den falschen Stellen, eigenständig für Sie behebt und Ihnen die Korrekturen aufzeigt.

Praktischerweise können Sie das Build-System von Dart benutzen, um Code automatisch aus Ihren Anweisungen zu generieren. Sie müssen bloß angeben, welches Feld (Name) in welche Eigenschaft Ihrer Klasse zu übersetzen ist, und Dart kümmert sich in einem anschließenden Build-Durchlauf um den Rest.

16.7.1 json_serializable integrieren

Die beschriebene Funktion implementiert für Sie das Package `json_serializable`, das Sie in gewohnter Weise über Ihre *pubspec.yaml* in Ihr Projekt ziehen:

```
dependencies:
  ...
  json_serializable:
```

In Listing 16.2 habe ich Ihnen die JSON-Struktur einer Todo-Ressource vorgestellt, wie sie die API *https://jsonplaceholder.typicode.com/todos* zurückgibt. Sie eignet sich hervorragend als Versuchsobjekt, um das Package auszuprobieren.

16.7.2 Die Klasse TodoDto

Zunächst erstellen Sie eine neue Klasse. Ich selbst bezeichne solche JSON repräsentierende Strukturen gerne mit dem Suffix *Dto* (*Data Transfer Object*). Dementsprechend wähle ich den Namen `TodoDto`. Es ergibt sich somit:

```
class TodoDto {
  TodoDto(
    this.userId,
    this.id,
    this.title,
    this.completed,
  );

  final int userId;
  final int id;
  final String title;
  final bool completed;
}
```

Listing 16.39 Das »TodoDto«

Die Namen der Instanzvariablen entsprechen denen der JSON-Struktur. So kann das Package eine automatische Zuordnung von JSON zu Dart vornehmen. Es spricht aber nichts dagegen, eigene abweichende Bezeichner zu wählen. Das ermöglicht Ihnen die Annotation `@JsonKey`, die ich Ihnen in Listing 16.40 demonstriere. Zunächst muss allerdings eine andere Annotation gleich über dem Kopf der Klasse platziert werden: `@JsonSerializable`.

```
import 'package:json_annotation/json_annotation.dart';

@JsonSerializable()
class TodoDto {
  TodoDto(
    this.userId,
    this.id,
   // ...
  );
  // ...

  @JsonKey(name: 'todoId')
  final int id;
  // ...
}
```

Listing 16.40 »JsonSerializable« und »JsonKey«

Weil das Build-System alle generierten Informationen in eine eigene Datei schreibt und diese mit Ihrer Datei über das Schlüsselwort `part` verknüpft, müssen Sie unter den etwaigen Importanweisungen zusätzlich mit `part` auf die zu generierende Datei verweisen. Ich habe die Klasse `TodoDto` in *todo_dto.dart* definiert und habe deswegen Folgendes gesetzt:

```
import 'package:json_annotation/json_annotation.dart';
part 'todo_dto.g.dart';

@JsonSerializable()
class TodoDto {
  // ...
}
```

Listing 16.41 Mit »part« auf die generierte Datei verweisen

16.7.3 Den build_runner hinzufügen

Wundern Sie sich nicht darüber, dass der Dart Analyzer den Pfad rot unterlegt. Die Datei wird erst mit dem nächsten Durchlauf des Build-Systems generiert. Hierfür wird die Integration des Packages `build_runner` nötig, das das besagte Build-System mitbringt:


```
dependencies:
  flutter:
    sdk: flutter
  # ...

  json_serializable:
  build_runner:
```

Listing 16.42 Den »build_runner« hinzufügen

Falls noch nicht geschehen, rufen Sie erneut mit `flutter pub get` die Packages ab. Da jetzt erst mal keine weiteren Schritte fehlen, können Sie den Vorgang mit dem nächsten Befehl starten:

```
flutter pub run build_runner build
```

16.7.4 fromJson und toJson

Nach dem erfolgreichen Durchlauf finden Sie nun die Datei *todo_dto.g.dart* in Ihrem Projekt. Ein Blick hinein zeigt:

```
TodoDto _$TodoDtoFromJson(Map<String, dynamic> json) {
  return TodoDto(
    json['userId'] as int,
    json['id'] as int,
    json['title'] as String,
    json['completed'] as bool,
  );
}

Map<String, dynamic> _$TodoDtoToJson(TodoDto instance) => <String, dynamic>{
      'userId': instance.userId,
      'id': instance.todoId,
      'title': instance.title,
      'completed': instance.completed,
    };
```

Listing 16.43 Dateinhalt von »todo_dto.g.dart«

Mit den beiden Funktionen ...FromJson und ...ToJson hat das Package Ihnen die Deserialisierung und Serialisierung generiert und Ihrer Klasse TodoDto wegen des Schlüsselworts part hinzugefügt. Sie erkennen anhand des Unterstrichs in den Bezeichnern, dass es sich um private Funktionen im Sinne der Mini-Library handelt. Sie können sie demnach von außerhalb der Mini-Library nicht aufrufen. Der Konvention nach werden in einer mit JsonSerializable verbundenen Klasse eine factory fromJson und eine toJson-Methode angeboten. Das eröffnet anderen den Zugriff:

```
@JsonSerializable()
class TodoDto {

  // ...
  factory TodoDto.fromJson(Map<String, dynamic> json) =>
    _$TodoDtoFromJson(json);
  Map<String, dynamic> toJson() => _$TodoDtoToJson(this);

  // ...
}
```

Listing 16.44 »fromJson« und »toJson« in »TodoDto«

16.7.5 TodoDto.fromJson einsetzen

Das Übersetzen von JSON, das Sie beispielsweise vom HttpClient des Packages http als String erhalten und mit json.decode in die Form Map<String, dynamic> bringen, in Ihre TodoDto-Klasse erfolgt nun kinderleicht. Zur Demonstration greife ich das Beispiel aus Listing 16.1 auf und übergebe die Daten der Response an die Methode TodoDto.fromJson:

```
Future<void> fetchFirstTodo() async {
  final baseUrl = 'jsonplaceholder.typicode.com';
  final uri = Uri.https(baseUrl, 'todos/1');

  http.Response data = await http.get(uri);
  print(data.body);

  final dto = TodoDto.fromJson(json.decode(data.body));
  print(dto);
}
```

Listing 16.45 Das JSON an »TodoDto.fromJson« übergeben

Wenn der Code so ausgeführt wird, sehen Sie die Eigenschaften des Objekts dto ausgefüllt mit den abgerufenen Daten. Der generierte Code funktioniert!

Denken Sie immer daran, dass bei der Deserialisierung nur Werte ausgelesen werden können, wenn sie auch da sind! Sollte in der Antwort der API ein Feld entfernt oder umbenannt worden sein, ohne dass Sie Ihren Code im Client anpassen, werden die Instanzvariablen Ihres DTO nicht gesetzt!

16.8 Die Webview

Von Anfang an ist das Smartphone auch als ein (Taschen-)Computer entworfen worden, mit dem Sie als Nutzer das Internet durchstreifen können. Zunächst waren die Webseiten nur jene vom Desktop-PC oder Mac bekannten bildschirmüberspannenden Flächen, und die Besucher konnten per Gestensteuerung, etwa Zoom oder Ziehen und Schieben, mit ihnen interagieren. Auch nach den bald zwei Jahrzehnten (seit dem Erscheinen des iPhone im Jahr 2007), die uns diese Gerätekategorie schon begleitet, ist die Darstellung von Webinhalten wahrscheinlich weiterhin einer der wichtigsten Anwendungsfälle.

In den vorigen Abschnitten haben Sie sich bereits mit Webinhalten befasst, die allerdings als Text- oder Bilddaten auf dem Gerät empfangen und anschließend durch ein geeignetes Widget angezeigt wurden. Sind wichtige Bestandteile einer Lösung als Webseite entwickelt und schon auf den Formfaktor von Smartphones oder Tablets angepasst worden, stellt die direkte Anzeige einer Webseite manchmal einen kostengünstigen Weg dar. Um dem Nutzer Funktionalität oder Informationen anzubieten, müsste das Entwicklungsteam so nicht erst zeit- oder kostenintensiv eine neue mobile Variante aufbauen: Die Seite muss lediglich im *Responsive Design* gehalten sein, sich also dynamisch an verschiedene Bildschirmgrößen anpassen können. Für die App-Entwickler wird dann eine *Webview* interessant.

Die Engines, die normalerweise hinter den Fenstern von Webbrowsern wie *Google Chrome*, *Safari*, *Opera* oder *Microsoft Edge* versteckt sind und die die Sprache des Webs in grafische Elemente übersetzen, werden Apps über die *Webview* zur Verfügung gestellt; Sie können also einen eigenen Webbrowser bauen oder Webseiten in Ihre mobile App einbinden.

Wie so viele andere Dinge integrieren Sie eine solche Webview über ein Package, das Sie über die *pubspec.yaml*-Datei Ihres Flutter-Projekts beziehen. Ich möchte Ihnen zwei solcher Packages vorstellen: das offizielle, hauptsächlich vom Flutter-Team entwickelte Package `webview_flutter` und das Package `flutter_inappwebview`. Der wesentliche Unterschied ist, dass das erste Package nur unter iOS und Android läuft, das andere auch im Web und unter Windows. Sie haben also die Qual der Wahl, ganz nach dem jeweiligen Bedarf.

16.8.1 Die Standard-Webview

Sie werden im Folgenden eine kleine App bauen, die mithilfe des Packages `webview_flutter` eine Webseite anzeigt und den Android-Back-Button (siehe Abschnitt 7.8) zur Steuerung einbindet und umbelegt, da seine Betätigung standardmäßig die ganze Flutter-Anwendung beenden würde.

[+]

Breaking Changes

Seit Version 4.0.0 hat sich die Benutzung des Packages `webview_flutter` grundlegend geändert. Ältere Versionen lassen sich nicht mehr mit aktuellen Android-SDKs bauen. Falls Sie bereits die ältere Version verwenden, müssen Sie migrieren. Hierzu gibt es eine Anleitung auf *https://pub.dev/packages/webview_flutter*.

Achten Sie ansonsten unbedingt darauf, die aktuelle Version zu verwenden – oder nehmen Sie direkt `flutter_inappwebview`, das in vielerlei Hinsicht etwas einfacher anzuwenden ist. Dieses Package läuft auch im Browser und in Windows-Apps.

Eine erste Seite anzeigen

Erstellen Sie ein neues Flutter-Projekt, und integrieren Sie das Package `webview_flutter` in Ihre *pubspec.yaml*:

```
dependencies:
  webview_flutter: ^4.10.0
```

Falls es noch nicht geschehen ist, führen Sie wie gewohnt eine Aktualisierung der Abhängigkeiten über den Befehl `flutter pub get` aus.

Als Nächstes schreiben Sie die *main.dart*. Führen Sie ein neues `StatefulWidget` ein, das die Webview steuert:

```
import 'package:flutter/material.dart';
import 'package:webview_flutter/webview_flutter.dart';

void main() => runApp(
  MyWebView()
);

class MyWebView extends StatefulWidget {
  const MyWebView({super.key});
  @override
  State<StatefulWidget> createState() => MyWebViewState();
}

class MyWebViewState extends State<MyWebView> {
  @override
  Widget build(BuildContext context) {
    return MaterialApp(
      home: Scaffold(
        appBar: AppBar(title: Text('Webview Example')),
        body: WebViewWidget(
         controller: WebViewController()
           ..loadRequest(Uri.parse("https://flutter.dev")),
        ),
      )
    );
  }
```


Listing 16.46 Integration der Webview mit Start-URL

Das einzig Neue darin ist das Widget `WebViewWidget`, das Sie aus dem eben hinzugefügten Package einbinden. Um das Widget zu steuern, benötigen Sie einen `WebViewController`. Mit `loadRequest` beauftragen Sie diesen, eine Webseite zu laden. Mit diesen wenigen Zeilen haben Sie Ihre Webview bereits in Stellung gebracht.

Starten Sie nun die App auf Ihrem Simulator. Es sollte sich ein Abbildung 16.1 ähnlicher Stand mit der eingestellten Startseite zeigen. Sie können so mit der Webseite interagieren, wie Sie es in einem Browser gewohnt sind.

Abbildung 16.1 Startseite der WebView

Callbacks

Als besonders interessant stellen sich die Callbacks des `WebWiewControllers` heraus, die Sie über Navigationsereignisse oder das Laden von Seiten informieren. So könnten Sie etwa die folgenden Funktionen verwenden, um den Ladefortschritt und die Navigation zu verarbeiten:

```
// ...
class MyWebViewState extends State<MyWebView> {
  @override
  Widget build(BuildContext context) {
```

```
    return MaterialApp(
      home: Scaffold(
        appBar: AppBar(title: Text('Webview Example')),
        body: WebViewWidget(
          controller: WebViewController()
           ..setNavigationDelegate(NavigationDelegate(
             onPageStarted: (url) => print("Gestartet: $url"),
             onPageFinished: (url) => print("Geladen: $url"),
             onProgress: (progress) => print("Fortschritt: $progress %")
          ))
          ..loadRequest(Uri.parse("https://flutter.dev")),
        ),
      )
    );
  }
}
// ...
```

Listing 16.47 Callbacks mit Delegate

Sie erzeugen hierbei einen `NavigationDelegate`, den Sie dem Controller hinzufügen. Dieser `NavigationDelegate` besitzt eine ganze Reihe von Callbacks wie `onPageStarted` oder `onProgress`, die sehr nützlich sind. Statt der einfachen Lambdas, die ich im Beispiel vorgegeben habe, können Sie natürlich auch ganz andere Funktionen aufrufen. Die Lamdas erhalten jeweils vom Delegate passende Parameter übergeben, zum Beispiel die `url` oder `progress`, den Ladefortschritt. Mit `onNavigationRequest` können Sie per Lambda `NavigationDecision.navigate` oder `NavigationDecision.prevent` zurückgeben und somit den Zugriff auf bestimmte Adressen komplett unterbinden.

Selbstverständlich können Sie auf die WebView und die Navigation des Nutzers noch mehr Einfluss ausüben. Ähnlich wie mit einem ScrollController (siehe Abschnitt 6.2.5) erhalten Sie mit dem `WebViewController` Informationen über den Zustand oder navigieren vor und zurück. Damit können Sie den Android-Back-Button einfangen, sodass sich auf Android nicht die App beendet, falls ein Nutzer intuitiv auf den Back-Button drücken sollte.

Zurücknavigation mit dem Back-Button

Aus Abschnitt 7.8 ist Ihnen das Widget `PopScope` schon vertraut. An dieser Stelle setzen wir es wieder ein, um die Button-Ereignisse auf Android abzufangen. Im zugehörigen Callback wird dann der `WebViewController` benutzt, um in der `WebView` – falls möglich – zurückzunavigieren. Dazu verschieben wir zunächst den Controller in eine Variable, damit `PopScope` auf ihn zugreifen kann:

```
class MyWebViewState extends State<MyWebView> {
  @override
  Widget build(BuildContext context) {
    var controller = WebViewController()
        ..loadRequest(Uri.parse("https://flutter.dev"));
    return MaterialApp(
      home: PopScope(
          canPop: false,
          onPopInvokedWithResult: (didPop, result) async {
            if(didPop) {
              return;
            }
            if(await controller.canGoBack()) {
              controller.goBack();
            }
          },
          child:
      Scaffold(
        appBar: AppBar(title: Text('Webview Example')),
        body: WebViewWidget(
            controller: controller,
        ),
      ))
    );
  }
}
```

Listing 16.48 »PopScope« einsetzen

Die an `onPopInvokedWithResult` übergebene Funktion greift jetzt auf den `WebViewController` zu. Falls die Webview zurücknavigieren kann, etwa nachdem Sie über einen Link eine Unterseite angewählt haben, wird die Methode `goBack` aufgerufen. Wenn Sie diesen Stand auf den Simulator übertragen, stellen Sie auf Android fest, dass das Betätigen des Back-Buttons nicht mehr die App schließt. Navigieren Sie auf der Webseite herum, um anschließend über den Button wieder schrittweise zurück zur Startseite zu gelangen.

Eine URL laden und aktualisieren

Um nach dem Initialisieren explizite URLs zu öffnen, setzen Sie die Methode `controller.loadReqeuest` ein. Ihr übergeben Sie die URL in der Form eines Strings. Mit `controller.reload` aktualisieren Sie darüber hinaus die aktuelle Seite.

Um kurz den Einsatz der beiden Funktionen zu demonstrieren, soll das Widget, das die Webview einwickelt, um eine Adresszeile erweitert werden, wie man sie von Internetbrowsern kennt. Hierzu bietet es sich an, für die Idee ein eigenes Widget einzuführen:

```
class AddressBar extends StatefulWidget {
  const AddressBar({
    required Key key,
    required this.initialUrl,
    required this.onAddressChanged,
    required this.onRefresh,
    required this.height,
  }) : super(key: key);

  final String initialUrl;
  final ValueChanged<Uri> onAddressChanged;
  final VoidCallback onRefresh;
  final double height;

  @override
  _AddressBarState createState() => _AddressBarState();
}
```

Listing 16.49 »AddressBar« als »StatefulWidget«

Im ersten Schritt führen Sie das obige `StatefulWidget` ein. Es erwartet neben dem obligatorischen Key (siehe Abschnitt 5.5) eine initiale URL, einen Callback zum Verarbeiten der Adressänderung durch den Nutzer und einen weiteren Callback, der es ermöglicht, die Seite zu aktualisieren. Die Höhe der Zeile soll außerdem über die Eigenschaft `height` steuerbar sein.

Damit kommen Sie zum zugehörigen State, der `initState` überschreibt und die `build`-Methode enthält. Zunächst sehen wir uns den Kopf und `initState` an:

```
class _AddressBarState extends State<AddressBar> {
  late TextEditingController _addressTextController;

  @override
  void initState() {
    super.initState();
    _addressTextController =
      TextEditingController(text: widget.initialUrl);
  }
  // ...
```

Listing 16.50 Das »State«-Objekt mit »initState«

Sie ahnen sicherlich, dass der TextEditingController in der build-Methode des State-Objekts zur Verarbeitung der Adresse dienen wird. Die initState-Methode initialisiert den Controller mit der Start-URL, sodass der Selfmade-Browser eine Startseite anzeigt.

Spannender wird es in der darauf folgenden build-Methode:

```
  // ...
  @override
  Widget build(BuildContext context) {
    return SizedBox(
      height: widget.height,
      child: Padding(
        padding: const EdgeInsets.symmetric(horizontal: 8),
        child: Row(
          children: [
            Expanded(
              child: TextField(
                controller: _addressTextController,
              ),
            ),
            IconButton(
              icon: Icon(Icons.arrow_forward),
              onPressed: () {
                widget.onAddressChanged(Uri.parse(_addressTextController.text));
              },
            ),
            IconButton(
              icon: Icon(Icons.refresh),
              onPressed: widget.onRefresh,
            ),
          ],
        ),
      ),
    );
  }
}
```

Listing 16.51 Die »build«-Methode der »AddressBar«

Nach den einleitenden Einstellungen zum Layout (etwa zur Höhe über SizedBox und zu den Seitenabständen über Padding) führt eine Row drei child-Widgets ein, die den horizontalen Platz beanspruchen. Sie sehen als erstes und damit linkes Widget das

TextField, das den zuvor erwähnten TextEditingController aufnimmt. Darauf folgen zwei IconButton-Widgets. Anhand der IconData-Informationen, die jeweils an den Konstruktor von Icon überrreicht werden, erkennen Sie den Button zum Laden der neuen Adresse (Pfeil nach rechts) und jenen zum Aktualisieren der Seite (refresh).

Die vom AddressBar-Widget geforderten Callbacks onAddressChanged und onRefresh werden diesen Buttons übergeben. Weil onAddressChanged ein Uri-Objekt erwartet, wird der String aus der Eingabe, der am _addressTextController abgefragt wird, dort noch umgewandelt. Damit ist die AddressBar als Widget schon fertig! Es fehlt nur noch das Einfügen der AddressBar. Eine Column stößt hinzu, damit Flutter die Adresszeile dynamisch über der WebView anzeigt:

```
child: Scaffold(
  appBar: AppBar(title: Text('Webview Example')),
  body: Column(
    children: [
      AddressBar(
        key: GlobalKey(),
        initialUrl: "https://flutter.dev",
        onAddressChanged: (addressUri) {
          controller.loadRequest(addressUri);
          FocusManager.instance.primaryFocus?.unfocus();
        },
        onRefresh: () => controller.reload(),
        height: 50,
      ),
      Expanded(
        child: WebViewWidget(controller: controller)
      ),
    ],
  ),
),
```

Listing 16.52 »AddressBar« im »State«-Objekt

Die AddressBar wird zunächst mit der currentUrl gefüttert, die der State ebenso an die WebView übergibt. Danach werden die Callbacks implementiert. Sobald der Pfeil-nach-rechts-Button in der Adresszeile gedrückt wird, erhält der Callback von onAddressChanged die aktuelle Uri. Ein Aufruf von setState stellt currentUrl auf die erfolgte Eingabe um. Danach entfernt der FocusManager den Fokus vom aktuellen Widget, das in diesem Fall das TextField in der AddressBar ist. Schließlich wird der Controller der WebView aufgerufen, der die in currentUrl gespeicherte Adresse laden soll. Schlanker stellt sich im Vergleich dazu der Callback für onRefresh dar.

Der Rest der `WebView` bleibt unverändert und die Integration der `AddressBar` ist abgeschlossen. Weil das Ziel der Übung darin bestand, Ihnen die Funktionen `loadUrl` und `refresh` der `WebView` vorzustellen, habe ich auf ausgeklügeltes Parsen der Adressen verzichtet. Wenn Sie die Lösung ausprobieren, denken Sie daran, dass die URL in der Adresszeile mit »https://« anfangen muss – im Gegensatz zu üblichen Browsern fügt dieser es nicht automatisch hinzu. Auch Webseiten mit eingebauten Weiterleitungen funktionieren nicht. Probieren Sie es ruhig mal aus wie in Abbildung 16.2.

Abbildung 16.2 Der Selfmade-Browser mit Adresszeile

}

Zurück mit der AddressBar

Wenn Sie die Beispiele mit dem iOS-Simulator verfolgt haben, fehlt Ihnen als letzter Feinschliff allerdings die Möglichkeit, im Browser zurückzunavigieren. Während dies auf Android zumindest mit dem Back-Button möglich ist, sitzt der iOS-Nutzer in der Tinte.

Dank der Vorarbeiten in der `AddressBar` lässt sich die Situation aber unkompliziert lösen: Sie fügen links vom Eingabefeld einen Pfeil-nach-links-Button ein:

```
class AddressBar extends StatefulWidget {
  const AddressBar({
    // ...
    required this.onBack,
    this.height,
  })  : super(key: key);

  // ...
  final VoidCallback onBack;
  // ...
}

class _AddressBarState extends State<AddressBar> {
  // ...

  @override
  Widget build(BuildContext context) {
   // ...
      child: Row(
          children: [
            IconButton(
              icon: Icon(Icons.arrow_back),
              onPressed: widget.onBack,
            ),
            Expanded(
              child: TextField(
                controller: _addressTextController,
              ),
            ),
      // ...
   }
}

// ...
```

```
class _WebviewFlutterExampleState extends State<WebviewFlutterExample> {
  // ...
  @override
  Widget build(BuildContext context) {
         // ...
               AddressBar(
                // ...
                  onBack: controller.goBack,
                // ...
  }
}
```

Listing 16.53 »onBack« in »AddressBar«

Damit haben Sie durch wenige Zeilen auch die iOS-Variante des Selfmade-Browsers vollständig nutzbar gemacht, denn nun kann der Nutzer den neuen Zurück-Button in der Adressleiste bedienen (siehe Abbildung 16.3), was den `WebViewController` anweist, in der Browserhistorie zurückzugehen.

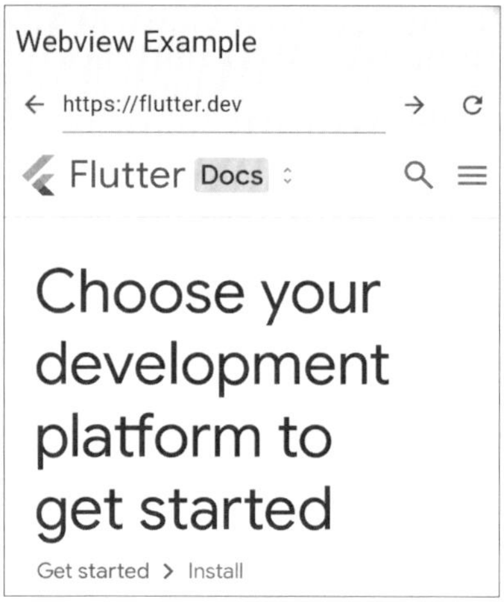

Abbildung 16.3 Die Adressleiste mit dem Zurück-Button

16.8.2 Die InAppWebView

Wie eingangs erwähnt, möchte ich das Package `flutter_inappwebview` nicht unerwähnt lassen. Der Aufbau ähnelt dem von `flutter_webview` sehr. Das Package ist gut dokumentiert und geht im Funktionsumfang und hinsichtlich der Zugriffsmöglichkeiten weit über das Package des Flutter-Teams hinaus. Unter anderem läuft es problemlos auch im Browser und in Windows-Apps. Im Folgenden möchte ich Ihnen als Beispiel für `flutter_inappwebview` vorführen, wie Sie das Kontextmenü innerhalb der Webview kontrollieren, etwa beim Markieren von Text.

[+]

Weitere interessante Features

Das Package `flutter_inappwebview` stellt eine Vielzahl von APIs zur Verfügung, mit denen Sie Callbacks für verschiedenste Plattformereignisse registrieren können. Neben dem Zugriff auf das Kontextmenü sind außerdem große Features zu erwähnen, unter anderem

- ein *Headless*-Modus, der es Ihnen ermöglicht, einen Browser ohne Oberfläche zu starten, um im Hintergrund zu agieren,
- ein `CookieManager` oder
- der vorimplementierte HTTP-Server zur Anzeige von Dateien.

Obligatorisch ist aber zuerst das Einhängen der Abhängigkeit in Ihre *pubspec.yaml*:

```
dependencies:
  flutter_inappwebview: ^6.1.5
```

Grundaufbau

Nachdem Sie die Packages über `flutter pub get` aktualisiert haben, führen Sie ein neues `StatefulWidget` ein. Ihre *main.dart* sieht dann zunächst so aus:


```
import 'package:flutter/material.dart';
import 'package:flutter_inappwebview/flutter_inappwebview.dart';

void main() {
  runApp(
    MaterialApp(theme: ThemeData(useMaterial3: true), home: const WebViewApp()),
  );
}

class WebViewApp extends StatefulWidget {
  const WebViewApp({super.key});

  @override
  State<WebViewApp> createState() => _WebViewAppState();
}

class _WebViewAppState extends State<WebViewApp> {
  final GlobalKey webViewKey = GlobalKey();
  InAppWebViewController? webViewController;
  @override
  Widget build(BuildContext context) {
    return Scaffold(
      appBar: AppBar(title: const Text('Flutter WebView')),
```

```
      body: InAppWebView(
                key: webViewKey,
                initialUrlRequest:
                  URLRequest(url: WebUri("https://flutter.dev")),
                initialSettings: InAppWebViewSettings(
                    allowsBackForwardNavigationGestures: true),
                onWebViewCreated: (controller) {
                  webViewController = controller;
                },
              ),
    );
  }
}
```

Listing 16.54 Implementierung der »InAppWebView«

Sie entdecken bekannte Elemente wie `StatefulWidget` mit zugehörigem State. Der `_WebViewAppState` verwendet einen `InAppWebViewController`, und die `InAppWebView` wird direkt mit einem `initialUrlRequest` ausgestattet. Sie sehen am letzten Callback, dass die `InAppWebView` selbst einen Controller erzeugt, den wir an der Stelle im State speichern.

Anpassung des Kontextmenüs

Da Sie nun die Grundfunktionalität mit der `InAppWebView` hergestellt haben, können Sie sich der nächsten Aufgabe zuwenden. Normalerweise können Sie im Kontextmenü beispielsweise Text selektieren, kopieren, einfügen oder ausschneiden. Sie öffnen dieses Menü auf Mobilgeräten, indem Sie einen Long-Press ausführen, also mindestens eine Sekunde mit dem Finger auf einem Element verharren. Um zu demonstrieren, dass Sie die volle Kontrolle über das Kontextmenü haben, sollen aus ihm, wie in Abbildung 16.4 gezeigt, die Standardelemente entfernt und eigene Aktionen angeboten werden.

Das Kontextmenü Ihrer Webview konfigurieren Sie ganz simpel über die Eigenschaft `contextMenu` von `InAppWebView`:

```
body: InAppWebView(
  ...
  contextMenu: ContextMenu(
  settings: ContextMenuSettings(
    hideDefaultSystemContextMenuItems: true,
  ),
  menuItems: [
    ContextMenuItem(
```

```
      id: "aktion 1",
      title: "Aktion 1",
      action: () => print("Aktion 1 ausgewählt"),
      ),
      ContextMenuItem(
        id: "aktion 2",
        title: "Aktion 2",
        action: () => print("Aktion 2 ausgewählt"),
      ),
    ],
  ),
```

Listing 16.55 Der Code zum Kontextmenü

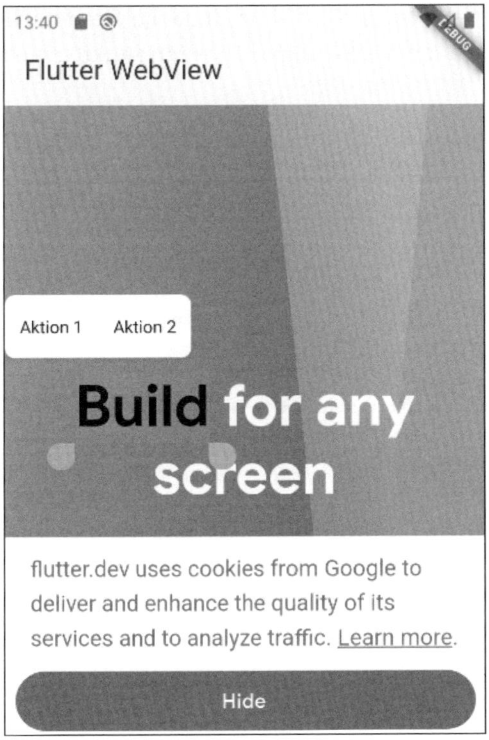

Abbildung 16.4 Ein eigenes Kontextmenü in der Webview

Innerhalb des Konstruktors von `ContextMenu` entfernen Sie über die `ContextMenuSettings` und deren Eigenschaft `hideDefaultSystemContextMenuItems` die beschriebenen Standardflächen. Dann geht es weiter zu einer Liste aus `ContextMenuItem`-Objekten. Jedes von ihnen benötigt eine ID, einen anzuzeigenden Titel und die auszuführende Aktion.

Das war es auch schon! Mit diesem Stand können Sie loslegen und den Code auf ein Gerät oder einen Emulator übertragen.

Beachten Sie, dass alle WebViews letztlich auf plattformabhängigen Implementierungen aufbauen. Viele Features sind daher nur auf einigen Plattformen zu haben. So funktioniert auch das Ändern des Kontextmenüs zwar auf Mobilgeräten, nicht aber im Browser. Konsultieren Sie die Dokumentation unter *https://inappwebview.dev/* für Details.

16.9 Zusammenfassung

In diesem Kapitel haben Sie gesehen, dass Sie mithilfe von Flutter und Dart blitzschnell die Kommunikation mit einem Backend aufbauen können. Bereits der mit dem Package `http` ausgelieferte `HttpClient` erwies sich als sehr einsteigerfreundlich und erlaubte das Abholen von Daten sowie auch das Senden an die Endpunkte eines Servers.

Das in diesem Kapitel vorgestellte Package `dio` ging mit seinen Vereinfachungen darüber hinaus und nahm Ihnen beispielsweise die Serialisierung und Deserialisierung von Daten weitestgehend ab. Auch das Abbrechen von Anfragen oder Fortschrittsrückmeldungen sind schon inkludiert. Darüber hinaus schafft `dio` mit seinen Interceptors einen dankenswert einfachen Weg, um auf Requests, Responses und genauso auf Fehler zentral zuzugreifen, noch bevor die »reguläre« Anwendungslogik damit weiterarbeitet.

Die betrachteten Schnittstellen folgten dem *REST*-Ansatz, doch auch das hier nicht behandelte *GraphQL* ist für Flutter kein Problem! Wenn Sie ein solches Backend anbinden möchten, schauen Sie sich doch einmal das Package `graphql_flutter` an.

Ein kleiner Ausflug in das Themenfeld JSON hat Ihnen vielleicht einen ersten Eindruck von diesem Format geben können. Mit dem `json_serializable`-Package verfügen Sie jetzt über das richtige Tool im Umfeld von Flutter und Dart. Sie haben die Integration in den Build-Vorgang mithilfe des `build_runners` nachvollzogen und erste Codegenerierungen durchgeführt.

Zuletzt habe ich Sie mit zwei Möglichkeiten vertraut gemacht, um eine Webview in Flutter einzubinden. Sie haben (mindestens) zwei Packages zur Auswahl und mit der `flutter_inappwebview` ein sehr mächtiges Werkzeug zur Hand, das Ihnen unter anderem sogar die Anpassung des Kontextmenüs innerhalb der Webview erlaubt.

Kapitel 17
Persistieren: Caches und Datenbanken

»Ein Kopf ohne Gedächtnis ist eine Festung ohne Besatzung.«
– Napoleon Bonaparte

Nachdem Sie sich im letzten Kapitel damit beschäftigt haben, wie Sie Daten aus der Cloud auf Ihr Gerät übertragen, soll es jetzt um das Speichern von Inhalten darauf gehen. Das als *Persistieren* bezeichnete Schreiben von Bytes in einen nichtflüchtigen Speicher – das heißt, die Daten sind nach einem Neustart oder nachdem der Strom ausgeschaltet wurde, nicht verloren – ist eine wichtige Funktionalität in mobilen Anwendungen. Stellen Sie sich nur einmal vor, alle Inhalte, insbesondere Bilder oder Videos einer App, müssten bei jedem Start erneut heruntergeladen werden! Außerdem lassen sich Apps heutzutage in vielfältiger Weise an die eigenen Bedürfnisse anpassen. Nicht auszumalen, wie nervig es sein würde, bei jeder Benutzung erneut all die kleinen Schieber und Checkboxen auszuwählen – abgesehen davon, dass man sich an die Kombination erinnern müsste. 17

Beim Entwickeln mit Flutter stehen Ihnen ausgewachsene Packages zum Abspeichern von Einstellungen und zum Persistieren von Daten zur Verfügung. Mit den `shared_preferences` und dem `flutter_cache_manager` erkläre ich Ihnen in diesem Kapitel das entsprechende Handwerkszeug.

Danach möchte ich Ihnen die Datenbank `sqflite` vorstellen. Sie ist eine Implementierung der *SQLite*-Datenbank-Engine, die sich aufgrund ihrer flexiblen und »leichten« Bauweise als geradezu ideal für mobile Anwendungen erweist. Damit Sie sich – falls Sie das nicht unbedingt möchten – nicht mit jeder *SQL*-Query einzeln herumschlagen müssen, wurden einige Packages entwickelt, die auf `sqflite` aufsetzen und Abstraktionen, Streams und eine automatische Schema-Generierung anbieten. Auch darauf werden wir später einen Blick werfen.

Zwar laufen beide Varianten auch im Browser, aber dort gibt es keine echte Persistenz – wenn Sie den Browser schließen, sind alle Daten futsch. Die folgenden Angaben beziehen sich also nur auf mobile Geräte, die zugehörigen Emulatoren und native Apps für Windows/Linux.

17.1 shared_preferences

Nutzer und Nutzerinnen einer App erwarten heutzutage zu Recht, dass ihre Präferenzen und Einstellungen gespeichert werden, weshalb wir beim Entwickeln schon seit langer Zeit auf leichtgewichtige Caches zurückgreifen, um diese Daten darin abzulegen. In Flutter wird hierzu das Package `shared_preferences` verwendet, dessen Bezeichnung an die *Shared Preferences* von Android angelehnt ist. Weil es sich hier um ein Flutter-Package handelt, umfasst es aber gleichermaßen andere Plattformen, etwa iOS und Windows. Die native Schnittstelle von iOS heißt *NSUserDefaults* und wird ebenfalls von `shared_preferences` benutzt.

17.1.1 Das Package integrieren

Wie immer beginnt die Vorbereitung damit, dass Sie das Package in die *pubspec.yaml* einbinden. Fügen Sie hierzu `shared_preferences` mit der jeweils aktuellen Versionsnummer hinzu:

```
dependencies:
  shared_preferences:
```

Nachdem Sie den Eintrag wie abgebildet hinzugefügt haben, führen Sie den Befehl `flutter pub get` aus.

17.1.2 In den Cache schreiben

Die `SharedPreferences`, die Sie im soeben hinzugefügten Package finden, sind als *Singleton* implementiert. Von diesem (Cache-)Controller oder Manager gibt es also nur eine Instanz. Diese lösen Sie mithilfe der Funktion `getInstance` auf. Achten Sie darauf, dass der Aufruf asynchron ist und daher ein `Future` zurückgibt:

```
final sharedPreferences = await SharedPreferences.getInstance();
```

Wenn Sie nicht mit `await` warten können oder möchten, bietet sich folgender alternativer Aufruf an:

```
SharedPreferences.getInstance().then((prefs) { … }
```

Sie können Ihre Daten wie Einstellungen mithilfe der jetzt zur Verfügung stehenden Methoden auf diesem Objekt speichern. Hierzu stehen Ihnen für die grundlegenden Datentypen von Dart – `bool`, `double`, `int` und `String` – jeweils dedizierte APIs zur Auswahl. Neben einer Methode für `String` findet sich außerdem eine Implementierung für eine `String`-Liste. Hier sehen Sie einige Beispielverwendungen:

```
await sharedPreferences.setBool('dieEntscheidung', false);
await sharedPreferences.setDouble('paketgewicht', 5.15);
await sharedPreferences.setInt('eineZahl', 280682);
await sharedPreferences.setString('beschreibung', 'Ein Inhalt');
await sharedPreferences.setStringList(
  'inhalte',
  [
   'Eine',
   'Liste',
   'von',
   'Inhalten',
  ],
);
```

Listing 17.1 Die Schreibmethoden von »SharedPreferences«

Der erste Parameter ist jeweils der Schlüssel (*Key*), unter dem der darauffolgende Wert abgelegt wird. Der Werttyp muss mit dem Methodennamen übereinstimmen. Der Aufruf `setDouble('paketgewicht', '5.15')` ist daher nicht möglich. Wie Sie dem in jeder Zeile auftauchenden Schlüsselwort `await` entnehmen können, sind die Funktionen asynchron.

[!] **Vorsicht beim Schreiben**

Dass die aufgerufene Methode, etwa `setBool`, über ein `await` zurückgekehrt ist, bedeutet allerdings nicht, dass der Wert tatsächlich persistiert wurde! Aufgrund der jeweiligen unterliegenden Implementierung in den Caches durch Android *Shared Preferences* oder iOS *NSUserDefaults* kann der eigentliche Schreibvorgang nachgelagert erfolgen. Greifen Sie daher bei kritischen Daten und Inhalten eher auf die Datenbank zurück, um dort dank einer Transaktion über Gewissheit zu verfügen.

17.1.3 Aus dem Cache lesen

Ganz analog zu den verschiedenen Möglichkeiten, um Bytes zu schreiben, lesen Sie sie auch wieder heraus. Statt mit dem Präfix `set` beginnen die Methoden logischerweise mit `get`:

```
final sharedPreferences = await SharedPreferences.getInstance();

final getBool = sharedPreferences.getBool('dieEntscheidung');
final getDouble = sharedPreferences.getDouble('paketgewicht');
```

```
final getInt = sharedPreferences.getInt('eineZahl');
final getString = sharedPreferences.getString('beschreibung');
final getStringList = sharedPreferences.getStringList('inhalte');
```

Listing 17.2 Aus dem Cache lesen

Den Eintrag, der aus dem Cache geholt werden soll, identifizieren Sie dabei über den Key. Die Beispiele aus Listing 17.2 benutzen die Schlüssel, die wir in Abschnitt 17.1.2 zum Schreiben verwendet haben. Falls sich allerdings kein Ergebnis für die Suche findet, werden Ihnen die Methoden den Wert `null` zurückgeben. Folglich sind die Rückgabetypen hier Nullable, etwa `int?`, `double?` oder `String?`.

Wenn der Typ des auszulesenden Werts nicht mit der Erwartung übereinstimmt, werden die Methoden eine Exception werfen. Zur Vermeidung von Abstürzen oder wenn Sie sich nicht über den Typ sicher sind, können Sie auf `try/catch` (siehe Abschnitt 3.11) zurückgreifen und etwaige Exception-Objekte behandeln. Möglicherweise eleganter könnte jedoch die Methode `get` sein, die Ihnen bloß eine Instanz des Typs `Object`, also des Bottom-Types (siehe Abschnitt 3.7.2, »Object: Der Bottom-Type«), zurückgibt. Darauf führen Sie anschließend Ihre eigenen Typprüfungen aus:

```
final getResult = sharedPreferences.get('unbekannt');
if (getResult is bool) {
  ...
}
else if (getResult is String) {
  ...
}
```

Listing 17.3 Die Methode »get« von »SharedPreferences«

Lassen Sie uns eine kleine App schreiben, um sicherzustellen, dass die `SharedPreferences` tatsächlich persistiert werden. Dazu zählen wir einfach, wie oft die App gestartet wurde. Das heißt, wir lesen diese Anzahl aus den `SharedPreferences`, addieren 1 und speichern wieder. Am einfachsten geht das mit einem `StatefulWidget`, da das Auslesen asynchron erfolgt und beim Erstellen eines `StatelessWidgets` noch nicht zur Verfügung stünde:

```
import 'package:flutter/material.dart';
import 'package:shared_preferences/shared_preferences.dart';

void main() {
  runApp(MainApp());
}
```

```
class MainApp extends StatefulWidget {
  MainApp({super.key});
  @override
  State<MainApp> createState() => _MainAppState();
}

class _MainAppState extends State<MainApp> {
  int counter=0;

  @override
  void initState() {
    super.initState();
    SharedPreferences.getInstance().then((prefs) {
      setState(()  {
        counter = 1+( prefs.getInt("counter") ?? 0);
        prefs.setInt("counter", counter);
      });
    });
  }

  @override
  Widget build(BuildContext context) {
    return MaterialApp(
      home: Scaffold(
        body: Center(
          child: Text('Die App wurde zum $counter. Mal gestartet'),
        ),
      ),
    );
  }
}
```

Listing 17.4 Die Neustart-Zählen-App

Beachten Sie, dass diese App als Browser-Version nur funktioniert, bis Sie das Browserfenster schließen. Eine native Windows-App hingegen legt eine Datei in Ihrem User-Verzeichnis an und ist dazu in der Lage, korrekt zu zählen, genau wie mobile Apps.

17.1.4 Weitere nützliche Methoden

Die `get`-Methoden von `SharedPreferences` sind synchron, weil die Werte zu Beginn eingelesen und dann nur noch über die `SharedPreferences` selbst verändert werden.

Damit kennt SharedPreferences zu jedem Zeitpunkt den aktuellen Stand und fragt nicht unnötigerweise den Speicher ab, was entsprechend langsamer wäre.

Das schließt allerdings nicht aus, dass anderer Code oder native Implementierungen in den Cache schreiben. Wenn das in Ihrem Fall passiert, weisen Sie die SharedPreferences mit der asynchronen Methode reload an, den Cache mit dem aktuellsten Stand aus dem Speicher zu überschreiben. Damit sind Sie wieder oben auf!

Damit Sie nicht erst Keys abfragen müssen, um festzustellen, ob sie überhaupt im Cache sind, stehen Ihnen die Methoden getKeys und containsKey zur Verfügung. getKeys liefert Ihnen die Liste aller Elemente (aber nicht der Werte), und containsKey ist Ihnen schon von Collections wie Iterable (siehe Abschnitt 3.9.4) oder List (siehe Abschnitt 3.9.1) bekannt: Hier prüfen Sie explizit, ob ein Eintrag vorhanden ist.

17.1.5 Einträge entfernen

Wenn Sie etwas einfügen können, dürfen Sie es in der Regel ebenfalls wieder entfernen. So auch bei SharedPreferences. Sie setzen den gesamten Cache zurück, indem Sie die Methode clear aufrufen. Ein einzelnes Element entfernen Sie außerdem gezielt mithilfe von remove:

```
sharedPreferences.remove('inhalte');
```

Aber Vorsicht! Es gibt hier kein Backup und keine Versionierung – was weg ist, ist weg.

17.2 flutter_cache_manager

Um eine reaktionsschnelle App anzubieten, empfiehlt sich der Einsatz von Caching. Das betrifft nicht nur die Oberflächenelemente, etwa indem rechenintensive Widgets zwischengespeichert werden, damit sie nicht bei jedem Durchlauf der build-Methode neu generiert werden müssen. Ein großer Meilenstein in Sachen Leistung ist die Einführung eines Caches für Inhalte wie Bilder, Videos oder umfangreiche und sich selten verändernde JSON-Dateien oder Datenbanken. Wenn Sie an dieser Stelle ansetzen, sparen Sie neben der Zeit, die allein für die Anfrage, also den Request, vergeht, auch die Zeit für die Bearbeitung durch einen Server sowie die anschließende »Reisezeit« der Response.

Das Package flutter_cache_manager nimmt Ihnen die Arbeit ab, die für die Entwicklung einer solchen Cache-Mechanik nötig wäre, und bietet viele Möglichkeiten zur Individualisierung. Sie können damit URLs zu Dateien und Bildinhalten verarbeiten, die Sie anschließend entweder frisch über die Cloud oder blitzschnell aus Ihrem Cache beziehen. Der Zwischenspeicher besteht aus der Kombination der heruntergeladenen Dateien, die auf dem Gerät innerhalb eines temporären Verzeichnisses abgelegt werden, mit der Verwaltung von Meta-Informationen in einer Datenbank, die auf dem Package `sqflite` (siehe Abschnitt 17.3.1) basiert.

17.2.1 Integration und Konfiguration

Beziehen Sie den `flutter_cache_manager` über Ihre *pubspec.yaml*-Datei, indem Sie dort den folgenden Eintrag hinzufügen:

```
dependencies:
  flutter_cache_manager: ^3.0.0
```

Für die anspruchslose Verwendung des Managers können Sie problemlos den als Singleton implementierten `DefaultCacheManager` verwenden:

```
final cacheManager = DefaultCacheManager();
```

Sollten Sie Einstellungen vornehmen wollen (z. B. die maximale Anzahl von Dateien im Cache festlegen oder bestimmen, ob diese bei Nichtbenutzung gelöscht werden sollen), erstellen Sie über den Konstruktor von `CacheManager` eine konfigurierte Instanz:

```
final customCacheManager = CacheManager(
  Config(
   'customCache',
   maxNrOfCacheObjects: 42,
   stalePeriod: Duration(days: 2),
  ),
);
```

Listing 17.5 Einen CacheManager erstellen

Sie sehen, dass Sie neben einem Namen (genauer gesagt einem *Cache Key*) die maximale Größe des Caches festlegen können sowie die Verwahrzeit für Einträge.

Neben diesen Möglichkeiten können Sie mit dem `Config`-Objekt eigene Implementierungen für die Behandlung des Dateisystems einführen. Ein anderes Feature wäre etwa die Definition eines *Proxys*. In den meisten Fällen sollten die Standardeinstellungen aber ausreichen.

17.2.2 Dateien herunterladen

Das Anfordern einer Ressource im `CacheManager` läuft immer gleich ab: Falls sie sich schon im Cache befindet, wird sie aus ihm ausgelesen und zurückgegeben. Währenddessen wird das über die URL angegebene Ziel angefragt. Hier untersucht der `CacheManager`, ob es eine Veränderung gegeben hat und es sich gegebenenfalls daher lohnt, die Ressource erneut herunterzuladen. Dazu bezieht er die HTTP *cache-control Header* und das *eTag* der Ressource in die Entscheidung mit ein. Wenn eine Aktualisierung nötig ist, wird der `CacheManager` den Aufrufer erneut erreichen, dieses Mal mit der neuen Version. Hierzu setzt er Streams ein (siehe Abschnitt 3.12.4).

Um beispielsweise ein Bild oder eine JSON-Datei herunterzuladen, fügen Sie den folgenden Code hinzu:

```
StreamBuilder<FileResponse>(
  stream: DefaultCacheManager()
    .getImageFile('https://url.zu.bild/name.jpg'),
  builder: (context, snapshot) {
    if (!snapshot.hasData) {
      return SizedBox.shrink();
    }

    final fileInfo = snapshot.data as FileInfo;
    final imageData = fileInfo.file;
    return Image.file(imageData);
  },
);
```

Mit einer JSON-Datei funktioniert es so ähnlich:

```
StreamBuilder<FileResponse>(
  stream: DefaultCacheManager()
    .getFileStream('https://jsonplaceholder.typicode.com/todos'),
  builder: (context, snapshot) {
    if (!snapshot.hasData) {
      return SizedBox.shrink();
    }

    final fileInfo = snapshot.data as FileInfo;
    final imageData = fileInfo.file;
    return Text(imageData.readAsStringSync());
  },
)
```

Sie finden in beiden Fällen je einen `StreamBuilder` vor, der über den `DefaultCacheManager` zur Demonstration einerseits `getImageFile` und andererseits `getFileStream` aufruft. Beachten Sie, dass diese Beispiele nur einen Start oder Hot-Reload »überleben«, da es sich bei den Streams nicht um Broadcasts handelt, die mehrere Listener unterstützen würden.

Damit Sie nicht direkt mit plattformnahen File-Handle-Objekten arbeiten müssen, liefern die Methoden Ihnen Rückgabewerte vom Typ `FileResponse`. Darin wird Ihnen die Referenz auf ein File-Objekt in abstrahierter Form zur Verfügung gestellt. Darauf wiederum baut die `FileInfo` auf, die über den `as`-Operator »angenommen« wird. Dieser Typ eröffnet den Zugriff auf den Inhalt (`file`), die Quelle (*Cache, Online, unbekannt*) und auf die Information, wie lange die Datei als nicht »outdated« angesehen wird.

[+]

Header beim Abfragen von Ressourcen angeben

Die `get`-Methoden von `CacheManager` und natürlich `downloadFile` bieten einen Parameter zur Angabe von Headern. Hier könnten Sie etwaige Informationen zur Authentifizierung oder Ähnlichem unterbringen.

Neben `getFileStream` können Sie auch `getSingleFile` nutzen, falls Sie statt einem `Stream` als Antwort die `File` erhalten möchten. Einen unmittelbaren Download stoßen Sie über die Methode `downloadFile` an. Der `CacheManager` geht dann nicht erst über den Cache, aber legt die heruntergeladene Ressource in ihm ab.

17.2.3 Ablegen, löschen und das direkte Lesen aus dem Cache

Vielleicht möchten Sie Dateien im Cache ablegen, die Sie nicht über den `CacheManager` herunterladen wollen oder können. Dann bieten sich die Methoden `putFile` und `putFileStream` an. Der Inhalt wird im folgenden Beispiel aus einer Zeichenkette entnommen, die über ein Hilfswerkzeug von `utf8` in eine Byteliste umgewandelt wird:

```
import 'dart:convert';

DefaultCacheManager().putFile(
  'eine_datei',
  utf8.encode('der Inhalt der Datei').toList(),
  maxAge: Duration(hours: 2),
  fileExtension: 'txt',
);

DefaultCacheManager().putFileStream(
  'andere_datei',
  Stream.value(utf8.encode('der andere Inhalt')),
  maxAge: Duration(hours: 2),
  fileExtension: 'txt',
);
```

Listing 17.6 Dateien in den Cache ablegen

Nicht selten müssen Dateien, soweit sie nicht automatisch aus dem Cache genommen werden, von Hand gelöscht werden. Mit `removeFile` entfernen Sie sie gezielt:

```
DefaultCacheManager().removeFile('url_oder_eigener_key');
```

Sie können beim Einfügen in den Cache optional für Ressourcen einen *Key* vergeben. Wenn gewünscht, verwenden Sie dazu den Named Parameter `key`. Die Methode `removeFile` verlangt als Parameter ebenfalls einen `key`. Was geschieht, wenn Sie keinen angegeben haben? Dann macht der `CacheManager` die angegebene URL zum jeweiligen `key`. Sollten Sie also keine expliziten Keys verwendet haben, löschen Sie Ihre Dateien einfach über deren URL. Den kompletten Cache setzen Sie falls nötig über `emptyCache` zurück.

Mit `downloadFile` habe ich Ihnen eine Methode vorgestellt, mit der Sie eine Ressource am Cache vorbei herunterladen können. Sollten Sie nur mit dem Cache arbeiten wollen, was einen Request zur Aktualisierung unnötig machen würde, dann können Sie mit `getFileFromCache` und `getFileFromMemory` darauf zugreifen. Während `getFileFromCache` die Datei aus dem persistenten Speicher ausliest, könnten Sie mit `getFileFromMemory` noch schneller sein, falls sich die Ressource im flüchtigen Zwischenspeicher befindet, also im Arbeitsspeicher (RAM) des Geräts.

17.3 Datenbanken

Komplexere Daten und vor allem stark untereinander verknüpfte Objekte, die im Datenbankumfeld *Entitäten* genannt werden, übersteigen die Fähigkeiten von Caches. Selbstverständlich können Sie all Ihre Daten, die Sie etwa von APIs in JSON-Form erhalten, unmittelbar in Dateien abspeichern und jederzeit auslesen. Sie könnten anschließend eine Serialisierung und Deserialisierung durchführen, müssten jedoch eine eigene Abstraktion für Suchabfragen und für das Schreiben und Zusammenführen von Daten und Ähnlichem selbst bauen. Dabei wollten Sie doch eigentlich nur Ihre Idee oder Ihr Projekt realisieren und sich nicht dermaßen mit der Datenhaltung befassen!

Datenbanken bieten Ihnen den Vorteil, dass sie bereits alles mitbringen, um Suchabfragen laufen zu lassen, Daten miteinander zu kombinieren und gefiltert auszugeben. Das hört sich nicht zu Unrecht sehr nach `Iterable` (siehe Abschnitt 3.9.4) und den darauf implementierten Methoden wie `where`, `map`, `expand`, `reduce` usw. an!

In der Tat wurden zumindest einige Ansätze dieser *Query*-Bestandteile von Programmiersprachen in Anlehnung an Datenbankabfragen entwickelt, etwa *LINQ* in C#, wo zunächst eine SQL-artige Syntax im Code und später die Implementierung in Methoden – wie auch bei `Iterable` – nachgeliefert wurde.

[+]

Eine kleine Geschichte der Datenbanken

»Schon« in den 1960er-Jahren kam das Problem auf, dass es keine allgemeine Vorgehensweise zur Verwaltung von Nutzdaten einer Anwendung gab. So mussten Daten in Form von Dateien auf die Systemplatte geschrieben werden und konnten sich je nach Programm in Struktur und Handhabung unterscheiden, etwa in der Frage, wie ausgelesen oder persistiert wird.

In den 1970er-Jahren kam durch die Forschungsarbeit von Edgar F. Codd das Modell der *relationalen Datenbanken* auf. In den 1980er-Jahren startete diese Technologie mithilfe der später als *Oracle* bekannten Firma und auch anderen als SQL voll durch.

Die relationale Datenbank legt Daten tabellarisch getrennt voneinander ab. Man kann sich das wie viele kleine Excel-Sheets oder Dateien vorstellen, die aber untereinander verknüpft sind und durch die Verwaltungssprache SQL organisiert, gelesen und geschrieben werden.

In den 2000er-Jahren kam das Konzept *NoSQL* hinzu, mit dem Probleme der Skalierbarkeit von SQL gelöst werden sollten. Daten wurden nicht mehr tabellarisch abgelegt, sondern als Dokumente. Das können Sie sich wie viele JSON-Dokumente vorstellen. Weil zu dieser Zeit Speicher immer günstiger eingekauft werden konnte, wurde die entstehende Duplikation von Daten als nicht mehr wichtig betrachtet. Viel entscheidender war, dass durch die neue Organisation eine Replikation über viele Serverstandorte hinweg vereinfacht wurde.

Heute erfreuen sich beide Ansätze ungebrochener Beliebtheit. Sie stechen sich keineswegs gegenseitig aus. So ist NoSQL nicht als Weiterentwicklung von SQL oder als ein SQL 2.0 anzusehen. Vielmehr bieten beide Ansätze jeweils Bestleistung für unterschiedliche Einsatzzwecke. Die Empfehlung, welche der beiden Technologien Sie einsetzen sollten, kann sich also von Projekt zu Projekt verändern. Am besten ist es, die Entwicklungen in beiden Bereichen zu verfolgen und offen für den Einsatz unterschiedlicher Konzepte zu sein.

In den folgenden Abschnitten möchte ich mit Ihnen zusammen eine Datenbank anlegen, in der ToDo-Einträge abgelegt werden. Ein ToDo besteht der Einfachheit halber aus einer ID (`int`) und einem Titel (`String`).

17.3.1 Die Basis: sqflite

Das Package `sqflite` schließt Flutter an die Welt von *SQLite* an, einer Datenbank-Engine, die dadurch brilliert, dass sie in eine einzige Datei passt und keine weiteren Installationen von Diensten oder Programmen benötigt. Sie ist sehr leichtgewichtig und damit perfekt für den Einsatz in Apps geeignet.

Sie integrieren das Package `sqflite`, indem Sie es Ihrer *pubspec.yaml* hinzufügen:

```
dependencies:
  sqflite: ^2.4.2
```

Anschließend führen Sie – falls das noch nicht automatisch geschehen ist – das Kommando `flutter pub get` aus.

Die Datenbank anlegen

Weil `sqflite` oder SQLite mithilfe einer Datei abgebildet wird, benötigen Sie als ersten Schritt verständlicherweise einen Ablageort, an dem die Datenbank zu finden ist. Dieser Ort setzt sich aus zwei Komponenten zusammen. Zuerst benötigen Sie den Pfad auf dem Gerät, unter dem die Datenbankdatei abgelegt werden soll. Glücklicherweise nimmt Ihnen das Ermitteln bereits `sqflite` mit der Funktion `getDatabasePath` ab. Daran hängen Sie anschließend Ihren Dateinamen an:

```
import 'package:sqflite/sqflite.dart';

class AppDatabase {
  late Database _db;

  void init() async {
    final pathToDb = await getDatabasesPath();
    _db = await openDatabase(pathToDb + 'app.db');
  }

}
```

Listing 17.7 Eine Datenbank öffnen

Den zusammengesetzten Pfad zur Datei überreichen Sie dann an die Funktion `openDatabase` von `sqflite`. Hier können Sie ebenfalls einige Callbacks übergeben, etwa `onCreate`, `onUpgrade` oder `onDowngrade`, und somit Aktionen beim Erstellen der Datenbank oder bei Migrationen der Daten von Version X auf Y oder von Y auf X ausführen. Auf dem Dateisystem des Geräts befindet sich jetzt die angegebene *app.db*.

[+]

Die Datenbank auf dem Simulator finden

Manchmal kommen Sie nicht umhin, die angelegte Datenbank auszulesen. So könnten Sie etwa kontrollieren, ob auch wirklich alles korrekt angelegt ist, oder komfortabel über eine Datenbankanwendung Daten durchforsten, Abfragen schreiben und sogar ändern.

Der Android-Emulator legt für jede Ihrer Instanzen ein Image an. Das ist vergleichbar mit dem Image einer *virtuellen Maschine*, die Sie zum Beispiel mit *Virtual Box*, *VMware* oder *Parallels* ausführen können. Tatsächlich verwendet der Android-Emulator unter der Haube die Virtualisierungstechnologie *QEMU*. Auf Windows kann er sogar auf *Hyper-V* aufsetzen.

Weil Sie es beim Emulator mit einem Image zu tun haben, können Sie nicht einfach auf Ihrem Dateisystem zu einem Ordner springen und dort die angelegte Datenbankdatei auslesen. Allerdings ist die Android-Installation selbst wiederum in einem Dateisystem strukturiert. Sie finden die Datei darin unter dem Pfad */data/data/<Ihre-Package-ID>/databases/*. Die dort abgelegte Datenbank können Sie mithilfe des `adb pull <Pfad>`-Kommandos beziehen. Oder Sie nutzen das grafische Tool *monitor* Ihrer Android-SDK-Installation (*<SDK-Pfad>/tools/monitor*), das Ihnen einen Dateiexplorer anbietet. Außerdem könnten Sie den *Device File Explorer* von Android Studio verwenden. Falls Ihre Datenbank nicht mit einem ».« beginnt und damit auf dem Dateisystem versteckt wird, können Sie auch den *Database Explorer* dieser IDE einsetzen, um sich die Inhalte anzusehen.

Der iOS Simulator arbeitet hingegen mit dem Dateisystem Ihres Macs, legt die Dateien aber unter kryptisch anmutenden Ordnernamen an. An dieser Stelle hilft Ihnen der Befehl `xcrun simctl get_app_container booted <Ihr-Bundle-Identifier> data` weiter. Damit erhalten Sie den Pfad zum Dateiablageort Ihres geöffneten Simulators und können darin die Datenbank öffnen. Der iOS-Entwickler und Betreiber der Seite *Hacking with Swift* Paul Hudson hat darüber hinaus das Verwaltungstool *Control Room* (*https://github.com/twostraws/ControlRoom*) geschrieben, das Ihnen den Einsatz der Kommandokonsole erspart.

Solange Sie testen, können Sie mit einer lokalen Windows-Version arbeiten. Dann finden Sie die Datenbank im Roaming-Verzeichnis Ihrers Benutzers.

17

Die Datenbank ist bereit zur Aufnahme von Daten! Weil SQLite und damit auch `sqflite` verlangen, dass Sie die Ärmel hochkrempeln und die Sprache der Datenbanken (SQL) anwenden, finden Sie in den nächsten Beispielen stets eine SQL-Abfrage angegeben.

Eine Tabelle erstellen

Innerhalb einer SQL-Datenbank ist die nächstgrößte von uns verwendete Einheit die Tabelle. Noch befindet sich keine Tabelle in unserer frisch erstellten Datenbank. Dies ändern Sie, indem Sie eine `CREATE TABLE`-Abfrage ausführen lassen:

```
class AppDatabase {
  // ...

  void createTodos() async {
    await _db.execute(
      'CREATE TABLE ToDo (id INTEGER PRIMARY KEY, title TEXT)',
    );
```

```
  }

  // ...
}
```

Listing 17.8 Die Tabelle anlegen

Damit erstellt die Datenbank für Sie die gewünschte Tabelle mit den Spalten (*Columns*) `id` und `title`. Das Ergebnis sehen Sie nach der Ausführung bereits in der Datenbank.

[»]

DB Browser

Das kostenlose und plattformunabhängige Tool *DB Browser* (*https://sqlitebrowser.org*) eignet sich besonders zum Öffnen Ihrer SQLite-Datenbanken. Es kann sogar mit *SQLCipher* verschlüsselte Dateien unter Angabe des Schlüssels öffnen.

Ein ToDo einfügen

Da die Tabelle sich nun in der Datenbank gemütlich einrichten konnte, können Sie damit beginnen, Einträge (*Rows*) in ihr anzulegen. Diese fügen Sie mithilfe der im Folgenden dargestellten `INSERT`-Abfrage hinzu. Das Package bietet Ihnen zumeist eine `raw`-Variante, in der Sie pure SQL-Abfragen einsetzen können, wodurch Sie das höchste Maß an Flexibilität genießen:

```
_db.rawInsert('INSERT INTO ToDo(title) VALUES (?)', [title]);
```

Alternativ nutzen Sie die Nicht-`raw`-Methode, die abstrakter definiert ist und daher engere Grenzen zieht:

```
_db.insert('ToDo', {'title': title});
```

Während in `rawInsert` wie angekündigt reines SQL zu sehen ist, fühlt sich die Methode `insert` schon eher nach Dart an. Hier übergeben Sie einen `String` mit dem Tabellennamen. Daran schließt sich eine `Map<String, Object>` an, die Sie schon häufig im Umgang mit JSON benutzt haben.

Ein ToDo aktualisieren

Als Nächstes möchte ich Ihnen das Aktualisieren (*Update*) vorstellen. Es verhält sich grundsätzlich wie ein `insert`, aber benötigt außerdem die Information, welche Einträge denn verändert werden sollen. Anhand eines `where`-Teils definieren Sie entsprechend eine Vorschrift (wie in `Iterable`):

```
_db.rawUpdate('UPDATE ToDo SET title=? WHERE id=?', [title, id]);
```

Oder:

```
_db.update('ToDo', {'title': title}, where: 'id=?', whereArgs: [id]);
```

Sie erkennen am Fragezeichen, dass Sie dieses Zeichen als Platzhalter einsetzen können. Anstatt den Wert direkt einfügen zu müssen, hängen Sie als zweiten Parameter jeweils eine Liste an. `rawUpdate` und `update` werden die Argumente kurz vor der Ausführung der Reihe nach auslesen und einfügen.

Die ToDos auslesen

Natürlich möchten Sie irgendwann einmal wissen, welche ToDos bereits in der Datenbank abgelegt wurden. Hierzu verwenden Sie die Methoden `rawQuery` und `query`:

```
Future<Iterable<Map<String, Object>>> getToDos() async {
  return await _db.rawQuery('SELECT * FROM ToDo');
}
```

Oder Sie schreiben:

```
Future<Iterable<Map<String, Object>>> getToDos() async {
  return await _db.query('ToDo');
}
```

Damit die ausgelesenen Ergebnisse beim Aufrufer ankommen, werden sie von der Methode `getToDos` zurückgegeben. Weil es sich wie auch bei allen anderen Aufrufen auf der Datenbank um asynchrone Methoden handelt, ist der Rückgabetyp dementsprechend ein `Future`.

ToDos löschen

Das Löschen fehlt natürlich nicht im Werkzeugkasten von `sqflite` und rundet damit den Komplex der *CRUD*-Operationen (*Create*, *Read*, *Update* und *Delete*) ab:

```
_db.rawDelete('DELETE FROM ToDo WHERE id=?', [id]);
```

Oder:

```
_db.delete('ToDo', where: 'id=?', whereArgs: [id]);
```

Alles zusammengeworfen

In den letzten Abschnitten haben Sie die einzelnen Aspekte der Datenbank implementiert. Die Klasse `AppDatabase` bietet jetzt an dem Anwendungsfall orientierte Schnittstellen, mit denen Sie ToDos persistieren und in der Datenbank verwalten können.

Eine App könnte nun ein ToDo so speichern, auslesen, aktualisieren und löschen, wie es in Es würde jetzt zu weit führen, eine ganze UI zu basteln, die all diese Operationen durchführt – aber das bekommen Sie dank der erworbenen Kenntnisse sicher allein hin! zu sehen ist:

```
final database = AppDatabase();
...
database.init();
...
database.createTodos();
database.addTodo('Nino anrufen');
...
final todos = await database.getTodos();
todos.forEach(print);
...
database.updateTodo(1, 'Nino eine Nachricht schreiben');
...
database.deleteTodo(1);
```

Es würde jetzt zu weit führen, eine ganze UI zu basteln, die all diese Operationen durchführt – aber das bekommen Sie dank all Ihrer erworbenen Kenntnisse sicher allein hin!

17.3.2 Mehr Abstraktion durch Drift

Um die simplen Aktionen wie das Auslesen und Aktualisieren zu implementieren, mussten Sie sich in den vorangehenden Abschnitten entweder an Ihre SQL-Kenntnisse zurückerinnern oder konnten zumindest mit Maps arbeiten, deren Handhabung JSON ähnelt.

Einige Projekte haben sich zum Ziel gesetzt, den nötigen Aufwand zum Erstellen von Tabellen und das Handhaben der darauf ausgeführten Logik komplett in die Sprache Dart zu verlagern. Gleichzeitig sollen aber mühevolle Aufgaben, wie die Definitionen eines Tabellen-Schemas, automatisch generiert werden. Mit *Drift* (früher bekannt als *Moor*) möchte ich Ihnen eines dieser Packages vorstellen. Alternativ können Sie sich auch `Floor` ansehen, das die gleichen Ziele verfolgt und in der Community ebenfalls sehr beliebt ist.

Drift integrieren

Weil Drift für Sie eine Menge Aufgaben erledigt und dabei ein sehr mächtiges Interface bereitstellt, verlangt es zunächst nach einigen Abhängigkeiten, die Sie noch integrieren müssen. Die richtigen Versionen zu erwischen, ist etwas kompliziert, deshalb gibt es dafür eine praktische Automatisierung. Öffnen Sie das Terminal in Ihrer IDE und geben Sie Folgendes ein:

```
flutter pub add drift drift_flutter dev:drift_dev dev:build_runner
```

Daraufhin werden die richtigen Dependencys mit passenden Versionen automatisch in die *pubspec.yaml* eingefügt und heruntergeladen. Sie können sich das Resultat ansehen, müssen es aber nicht.

Übrigens verwendet Drift intern SQLite. Sie müssen SQLite aber nicht als Dependency hinzufügen, weil Drift bereits eine verkapselte SQLite-Version enthält. Dies vermeidet etwaige Versionskonflikte.

Wie Sie an den vorangestellten Begriffen `dev:` erkennen können, benötigt Drift auch gewisse Abhängigkeiten für die Entwicklung. Dabei handelt es sich um einen Codegenerator. Denn Sie greifen mit Drift ja nicht direkt auf die Datenbank zu, sondern schreiben vereinfachten Code. Aus den damit verknüpften Angaben erzeugt Drift dann wiederum Code, der den eigentlichen Datenbankzugriff durchführt, der Ihnen Operationen auf den Daten und Migrationen ermöglicht sowie die Objektkonstruktoren bereitstellt und Ihnen damit viel Arbeit abnimmt! Dieser Prozess hakt sich in den Build-Prozess von Dart ein, der durch das allgemein genutzte Package `build_runner` in Ihrem Projekt verfügbar gemacht wird, das Sie schon bei der Generierung von JSON in Abschnitt 16.7.3 verwendet haben.

Eine Tabelle anlegen

Während Sie mit `sqflite` noch von Hand über `CREATE-TABLE` eine Tabelle angelegt haben, fügen sich die Dinge mit Drift fast wie von Zauberhand zusammen. Zunächst definieren Sie eine Tabellenbeschreibung in Dart. Hier können Sie über einen Column-Builder fließend Eigenschaften wie das Auto-Increment einer Spalte festlegen. Lassen Sie uns zunächst in einer Codedatei *todos.dart* das *Datenbankobjekt* (DBO) für Todo-Einträge definieren:

```
import 'package:moor/moor.dart';

part 'todos.g.dart';

@DataClassName('TodoDbo')
class Todos extends Table {
  IntColumn get id => integer().autoIncrement()();
  TextColumn get title => text()();
}
```

```
@DriftDatabase(tables: [Todos])
class AppDatabase extends _$AppDatabase {}
```

Listing 17.9 Eine Datenbank mit einer Tabellendefinition mit Drift

Unter der `import`-Anweisung finden Sie das Schlüsselwort `part`, das Sie bereits im Umgang mit JSON kennengelernt haben. In Listing 17.9 nehmen wir demnach an, dass der Inhalt in der Datei *todos.dart* festgehalten wird. Durch `part` wird der vom `build_runner` erstellte Code mit dem Code zusammengefügt, den Sie geschrieben haben. Diesen Vorgang müssen Sie im Terminal starten:

```
dart run build_runner build
```

Dann verschwindet auch die rote Unterstreichung beim `part`-Befehl. Dafür taucht eine neue auf, nämlich bei `AppDatabase`. Sie müssen der Klasse nämlich noch einen Konstruktor hinzufügen. Außerdem fehlt eine Schema-Version, die Sie immer dann hochzählen müssen, wenn sich die Datenbankstruktur ändert:

```
@DriftDatabase(tables: [Todos])
class AppDatabase extends _$AppDatabase {
  AppDatabase([QueryExecutor? executor]) : super(executor ?? _
openConnection());

  @override
  int get schemaVersion => 1;

  static QueryExecutor _openConnection() {
    return driftDatabase(name: "name");
  }
}
```

Ihre Klasse `Todos` erweitert den Typ `Table` und erhält damit zugleich einige Standardeigenschaften und Methoden. So ist zum Beispiel schon der *Primary Key* gesetzt, wenn Sie eine `Column` mit dem Namen `id` einführen. Sie können aber jederzeit durch das Überschreiben dieser Eigenschaft eine eigene Primary-Key-Vorschrift bestimmen, zum Beispiel aus zwei Eigenschaften:

```
Set<Column> get primaryKey => {id, title};
```

Innerhalb der Klasse befinden sich die Columns `id` als `IntColumn` und `title` als `TextColumn`. Die Getter werden durch einen Builder gebaut. Eine `IntColumn` erhalten Sie somit aus dem Builder `integer()`, auf dem Sie Funktionen wie `nullable` oder `autoIncrement` aufrufen können. Primary Keys mit `null`-Werten ergeben wenig Sinn, aber das automatische Erhöhen der ID für jedes neue Element ist ein wichtiges Feature.

Letztlich rufen Sie mit den runden Klammern () den eigentlichen Build-Vorgang auf. Beim Builder handelt es sich um ein *Callable*-Objekt, d. h., es besitzt die Methode `call()`. Neben dem `text()`-Builder bietet Drift Ihnen unter anderem auch Builder für das Datum, BLOBs oder Fließkommazahlen.

Nachdem Sie die Klasse `Todos` in der Datei *todos.dart* eingefügt haben, rufen Sie den nötigen Durchlauf des `build_runners` über den Befehl `dart run build_runner build` auf. Alternativ können Sie automatische Builds auslösen lassen, wenn sich der Inhalt einer relevanten Datei geändert hat, indem Sie `dart run build_runner watch` aufrufen. Danach wird der Dart-Analyzer endlich die bisher unterstrichene `part`-Anweisung auflösen.

Gerade bei größeren oder komplexeren Tabellen erleichtert diese Art der Definition die Entwicklung, da Sie als Entwickler im Dart-Kontext bleiben und sich nicht wiederholt in SQL eindenken müssen.

Die Datenbank öffnen

Als Nächstes gilt es, den Ort für die Datenbankdatei zu definieren und die Datenbank zu öffnen. Da Drift Ihnen ebenfalls beim Ausführen von Operationen wie dem Einfügen oder Auslesen ein von SQL-abstrahiertes Interface anbietet, müssen Sie die Klasse `AppDatabase` verwenden, die einen von Drift generierten »Werkzeugkasten« erweitert und gleichzeitig auch das Erstellen der Tabellen übernimmt.

17

Schreiben Sie folgende `main`-Funktion in der *main.dart*:

```
void main() async {

  final database = AppDatabase();

  await database
      .into(database.todos)
      .insert(TodosCompanion.insert(title: 'Morgen früh einkaufen'));

  var allItems = await database.todos.all().get();
}
```

Wie Sie sehen, bietet Ihnen die `AppDatabase`-Klasse einfach verwendbare Funktionen zum Einfügen und Abrufen von Datenbankobjekten. Funktionen wie `insert()` und `get()` verkapseln letztlich SQL-Befehle an die hinterlegte SQLite-Datenbank.

In der vorliegenden Form erzeugt die App natürlich keine Bildschirmanzeige. Damit Sie sehen, dass überhaupt etwas passiert, führen Sie ein simples Widget ein, das nach dem Ausführen des Testcodes den Inhalt der Datenbank anzeigt:

```
void main() async {
  WidgetsFlutterBinding.ensureInitialized();

  final database = AppDatabase();

  await database
      .into(database.todos)
      .insert(TodosCompanion.insert(title: 'Morgen früh einkaufen'));

  var allItems = await database.todos.all().get();

  runApp(MyApp(allItems));
}

final class MyApp extends StatelessWidget {
  final List<Todo> allItems;
  MyApp(this.allItems, {super.key});

  @override
  Widget build(BuildContext context) {
    return MaterialApp(
      home: Scaffold(
        appBar: AppBar(title: Text('Drift-Beispiel')),
        body: Center(child: Text('Todos: $allItems')),
      ),
    );
  }
}
```

Listing 17.10 Die Drift-Demo mit Bildschirmausgabe

Zum besseren Verständnis möchte ich noch einige Anmerkungen hinzufügen. Gemäß der Dart-Konvention, die Ihnen schon im Umgang mit JSON begegnet ist, werden autogenerierte Symbole wie Klassen oder Funktionen mit dem Präfix _$ versehen. _$AppDatabase ist also die Unterfütterung aus Datenbankfunktionalität, die Ihrer Klasse beigemischt wird. Den zugehörigen Code erzeugt der Build-Runner. Anders als bei der Funktion driftDatabase, die gewisse Standards verwendet, um die Datenbank auf dem Gerät zu speichern, können Sie bei _openConnection auch alle möglichen anderen Vorkehrungen treffen.

Beachten Sie, dass die verkapselte SQLite-Datenbank letztlich eine Datei ist, die irgendwo im Dateisystem persistiert wird. Demzufolge läuft Drift nicht im Browser, sondern nur unter Android, iOS oder in nativen Anwendungen.

[«]

Drift unterstützt Verschlüsselung

Ohne große Mühen können Sie den Inhalt einer Drift-Datenbank verschlüsseln. Hierzu finden Sie unter *https://drift.simonbinder.eu/Platforms/encryption/* einen Baustein, der für Sie die Verschlüsselung und Entschlüsselung übernimmt.

Die *CRUD*-Operationen führen Sie auf Ihrer Drift-Datenbank komplett ohne SQL aus. Sie können bei Bedarf aber trotzdem über sogenannte `CustomExpressions` eigenes SQL einfügen.

Drift arbeitet an dieser Stelle mit dem Konzept der *Statements*. Das sind Objekte, die wie das `into` in Listing 17.11 die Aktion formalisieren, etwa »einfügen«. Auf einer solchen Instanz können Sie anschließend Zustände setzen, wie zum Beispiel Filter (`where`) und letztlich die Funktionalität über eine Methode des Statements ausführen (`insert`, `write`, `get`, `go`).

Die Methoden aus der `sqflite`-Variante der `AppDatabase`, die Sie in Abschnitt 17.3.1 zusammengesetzt haben, sehen mit Drift wie folgt aus:

```
class AppDatabase extends _$AppDatabase {
  Future<int> insertTodo(String title) async {
    return await into(todos).insert(TodosCompanion.insert(title: title));
  }

  Future<Todo> findTodo(int id) async {
    return await (select(todos)..where((t) => t.id.equals(id))).getSingle();
  }

  void updateTodo(int id, String title) async {
    await update(todos).replace(TodosCompanion(title: Value(title)));
  }

  void deleteTodo(int id) async {
    await (delete(todos)..where((t) => t.id.equals(id))).go();
  }
}
```

Listing 17.11 CRUD-Operation mit Drift

Die Methode `insertTodo` ist sehr übersichtlich. Die Schnittstellen orientieren sich an gesprochener Sprache. Daher schreiben Sie »In TABELLE füge ein OBJEKT«. Sie verwenden dazu die Hilfsklasse `TodosCompanion`, die Drift automatisch anlegt. Natürlich ist hier nur der Titel erforderlich, da die ID des neuen Objekts durch Autoinkrement

17

in der Datenbank selbst erzeugt wird. Ebenjene ID wird asynchron im `Future<int>` zurückgegeben, damit sie direkt weiterverwendet werden kann.

Die `find`-Funktion gibt ein `Todo` anhand der übergebenen ID zurück. Falls das nicht existiert, endet das Future mit einem Fehler.

Der Inhalt von `updateTodo` sieht im Vergleich etwas komplizierter aus. Letztlich wird das vorhandene Objekt aber lediglich durch das neue ersetzt – in diesem Fall natürlich nur der Titel, die ID bleibt gleich.

Die Löschfunktion verwendet ein `DeleteStatement` mit einem `where`-Filter, der die übergebene ID zum Auffinden des Löschkandidaten verwendet.

[+]

Warum der Cascade Operator?

Falls Sie sich fragen, warum dieser Operator verwendet werden muss: `where` verändert auf dem von `delete` zurückgegebenen Statement den Zustand und gibt selbst keinen Wert zurück. Natürlich müssen Sie der Datenbank eine Prüfung mitgeben, sodass sie die Datenbank-Objekte oder Zeilen (Rows) erkennen kann, die verändert werden sollen. Das haben Sie ebenfalls bei `sqflite` mit den Parametern `where` und `whereArgs` oder direkt im SQL gemacht.

Damit haben Sie Ihre ersten Schritte mit Drift erfolgreich hinter sich gebracht! Das Package implementiert viele eigene Typen und Abstraktionen, ist aber sehr gut dokumentiert (*https://drift.simonbinder.eu/*). Bisher haben Sie nur an der Oberfläche gekratzt, aber hoffentlich haben Sie zumindest ein Gefühl für Drift erhalten. Das erste Setup erscheint etwas kompliziert, aber auf lange Sicht sparen Sie Aufwand im Vergleich zum direkten Arbeiten mit einer SQL-Datenbank – spätestens, wenn Sie eine App in Betrieb haben und Drift die Migration von Datenbankschemata für Sie übernimmt. Wenn Sie sich für den Einsatz von Drift in Ihrem Projekt entscheiden, werden Sie von Stream-Implementierungen profitieren (diese werden beispielsweise bei Updates der Daten ausgelöst) oder von dem umfangreichen Migrationstool, mit dem Sie keine Angst vor Änderungen an den Tabellen-Schemas haben müssen.

17.4 NoSQL mit Hive CE

Freunde von *NoSQL* finden im Package *Hive CE* eine äußerst schlanke Datenbank-Abstraktion. Hive CE ist die Fortführung eines ursprünglich nur *Hive* genannten Projekts, das mittlerweile in der etwas anspruchsvolleren Datenbank *Isar* aufgegangen ist. Die Community-Version Hive CE bietet sich aufgrund ihrer sehr einfachen Verwendbarkeit an – sie kann nicht nur annotierte Daten speichern, sondern auch einfache Datentypen.

Zwar verzichten Sie mit NoSQL auf einige wichtige Features: SQL-Datenbanken garantieren Transaktionssicherheit, d. h., wenn Sie in einer Transaktion zwei Tabellen bearbeiten, sind hinterher garantiert entweder beide Änderungen durchgeführt oder (im Fehlerfall) keine. Damit sind alle Daten immer konsistent. Außerdem können Sie über Indizes auch in großen Datenbeständen schnell nach Datensätzen suchen. Bei NoSQL-Datenbanken haben Sie diese Vorteile zunächst nicht. Umgekehrt bekommen Sie dafür aber eine geradezu unschlagbare Einfachheit. Schauen Sie sich die folgenden Zeilen an:

```
final box = await Hive.openBox("data");
box.put('name', 'Flutter');
```

So einfach speichern Sie Schlüssel-Wert-Paare in einer *Box* genannten Hive-Datenbanktabelle. Viel komplizierter als eine Map ist das nicht – aber natürlich persistiert. Um das zu beweisen, bauen wir erneut einen App-Start-Zähler. Zunächst müssen Sie Hive als Dependency hinzufügen:

```
dependencies:
  path_provider:
  hive_ce:
  hive_ce_flutter:
```

Hierbei brauchen wir `path_provider`, um den Pfad zu ermitteln, in dem die Hive-Datenbank landen soll.

Falls Sie annotierte Datenbankobjekte und den zugehörigen Codegenerator benutzen möchten, brauchen Sie außerdem:

```
dev_dependencies:
  hive_ce_generator:
```

Jetzt schreiben Sie die App in der *main.dart*:

```
import 'dart:io';
import 'package:flutter/material.dart';
import 'package:hive_ce/hive.dart';
import 'package:hive_ce_flutter/hive_flutter.dart';
import 'package:path_provider/path_provider.dart';

void main() async {
  WidgetsFlutterBinding.ensureInitialized();
  final Directory appDocumentsDir = await getApplicationDocumentsDirectory();
  Hive.init(appDocumentsDir.path);
  final box = await Hive.openBox("data");
  box.put('counter', 1 + box.get("counter", defaultValue: 0));
```

```
  runApp(MainApp(counter: box.get("counter")));
}

class MainApp extends StatelessWidget {
  final int counter;
  const MainApp({super.key, required this.counter});

  @override
  Widget build(BuildContext context) {
    return MaterialApp(
      home: Scaffold(body: Center(child: Text('Anzahl App-Starts: $counter'))),
    );
  }
}
```

Die `main`-Funktion muss zunächst dafür sorgen, dass Flutter komplett initialisiert ist. Danach ermittelt sie das gewünschte Verzeichnis für die Ablage der Hive-Datenbank. Die Zeilen danach kennen Sie schon – sie initialisieren die Datenbank und erhöhen dann den Zähler. Dieser wird schließlich per Konstruktor an die `MainApp` übergeben. Letztere ist ein StatelessWidget, das die Anzahl der gezählten App-Starts anzeigt.

Näheres über Hive CE sowie ausführliche Beispiele finden Sie unter *https://pub.dev/packages/hive_ce*.

17.5 Eine wirklich nützliche Beispiel-App

Sie haben jetzt eine ganze Menge Technik kennengelernt, mit der sich die meisten typischen Aufgaben lösen lassen, vor der eine App steht. Aber wo fängt man an, wenn man ein konkretes Projekt beginnen möchte? Genau dafür möchte ich Ihnen jetzt ein Beispiel vorstellen: Eine wirklich nützliche App, nämlich einen digitalen Einkaufszettel. Dabei handelt es sich um eine Liste von Lebensmitteln, die Sie einzeln mit Warenkorb-Icons markieren können. Im Supermarkt nehmen Sie die Liste zur Hand und setzen Haken immer dann, wenn Sie die markierte Ware in den Einkaufswagen legen. Ganz einfach und super hilfreich, oder?

17.5.1 Ein Mini-Projektplan

Wenn Sie eine kleine App implementieren möchten, stellen Sie zunächst eine Liste der wichtigsten Anforderungen zusammen. Sie können auch direkt formlos Implementierungsideen hinzufügen. Für den Einkaufszettel sieht das wie folgt aus:

- Daten: Liste von Artikeln. Konfigurierbar.
- Artikel: Bezeichnung, Icon, Status (nicht benötigt, einzukaufen, erledigt)
- Der Status kann durch Antippen eines Icons umgeschaltet werden.
- Der Status muss persistiert werden.
- ein Button, um am Ende des Einkaufs den Status zurückzusetzen
- Zielgeräte: Smartphones

Zur Vereinfachung soll die Liste der möglichen Artikel nur als Konfiguration in der App hinterlegt werden. Die dynamische Erweiterung durch beliebige weitere Artikel verschieben wir auf die berüchtigte »Phase II« des Projekts – deren Umsetzung ich Ihnen überlasse.

Überlegen Sie anhand der Liste, welche Technik Sie einsetzen möchten. Zum Beispiel:

- Hive CE als einfache Datenbank, da keine komplexen Daten gespeichert werden müssen
- Eine eigene Service-Klasse sollte sich um die gesamte Datenbank-Interaktion kümmern (entsprechend dem BLoC-Entwurfsmuster).
- Sie benötigen ein Widget, das einen Artikel auf dem Einkaufszettel anzeigt. Dieses wird in einen `ListView` gepackt. Das Widget sollte (von links nach rechts) ein Bild, eine Bezeichnung und das Status-Icon darstellen.
- Das Widget muss auf das Antippen des Status-Icons reagieren und ändert den Status mit einem Aufruf einer Funktion der Datenbank-Klasse.
- Ganz unten gibt es einen Zurücksetzen-Button, der ebenfalls einen Funktionsaufruf in der Datenbank-Klasse auslöst.
- Lassen Sie uns loslegen!

17

17.5.2 Die Datenklasse

Wenn Sie ein neues, leeres Projekt angelegt haben, schreiben Sie zuerst die Datenklasse für die kaufbaren Artikel. Diese Klasse verfügt über Attribute für den Namen, den Namen des zugehörigen Bildes und den Status. Der Status ist der Einfachheit halber ein String, und die drei möglichen Statuswerte werden mit Stringkonstanten abgebildet wie folgt:

```
class Article {
  static const String statusBuy = "buy";
  static const String statusNone = "none";
  static const String statusBought = "bought";

  final String name;
```

```
  final String img;
  final String status;
}
```

Zusätzlich benötigen Sie einen Konstruktor für die Klasse:

```
  Article(this.name, this.img, this.status);
```

Wir werden die Konfiguration der verfügbaren Artikel in einer JSON-Datei hinterlegen. Also brauchen Sie eine Factory-Funktion, die aus einer eingelesenen JSON-Datei, die zu einer Map decodiert wurde, einen Artikel herstellt:

```
factory Article.fromJson(Map<String, dynamic> json) {
  return Article(
    json['name'] ?? 'Unknown',
    json['img'] ?? 'Unknown',
    json['status'] ?? statusNone,
  );
}
```

Hiermit ist sogleich das JSON-Format festgelegt. Schreiben Sie einfach ein paar Artikel in eine Datei *artikel.json* und speichern Sie sie im Assets-Verzeichnis:

```
[
    {
        "name": "Äpfel",
        "img": "apple.jpg"
    },
    {
        "name": "Bananen",
        "img": "banana.jpg"
    },
    {
        "name": "Orangen",
        "img": "orange.jpg"
    },
  ...
]
```

Wie Sie sehen, ist es nicht erforderlich, hier den Status zu hinterlegen, da er standardmäßig durch die Factory-Methode auf `statusNone` festgelegt wird. Aus dieser Datei wird später die Datenbank befüllt, und zwar so, dass hinzugefügte Artikel automatisch in der Datenbank ergänzt werden, ohne vorhandene Statusdaten zu überschreiben.

Melden Sie in der *pubspec.yaml* das Assets-Verzeichnis an:

```
flutter:
  assets:
    - assets/
```

Achten Sie auf den Schrägstrich am Ende. Er sorgt dafür, dass alle Dateien im Verzeichnis verwendet werden. Die in den JSON-Einträgen referenzierten Bilddateien gehören ebenfalls in dieses Verzeichnis. Sie können eigene Fotos machen, Bilder irgendwo herunterladen oder die aus dem Download-Paket verwenden. Darin finden Sie auch eine große *artikel.json*-Datei, die zu allen Fotos Einträge bereithält.

17.5.3 Die Datenbank-Klasse

Die nächste Aufgabe besteht darin, eine Klasse zu schreiben, die alle Datenbankoperationen kapselt. Dazu gehören das Auslesen, das Aktualisieren und das Initialisieren. Gleichzeitig stellt diese Klasse im BLoC-Schema den Controller dar, der später von der UI aufgerufen wird.

Bei der Frage, welche Datenbank wir zugrunde legen, habe ich mich für *Hive CE* entschieden, weil wir keine komplexe Tabellenstruktur benötigen, sondern nur eine Liste der Artikel. Der Einfachheit halber wird jeder Artikel in einer Hive-Box unter seinem Namen gespeichert. Zunächst müssen Sie Hive CE der *pubspec.yaml* hinzufügen:


```
dependencies:
  ...
  hive_ce:
  hive_ce_flutter:

dev_dependencies:
  ...
  build_runner:
  hive_ce_generator:
```

Damit Hive CE Article-Objekte in der Datenbank verwalten kann, müssen Sie einen zugehörigen Adapter definieren, und zwar in der Datei *lib/hive/hive_adapters.dart*:

```
import 'package:hive_ce/hive.dart';
import '../article.dart';

part 'hive_adapters.g.dart';

@GenerateAdapters([AdapterSpec<Article>()])
class HiveAdapters {}
```

Um die nötige Codegenerierung anzustoßen, führen Sie im Terminal den Build-Runner aus:

```
dart run build_runner build
```

Dieser Schritt erzeugt mehrere *.g.dart*-Dateien im *hive*-Verzeichnis, deren Inhalt Sie nicht weiter interessieren muss. Jetzt können Sie damit beginnen, die Datenbankklasse zu schreiben. Sie gehört in eine Datei *db.dart* und beginnt wie folgt:

```
import 'package:hive_ce_flutter/adapters.dart';
import 'hive/hive_adapters.dart';
import 'article.dart';

class DB {
  static late Box box;

  static Future<void> init() async {
    await Hive.initFlutter();
    Hive.registerAdapter(ArticleAdapter());
    box = await Hive.openBox("data");
  }
}
```

Das einzige Attribut dieser Klasse ist die Hive-Box, die in der `init`-Methode vorbereitet wird. Dazu ist Hive selbst zunächst zu initialisieren und dann der `ArticleAdapter` zu registrieren. Erst dann lässt sich die Hive-Box namens `data` öffnen, in der wir alle Daten ablegen werden.

Schreiben Sie jetzt die Funktion, die die Datenbank mit Artikeln füllt. Dazu wird ihr eine Liste übergeben, die später aus der JSON-Datei gelesen wird:

```
static Future<void> prepareArticles(List<Article> articles) async {
  for (Article item in articles) {
    if (!box.containsKey(item.name)) {
      await box.put(item.name, item);
    }
  }
}
```

Natürlich muss hier alles asynchron geschehen. Das Schreiben in die Box geschieht nebenläufig und wir warten jeweils auf die Fertigstellung. Beachten Sie, dass wir nur dann einen neuen Artikel in die `box` legen, wenn er noch nicht vorhanden ist. So vermeiden wir das Überschreiben vorhandener Status-Daten. Gleichzeitig bedeutet das aber auch, dass auf diese Weise Schreibfehler im Namen oder im Bildnamen nicht korrigiert werden können. Wenn Sie möchten, können Sie die nötige Funktion natürlich ergänzen.

Nun benötigen wir eine Funktion, die den Status eines Artikels setzt:

```
static Future<void> setArticleStatus(String name, String status) async {
  Article article = box.get(name);
  await box.put(name, Article(article.name, article.img, status) );
}
```

Die Funktion bekommt den Namen eines Artikels und dessen neuen Status übergeben. Dann holt sie sich den Artikel aus der `box`, was wohlgemerkt synchron geschehen kann. Nur Schreibzugriffe in Hive sind asynchron, was Sie in der letzten Zeile sehen: Diese überschreibt einfach den vorhandenen `Article` mit einem neuen, dessen Konstruktor `name` und `img` vom Original übernimmt, aber den neuen Status verwendet, der übergeben wurde.

Jetzt können Sie eine Funktion schreiben, die alle Statuswerte zurücksetzt. Diese wird später beim Antippen des Zurücksetzen-Buttons aufgerufen:

```
static Future<void> resetAllStatus() async {
  for (var article in box.keys) {
    await setArticleStatus(article, Article.statusNone);
  }
}
```


Diese Funktion verwendet natürlich die zuvor geschriebene und gestaltet sich dadurch sehr einfach.

Etwas komplizierter wird die Funktion, die beim Antippen des Status-Icons eines Artikels aufgerufen wird. Diese soll den Status einen Schritt weiter stellen, also von *Nichts* nach *Einkaufen* und dann nach *Gekauft*. Das geht mit einer `switch`-Konstruktion:

```
static Future<void> setNextStatus(Article article) async {
  switch (article.status) {
    case Article.statusNone:
      await setArticleStatus(article.name, Article.statusBuy);
      break;
    case Article.statusBuy:
      await setArticleStatus(article.name, Article.statusBought);
      break;
    case Article.statusBought:
      await setArticleStatus(article.name, Article.statusNone);
      break;
  }
}
```

Jetzt fehlt nur noch eine Funktion, die alle Artikel aus der Datenbank ausliest und als Liste zurückgibt, damit sie später im ListView angezeigt werden können:

```
static List<Article> getAllArticles() {
  List<Article> articles = [];
  for (var item in box.keys) {
    articles.add(box.get(item));
  }
  return articles;
}
```

Auch diese Funktion funktioniert synchron, da sie nur lesend auf die Datenbank zugreift. Alle Artikel werden in eine `List<Article>` eingefügt und diese wird zurückgegeben. Natürlich könnten Sie an dieser Stelle eine Sortierfunktion einbauen. Wie Sie sehen werden, kommen die `box.keys` alphabetisch sortiert in der Funktion an – eine Sortierung nach der Warenaufteilung in Ihrem bevorzugten Supermarkt wäre aber vielleicht sinnvoller. Dieses Feature überlasse ich gerne Ihnen.

17.5.4 Die Main-Funktion

Jetzt geht es nur noch um die UI. Bevor diese aufgebaut werden kann, muss aber die DB-Klasse vorbereitet werden. Schreiben Sie daher folgende `main`-Funktion in die Datei *main.dart*:

```
Future<void> main() async {
  WidgetsFlutterBinding.ensureInitialized();
  await DB.init();
  ...
}
```

Die erste Zeile sorgt dafür, dass Flutter komplett initialisiert ist, sonst würde Hive nicht funktionieren. Dessen Initialisierung folgt in der zweiten Zeile. Laden Sie danach die JSON-Datei aus den Assets:

```
List<dynamic> jsonList = jsonDecode(
  await rootBundle.loadString("assets/artikel.json"),
);
```

Jetzt können Sie die Datenbank vorbereiten, indem Sie die entsprechende Funktion aufrufen:

```
await DB.prepareArticles(
  jsonList.map((json) => Article.fromJson(json)).toList(),
);
```

Schließlich starten wir die UI:

```
runApp(const MainApp());
```

Natürlich muss die eigentliche UI-Klasse noch geschrieben werden.

17.5.5 Die UI

Da sich die UI dynamisch verändern wird, benötigen Sie ein `StatefulWidget`:

```
class MainApp extends StatefulWidget {
  const MainApp({super.key});
  @override
  State<MainApp> createState() => _MainAppState();
}
```

Das kennen Sie alles schon. Auch die Klasse `_MainAppState`, die sich um die eigentliche Darstellung kümmert, hält nicht viele Geheimnisse bereit. Ich verwende die plattformübergreifenden Widgets, also fügen Sie die nötigen Abhängigkeiten hinzu:

```
Dependencies:
  ...
  flutter_platform_widgets:
  platform_icons:
```


Das Layout besteht aus einem `PlatformScaffold`. Darin befindet sich eine `Column` mit `ListView` und einem Fußbereich für den Button. Die `build`-Funktion holt sich zunächst alle Artikel:

```
class _MainAppState extends State<MainApp> {
  @override
  Widget build(BuildContext context) {
    List<Article> articles = DB.getAllArticles();
    return PlatformApp(
      home: PlatformScaffold(
        appBar: PlatformAppBar(
          title: Text("Einkaufszettel"),
          leading: Image.asset("assets/einkaufszettel.png"),
        ),
        body: Column(
        )
      )
    )
  }
}
```

Die PlatformAppBar verwendet ein Bild als Icon auf der linken Seite Dasselbe Icon werden wir später auch als Launcher-Icon festlegen, sodass sich eine konsistente Darstellung ergibt.

Der Übersicht halber habe ich oben die Column noch leer gelassen. Fügen Sie zunächst als children ein Expanded ein:

```
body: Column(
  mainAxisSize: MainAxisSize.min,
  children: [
    Expanded(
    )
  ]
)
```

Jetzt ergänzen wir die ListView. Ich verwende dazu den Builder, der mit itemBuilder die einzelnen Zeileneinträge erzeugen wird. Dieser ist hier noch leer:

```
child: ListView.builder(
  scrollDirection: Axis.vertical,
  itemBuilder: (context, index) {
    ...
  },
  itemCount: articles.length,
),
```

Sie sehen, dass itemCount bereits auf die Länge der eingangs von der Datenbank abgerufenen Liste zugreift. Sind Sie bereit für den etwas komplizierten itemBuilder? Hier kommt er:

```
itemBuilder: (context, index) {
  return PlatformListTile(
    leading: Image.asset('assets/${articles[index].img}'),
    title: Text(
      articles[index].name,
      style: TextStyle(fontSize: 24),
    ),
    trailing: PlatformIconButton(
      icon: platform_icons.PlatformIcon(
        articles[index].status == Article.statusNone
          ? platform_icons.PlatformIcons.circle
          : articles[index].status == Article.statusBuy
          ? platform_icons.PlatformIcons.cart
          : platform_icons.PlatformIcons.checkMark,
      ),
```

```
      onPressed: () {
        DB.setNextStatus(articles[index]).then((value) {
          setState(() {});
        });
      },
    ),
  );
}
```

Ich benutze hier ein PlatformListTile, das aus drei Elementen besteht: einem Bild links in leading, der Bezeichnung des Artikels in title (und zwar in einer ohne Brille lesbaren Schriftgröße!) sowie einem PlatformIconButton in trailing, der ganz rechts positioniert wird. Wie Sie sehen, bringt dieser Button auch gleich die Fähigkeit mit, je nach Artikelstatus durch zwei verschachtelte ternäre Operatoren ein passendes Icon anzuzeigen.

Zum Glück verfügt PlaformIcons über passende Bildchen wie circle (ein leerer Kreis), cart (ein Einkaufswagen) und checkMark (ein Haken), die genau zu unseren Zwecken passen.

Was in der Funktion onPressed passiert, ist die Reaktion auf das Antippen durch den Nutzer. Wir rufen einfach die zugehörige DB-Funktion auf, die asynchron den Status in der Datenbank ändert und dann mit dem then-Callback den Status des Widgets aktualisiert, damit auch das richtige Icon erscheint.

17

Fast geschafft! Es fehlt nur noch der Button im Fußbereich, der die Einkaufsliste komplett zurücksetzt. Das geht so:

```
Align(
  alignment: Alignment.bottomCenter,
  child: PlatformTextButton(
    onPressed: () {
      DB.resetAllStatus().then((value) {
        setState(() {});
      });
    },
    child: Text('Zurücksetzen'),
  ),
),
```

Auch hier ist es die onPressed-Funktion, die den entsprechenden Aufruf im Controller, also der Datenbank-Klasse, aufruft und danach den State des Widgets auffrischt. Bevor Sie die App auf Ihr Gerät überspielen und testen, habe ich noch ein kleines Bonus-Goodie für Sie. Ergänzen Sie in der pubspec noch eine weitere Abhängigkeit samt Konfiguration:

```
dependencies:
  ...
  flutter_launcher_icons:
...
flutter_launcher_icons:
  image_path: "assets/einkaufszettel.png"
  android: true
  ios: true
```

Führen Sie `pub get` aus und tippen Sie danach Folgendes im Terminal:

```
dart run flutter_launcher_icons:main
```

Dieses `pub` produziert Launcher-Icons für Android und iOS und legt sie an den richtigen Stellen ab, sodass Sie sich nicht um die etwas komplizierten Details kümmern müssen. Jetzt können Sie die App starten. Das Ergebnis sehen Sie in Abbildung 17.1.

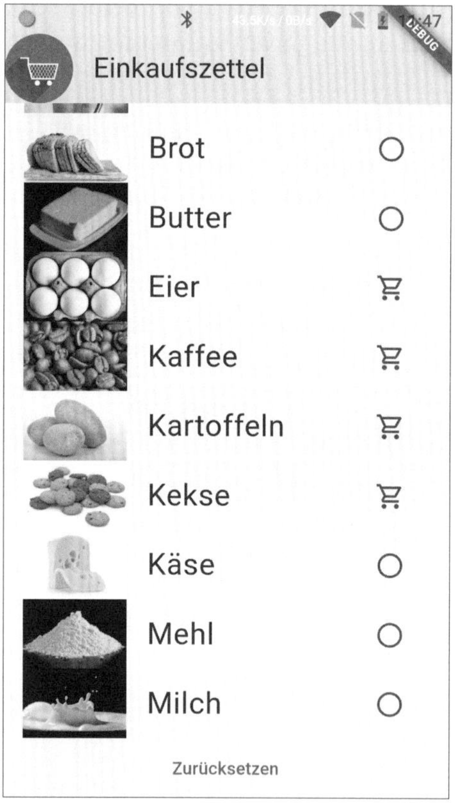

Abbildung 17.1 Die Einkaufszettel-App in Aktion

Jetzt haben Sie Ihren digitalen Einkaufszettel immer dabei und vergessen nie wieder etwas im Supermarkt. Versprochen!

17.6 Zusammenfassung

In diesem Kapitel haben Sie mit den `shared_preferences` und dem `flutter_cache_manager` Wege kennengelernt, um Einstellungen und Inhalte effizient im persistenten Speicher eines Geräts abzulegen. Die Packages nehmen Ihnen die meiste Arbeit ab, sodass Sie sich auf Ihre eigentlichen Aufgaben konzentrieren können.

Das trifft auch auf die Datenbanken zu, die ich Ihnen in den letzten Abschnitten vorgestellt habe. Mit `sqflite`, der SQLite-Implementierung für die Flutter-Welt, haben Sie eine ausgewachsene und stabile Lösung zur Verfügung, müssen sich aber mit SQL auseinandersetzen. Dies gibt Ihnen allerdings ein hohes Maß an Flexibilität an die Hand. Das Package `drift` nimmt Ihnen den Themenbereich SQL weitestgehend ab und liefert eine sehr performante und moderne Lösung. Damit können Sie schnell Ergebnisse erzielen. Obendrauf bekommen Sie eine Verschlüsselung der Daten out-of-the-box.

Wenn Sie lieber auf NoSQL aufsetzen möchten, greifen Sie zum Package `Hive CE`, das ähnlich wie `Drift` eine abstrakte, stabile und effiziente Schnittstelle für Ihre App bietet. Wie man damit Schritt für Schritt eine ausgewachsene App baut, die tatsächlich etwas Sinnvolles tut, haben Sie im finalen Abschnitt dieses Kapitels ebenfalls gelernt.

TEIL IV

Sensoren und Hardware

Kapitel 18
Mit der Außenwelt kommunizieren

»Erfolg besteht darin, dass man genau die Fähigkeit hat, die im Moment gefragt ist.«
– Henry Ford

Smartphones und Tablets sind in den ersten Jahren ihrer Existenz mit immer mehr Hardware ausgerüstet worden. Anders als heutzutage, da es eigentlich nur noch um Prozessor, Kamera und vielleicht den Arbeitsspeicher geht, wurden in der Anfangszeit der Smartphones Werkzeuge wie etwa der *Beschleunigungssensor* (iPhone, 2007) oder das *Gyroskop* (iPhone 4, 2010) eingeführt. Plötzlich konnten App-Entwickler und -Entwicklerinnen auf *Bewegungsdaten* zugreifen. Anwendungen und Spiele konnten nun erkennen, ob das Gerät gerade gedreht oder nach oben, unten oder zur Seite bewegt wurde – und wie schnell.

Ihre Flutter-App kann genauso wie native Apps, die beispielsweise mit Swift oder Kotlin das jeweilige Hersteller-SDK benutzen, auf Sensoren wie den Beschleunigungssensor, auf das Gyroskop, die Batterie, die Kamera und vieles mehr zugreifen. In Kapitel 19 gebe ich Ihnen eine kurze Einführung in das Thema, wie Flutter Ihnen die nativen Schnittstellen aufbereitet und in reinem Dart für Ihr Projekt zur Verfügung stellt.

Im Folgenden lege ich den Fokus auf die Vorstellung einiger Packages, mit denen Sie sich die vorhandene Hardware eines Smartphones oder Tablets zunutze machen. Es handelt sich lediglich um eine kleinere Auswahl einiger verschiedener und wahrscheinlich häufiger benötigter Anwendungsfälle, etwa für den Zugriff auf die *Kamera* oder die *Connectivity* (Verbindung). Keine Bange, wenn dieses Kapitel Ihren Problemfall nicht abdeckt! Sie finden mit hoher Wahrscheinlichkeit auf *https://pub.dev* bereits eine Implementierung, die Ihre Anforderungen erfüllt. Die schiere Zahl an Möglichkeiten zu schildern, würde diesen Abschnitt und sogar das Buch jedoch explodieren lassen.

18.1 Geräteinformationen

Benötigen Sie mehr Informationen über das Gerät, auf dem Ihre App gerade läuft? Dann ist das Package `device_info_plus` genau richtig! Sie können beispielsweise herausfinden, ob das Gerät eine Kamera hat oder einen Fingerabdrucksensor.

In Ihrer *pubspec.yaml* fügen Sie zur Integration die folgende Zeile ein:

```
dependencies:
  ...
  device_info_plus:
```

Danach können Sie jeweils auf Informationen über Ihr Android- oder iOS-Gerät zugreifen:

```
import 'package:device_info_plus/device_info_plus.dart';
// ...

final info = DeviceInfoPlugin();
// auf Android ...
final androidInfo = await info.androidInfo;
// auf iOS ...
final iOSInfo = await info.iosInfo;

FutureBuilder<AndroidDeviceInfo>(
  future: info.androidInfo,
  builder: (context, snapshot) {
    return ListView(
      children: [
        Text(snapshot.data.id),
        Text(snapshot.data.brand),
        Text(snapshot.data.display),
        Text(snapshot.data.model),
        Text(snapshot.data.systemFeatures.toString()),
      ],
    );
  },
)
```

Listing 18.1 Informationen zum Gerät auslesen

Innerhalb der jeweiligen Info finden Sie zahlreiche Daten über das ausführende Gerät. Am besten prüfen Sie vor dem Zugriff auf die `androidInfo` oder `iosInfo` allerdings, auf welcher Plattform Sie gerade arbeiten:

```
import 'dart:io';
...
if (Platform.isIOS) {
  ...
}
```

Listing 18.2 Plattform abfragen

Neben `isIOS` finden Sie ebenfalls Getter für die anderen von Flutter unterstützten Plattformen.

18.2 Bewegungssensoren und Batterie

Auf die Sensoren zum Messen der Beschleunigung und Ausrichtung greifen Sie über das Package `sensors_plus` zu:

```
dependencies:
  sensors_plus:
```

Sie bekommen Zugriff auf drei Streams: `AccelerometerEvent` (mit Gravitationseinfluss), `UserAccelerometerEvent` (ohne Gravitationseinfluss) und `GyroscopeEvent`. Auslesen können Sie die Daten beispielsweise folgendermaßen:

```
import 'package:sensors_plus/sensors_plus.dart';

// ...
StreamBuilder<AccelerometerEvent>(
  stream: accelerometerEventStream,
  builder: (context, snapshot) {
    return Text('Beschleunigungssensor: \n${snapshot.data}');
  },
),

// ...
StreamBuilder<UserAccelerometerEvent>(
  stream: userAccelerometerEventStream,
  builder: (context, snapshot) {
    return Text('Nutzer-Beschleunigungssensor: \n${snapshot.data}');
  },
),

// ...
StreamBuilder<GyroscopeEvent>(
  stream: gyroscopeEventStream,
  builder: (context, snapshot) {
    return Text('Gyroskop: ${snapshot.data}');
  },
),
```

Listing 18.3 Zugriff auf Beschleunigungssensor und Gyroskop

Die drei Events sind Getter auf Library-Ebene, liegen also nicht unterhalb einer Klasse oder Ähnlichem. Beachten Sie, dass dieses Pub nicht in Desktop-Apps funktioniert.

Hingegen können Sie auf allen Plattformen mit dem Pub battery_plus den Batteriezustand abfragen (außer bei PCs ohne Akku) oder sich über Statusänderungen informieren lassen. So sehen Sie zum Beispiel, wenn das Ladegerät angeschlossen oder getrennt wird:

```
import 'package:battery_plus/battery_plus.dart';
// ...

final battery = Battery();
// ...
FutureBuilder<int>(
  future: battery.batteryLevel,
  builder: (context, snapshot) =>
      Text('Batterieladung: ${snapshot.data} %'),
),
// ...
StreamBuilder<BatteryState>(
  stream: battery.onBatteryStateChanged,
  builder: (context, snapshot) =>
      Text('Batteriestatus: ${snapshot.data}'),
),
// ...
```

Listing 18.4 Batterieinformationen auslesen

Zuerst wird die Restladung der Batterie über einen FutureBuilder ausgelesen. Nachvollziehbarerweise erhalten Sie die Information asynchron, damit eine eventuelle Oberfläche nicht blockiert wird. Darauf folgt der Batteriestatus. Er wird mithilfe des StreamBuilders ausgelesen.

18.3 Verbindungsdaten

Besteht eine Verbindung zum Internet? Ist das Gerät über WLAN oder über das Mobilnetz verbunden? Antworten auf diese Fragen finden Sie mit dem Package connectivity_plus:

```
dependencies:
  connectivity_plus:
```

Wie zuvor in Listing 18.4 bietet Ihnen auch das Package connectivity_plus zwei Schnittstellen. Beide liefern aber den gleichen Rückgabetyp: ConnectivityResult, eine Enumeration mit den Werten wifi, mobile und none:

```
import 'package:connectivity_plus/connectivity_plus.dart';
// ...

FutureBuilder<List<ConnectivityResult>>(
  future: Connectivity().checkConnectivity(),
  builder: (context, snapshot) =>
      Text('Verbindung: ${snapshot.data} %'),
),

// ...
StreamBuilder<List<ConnectivityResult>>(
  stream: Connectivity().onConnectivityChanged,
  builder: (context, snapshot) => Text('Verbindung: ${snapshot.data}'),
),
// ...
```

Listing 18.5 Abfrage des Verbindungstyps

Mit checkConnectivity können Sie jederzeit den aktuellen Status abfragen, während Sie mit onConnectivityChanged auf dem Laufenden bleiben und stets Aktualisierungen des Zustands erhalten. Auch dieses Pub ist auf allen Plattformen verfügbar.

18.4 Berechtigungen

Viele Sensoren oder Hardwareteile, wie die Kamera oder das Mikrofon, werden zu Recht vom Betriebssystem durch Berechtigungen (*Permissions*) geschützt, die Nutzer Ihrer App erteilen müssen. Manch ein Package wird mit seinem Anwendungsfall möglicherweise auch eine Funktion anbieten, mit der es um Erlaubnis für genau jene Ressource fragen kann, die von ihm verwendet wird.

Wenn Sie die Berechtigungen Ihrer App aber zentral und für Anwendungsfälle abdecken möchten, dann werden Sie sich über das Package permission_handler freuen:

```
dependencies:
  permission_handler:
```

Das Package deckt alle Fälle ab, die eine App erfragen könnte. Je nachdem, woran Sie gerade interessiert sind, wählen Sie die fragliche Ressource aus und können den aktuellen Berechtigungsstand abfragen:

```
if (await Permission.camera.isGranted) {
  // ...
}
```

Neben `isGranted` können Sie andere Getter verwenden, um etwa herauszufinden, ob die Berechtigung abgelehnt (`isDenied`) wurde, nur eingeschränkt erteilt wurde (`isLimited`) oder sogar ob der Nutzer nicht wieder gefragt werden möchte (nur auf Android: `isPermanentlyDenied`).

Möchten Sie die Berechtigung erfragen, dann ermöglicht Ihnen das Package dieses Vorhaben in der denkbar einfachsten Weise:

```
PermissionStatus result = await Permission.camera.request();
switch (result) {
  case PermissionStatus.denied:
    // abgelehnt
    break;
  case PermissionStatus.granted:
    // erteilt
    break;
  case PermissionStatus.restricted:
    // kann gerade nicht verändert werden
    break;
  case PermissionStatus.limited:
    // eingeschränkt
    break;
  case PermissionStatus.permanentlyDenied:
    // Der Nutzer möchte nicht wieder gefragt werden
    break;
  case PermissionStatus.provisional:
    // spezieller Status, nur bei iOS verfügbar
    break;
}
```

Listing 18.6 Antwort auf die Kameraberechtigung verarbeiten

18.5 Kamera und Fotobibliothek

Wo wir gerade beim Thema Kamera sind: Wussten Sie schon, wie einfach sich der Zugriff auf die Kamera in Flutter gestaltet? Um ein Bild aufzunehmen und direkt anzuzeigen, können Sie unter anderem (auf *https://pub.dev* gibt es natürlich einiges an Auswahl) auf das Package `image_picker` zurückgreifen:

```
dependencies:
  image_picker:
```

Nachdem Sie das Package in Ihr Projekt eingefügt haben, können Sie folgendermaßen ein Bild frisch von der Kamera einlesen:

```
import 'dart:typed_data';
import 'package:flutter/material.dart';
import 'package:image_picker/image_picker.dart';

FutureBuilder<Uint8List>(
  future: ImagePicker()
      .getImage(source: ImageSource.camera)
      .then((picture) => picture.readAsBytes()),
  builder: (context, snapshot) {
    if (snapshot.hasData == false || snapshot.data.isEmpty) {
      return Text('Kein Bild ausgewählt');
    }

    return Image.memory(snapshot.data);
  },
)
```

Listing 18.7 Der »ImagePicker« in Aktion

Die zentrale Anlaufstelle ist der `ImagePicker`. Wenn Sie wie oben ein neues Objekt erzeugen, können Sie mit `getImage` ein Bild einlesen. Daneben können Sie gleichermaßen auch auf `getVideo` zugreifen. Der `FutureBuilder` erhält das `Future`, das aus den aufeinanderfolgenden Aufrufen von `getImage` und `then` resultiert. Über `ImageSource.camera` bestimmen Sie, dass auf die Kamera zugegriffen werden soll. `ImageSource.gallery` ermöglicht es Ihnen außerdem, den Nutzer ein Bild in der Fotobibliothek seines Geräts selektieren zu lassen. Letztlich übergibt das aus `then` zurückkehrende Future eine Byte-Liste (`UInt8List`) an den `builder` von `FutureBuilder`. Wenn dort Daten vorliegen, werden diese an `Image` überreicht, und schon sehen Sie das aufgenommene oder selektierte Bild!

18.6 Standortbestimmung

Als letzte Station dieser kleinen Vorstellungsrunde von Packages möchte ich Ihnen noch den `geolocator` vorstellen. Wie immer gilt: Dies ist nicht die einzige Möglichkeit, um den Standort zu bestimmen. Aufgrund seiner Beliebtheit machen Sie mit ihm aber definitiv nichts falsch:

```
dependencies:
  geolocator:
```

Zum Ausprobieren benötigen Sie außerdem Berechtigungen in Ihrer *AndroidManifest.xml*-Datei. Hierzu wechseln Sie zu *android/app/src/debug/AndroidManifest.xml* in Ihrem Projekt und fügen dort die folgenden beiden Zeilen ein:

```
<manifest xmlns:android="http://schemas.android.com/apk/res/android"
  package="com.example.hardware">
  <uses-permission android:name="android.permission.ACCESS_FINE_LOCATION" />
  <uses-permission android:name="android.permission.ACCESS_COARSE_LOCATION" />
  ...
</manifest>
```

Listing 18.8 Berechtigungen in »AndroidManifest.xml«

Danach können Sie über den Typ `Geolocator` auf die Systemberechtigungen und den Standort selbst zugreifen. Das Package bietet Ihnen einige Helfer wie das Öffnen der Systemeinstellungen des Geräts oder ständige Standortaktualisierungen über einen Stream. Selbstverständlich geht `geolocator` über das folgende Beispiel hinaus, das einige hintereinandergeschaltete Funktionen vorstellt und schließlich die Koordinaten ausgibt:

```
FutureBuilder<Position>(
  future: Geolocator.isLocationServiceEnabled()
      .then(
          (enabled) => Geolocator.requestPermission())
      .then((permission) =>
          (permission != LocationPermission.denied)
      .then (canLocate) => canLocate
                 ? Geolocator.getCurrentPosition()
                 : (){ throw 'Fehler!'; }(),
  builder: (context, snapshot) {
    if (snapshot?.hasData == false) {
      return Text('Da ist etwas schiefgelaufen!');
    }

    return Text(
      'Standort: ${snapshot.data.latitude} latitude'
      ' ${snapshot.data.longitude} longitude',
    );
  },
)
```

Listing 18.9 Abfrage der aktuellen Koordinaten

Im Beispiel sehen Sie, dass nichts Sie davon abhält, munter `Futures` über die Methode `then` aneinanderzuketten. Oben wird zunächst überprüft, ob der `LocationService` überhaupt aktiviert ist. Danach geht es weiter zu der Berechtigung. Falls sie erteilt wird, wird letztlich auf den Standort zugegriffen. Der `builder` von `FutureBuilder` bekommt durch das letzte `then` entweder die Koordinaten und zeigt diese über das Widget `Text` an, oder es wird ein Fehler geworfen.

18.7 Zusammenfassung

Die Abschnitte dieses Kapitels haben Ihnen hoffentlich vermitteln können, dass Sie mit Flutter hinsichtlich der Nutzung von Hardware wie Sensoren oder der Kamera kaum beschränkt sind. Die Beispiele waren jeweils sehr knapp, da ich Ihnen die Möglichkeiten aufzeigen will, aber keine erschöpfenden Dokumentationen jedes Packages bieten kann, was, wie eingangs erwähnt, den Umfang des Buches sprengen würde.

Sie sollten dennoch ein Gefühl für die Vorgehensweise erhalten haben: Wenn Sie Hardware ansprechen möchten, durchforsten Sie *https://pub.dev* mit einem einschlägigen Stichwort. Wenn Sie fündig geworden sind, beziehen Sie das Package durch einen Eintrag in Ihrer *pubspec.yaml*. Dann geht es auch schon los! Meist finden sich auch in den Favoriten und meistgenutzten Packages auf dieser Seite schon Packages, die Ihnen weiterhelfen.

Kapitel 19
Den Kanal wechseln: Channels zur Plattform

»Auch Umwege erweitern unseren Horizont.«
– Ernst Ferstl

Im letzten Kapitel haben Sie einige Packages kennengelernt, die Ihnen Zugriff auf die Hardware oder auf Informationen zu der Hardware liefern. Sie konnten sehen, dass Ihre Flutter-App zwar scheinbar die nativen APIs der Hersteller-SDKs benutzt, wie die des Android-SDK oder des UIKit auf iOS, und Sie dennoch ausschließlich in der Programmiersprache Dart weitergearbeitet haben. Auf den folgenden Seiten möchte ich Sie auf einen Ausflug zu den sogenannten *Method Channels* in Flutter mitnehmen, die eine Kommunikation zwischen Dart und dem jeweiligen Unterbau von Android oder iOS realisieren.

Sie werden außerdem einen Blick auf das *Foreign Function Interface* (*FFI*) von Dart werfen. Hierüber können Sie nativen Code in der Form von Bibliotheken ansprechen, die selbst in anderen Sprachen wie C++, Rust oder Go geschrieben wurden. Um das zu ermöglichen, implementiert FFI den kleinsten gemeinsamen Nenner der API-Welt: die C-basierten APIs.

Den Ausflug rundet die Vorstellung des *Einbettens* (*Embedding*) ab. Ich stelle Ihnen die Integration von nativen Views in Flutter vor (*hybride Apps*). Der gegenteilige Weg ist zwar auch möglich, wird aber hier nicht behandelt.

Weil die Flutter-Welt bereits den Kinderschuhen entwachsen ist und sich unzählige Entwickler und Entwicklerinnen damit beschäftigen, native Schnittstellen zugänglich zu machen, werden Sie wahrscheinlich nur selten oder noch wahrscheinlicher nie in Kontakt mit den vorgestellten Techniken kommen. Falls Sie aber einmal ein störrisches Plugin selbst fixen müssen oder ein eigenes Plugin entwickeln möchten, das nativen Code für Ihre und auch andere Apps anbindet, dann wird der folgende Abschnitt für Sie einen guten Ansatzpunkt bieten.

Wenn Sie sich schon die ganze Zeit gefragt haben, wie Flutter und Dart mit der zugrunde liegenden Plattform zusammenarbeiten, so wird dieses Kapitel Ihren Wissensdurst stillen.

19.1 Method Channels

Die Flutter-Entwickler entschieden sich für den Ansatz, die nativen Schnittstellen nicht zu binden, etwa wie *Xamarin* es für C# macht, sondern sie über flexible Plugins zu verwirklichen, die ähnlich wie *Remote Procedure Calls* (RPC) funktionieren, also Aufrufe von Funktionen auf anderen Systemen oder Computern. *Bindings* nehmen eine native API und produzieren aus Teilen von weiterem nativen Code und der Zielsprache (zum Beispiel C#) eine Art Aufsatz oder Stöpsel. Dieser wird anschließend auf der einen Seite mit der nativen API verbunden und lässt auf der anderen Seite ein loses Ende, das die Zielsprache benutzen kann, um eine API mit ihren eigenen Sprachelementen und Typen anzusprechen. So können Sie dank dieser *Bindings* beispielsweise in Xamarin mit C# vollständig das UIKit oder das Android-SDK verwenden und wechseln nie von C# zu den nativen Sprachen wie Swift oder Kotlin.

Für die Arbeit mit Flutter bedeutet das, dass Sie drei verschiedene Sprachen einsetzen müssen, um native Schnittstellen anzusprechen: Dart, Swift und Kotlin. Wie anfangs erwähnt, müssen Sie das wahrscheinlich aber nur in den seltensten Fällen tun. Dieser Verbund wird in *Plugins* organisiert. Ein *Plugin* ist eine Struktur, die sich auf dem Dateisystem und logisch als Konzept widerspiegelt. In Abbildung 19.1 sehen Sie, wie die Flutter-Engine unter Ihrer App über einen Plugin-Verwalter (Handler) Registrierungen entgegennimmt und organisiert.

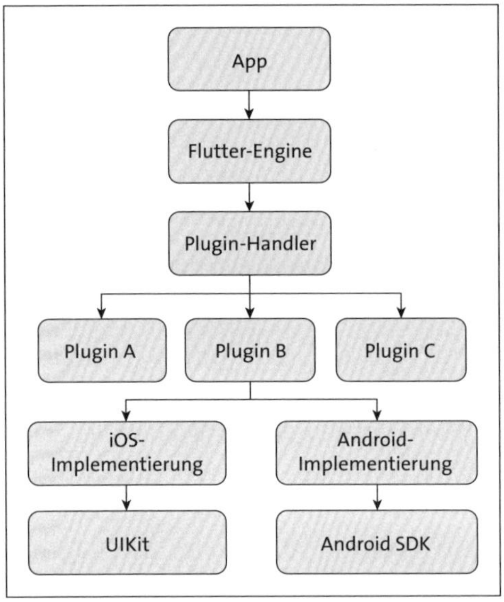

Abbildung 19.1 Der Weg von der App zur Plattform

Damit die Abbildung übersichtlich bleibt, habe ich nur den Pfad über das Plugin B weiter ausgestaltet. Wie Sie aber feststellen, können mehrere Plugins gleichzeitig unterhalb Ihres Dart-Codes arbeiten.

19.1.1 Ein Flutter-Plugin erstellen

Mithilfe von Visual Studio Code oder Android Studio können Sie Ihr eigenes Plugin erstellen. Die von der IDE verwendete Projektvorlage eignet sich bestens, um die einzelnen Bestandteile zu diskutieren.

Wählen Sie in Android Studio im Startbildschirm den Eintrag CREATE NEW FLUTTER PROJECT. Darin wählen Sie die Vorlage FLUTTER PLUGIN und klicken anschließend den Dialog weiter, bis die Projektvorlage erstellt wird (siehe Abbildung 19.2).

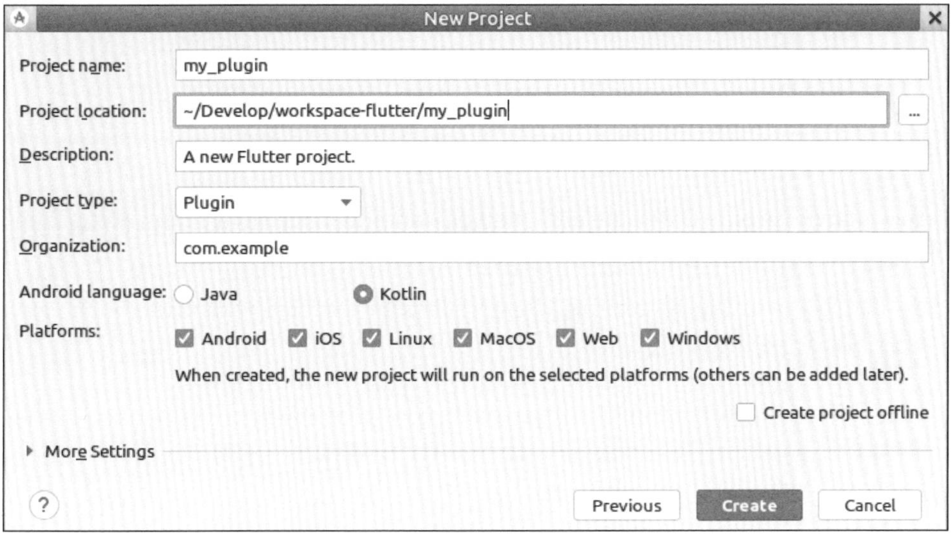

Abbildung 19.2 Ein Flutter-Plugin entsteht in Android Studio.

In Visual Studio Code verwenden Sie die Command-Palette und tippen dort »flutter« ein. Selektieren Sie dann NEW FLUTTER PROJECT, gefolgt von PLUGIN (siehe Abbildung 19.3).

Abbildung 19.3 Ein Flutter-Plugin in Visual Studio Code erstellen

19.1.2 Die Anatomie eines Plugins

Der Projektbaum fühlt sich zunächst einmal sehr heimisch an. Bis auf den Eintrag *example* findet sich darin auf der obersten Ebene nichts Neues. Weil es sich um ein Plugin handelt, das selbst keine Anwendung darstellt, stellt Ihnen die Projektvorlage zum Ausprobieren das erwähnte *example* zur Verfügung. Unterhalb von *lib* finden Sie eine

Dart-Datei. Sie befinden sich jetzt, wenn Sie an Abbildung 19.1 zurückdenken, im Kasten »Plugin B«. Ich habe das Projekt ganz einfallslos »my_flutter_plugin« genannt. Sie hingegen werden den Namen sehen, den Sie in Ihrem eigenen Plugin gewählt haben. In der Dart-Datei, die auf meinem System entsprechend *my_flutter_plugin.dart* heißt, zeigt sich, abgesehen von Kommentaren, der folgende Inhalt:

```
import 'my_flutter_plugin_platform_interface.dart';
class MyFlutterPlugin {
  Future<String?> getPlatformVersion() {
    return MyFlutterPluginPlatform.instance.getPlatformVersion();
  }
}
```

Listing 19.1 Der Inhalt von »platform.dart«

Ferner finden Sie eine Datei, die auf *_method.dart* endet. Sie sieht schon etwas komplizierter aus:

```
class MethodChannelMyFlutterPlugin extends MyFlutterPluginPlatform {
  @visibleForTesting
  final methodChannel = const MethodChannel('my_flutter_plugin');

  @override
  Future<String?> getPlatformVersion() async {
    final version =
 await methodChannel.invokeMethod<String>('getPlatformVersion');
    return version;
  }
}
```

Listing 19.2 Der Inhalt von der Datei, deren Name mit _method.dart endet

Der Name der Klasse `MethodChannel` ist zuvor schon als Begriff gefallen und findet sich auch in der Implementierung wieder. Der übergebene String `my_flutter_plugin` ist der *Bezeichner* des *Channels* und gleichzeitig seine *ID*. Es wird empfohlen, eine möglichst eindeutige Benennung zu wählen, ähnlich wie bei *Package-Identifier* oder *Bundle-ID*, damit keine Konflikte zwischen den Plugins unterhalb einer Anwendung auftreten. Ein viel besserer Name für den oberen `MethodChannel` wäre etwa `com.example.app.my_flutter_plugin`. Zur Vereinfachung belasse ich es allerdings bei dem automatisch generierten Bezeichner.

Danach sehen Sie in beiden Dateien die Funktion `getPlatformVersion`. Diese ist kein »richtiger« Bestandteil des Plugins oder seiner Mechanik, sondern eine automatisch generierte Beispiel-API. Sie könnten jegliche Methode einführen, ganz nach Ihrem

Belieben oder Anwendungsfall. Spannend ist dafür der Funktionsrumpf. Darin wird die Methode `invokeMethod` auf dem zuvor eingeführten `MethodChannel` namens `methodChannel` aufgerufen. Das Argument des Aufrufs ist der String `getPlatformVersion`.

Mit `invokeMethod` betreten Sie den Flutter-Kaninchenbau. Sie übergeben dieser Funktion den Bezeichner einer Zielfunktion und können außerdem Daten mitsenden. Aber keine Sorge! Das ist nichts anderes, als einige Dinge in ein Paket zu legen (Argumente), anschließend den Adressschein aufzukleben (Funktionsname) und letztlich das Paket zur Postfiliale zu bringen (`invokeMethod`). Der Empfänger ist die jeweilige Plattform, auf der Ihre App gerade ausgeführt wird. Schauen wir uns doch mal diese Seite an.

Hüpfen wir durch den Stollen zur Android-Implementierung (in Visual Studio Code müssen Sie zuerst die Android-Plattform für das Projekt hinzufügen, indem Sie einmal auf No Device im Fußbereich klicken). Unterhalb von *android/src.main/kotlin.<Ihr Identifier>.<Ihr Projektname>* entdecken Sie die Datei *<Projektname>Plugin.kt*. Abzüglich der vielen `import`-Anweisungen ist der Inhalt wie folgt:

```
class MyFlutterPlugin: FlutterPlugin, MethodCallHandler {
  private lateinit var channel : MethodChannel

  override fun onAttachedToEngine(flutterPluginBinding:
    FlutterPlugin.FlutterPluginBinding) {
        channel = MethodChannel(flutterPluginBinding.binaryMessenger,
          "my_flutter_plugin")
    channel.setMethodCallHandler(this)
  }

  override fun onMethodCall(call: MethodCall, result: Result) {
    if (call.method == "getPlatformVersion") {
      result.success("Android ${android.os.Build.VERSION.RELEASE}")
    } else {
      result.notImplemented()
    }
  }

  override fun onDetachedFromEngine(binding: FlutterPlugin.FlutterPluginBinding)
  {
    channel.setMethodCallHandler(null)
  }
}
```

Listing 19.3 Der Kotlin-Teil des Plugins

Willkommen im nativen Code, der automatisch in *Kotlin* generiert wurde – falls Sie nicht explizit beim Erstellen des Plugins Java ausgewählt haben. Die sprachlichen Details können Sie an dieser Stelle getrost ignorieren. Viel wichtiger ist das Konzept: Das Plugin wird von Flutter registriert, woraufhin ein »Hello-Plugin«, hier die Methode `onAttachedToEngine`, aufgerufen wird. Sie erkennen innerhalb dieser Methode, dass erneut ein `MethodChannel` erstellt wird. Damit kann der Empfänger Ihr Paket entgegennehmen. Über das Argument `flutterPluginBinding` identifiziert der Android-Teil noch schnell die Art des Briefboten (binäre Daten, also Bytes) und gibt seine Adresse an: `platform`. Danach erfolgt mit `channel.setMethodCallHandler` die Auskunft, dass die Pakete in dieser Klasse abgegeben werden sollen. Genauer gesagt, geschieht dies durch den Aufruf der Methode `onMethodCall`. Diese wird übrigens durch das Interface `MethodCallHandler` deklariert, das Sie am Kopf der Klasse finden.

Alle Plugins bauen darauf auf, dass eine Seite einen `String` und gegebenenfalls ein paar Bytes als Daten sendet und die andere Seite (die Plattform) darauf reagiert. Der `String`, den Sie als Funktionsnamen an `invokeMethod` im Dart-Code übergeben haben, kommt in `onMethodCall` an. Hier findet ein Stringvergleich statt. Alle Plugins in Flutter arbeiten also mit einem vom Entwickler erdachten Protokoll. Wenn A reinkommt, wird FunktionA ausgeführt; wenn B reinkommt, dann FunktionB. Das »Aufschlüsseln« können Sie mit `if/else` oder `switch-case` ganz nach Ihrer Vorliebe oder Ihrem Stil erledigen.

Es gehört nicht nur zum guten Ton, sondern ist eine feste Regel, dem Aufrufer (Dart) eine Antwort zu geben. Ansonsten würde Dart auf immer und ewig (oder zumindest, bis die Anwendung beendet wird) auf dem `await` von `invokeMethod` stehen bleiben: Warten auf Godot! Die Antwort ist entweder ein Erfolg oder ein Fehlschlag. Der Fehlerfall spaltet sich in zwei Wege: in ein Error-Objekt oder in einen Nicht-Implementiert-Fehler (`notImplemented`), wie Sie es im generierten Code von Listing 19.3 sehen. Ein Beispiel für den Fehler (in Kotlin) wäre etwa:

```
result.error("Fehlercode", "Funktionsname nicht bekannt")
```

Im Erfolgsfall geben Sie über `result.success` beliebige Daten zurück. Im Beispiel ist dies ein einfacher `String`. Mit dem Verlassen der Methode macht sich die Antwort wieder auf den Weg nach oben. Endlich erhält Dart eine Antwort, und das `Future` von `invokeMethod` ist beendet. In Listing 19.2 wird die Antwort der Variablen `version` zugewiesen und anschließend an den Aufrufer zurückgegeben. Auftrag erfüllt!

Sobald die Anwendung beendet wird, ruft sie im Plattformcode `onDetachedFromEngine` auf und führt damit die gleiche Funktion wie etwa `dispose` aus, das Sie von `StatefulWidget` kennen.

Damit haben Sie das Konzept hinter den Method Channels bereits nachvollzogen. Die iOS-Seite verhält sich dazu völlig analog. In der Datei *ios/Classes/Swift<Ihr Projektna-*

me>Plugin.swift finden Sie einen etwas anders aussehenden Aufbau. Die Entwickler von Dart begründen das damit, dass sie eher Rücksicht auf die jeweiligen Plattformentwickler und deren Gewohnheiten oder Konventionen nehmen wollen, als stattdessen den Dart-Entwicklerinnen und -Entwicklern eine einheitliche Struktur für beide anzubieten.

In der Datei sehen Sie dann Folgendes:

```
public class SwiftPlatformPlugin: NSObject, FlutterPlugin {
  public static func register(with registrar: FlutterPluginRegistrar) {
    let channel =
 FlutterMethodChannel(name: "platform", binaryMessenger: registrar.messenger()
)
    let instance = SwiftPlatformPlugin()
    registrar.addMethodCallDelegate(instance, channel: channel)
  }

  public func handle(_
 call: FlutterMethodCall, result: @escaping FlutterResult) {
    result("iOS " + UIDevice.current.systemVersion)
  }
}
```

Listing 19.4 Der Swift-Teil des Plugins

Erinnern wir uns an die drei Teile: Registrierung des Channels auf der Plattformseite, sodass das lose Ende aus dem Dart-Teil aufgegriffen wird, gefolgt von einer Methode, die die Aufrufe entgegennimmt und jeweils den Funktionsnamen und etwaige Argumente auswertet. Genauso wie auf Android ist die Antwort an den Aufrufer in Dart, also das `await invokeMethod`, verpflichtend. Der Funktionsrumpf von `handle` gibt exemplarisch die Version des Betriebssystems zurück und erfüllt damit seine Pflichten. Anhand von `UIDevice` sehen Sie, dass hier tatsächlich nativer Code aus dem UIKit für iOS angesprochen und ausgeführt wird.

19.1.3 Zusammenfassung

Auf den letzten Seiten konnten Sie die Struktur eines Flutter-Plugins nachvollziehen. Es besteht aus einer Dart-, einer Swift- und einer Kotlin-Komponente. Der Code Ihrer Anwendung wird die Funktionen im Dart-Teil aufrufen, der wiederum über jeweilige `invokeMethod`-Aufrufe Nachrichten an die Plattform sendet, auf der Ihre App läuft.

Weil sich das Dart-Team für diesen losgelösten Ansatz ohne *Bindings* entschieden hat, müssen Sie leider drei verschiedene Programmiersprachen kennen oder anwenden. Selbst für ausgewachsene Apps sollten Sie diesen plattformnahen Weg aber nicht unbedingt gehen müssen, da die meisten Problemfälle und APIs bereits über Packages abgedeckt und von *https://pub.dev* zu beziehen sind.

19.2 Foreign Function Interface (FFI)

Mit Dart 2.12, also gleichzeitig mit Flutter 2.x, erreichte das Feature *Foreign Function Interface* (FFI) den Zustand »stable«. Damit verfügt die Sprache über eine Möglichkeit, *Bindings* zu nativem Code herzustellen. Dem Konzept Bindings sind Sie in Abschnitt 19.1 zu Method Channels bereits kurz begegnet. Dort hatte ich die C-basierten Schnittstellen als kleinsten gemeinsamen Nenner der nativen API-Welt bezeichnet.

Ich freue mich, Ihnen dieses Feature anhand einer rudimentären C-Library vorstellen zu können. Diese Bibliothek ist absolut nebensächlich. Sie dient nur dazu, zwei kleinere Funktionen zu implementieren, die in Dart aufgerufen werden können.

19.2.1 Überblick

Wir greifen an dieser Stelle auf das im letzten Abschnitt erstellte Flutter-*Plugin*-Projekt zurück. Es eignet sich wunderbar für eine kleine Spielerei mit dem FFI-Feature. Die C-Schnittstellen, die über FFI konsumiert werden können, werden von einer *Quellen-* und *Headerdatei* implementiert. Selbstverständlich können Sie auch mit nicht genannten Programmiersprachen C-basierte Schnittstellen definieren, etwa mit C++, Rust oder Go. Wenn Sie eigene hocheffiziente und portierbare Implementierungen oder überhaupt in einer anderen Sprache geschriebenen Code wiederverwerten wollen – vielleicht, weil es einfach keinen Sinn ergibt, ihn in Dart neu zu implementieren, – dann exportieren Sie Schnittstellen zu ihrem Code als C-basierte APIs.

Diese Schnittstellen können Sie gleichermaßen auf Android und iOS konsumieren. Dart-FFI bietet einen eigenen Satz aus Datentypen. Wenn Sie Ihre Brücke vom *Nativen* in den Dart-Code bauen, müssen Sie die C-Schnittstelle mit den FFI-Datentypen definieren und erhalten aus dem Aufruf einer FFI-Methode die Daten als reines Dart. Das gilt für Funktionsreferenzen genauso wie für Rückgabewerte.

19.2.2 Die »C-Library«

Damit Dart etwas zum Konsumieren bekommt, erschaffen Sie zunächst eine Dummy-Bibliothek mit zwei exportieren Funktionen. Erstellen Sie im Plugin-Projekt einen neuen Ordner. Sie könnten ihn beispielsweise *native_lib* nennen und auf der Ebene von *lib* positionieren. Darin legen Sie drei Dateien mit den Namen *hello.c*, *hello.h* und *hello.def* an:

```
// hello.c
#include <stdio.h>

void hello_flutter()
{
    printf("Hello Flutter");
}

int get_42()
{
    return 42;
}

// hello.h
void hello_flutter();
void get_42();

// hello.def
LIBRARY native_lib
EXPORTS
    hello_flutter
    get_42
```

Listing 19.5 Dateien für die C-Library

Um die Dateien für Android zu kompilieren, müssen Sie sie noch in dessen Build-Prozess einhaken. (Hierfür müssen Sie gegebenenfalls das *Android Native Development Kit, NDK*, herunterladen.) Sie brauchen dafür eine weitere Datei, die *CMakeLists.txt*, und einen Eintrag in der *build.gradle*-Datei von Android. Hier folgt zunächst der Inhalt der Datei *CMakeLists.txt*, die Sie neben den zuvor erstellten Dateien ablegen:

```
cmake_minimum_required(VERSION 3.7 FATAL_ERROR)
add_library(native_lib SHARED hello.c hello.def)
```

Damit hätten Sie die Anweisungen zum Bauen einer Library aus den C-Dateien heraus hinterlassen. Damit die Library aufgerufen wird, muss *Gradle* beim Build der Android-App darauf aufmerksam gemacht werden. Hierzu öffnen Sie die Datei *android/build.gradle* aus Ihrem Projektverzeichnis. Fügen Sie die Sektion `externalNativeBuild` unterhalb von `android` ein:

```
android {
   // ...

    externalNativeBuild {
```

```
        cmake {
            path "../native_lib/CMakeLists.txt"
        }
    }
}
```

Für iOS gilt es auch eine Aufgabe zu bewältigen: Die Dateien *hello.c* und *hello.h* müssen in das Projektverzeichnis in *Xcode* eingefügt werden, wodurch die IDE automatisch eine Library aus ihnen bildet. Öffnen Sie die Projektdatei *Runner.xcworkspace* unterhalb des Ordners *example/ios* mit Xcode und verlinken Sie dort die Dateien.

19.2.3 Verwendung der Schnittstellen in Dart

Jetzt haben Sie alle Spieler auf dem Feld und können die Schnittstellen in Dart verwenden. Öffnen Sie die Datei *example/lib/main.dart*. Darin befindet sich bereits eine Beispielimplementierung, ähnlich wie in den durch die Flutter-App-Vorlage erstellten Projekten. Sie können den Code im Normalfall ignorieren, da Sie sich lediglich huckepack von dem App-Start mitnehmen lassen, um die Aufrufe an den nativen Code in die Wege zu leiten.

Schreiben Sie die folgende Methode unterhalb von `_MyAppState` und fügen Sie innerhalb der `build`-Methode den folgenden Aufruf ein:

```
import 'dart:ffi' as ffi;
import 'dart:io' as io;

class _MyAppState extends State<MyApp> {
  // ...

  @override
  Widget build(BuildContext context) {
    tryNative();

    return MaterialApp(
      // ...
    );
  }

  void tryNative() {
    final ffi.DynamicLibrary nativeLib = Platform.isAndroid
        ? ffi.DynamicLibrary.open('libnative_lib.so')
        : ffi.DynamicLibrary.process();
```

```
    final VoidCallback helloFunction = nativeLib
        .lookup<ffi.NativeFunction<ffi.Void Function()>>('hello_flutter')
        .asFunction();

    final int Function() intFunction = nativeLib
        .lookup<ffi.NativeFunction<ffi.Int32 Function()>>('get_42')
        .asFunction();

    helloFunction();

    print(intFunction());
  }
}
```

Listing 19.6 Aufrufe des nativen Codes

Zu Beginn des Funktionsrumpfes von `tryNative` wird die C-Library aufgelöst. Bei Android und iOS erfolgt dieser Schritt jeweils unterschiedlich. Über `Platform.isAndroid` wird entsprechend zwischen den beiden Wegen unterschieden.

`DynamicLibrary` lädt also die gefundene Library, die `native_lib` genannt wurde und automatisch durch den Build-Prozess das Präfix »`lib`« erhalten hat. Das Ergebnis wird der Variablen `nativeLib` zugewiesen und liegt damit jetzt im Speicher.

Darauf folgt der Zugriff auf `nativeLib`, indem die Methode `lookup` benutzt wird. Diese schaut im Register der Library nach, ob sie den gegebenen Eintrag als implementiert vorfindet. Das generische Argument gibt eine Typisierung mit, die Sie in der Welt von FFI mit dessen Datentypen ausdrücken müssen. Noch befindet sich die gesuchte Methode `hello_flutter` quasi in der Geisterwelt. Der Aufruf von `lookup` sorgt dafür, dass Dart sie findet und automatisch mit `asFunction` in Dart übersetzt. Deswegen sehen Sie als Rückgabetyp den `VoidCallback` (`void Function()`). Sobald die Variable `helloFunction` von `lookup` und dem darauf aufgeführten `asFunction` eine positive Antwort erhält, können Sie die eigentlich in C definierte Methode ausführen.

Der nächste Block folgt diesem Aufbau, aber sucht nach `get_42`. Diese Funktion hat einen anderen Rückgabetyp, nämlich `int` statt `void`. Entsprechend ändert sich die Definition von `NativeFunction` als generischem Argument in `lookup`. Statt `ffi.Void` setzen Sie jetzt `ffi.Int32` ein. Wie gehabt setzt `asFuntion` die Informationen in reinstes Dart um, sodass `print` in der letzten Zeile `42` ausgibt.

Wenn Sie das Beispielprojekt `example` ausführen, werden Sie die `42` in der Konsole sehen. Zwar wird die C-Funktion `hello_flutter` ausgeführt, deren Ausgabe über `printf` landet jedoch nicht in der »Flutter-Console«. Anhand der beiden importierten Methoden aus der C-Library können Sie sehen, dass der Prozess gleich bleibt, aber Sie jeweils Anpassungen an den Funktionssignaturen durchführen müssen. Noch viel mehr Informationen zu diesem interessanten Sprachfeature von Dart erhalten Sie in der offiziellen Dokumentation auf *https://dart.dev/interop/c-interop*.

19.3 Hybride Apps

Weil sich plattformübergreifende Technologien im nahen Umfeld der nativen Entwicklungswerkzeuge aufhalten müssen, ist zumeist der Schritt hin zur Unterstützung von hybriden Teilen einer App nicht mehr weit. Sie können mit Flutter einzelne Komponenten bauen und in Ihre native, etwa mit Swift oder Kotlin geschriebene iOS- oder Android-App einbauen. Andersherum können Sie ebenfalls native Komponenten in Ihre Flutter-App integrieren. In diesem Abschnitt möchte ich Ihnen Letzteres im Detail anhand von Android vorstellen.

19.3.1 Native Views in Flutter

Erinnern Sie sich an die Method Channels aus Abschnitt 19.1 und daran, dass Sie dort Plugins registrieren, um sie im Dart-Code zu verwenden? Ganz ähnlich verläuft der Weg, über den Sie Ihre Plattform-Views in Flutter einhängen. Als Erstes wenden wir uns einer nativen Android-View zu und untersuchen die Schritte, die zur Anzeige in Ihrer Flutter-App nötig sind. Danach durchlaufen wir ein Beispiel für eine iOS-View. Der Abschnitt hält sich dabei dicht an der offiziellen Dokumentation von Flutter zu diesem Feature, die Sie auf der Seite *https://docs.flutter.dev/platform-integration* finden.

19.3.2 Eine Android-View einbinden

Android bietet zwei Wege, um Views einzusetzen. Weil bei *Virtual Displays* aber Plattformintegrationen wie *Accessibility* oder die Integration der Softwaretastatur nicht funktionieren, beschränke ich mich auf die Vorstellung der sogenannten *Hybrid Composition*. Hierfür müssen Sie in Ihrer *Android*-App die `minSDKVersion` auf `19` oder höher setzen.

Sie legen mit einem neuen Widget in Ihrer Flutter-App los. Erstellen Sie eine neue Datei, und fügen Sie die folgenden `import`-Anweisungen ein:

```
import 'package:flutter/foundation.dart';
import 'package:flutter/gestures.dart';
import 'package:flutter/rendering.dart';
import 'package:flutter/services.dart';
import 'package:flutter/widgets.dart';
```

Listing 19.7 Imports des Flutter-Widgets

Der nächste Halt ist die build-Methode Ihres neu erstellten Widgets. Weil die native Android-Welt und Flutter in getrennten Sphären existieren, müssen Sie zunächst ein Portal zwischen den beiden öffnen. Diesen Zweck erfüllt PlatformViewLink, das Sie mit einigen Konfigurationswerten ausfüllen müssen:

```
@override
Widget build(BuildContext context) {
  final viewName = 'NativeTextView';
  return PlatformViewLink(
    viewType: viewName,
    surfaceFactory: (context, platformViewController) {
      return PlatformViewSurface(
        controller: platformViewController,
        gestureRecognizers: const <Factory<OneSequenceGestureRecognizer>>{},
        hitTestBehavior: PlatformViewHitTestBehavior.opaque,
      );
    },
    onCreatePlatformView: (platformViewCreationParams) {
      return PlatformViewsService.initSurfaceAndroidView(
        id: platformViewCreationParams.id,
        viewType: viewName,
        layoutDirection: TextDirection.ltr,
        creationParams: {},
        creationParamsCodec: StandardMessageCodec(),
      )
        ..addOnPlatformViewCreatedListener(
          platformViewCreationParams.onPlatformViewCreated,
        )
        ..create();
    },
  );
}
```

Listing 19.8 Konfigurationscode auf der Flutter-Seite

Die Variable viewName oder vielmehr deren Wert werden Sie auf der nativen Seite erneut verwenden. Dieser String dient als Bindeglied zwischen den nicht verbundenen Welten von Flutter und *Android native*. Wie bei einem Method Channel weiß Flutter aber, »was es bestellt«, und Android erkennt, »was es liefern muss«.

Danach sehen Sie einige Zeilen Konfiguration, die etwa mitteilen, in welche Richtung der Text fließt. Hier können Sie dafür sorgen, dass die Plattformseite letztlich genügend Daten hat, um keinen visuellen Fremdkörper zu erzeugen, sondern eine View, die sich unauffällig eingliedert.

Nachdem Flutter die Hand zur Gegenseite ausgestreckt hat, ist es an der Zeit, sie von der anderen Seite aus zu ergreifen. Wechseln Sie nun (nicht nur gedanklich) in das Android-native-Lager. Erstellen Sie unterhalb von *android/app/src/main/kotlin.<Ihr Identifier und Projektname>/* in Ihrem Projekt eine Datei mit einer Android-`TextView` darin:

```
package <Ihr Identifier und Projektname>

import android.content.Context
import android.graphics.Color
import android.view.View
import android.widget.TextView
import io.flutter.plugin.platform.PlatformView

internal class NativeView(
  context: Context,
  id: Int,
  creationParams: Map<String?, Any?>?) : PlatformView {
    private val textView: TextView

    override fun getView(): View {
        return textView
    }

    override fun dispose() {}

    init {
        textView = TextView(context)
        textView.text = "Hello, Flutter!"
    }
}
```

Listing 19.9 Eine native Android-View

Damit Android die Anfragen von Flutter bedienen kann, müssen Sie jetzt noch eine *View Factory* anlegen und anschließend registrieren. Erstellen Sie daher eine neue Datei, um dann die *Factory* einzufügen:

```
package <Ihr Identifier und Projektname>

import android.content.Context
import android.view.View
import io.flutter.plugin.common.StandardMessageCodec
import io.flutter.plugin.platform.PlatformView
```

```
import io.flutter.plugin.platform.PlatformViewFactory

class NativeViewFactory : PlatformViewFactory(StandardMessageCodec.INSTANCE) {
    override fun create(context: Context, viewId: Int, args: Any?):
PlatformView {
        val creationParams = args as Map<String?, Any?>?
        return NativeView(context, viewId, creationParams)
    }
}
```

Listing 19.10 Die »View Factory«

Beim Aufruf von `create` kann die Funktion etwaige Argumente auslesen und verarbeiten und reicht sie anschließend an die native Android-View weiter. Auch hier zeigt sich die Ähnlichkeit zu den Method Channels, die aus Flutter heraus über `invokeMethod` dazu führten, dass auf der Android-Seite die Funktion `onMethodCall` aufgerufen wurde und die Argumente verarbeitet wurden.

Jetzt fehlt nur noch die Registrierung der soeben definierten Factory. Diese erfolgt bei einer Flutter-App in der Datei *MainActivity.kt* unterhalb des *android*-Ordners, im Falle eines Flutter-Plugins hingegen in der Klasse, die das `FlutterPlugin` erweitert. Im Folgenden wird eine Flutter-App und damit einhergehend die `MainActivity` verwendet. Erweitern Sie den Klassenrumpf von `MainActivity` folgendermaßen um die Methode `configureFlutterEngine`:

```
// ...
import io.flutter.embedding.engine.FlutterEngine

class MainActivity: FlutterActivity() {
  override fun configureFlutterEngine(flutterEngine: FlutterEngine) {
    flutterEngine
        .platformViewsController
        .registry
        .registerViewFactory("NativeTextView", NativeViewFactory())
  }
}
```

Listing 19.11 Erweiterung von »MainActivity«

Beachten Sie, dass der Aufruf an `registerViewFactory` den Namen der View aus Listing 19.8 verwendet. Damit haben Sie den Kreis geschlossen und können das am Anfang eingeführte Flutter-Widget aus Listing 19.8 einsetzen. Anschließend sollte Sie der in der nativen View definierte Schriftzug begrüßen, den Sie in Abbildung 19.4 sehen.

Abbildung 19.4 Die native View in Flutter

19.3.3 Eine iOS-View einbinden

Die im vorigen Abschnitt zu Android erwähnte *Hybrid Composition* ist der einzige Weg, der für iOS angeboten wird. Das Vorgehen ist an dieser Stelle analog zu Android; Sie müssen aber – da Sie sich nun im Umfeld von iOS und UIKit bewegen – andere Klassen und natürlich Swift als Programmiersprache einsetzen.

Zunächst legen Sie ein neues `StatelessWidget` an und nehmen danach die folgenden Änderungen in dessen `build`-Methode vor:

```
import 'package:flutter/services.dart';
import 'package:flutter/widgets.dart';
// ...


@override
Widget build(BuildContext context) {
  final viewName = 'NativeTextView';

  return UiKitView(
    viewType: viewName,
    layoutDirection: TextDirection.ltr,
    creationParams: {},
    creationParamsCodec: const StandardMessageCodec(),
  );
}
```

Listing 19.12 Brücke von Flutter zu »iOS Native«

Genauso wie zuvor für eine Android-Brücke schafft `UiKitView` an dieser Stelle eine Konfigurationsmöglichkeit, etwa für die Textausrichtung. Ebenfalls aus dem vorherigen Beispiel bekannt ist `viewName`, das als Identifier dient, um die Flutter- und die native Seite zu verbinden.

Nach dieser Vorbereitung wechseln Sie nun zu Swift. Sie benötigen eine native View und eine Factory, die sie erstellen wird. Nachfolgend sehen Sie als Erstes die `UIView`, die Sie beispielsweise in der Datei *iOSView.swift* unterhalb von *ios/Runner* anlegen:

```
import UIKit
import Flutter

class NativeView: NSObject, FlutterPlatformView {
  private var _view: UIView

  init(
    frame: CGRect,
    viewIdentifier viewId: Int64,
    arguments args: Any?,
    binaryMessenger messenger: FlutterBinaryMessenger?
  ) {
    _view = UIView()
    super.init()

    createNativeView(view: _view)
  }

  func view() -> UIView {
    return _view
  }

  func createNativeView(view _view: UIView){
    _view.backgroundColor = UIColor.blue
    let nativeLabel = UILabel()
    nativeLabel.text = "Hallo, (iOS-)Welt!"
    nativeLabel.textColor = UIColor.white
    nativeLabel.textAlignment = .center
    nativeLabel.frame = CGRect(x: 0, y: 0, width: 180, height: 48.0)
    _view.addSubview(nativeLabel)
  }
}
```

Listing 19.13 Die »UIView«

In der Datei befinden sich einige Zeilen, die die iOS-View auf die Interaktion mit Flutter vorbereiten. Im Rumpf von `createNativeView` sehen Sie schließlich die anzuzeigende `UIView` und wie sie für die Darstellung in der App konfiguriert wird.

Diese Klasse soll wie angekündigt von einer Factory instanziiert werden, um an Flutter zum Einbetten zurückgegeben zu werden. Erstellen Sie unter *ios/Runner* eine weitere Datei, z. B. *NativeViewFactory.swift*:

```
import Flutter
import UIKit

class NativeViewFactory: NSObject, FlutterPlatformViewFactory {
  private var messenger: FlutterBinaryMessenger

  init(messenger: FlutterBinaryMessenger) {
    self.messenger = messenger
    super.init()
  }

  func create(
    withFrame frame: CGRect,
    viewIdentifier viewId: Int64,
    arguments args: Any?
  ) -> FlutterPlatformView {
    return NativeView(
      frame: frame,
      viewIdentifier: viewId,
      arguments: args,
      binaryMessenger: messenger)
  }
}
```

Listing 19.14 Die Factory

Hier begegnet Ihnen mit der Methode `create` die Implementierung des `FlutterPlatformViewFactory`-Protokolls, das ein Objekt von `NativeView` initialisiert und zurückgibt.

Zuletzt fehlt die Registrierung dieser Factory im nativen Teil von Flutter. Hierzu öffnen Sie die Datei *AppDelegate.swift* Ihres Projekts. Sie müssen eine Instanz der zuvor definierten `NativeViewFactory` erstellen und an `registrar` übergeben:

```
import UIKit
import Flutter

@UIApplicationMain
@objc class AppDelegate: FlutterAppDelegate {
  override func application(
    _ application: UIApplication,
    didFinishLaunchingWithOptions launchOptions: [
UIApplication.LaunchOptionsKey: Any]?
  ) -> Bool {
```

```
    GeneratedPluginRegistrant.register(with: self)

    // Den registrar auflösen...
    weak var registrar = self.registrar(forPlugin: "NativeViewPlugin")

    // ... factory erstellen und an ihn übergeben
    let factory = NativeViewFactory(messenger: registrar!.messenger())
    registrar!.register(
        factory,
        withId: "NativeTextView"
    )

    return super.application(application, didFinishLaunchingWithOptions:
launchOptions)
  }
}
```

Listing 19.15 Die »NativeViewFactory« registrieren

Beachten Sie, dass der an `self.registrar` übergebene String nicht mehrfach benutzt werden darf. Hier verwenden Sie am besten – genauso wie für den *ViewType* `NativeTextView` – einen komplexeren Identifier, ähnlich einer *Package-* oder *Bundle-ID*, etwa `com.example.app.plugin.nativeTextView`. Mit dieser Anpassung haben Sie alle Spieler aufs Feld gebracht und können nun, wie in Abbildung 19.5 gezeigt, die native iOS-View in Flutter anzeigen.

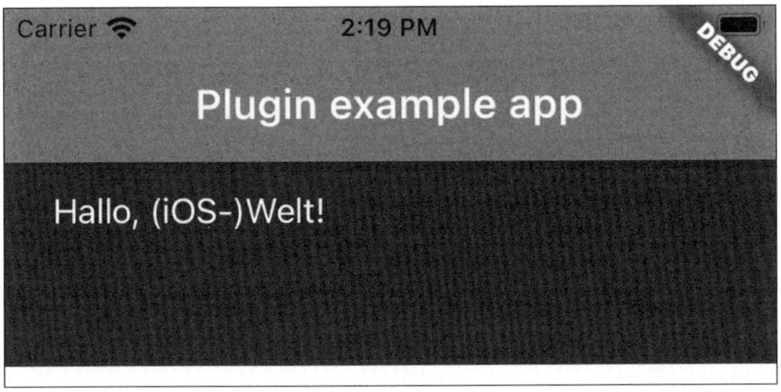

Abbildung 19.5 Die »UIView« in Flutter

Mehr Informationen zum Einbetten von nativen Views unter iOS finden Sie in der offiziellen Dokumentation von Flutter unter *https://docs.flutter.dev/platform-integration/ios*.

TEIL V

Endgame

Kapitel 20
Analytics, Tests und Releases

»Aus kleinem Anfang entspringen alle Dinge.«
– Marcus Tullius Cicero

Auf den folgenden Seiten werden Sie Ihren Blick auf abschließende Arbeiten richten. Selbstverständlich sollte die Entwicklung immer begleitet sein von Tests, dem Themenbereich *Analytics* und ausgeprägtem *Logging*. Für das vorliegende Buch ist es aber praktisch, diese Themen zum Ende hin aufzugreifen, damit sie nicht über den Inhalt verstreut werden.

Das Logging möchte ich Ihnen als Erstes vorstellen, bevor ich kurz auf Analytics und Ihre Möglichkeiten in Flutter eingehe. Danach wenden wir uns den Strukturen von automatischen Tests in Dart und Flutter zu. Und am Ende muss man die Idee ja auch noch auf die Straße bringen: Mit Flutter können Sie ohne größere Klimmzüge *Release*-Builds Ihrer App bauen und anschließend über die gängigen Werkzeuge der jeweiligen Plattform-SDKs in die *App Stores* laden. Dieser Prozess rundet das Kapitel ab und gibt Ihnen das nötige Wissen an die Hand, um Ihre in Flutter-Apps gegossenen Ideen mit Leichtigkeit zu verbreiten.

20.1 Logging

Sie haben im Buch häufig die Verwendung der Funktion `print` gesehen, mit der Inhalte ausgegeben wurden. Sie besitzen außerdem die Möglichkeit, mithilfe von `log` aus der Dart-Library `dart:developer` Informationen weiterzugeben:

```
import 'dart:developer';
import 'dart:convert';

void main() {
  log(
    'Nachricht',
    name: 'App-Identifier',
    error: jsonEncode({ 'name': 'Error-Object' }),
```

```
    stackTrace: StackTrace.current,
  );
}
```

Listing 20.1 Logausgaben

[»]

Nachrichten in der Konsole mitlesen

Anhand des Strings, der an `print` übergeben wurde, wird es schon deutlich: Wenn Sie gewisse Ausgaben auch in der Konsole sehen möchten, etwa nach dem Bau einer Release-Version, dann müssen Sie `print` verwenden. So könnten Sie beispielsweise ein iPhone an Ihren *Mac* anschließen und über die *Device Console* von *Xcode* mit `print` ausgegebene Nachrichten mitlesen.

Mit der `log`-Funktion aus `dart:developer` stehen Ihnen mehr Argumente und implizite Formatierungen zur Verfügung. So sieht die Ausgabe aus Listing 20.1, die Sie in der Debugging-Konsole von Visual Studio Code nachlesen können, schon recht »professionell« aus:

```
[App-Identifier] Nachricht
  {
    "name": "Error-Object"
  }
  #0      Logger.build.<anonymous closure> (package:package/main.dart:36:38)
  #1      _InkResponseState._handleTap (package:flutter/src/material/ink_
well.dart:991:20)
  #2      GestureRecognizer.invokeCallback (package:flutter/src/gestures/
recognizer.dart:182:24)
```

Listing 20.2 Ausgabe von »developer.log«

Für das Argument `error` besteht die Konvention, das Error-Objekt als JSON bereitzustellen. Wie Sie der Ausgabe entnehmen, versucht Dart anschließend eine ordentliche Formatierung der Inhalte.

[»]

Das Logging-Package

Wie Sie sich vorstellen können, existieren zahlreiche Packages zum Logging in Dart und Flutter. Viele Packages loggen natürlich auch selbst. Mit dem Package `logging` stellt Dart ein offizielles Package zur Verfügung, um erweiterte Einstellungen und Funktionen anzubieten. Alternativ bietet es sich in einem Projekt an, eine eigene (Dart-)Mini-Library für das Logging aufzubauen. Dort können Sie Ihre eigenen Streams oder Aufrufe von `log` oder `print` einsetzen.

Am besten kapseln Sie Ihr Logging auch bei der Verwendung eines anderen Packages. Das bietet Ihnen, wie generell bei Abhängigkeiten von Drittanbietern, die Möglichkeit, zu einem späteren Zeitpunkt die Implementierung zu ändern, während die Aufrufe an Ihre eigene API (den *Wrapper*) gleich bleiben!

20.2 Analytics

Der Begriff *Analytics* umschreibt Software, die Diagnosedaten und Metriken (etwa zur Performance oder zum Nutzerverhalten) bereitstellt, und die in andere Software integriert wird, sodass anhand der Resultate Rückschlüsse auf die Stabilität und die Qualität von Software-Features gezogen werden können. So gewonnene Daten können die Entwicklung von Quellcode und Anforderungen unterstützen.

Falls Sie planen, *Firebase*-Analytics in Ihrem Flutter-Projekt einzusetzen, dann können Sie sich über das Package `firebase_analytics` freuen. Auch andere Anbieter, wie *Adobe Analytics*, *mixpanel*, *segment* oder *CleverTap*, haben eigene Packages veröffentlicht, damit Sie Ihre Flutter-App mit ihnen ausrüsten können. Beispiele würden hier viel zu weit führen, da jeweils Accounts bei Cloud-Diensten obligatorisch sind.

20.3 Debugging

Eine der Missionen von Flutter ist es, die Entwicklung von Anwendungen zu beschleunigen. In diesem Abschnitt möchte ich Ihnen einige der Bausteine vorstellen, die Flutter Ihnen zur Verfügung stellt, um unnötige Verzögerungen, etwa durch Bauzeiten, zu vermeiden.

20.3.1 Hot-Reload, Hot-Restart und Full Restart

Im Verlauf des Buches haben Sie den *Hot-Reload* von Flutter wahrscheinlich schon einige Male eingesetzt, indem Sie das Blitzsymbol in Ihrer IDE während des Debuggens ausgewählt haben. Bei einem Hot-Reload werden alle Code-Änderungen in die *Dart VM* (*Virtual Machine*) geladen, die Dart nur dann benutzt, wenn Sie keine Kompilierung der App herbeigeführt haben, zum Beispiel bei einem Release-Build. Die Virtual Machine sorgt dafür, dass der neue Code beim nächsten Aufruf eines Symbols ausgeführt wird. Daneben wird auch der Widget-Tree neu aufgebaut. Das merken Sie unter anderem daran, dass die `build`-Methode eines `StatelessWidgets` bei Ausführung eines Hot-Reloads durchlaufen wird. Die Methode `initState` eines `StatefulWidgets` wird dabei jedoch nicht durchlaufen, da Flutter trotz Hot-Reload den State bewahrt. Auch der State der App selbst bleibt unverändert, sodass `main` nicht nochmals durchläuft.

Der *Hot-Restart* setzt noch einen drauf und versetzt zusätzlich die State-Objekte in den Ausgangszustand zurück. Damit ist Ihre Sitzung »wie neu«. Dies betrifft – Sie befinden sich auf Ebene der VM – aber nur die Dart-Inhalte. Ein Hot-Restart wird somit nicht die nativen Elemente neu heranziehen. Denken Sie an Packages, die über *Method Channels* (siehe Abschnitt 19.1) angebundene Plattformimplementierungen einbinden: Der in ihnen enthaltene native Code würde nicht in Ihre Debug-Sitzung geladen.

Deswegen kommt auch Flutter nicht ohne einen Neustart aus, der als *Full Restart* bezeichnet wird. Erst nachdem Sie das Debuggen beendet und einen neuen Durchlauf von `flutter run` über die Konsole oder den Play-Button Ihrer IDE gestartet haben, werden die Inhalte der Plattform kompiliert und an die Dart-VM übertragen.

20.3.2 Flutter Inspector

Da Flutter auf die Integration als *Plugin* gängiger IDEs wie Android Studio oder Visual Studio Code setzt, verfügen Sie in jedem Fall über die gleichen Funktionen zum Debuggen Ihrer Anwendung. Dieser Werkzeugkasten wird *DevTools* genannt. In Visual Studio Code integrieren sich die DevTools über die *Flutter Sidebar*, die Sie über das Flutter-Icon an der linken Seite erreichen. Hier können Sie beispielsweise während einer Debug-Session den *Flutter Inspector* verwenden, um den Widget-Baum zu begutachten.

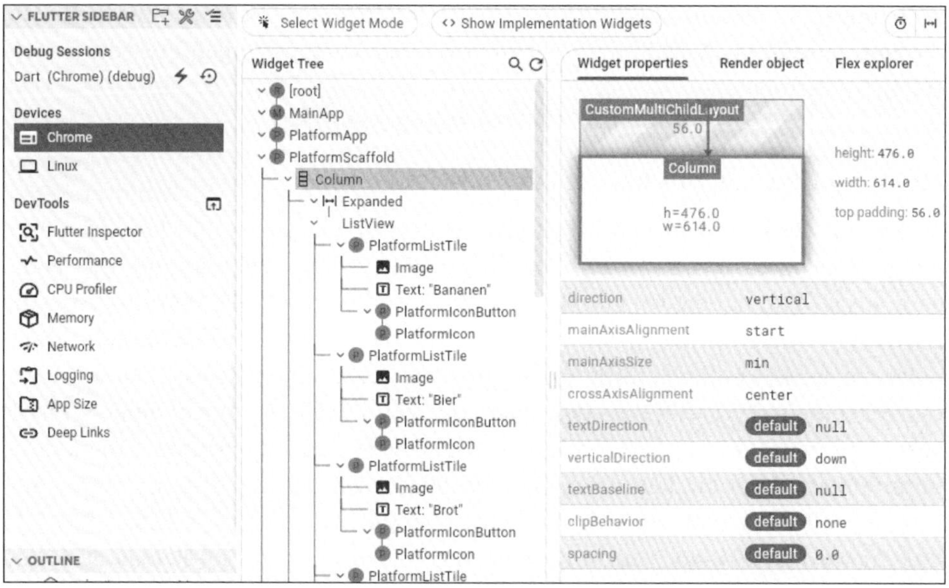

Abbildung 20.1 Der »Widget Inspector« am Beispiel der Einkaufszettel-App

Hier finden Sie nützliche Tools, zum Beispiel zum Untersuchen des Widget-Trees, wie es in Abbildung 20.1 zu sehen ist.

20.3.3 Breakpoints

In gängigen IDEs können Sie im linken Randbereich des Editors auf die Zeilennummern klicken, um einen *Breakpoint* für diese Zeile zu erzeugen, der die Ausführung beim Debuggen anhält (siehe Abbildung 20.2).

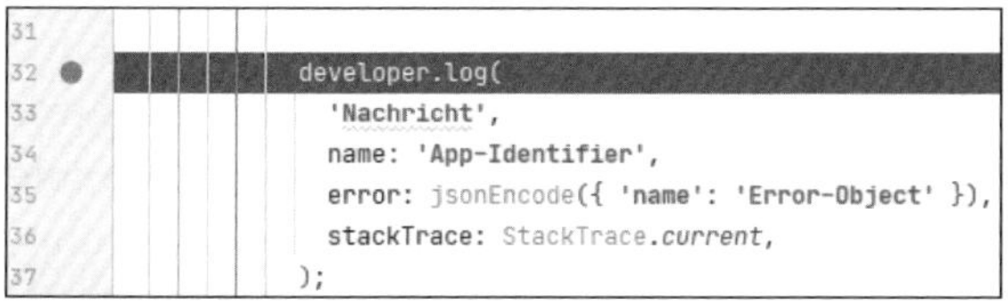

Abbildung 20.2 Durch die Ausführung erreichter Breakpoint

Sie können aber auch in Ihrem Programm Breakpoints erstellen. Hierzu greifen Sie erneut auf die Dart-Library `dart:developer` zu. In ihr liegt die Funktion `debugger`. Sie hält je nach Auswertung der übergebenen Bedingung die Ausführung an:

```
developer.debugger(when: true);
```

Sie können den Breakpunkt auch an eine Bedingung knüpfen:

```
developer.debugger(when: condition, message: 'Angehalten, da ...');
```

Das ist vor allem dann sinnvoll, wenn Sie ein Problem untersuchen möchten, das nicht immer auftritt, sondern nur unter bestimmten Bedingungen.

Mehrere Instanzen simultan debuggen

Ihr Debugger kann mehrere Instanzen Ihrer App gleichzeitig starten und überwachen. Das ist besonders dann praktisch, wenn Sie Ihr Projekt auf mehreren Formfaktoren, Bildschirmgrößen oder auf iOS und Android zugleich testen möchten, während Sie Änderungen am Code der Oberfläche vornehmen.

Wenn Sie bereits in einer Sitzung (*Session*) sind, wählen Sie ein anderes Gerät als Ziel aus und starten anschließend eine neue Debug-Sitzung. Dies funktioniert mit und ohne IDE gleichermaßen.

20.4 Profiling

Einige der in den *DevTools* angebotenen Werkzeuge zielen auf die Messung der *Renderingleistung* (Performance). Das heißt, sie messen, ob die App die Oberfläche schnell genug zeichnet, sodass keine Verzögerungen sichtbar werden. Außerdem achten sie auf die *Ausführungsleistung* (CPU-Profile) des Codes. Auch den *Speicherbedarf* messen Sie bei Bedarf mit dem Tab MEMORY.

Weil ein Debug-Build zunächst einmal darauf optimiert ist, Ihnen beim Entwickeln entgegenzukommen, indem unter anderem Optimierungen am Code weitestgehend deaktiviert werden, ist das Untersuchungsergebnis, das Sie mit einem solchen Build erzielen, nicht wirklich repräsentativ.

Flutter kennt drei verschiedene Build-Modi: *Debug*, *Profile* und *Release*. Mit *Debug* sind Sie schon vertraut: Sie haben wahrscheinlich alle Beispiele und Ihre eigenen Experimente mithilfe dieser Einstellung ausgeführt. Den *Release*-Modus sehen wir uns später in Abschnitt 20.6 an, um App-Pakete zu bauen. Mit *Profile* erstellen Sie eine Beinahe-Release-Version. Das heißt, Ihre App wird zusammengebaut und ausgeführt, als ginge es jetzt in die *App Stores*. Nur wenige Ausnahmen werden gemacht, um hier und dort mit Instrumenten andocken zu können. Auch Trace-Nachrichten werden weiterhin empfangen. Durch diese Gegebenheiten minimiert sich die Möglichkeit, den Test zu beeinflussen.

Wohlgemerkt funktioniert das Profiling nur, wenn die App auf einem physischen Endgerät läuft, nicht im Emulator. Starten Sie die App im Profile-Modus, indem Sie auf den grau eingeblendeten PROFILE-Link direkt oberhalb der `main`-Funktion klicken. Dann klicken Sie in der Flutter Sidebar unter DEVTOOLS auf PERFORMANCE. Eine Beispielanzeige sehen Sie in Abbildung 20.3 für die Einkaufszettel-App.

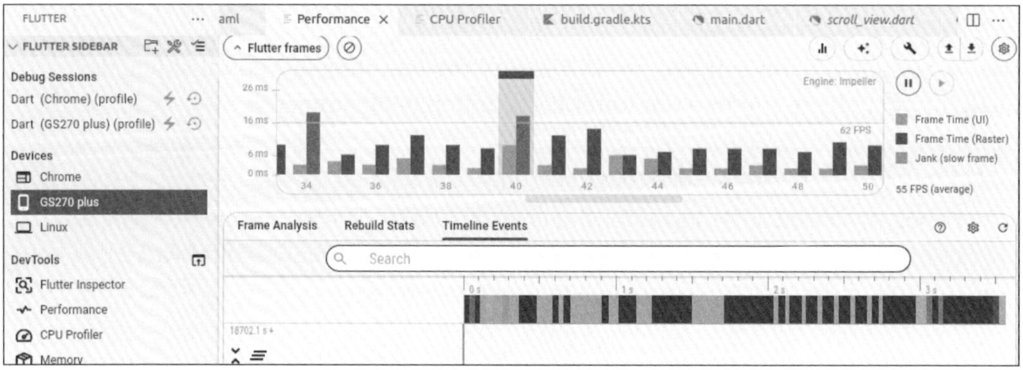

Abbildung 20.3 »Performance« in den »DevTools«

Rote Balken zeigen langsames Rendering, also schlimmstenfalls eine ruckelnde Darstellung. Je mehr rote Balken Sie sehen, während Sie die App benutzen, umso schlimmer ist es. Prüfen Sie, was in diesen Bedienungsfällen passiert und ob Sie den Code optimieren können.

Inzwischen zeigt *Google Play* Apps in Trefferlisten weiter unten an, wenn sie häufig ANR-Ereignisse produzieren (*Application Not Responding*, also eine extrem verzögerte Reaktion der UI). Deshalb ist die Optimierung der Performance alles andere als unwichtig. Da die Ursachen sehr vielfältig sein können, verweise ich an dieser Stelle nur auf die einschlägige Dokumentation, die Sie unter *https://docs.flutter.dev/perf* finden.

[«]

Die Startzeit messen

Wenn Sie eine detaillierte Aufstellung über die Startzeit Ihrer Flutter-App benötigen, dann rufen Sie sie im *Profile*-Modus auf und setzen zudem den Parameter `--trace-startup`:

```
> flutter run --profile --trace-startup
```

Die Ausgabe schreibt der Vorgang in Ihren *build*-Ordner. Sie finden dort die Dateien *start_up_info.json* und *start_up_timeline.json* mit Angaben in Mikrosekunden:

```
{
  "engineEnterTimestampMicros": 19487492121,
  "timeToFrameworkInitMicros": 283692,
  "timeToFirstFrameRasterizedMicros": 3292631,
  "timeToFirstFrameMicros": 3129082,
  "timeAfterFrameworkInitMicros": 2845390
}
```

20.5 Testing

Die Flutter-Vorlage für eine App erstellt schon zu Beginn einen Ordner für automatische Tests – es sei denn, Sie wählen als Vorlage EMPTY APPLICATION. Der Ordner befindet sich in Ihrem Projektverzeichnis neben *lib* und heißt *test*. In ihm legt Flutter die Datei *widget_test.dart* ab. Dieser erste Aufschlag ist eine Beispielimplementierung für *Widget-Tests*. Widget-Tests sind eine von drei Arten automatischer Tests. Die anderen beiden sind *Unit-Tests* und *Integration-Tests*. Im Folgenden werden Sie sich anhand von Beispielen mit der Anwendung von Unit-Tests und Widget-Tests in Flutter vertraut machen.

20.5.1 Unit-Testing

Die Frage, was überhaupt *Units* sind, wird zumeist mit »Funktionen« oder »Klassen« beantwortet. Allein der Begriff verhindert schon das Festnageln auf einen spezifischen Gegenstand. Wären die Tests sonst nicht besser »Function(ality)-Tests« genannt worden? Eine *Unit* kann man durchaus auch als logische *Einheit* auffassen. Anstatt sich auf eine Funktion wie `write` zu fokussieren und entsprechend einen Test `writeTest` anzulegen, ist die Überlegung gar nicht so abwegig, den eigentlichen Anwendungsfall (z. B. `logTest`) zu testen und die umsetzende Methode eher als technisches Detail zu behandeln.

In jedem Fall sollte ein Test ein Kriterium des Anwendungsfalls überprüfen und damit prüfen, *was* passiert, jedoch nicht *wie*. Ihre Ansammlung (*Suite*) aus Unit-Tests sollte außerdem einen Durchlauf in wenigen Sekunden oder Bruchteilen von Sekunden abschließen. Tests müssen schnell sein und sollen in Windeseile Auskunft darüber geben, ob die Codebasis nach Änderungen und auch während Änderungen noch intakt ist. Denn je eher Sie nach einer Anpassung auf einen Fehler hingewiesen werden, desto besser können Sie sich daran erinnern, was passiert ist, und damit das Problem wahrscheinlich effizienter lösen.

Eine Testdatei anlegen

Die Integration von Unit-Tests in Flutter ist sehr angenehm. Sie müssen keine weiteren Bestandteile oder SDKs herunterladen. Es ist schon alles da. In Anlehnung an das Logging-Thema aus Abschnitt 20.1 sehen wir uns die folgende Implementierung eines *Logging-Wrappers* an:

```
abstract class LogOutput {
  void write(String message);
}

class AppLog {

  final List<LogOutput> outputs = <LogOutput>[];

  void addOutput(LogOutput output) {
    if (outputs.contains(output)) {
      return;
    }

    outputs.add(output);
  }
}
```

Listing 20.3 Erster Aufbau von »AppLog«

Mit der Klasse `LogOutput` wird ein Interface eingeführt, das später von verschiedenen Kanälen implementiert werden kann – beispielsweise von einem `ConsoleOutput` oder einem Analytics-Package, an das die Nachrichten zur Auswertung als Events weitergeleitet werden. Darauf folgt das `AppLog`, das später den zentralen Zugangspunkt für jegliches Logging darstellen soll. Zunächst ist nur das Hinzufügen eines Channels implementiert.

Legen Sie nun eine neue Datei unter *test* an, die Sie beispielsweise *app_log_test.dart* nennen können. Der erste Testfall soll prüfen, dass ein `LogOutput` immer nur einmal hinzugefügt werden kann, so wie es in `addOutput` von `AppLog` angegeben wird. Um eine Instanz eines `LogOutputs` zu erzeugen; benötigen Sie noch eine konkrete Implementierung. Fügen Sie unter der Definition von `LogOutput` noch den Typ `ConsoleOutput` ein wie folgt:

```
abstract class LogOutput {
  void write(String message);
}

class ConsoleOutput implements LogOutput {
  void write(String message) {

  }
}

class AppLog {
  // ...
}
```

Listing 20.4 »ConsoleOutput«

Die Funktion test

Jetzt können Sie sich an den Inhalt von *app_log_test.dart* machen:

```
import '../lib/app_log.dart';
import 'package:flutter_test/flutter_test.dart';

void main() {
  test('Output is only added once', () {
    final appLog = AppLog();
    final consoleOutput = ConsoleOutput();
    appLog.addOutput(consoleOutput);
    appLog.addOutput(consoleOutput);

    expect(appLog.outputs.length, equals(1));
  });
}
```

Listing 20.5 Aufbau eines Unit-Tests

Mit dem Import von *flutter_test.dart* holen Sie sich alle nötigen Typen in Ihren Sichtbarkeitsbereich. Normalerweise werden Tests gruppiert. Das fängt schon auf der Dateiebene an. Im vorliegenden Fall fasst der Dateiname *app_log_test* alle Tests der Klasse `AppLog` zusammen. In dieser Mini-Library wird dann der Einsprungspunkt durch `main` angegeben, genauso wie bei einer App. Darin befindet sich ein Aufruf der Funktion `test`, die aus dem importierten Package `flutter_test` kommt.

[!]

Woher kommt »flutter_test«?

Sollte Ihnen diese Abhängigkeit fehlen, dann stellen Sie sicher, dass Sie unter `dev_dependencies` in Ihrer *pubspec.yaml* die Abhängigkeit `flutter_test` besitzen:

```
# ...
dev_dependencies:
  flutter_test:
    sdk: flutter
```

Listing 20.6 »flutter_test« in »pubspec.yaml«

Die Funktion `test` nimmt als ersten Parameter einen `String` auf. Das ist der Testname. Eine kleine Beschreibung ist aber auch gerne gesehen, damit Sie oder einer Ihrer Kollegen in den Ergebnissen der Tests unmittelbar erkennt, welcher Test fehlgeschlagen ist und worum es (grob) darin geht. Darauf folgt eine als *Lambda* (siehe Abschnitt 3.6.7) übergebene Funktion, die aufgerufen wird, sobald die Test-Engine zu diesem Test kommt. Darin definieren Sie dementsprechend Ihren Testaufbau, stellen Ihr *System-Under-Test* (*SUT*) auf den Prüfstand und melden die Ergebnisse zurück.

[+]

Asynchrone Tests

Weil `test` eine reguläre Funktion als zweiten Parameter erwartet, können Sie dort ebenfalls die Schlüsselwörter `async` und `await` verwenden. So schreiben Sie einen asynchronen Test folgendermaßen:

```
test(
  'Should be aync',
  () async {
    final result = await getSomeResult();
    // ...
    expect(result, isNotNull);
  },
);
```

Listing 20.7 Ein asynchroner Test

Expect und Matcher

Sie sehen als letzte Anweisung `expect`, mit der Sie einen realen Wert (*actual*) mit einem erwarteten Wert (*expected*) vergleichen. Sollten die Werte nicht übereinstimmen, dann schlägt der Test fehl. Das Package definiert einige sogenannte `Matcher`, z. B. `equals`. Das ist syntaktischer Zucker, der die Lesbarkeit erhöht, indem der Code näher an natürliche, gesprochene Sprache gebracht wird. Als sehr praktisch erweisen sich *Matcher* im Umgang mit *Booleans* oder `Iterable`:

```
test('After adding, outputs are not empty', () {
  final appLog = AppLog();
  final consoleOutput = ConsoleOutput();
  appLog.addOutput(consoleOutput);

  // ohne Matcher
  expect(appLog.outputs.isNotEmpty, true);
  // mit Boolean-Matcher
  expect(appLog.outputs.isNotEmpty, isTrue);
  // mit Collection-Matcher
  expect(appLog.outputs, isNotEmpty);
});
```

Listing 20.8 Matcher in »flutter_test«

Ich habe Ihnen die Ausbaustufen nacheinander aufgeführt. Alle drei sind selbstverständlich korrekter Dart-Code. Die letzte Zeile erscheint aber am elegantesten.

Tests sammeln mit group

Mit dem letzten Test haben Sie jetzt schon zwei, die sich mit den `outputs` eines `AppLogs` beschäftigen. Logisch zusammenhängende Tests können Sie mit `group` zusammenlegen. Sie erscheinen anschließend in der Ausgabe gruppiert wie Verzeichnisse und Dateien. Sie sind ähnlich wie die Funktion `test` aufgebaut. Das heißt, der erste Parameter besteht aus einer Beschreibung und der folgende Parameter führt ein Lambda an. Darin sind schließlich die `test`-Funktionen enthalten:

```
group('Output tests', () {
  test('Output is only added once', () {
   // ...

    expect(appLog.outputs.length, equals(1));
  });

  test('After adding, outputs are not empty', () {
   // ...
```

```
    expect(appLog.outputs, isNotEmpty);
  });
});
```

Listing 20.9 Die Funktion »group«

Tests ausführen

Sind Sie schon ganz gespannt auf den ersten Testlauf? Am einfachsten starten Sie Ihre Tests über die von Ihnen eingesetzte IDE. In Android Studio selektieren Sie dazu die Datei mit den Tests. Im vorliegenden Fall ist das *app_log_test.dart*. Über das Menü wählen Sie anschließend RUN • RUN TESTS IN APP_LOG_TEST.DART. Außerdem können Sie eine Konfiguration anlegen und dort etwa alle Elemente unterhalb eines Verzeichnisses ausführen lassen. Mit Visual Studio Code starten Sie die Tests der geöffneten Datei, indem Sie auf RUN • RUN WITHOUT DEBUGGING klicken. Alternativ klicken Sie auf die grau eingeblendeten RUN-Links – die erscheinen bei `main()`, bei `group()` und bei jedem `test()`. Auf diese Weise können Sie Tests auch komfortabel einzeln ausführen.

In den Testergebnissen erkennen Sie jeweils die Gruppierung durch `group` und die darin enthaltenen Tests. Wenn Sie Ihre Tests lieber über die Konsole ausführen, dann tippen Sie das Kommando `flutter test <Verzeichnis>/<Dateiname>` ein. Beachten Sie, dass es aus dem Projektverzeichnis heraus gestartet werden muss.

Abhängigkeiten mocken

Ein guter Unit-Test konzentriert sich auf seine Mission und lässt sich nicht von ihr ablenken. Er ist wie eine Bühne: Die auf der Bühne aufgebauten Kulissen sollen stimmig, authentisch und schön anzusehen sein. Sie rauben den Darstellern jedoch nicht das Rampenlicht, es sei denn, sie werden kurzfristig selbst zu einem Akteur.

Ihre Tests kommen nur selten ohne eine solche Umgebung aus, die sich aus Abhängigkeiten und der Idee eines Szenarios zusammensetzt. Angenommen, Sie möchten überprüfen, dass einige Daten, die von einer API als JSON heruntergeladen werden, in das korrekte Zielformat wie einer Klasse geschoben werden. Der Aufruf des HTTP-Clients, das Deserialisieren des JSON-Inhalts, mögliche Prüfungen auf die Verbindung (Konnektivität) – das alles ist bloß Kulisse!

Auch wenn man sich noch so sehr bemüht, ihre Anzahl niedrig zu halten, Klassen sind meist stark vernetzt und besitzen einige Abhängigkeiten. Dank des *Mockings* können Sie allerdings alle unterstützenden Elemente in Form eines Dummy-Objekts anführen. Falls Sie eine gewisse Funktionalität darauf vortäuschen möchten, dann stopfen Sie sie entsprechend aus (*Stubs*). Somit entsteht der Eindruck, dass die Umgebung tatsächlich existiert, und die Darsteller (*System-Under-Test*) einer Bühne können sich authentisch in diesem Kontext verhalten. Stellen Sie sich nur vor, ein Theater müsste ganze Hauswände und Räume mauern, bevor Sie eine Szene erleben!

Zur Demonstration des Mockings erweitern wir nun die Klasse `LogOutput` um einen Getter. Dieser führt dazu, dass die implementierende Klasse `ConsoleOutput` den Getter überschreiben muss. Aber die Aufmerksamkeit soll dem danach eingeführten `Mock` zuteilwerden, der den neuen Getter per Stub setzt, als sei er eine tatsächlich existierende Implementierung.

Aber ändern wir zunächst `LogOutput` und `ConsoleOutput`:

```
abstract class LogOutput {
  void write(String message);
  int? get id;
}

class ConsoleOutput implements LogOutput {
  @override
  int get id => 99;

  void write(String message) {}
}
```

Listing 20.10 Ein neuer Getter in »LogOutput«

Für das Mocking benötigen Sie das Package `mockito`, das Sie über Ihre *pubspec.yaml* und ein darauffolgendes `flutter pub get` beziehen:


```
# ...
dev_dependencies:
  flutter_test:
    sdk: flutter
  mockito:
```

Listing 20.11 Das Package »mockito« integrieren

Führen Sie in der Datei eine neue Klasse `MockOutput` ein. Sie wird auf der Grundmechanik eines `Mock` aufbauen und gleichzeitig die Schnittstellen von `LogOutput` implementieren:

```
import 'package:flutter_test/flutter_test.dart';
import 'package:mockito/mockito.dart';

import '../lib/app_log.dart';
```

```
// ...

class MockOutput extends Mock implements LogOutput {}
```

Listing 20.12 Der »MockOutput«

Jetzt ist das Handwerkszeug an Ort und Stelle. Es ist an der Zeit, einen Test einzubringen, der den neuen Getter `id` ausliest. `ConsoleOutput` hat für `id` den Wert `99` fest hinterlegt. Der `MockOutput` hingegen nicht:

```
// ...
test('Can use any Output', () {
  final appLog = AppLog();
  final consoleOutput = ConsoleOutput();
  final outputMock = MockOutput();
  appLog.addOutput(consoleOutput);
  appLog.addOutput(outputMock);

  for (final output in appLog.outputs) {
    expect(output.id, isNotNull);
    print('Output Id: ${output.id}');
  }
});
```

Listing 20.13 Einsatz von »MockOutput«

Der Test soll beweisen, dass jeglicher `LogOutput` eine `id` besitzt, die nicht `null` ist. Wenn Sie ihn ausführen, schlägt er mit der folgenden Ausgabe fehl:

```
Output Id: 99
package:test_api                                     expect
package:flutter_test/src/widget_tester.dart 429:3   expect
test\app_log_test.dart 40:7                          main.<fn>

Expected: not null
  Actual: <null>
```

Listing 20.14 Testausgabe

Die Lösung besteht darin, dem erstellten `MockOutput` eine `id` mit auf den Weg zu geben. Dieses Beispiel steht stellvertretend für generelle Abhängigkeiten, bei denen Sie Werte setzen müssen, um den Test entweder in eine bestimmte Richtung zu lenken oder grundlegend benötigte Informationen bereitzustellen. Fügen Sie unterhalb der Definition der Variablen `outputMock` die folgende Zeile ein:

```
// ...
final outputMock = MockOutput();
when(outputMock.id).thenReturn(42);
// ...
```

Listing 20.15 »id«-Stub

Mithilfe von `mockito` können Sie jegliche Anhängigkeiten konfigurieren. In der Regel kombinieren Sie `when` mit `thenReturn` (synchron), `thenAnswer` (wenn *await*) oder `thenThrow` (`Error` oder `Exception` simulieren). Im oberen Beispiel sagen Sie, dass bei jedem Aufruf vom Getter `id` des Objekts die Zahl `42` zurückgegeben werden soll. Wenn Sie den Test jetzt erneut ausführen, ist der Fehler behoben.

Das Package implementiert eine Menge an Funktionalität, die kaum in diesem Kapitel abzubilden ist. Ich hoffe, dass ich Ihnen aber dennoch einen Eindruck vermitteln konnte. Wenn Sie `mockito` weiter erkunden wollen, beispielsweise um sich tiefer mit den `Expectations` (`when`) und den hier nicht betrachteten *Matchern* wie `any` zu beschäftigen, dann kann ich Ihnen als Einstieg die Seite *https://pub.dev/packages/mockito* empfehlen.

20.5.2 Widget-Testing

Bei Widget-Tests ist die zu testende Einheit in jedem Fall klar: Hier geht es um Widgets. Diese Art Test bildet eine Zwischenetappe zwischen den Unit-Tests auf der einen Seite, die keine Bestandteile der Oberfläche beinhalten sollten, und den *Integrationstests* auf der anderen Seite, bei denen Apps vollständig auf Geräten oder Simulatoren ausgeführt werden.

Flutter hat mit dieser mittigen Position einen Weg geschaffen, um Oberflächenlogik oder -mechanik gezielt zu testen, dabei aber blitzschnell und damit ähnlich wie bei Unit-Tests Ergebnisse zu erhalten. Integrationstests, die zunächst die ganze App hochfahren und zu einer View navigieren müssen, um schließlich die definierten Schritte auszuführen, sind zeitlich klar im Nachteil. Andererseits hat man erst durch diese langsameren, aber vollständigeren Tests relative Gewissheit, dass das Verhalten des Features in der App wie gewünscht integriert ist.

Da die Flutter-App-Vorlage schon ein Grundgerüst nicht nur für die Widgets, sondern auch für Widget-Tests erstellt (siehe Listing 20.16), bietet es sich an, hier mit der Untersuchung anzufangen, was diese Art Test eigentlich ausmacht.

Das für die Unit-Tests eingesetzte Package `flutter_test` deckt ebenfalls die Widget-Tests ab. Wenn Sie diese standardmäßig in Ihre *pubspec.yaml* eingebrachte Abhängigkeit nicht entfernt haben, dann können Sie schon loslegen.

Die Struktur

Öffnen Sie die schon zuvor erwähnte Datei *widget_test.dart*, die Flutter für Sie angelegt hat. Dort findet sich praktischerweise ein vertrauter Aufbau wieder. Auch hier ist ein Einsprungpunkt erforderlich, der mit der Funktion `main` bereitgestellt wird. Darin fügen Sie im Fall der Widget-Tests allerdings keine `test`-, sondern eine `testWidgets`-Funktion ein. Erneut werden eine Testbeschreibung und ein Lambda als Parameter gefordert. Sie sehen schon im unten in Listing 20.16 aufgeführten Code (*widget_test.dart*), dass Sie problemlos asynchrone Widget-Tests schreiben können:

```
import 'package:flutter/material.dart';
import 'package:flutter_test/flutter_test.dart';

import 'package:default_flutter_template/main.dart';

void main() {
  testWidgets('Counter increments smoke test', (WidgetTester tester) async {
    await tester.pumpWidget(MyApp());

    // Verify that our counter starts at 0.
    expect(find.text('0'), findsOneWidget);
    expect(find.text('1'), findsNothing);

    // Tap the '+' icon and trigger a frame.
    await tester.tap(find.byIcon(Icons.add));
    await tester.pump();

    // Verify that our counter has incremented.
    expect(find.text('0'), findsNothing);
    expect(find.text('1'), findsOneWidget);
  });
}
```

Listing 20.16 Der Standard-Widget-Test von Flutter samt Kommentaren

Dieses Mal erhält der an `testWidgets` übergebene Callback im Vergleich zu `test` allerdings einen Parameter. Beim Aufruf bekommt Ihr Test einen `WidgetTester`. Dieser ist Ihr persönlicher Vermittler zwischen der Testumgebung und Ihrem Testcode. Das sehen Sie schon an der nächsten Zeile, in der das ebenfalls aus der Vorlage generierte `MyApp`-Widget in die Testumgebung »gepumpt« wird. Dies bewirkt, dass Ihr Widget gebaut und auch gerendert wird.

[«]

Gerendert, aber nicht sichtbar

Dass Flutter Widgets rendern, aber nicht unbedingt anzeigen muss, können Sie gleichermaßen mit dem vom Testen losgelösten Widget `Offstage` erleben. Dieses Werkzeug eignet sich etwa wunderbar dazu, ein Widget zunächst auszutesten oder seine Größe über den `BuildContext` und das zugehörige *RenderObject* auszumessen, bevor es in den Widget-Tree eingehängt wird – und dann mit expliziten Ausmaßen.

Widgets finden

Eine Zeile weiter entdecken Sie innerhalb von `expect` die Eigenschaft `find`. Mit ihr suchen Sie innerhalb des Widget-Trees nach bestimmten Elementen. Im Beispiel sehen Sie die darauf aufgerufene Methode `text`, die ein Widget zurückgibt, das den angegebenen Text besitzt. Ebenfalls bringen Widget-Tests neue *Matcher* ein, wie `findsOneWidget` oder `findsNothing`. So lässt sich gut herauslesen, dass in der Beispiel-Klick-Zähler-App von Flutter zunächst eine `0` als Wert angenommen wird, die erst nach dem Tap um `1` inkrementiert wird.

Über `find` können Sie nicht nur nach Textinhalten suchen, sondern mit `find.byType` nach einem Widget mit spezifischem Typ. Sie können auch, wie mit `find.byIcon` in Listing 20.16 zu sehen ist, durch `byIcon` direkt nach einem `Icon` filtern. Für Ihre Zwecke lassen sich zahlreiche solcher Methoden aus `flutter_test` einspannen, um Widgets zu selektieren.

Mit dem Widget arbeiten

Die `find`-Methoden geben Ihnen ein `Finder`-Objekt zurück. Das ist Ihre Eintrittskarte zur Interaktion mit dem Widget in der Testumgebung. Das lässt sich auch an `tester.tap` erkennen:


```
// ...
// Tap the '+' icon and trigger a frame.
await tester.tap(find.byIcon(Icons.add));
await tester.pump();
// ...
```

Listing 20.17 Interaktion mit »Finder«-Objekten

Schritt eins besteht darin, mit `find.byIcon` das Widget mit dem Symbol `Icons.add` zu finden. Durch diese Methode wird ein `Finder`-Objekt an das direkt umschließende `tester.tap` weitergegeben. Andere Interaktionen sind beispielsweise `tester.enterText`, `tester.press` oder `tester.showKeyboard`. Gleichermaßen können Sie über den `tester` navigieren, etwa mit `tester.back`.

Die Aktualisierung der »Oberfläche«

Die Oberfläche wird zwar gerendert, ist aber nicht sichtbar und wird im Gegensatz zur App auf dem Simulator oder Gerät nicht durch eine konstante Aktualisierung des Bildschirms neu aufgebaut. So tastet ein Bildschirm normalerweise den Bildschirm-Buffer (den Speicher mit den Pixelinformationen des Bildschirms) mit einer Rate von 60 Hz ab. Manche Spitzensmartphones schaffen dies sogar deutlich schneller! Ihre imaginäre Testoberfläche benötigt allerdings einen Stupser – das ist Schritt zwei!

Wenn Sie mit dem Zustand zufrieden sind, rufen Sie wie auch in Listing 20.17 die Methode pump auf. Die Oberfläche erhält hierdurch ein Signal und rendert sich erneut. Optional können Sie beim Aufruf eine Duration mitgeben, nach der der Vorgang eingeleitet wird.

Widget-Tests ausführen

Wie eingangs erwähnt, werden die Unit-Tests und Widget-Tests gleichermaßen vom Package flutter_test übernommen. Das vereinheitlicht auch das Vorgehen zum Ausführen der beiden Test-Arten. So führen Sie die Widget-Tests ebenfalls über die Run-Menüeinträge (siehe Unit-Tests) Ihrer IDE oder über das Kommando flutter test <Verzeichnis/Dateiname> aus. Auch der graue Run-Link, der oberhalb von main() und testWidgets() eingeblendet wird, eignet sich natürlich zum Starten des Tests.

20.6 Releases

Ein Flutter-Projekt können Sie entweder als Package veröffentlichen oder Sie entwickeln eine App, die Sie wahrscheinlich in einen der Stores, etwa den *Google Play Store* oder den *Apple App Store* bringen möchten. Beide Wege möchte ich mit Ihnen in diesem Abschnitt durchgehen.

Ich möchte Ihre Aufmerksamkeit dabei aber mehr auf die Flutter-relevanten Schritte lenken als auf jene der Plattform. Wenn Sie zum Beispiel Ihre App für Android oder iOS als signiertes Release-Build erstellen wollen, unterscheiden sich die anzuwendenden Schritte kaum von denjenigen, die Sie in einer nativen App, also ganz ohne Flutter, auszuführen hätten. Weil das Ihnen vorliegende Buch einem Anspruch auf Vollständigkeit über alle Plattformen hinweg nicht gerecht werden könnte, ohne den Umfang deutlich zu erweitern, verweise ich Sie lieber an den betreffenden Stellen auf die Dokumentation, die überdies leichter zu aktualisieren ist.

20.6.1 Ein eigenes Pub erstellen

Bevor es an die Plattformen geht, möchte ich mit Ihnen aber noch die Veröffentlichung eines Packages durchgehen. Wie Sie anhand der beinahe unzähligen Einträge unter *https://pub.dev* erleben, ist der Prozess häufig durchlaufen worden und scheint die Entwickler nicht abzuschrecken.

Das Projekt erstellen

Erstellen Sie mithilfe Ihrer IDE die Projektvorlage PACKAGE. Anschließend erhalten Sie einen Projektaufbau, der dem Aufbau einer App sehr ähnelt. Allerdings befindet sich unter *lib/<projekt_name>.dart* jetzt keine `main`-Funktion mehr, weil Ihre Library nicht ausgeführt wird, sondern von einer anderen App konsumiert wird. Dort finden Sie das Schlüsselwort `library` mit Ihrem Projektnamen, das hauptsächlich dazu beiträgt, Namenskonflikte bei der Integration in eine App zu vermeiden. Die Vorlage hat außerdem die Klasse `Calculator` als Beispiel generiert. Normalerweise exportieren Sie Ihre Typen allerdings mit dem Schlüsselwort `export`, zum Beispiel so:

```
library package_example;

export 'caluclator/calculator.dart';
export 'calculator/digits.dart';
export 'utils/numbers.dart'
```

Listing 20.18 »export«-Beispiele eines Packages

Hier ist das Schema jeweils *Verzeichnis/Datei.dart*. Die referenzierte Datei kann dabei ebenfalls wieder aus `exports` bestehen, damit Sie über übersichtliche API-exportierende Dateien verfügen. Das hilft bei der Verwaltung ungemein, da aus Versehen veröffentlichte Schnittstellen, wenn sie einmal in Benutzung sind, nur schwerlich und über das Prädikat *deprecated* nach einiger Zeit entfernt werden können – immerhin handelt es sich beim Entfernen um einen *Breaking Change*, der einen Konsumenten zu Codeänderungen zwingt!

Ihr Projekt legen Sie ansonsten genauso an wie bei einer App auch. Achten Sie aber immer darauf, dass keine Schnittstelle durchrutscht, die »privat« bleiben soll.

Die »API Reference«

Wenn Sie eine Library veröffentlichen, ist es besonders wichtig, dass die Nutzer Ihres Projekts genügend Informationen darüber erhalten, wie sie Klasse, Funktionen und andere Symbole verwenden können. Hierzu empfiehlt es sich, Dokumentationskommentare (///, siehe Abschnitt 3.15) einzusetzen. Beim Einreichen eines Packages wird daraus automatisch eine Hilfe generiert, die als API REFERENCE auf der Package-Seite verlinkt ist.

Die pubspec.yaml vorbereiten

In Ihrer *pubspec.yaml* gilt es, die Meta-Informationen zu setzen. Die werden nämlich später von *pub* ausgelesen und Ihren potenziellen Nutzern angezeigt:

```
name: package_example
description: A new way to package.
version: 0.0.1
homepage: https://ihre-website.home
```

Listing 20.19 Meta-Informationen zum Package

Ihre Projektvorlage hat möglicherweise auch das Feld `author` generiert, das mittlerweile als »deprecated« markiert wurde. Stattdessen sollen die Urheber über *Verified Publisher* (siehe weiter unten) identifiziert werden.

Die »example«-App

Wenn Sie schon in andere Packages geschaut haben, ist Ihnen vielleicht im Verzeichnis der Eintrag *example* aufgefallen. Damit Konsumenten eines Packages direkt durchstarten können, stellt ein Package-Ersteller ein Beispielprojekt zur Verfügung, um die angebotenen Schnittstellen vorzuführen. Das ist sozusagen das Bild, das mehr als tausend Worte sagt. Für Ihr Package sollten Sie eine solche Anwendung ebenfalls anbieten. Erstellen Sie hierzu einfach in Ihrem Package-Projektverzeichnis eine neue Flutter-Anwendung mit dem Namen »example«. Beim Einreichen wird *pub* nach *example/lib/main.dart* suchen und den Inhalt auf der Package-Seite anzeigen.

Support-Dokumente

Auszufüllen und zu pflegen sind das *Changelog*, das Sie als *CHANGELOG.md* in Ihrem Projekt finden, sowie *Lizenzbestimmungen* (*LICENSE*) und die *Readme* (*README.md*). Diese Dateien greift der Prozess auf. Wenn Sie ein beliebiges Package auf *https://pub.dev* öffnen, sehen Sie wie in Abbildung 20.4 die Inhalte im oberen Bereich horizontal angeordnet (bis auf die Lizenz, die sich auf der rechten Seite befindet).

Abbildung 20.4 »Readme« und »Changelog« eines Packages

Das Package veröffentlichen

Wenn Sie alle Daten am richtigen Platz haben, ist die Veröffentlichung schon fast geschafft! Das hierzu nötige Kommando lautet `pub publish`. Zunächst sollten Sie es aber mit dem Zusatz `--dry-run` ausführen, um es auf eventuell vorhandene Probleme hin zu überprüfen. Beachten Sie, dass ein einmal veröffentlichtes Package nicht wieder gelöscht werden kann. Ab diesem Zeitpunkt können Sie nur noch nach vorne gehen und Updates freigeben.

Verified Publisher

Wenn Sie ein Package zu *https://pub.dev* hochladen, wird es mit Ihrem *Google Account* verknüpft. Sollten Sie es nicht mit Ihrem *Verified Publisher*-Account verbinden, so wird Ihre mit dem *Google Account* verknüpfte E-Mail-Adresse auf der Package-Seite angezeigt. Den *Verified Publisher*-Account hat *Google* eingeführt, um für mehr Vertrauen zu sorgen. Ein Entwickler authentifiziert sich mithilfe einer auf ihn registrierten *Domain*, die von diesem Punkt an statt der für den *Google Account* genutzten E-Mail-Adresse angezeigt wird.

20.6.2 Android-Releases

Haben Sie alle Tests abgeschlossen, die Standard-Flutter-Icons gegen Ihre eigenen ausgetauscht und möchten Sie nun Ihren Release-Build starten, um eine *APK* (also ein *Android Package*) daraus zu erhalten? Dann fehlt Ihnen im Grunde nur die Ausführung des Kommandos `flutter build apk` für eine APK oder `flutter build appbundle` für Android-App-Bundles. (Google bevorzugt die zweite Variante, weil sie moderner ist!)

Wenn Sie eine Signierung des Builds vornehmen wollen (damit ein Store wie Google Play die Herkunft der App verifizieren kann), dann folgen Sie den regulären Schritten: Als Erstes müssen Sie mit dem *Java*-Tool *keytool* einen *Keystore* anlegen. Android Studio bietet hierzu außerdem über BUILD • GENERATE SIGNED BUNDLE/APK eine grafische Oberfläche. Der Buildprozess sucht den Keystore über Ihre *key.properties*-Datei im Verzeichnis *android*. Anpassungen in Ihrer *android/app/build.gradle*-Datei sorgen dann dafür, dass der über Flutter angestoßene Build signiert wird.

Wenn Sie Ausgaben über Tree-Shaking erhalten, dann hat der Build-Prozess nicht benötigte Ressourcen »vom Baum geschüttelt«, also weggelassen. Das betrifft zum Beispiel nicht verwendete Icons aus dem ansonsten etwas umfangreichen Pub `platform_icons`.

Die neuesten Informationen und Hinweise (etwa wenn bestimmte Flags für den Build aktiviert werden müssen, um Probleme auf älteren Plattformen zu umgehen) finden Sie auf der Seite *https://flutter.dev/docs/deployment/android*.

20.6.3 iOS-Releases

Sie können Ihre App zwar während der Entwicklung ohne einen bezahlten Apple-Entwickler-Account auf Ihr physisches Gerät aufspielen. Um sie aber in den *App Store* zu übertragen, müssen Sie definitiv Mitglied im *Apple Developer Program* sein.

Wenn Sie einen App-Eintrag unter *App Store Connect* erstellt haben, stellen Sie sicher, dass Ihre *Bundle ID* im Projekt damit übereinstimmt. Der Weg zum iOS-Release-Build führt ausschließlich über Xcode. Öffnen Sie daher mit Xcode die Datei *ios/Runner.xcworkspace*, in der Sie unter RUNNER im Projektnavigator im Tab GENERAL die Metainformationen Ihres Projekts sehen und verändern können.

Falls alle Bedingungen für einen Build erfüllt sind, können Sie in Xcode ein sogenanntes *Archiv* erstellen. Hierzu gehen Sie in der *Menubar* auf PRODUCT • ARCHIVE. Neuere Versionen von Flutter nehmen Ihnen diesen Schritt ab, indem Ihnen das Kommando `flutter build ipa` angeboten wird, was den Prozess an einen APK- oder App-Bundle-Build für Android anlehnt.

Die aktuellen Informationen zu den Befehlen und eine genaue Auflistung aller Schritte finden Sie unter *https://flutter.dev/docs/deployment/ios*.

20.6.4 Native und Web-Bundles

Natürlich können Sie auch App-Bundles für das Web oder als native Anwendungen erzeugen. So bauen Sie eine Webseite:

```
flutter build web
```

Damit entsteht ein Verzeichnis *build/web*, dessen Inhalt Sie auf einen Webserver legen können. Beachten Sie, dass es sich dabei um das Root-Verzeichnis der Webseite handeln muss. Daher können Sie die Datei *index.html* auch nicht einfach im Browser öffnen.

Falls Sie auf die Idee kommen, eine Desktop-Anwendung mit Flutter zu produzieren, bauen Sie wie folgt eine verteilbare Windows-Anwendung:

```
flutter build windows
```

Sie finden die gebaute *.exe*-Datei dann unter *build/windows/x64/runner/Release/*.

20.7 Zusammenfassung

Mit den Maßnahmen zur Veröffentlichung einer fertigen App verfügen Sie über das komplette Handwerkszeug, das nötig ist, um aus einer Idee eine erfolgreiche Flutter-App zu bauen. Ich wünsche Ihnen dabei viel Erfolg und bin auf Ihre Ergebnisse gespannt! Berichten Sie mir von Ihrer eigenen App gern in einer Mail an *uwe.post@ludetis.de*!

Index

C

D

G

H

I

J

K

L

M

N

O

P

Q

R

S

W

Z

Das komplette Wissen zu Kotlin

Die Programmiersprache Kotlin ist das neue Schweizer Taschenmesser in der Softwareentwicklung. Ob Backend-Entwicklung oder mobile Apps, ob objektorientierte Paradigmen oder funktionale Programmierung mit Lambdas: Kotlin vereint die Stärken beliebter Sprachen zu einem modernen Werkzeug für alle Fälle. Michael Kofler gibt Ihnen einen Einblick in alle Sprachfeatures und zeigt Ihnen, wie Sie zeitgemäße Software entwickeln. Inklusive Crashkurs für Java-Umsteiger.

823 Seiten, gebunden, 49,90 Euro, ISBN 978-3-8362-7277-3

www.rheinwerk-verlag.de/4980